Winfried Schwabe
Holger Kleinhenz

Lernen mit Fällen
Schuldrecht I
Allgemeiner Teil und vertragliche Schuldverhältnisse

D1722259

Winfried Schwabe
Holger Kleinhenz

Lernen mit Fällen

Schuldrecht I
Allgemeiner Teil und
vertragliche Schuldverhältnisse

Materielles Recht
& Klausurenlehre

8., überarbeitete Auflage, 2013

 |BOORBERG

Bibliografische Information der Deutschen Nationalbibliothek I Die Deutsche Nationalbibliothek verzeichnet diese Publikation in der Deutschen Nationalbibliografie; detaillierte bibliografische Daten sind im Internet über http://dnb.de abrufbar.

8. Auflage, 2013
ISBN 978-3-415-05119-5

© 2009 Richard Boorberg Verlag GmbH

Das Werk einschließlich aller seiner Teile ist urheberrechtlich geschützt. Jede Verwertung, die nicht ausdrücklich vom Urheberrechtsgesetz zugelassen ist, bedarf der vorherigen Zustimmung des Verlages. Dies gilt insbesondere für Vervielfältigungen, Bearbeitungen, Übersetzungen, Mikroverfilmungen und die Einspeicherung und Verarbeitung in elektronischen Systemen.

Umschlag: Neil McBeath, Stuttgart I Druck und Bindung: Beltz Bad Langensalza GmbH, Neustädter Straße 1–4, 99947 Bad Langensalza

Richard Boorberg Verlag GmbH & Co KG I Scharrstraße 2 I 70563 Stuttgart
Stuttgart I München I Hannover I Berlin I Weimar I Dresden
www.boorberg.de

Vorwort

Die 8. Auflage bringt das Buch auf den Stand von August 2013. Rechtsprechung und Literatur sind bis zu diesem Zeitpunkt berücksichtigt und eingearbeitet.

Dem Leser legen wir ans Herz, zunächst die Hinweise zur sinnvollen Arbeit mit diesem Buch – gleich folgend auf der nächsten Seite – sorgfältig durchzusehen.

Köln, im September 2013
Winfried Schwabe
Holger Kleinhenz

Zur Arbeit mit diesem Buch

Das Buch bietet dem Leser *zweierlei* Möglichkeiten:

Zum einen kann er anhand der Fälle das *materielle Recht* erlernen. Zu jedem Fall gibt es deshalb zunächst einen sogenannten »Lösungsweg«. Hier wird Schritt für Schritt die Lösung erarbeitet, das notwendige materielle Recht aufgezeigt und in den konkreten Fallbezug gebracht. Der Leser kann so in aller Ruhe die einzelnen Schritte nachvollziehen, in unzähligen Querverweisungen und Erläuterungen die Strukturen, Definitionen und sonst notwendigen Kenntnisse erwerben, die zur Erarbeitung der Materie, hier also konkret des Allgemeinen Schuldrechts sowie der vertraglichen Schuldverhältnisse, unerlässlich sind.

Zum anderen gibt es zu jedem Fall nach dem gerade beschriebenen ausführlichen Lösungsweg noch das klassische *Gutachten* im Anschluss. Dort findet der Leser dann die »reine« Klausurfassung, also den im Gutachtenstil vollständig ausformulierten Text, den man in der Klausur zum vorliegenden Fall hätte anfertigen müssen, um die Bestnote zu erzielen. Anhand des Gutachtens kann der Leser nun sehen, wie das erarbeitete Wissen tatsächlich nutzbar gemacht, sprich in *Klausurform* gebracht wird. Der Leser wird die klassische zivilrechtliche Gutachtentechnik lernen bzw. wiederholen: Gezeigt wird unter anderem, wie man richtig subsumiert, mit welchen Formulierungen man dabei arbeiten sollte, mit welchen man *nicht* arbeiten sollte, wie man einen Meinungsstreit in der Klausur angemessen darstellt, wie man einen Obersatz und einen Ergebnissatz vernünftig aufs Papier bringt, wie man Wichtiges von Unwichtigem trennt, usw. usw.

Und noch ein Tipp zum Schluss: Die im Buch zitierten Paragrafen sollten auch dann nachgeschlagen und vor allem gelesen werden, wenn der Leser meint, er kenne sie schon. Das ist nämlich leider zumeist ein Irrtum. Das Bürgerliche Recht erschließt sich nur mit der sorgfältigen Lektüre des Gesetzes. Wer anders arbeitet, verschwendet seine Zeit. Versprochen.

Inhaltsverzeichnis

Teil 1

Das Allgemeine Schuldrecht

1. Abschnitt
Unmöglichkeit und Wegfall der Geschäftsgrundlage

2. Abschnitt

Schuldner- und Gläubigerverzug (§§ 286, 293 ff. BGB)

3. Abschnitt

Dritte Personen im Schuldverhältnis

Erfüllungsgehilfen und Verrichtungsgehilfen, §§ 278, 831 BGB; der Vertrag zugunsten Dritter und der Vertrag mit Schutzwirkung für Dritte, §§ 328 ff. BGB

Der Vertrag mit Schutzwirkung für Dritte; Voraussetzungen und Rechtsfolgen; Abgrenzung zum Vertrag zugunsten Dritter nach den §§ 328 ff. BGB; das vorvertragliche Schuldverhältnis gemäß § 311 Abs. 2 und 3 BGB; Haftung über die §§ 280 Abs. 1, 311 Abs. 2, 241 Abs. 2 BGB; Haftung für Dritte nach den §§ 278 und 831 BGB; Anspruch auf Schmerzensgeld aus § 253 Abs. 2 BGB.

Der Vertrag zugunsten Dritter nach den §§ 328 ff. BGB; der »echte« und »unechte« Vertrag zugunsten Dritter, die Abgrenzung; Abdingbarkeit des § 334 BGB; selbstständige Ersatzansprüche für den Dritten; die Regel des § 335 BGB.

4. Abschnitt
Das Erlöschen der Schuldverhältnisse (§§ 362 ff. BGB)

Die Erfüllung gegenüber Minderjährigen; Anwendbarkeit des § 362 BGB; Erfüllung unter Berücksichtigung des § 107 BGB; der Begriff der Geldschuld; die reale Leistungsbewirkung; der Begriff der Empfangszuständigkeit.

Die Annahme an Erfüllungs statt nach § 364 Abs. 1 BGB; Abgrenzung zur Leistung erfüllungshalber im Sinne des § 364 Abs. 2 BGB; Erhalt oder Wiederaufleben des Zahlungsanspruchs bei Mangelhaftigkeit der Sache; die Regel des § 365 BGB.

Die Abtretung einer Forderung gemäß § 398 BGB; Erlöschen von Ansprüchen durch Erfüllung nach den §§ 362 Abs. 1, 364 Abs. 1 BGB; Teilleistung nach § 266 BGB; Voraussetzungen und Rechtsfolgen der Forderungsabtretung nach § 398 BGB; Schuldnerschutzvorschriften der §§ 404 ff. BGB; Ausgleich einer ungerechtfertigten Bereicherung nach den §§ 816 Abs. 2 und 812 Abs. 1 BGB.

Wirkung und Voraussetzungen der Aufrechnung gemäß den §§ 387 ff. BGB; die Pflichtverletzung nach den §§ 280 Abs. 1, 241 Abs. 2 BGB; Rechtsnatur des Schließfachvertrags mit einer Bank; Begriff des Erfüllungsgehilfen; der Ausschlusstatbestand von § 390 BGB; die Gleichartigkeit der Forderungen im Sinne des § 387 BGB; das Problem der Gegenseitigkeit von Forderungen bei Aufrechnung nach Abtretung.

Teil 2

Die vertraglichen Schuldverhältnisse

1. Abschnitt

Das Kaufrecht, §§ 433 ff. BGB

2. Abschnitt

Werk- und Dienstvertrag sowie angrenzende Vertragsarten

Teil 1
Das Allgemeine Schuldrecht

1. Abschnitt

Unmöglichkeit und Wegfall der

Geschäftsgrundlage

Fall 1

Burning down the house

Beim Mittagessen in der Mensa schließen Rechtsstudent R und sein Kommilitone K gegen 14:00 Uhr einen Kaufvertrag über den dem K bekannten, gebrauchten VW Golf des R zum Preis von 2.000 Euro. Die Übergabe soll am Abend erfolgen, da der Wagen noch bei R in der Garage steht. Als R dann gegen 17:00 Uhr nach Hause kommt, trifft er die Feuerwehr an, die ihm mitteilt, dass die Garage einschließlich des Fahrzeugs gegen 13:30 Uhr niedergebrannt sei. R hatte das Haus um 13:00 Uhr in Richtung Universität verlassen. Der Brand war ausgebrochen, weil R am Vortage unsachgemäß an der Beleuchtung der Garage gearbeitet und sich dadurch einen Tag später ein Kabelbrand entwickelt hatte.

Abends ruft R den K an, erzählt von dem Brand und meint, das mit dem Vertrag habe sich angesichts der Umstände ja nun erledigt. K indessen sieht das anders: Er hatte nämlich in Erwartung des Wagens nachmittags zwei Lammfellbezüge für die Vordersitze erworben (Gesamtpreis: 150 Euro) und hätte das Fahrzeug im Übrigen zum Preis von 2.500 Euro an seinen Schwager, der bereits Interesse signalisiert hatte, weiterveräußern können.
Rechtslage?

Schwerpunkte: Anfängliche Unmöglichkeit beim gegenseitigen Vertrag; Untergang der Erfüllungsansprüche nach den §§ 275, 326 BGB; die Begriffe der Leistung und Gegenleistung; Anspruch aus § 311a Abs. 2 BGB; vorvertragliche Informationspflicht; Ausschluss der Haftung bei Schuldlosigkeit; Anspruch aus § 122 BGB analog.

Lösungsweg

Vorbemerkung: Wir starten das Buch gleich mit einem echten Klassiker, nämlich der Frage nach der rechtlichen Abwicklung der sogenannten »**anfänglichen Unmöglichkeit**« der Leistung. Das sind die Situationen, in denen sich der Schuldner zu einer Leistung verpflichtet hat, die er von Anfang an, also schon bei Abschluss des Vertrages, gar nicht erbringen konnte (siehe oben). In Prüfungsarbeiten – und deshalb auch bei uns hier – stellt sich dann zumeist die Frage, ob der Gläubiger die in Erwartung der Vertragserfüllung getätigten Aufwendungen und einen möglicherweise schon entstandenen Schaden vom Schuldner ersetzt bekommt. Das werden wir uns gleich mal in Ruhe ansehen, wollen den Fall aber zunächst mit der Abwicklung der beiderseitigen vertraglichen *Erfüllungsansprüche* aus § 433 Abs. 1 und Abs. 2 BGB beginnen. Das erfordert zum einen die Vollständigkeit (beachte die Fallfrage nach der »Rechtslage«) und zum anderen dient es uns dazu, die beiden für die Regeln der Unmöglichkeit eminent wichtigen Vorschriften der §§ 275 und 326 BGB kennen und vor allem anwenden zu lernen. Diese beiden Normen spielen in nahezu sämtlichen Fällen, die sich mit der Unmöglichkeit der Leistung befassen, eine zentrale Rolle, und deshalb müssen wir die auch gleich am Anfang behandeln und insbesondere ihre Funktion verstehen; die kommenden Fälle lassen sich dann deutlich leichter bewältigen.

I.) Anspruch des K gegen R auf Lieferung des Autos

<u>AGL.:</u> § 433 Abs. 1 Satz 1 BGB (Lieferpflicht aus dem Kaufvertrag)

1.) Der Anspruch auf Lieferung des Wagens ist durch den Abschluss des Vertrages am Mittag um 14:00 Uhr gemäß § 433 Abs. 1 Satz 1 BGB zunächst einmal *entstanden*. Beachte insoweit bitte, dass der Wirksamkeit dieses Vertragsschlusses der zeitlich vorangegangene Untergang bzw. das Verbrennen des Wagens *nicht* entgegensteht. Auch ein Vertrag, der auf eine von Anfang an nicht erbringbare Leistung gerichtet ist, soll nach dem Willen des Gesetzgebers *wirksam* sein (BT-Drs. 14/6040 Seite 164; *Medicus/Lorenz* SR I Rz. 490; *Brox/Walker* AS § 8 Rz. 64). Bis zum 31.12.2001 war das übrigens noch anders: In dem bis dahin 102 Jahre lang (!) geltenden alten § 306 BGB war nämlich die Nichtigkeit eines solchen Vertrages angeordnet. Heute nun steht in § 311a Abs. 1 BGB, dass trotz anfänglichen Leistungshindernisses der Vertrag dennoch grundsätzlich wirksam sein soll (bitte prüfen).

2.) Der Anspruch auf Lieferung des Wagens aus § 433 Abs. 1 Satz 1 BGB könnte aber wegen Unmöglichkeit der Leistung gemäß **§ 275 Abs. 1 BGB** ausgeschlossen sein.

> **Durchblick**: Da die Geltendmachung eines Anspruchs, der nicht erfüllt werden kann, tatsächlich überhaupt keinen Sinn macht, regelt der **§ 275 Abs. 1 BGB** unter anderem für solche Fälle den *Ausschluss* des Leistungsanspruchs. Kann die geschuldete Leistung schon bei Vertragsabschluss nicht erfüllt werden, bleibt der Vertrag, wie wir soeben gesehen haben, zwar grundsätzlich wirksam, aus ihm erwächst aber für den Gläubiger logischerweise *kein* Anspruch auf Erfüllung (wie sollte das auch gehen?). Es entsteht vielmehr ein Vertrag ohne eine primäre Leistungspflicht (BAG NZA **2010**, 32; MüKo/*Ernst* § 311a BGB Rz. 3; *Palandt/Grüneberg* § 311a BGB Rz. 5; *Jauernig/Stadler* § 311a BGB Rz. 4; PWW/*Medicus* § 311a BGB Rz. 2; *Canaris* in JZ 2001, 499), der aber als Grundlage für mögliche *vertragliche* Ersatzansprüche dienen kann (BT-Drs. 14/6040 Seite 164; vgl. auch *Huber* in ZIP 2000, 2137).

Erforderlich für den Ausschluss des Leistungsanspruchs nach § 275 Abs. 1 BGB ist freilich das Vorliegen von *Unmöglichkeit* im Sinne des Gesetzes, denn dies wird von § 275 Abs. 1 BGB explizit gefordert (bitte prüfen).

> **Definition:** *Unmöglichkeit* im Sinne des § 275 Abs. 1 BGB liegt vor, wenn 1.) der Schuldner noch nicht geleistet hat und 2.) entweder *er* (dann → *subjektive Unmöglichkeit = Unvermögen*) oder *niemand* die Leistung mehr erbringen kann (dann → *objektive Unmöglichkeit*).

Im vorliegenden Fall hat R seine Pflicht aus § 433 Abs. 1 Satz 1 BGB (→ Eigentumsverschaffung am Fahrzeug) noch nicht erfüllt, und dies kann wegen der abgebrannten Garage auch *niemand* mehr leisten. Es liegt mithin ein Fall von (anfänglicher) objektiver Unmöglichkeit im Sinne des § 275 Abs. 1 BGB vor.

Erg.: Der Anspruch des K gegen R auf Erfüllung des Vertrages aus § 433 Abs. 1 Satz 1 BGB ist hier nach § 275 Abs. 1 BGB wegen anfänglicher Unmöglichkeit der Leistung gar nicht erst entstanden. K hat gegen R somit keinen Anspruch auf Lieferung des Wagens (mehr).

II.) Anspruch des R gegen K auf Kaufpreiszahlung

<u>**AGL.:**</u> **§ 433 Abs. 2 BGB**

1.) Auch dieser Anspruch aus § 433 Abs. 2 BGB ist mit dem Abschluss des (wirksamen!) Kaufvertrages zunächst einmal *entstanden*.

2.) Wenn nun aber der eine Teil von seiner Verpflichtung zur Leistung nach § 275 BGB frei wird, erscheint es ungerecht, den anderen Teil dann dennoch den Kaufpreis zahlen zu lassen. In den Fällen, in denen der Schuldner nach § 275 BGB nicht zu leisten braucht, verliert der Gläubiger daher nach **§ 326 Abs. 1 BGB** grundsätzlich auch den Anspruch auf die Gegenleistung, es sei denn, es liegt ein Ausnahmefall des § 326 Abs. 2 BGB vor (was bei uns aber nicht der Fall ist).

Erg.: Der Anspruch des R gegen K auf Zahlung des Kaufpreises aus § 433 Abs. 2 BGB ist gemäß § 326 Abs. 1 BGB ebenfalls nicht entstanden. Es bestehen mithin keine beiderseitigen Erfüllungsansprüche mehr zwischen R und K.

Nachtrag zu den Erfüllungsansprüchen:

Die meisten Kandidaten haben erhebliche Probleme, den Anwendungsbereich der §§ 275 und 326 BGB auseinander zu halten und vor allem die dort benutzte Begrifflichkeit des Gesetzes zutreffend zu verwenden. Insbesondere die Worte »**Leistung**« und »**Gegenleistung**«, die im Übrigen auch noch an unzähligen anderen Stellen des Gesetzes auftauchen, werden gerne durcheinander gebracht und dann entsprechend falsch geprüft.

> **Wir merken uns bitte:** Wenn das Gesetz die Begriffe »Leistung« und »Gegenleistung« gegenüber stellt, ist mit dem Wort *Gegenleistung* immer die *Geldzahlung* gemeint (Eselsbrücke: Beide Worte beginnen mit »G«). Demgegenüber bezeichnet

der Begriff der *Leistung* im Gesetz immer die der Geldzahlung gegenüber stehende Verpflichtung bei einem gegenseitigen Vertrag. **Beispiele**: Beim Werkvertrag (§ 631 BGB) ist die *Leistung* die Herstellung des Werkes, die *Gegenleistung* dann die Zahlung der Vergütung; beim Dienstvertrag (§ 611 BGB) ist die *Leistung* der versprochene Dienst, die *Gegenleistung* die Zahlung der Vergütung; beim Kaufvertrag ist die *Leistung* die Eigentumsverschaffung an der Kaufsache (§ 433 Abs. 1 BGB!), die *Gegenleistung* die Kaufpreiszahlung. Kapiert!?

Prima. Dann machen wir uns bitte noch mal Folgendes klar: Der Anspruch aus § 433 Abs. 1 BGB auf Übereignung der Kaufsache (= Leistung) kann bei Unmöglichkeit der Lieferung nur nach § 275 BGB untergehen, denn dort steht, was mit dem Anspruch auf »**Leistung**« passiert (bitte prüfen!). Demgegenüber regelt der § 326 Abs. 1 BGB die Frage, ob der Käufer in diesem Falle dann noch den Kaufpreis zahlen muss (»...entfällt der Anspruch auf die *Gegenleistung*«). In Zukunft also nicht mehr den insbesondere bei Anfängern häufig anzutreffenden Fehler machen, die »Leistung« mit der »Gegenleistung« zu verwechseln und infolgedessen dann den Kaufpreisanspruch aus § 433 Abs. 2 BGB über § 275 BGB untergehen zu lassen oder das Schicksal des Lieferungsanspruchs aus § 433 Abs. 1 BGB nach § 326 BGB zu entscheiden.

III.) Ersatzansprüche des K gegen R

<u>AGL.</u>: §§ 311a Abs. 2 Satz 1, 275 Abs. 4 BGB

Einstieg: Nachdem klar ist, dass die beiderseitigen Erfüllungsansprüche (die sogenannten »Primäransprüche«) wegen anfänglicher Unmöglichkeit nach den §§ 275 Abs. 1, 326 Abs. 1 BGB ausgeschlossen sind, stellt sich nun natürlich noch die Frage, ob denn wenigstens ein möglicher Schadensersatz- oder Aufwendungsersatzanspruch (sogenannter »Sekundäranspruch«) für den K besteht. Immerhin hat K ja schon die Bezüge für die Sitze gekauft und hätte im Übrigen 500 Euro Gewinn mit einem Weiterverkauf des Wagens erzielen können.

> Im Falle der Unmöglichkeit der Leistung bestimmen sich die Rechte des Gläubigers gemäß § 275 **Abs. 4 BGB** nach diversen Vorschriften, unter anderem nach § **311a Abs. 2 BGB**, der unseren Fall der anfänglichen Unmöglichkeit erfasst und insoweit eine *eigenständige Anspruchsgrundlage* für den Gläubiger darstellt (BT-Drs. 14/6040 Seite 165; *Erman/Kindl* § 311a BGB Rz. 6; PWW/*Medicus* § 311a BGB Rz. 8).

Voraussetzungen: Gemäß § **311a Abs. 2 Satz 1 BGB** kann der Gläubiger, wenn die Voraussetzungen des § 311a Abs. 1 BGB vorliegen (= anfängliche Unmöglichkeit), nach seiner Wahl Schadensersatz statt der Leistung oder Ersatz seiner Aufwendungen verlangen. Inhaltlich umfasst dieser Anspruch auf Schadensersatz demnach das sogenannte *positive Interesse*, soll heißen, der Gläubiger muss so gestellt werden, wie er bei ordnungsgemäßer Erfüllung des Vertrages gestanden hätte (BGHZ **126**, 131; PWW/*Medicus* § 311a BGB Rz. 20; *Jauernig/Stadler* § 281 BGB Rz. 16; *Palandt/Grüneberg* § 281 BGB Rz. 25). Ersatzfähig sind je nach Fallgestaltung der Marktwert der Sache, erhöhte Kosten einer Ersatzbeschaffung, aber auch möglicherweise entgangener Gewinn im Sinne des § 252 BGB (*Brox/Walker* AS § 22 Rz. 57, 70).

> **Feinkostabteilung**: Die Entscheidung des Gesetzgebers, dem Gläubiger bei § 311a BGB Ersatz für das *positive Interesse* zu gewähren, war während des Gesetzgebungsverfahrens durchaus umstritten (*Altmeppen* in DB 2001, 1399 und DB 2001, 1821) und wird zum Teil heute noch kritisiert (*Schapp* in FS *Kollhosser* S. 621 ff.). Für das positive Interesse sprach aber die praktische Überlegung, dass es aus Sicht des Gläubigers keine Rolle spielen kann, ob seinem Schuldner die Leistung nun zehn Minuten *vor* oder zehn Minuten *nach* Vertragsschluss unmöglich wird. In beiden Fällen ist es allein sachgerecht, dem Gläubiger Schadensersatz *statt der Leistung* und somit Ausgleich seines *positiven Interesses* zuzusprechen. Daher hat der Gesetzgeber sich auch bei § 311a BGB für dieses positive Interesse entschieden. In einer Prüfungsarbeit muss die ursprüngliche Streitfrage über den Schadensumfang angesichts des jetzt geltenden eindeutigen Gesetzeswortlautes nicht mehr diskutiert werden.

In unserem Fall kommt nun zum einen der entgangene Gewinn durch den möglichen Weiterverkauf in Höhe von 500 Euro als ersatzfähiger *Schaden* im Sinne des § 311a Abs. 2 Satz 1 BGB in Betracht; zum anderen sind die Kosten der Lammfellbezüge als mögliche *Aufwendungen* unter Umständen alternativ (lies § 311a Abs. 2 Satz 1 BGB: ... »**oder** Ersatz seiner Aufwendungen«) in Ansatz zu bringen.

> **Aber aufgepasst**: Die eigentliche Schwierigkeit bzw. die entscheidende Hürde bei der Durchsetzung des Anspruchs aus § 311a BGB findet sich in **§ 311a Abs. 2 Satz 2 BGB**. Gemäß § 311a Abs. 2 Satz 2 BGB gilt die Ersatzpflicht nämlich nicht, wenn der Schuldner das Leistungshindernis bei Vertragsschluss nicht kannte und seine Unkenntnis auch nicht zu vertreten hat. Das Vertretenmüssen richtet sich insoweit nach den §§ 276 ff. BGB (BGH NJW **2005**, 2851; OLG Karlsruhe NJW **2005**, 989; MüKö/*Ernst* § 311a BGB Rz. 44; *Palandt/Grüneberg* § 311a BGB Rz. 9).

Durchblick: Der § 311a Abs. 2 Satz 1 BGB begründet die Haftung des Schuldners zwar grundsätzlich damit, dass der Schuldner im konkreten Fall aufgrund anfänglicher Unmöglichkeit nicht leistungsfähig ist (BT-Drs. 14/6040 Seite 165; *Erman/Kindl* § 311a BGB Rz. 6; MüKo/*Ernst* § 311a BGB Rz. 15). Im Hinblick auf das in § 311a Abs. 2 Satz 2 BGB benannte *Vertretenmüssen* ist nun aber nicht die Unmöglichkeit der Leistung, also das Leistungshindernis selbst, sondern nur die *Kenntnis* von diesem *Leistungshindernis* maßgeblich (wichtiger Satz, bitte mindestens noch einmal lesen!). Der Schuldner soll nach § 311a Abs. 2 Satz 1 BGB bei anfänglicher Unmöglichkeit nur dann für entstandenen Schaden oder getätigte Aufwendungen des Gläubigers einstehen müssen, wenn er seine *vorvertragliche Informationspflicht* verletzt hat. Und zwar in der Form, dass ihm *schuldhaft* nicht bekannt war, dass er zur Leistung von Anfang an außerstande gewesen ist. Wie das eigentliche Leistungshindernis (→ die anfängliche Unmöglichkeit) zustande gekommen ist – also schuldhaft oder nicht schuldhaft –, spielt im Rahmen des § 311a BGB keine Rolle. Das Verschulden bei § 311a Abs. 2 BGB bezieht sich demnach allein auf die vom Schuldner verletzte Informationspflicht über seine Leistungsunfähigkeit (BGHZ **163**, 245; *Erman/Kindl* § 311a BGB Rz. 6; MüKo/*Ernst* § 311a BGB Rz. 15; PWW/*Medicus* § 311a BGB Rz. 16; *Jauernig/Stadler* § 311a BGB Rz. 7; *Palandt/Grüneberg* § 311a BGB Rz. 6). Merken.

> **Beachte**: Keine Berücksichtigung finden deshalb die unsachgemäßen Arbeiten an der Beleuchtung der Garage durch R, obwohl er mit diesen letztlich (fahrlässig!) den Brand und damit das eigentliche Leistungshindernis verursacht hat. Das haben wir ja gerade gesagt: Der § 311a BGB sanktioniert nur die **schuldhafte** Verletzung der vorvertraglichen **Informationspflicht** im Hinblick auf die Erfüllbarkeit des Vertrages (*Erman/Kindl* § 311a BGB Rz. 6; *Jauernig/Stadler* § 311 a BGB Rz. 7; *Palandt/Grüneberg* § 311a BGB Rz. 6; *Altmeppen* in DB 2001, 1399). Dass der R am Tage vor dem Vertragsschluss fahrlässig die Ursache für das spätere Leistungshindernis gesetzt hat, ist daher unerheblich und begründet insbesondere für sich allein betrachtet keine Haftung aus § 311a BGB. Und das leuchtet übrigens auch ein: Denn vor Vertragsschluss bestehen natürlich auch noch keine Schutzpflichten an der Sache. Die Sache ist zu diesem Zeitpunkt ja weder verkauft noch an irgendjemand übereignet; vor Vertragsschluss trifft den Schuldner daher auch noch nicht die Pflicht, sein Leistungsvermögen zu erhalten. Denn es besteht zu diesem Zeitpunkt überhaupt noch keine Pflicht zu irgendeiner Leistung (*Jauernig/Stadler* § 311a BGB Rz. 5).

<u>ZE.</u>: Die fahrlässige Verursachung des Brandes kann somit als Anknüpfungspunkt für eine haftungsbegründende Pflichtverletzung des Schuldners im Sinne von § 311a BGB nicht herangezogen werden.

In Betracht kommt im Rahmen des § 311a Abs. 2 BGB demnach nur die **schuldhafte** Verletzung einer vorvertraglichen **Informationspflicht** des R im Hinblick auf die Erfüllbarkeit des mit K zu schließenden Vertrages. Dem R war insoweit allerdings zum einen nicht positiv bekannt, dass der Wagen zum Zeitpunkt des Vertragsschlusses um 14:00 Uhr seit einer halben Stunde verbrannt und damit nicht mehr lieferbar gewesen ist. Im Übrigen folgt aus den Umständen des Falles, dass der R diese Unkenntnis auch nicht als fahrlässig im Sinne des § 276 Abs. 2 BGB zu vertreten hat: Der Vertrag wurde um 14:00 Uhr geschlossen, um 13:30 Uhr brannte die Garage ab und um 13:00 Uhr hatte R das Haus verlassen. Dass R sich vor dem Vertragsschluss nicht noch mal nach Hause begeben hat, um zu sehen, ob die Garage noch steht (?!), kann nicht als Außerachtlassen der im Verkehr erforderlichen Sorgfalt im Hinblick auf die Verletzung seiner Informationspflicht gewertet werden. Daran hätte man etwa dann denken können, wenn der R drei Wochen nicht zuhause gewesen wäre oder aber seinen Wagen unabgeschlossen in einer zwielichtigen Gegend abgestellt hätte. R kann hier somit die Verschuldensvermutung des § 311a Abs. 2 Satz 2 BGB widerlegen.

<u>ZE.</u>: Zwar hatte R aus § 311a Abs. 2 BGB eine Informationspflicht bezüglich seiner persönlichen Leistungsfähigkeit. Er hat diese aber nicht schuldhaft verletzt. Eine Haftung des R nach § 311a Abs. 2 Satz 1 BGB ist daher wegen der Regelung des § 311a Abs. 2 Satz 2 BGB im vorliegenden Fall ausgeschlossen.

Erg.: Dem K steht gegen R kein Anspruch auf Schadens- oder Aufwendungsersatz aus § 311a Abs. 2 Satz 1 BGB zu.

<u>AGL.:</u> §§ 280 Abs. 1, Abs. 3, 283 Satz 1, 275 Abs. 4 BGB

Aber: Diese Normen stehen als Anspruchsgrundlage für lediglich vorvertragliche Pflichtverletzungen im Rahmen der mangelnden Information über die Leistungsfähigkeit seitens des Schuldners von vornherein nicht zur Verfügung. Dafür nämlich hat der Gesetzgeber den § 311a BGB geschaffen und als abschließende Regelung ausgestaltet (BT-Drs. 14/6040 Seite 165; *Lorenz* in JZ 2001, 742; *Grunewald* in JZ 2001, 435). Wenn der Schuldner seine vorvertragliche Informationspflicht verletzt, kann dies nicht als Unterfall der Pflichtverletzung im Sinne des allgemeinen Tatbestandes § 280 BGB gedeutet werden (ausdrücklich: BT-Drs. 14/6040 Seite 166). Die Schadensersatzpflicht bei anfänglicher Unmöglichkeit richtet sich allein nach § 311a BGB, der im vorliegenden Fall aber – wie eben gesehen – mangels Verschulden ausscheidet.

Erg.: Ein Anspruch aus den §§ 280 Abs. 1, Abs. 3, 283 Satz 1, 275 Abs. 4 BGB entfällt.

Zwischenstand: So, wir haben also bislang gesehen, dass der Gläubiger im Falle einer von Anfang an unmöglichen Leistung ziemlich leer ausgeht, solange der Schuldner von dem Leistungshindernis nix wusste und dieses Nichtwissen auch nicht zu vertreten hat: Es gibt keinen Erfüllungsanspruch (wie soll das auch gehen?), keinen Anspruch auf Schadens- oder Aufwendungsersatz aus § 311a Abs. 2 BGB, denn der setzt ja wenigstens Fahrlässigkeit im Hinblick auf die Unkenntnis vom Leistungshindernis voraus; und schließlich scheitert § 280 BGB von vorneherein an der Anwendbarkeit, da § 311a BGB insoweit eine abschließende Regelung darstellt. Damit bleibt der Gläubiger demzufolge auf seinem Schaden bzw. seinen im Vertrauen auf die Erfüllbarkeit des Vertrages getätigten Aufwendungen sitzen.

Klingt irgendwie ein bisschen ungerecht. Interessant ist nun, dass der Gesetzgeber für einen vergleichbaren Fall – im Gegensatz zu § 311a Abs. 2 Satz 1 BGB – an anderer Stelle sogar einen verschuldensunabhängigen (!) Haftungstatbestand geschaffen hat. Die Rede ist vom Fall der Anfechtung wegen eines Irrtums bei der Abgabe einer Willenserklärung und der daraus resultierenden – verschuldensunabhängigen – Ersatzpflicht nach **§ 122 Abs. 1 BGB**: Wenn jemand einem Irrtum bei der Abgabe einer Willenserklärung unterliegt, diese Willenserklärung wirksam anficht und der Geschäftspartner im Vertrauen auf die Gültigkeit dieser Erklärung dann einen Schaden erlitten hat, kann er diesen Schaden nach § 122 Abs. 1 BGB ersetzt verlangen; freilich ist dieser Schadensersatzanspruch begrenzt auf das negative Interesse, den sogenannten *Vertrauensschaden* (BGH NJW **1984**, 1950). Dieser Vertrauensschaden ist nun aber immer noch besser als gar nichts bzw. als das, was der § 311a Abs. 2 Satz 1 BGB wegen der Exkulpation aus § 311a Abs. 2 Satz 2 BGB ermöglicht bzw. verhindert.

Und aus genau diesen Überlegungen folgert jetzt eine Meinung, dass bei nicht zu vertretender Unkenntnis des Schuldners im Hinblick auf das Leistungshindernis wenigstens der Vertrauensschaden des Gläubigers ersatzfähig sein soll und zieht dafür **§ 122 Abs. 1 BGB** in *analoger* Anwendung als Anspruchsgrundlage heran (*Canaris* in JZ 2001, 499, 507). Also:

<u>AGL.</u>: **§ 122 BGB analog**

Zum Fall: Würde man sich dem anschließen, stünde K ein Ersatzanspruch aus § 122 BGB analog in Höhe des Vertrauensschadens zu, was den Ersatz der 150 Euro für die im Vertrauen auf die Erfüllbarkeit des Vertrages gekauften Bezüge bedeuten würde.

Aber: Der Gesetzgeber hat die Frage, ob ein solcher Anspruch bestehen soll, in den Gesetzesmaterialien im Jahre 2001 ausdrücklich offen und damit der Wissenschaft zur Lösung überlassen: Wörtlich heißt es bei BT-Drs. 14/6040 auf Seite 166, der von Herrn *Canaris* vorgeschlagene Weg über § 122 BGB sei ein »**gangbarer Lösungsansatz**«, der aber gesetzlich nicht festgeschrieben werden sollte. Die *herrschende* bis sogar allgemeine Meinung in der Literatur lehnt die analoge Anwendung des § 122 Abs. 1 BGB für den Fall der schuldlosen anfänglichen Unmöglichkeit allerdings ab, und zwar mit folgender Begründung:

> Der § 311a Abs. 2 BGB stellt für Ersatzansprüche ausdrücklich auf das Verschuldensprinzip ab (BT-Drs. 14/6040 Seite 124; MüKo/*Ernst* § 311a BGB Rz. 41). Ansonsten soll eine Haftung bei anfänglicher Unmöglichkeit grundsätzlich ausgeschlossen sein (PWW/*Medicus* § 311a BGB Rz. 19; *Bamberger/Roth/Gehrlein* § 311a BGB Rz. 12; *Jauernig/Stadler* § 311a BGB Rz. 12). Das negative Interesse, das über eine Analogie zu § 122 BGB verschuldensunabhängig eingefordert werden könne, entspricht im Zweifel aber genau dem, was der Gläubiger über § 311a Abs. 2 BGB in Verbindung mit § 284 BGB ansonsten nur bei Vertretenmüssen des Schuldners verlangen kann (BT-Drs. 14/6040 Seite 124; *Dauner-Lieb/Arnold/Dötsch/Kitz* Seite 37). Die Anwendung des § 122 BGB würde wegen § 122 Abs. 2 BGB im Übrigen nur systemgerecht erfolgen können, wenn es sich um einen Fall des beiderseitigen Irrtums handelt; dieser aber soll nach dem Willen des Gesetzgebers ausschließlich über den Wegfall der Geschäftsgrundlage nach § 313 BGB erfasst werden (BGHZ **191**, 137; *Erman/Kindl* § 311a BGB Rz. 5; *Kohler* in Jura 2006, 241; *Dötsch* in ZGS 2002, 164). Schließlich führt eine verschuldensunabhängige Haftung zurück zur sogenannten »Garantiehaftung« des früheren Rechts, die aber wegen ihrer zur Begründung herangezogenen Billigkeitserwägungen keinen Eingang mehr in das geänderte Schuldrecht finden sollte (BT-Drs. 14/6040 Seite 165; MüKo/*Ernst* § 311a BGB Rz. 15; PWW/*Medicus* § 311a BGB Rz. 3; *Palandt/Grüneberg* § 311a BGB Rz. 14; *Kohler* in Jura 2006, 241).

Für die Klausur: Wenn einem so was in der Klausur einfällt, ist das natürlich bestens. Da man das aber von einem »normalen« Rechtsstudenten in dieser Form kaum wird verlangen können, dürfte es für eine vernünftige Note schon reichen, den Korrektor *kurz* auf die mögliche Lösung über § 122 BGB analog hinzuweisen, ihm dann aber mitzuteilen, dass eine Anwendung im Ergebnis ausscheidet. Darüber wird sich der Prüfer schon freuen, sodass die Begründung durchaus knapp gehalten werden darf. Wie man das dann argumentativ am sinnvollsten macht, steht weiter unten im Gutachten. Nachlesen schadet sicher nicht.

Erg.: Ein Anspruch auf Ersatz des Vertrauensschadens in analoger Anwendung des § 122 Abs. 1 BGB kommt nicht in Betracht. Der K geht damit insgesamt leer aus und bleibt auf den Kosten für die Lammfellbezüge ebenso sitzen wie er keinen Anspruch auf den entgangenen Gewinn in Höhe von 500 Euro hat.

Gutachten

Und jetzt kommt – wie oben im Vorspann (vgl. dort: »Zur Arbeit mit diesem Buch«) schon angekündigt – die ausformulierte Lösung, also das, was man dem Prüfer als Klausurlösung des gestellten Falles vorsetzen sollte, das **Gutachten**.

Hierzu vorab noch zwei Anmerkungen:

1.) Zunächst ist wichtig zu verstehen, dass diese ausformulierte Lösung – also das Gutachten – sich sowohl vom Inhalt als auch vom Stil her maßgeblich von dem eben dargestellten Lösungsweg, der ausschließlich der *inhaltlichen* Erarbeitung der Materie diente, unterscheidet:

In der ausformulierten (Klausur-) Lösung haben sämtliche Verständniserläuterungen nichts zu suchen. Da darf nur das rein, was den konkreten Fall betrifft und ihn zur Lösung bringt. Inhaltlich darf sich die Klausurlösung, die man dann zur Benotung abgibt, ausschließlich auf die gestellte Fall-Frage beziehen. Abschweifungen, Erläuterungen oder Vergleiche – wie wir sie oben in den Lösungsweg haufenweise zur Erleichterung des Verständnisses eingebaut haben – dürfen *nicht* in das Niedergeschriebene aufgenommen werden. Die ausformulierte Lösung ist mithin deutlich kürzer und inhaltlich im Vergleich zum gedanklichen Lösungsweg erheblich abgespeckt. Wie gesagt, es darf nur das rein, was den konkreten Fall löst. Alles andere ist überflüssig und damit – so ist das bei Juristen – *falsch*.

2.) Man sollte sich als Jura-StudentIn rechtzeitig darüber im Klaren sein, dass die Juristerei eine Wissenschaft ist, bei der – mit ganz wenigen Ausnahmen – nur das *geschriebene* Wort zählt. Sämtliche Gedanken und gelesenen Bücher sind leider so gut wie wertlos, wenn die gewonnenen Erkenntnisse vom Kandidaten nicht vernünftig, das heißt in der juristischen Gutachten- bzw. Subsumtionstechnik, zu Papier gebracht werden können. Die Prüfungsaufgaben bei den Juristen, also die Klausuren und Hausarbeiten, werden nämlich bekanntermaßen *geschrieben*, und nur dafür gibt es dann auch die Punkte bzw. Noten. Übrigens auch und gerade im Examen.

Deshalb ist es außerordentlich ratsam, frühzeitig die für die juristische Arbeit ausgewählte (Gutachten-) Technik zu erlernen. Die Gutachten zu den Fällen stehen aus genau diesem Grund hier stets im Anschluss an den jeweiligen Lösungsweg und sollten im höchsteigenen Interesse dann auch nachgelesen werden. Es ist nur geringer Aufwand, hat aber einen beachtlichen Lerneffekt, denn der Leser sieht jetzt, wie das erworbene Wissen tatsächlich nutzbar gemacht wird. Wie gesagt: In der juristischen Prüfungssituation zählt nur das *geschriebene* Wort. Alles klar!?

Und hier kommt der (Gutachten-) Text für unseren ersten Fall:

I.) K kann gegen R einen Anspruch auf Übergabe und Übereignung des Wagens aus § 433 Abs. 1 Satz 1 BGB haben.

Der Anspruch auf Lieferung des Wagens muss zunächst entstanden sein. K und R haben um 14:00 Uhr gemäß § 433 Abs. 1 Satz 1 BGB einen entsprechenden Kaufvertrag geschlossen. Nach § 275 Abs. 1 BGB ist die Leistungspflicht des Schuldners jedoch ausgeschlossen, wenn ihm die Leistung unmöglich ist. Unmöglichkeit im Sinne des § 275 Abs. 1 BGB liegt vor, wenn der Schuldner noch nicht geleistet hat und entweder er oder niemand die Leistung mehr erbringen kann. Das in Rede stehende Fahrzeug ist bereits vor dem Vertragsschluss verbrannt. Daher kann weder R noch ein Dritter den Anspruch auf Übergabe und Übereignung erfüllen. Es liegt somit ein Fall von anfänglicher objektiver Unmöglichkeit vor. Der Anspruch des K gegen R auf Erfüllung des Vertrages ist damit gemäß § 433 Abs. 1 Satz 1 BGB nicht entstanden.

Ergebnis: K hat gegen R keinen Anspruch auf Lieferung des Wagens.

II.) R kann gegen K einen Anspruch auf Kaufpreiszahlung aus § 433 Abs. 2 BGB haben.

1.) Der Anspruch aus § 433 Abs. 2 BGB muss entstanden sein. In Fällen, in denen der Schuldner nach § 275 BGB nicht zu leisten braucht, verliert der Gläubiger nach § 326 Abs. 1 BGB grundsätzlich auch den Anspruch auf die Gegenleistung. Für einen Ausnahmefall nach § 326 Abs. 2 BGB bietet der Sachverhalt keine Anhaltspunkte. Der Anspruch des R gegen K auf Zahlung des Kaufpreises aus § 433 Abs. 2 BGB ist mithin gemäß § 326 Abs. 1 BGB ebenfalls nicht entstanden.

Ergebnis: R hat gegen K keinen Anspruch auf Zahlung des Kaufpreises.

III.) K kann gegen R einen Anspruch auf Schadensersatz aus §§ 311a Abs. 2 Satz 1, 275 Abs. 4 BGB haben.

1.) Gemäß § 311a Abs. 2 Satz 1 BGB kann der Gläubiger, wenn die Voraussetzungen von § 311a Abs. 1 BGB vorliegen, nach seiner Wahl Schadensersatz statt der Leistung oder Ersatz seiner Aufwendungen verlangen. Das von R geschuldete Fahrzeug ist untergegangen. Damit liegt ein anfängliches Leistungshindernis, wie es § 311a Abs. 1 BGB voraussetzt, vor. Gemäß § 311a Abs. 2 Satz 2 BGB gilt die Ersatzpflicht jedoch nicht, wenn der Schuldner das Leistungshindernis bei Vertragsschluss nicht kannte und seine Unkenntnis auch nicht zu vertreten hat. § 311a Abs. 2 BGB sanktioniert damit die schuldhafte Verletzung einer Informationspflicht des Schuldners im Hinblick auf seine Leistungsfähigkeit und stellt insoweit eine Vermutung zulasten des Schuldners auf. Die Informationspflicht hat R im vorliegenden Fall dadurch verletzt, dass er vor Vertragsschluss gegen 14:00 Uhr nicht sichergestellt hatte, zur Leistung des Fahrzeugs auch imstande zu sein.

2.) Fraglich ist jedoch, ob R seine Unkenntnis vom Leistungshindernis auch zu vertreten hatte. Das Vertretenmüssen richtet sich nach § 276 BGB. Demnach hat der Schuldner grundsätzlich Vorsatz und Fahrlässigkeit zu vertreten. R war nicht positiv bekannt, dass der Wagen zum Zeitpunkt des Vertragsschlusses um 14:00 Uhr seit einer halben Stunde verbrannt und damit nicht mehr lieferbar gewesen ist. R, der erst um 13.00 Uhr das Haus verlassen hatte, musste sich vor dem Vertragsschluss auch nicht nochmals vergewissern, dass das Auto noch verfügbar war. Es verstieß insoweit nicht gegen die im Verkehr erforderliche Sorgfalt und handelte in Bezug auf seine Unkenntnis somit nicht fahrlässig. Demnach kann R die Verschuldensvermutung des § 311a Abs. 2 Satz 2 BGB widerlegen. Zwar hatte R aus § 311a Abs. 2 BGB eine Informationspflicht bezüglich seiner persönlichen Leistungsfähigkeit. Er hat diese aber nicht schuldhaft verletzt. Eine Haftung des R nach § 311a Abs. 2 Satz 1 BGB ist daher wegen § 311a Abs. 2 Satz 2 BGB ausgeschlossen.

Ergebnis: K hat keinen Anspruch aus §§ 311a Abs. 2 Satz 1, 275 Abs. 4 BGB.

IV.) K kann gegen R einen Anspruch auf Schadensersatz aus § 122 BGB analog haben.

Ob § 122 BGB in Fällen wie dem vorliegenden entsprechend herangezogen werden kann, ist umstritten: Nach einer Meinung soll bei nicht zu vertretender Unkenntnis des Schuldners im Hinblick auf das Leistungshindernis wenigstens der Vertrauensschaden des Gläubigers ersatzfähig sein. Demnach stünde K ein Ersatzanspruch aus § 122 BGB analog in Höhe des Vertrauensschadens zu, was konkret den Ersatz der 150 Euro für die im Vertrauen auf die Erfüllbarkeit des Vertrages gekauften Bezüge bedeuten würde. Es ist jedoch zu berücksichtigen, dass § 311a Abs. 2 BGB für Ersatzansprüche ausdrücklich auf das Verschuldensprinzip abstellt. Ansonsten soll eine Haftung bei anfänglicher Unmöglichkeit grundsätzlich ausgeschlossen sein. Das negative Interesse, das über eine Analogie zu § 122 BGB verschuldensunabhängig eingefordert werden könne, entspricht im Zweifel dem, was der Gläubiger über § 311a Abs. 2 BGB in Verbindung mit § 284 BGB ansonsten nur bei Vertretenmüssen des Schuldners verlangen kann. Die Anwendung des § 122 BGB würde wegen § 122 Abs. 2 BGB im Übrigen nur systemgerecht erfolgen können, wenn es sich um einen Fall des beiderseitigen Irrtums handelt; dieser aber soll nach dem Willen des Gesetzgebers ausschließlich über den Wegfall der Geschäftsgrundlage nach § 313 BGB erfasst werden. Schließlich würde eine verschuldensunabhängige Haftung zurück zur sogenannten »Garantiehaftung« des früheren Rechts führen, die aber wegen ihrer zur Begründung herangezogenen Billigkeitserwägungen keinen Eingang mehr in das geänderte Schuldrecht finden sollte. Ein Anspruch auf Ersatz des Vertrauensschadens in analoger Anwendung des § 122 Abs. 1 BGB scheidet demnach aus.

Ergebnis: K hat keinen Anspruch auf Schadensersatz aus § 122 Abs. 1 BGB analog.

Fall 2

Ronaldo

Hobby-Trainer T hat beim Sportartikelhändler H für seine Fußball-Mannschaft 20 Bälle der Marke »Ronaldo« zum Gesamtpreis von 500 Euro bestellt. H und T haben zudem vereinbart, dass T die Bälle abholt, sobald sie bei H verfügbar sind. Vier Tage später hat H die Bälle von seinem Lieferanten erhalten, in zwei Kisten zu je 10 Exemplaren abgepackt und an einer separaten Stelle seines Lagers deponiert. Da es bereits nach Geschäftsschluss ist, schreibt H zwar noch ein entsprechendes Fax an T, will dies aber erst am nächsten Morgen übersenden. In der Folgenacht brennt ohne Verschulden des H die Lagerhalle seines Geschäfts nieder.

Der ahnungslose T erkundigt sich zwei Wochen später nach dem Verbleib der Bälle. H schildert die Ereignisse und erklärt, er könne zwar noch die entsprechenden Bälle besorgen, diese kosteten aber wegen der enorm gestiegenen Nachfrage jetzt 600 Euro, sein Lieferant habe kurzfristig die Preise erhöht. T meint, das sei nicht sein Problem. Er verlangt vielmehr von H weiterhin 20 Bälle zum Preis von 500 Euro.

Zu Recht?

Schwerpunkte: Gattungsschuld / Stückschuld; die Konkretisierung nach § 243 Abs. 2 BGB; der Begriff der »Leistungsgefahr«; der Untergang des Leistungsanspruchs nach § 275 Abs. 1 BGB; der Begriff der Unmöglichkeit; die Abgrenzung zur Regelung des § 326 BGB; die Leistungspflicht des Schuldners bei der Holschuld.

Lösungsweg

Anspruch des T gegen H auf Lieferung der Bälle zum Preis von 500 Euro

<u>AGL.:</u> § 433 Abs. 1 Satz 1 BGB (Lieferungsanspruch aus dem Kaufvertrag)

I.) Durch den Abschluss des Vertrages ist der Anspruch auf Lieferung der 20 Bälle der Marke »Ronaldo« zum Preis von 500 Euro aus § 433 Abs. 1 Satz 1 BGB *entstanden*.

II.) Es fragt sich aber, ob dieser Anspruch aus § 433 Abs. 1 Satz 1 BGB aufgrund des Brandes und der damit verbundenen Zerstörung der Bälle wieder *untergegangen* ist. In Betracht kommt der Untergang des Lieferungsanspruchs nach § 275 **Abs. 1 BGB** (bitte lesen).

Wiederholung: Das haben wir im ersten Fall vorne zwar schon gelernt, wollen es uns aber gerade trotzdem noch mal in Erinnerung rufen: Bei der Frage des Untergangs des Erfüllungsanspruchs aus § 433 Abs. 1 BGB darf man nicht den Fehler machen, mit § 326 Abs. 1 Satz 1 BGB zu arbeiten und diese Norm dann für den Anspruchsuntergang heranzuziehen, denn: Der § 326 Abs. 1 BGB befasst sich nur mit dem Schicksal der *Gegenleistung*, und die *Gegenleistung* meint immer die *Geldzahlung*. In unserem Fall ist aber nicht nach der Zahlungspflicht gefragt, sondern wir wollen ja wissen, ob dem T weiterhin der Lieferungsanspruch (= *Leistung*) zum Preis von 500 Euro zusteht. Wir brauchen deshalb bei der vorliegenden Fallfrage nach der Lieferung der Kaufsache eine Norm, die regelt, unter welchen Umständen die *Leistungspflicht* erlischt oder ausgeschlossen ist. Und genau das steht in § 275 Abs. 1 BGB, während der § 326 Abs. 1 BGB regelt, wann die Pflicht zur *Gegenleistung* entfällt. Merken.

Zurück zu § 275 Abs. 1 BGB:

Voraussetzungen: Der Anspruch des T auf Lieferung der Bälle zum Preis von 500 Euro ist dann ausgeschlossen, wenn diese Leistung für den Schuldner oder für jedermann *unmöglich* ist (Gesetz lesen).

> **Definition**: *Unmöglichkeit* im Sinne des § 275 Abs. 1 BGB liegt vor, wenn 1.) der Schuldner noch nicht geleistet hat und 2.) entweder *er* (dann → *subjektive Unmöglichkeit = Unvermögen*) oder *niemand* die Leistung mehr erbringen kann (dann → *objektive Unmöglichkeit*).

Subsumtion:

1.) Zunächst einmal darf die Leistung von H noch nicht erbracht worden sein.

Aus dem mit T geschlossenen Kaufvertrag war der H gemäß **§ 433 Abs. 1 Satz 1 BGB** verpflichtet, dem T die Sache zu übergeben und ihm das Eigentum zu verschaffen. Das aber ist offensichtlich noch nicht geschehen, denn H hat dem T die Sachen weder übergeben noch dem T das Eigentum nach § 929 Satz 1 BGB verschafft; die Bälle lagen lediglich im Lager des H zur Abholung bereit.

<u>ZE.</u>: Die erste Voraussetzung der Unmöglichkeit im Rahmen des § 275 Abs. 1 BGB ist demnach erfüllt.

2.) Des Weiteren ist nach der Definition von oben erforderlich, dass entweder der H (dann wäre es subjektive Unmöglichkeit = *Unvermögen*) oder aber niemand mehr (dann wäre es objektive *Unmöglichkeit*) die geschuldete Leistung erbringen kann.

> **Aufgepasst**: Jetzt wird es interessant, folgender Gedankengang muss verstanden werden: Einfach nur Bälle der Marke »Ronaldo« sind fraglos noch lieferbar, sie kosten eben jetzt nur 100 Euro mehr, sind aber in jedem Falle noch zu beschaffen. Und betrachtet man allein diese Sicht der Dinge, müsste eigentlich klar sein, dass sowohl der H selbst als auch noch jeder andere grundsätzlich imstande ist, die geschuldete

Leistung ($\rightarrow$ Eigentumsverschaffung an 20 Bällen der Marke »Ronaldo«) zu erbringen, nur eben zu einem erhöhten Preis. Die Leistung wäre demzufolge *nicht* unmöglich im Sinne des § 275 Abs. 1 BGB mit der Konsequenz, dass die Leistungspflicht auch nicht ausgeschlossen wäre. H müsste demnach neue Bälle besorgen und dem T zum Preis von 500 Euro auch liefern ($\rightarrow$ seine Pflicht aus § 433 Abs. 1 BGB!).

Aber: Dieses Ergebnis sähe dann anders aus, wenn H nicht nur einfach Bälle der Marke »Ronaldo« schuldet, sondern sich das Schuldverhältnis zum Zeitpunkt des Brandes bereits auf die von H aussortierten Bälle beschränkt hatte. *Diese* Bälle nämlich sind zerstört worden mit der Konsequenz, dass *diese* Bälle weder der H noch sonst irgendjemand leisten könnte. In diesem Fall läge dann tatsächlich objektive **Unmöglichkeit** vor, wie gesagt, *diese* Bälle könnte niemand mehr leisten. Die Leistungspflicht zur Lieferung der Bälle zum Preis von 500 Euro wäre unter diesen Umständen nach § 275 Abs. 1 BGB erloschen. **Konsequenz**: Die Frage, ob der Lieferungsanspruch des T gegen H aus § 433 Abs. 1 BGB infolge von Unmöglichkeit nach § 275 Abs. 1 BGB wieder untergegangen ist, entscheidet sich danach, ob sich das Schuldverhältnis ($\rightarrow$ der Kaufvertrag zwischen H und T) bereits auf die verbrannten Bälle beschränkt hatte.

Unter welchen Umständen sich ein Schuldverhältnis auf eine bestimmte (*diese*) Sache beschränkt, regelt der **§ 243 Abs. 2 BGB**. Wir lesen bitte sehr sorgfältig den Gesetzestext ab:

> Hat der Schuldner das zur Leistung einer solchen Sache seinerseits Erforderliche getan, so beschränkt sich das Schuldverhältnis auf *diese* Sache (§ 243 Abs. 2 BGB).

Durchblick: Der in § 243 Abs. 2 BGB beschriebene Vorgang ist die berühmte Umwandlung einer Gattungsschuld in eine Stückschuld und wird bezeichnet als »**Konkretisierung**« (MüKo/*Emmerich* § 243 BGB Rz. 23; PWW/*Schmidt-Kessel* § 243 BGB Rz. 9; *Jauernig/Berger* § 243 BGB Rz. 9; *Palandt/Grüneberg* § 243 BGB Rz. 5; *Medicus/Lorenz* SR I Rz. 181). Wenn sich das Schuldverhältnis auf *diese* Sache beschränkt, dann ist die ursprüngliche Gattungsschuld konkretisiert worden zur Stückschuld.

> **Beachte bitte**: Das Gesetz kennt und benutzt die Begriffe der »Stückschuld«, »Gattungsschuld« und »Konkretisierung« übrigens gar nicht, lediglich das Wort »Gattungsschuld« taucht *einmal*, und das auch nur in einer Überschrift, auf (lies: § 243 BGB). Man muss in der Fallprüfung deshalb immer schön vorsichtig sein und darf die Worte nicht an der falschen Stelle bringen. Am besten hält man sich zunächst mal an die Formulierung des Gesetzes in § 243 Abs. 2 BGB. Das werden wir auch gleich tun, wollen uns vorher aber bitte noch Folgendes klarmachen:

Die Konsequenzen der Umwandlung einer Gattungsschuld in eine Stückschuld sind sehr beachtlich, wie wir am vorliegenden Fall sehen können, **denn**: Sollte sich das Schuldverhältnis bereits auf *diese* Bälle (die verbrannten Exemplare) konkretisiert haben (= Stückschuld), ist die Leistungspflicht ausgeschlossen, denn *diese* Bälle kann offensichtlich niemand mehr leisten. Es läge – wir sagten es oben bereits – dann ein

Fall von Unmöglichkeit vor und § 275 Abs. 1 BGB wäre anwendbar. H bräuchte keine neuen Bälle mehr zu beschaffen. Wenn sich das Schuldverhältnis hingegen noch nicht auf *diese* Bälle beschränkt hätte (= Gattungsschuld), wäre die Lieferung nach wie vor möglich und § 275 Abs. 1 BGB fände *keine* Anwendung, H müsste in diesem Fall die Bälle neu besorgen; das Risiko der Preiserhöhung (bei seinem Lieferanten) hätte er dann selbst zu tragen. Und dieses Risiko der Neubeschaffung der Ware nennt man – vorläufig letztes neues Wort – die »**Leistungsgefahr**«: Das ist die Gefahr, trotz Untergangs der Leistung (= der Sache), auf eigene Kosten eine neue Sache besorgen und liefern bzw. *leisten* zu müssen (*Medicus/Lorenz SR* I Rz. 147; *Palandt/Grüneberg* § 243 BGB Rz. 7; *Brox/Walker AS* § 22 Rz. 30). Merken.

> Unter welchen Umständen sich die eben benannte Konkretisierung – also die Umwandlung der Gattungsschuld in eine Stückschuld – vollzieht, steht glücklicherweise in § 243 Abs. 2 BGB drin: Voraussetzung ist nämlich, dass der Schuldner das zur Leistung *seinerseits Erforderliche* getan hat. Wann der Schuldner nun dieses *seinerseits Erforderliche* im Sinne des § 243 Abs. 2 BGB getan hat, hängt wiederum davon ab, welche Leistungspflicht er im konkreten Fall nach der vertraglichen Vereinbarung schuldet. Der Umfang der Leistungspflicht bestimmt sich danach, ob zwischen den Parteien eine *Hol-, Bring-* oder *Schickschuld* vereinbart worden ist.

Prüfen wir mal: Hier in unserem Fall war vertraglich abgesprochen, dass T die Bälle bei H *abholt*. Das ist ohne Zweifel die Vereinbarung einer sogenannten *Holschuld*, was übrigens den gesetzlichen (lies: § 269 Abs. 1 BGB) und auch den im richtigen Leben praktischen Normalfall darstellt.

Bei einer solchen *Holschuld* ist der Schuldner verpflichtet,

→ die Ware zu beschaffen,

→ sie auszusondern und bereitzustellen sowie

→ den Gläubiger zu benachrichtigen, dass die Ware abgeholt werden kann.

Unser H hat die Bälle beschafft, verpackt und an einer separaten Stelle seiner Lagerhalle deponiert. Dies erfüllt fraglos schon mal die ersten beiden gerade genannten Voraussetzungen. Das Problem liegt nun aber offensichtlich beim dritten Punkt, nämlich der Benachrichtigung des Gläubigers. Die Frage lautet, was genau der Schuldner für diese Benachrichtigung alles tun muss. In unserem Fall hat der H zwar das Fax geschrieben, es aber noch nicht an T gesendet; dies wollte H am nächsten Morgen erledigen. Vorher sind die Bälle dann allerdings durch den Brand vernichtet worden. Es fragt sich, ob bereits das *Anfertigen* des Fax – also die Benachrichtigungserklärung an den Gläubiger – ausreicht, um den Erfordernissen der Leistungspflicht des Schuldners bei der Holschuld zu genügen.

Im Ergebnis wird man dies natürlich verneinen müssen. Zur Begründung hilft folgender uralter Merksatz des Reichsgerichts:

> Der Schuldner hat erst dann das seinerseits Erforderliche im Sinne des § 243 Abs. 2 BGB getan, wenn er alles getan hat, sodass ihm zu tun nichts mehr übrig bleibt (RGZ **57**, 141; vgl. auch BGH WM **1964**, 1023; BGH WM **1975**, 917).

Hübscher alter Satz, den man sich bitte merken sollte, und der **Folgendes** besagt: Der Schuldner muss, will er die Konkretisierung im Sinne des § 243 Abs. 2 BGB herbeiführen, *alles* getan haben, was nach dem Inhalt des Schuldverhältnisses von seiner Seite aus ohne Mitwirkung des Gläubigers zur Erfüllung möglich und notwendig ist (BGH WM **1975**, 917; MüKo/*Emmerich* § 243 BGB Rz. 26; *Larenz* SR I § 11 I). Er muss eben alles tun, »*sodass ihm zu tun nichts mehr übrig bleibt*«.

> Hier können wir nun recht problemlos feststellen, dass der Schuldner H eben noch nicht alles getan hat, sodass ihm zu tun nichts mehr übrig geblieben wäre. Denn H hätte den T über die Bereitstellung der Ware informieren bzw. ihn benachrichtigen müssen; wie sonst soll der Gläubiger wissen, ob und wann er die Ware abholen kann?! Diese Benachrichtigung gehört deshalb zum Pflichtenkreis des Schuldners und muss mithin zwingend von ihm auch veranlasst werden (**unstreitig**: *Jauernig/Berger* § 243 BGB Rz. 9; *Palandt/Grüneberg* § 243 BGB Rz. 5; MüKo/*Emmerich* § 243 BGB Rz. 31; *Brox/Walker* AS § 8 Rz. 6; *Medicus/Lorenz SR* I Rz. 183; *Soergel/Teichmann* § 243 BGB Rz. 10). Der Schuldner hat bei der Holschuld erst dann das seinerseits Erforderliche im Sinne des § 243 Abs. 2 BGB getan, wenn er den Gläubiger tatsächlich benachrichtigt hat (*Brox/Walker* AS § 8 Rz. 6).

Das aber war bislang noch nicht geschehen, unser H hatte das Fax lediglich geschrieben, aber noch nicht an T gesendet. Der H hat somit im Hinblick auf seine Leistungspflicht noch nicht alles Erforderliche getan. Er hätte das Fax an T zumindest absenden müssen, denn dies war ihm ohne Mitwirkung des Gläubigers T möglich und damit auch erforderlich.

Folge: H hat demnach noch nicht sämtliche Handlungen, zu denen er aufgrund der vereinbarten Holschuld verpflichtet war, vorgenommen. Er hatte die Ware zwar beschafft, sie ausgesondert und bereitgestellt, den Käufer aber noch nicht benachrichtigt.

ZE.: H hat somit nicht das seinerseits Erforderliche im Sinne des § 243 Abs. 2 BGB getan mit der Konsequenz, dass auch die Rechtsfolge des § 243 Abs. 2 BGB nicht eintritt: Das Schuldverhältnis war zum Zeitpunkt des Brandes also noch *nicht* auf *diese* Sache (*diese* Bälle) beschränkt. Es ist noch nicht zur Umwandlung der Gattungsschuld in eine Stückschuld gekommen.

ZE.: Daraus ergibt sich, dass die Lieferung von 20 Bällen der Marke »Ronaldo« weiterhin problemlos möglich ist, entsprechende Bälle aus der Gattung sind ja noch vorhanden.

ZE.: Und daraus ergibt sich, dass *kein* Fall der Unmöglichkeit oder des Unvermögens gemäß § 275 Abs. 1 BGB im Hinblick auf die Leistungspflicht vorliegt, H kann tatsächlich noch leisten (Gattungsschuld!).

ZE.: Die Voraussetzungen des § 275 Abs. 1 BGB sind demnach *nicht* erfüllt.

ZE.: Der Anspruch des T gegen H auf Lieferung der 20 Bälle zum Preis von 500 Euro aus § 433 Abs. 1 BGB ist somit nicht nach § 275 Abs. 1 BGB untergegangen, er besteht weiterhin fort.

Ergebnis: Der T kann folglich von H die 20 Bälle zum Preis von 500 Euro aus § 433 Abs. 1 Satz 1 BGB fordern. H trägt im vorliegenden Fall die Leistungsgefahr, also das Risiko der Beschaffung neuer Ware, auch wenn dies zwischenzeitlich nur zu einem erhöhten Preis möglich ist.

Kurzer Nachschlag noch:

Eigentlich eine ziemlich einfache Prüfung, wenn man sich nur an die geschriebenen Voraussetzungen der §§ 275 Abs. 1, 243 Abs. 2 BGB hält und dann schön sorgfältig Schritt für Schritt im Schema bleibt. Fälle der vorliegenden Art tauchen gnadenlos häufig in universitären Übungen und auch im Examen auf, weil man hier nämlich prima überprüfen kann, ob die Kandidaten das Grundmuster der Unmöglichkeitsprüfung bei § 275 Abs. 1 BGB und der Konkretisierung im Rahmen des § 243 Abs. 2 BGB verstanden haben. Zumeist scheitern die Studenten dann aber leider daran, dass sie zwar die Begriffe *Unmöglichkeit, Stückschuld, Gattungsschuld* und *Konkretisierung* kennen, sie allerdings nicht an der richtigen Stelle bzw. in der zutreffenden Reihenfolge bringen und insbesondere den Wortlaut des Gesetzes (→ § 243 Abs. 2 BGB) schlicht ignorieren. Diesen Fehler bitte in Zukunft nicht mehr machen, sondern das Prüfungsschema bzw. den Aufbau unseres Lösungsweges oben beachten: Der Weg zur richtigen Lösung führt stets über den Begriff der *Unmöglichkeit*, und das Vorliegen dieser Unmöglichkeit hängt bei den Fällen der Gattungsschuld dann immer davon ab, ob bereits eine Konkretisierung nach § 243 Abs. 2 BGB (→ Umwandlung zur Stückschuld) eingetreten ist. Wie man diese Konkretisierung prüft, haben wir oben gesehen und werden das Ganze übrigens im nächsten Fall gleich noch mal machen, dann aber mit gesteigertem Schwierigkeitsgrad.

Gutachten

T kann gegen H einen Anspruch auf Lieferung der Bälle zum Preis von 500 Euro aus § 433 Abs. 1 Satz 1 BGB haben.

I.) Durch den Abschluss des Vertrages ist der Anspruch auf Lieferung der Bälle zum Preis von 500 Euro zunächst entstanden.

II.) Es fragt sich aber, ob dieser Anspruch auf Lieferung der Bälle aus § 433 Abs. 1 Satz 1 BGB aufgrund des Brandes und der damit verbundenen Zerstörung der Bälle nicht wieder untergegangen ist. In Betracht kommt insoweit ein Untergang des Lieferungsanspruchs nach der Vorschrift des § 275 Abs. 1 BGB. Dann müssen die Voraussetzungen von § 275 Abs. 1 BGB vorliegen. Der Anspruch des T auf Lieferung der Bälle zum Preis von 500 Euro ist dann ausgeschlossen, wenn diese Leistung für den Schuldner oder für jedermann unmöglich ist. Eine Unmöglichkeit im Sinne des § 275 Abs. 1 BGB liegt dann vor, wenn der Schuldner noch nicht geleistet hat und entweder er oder niemand die Leistung mehr erbringen kann.

1.) Aus dem mit T geschlossenen Kaufvertrag war der H gemäß § 433 Abs. 1 Satz 1 BGB verpflichtet, dem T die Sache zu übergeben und ihm das Eigentum zu verschaffen. Das ist noch nicht geschehen, denn H hat dem T die Sachen weder übergeben noch ihm das Eigentum verschafft; die Bälle lagen lediglich im Lager des H zur Abholung bereit. Die geschuldete Leistung ist von H somit nicht erbracht worden.

2.) Des Weiteren ist zu prüfen, inwieweit die Leistung überhaupt noch zu erbringen ist. Fraglich ist in diesem Zusammenhang insbesondere, was die vertraglich geschuldete Leistung war. Bestand diese in der Eigentumsverschaffung an 20 Bällen der Marke »Ronaldo« so gilt Folgendes: Bälle der Marke »Ronaldo« sind mangels entgegenstehender Angaben im Sachverhalt noch lieferbar. Sie kosten zwar 100 Euro mehr, sind aber grundsätzlich noch zu beschaffen. Demnach kann sowohl H selbst als auch jeder andere die geschuldete Leistung noch erbringen. Die Leistung wäre demzufolge nicht unmöglich im Sinne des § 275 Abs. 1 BGB mit der Konsequenz, dass die Leistungspflicht auch nicht ausgeschlossen wäre. H müsste demnach neue Bälle besorgen.

Etwas anderes ergibt sich jedoch, wenn H nicht nur Bälle der Marke »Ronaldo« schuldet, sondern sich das Schuldverhältnis zum Zeitpunkt des Brandes bereits auf die aussortierten Bälle beschränkt hatte. Diese Bälle nämlich sind zerstört worden mit der Konsequenz, dass diese Bälle weder der H noch sonst irgendjemand leisten kann. In diesem Fall läge objektive Unmöglichkeit vor.

Es kommt daher darauf an, ob sich das Schuldverhältnis zwischen T und H bereits auf die verbrannten Bälle beschränkt hatte. Unter welchen Umständen sich ein Schuldverhältnis auf eine bestimmte Sache beschränkt, regelt § 243 Abs. 2 BGB. Demnach beschränkt sich das Schuldverhältnis auf eine ganz bestimmte Sache, wenn der Schuldner das zur Leistung einer solchen Sache seinerseits Erforderliche getan. Diesen Vorgang der Umwandlung einer Gattungsschuld in eine Stückschuld bezeichnet man als »Konkretisierung«. Der

Schuldner hat dann das seinerseits Erforderliche im Sinne des § 243 Abs. 2 BGB getan, wenn er alles getan hat, sodass ihm zu tun nichts mehr übrig bleibt. Wann der Schuldner dieses seinerseits Erforderliche im Sinne des § 243 Abs. 2 BGB getan hat, hängt davon ab, welche Leistungspflicht er im konkreten Fall nach der vertraglichen Vereinbarung schuldet. Der Umfang der Leistungspflicht bestimmt sich danach, ob eine Hol-, Bring- oder Schickschuld vereinbart worden ist.

Im vorliegenden Fall war vertraglich vereinbart, dass T die Bälle bei H abholt. Hierin liegt die Vereinbarung einer Holschuld. Bei einer solchen Holschuld ist der Schuldner verpflichtet, die Ware zu beschaffen, sie auszusondern und bereit zu stellen sowie den Gläubiger zu benachrichtigen, dass die Ware abgeholt werden kann.

H hat die Bälle beschafft, verpackt und an einer separaten Stelle seiner Lagerhalle deponiert. Fraglich ist, ob H den T auch im Sinne der soeben genannten Definition ordnungsgemäß benachrichtigt hat. H hat zwar das Fax geschrieben, es aber noch nicht an T gesendet; dies wollte H am nächsten Morgen erledigen. Vorher sind die Bälle allerdings durch den Brand vernichtet worden. Da H die Erklärung an den T zwar schon aufgeschrieben, aber eben nicht abgesendet hatte, bevor die Bälle zerstört worden sind, ist diese demnach nicht in den Rechtsverkehr gelangt. H hat somit im Hinblick auf seine Leistungspflicht noch nicht alles getan, sodass ihm zu tun nichts mehr übrig bliebe. H hätte, um diese Voraussetzung zu erfüllen, zumindest das Fax an T absenden müssen. Das blieb für ihn noch übrig zu tun. Es mangelt mithin an der Benachrichtigung durch den Schuldner bei der vereinbarten Holschuld.

Somit hat H noch nicht das seinerseits Erforderliche im Sinne des § 243 Abs. 2 BGB getan. Die Rechtsfolge des § 243 Abs. 2 BGB ist aus diesem Grund noch nicht eingetreten. Mithin ist die Leistung von 20 Bällen sowohl H als auch jedem anderen nach wie vor möglich, denn Bälle der Marke »Ronaldo« sind wie gezeigt grundsätzlich noch lieferbar. Es liegt deshalb kein Fall der Unmöglichkeit oder des Unvermögens im Hinblick auf die Leistungspflicht vor, die Voraussetzungen des § 275 Abs. 1 BGB liegen nicht vor. Der Anspruch des T gegen H auf Lieferung der 20 Bälle zum Preis von 500 Euro aus § 433 Abs. 1 BGB ist nicht nach § 275 Abs. 1 BGB untergegangen, er besteht weiterhin fort.

Ergebnis: T kann von H weiterhin die 20 Bälle zum Preis von 500 Euro fordern.

Fall 3

Ronaldo II

Hobby-Trainer T hat dieses Mal die 20 Fußbälle der Marke »Ronaldo« zum Preis von 500 Euro bei der Versandhändlerin »Qualle« (Q) bestellt. Nachdem Q die Bälle ordnungsgemäß verpackt und an ihrem Geschäftssitz einer Transportfirma, deren Kosten sie aus Kulanz gegenüber T übernommen hatte, übergeben hat, gehen die Bälle aus ungeklärten Gründen auf dem Versandweg von Q zu T verloren. Als sich eine Woche später auf Nachfrage des T der Sachverhalt aufklärt, verlangt T die Lieferung neuer Bälle. Q meint, sie sei durch die Übergabe an den Transporteur von ihrer Lieferpflicht frei geworden; sie verlange von T jetzt vielmehr den Kaufpreis.

Rechtslage zwischen T und Q?

Schwerpunkte: Die Leistungsgefahr beim Versandhandel; Unterscheidung von Schick- und Bringschuld; Konkretisierung bei der Schickschuld; Leistungs-, Erfüllungs- und Erfolgsort; die Regelung des § 269 Abs. 1 und Abs. 3 BGB; Kostenübernahme durch den Verkäufer als Indiz für die Bringschuld?; die »Gegenleistungs- bzw. Preisgefahr« nach § 326 Abs. 1 BGB; Anwendbarkeit des § 447 BGB beim Verbrauchsgüterkauf im Sinne des § 474 BGB.

Lösungsweg

Vorbemerkung: Jetzt wird es im Vergleich zum vorherigen Fall deutlich schwieriger. Wir haben es hier zu tun mit einem weiteren echten Klassiker aus dem Allgemeinen Schuldrecht, nämlich der Frage, wer die Gefahr des zufälligen Untergangs der Kaufsache beim Versendungskauf trägt. Der vorliegende Fall wird uns im Rahmen dessen mit der *Schick*- und der *Bringschuld* vertraut machen, zudem die Begriffe *Leistungs-*, *Erfüllungs*- und *Erfolgsort* behandeln und schließlich auch noch die *Leistungs*- von der *Gegenleistungs- bzw. Preisgefahr* abgrenzen. Eine Menge Stoff demnach, allerdings gehören diese Begriffe zum absoluten Standardprogramm, werden jedoch leider von den meisten Kandidaten bis hin zum Examen wenig bis gar nicht beherrscht. Das werden wir jetzt ändern, wollen uns dabei aber wie immer, damit wir bei dieser kniffligen Geschichte von Anfang an den Überblick behalten, an der konkreten Fall-Lösung orientieren, also:

I.) Anspruch des T gegen Q auf Lieferung neuer Bälle

<u>AGL.</u>: § 433 Abs. 1 Satz 1 BGB (Lieferungspflicht aus dem Kaufvertrag)

I.) Mit der Bestellung (= Abschluss des Kaufvertrages) ist der Anspruch des T gegen Q auf Lieferung von 20 Bällen zum Preis von 500 Euro aus § 433 Abs. 1 Satz 1 BGB fraglos *entstanden*.

II.) Zu prüfen ist – genau wie im letzten Fall – aber, ob der Anspruch nicht nach § 275 **Abs. 1 BGB** wegen Unmöglichkeit *untergegangen* ist. Dies ist dann der Fall, wenn die Leistung für den Schuldner oder für jedermann unmöglich ist (Gesetz lesen).

> **Definition:** *Unmöglichkeit* im Sinne des § 275 Abs. 1 BGB liegt vor, wenn 1.) der Schuldner noch nicht geleistet hat und 2.) entweder *er* (dann → *subjektive Unmöglichkeit = Unvermögen*) oder *niemand* die Leistung mehr erbringen kann (dann → *objektive Unmöglichkeit*).

Subsumtion:

1.) Aus § 433 Abs. 1 Satz 1 BGB war die Q verpflichtet, dem T die Sachen zu übergeben und ihm das Eigentum zu verschaffen. Das ist auch in diesem Fall hier ohne Frage noch nicht passiert, denn T hat die Sachen nicht übergeben bekommen, geschweige denn das Eigentum (§ 929 Satz 1 BGB!) erhalten. Erfolgt war lediglich die Übergabe an die Transportperson.

<u>ZE.</u>: Die Schuldnerin Q hat somit noch nicht geleistet, die erste Voraussetzung der Unmöglichkeit liegt vor.

2.) Es fragt sich indessen, ob die Schuldnerin Q im vorliegenden Fall noch leisten kann. Und das entscheidet sich mit der Frage, inwieweit sich das Schuldverhältnis bereits auf die dem Transportunternehmen übergebenen Bälle beschränkt hatte. **Denn:** War das Schuldverhältnis schon auf *diese* Bälle beschränkt, ist die Leistungspflicht unmöglich geworden; *diese* Bälle sind nämlich verloren gegangen, können somit weder von Q noch von sonst irgendjemandem geleistet werden (= Unmöglichkeit). War die Leistungspflicht hingegen noch nicht auf die dem Transporteur übergebenen Bälle beschränkt, ist die Leistung weiterhin möglich, denn einfach nur Bälle der geforderten Art »Ronaldo« sind nach wie vor lieferbar.

> **Durchblick:** Bei genauem Hinsehen stehen wir also wieder vor der gleichen Frage wie im letzten Fall: Wir müssen, um den Träger der »**Leistungsgefahr**« bestimmen zu können, klären, ob sich das Schuldverhältnis schon auf die untergegangenen Sachen beschränkt hatte. Wenn das der Fall gewesen ist, liegt eine *Stückschuld* und daran gekoppelt die Unmöglichkeit der Leistung vor, denn *diese* Sachen sind fraglos nicht mehr lieferbar. Und wenn Unmöglichkeit vorliegt, ist auch der § 275 Abs. 1 BGB anwendbar, der Anspruch auf Lieferung wäre demnach untergegangen. War das Schuldverhältnis hingegen noch nicht auf *diese* Sachen beschränkt, bleibt es bei der ursprünglich vereinbarten *Gattungsschuld* und dann ist auch nix mit Unmög-

lichkeit, denn Sachen aus der Gattung sind nach wie vor lieferbar. Der Anspruch auf Lieferung aus § 433 Abs. 1 BGB bliebe dann bestehen.

Zum Fall: Ob sich das Schuldverhältnis im vorliegenden Fall schon auf die dem Transportunternehmer übergebenen Bälle beschränkt hatte, hängt davon ab, ob die Schuldnerin Q durch die Übergabe der Bälle an den Transporteur gemäß **§ 243 Abs. 2 BGB** das ihrerseits Erforderliche getan hat. Denn:

> Hat der Schuldner das zur Leistung einer solchen Sache seinerseits Erforderliche getan, so beschränkt sich das Schuldverhältnis auf *diese* Sache (§ 243 Abs. 2 BGB).

Wann der Schuldner dieses *seinerseits Erforderliche* im Sinne des § 243 Abs. 2 BGB getan hat, hängt nun bekanntermaßen davon ab, welche Leistungspflicht er im konkreten Fall nach der vertraglichen Vereinbarung schuldet. Der Umfang der Leistungspflicht bestimmt sich wiederum danach, ob es sich im vorliegenden Fall um eine *Hol-*, *Bring-* oder *Schickschuld* handelt. Wir müssen somit prüfen, welche Art von Schuld zwischen den Parteien vereinbart worden ist. Dummerweise gibt nun aber der Sachverhalt im vorliegenden Fall nicht viel her, außer dem Umstand, dass es sich bei Q zum einen um eine *Versandhändlerin* handelt und dass sie zum anderen aus Kulanzgründen die Kosten der Versendung übernommen hatte. Eine separate und vor allem ausdrückliche Vereinbarung der Parteien über die Art der Schuld – so wie im vorherigen Fall, als es eine Holschuld war – gibt es hier leider nicht. In solchen Fällen, in denen man die Art der Schuld aus der Verabredung der Parteien nicht eindeutig erkennen kann, bietet das Gesetz aber eine Hilfestellung an, und die steht unter der Überschrift »**Leistungsort**« in **§ 269 BGB** (bitte zunächst mal den Abs. 1 lesen).

Einschub: Bevor wir uns nun mit der Vorschrift des § 269 BGB und den aus dieser Norm erwachsenden Folgen befassen, brauchen wir zunächst noch einige wichtige Erläuterungen zur Begrifflichkeit des Gesetzes bzw. der juristischen Terminologie. Es geht dabei um die Begriffe »**Leistungsort**«, »**Erfüllungsort**« und »**Erfolgsort**«. Diese drei Worte tauchen regelmäßig bei der hier vorliegenden Problematik um die Konkretisierung, also der Umwandlung einer Gattungsschuld in eine Stückschuld, auf, werden aber leider weder von der juristischen Wissenschaft noch vom Gesetz (!) einheitlich verwendet.

Um zu kapieren, was dahinter steckt, müssen wir uns bitte als Erstes mal klar machen, dass es bei einem Kaufvertrag stets *zwei* Orte gibt, an denen rechtlich relevante Vorgänge passieren können, nämlich:

→ Zunächst gibt es den Ort, an dem der Schuldner der Leistung (= der Verkäufer) die ihm obliegenden Handlungen ausführt. In der Regel ist das sein Wohnsitz bzw. sein Geschäft; dort nämlich legt er die Ware aus, damit sie vom Käufer abgeholt werden kann.

→ Der andere Ort ist nun der, an dem der vertraglich geschuldete Erfolg (= Eigentumsverschaffung, lies: § 433 Abs. 1 Satz 1 BGB) tatsächlich eintritt. Das ist im Regelfall genau der gleiche Ort, an dem die Sache ausliegt (also beim Verkäufer), denn dort findet die notwendige Übereignung gemäß § 929 Satz 1 BGB statt, so etwa, wenn man z.B. eine CD im Musikladen kauft.

Es gibt nun aber auch Fälle, wo diese beiden Orte auseinander fallen, zum **Beispiel**: Wenn der Verkäufer und der Käufer vereinbaren, dass das bestellte Sofa von einem Transporteur angeliefert werden soll, ergibt sich Folgendes: Der Ort, an dem der Schuldner seine letzte Handlung vollzieht, ist wieder bei ihm zuhause bzw. bei seinem Geschäft, denn dort übergibt er dem Transporteur das Sofa. Ab diesem Zeitpunkt bzw. dieser Handlung kann der Verkäufer jetzt nichts mehr tun, den Rest (Anlieferung und Übergabe) macht der Transporteur.

Der vertraglich geschuldete Erfolg (= Eigentumsübertragung) tritt bei dieser Variante nun aber nicht beim Verkäufer ein, denn dort hat der Verkäufer ja nur das Sofa einem – im Zweifel fremden – Transporteur übergeben; das ist noch keine Übereignung nach § 929 Satz 1 BGB an seinen Vertragspartner. Der Vertragspartner sitzt vielmehr noch zuhause und wartet auf das Sofa. Die Eigentumsverschaffung als vertraglich geschuldeter Erfolg (§ 433 Abs. 1 Satz 1 BGB!) findet in diesem Fall erst beim *Käufer* zuhause statt. Der Ort, an dem der Schuldner seine letzte Leistungshandlung vollzieht und der Ort, an dem der vertraglich geschuldete Erfolg eintritt, sind bei dieser Variante demnach *nicht* identisch.

Und jetzt zur Begrifflichkeit:

> **1. Definition**: Der Ort, an dem der Schuldner seine letzte und abschließende Leistungshandlung vornehmen muss, heißt »**Leistungsort**« (*Medicus/Lorenz SR* I Rz. 142; *Palandt/Grüneberg* § 269 BGB Rz. 1).

> **2. Definition**: Der Ort, an dem der vertraglich geschuldete Erfolg eintritt, heißt »**Erfolgsort**« (*Medicus/Lorenz SR* I Rz. 142; *Brox/Walker AS* § 12 Rz. 11).

Nachdem wir das schon mal wissen, müssen wir jetzt zum Schluss dann noch eine der wenigen gesetzgeberischen Fehlleistungen im BGB korrigieren und uns Folgendes merken: Das Gesetz benennt den »Leistungsort« auch als »**Erfüllungsort**«, gibt beiden Begriffen aber die identische Bedeutung. Die Begriffe »Leistungsort« und »Erfüllungsort« sind inhaltlich komplett deckungsgleich (BGH NJW-RR **2007**, 777; MüKo/*Krüger* § 269 BGB Rz. 2; *Brox/Walker AS* § 12 Rz. 11; *Bamberger/Roth/Unberath* § 269 BGB Rz. 2). Wenn also beispielsweise in § 447 Abs. 1 BGB oder 448 BGB von »Erfüllungsort« die Rede ist, meint dies den »Leistungsort«, also den Ort, an dem der Schuldner seine letzte Leistungshandlung vollziehen muss. Wir können die eben zuerst genannte Definition damit noch verfeinern, und zwar so:

> **Korrigierte Definition**: Den Ort, an dem der Schuldner seine letzte und abschlie-ßende Leistungshandlung vornehmen muss, nennt das Gesetz »**Leistungs-** oder auch **Erfüllungsort**« (BGH NJW-RR **2007**, 777; *Brox/Walker* AS § 12 Rz. 11; *Medicus/Lorenz* SR I Rz. 142; *Palandt/Grüneberg* § 269 BGB Rz. 1; PWW/*Jud* § 269 BGB Rz. 2/3.).

Wo nun beim jeweiligen Vertrag der Leistungs- bzw. Erfüllungsort und der Erfolgsort sind, entscheidet die vertragliche Vereinbarung zwischen den Parteien.

Und das führt uns dann zur letzten Erläuterung und hängt zusammen mit den Begriffen *Hol-*, *Bring-* und *Schickschuld*. Denn diese Worte stehen in unmittelbarem Zusammenhang zu den eben erlernten Begriffen. Die jeweilige Art der Schuld definiert sich dadurch, wo im konkreten Fall der Leistungsort und der Erfolgsort sind. Im Schema sieht das dann so aus:

		Leistungsort ist	**Erfolgsort** ist
Holschuld	→	beim Schuldner	beim Schuldner
Bringschuld	→	beim Gläubiger	beim Gläubiger
Schickschuld	→	beim Schuldner	beim Gläubiger

Also: Wenn die Parteien die *Abholung* der Kaufsache durch den Käufer am Wohnsitz des Verkäufers vereinbart haben, sind Leistungsort und Erfolgsort identisch, nämlich beim Schuldner (= der Verkäufer), und man nennt es *Holschuld*. Wenn die Parteien hingegen vereinbart haben, dass der Verkäufer die Sache dem Käufer nach Hause *bringen* soll, sind Leistungs- und Erfolgsort zwar ebenfalls identisch, jetzt aber beim Gläubiger (= der Käufer), und man nennt es *Bringschuld*. Wenn die Parteien schließlich vereinbart haben, dass der Verkäufer die Sache durch eine andere Person zum Käufer schicken soll, fallen Leistungs- und Erfolgsort auseinander und man nennt es *Schickschuld*. Kapiert!?

Prima. Dann können wir jetzt endlich zurück zu unserem Ausgangsfall gehen und mit den eben erlernten Begriffen in der Lösung fortfahren. Wir erinnern uns bitte:

> Die Versandhändlerin Q hatte die von T bestellten 20 Bälle einem Transporteur übergeben und auf dem Versandweg waren die Sachen dann aus ungeklärten Gründen verschwunden. Der T verlangte daraufhin weiter Lieferung von 20 Bällen zum Preis von 500 Euro aus **§ 433 Abs. 1 Satz 1 BGB** und Q hatte erklärt, sie sei von ihrer Lieferungspflicht durch die Übergabe an den Transporteur frei geworden. Wir waren in unserer Prüfung nun so weit, dass als Untergangsgrund im Hinblick auf die Leistungspflicht der **§ 275 Abs. 1 BGB** in Betracht kam, dafür aber *Unmöglichkeit* vorliegen musste. Ob Unmöglichkeit vorlag, hing davon ab, ob sich das Schuldverhältnis bereits auf die dem Transporteur übergebenen Bälle beschränkte, denn *diese* Bälle kann logischerweise niemand mehr liefern. Inwieweit eine Konkretisierung auf *diese* Bälle vorliegt, hängt gemäß **§ 243 Abs. 2 BGB** davon ab, ob der Schuldner das seiner-

seits Erforderliche getan hat. Und ob der Schuldner dieses seinerseits Erforderliche getan hat, hängt davon ab, welche Art von Schuld zwischen den Parteien vereinbart war.

So, das müssen wir also klären, um herauszufinden, was die Q zur Konkretisierung alles tun musste. Eine ausdrückliche Vereinbarung über die Art der Schuld fehlt in unserem Fall. Wir hatten weiter oben dann den **§ 269 Abs. 1 BGB** als erste Auslegungshilfe herangezogen, und der sagt, dass im Zweifel am *Wohnsitz des Schuldners* die Leistung erfolgen, also der Leistungsort sein soll. Das könnte also sowohl bei der Hol-, als auch bei der Schickschuld der Fall sein (vgl. oben das Schema).

Aber: In § 269 Abs. 1 BGB steht auch, dass dies nur dann gilt, wenn nicht aus den Umständen, insbesondere der Natur des Schuldverhältnisses etwas anderes zu entnehmen ist (bitte prüfen). Und genau das ist die Frage, **denn**: Im vorliegenden Fall haben wir es zu tun mit einem Kauf bei einem *Versandhändler* (!). Bei einem Versandhandel aber liegt der Erfolgsort sicher nicht beim Schuldner, denn die Übergabe und Übereignung der Kaufsache findet beim Gläubiger (= Käufer) statt, der bekommt die Kaufsache ja nach Hause gesendet (»Versand«handel!). Der Erfolgsort ist demnach beim Gläubiger, was aber die Holschuld auf jeden Fall schon mal ausschließt (bitte oben im Schema überprüfen). **Konsequenz**: Aus den besonderen Umständen bzw. der Natur des Schuldverhältnisses ist zu entnehmen, dass es sich hier *nicht* um eine Holschuld handelt. In Betracht kommt somit nur noch entweder eine *Bring*- oder eine *Schickschuld*. Bei beiden ist der Erfolgsort beim Gläubiger (prüfen!); allerdings ist der Leistungsort unterschiedlich, was im vorliegenden Fall sehr beachtliche Folgen hat, nämlich:

→ Wenn es eine *Schickschuld* ist, liegt der Leistungsort beim *Schuldner*. Der Schuldner muss somit die Sache an seinem Wohnsitz einem ordentlichen Transporteur übergeben und hat damit dann das seinerseits Erforderliche im Sinne des § 243 Abs. 2 BGB getan (BGH BB **1965**, 349; *Medicus/Lorenz SR* I Rz. 142; *Palandt/Grüneberg* § 243 BGB Rz. 5).

→ Wenn es hingegen eine *Bringschuld* ist, liegt der Leistungsort beim *Gläubiger*. Der Schuldner muss in diesem Falle die Sache dem Gläubiger an dessen Wohnsitz bringen und ihm dort in einer den Annahmeverzug begründenden Weise anbieten (*Medicus/Lorenz SR* I Rz. 142; *Brox/Walker AS* § 12 Rz. 13). Erst dann hat der Schuldner bei der Bringschuld das seinerseits Erforderliche im Sinne des § 243 Abs. 2 BGB getan.

In unserem Fall hat Q die Bälle an ihrem Geschäftssitz verpackt und dann dem Transporteur übergeben. Die Q hat demnach nur dann bereits die Konkretisierung im Sinne des § 243 Abs. 2 BGB vorgenommen, wenn das vorliegende Geschäft eine *Schickschuld* gewesen ist. Und nur dann läge auch ein Fall von Unmöglichkeit nach § 275 Abs. 1 BGB vor – die Bälle sind ja verschwunden – mit der Folge, dass Q tatsächlich von ihrer Leistungspflicht frei geworden wäre.

Ob die Kaufverträge des Versandhandels als Schick- oder Bringschulden zu beurteilen sind, ist nun dummerweise höchst umstritten:

- Nach einer Ansicht soll es sich hierbei um *Bringschulden* handeln, der Leistungs- und der Erfolgsort demnach beide beim Gläubiger liegen (OLG Stuttgart NJW-RR **1999**, 1576; OLG Frankfurt NJW-RR **1989**, 957; LG Bad Kreuznach VuR **2003**, 80; *Erman/Ebert* § 269 BGB Rz. 12; *Palandt/Grüneberg* § 269 BGB Rz. 12; Mü-Ko/*Krüger* § 269 BGB Rz. 20; *Brüggemeier* in WM 2002, 1376).

- Nach anderer Auffassung, vor allem der des BGH, handelt es sich hingegen bei den Geschäften, die über den Warenversand abgewickelt werden, in Ermangelung gesonderter Absprachen um *Schickschulden*; der Leistungsort solle also beim Schuldner, der Erfolgsort beim Gläubiger liegen (BGH NJW **2003**, 3341; *Bamberger/Roth/Unberath* § 269 BGB Rz. 33; PWW/*Schmidt* § 447 BGB Rz. 8; *Soergel/Wolf* § 269 BGB Rz. 16; *Wertenbruch* in JuS 2003, 625; *Lorenz* in ZGS 2003, 421).

An dieser Stelle muss man nun natürlich einer Ansicht den Vorzug gewähren, der vorliegende Streit entscheidet – wir haben es oben schon herausgearbeitet – sogar unseren Fall. Im Ergebnis wollen wir uns dabei der zweiten gerade genannten Auffassung anschließen (also der des BGH), und zwar aus folgenden Erwägungen: Der Gesetzgeber hat in § 269 Abs. 1 BGB festgelegt, dass im Zweifel der Wohnsitz des Schuldners der Leistungsort sein soll (→ Hol- oder Schickschuld). Für eine abweichende Beurteilung bedarf es nach dem Wortlaut des Gesetzes entweder besonderer Umstände, oder aber es muss sich aus der Natur des Schuldverhältnisses ergeben. Nun wird man zwar sagen können, dass ein Versandhandel grundsätzlich davon lebt, seine Ware zu *versenden* und dass es insoweit auch zur Verpflichtung des Verkäufers gehören müsste, die Ware an den Wohnsitz des Gläubigers zu bringen (→ Bringschuld). **Aber:** Diese Beurteilung widerspräche der gesetzlichen Wertung des **§ 269 Abs. 3 BGB** (bitte lesen). Nach § 269 Abs. 3 BGB genügt noch nicht mal der Umstand, dass der Verkäufer die Kosten der Versendung übernommen hat, für die Annahme, dass der Ort, an den die Versendung zu erfolgen hat (= Erfolgsort), auch der Leistungsort sein soll (schwerer Satz, bitte mindestens noch einmal lesen!). Selbst bei der Versendung auf Kosten des Verkäufers verbleibt der Leistungsort nach Wertung des § 269 Abs. 3 BGB also grundsätzlich beim Schuldner mit der Konsequenz, dass es sich auch dann um eine Schickschuld handelt.

Folge: Der Gesetzgeber hat demnach selbst dann, wenn der Verkäufer neben der Versendung auch noch deren Kosten übernimmt, in § 269 Abs. 3 BGB die Vermutung aufgestellt, dass es dennoch keine Bringschuld sein, der Leistungsort also weiterhin beim Schuldner liegen soll (→ Schickschuld). Und aus dieser Wertung lässt sich zudem folgern, dass dies natürlich *erst Recht* gelten muss, wenn der Verkäufer zwar die Ware übersendet, er aber dafür – was im Versandhandel sogar eher üblich sein dürfte – nicht mal die Kosten übernimmt, sondern diese dem Käufer aufbürdet (BGH NJW **2003**, 3342). Denn wenn es nicht mal für eine Bringschuld reicht, dass der Verkäufer die Kosten der Versendung übernimmt, kann dies bei einfacher Versendung ohne Kostenübernahme durch den Verkäufer schon gar nicht gelten.

Merke: Soweit nichts anderes ausdrücklich oder stillschweigend zwischen den Parteien vereinbart ist, handelt es sich nach herrschender Meinung beim *Versandgeschäft* um eine Form der *Schickschuld*. Der Leistungsort liegt demnach beim Schuldner, der Erfolgsort beim Gläubiger. Nach der gesetzlichen Wertung des § 269 Abs. 3 BGB gilt dies sogar dann, wenn der Verkäufer die Kosten der Versendung übernommen hat (BGH NJW **2003**, 3341; PWW/*Schmidt* § 447 BGB Rz. 8; *Bamberger/Roth/Unberath* § 269 BGB Rz. 33; *Soergel/Wolf* § 269 BGB Rz. 16; *Wertenbruch* in JuS 2003, 625; *Lorenz* in ZGS 2003, 421).

Konsequenzen für unseren Fall: Wir haben es vorliegend zu tun mit einem Versandgeschäft, bei dem der Verkäufer aus Kulanzgründen die Kosten der Versendung übernommen hat. Nach dem, was wir eben gelernt haben, folgt daraus nun, dass nach der gesetzlichen Wertung des § 269 Abs. 1 und Abs. 3 BGB dies *keine* Bringschuld begründet, sondern vielmehr der Leistungsort weiterhin beim Schuldner liegt, es somit eine *Schickschuld* ist. Und für den Fall der Schickschuld hatten wir weiter oben gesagt, dass der Schuldner dann das seinerseits Erforderliche im Sinne des § 243 Abs. 2 BGB getan hat, wenn er die Sache an seinem Wohnsitz einem ordentlichen Transporteur übergeben hat (BGH BB **1965**, 349; *Medicus/Lorenz SR* I Rz. 142; *Palandt/Grüneberg* § 243 BGB Rz. 5). Mit diesem Akt tritt dann Konkretisierung ein, die Gattungsschuld wandelt sich gemäß § 243 Abs. 2 BGB um zur Stückschuld.

Und genau das ist hier bei uns passiert, als Q die Bälle dem Transporteur übergeben hat. Das Schuldverhältnis war in diesem Moment beschränkt auf *diese* Bälle (lies: § 243 Abs. 2 BGB). *Diese* Bälle sind nun aber leider untergegangen mit der Folge, dass *diese* Bälle natürlich auch niemand mehr leisten kann. Die Leistung ist somit *unmöglich*. Und damit liegen die Voraussetzungen von § 275 Abs. 1 BGB vor, der Anspruch auf Lieferung der Bälle ist ausgeschlossen (= untergegangen).

Erg.: Der Anspruch des T gegen Q auf Lieferung der Bälle zum Preis von 500 Euro aus § 433 Abs. 1 BGB ist gemäß § 275 Abs. 1 BGB untergegangen. Der T kann keine neuen Bälle mehr fordern.

II.) Der Kaufpreisanspruch der Q gegen T

So. Um den Fall vollständig erfassen zu können, müssen wir uns jetzt noch mit der Frage beschäftigen, ob die Q denn nun den *Kaufpreis* von T verlangen kann. Neue Bälle beschaffen muss sie nicht, das haben wir gerade festgestellt, der Erfüllungsanspruch des T aus § 433 Abs. 1 BGB ist nach § 275 Abs. 1 BGB untergegangen. Die Bälle aber hat die Q ja bereits herausgegeben, es stellt sich die Frage, wer denn nun den Preis bzw. die Kosten dieser Bälle zu tragen hat. Oder noch genauer:

> Wer trägt im Falle des Versendungskaufs beim zufälligen Untergang der Kaufsache das Risiko der Kaufpreiszahlung und damit die sogenannte »**Gegenleistungsbzw. Preisgefahr**«?

Durchblick: Bislang haben wir in unserem Fall oben nur geklärt, ob und wann beim zufälligen Untergang der Kaufsache der Verkäufer zur Neubeschaffung verpflichtet ist. Das war die Frage nach der sogenannten »**Leistungsgefahr**«. Geklärt ist damit aber noch nicht, wer denn für die Kosten der untergegangenen Sache das Risiko trägt. Einer von beiden muss die Sachen schließlich bezahlen bzw. für den Verlust aufkommen, der Verkäufer hat insoweit schon Kosten gehabt, nämlich die Sachen herausgegeben und dafür bislang nix, vor allem keinen Kaufpreis erhalten. Also: Bleibt der Verkäufer darauf sitzen oder erhält er doch – trotz Untergangs der Sachen – den Kaufpreis (= »**Gegenleistungs- bzw. Preisgefahr**«)?

Lösung: Der Kaufpreisanspruch ist zunächst durch den Abschluss des Kaufvertrages *entstanden* nach § 433 Abs. 2 BGB. Dieser Kaufpreisanspruch könnte aber wieder *untergegangen* sein nach § 326 Abs. 1 Satz 1 BGB (bitte lesen).

> Grundsätzlich *entfällt* gemäß § 326 Abs. 1 Satz 1 BGB der Anspruch auf die Gegenleistung (= Geld = Kaufpreis), wenn der Schuldner nach § 275 Abs. 1 BGB nicht zu leisten braucht. Und genau so war das bei uns, denn wir haben oben ja festgestellt, dass der Leistungsanspruch des T gegen Q wegen Unmöglichkeit nach § 275 Abs. 1 BGB ausgeschlossen war. Der Verkäufer hat demnach keinen Anspruch mehr auf die Gegenleistung, wenn die Sache untergeht und ein Fall von Unmöglichkeit vorliegt, er bleibt folglich auf den Kosten der Kaufsache sitzen, er trägt die »**Gegenleistungsbzw. Preisgefahr**«.

Aber: Hiervon gibt es *Ausnahmen*, und die stehen in **§ 326 Abs. 2 BGB** (auch der muss gelesen werden). Uns interessiert im vorliegenden Fall vor allem der § 326 Abs. 2 Satz 1, Fall 1 BGB, wonach der Schuldner ausnahmsweise den Anspruch auf die Gegenleistung behält, wenn der Gläubiger allein verantwortlich ist für den Umstand, wonach die Leistungspflicht untergegangen ist. Und hier muss man nun wissen, dass mit dieser »Verantwortlichkeit« unter anderem die Gefahrtragungsregeln der **§§ 446, 447 Abs. 1 BGB** gemeint sind (BT-Drs. 14/6040 Seite 242; *Palandt/Grüneberg* § 326 BGB Rz. 9; *Jauernig/Stadler* § 326 BGB Rz. 13), wovon uns im vorliegenden Fall hauptsächlich der **§ 447 Abs. 1 BGB** interessiert (bitte lesen). Nach § 447 Abs. 1 BGB geht beim *Versendungskauf* die Gefahr des zufälligen Untergangs der Kaufsache in dem Moment über, in dem der Verkäufer die Sache dem Spediteur übergeben hat.

> Geht man nun mit der herrschenden Meinung davon aus, dass der Versandhandel, mit dem wir es hier zu tun haben, einen Fall des Versendungskaufs im Sinne des § 447 Abs. 1 BGB darstellt (BGH NJW **2003**, 3341; *Palandt/Weidenkaff* § 447 BGB Rz. 5; MüKo/*Krüger* § 269 BGB Rz. 20; *Brox/Walker* BS § 3 Rz. 19; *Jauernig/Berger* § 447 BGB Rz. 8), wäre die Gefahr des zufälligen Untergangs der Kaufsache mit der Übergabe von Q an den Transporteur auf T übergegangen. Der T wäre folglich wegen § 447 Abs. 1 BGB von diesem Moment an »**allein verantwortlich**« für den Untergang der

Sache im Sinne des § 326 Abs. 2 Satz 1 BGB und Q behielte demnach den Anspruch auf die Gegenleistung. Die »Preis- bzw. Gegenleistungsgefahr« läge bei T.

Finte! So wie gerade geschildert ist der Weg zwar richtig, aber es fehlt noch der letzte – entscheidende – Schritt, nämlich: Der § 447 Abs. 1 BGB findet gemäß **§ 474 Abs. 2 Satz 2 BGB** keine Anwendung auf »**Verbrauchsgüterkäufe**«. Ein solcher Verbrauchsgüterkauf liegt immer dann vor, wenn ein Verbraucher (§ 13 BGB) von einem Unternehmer (§ 14 BGB) eine bewegliche Sache kauft (BGH JZ **2012**, 147). Und so ist das in den allermeisten Fällen des täglichen Lebens mit der Konsequenz, dass die Gefahrtragungsregel des § 447 BGB *nicht* zur Anwendung kommt; der Gesetzgeber wollte beim Verbrauchsgüterkauf die Gefahr des zufälligen Untergangs grundsätzlich erst mit der Übergabe und Besitzverschaffung auf den Käufer übergehen lassen, und zwar auch im Falle des Versendungskaufs bzw. der Schickschuld (BT-Drs. 14/6040 Seite 242).

> **Beachte:** Sowohl in Klausuren und Hausarbeiten als auch in der Praxis lässt sich nicht immer zweifelsfrei feststellen, ob jemand bei einem bestimmten Geschäft als Verbraucher im Sinne des § 13 BGB oder Unternehmer im Sinne des § 14 BGB auftritt. Der BGH hat hierzu im Jahre 2009 festgestellt, dass in Zweifelsfällen grundsätzlich davon auszugehen ist, dass eine Person als *Verbraucher* handelt. Die Unternehmereigenschaft muss sich also im konkreten Fall »eindeutig und zweifelsfrei« aus den Umständen ergeben (BGH NJW **2009**, 3780; vgl. aktuell dazu BGH JZ **2012**, 147).

Zum Fall: Der Kaufpreisanspruch der Q gegen T ist zunächst aus § 433 Abs. 2 BGB entstanden. Dieser Anspruch könnte aber wieder untergegangen sein nach § 326 Abs. 1 BGB. Die Voraussetzungen des § 326 Abs. 1 Satz 1 BGB liegen auch vor, der Schuldner ist gemäß § 275 Abs. 1 BGB von der Leistungspflicht grundsätzlich erst einmal frei geworden. Etwas anderes könnte sich aber noch aus § 326 Abs. 2 Satz 1 BGB in Verbindung mit § 447 Abs. 1 BGB ergeben. Gemäß § 447 Abs. 1 BGB trägt beim Versendungskauf der Käufer vom Zeitpunkt der Übergabe der Sache an den Transporteur das Risiko des zufälligen Unterganges. Allerdings ist das hier in Frage stehende Geschäft ein Verbrauchsgüterkauf im Sinne des § 474 Abs. 1 BGB mit der Konsequenz, dass wegen § 474 Abs. 2 Satz 2 BGB die Gefahrtragungsregel des § 447 Abs. 1 BGB ausgeschlossen ist. Der § 326 Abs. 2 BGB findet mithin keine Anwendung und es verbleibt bei der Regel des § 326 Abs. 1 BGB. Q hat den Anspruch auf die Gegenleistung verloren, sie trägt die »**Preisgefahr**«.

Gesamtergebnis: Dem T steht kein Anspruch auf Lieferung der Bälle zum Preis von 500 Euro aus § 433 Abs. 1 BGB mehr zu, dieser ist nach § 275 Abs. 1 BGB untergegangen. Die Q hat allerdings auch keinen Anspruch auf den Kaufpreis aus § 433 Abs. 2 BGB mehr, da dieser nach § 326 Abs. 1 BGB untergegangen ist. Die Kosten der verschwundenen Bälle hat sie daher selbst zu tragen.

Gutachten

I.) T kann gegen Q einen Anspruch auf Lieferung neuer Bälle zum Preis von 500 Euro aus § 433 Abs. 1 Satz 1 BGB haben.

1.) Mit dem Abschluss des Kaufvertrages ist der Anspruch des T gegen Q auf Lieferung neuer Bälle aus § 433 Abs. 1 Satz 1 BGB entstanden.

2.) Fraglich ist, ob der Anspruch nach § 275 Abs. 1 BGB wegen Unmöglichkeit untergegangen ist. Dies ist dann der Fall, wenn die Leistung für den Schuldner oder für jedermann unmöglich ist. Unmöglichkeit im Sinne des § 275 Abs. 1 BGB liegt vor, wenn der Schuldner noch nicht geleistet hat und entweder er oder niemand die Leistung mehr erbringen kann.

a) Aus § 433 Abs. 1 Satz 1 BGB war Q verpflichtet, T die Sachen zu übergeben und ihm das Eigentum zu verschaffen. Das ist noch nicht passiert, denn T hat die Sachen nicht übergeben bekommen. Q hat somit noch nicht geleistet.

b) Es fragt sich indessen, ob die Schuldnerin Q im vorliegenden Fall noch leisten kann. Hierfür ist maßgeblich, inwieweit sich das Schuldverhältnis bereits auf die dem Transportunternehmen übergebenen Bälle beschränkt hatte. War das Schuldverhältnis schon auf diese Bälle beschränkt, ist die Leistungspflicht unmöglich geworden. War die Leistungspflicht hingegen noch nicht auf die dem Transporteur übergebenen Bälle beschränkt, ist die Leistung weiterhin möglich, denn Bälle der geforderten Art »Ronaldo« sind nach wie vor lieferbar.

Ob sich das Schuldverhältnis im vorliegenden Fall schon auf die dem Transportunternehmer übergebenen Bälle beschränkt hatte, hängt davon ab, ob die Schuldnerin Q durch die Übergabe der Bälle an den Transporteur gemäß § 243 Abs. 2 BGB das ihrerseits Erforderliche getan hat. Hat der Schuldner das zur Leistung einer solchen Sache seinerseits Erforderliche getan, so beschränkt sich das Schuldverhältnis auf diese Sache, § 243 Abs. 2 BGB. Wann der Schuldner dieses seinerseits Erforderliche im Sinne des § 243 Abs. 2 BGB getan hat, hängt davon ab, welche Leistungspflicht er im konkreten Fall nach der vertraglichen Vereinbarung schuldet. Der Umfang der Leistungspflicht bestimmt sich wiederum danach, ob es sich im vorliegenden Fall um eine Hol-, Bring- oder Schickschuld handelt.

Eine separate und vor allem ausdrückliche Vereinbarung der Parteien über die Art der Schuld ist nicht ersichtlich. In Fällen, in denen man die Art der Schuld aus der Verabredung der Parteien nicht eindeutig erkennen kann, gilt § 269 BGB.

Im Zweifel soll die Leistung demnach am Wohnsitz des Schuldners erfolgen. Das kann sowohl bei der Hol-, als auch bei der Schickschuld der Fall sein. Allerdings gilt dies nach § 269 Abs. 1 BGB nur dann, wenn nicht aus den Umständen, insbesondere der Natur des Schuldverhältnisses etwas anderes zu entnehmen ist. Beim Versandhandel liegt der Erfolgsort indes nicht beim Schuldner, denn die Übergabe und Übereignung der Kaufsache findet regelmäßig beim Gläubiger statt. Der Erfolgsort ist demnach beim Gläubiger. Die

Holschuld ist daher ausgeschlossen. In Betracht kommt somit nur noch entweder eine Bring- oder eine Schickschuld. Ob die Kaufverträge des Versandhandels als Schick- oder Bringschulden zu beurteilen sind, ist umstritten:

aa) Nach einer Meinung soll es sich hierbei um Bringschulden handeln, sowohl der Leistungs- als auch der Erfolgsort demnach beim Gläubiger liegen.

bb) Nach anderer Auffassung handelt es sich hingegen bei den Geschäften, die über den Warenversand abgewickelt werden, in Ermangelung gesonderter Absprachen um Schickschulden; der Leistungsort solle also beim Schuldner, der Erfolgsort beim Gläubiger liegen.

Der Streit ist für die Fall-Lösung erheblich und bedarf daher einer Entscheidung. Der Gesetzgeber hat in § 269 Abs. 1 BGB festgelegt, dass im Zweifel der Wohnsitz des Schuldners der Leistungsort sein soll. Für eine abweichende Beurteilung bedarf es nach dem Wortlaut des Gesetzes entweder besonderer Umstände, oder aber es muss sich aus der Natur des Schuldverhältnisses ergeben.

Nun wird man zwar sagen können, dass ein Versandhandel grundsätzlich davon lebt, seine Ware zu versenden und dass es insoweit auch zur Verpflichtung des Verkäufers gehören müsste, die Ware an den Wohnsitz des Gläubigers zu bringen. Diese Beurteilung widerspräche indes der gesetzlichen Wertung des § 269 Abs. 3 BGB. Nach § 269 Abs. 3 BGB genügt noch nicht mal der Umstand, dass der Verkäufer die Kosten der Versendung übernommen hat, für die Annahme, dass der Ort, an den die Versendung zu erfolgen hat, auch der Leistungsort sein soll. Selbst bei der Versendung auf Kosten des Verkäufers verbleibt der Leistungsort nach Wertung des § 269 Abs. 3 BGB also grundsätzlich beim Schuldner. Mit der zweitgenannten Auffassung handelt es sich damit beim Versandgeschäft um eine Form der Schickschuld.

Der Schuldner hat demnach dann das seinerseits Erforderliche im Sinne des § 243 Abs. 2 BGB getan, wenn er die Sache an seinem Wohnsitz einem ordentlichen Transporteur übergeben hat. Mit diesem Akt tritt dann Konkretisierung ein, die Gattungsschuld wandelt sich gemäß § 243 Abs. 2 BGB um zur Stückschuld. Q hat die Bälle an ihrem Geschäftssitz verpackt und dann dem Transporteur übergeben. Q hat demnach die Konkretisierung im Sinne des § 243 Abs. 2 BGB herbeigeführt. Diese Bälle sind untergegangen mit der Folge, dass diese Bälle niemand mehr leisten kann. Die Leistung ist somit unmöglich.

Ergebnis: Damit liegen die Voraussetzungen von § 275 Abs. 1 BGB vor, der Anspruch auf Lieferung der Bälle ist ausgeschlossen. T kann keine neuen Bälle mehr fordern.

II.) Q kann gegen T einen Anspruch auf Kaufpreiszahlung aus § 433 Abs. 2 BGB haben.

1.) Der Anspruch ist mit Abschluss des Kaufvertrages nach § 433 Abs. 1 BGB zunächst entstanden.

2.) Der Kaufpreisanspruch könnte aber nach § 326 Abs. 1 Satz 1 BGB untergegangen sein. Grundsätzlich entfällt gemäß § 326 Abs. 1 Satz 1 BGB der Anspruch auf die Gegenleistung, wenn der Schuldner nach § 275 Abs. 1 BGB nicht zu leisten braucht. Q ist wie gezeigt die Übergabe und Übereignung der Bälle unmöglich geworden. Die Voraussetzungen des § 326 Abs. 1 BGB liegen vor, der Schuldner ist gemäß § 275 Abs. 1 BGB von der Leistungspflicht frei geworden.

Etwas anderes könnte sich aber noch aus § 326 Abs. 2 Satz 1 BGB in Verbindung mit § 447 Abs. 1 BGB ergeben. Gemäß § 447 Abs. 1 BGB trägt beim Versendungskauf der Käufer vom Zeitpunkt der Übergabe der Sache an den Transporteur das Risiko des zufälligen Unterganges. Allerdings ist das hier in Frage stehende Geschäft ein Verbrauchsgüterkauf im Sinne des § 474 Abs. 1 BGB mit der Konsequenz, dass wegen § 474 Abs. 2 Satz 2 BGB die Gefahrtragungsregel des § 447 Abs. 1 BGB ausgeschlossen ist. § 326 Abs. 2 BGB findet mithin keine Anwendung und es verbleibt bei der Regel des § 326 Abs. 1 BGB. Q hat den Anspruch auf die Gegenleistung verloren, sie trägt die »Preisgefahr«.

Ergebnis: Q hat damit keinen Anspruch auf den Kaufpreis aus § 433 Abs. 2 BGB.

Fall 4

Koste es, was es wolle!

Autoliebhaber L hat vormittags beim Gebrauchtwagenhändler H einen 30 Jahre alten Mercedes SL zum (Markt-) Preis von 10.000 Euro gekauft. Die Übergabe soll erst am nächsten Tag erfolgen, da H den Wagen noch einmal technisch überprüfen will. Am Nachmittag sieht dann Rechtsanwalt A das Fahrzeug im Fenster des H stehen, stürmt in den Laden und meint zu H, er kaufe den Mercedes, »koste es, was es wolle«. H überlegt einen Augenblick und meint, das sei kein Problem, der Wagen sei für 15.000 Euro zu haben. Der ahnungslose A zahlt (bar) und nimmt das Auto gleich mit.

L erfährt am nächsten Tag von der Geschichte. Er fragt nun nach seinen Rechten und will insbesondere wissen, ob er von H die Beschaffung des Wagens verlangen kann. H weigert sich und meint, das Auto könne er dem L nicht mehr liefern, er habe mit A telefoniert, der verlange für einen Rückkauf 30.000 Euro, das sei ihm (H) nicht zumutbar. Hilfsweise will L dann wenigstens den von H beim Verkauf an A erzielten Mehrerlös in Höhe von 5.000 Euro haben. H lehnt auch das ab und meint, der Mehrerlös stehe L nicht zu, denn dann würde L ja an seiner (des H) Geschäftstüchtigkeit verdienen.

Welche Ansprüche des L gegen H sind begründet?

> **Schwerpunkte:** Die subjektive Unmöglichkeit; Voraussetzungen und Funktion des § 275 Abs. 2 BGB; die sogenannte »praktische« und die »wirkliche« Unmöglichkeit innerhalb von § 275 BGB; Probleme bei der Verpflichtung zum Rückerwerb; Anspruch aus den §§ 285 Abs. 1, 275 Abs. 4 BGB.

Lösungsweg

I.) Anspruch des L gegen H auf Lieferung des Wagens

<u>AGL.:</u> § 433 Abs. 1 Satz 1 BGB (Kaufvertrag)

1.) Mit dem Abschluss des Kaufvertrages zwischen L und H ist der Anspruch des L auf Lieferung des Wagens aus § 433 Abs. 1 Satz 1 BGB zunächst einmal *entstanden*.

2.) Dieser Anspruch könnte aber aufgrund der Veräußerung des Autos durch H an A wegen Unmöglichkeit gemäß **§ 275 Abs. 1 BGB** wieder *untergegangen* sein.

Einstieg: Von den beiden in § 275 Abs. 1 BGB genannten Varianten kommt im vorliegenden Fall natürlich nur die »**subjektive Unmöglichkeit**« (= *Unvermögen*) in Betracht, denn dass die Leistung von niemandem mehr erbracht werden kann (= objektive Unmöglichkeit), scheidet hier augenscheinlich aus; der Wagen ist ja dem A, der mithin noch leisten könnte, übereignet worden. Deshalb kommt hier dann eben nur die *subjektive* Unmöglichkeit in Frage.

Aber: Der § 275 Abs. 1 BGB erfasst mit seinen beiden Varianten nach dem Willen des Gesetzgebers allein die sogenannte »**wirkliche**« – auch »**physische**« oder »**absolute**« – Unmöglichkeit. Eine solche liegt nur dann vor, wenn die Leistung für den Schuldner auch nicht theoretisch, also unter keinen Umständen mehr zu erbringen ist (BT-Drs. 14/6040 Seite 129; *Brox/Walker* AS § 22 Rz. 3).

Besteht hingegen noch die, wenn auch nur theoretische (etwa mit einem unverhältnismäßig hohen Aufwand einhergehende) Möglichkeit zur Leistung, handelt es sich *nicht* um einen Fall des § 275 Abs. 1 BGB. In diesen Fällen der sogenannten »**faktischen**« oder auch »**praktischen**« Unmöglichkeit soll vielmehr **§ 275 Abs. 2 BGB** zur Anwendung kommen (BT-Drs. 14/6040 Seite 129; BGH NJW **2005**, 2852; *Erman/Westermann* § 275 BGB Rz. 23; *Jauernig/Stadler* § 275 BGB Rz. 17). Mit faktischer Unmöglichkeit gemeint ist z.B. der berühmte Ring auf dem Meeresgrund, den man nur mit einem extrem teuren Spezialgerät heraufholen könnte und der nach früherem Recht eine objektive Unmöglichkeit begründete und grundsätzlich zum Anspruchsuntergang führte (BT-Drs. 14/6040 Seite 129; *Palandt/Grüneberg* § 275 BGB Rz. 22; *Brox/Walker* § 22 Rz. 20; zum früheren Recht: BGH NJW **1983**, 2873; *Staudinger/Löwisch* § 275 BGB a.F. Rz. 7).

Zum Fall: Hier bei uns sieht es nun so aus, dass der H selbst zur Zeit zwar das Auto nicht leisten kann, denn der Wagen ist dem A bereits übereignet worden mit der Folge, dass die Eigentumsverschaffung, die H dem L aus dem Kaufvertrag schuldet (§ 433 Abs. 1 Satz 1 BGB!), von H nicht mehr erbracht werden kann. Allerdings könnte H den Wagen von A theoretisch ja *zurückerwerben* und dann dem L übereignen. Die Leistung ist dem H demzufolge nicht gänzlich oder im oben genannten Sinne absolut unmöglich. Das ist im Fall der Veräußerung einer bereits verkauften Sache an einen Dritten nur dann der Fall, wenn der Dritte jeden Rückkauf definitiv ablehnt oder auch wenn er nicht mehr auffindbar ist (BT-Drs. 14/6040 Seite 128). Kann der Schuldner indessen seine Leistungsfähigkeit durch die Wiederbeschaffung (hier: den Rückkauf) der Sache tatsächlich wiederherstellen, liegt *kein* Fall des Unvermögens im Sinne des § 275 Abs. 1 BGB vor (BT-Drs. 14/6040 Seite 129; *Canaris* in JZ 2001, 501). Diese Konstellation richtet sich vielmehr nach **§ 275 Abs. 2 BGB** (BT-Drs. 14/6040 Seite 129; *Erman/Westermann* § 275 BGB Rz. 23; *Jauernig/Stadler* § 275 BGB Rz. 17; BGHZ **131**, 183).

<u>**ZE.:**</u> Im vorliegenden Fall ist der Lieferungsanspruch des L gegen H aus § 433 Abs. 1 Satz 1 BGB somit nicht nach § 275 Abs. 1 BGB wegen Unmöglichkeit untergegangen. Es fehlt insoweit an der »**wirklichen**« Unmöglichkeit, die der § 275 Abs. 1 BGB voraussetzt.

3.) Dem Anspruch des L auf Lieferung könnte dann aber **§ 275 Abs. 2 BGB** entgegenstehen.

Durchblick: Der jetzt von uns hier zu prüfende § 275 Abs. 2 BGB stellt im Gegensatz zu § 275 Abs. 1 BGB eine sogenannte »**Einrede**« dar. Das bedeutet, dass wenn die Voraussetzungen vorliegen, dem Schuldner ein *Leistungsverweigerungsrecht* erwächst. Dieses muss man im Prozess nun tatsächlich geltend machen, sonst wird es vom Gericht bei der Rechtsfindung nicht berücksichtigt (*Jauernig/Stadler* § 275 BGB Rz. 32; *Canaris* in ZRP 2001, 330; *Fischer* in DB 2001, 1923). Der Gesetzgeber hat den § 275 Abs. 2 BGB übrigens als geltend zu machendes Leistungsverweigerungsrecht ausgestaltet, damit der Schuldner selbst die Wahl hat, ob er die unter Umständen teure Wiederbeschaffung durchführen will oder sich, wenn er das nicht möchte, dann möglichen Schadensersatzansprüchen aussetzt. Diese Schadensersatzansprüche erwachsen dem Gläubiger nämlich erst, wenn der Schuldner die Erfüllung unter Berufung auf § 275 Abs. 2 BGB verweigert (*Jauernig/Stadler* § 275 BGB Rz. 32). Der § 275 Abs. 1 BGB hingegen ist eine klassische *Einwendung* und lässt den Anspruch bereits kraft Gesetzes untergehen; die Vorschrift wird somit vom Gericht auch ohne Berufung seitens des Schuldners geprüft (*Palandt/Grüneberg* § 275 BGB Rz. 32; *Knütel* in NJW 2001, 2520).

In unserem Fall hat der H erklärt, er brauche nicht mehr zu liefern, da ihm die Wiederbeschaffung des Wagens wegen des hohen Preises unzumutbar sei. In dieser Erklärung liegt die schlüssige Berufung auf § 275 Abs. 2 BGB. H hat sich somit konkludent auf das Leistungsverweigerungsrecht des § 275 Abs. 2 BGB bezogen mit der Folge, dass wir es hier auch zu prüfen haben.

Die Voraussetzungen des § 275 Abs. 2 BGB:

Der Schuldner kann gemäß § 275 Abs. 2 Satz 1 BGB die Leistung verweigern, soweit diese einen Aufwand erfordert, der unter Beachtung des Schuldverhältnisses und der Gebote von Treu und Glauben in einem groben Missverhältnis zu dem Leistungsinteresse des Gläubigers steht. Gemäß § 275 Abs. 2 <u>Satz 2</u> BGB ist bei der Bestimmung der dem Schuldner zuzumutenden Anstrengungen zudem auch zu berücksichtigen, ob er das Leistungsinteresse zu vertreten hat (Gesetz lesen). Wir müssen also einen Vergleich ziehen zwischen dem *Aufwand* des Schuldners im Hinblick auf die Leistungserbringung und dem wirtschaftlichen und möglicherweise auch ideellen *Interesse* des Gläubigers an der Leistung. Nur wenn dort ein »**grobes Missverhältnis**« entsteht, ist der Schuldner berechtigt, die Leistung zu verweigern. Im Vordergrund dieser Abwägung steht nach dem Willen des Gesetzgebers aber ausdrücklich das *Leistungsinteresse* des *Gläubigers*. Im Rahmen des § 275 Abs. 2 BGB ist demnach nur zu fragen, ob der Aufwand des Schuldners für den Gläubiger von unverhältnismäßig geringem Nutzen ist (*Canaris* in ZRP 2001, 329). Der Aufwand des Schuldners ist somit allein am – zumeist wirtschaftlichen – Nutzen des Gläubigers zu messen (BT-Drs. 14/6040 Seite 130). Die eigenen Interessen des Schuldners bleiben im Hinblick auf § 275 Abs. 2

BGB grundsätzlich unberücksichtigt; sie können nur im Falle der persönlichen Leistungserbringung nach § 275 Abs. 3 BGB in die Abwägung einfließen (*Jauernig/Stadler* § 275 BGB Rz. 24).

Wenn sich nun aus dem Schuldverhältnis sowie Treu und Glauben keine Besonderheiten ergeben, sind zunächst der von Schuldnerseite zu tätigende Aufwand und von Gläubigerseite das Interesse an der Leistung in ihrem reinen *Geldwert* anzusetzen (MüKo/*Ernst* § 275 BGB Rz. 79; *Erman/Westermann* § 275 BGB Rz. 25; *Jauernig/Stadler* § 275 BGB Rz. 24). Man hat also zu prüfen, welchen wirtschaftlichen Aufwand der Schuldner zur Leistungsfähigkeit tätigen muss und setzt diesen in Vergleich zum wirtschaftlichen Nutzen des Gläubigers (*Lorenz/Riehm* Rz. 305). Dieser Vergleich schließlich muss zu einem groben Missverhältnis führen.

> **Definition**: Ein *grobes Missverhältnis* im Sinne des § 275 Abs. 2 BGB liegt dann vor, wenn das Verhältnis zwischen Gläubigerinteresse und Schuldneraufwand ein besonders krasses, nach Treu und Glauben vollkommen untragbares Ausmaß erreicht hat (BT-Drs. 14/6040 Seite 130; BGH NJW **2008**, 3122; BGH NJW **2005**, 2852; PWW/*Schmidt-Kessel* § 275 BGB Rz. 20; *Palandt/Grüneberg* § 275 BGB Rz. 28).

Prüfen wir mal: Im vorliegenden Fall könnte der Schuldner die Sache zu einem Preis von 30.000 Euro wiederbeschaffen. Der Aufwand des Schuldners im Sinne des § 275 Abs. 2 BGB beträgt wertmäßig also diese 30.000 Euro. Das wirtschaftliche Leistungsinteresse des Gläubigers bestimmt sich grundsätzlich aus dem Vertragsinhalt (*Jauernig/Stadler* § 275 BGB Rz. 25) und umfasst zunächst in jedem Fall den objektiven Wert der Sache (*Erman/Westermann* § 275 BGB Rz. 26; MüKo/*Ernst* § 275 BGB Rz. 79). Dieser objektive Wert der Sache liegt ausweislich der Sachverhaltsangabe beim Marktwert von 10.000 Euro. Zu vergleichen sind, wenn andere ideelle Gesichtspunkte seitens des Gläubigers nicht mehr in Betracht kommen, demnach diese beiden Werte. Und insoweit kann dann im vorliegenden Fall zunächst festgestellt werden, dass der Schuldner das Dreifache (also **300 %**) des objektiven Wertes aufwenden muss, um das Leistungshindernis zu beheben bzw. seine Leistungsfähigkeit wieder herzustellen.

> **Problem**: In den Fällen der Wiederbeschaffung der Kaufsache gibt es bislang aufgrund der noch vergleichsweise jungen Gesetzesnovellierung des BGB aus dem Jahre 2002 noch keine festen Größen, anhand derer man schematisch ein grobes Missverhältnis im Sinne des § 275 Abs. 2 BGB annimmt oder eben ablehnt (*Erman/Westermann* § 275 BGB Rz. 26; *Jauernig/Stadler* § 275 BGB Rz. 26). Die Entscheidung darüber hängt deshalb, auch nach dem Willen des Gesetzgebers, stets am Einzelfall und den dort vorliegenden konkreten Umständen (BGH NJW **2010**, 2341; BT-Drs. 14/6040 Seite 130).

Freilich gibt es in der Wissenschaft schon Vorschläge, die namentlich von *Huber/Faust* (Die Schuldrechtsmodernisierung, 2002, dort bei Kapitel 2 Rz. 68) entwickelt wurden und die die Fälle der hier bei uns vorliegenden Art der Wiederbeschaffung der Kaufsache betreffen. *Huber/Faust* wollen folgende Prozentwerte als

Untergrenze für ein »grobes Missverhältnis« ansetzen, wenn der Schuldner die Sache tatsächlich wiederbeschaffen kann. Ein grobes Missverhältnis im Sinne des § 275 Abs. 2 BGB bei der Wiederbeschaffung der Kaufsache soll demnach vorliegen können ab

→ 110 % des Marktwertes der Sache, wenn der Schuldner das Leistungshindernis nicht zu vertreten hat;

→ 120 % bei Vertretenmüssen ohne Verschulden;

→ 130 % bei einfacher Fahrlässigkeit;

→ 140 % bei grober Fahrlässigkeit und

→ 150 % bei vorsätzlicher Herbeiführung des Leistungshindernisses.

Achtung: Das sind *Vorschläge*, mehr aber nicht. Diese Vorschläge werden allerdings in Ermangelung anderweitiger Richtwerte zurzeit auf jeden Fall diskutiert, dabei teilweise vorsichtig angezweifelt (*Erman/Westermann* § 275 BGB Rz. 27; *Medicus/Lorenz SR* I Rz. 370) oder aber auch als durchaus sinnvolle Anhaltspunkte bzw. als »grobe Faustregeln« befunden (*Jauernig/Stadler* § 275 BGB Rz. 27; *PWW/Schmidt-Kessel* § 275 BGB Rz. 23; *Palandt/Grüneberg* § 275 BGB Rz. 28; *MüKo/Ernst* § 275 BGB Rz. 89). Grundsätzlich ist man sich indessen einig, dass der § 275 Abs. 2 BGB insgesamt *restriktiv* ausgelegt werden muss und nur auf Ausnahmefälle anwendbar sein soll, da er dem Gläubiger unter den genannten Umständen den ersatzlosen Wegfall seines Erfüllungsanspruchs zumutet (*PWW/Schmidt-Kessel* § 275 BGB Rz. 21; *Palandt/ Grüneberg* § 275 BGB Rz. 27; *Bamberger/Roth/Unberath* § 275 BGB Rz. 36; *Erman/ Westermann* § 275 BGB Rz. 24; *Lorenz/Riehm* Rz. 310; *Canaris* in JZ 2001, 502). Daher hat der Gesetzgeber auch die Formulierung »**grobes**« Missverhältnis gewählt und damit den Ausnahmecharakter der Vorschrift deutlich gemacht (BT-Drs. 14/6040 Seite 130).

Ob nun die oben aufgezählten Werte von *Huber/Faust* unter Berücksichtigung dessen letztlich verbindlich werden, ist zurzeit noch nicht abschließend zu beurteilen; gut möglich, dass sie – auch deutlich – nach oben korrigiert werden (vgl. etwa *Erman/Westermann* § 275 BGB Rz. 27, wo die Obergrenze bei **200** % angesetzt wird; Herr *Medicus* meint, **300** % könne die Grenze sein, SR I Rz. 370). Erwähnenswert ist insoweit dann abschließend noch die Rechtsprechung des BGH zum alten § 251 Abs. 2 BGB, die der Gesetzgeber als »gewisse Parallele« zu § 275 Abs. 2 BGB ansehen möchte (BT-Drs. 14/6040 Seite 130) und wo das Gericht bei vergleichbarer Problematik etwa das 33-fache (!) des Kaufpreises bei Vorsatz des Schuldners als unverhältnismäßig angesehen (BGH NJW **1988**, 699) oder bei 180 % und Fahrlässigkeit des Schuldners noch keine Unverhältnismäßigkeit der Wiederbeschaffung angenommen hat (BGH NJW **1996**, 3269); diese Unverhältnismäßigkeit wurde dafür aber bereits vom OLG Hamm bei 130 % bejaht (OLG Hamm NJW-RR **2001**, 1390) und vom OLG Celle bei 126 % (OLG Celle NJW-RR **2004**, 1605). Der BGH hat inzwischen entschieden, dass wenn der Schuldner das Leistungshindernis zu vertreten hat, Aufwendungen mindestens bis zur Grenze eines möglichen Schadensersatzes nach § 275 Abs. 2 BGB erstattungsfähig sein sollen (BGH NJW **2008**, 3122).

Zu unserem Fall: Wir haben weiter oben schon mal festgestellt, dass der H hier 300 % des Marktwertes aufwenden muss, um seine Leistungsfähigkeit in Bezug zu L wiederherzustellen. Das dürfte auf den ersten Blick durchaus ein grobes Missverhältnis im Sinne des § 275 Abs. 2 BGB begründen.

> **Aber**: Zu berücksichtigen ist bei der Bestimmung der dem Schuldner zuzumutenden Anstrengungen ausweislich des **§ 275 Akbs. 2 Satz 2 BGB** indes zum einen noch, ob der Schuldner das Leistungshindernis *zu vertreten* hat, was im vorliegenden Fall problemlos bejaht werden kann und muss, denn H hat den Wagen im Wissen um den Verkauf an L sogar *vorsätzlich* an den A veräußert und damit das Leistungshindernis herbeigeführt. Insoweit sind dann deutlich höhere Maßstäbe an den Aufwand des Schuldners zu stellen; wörtlich heißt es in der Gesetzesbegründung, in solchen Fälle müsse der Schuldner »wesentlich mehr als den Marktpreis bieten« (BT-Drs. 14/6040 Seite 131; vgl. dem ausdrücklich zustimmend: *Jauernig/Stadler* § 275 BGB Rz. 27; *Brox/Walker* AS § 22 Rz. 19; *Erman/Westermann* § 275 BGB Rz. 25). Und schließlich sollen bei der Bestimmung der Höhe des zumutbaren Aufwandes des Schuldners neben den wirtschaftlichen auch noch die ideellen Interessen des Gläubigers Berücksichtigung finden (*Palandt/Grüneberg* § 275 BGB Rz. 28). Auch dies ließe sich hier in Ansatz bringen, denn der L ist »Autoliebhaber« und erwirbt als solcher einen 30 Jahre alten Mercedes SL (= Einzelstück!).

Wie man sich angesichts dieser Gesichtspunkte und unter Berücksichtigung der Vorschläge von *Huber/Faust* (siehe oben) im vorliegenden konkreten Fall entscheidet, dürfte letztlich dann dennoch reine Argumentationsfrage und im Ergebnis im besten Sinne des Wortes »gleichgültig« sein. Wir wollen hier in unserer Lösung trotz der vorsätzlichen Herbeiführung des Leistungshindernisses und den durchaus vorhandenen ideellen Interessen dennoch von einem groben Missverhältnis im Sinne des § 275 Abs. 2 BGB ausgehen und insoweit den finanziell beachtlichen Aufwand von 300 % des Marktwertes als Hauptargument für die Unzumutbarkeit der Wiederbeschaffung annehmen (vgl. *Erman/Westermann* § 275 BGB Rz. 27; *Jauernig/Stadler* § 275 BGB Rz. 27; *Medicus/Lorenz SR* I Rz. 370).

ZE.: Die von H aufzuwendenden 30.000 Euro stehen im groben Missverhältnis zu Gläubigerinteresse im Sinne des § 275 Abs. 2 BGB (andere Ansicht wäre aber – mit vernünftiger Begründung – ebenso gut vertretbar).

Erg.: Dem H steht gegen den Erfüllungsanspruch des L auf Lieferung des Mercedes aus § 433 Abs. 1 Satz 1 BGB das Leistungsverweigerungsrecht nach § 275 Abs. 2 BGB zu. Und da H dieses auch geltend gemacht (= sich darauf berufen) hat, kann L seinen Anspruch nicht mehr durchsetzen.

II.) Anspruch auf Zahlung des Mehrerlöses (5.000 Euro)

<u>AGL.</u>: §§ 285 Abs. 1, 275 Abs. 4 BGB

Zuerst bitte mal das Gesetz lesen: »Erlangt der Schuldner infolge des Umstandes, aufgrund dessen er die Leistung nach § 275 Abs. 1 bis 3 BGB nicht zu erbringen braucht, für den geschuldeten Gegenstand einen Ersatz oder Ersatzanspruch, so kann der Gläubiger Herausgabe des als Ersatz Empfangenen oder Abtretung des Herausgabeanspruchs verlangen.«

Subsumtion: Der H muss also das an L herausgeben, was er durch den die Leistung unmöglich bzw. unzumutbar machenden Umstand erlangt hat. Und jetzt müssen wir sehr genau hinsehen: Der »Umstand«, der zum Leistungsuntergang nach § 275 Abs. 2 BGB geführt hat, war bei genauer Betrachtung die Übereignung des Wagens von H an A gemäß § 929 Satz 1 BGB, also das *dingliche Rechtsgeschäft* zwischen H und A. Denn erst durch diesen Akt verliert unser H das Eigentum an dem Wagen und damit auch die Möglichkeit, dem L das Fahrzeug in Erfüllung des Kaufvertrages später noch zu übereignen. Dafür hätte er weiterhin Eigentümer sein müssen (lies: § 929 Satz 1 BGB!). Der Umstand, der dem H die Lieferung an L unmöglich bzw. unzumutbar gemacht hatte, war folglich die (dingliche) Übereignung des Wagens auf den A.

Infolge *dieses* Umstandes (also der Eigentumsübertragung auf A) aber erlangt der H genau genommen gar nichts, jedenfalls keinen Anspruch und auch kein Geld. Denn das Geld, also den Kaufpreis in Höhe von 15.000 Euro, erhält H durch die Übereignung der Geldscheine (A zahlt bar!) im Zuge der Kaufvertragserfüllung von A. Hält man sich somit streng an den Wortlaut des § 285 Abs. 1 BGB, müsste man demnach eigentlich sagen, dass H den Kaufpreis, auf den es unser L abgesehen hat, *nicht* infolge des Umstandes, aufgrund dessen H die Leistung nach § 275 Abs. 2 BGB nicht zu erbringen braucht, erlangt. Denn, wie gesagt, der die Leistung unmöglich machende Umstand war die Übereignung des Wagens an A, nicht aber die davon **abstrakt** zu sehende Kaufpreiszahlung.

Indessen: Sind das Ereignis, das den Schuldner von der Leistungspflicht befreit (hier: die Übereignung der Sache an A) und der Umstand, der den Ersatzanspruch begründet (hier: Übereignung der Geldscheine im Zuge der Kaufvertragserfüllung) nicht identisch, kann § 285 BGB dennoch angewendet werden, wenn beide Ereignisse eine wirtschaftliche Einheit bilden. Unter § 285 BGB fällt daher auch das durch Rechtsgeschäft, insbesondere Verkauf vom Schuldner erzielte Entgelt; man nennt dies dann *commodum ex negotiatione* oder auch *rechtsgeschäftliches commodum* (**unstreitig**: BGHZ **46**, 264; BGH NJW **1983**, 930; *Jauernig/Stadler* § 285 BGB Rz. 8; *Brox/Walker* AS § 22 Rz. 27; *Palandt/Grüneberg* § 285 BGB Rz. 7; *Kleinhenz/Junk* in ZGS 2008, 253).
Zum Fall: L kann somit selbstverständlich doch die von H erzielten 15.000 Euro gemäß § 285 Abs. 1 BGB fordern, die Zahlung des Geldes bildet nämlich eine wirtschaftliche Einheit mit der Veräußerung des Wagens an A.

<u>ZE.</u>: Dem L steht gegen H ein Anspruch auf Zahlung der 15.000 Euro aus § 285 Abs. 1 BGB zu.

Letzter Schritt: Aufpassen müssen wir nun ganz zum Schluss noch auf Folgendes: Dem L steht zwar – wie gesehen – der Anspruch auf Herausgabe bzw. Zahlung der 15.000 Euro aus § 285 Abs. 1 BGB zu. Er bleibt allerdings dann wegen **§ 326 Abs. 3 Satz 1 BGB** (lesen) zur *Gegenleistung* (= Kaufpreiszahlung) verpflichtet! Und das ist auch ziemlich gerecht, denn so wird gewährleistet, dass er tatsächlich nur den von H erzielten Überschuss im Vergleich zum eigenen Kaufpreis erhält. H hat 15.000 Euro von A bekommen, der L sollte für das gleiche Auto nur 10.000 Euro zahlen. Es bleibt für L demnach die Differenz von 5.000 Euro, wie gesagt, er ist wegen § 326 Abs. 3 Satz 1 BGB seinerseits weiter zur Gegenleistung verpflichtet.

> **Feinkost**: In der streng juristisch-dogmatischen Durchführung geht das dann übrigens so, dass man in dem Begehren auf Herausgabe des Mehrerlöses seitens des Gläubigers eine schlüssige Aufrechnungserklärung im Sinne des **§ 388 BGB** sieht (BVerfG NJW-RR **1993**, 764; BGHZ **26**, 241; OLG Brandenburg NJW-RR **2000**, 1620). Genau genommen stehen sich hier nämlich zwei gleichartige (Geld-) Forderungen gegenüber: Der H hat weiterhin gegen L den Anspruch auf Zahlung von 10.000 Euro aus § 433 Abs. 2 BGB; und L kann von H seinerseits 15.000 Euro aus § 285 Abs. 1 BGB fordern (siehe oben). Und damit jetzt nicht beide Forderungen erfüllt werden müssen (was für ein Aufwand!), rechnet man einfach diese beiden Forderungen gegenseitig auf mit der Folge, dass der Anspruch des H gegen L in Höhe von 10.000 Euro vollständig erloschen ist und für L eine Forderung in Höhe von 5.000 Euro übrig bleibt (lies: **§ 389 BGB**). Alles klar!? Einzelheiten zur Aufrechnung gibt es übrigens weiter unten in Fall Nr. 15.

Ergebnis: Nach zu unterstellender Aufrechnung verbleibt für L gegen H ein Anspruch auf Zahlung von 5.000 Euro aus den §§ 285 Abs. 1, 275 Abs. 4 BGB.

Gutachten

I.) L kann gegen H einen Anspruch auf Lieferung des Wagens aus § 433 Abs. 1 Satz 1 BGB haben.

1.) Mit dem Abschluss des Kaufvertrages zwischen L und H ist Anspruch des L auf Lieferung des Wagens aus § 433 Abs. 1 Satz 1 BGB zunächst entstanden.

2.) Dieser Anspruch könnte aber aufgrund der Veräußerung des Autos durch H an A wegen Unmöglichkeit gemäß § 275 Abs. 1 BGB wieder untergegangen sein. Dies ist der Fall, wenn die Leistung dem Schuldner unmöglich geworden ist. Unmöglichkeit liegt vor, wenn die Leistung für den Schuldner auch nicht theoretisch, also unter keinen Umständen mehr zu erbringen ist. H selbst kann das Auto nicht leisten, denn der Wagen ist dem A bereits übereignet worden mit der Folge, dass die Eigentumsverschaffung, die H dem L aus dem Kaufvertrag schuldet, von H nicht mehr erbracht werden kann. Allerdings ist fraglich, wie es sich auswirkt, dass H den Wagen von A zurückerwerben und dann dem L übereignen könnte. Im Fall der Veräußerung einer bereits verkauften Sache an einen Dritten tritt Unmöglichkeit nach § 275 Abs. 1 BGB nur ein, wenn der Dritte jeden Rückkauf definitiv ablehnt oder wenn er nicht mehr auffindbar ist. Kann der Schuldner indessen seine Leistungsfähigkeit durch die Wiederbeschaffung der Sache tatsächlich wiederherstellen, liegt kein Fall von § 275 Abs. 1 BGB vor. Die Leistung ist H demzufolge nicht gänzlich unmöglich oder im oben genannten Sinne absolut unmöglich. Der Lieferungsanspruch des L gegen H aus § 433 Abs. 1 Satz 1 BGB ist somit nicht nach § 275 Abs. 1 BGB wegen subjektiver Unmöglichkeit untergegangen.

3.) Fraglich ist jedoch, ob der Anspruch auch durchsetzbar ist. Dem Anspruch des L auf Lieferung kann hier ein Leistungsverweigerungsrecht des H nach § 275 Abs. 2 BGB entgegenstehen. Der Schuldner kann gemäß § 275 Abs. 2 Satz 1 BGB die Leistung verweigern, soweit diese einen Aufwand erfordert, der unter Beachtung des Schuldverhältnisses und der Gebote von Treu und Glauben in einem groben Missverhältnis zu dem Leistungsinteresse des Gläubigers steht, wobei nach § 275 Abs. 2 Satz 2 BGB bei der Bestimmung der dem Schuldner zuzumutenden Anstrengungen auch zu berücksichtigen ist, ob er das Leistungsinteresse zu vertreten hat. H hat erklärt, er brauche nicht mehr zu liefern, da ihm die Wiederbeschaffung des Wagens wegen des hohen Preises unzumutbar sei. In dieser Erklärung liegt die schlüssige Berufung auf § 275 Abs. 2 BGB.

Es kommt daher auf einen Vergleich zwischen dem Aufwand des Schuldners im Hinblick auf die Leistungserbringung und dem wirtschaftlichen und möglicherweise auch ideellen Interesse des Gläubigers an der Leistung an. Nur wenn ein »grobes Missverhältnis« entsteht, ist der Schuldner berechtigt, die Leistung zu verweigern. Ein grobes Missverhältnis im Sinne des § 275 Abs. 2 BGB liegt dann vor, wenn das Verhältnis zwischen Gläubigerinteresse und Schuldneraufwand ein besonders krasses, nach Treu und Glauben vollkommen untragbares Ausmaß erreicht hat. Der H kann den Wagen zu einem Preis von 30.000 Euro wiederbeschaffen. Der Aufwand des Schuldners im Sinne des § 275 Abs. 2 BGB beträgt damit also 30.000 Euro. Das wirtschaftliche Leistungsinteresse des Gläubigers bestimmt sich grundsätzlich aus dem Vertragsinhalt und umfasst in jedem Fall den objektiven Wert der Sache. Dieser objektive Wert der Sache liegt ausweislich der Sachverhaltsangabe beim Marktwert von 10.000 Euro. Insoweit kann dann im vorliegenden Fall festgestellt werden, dass der Schuldner H das Dreifache (also 300 %) des objektiven Wertes aufwenden müsste, um das Leistungshindernis zu beheben bzw. seine Leistungsfähigkeit wiederherzustellen.

Das spricht für die Annahme eines groben Missverhältnisses im Sinne des § 275 Abs. 2 BGB. Bei der Bestimmung der dem Schuldner zuzumutenden Anstrengungen ist allerdings auch zu berücksichtigen, ob der Schuldner das Leistungshindernis zu vertreten hat und auch die ideellen Interessen des Gläubigers sollen in die Wertung Eingang finden. H hat den Wagen im Wissen um den Verkauf an L sogar vorsätzlich an den A veräußert und damit das Leistungshindernis herbeigeführt. Insoweit sind höhere Maßstäbe an den Aufwand des Schuldners anzulegen. L ist darüber hinaus »Autoliebhaber« und erwirbt als solcher den 30 Jahre alten Mercedes SL, der für ihn einen besonderen ideellen Wert besitzt. Indes erscheint die Belastung des H auch bei Zugrundelegung dieser Maßstäbe jenseits der Grenze des Zumutbaren. Wegen des beachtlichen finanziellen Mehraufwands von 300 % des Marktwertes ist die Wiederbeschaffung demgemäß unzumutbar. Die von H aufzuwendenden 30.000 Euro stehen mithin in einem groben Missverhältnis zum Interesse des Gläubigers L im Sinne des § 275 Abs. 2 BGB.

Ergebnis: H steht gegen den Erfüllungsanspruch des L auf Lieferung des Mercedes aus § 433 Abs. 1 Satz 1 BGB das Leistungsverweigerungsrecht nach § 275 Abs. 2 BGB zu. Der Anspruch des L ist damit nicht durchsetzbar.

II.) L kann gegen H einen Anspruch auf Zahlung des Mehrerlöses in Höhe von 5.000 Euro aus §§ 285 Abs. 1, 275 Abs. 4 BGB haben.

Damit der Anspruch begründet ist, muss der Schuldner infolge des Umstandes, aufgrund dessen er die Leistung nach § 275 Abs. 1 bis 3 BGB nicht zu erbringen braucht, für den geschuldeten Gegenstand einen Ersatz oder Ersatzanspruch erlangt haben.

Der Umstand, der zum Leistungsuntergang nach § 275 Abs. 2 BGB geführt hat, war die Übereignung des Wagens von H an A gemäß § 929 Satz 1 BGB. Erst durch diesen Akt verlor H das Eigentum an dem Wagen und damit auch die Möglichkeit, L das Fahrzeug in Erfüllung des Kaufvertrages zu übereignen. Den Kaufpreis in Höhe von 15.000 Euro erhielt H allerdings durch die Übereignung der Geldscheine im Zuge der Kaufvertragserfüllung. Infolge der Eigentumsübertragung auf A aber hat H nichts erlangt. Mit dem Wortlaut von § 285 Abs. 1 BGB hat H den Kaufpreis demnach nicht infolge des Umstandes, aufgrund dessen er die Leistung nach § 275 Abs. 2 BGB nicht zu erbringen braucht, erlangt.

§ 285 BGB kann aber dennoch angewendet werden, sofern das Ereignis, das den Schuldner von der Leistungspflicht befreit und der Umstand, der den Ersatzanspruch begründet nicht identisch sind, wenn beide Ereignisse eine wirtschaftliche Einheit bilden. Unter § 285 BGB fällt daher auch das durch Rechtsgeschäft, insbesondere den Verkauf vom Schuldner erzielte Entgelt. Die Zahlung des Kaufpreises durch A bildet hier eine solche wirtschaftliche Einheit mit der Veräußerung des Wagens an A und fällt daher unter den Regelungsbereich von § 285 Abs. 1 BGB. H muss folglich das an L herausgeben, was er durch den die Leistung unmöglich bzw. unzumutbar machenden Umstand erlangt hat.

Ergebnis: L steht gegen H ein Anspruch auf Zahlung der 15.000 Euro aus § 285 Abs. 1 BGB zu. Er bleibt allerdings wegen § 326 Abs. 3 Satz 1 BGB zur Kaufpreiszahlung verpflichtet.

Fall 5

Rosenmontag in Köln

Rechtsstudent R ist knapp bei Kasse und hat daher den Balkon seiner Kölner Wohnung, von dem aus man einen prima Blick auf den Rosenmontagszug hat, schon zwei Monate vor Beginn der närrischen Tage für den Rosenmontag an den Karnevalsfreund F zum Preis von 100 Euro vermietet. Vier Wochen später bricht im nahen Osten unerwartet ein offener Krieg aus, woraufhin der Rosenmontagszug komplett abgesagt wird. Obwohl F wenig später gegenüber R den Rücktritt vom Vertrag erklärt, verlangt R am Aschermittwoch von F die vereinbarten 100 Euro und meint, das Risiko des ausgefallenen Zuges habe F zu tragen, schließlich habe er (R) dem F nur den Balkon und nicht auch den Karnevalsumzug vermietet.

Steht R gegen F der Anspruch auf Zahlung der 100 Euro zu?

> **Schwerpunkte**: Der Wegfall der Geschäftsgrundlage; Anwendbarkeit der §§ 275 und 326 BGB; Rücktritt nach den §§ 313, 346 BGB; Voraussetzungen des § 313 Abs. 3 BGB; die Anpassung des Vertrages; der Rücktritt.

Lösungsweg

Anspruch des R gegen F auf Zahlung der 100 Euro

<u>AGL</u>: § 535 Abs. 2 BGB (Mietvertrag)

I.) Entstehen des Anspruchs:

Das ist hier kein Problem, denn nach Auskunft des Sachverhaltes haben R und F einen Mietvertrag im Sinne des § 535 BGB über den Balkon geschlossen. Damit sind die beiderseitigen Erfüllungsansprüche aus § 535 Abs. 1 BGB und § 535 Abs. 2 BGB grundsätzlich erst einmal *entstanden*.

II.) Untergang des Anspruchs:

Der hier zu prüfende Zahlungsanspruch des R gegen F aus § 535 Abs. 2 BGB könnte jedoch nach § 326 Abs. 1 Satz 1 BGB nachträglich wieder *untergegangen* sein.

1.) Gemäß § 326 Abs. 1 Satz 1 BGB entfällt der Anspruch auf die Gegenleistung (= Zahlung des Geldes), wenn der Schuldner der Leistung gemäß § 275 Abs. 1 bis Abs. 3 BGB von seiner Leistungspflicht frei geworden ist. Es ist somit zu prüfen, ob R als

Schuldner der Leistung (= Vermietung des Balkons) von seiner Leistungspflicht gemäß § 275 Abs. 1 BGB frei geworden ist.

Dann müsste die Leistung für den Schuldner oder für jedermann *unmöglich* geworden sein (bitte das Gesetz lesen: § 275 Abs. 1 BGB). Im vorliegenden Fall kommt als »Unmöglichkeit der Leistung« natürlich nur der Ausfall des Karnevalszuges in Betracht; und diese vermeintliche Unmöglichkeit wäre dann auch *objektiver* Natur, denn einen »Balkon mit Karnevalszug« konnte an diesem Rosenmontag tatsächlich niemand vermieten, die Leistung wäre also im Sinne des § 275 Abs. 1 BGB für *jedermann* unmöglich gewesen.

Problem: Es fragt sich allerdings, ob der Karnevalszug überhaupt zur *Leistungspflicht* des R aus dem mit F geschlossenen Mietvertrag nach § 535 BGB gehörte. Nur unter diesen Umständen – also wenn der Rosenmontagszug zum Vertragsinhalt geworden ist – wäre (zumindest ein Teil) der Leistungspflicht des R *unmöglich* im Sinne des § 275 Abs. 1 BGB geworden, denn der Zug wurde ja abgesagt. Was zur vertraglichen Leistungspflicht des Schuldners gehört, bestimmt sich nach dem konkreten Inhalt des Vertrages. Es ist demnach zu prüfen, ob R beim Abschluss des Mietvertrages tatsächlich die Vermietung des Balkons und zudem auch schuldete, dass der Karnevalszug stattfindet. Die Beantwortung dieser Frage bzw. die Lösung dieser Art von Fällen ist umstritten:

▪ Man könnte im vorliegenden Fall einerseits annehmen, dass zwar nur der Balkon Gegenstand eines Mietvertrages sein kann, dieser Balkon aber hier ausschließlich mit dem *Zweck* vermietet wurde, dass der Mieter von dort aus den Rosenmontagszug beobachten kann. Der Rosenmontagszug bzw. das tatsächliche Stattfinden dessen sei daher zum Vertragsinhalt geworden mit der Folge, dass ein Ausbleiben des Zuges die vertragliche Leistungspflicht *unmöglich* im Sinne des § 275 Abs. 1 BGB gemacht hat (OLG Hamm WM **1972**, 1323; *Soergel/Wiedemann* § 275 BGB Rz. 37; *Medicus/Petersen BR* Rz. 160; derselbe im SR I Rz. 450/451).

▪ Dem steht jedoch entgegen, dass eine solche Beurteilung den Schuldner der Leistung unangemessen benachteiligt. Der Schuldner hätte sich nämlich damit zu einer Leistung verpflichtet, auf deren Herbeiführung er keinen Einfluss hat (*Palandt/Grüneberg* § 275 BGB Rz. 20; MüKo/*Ernst* § 275 BGB Rz. 44; *Larenz* Schuldrecht I § 21 II). Grundsätzlich trägt der *Gläubiger* das sogenannte »Verwendungsrisiko« der gekauften oder gemieteten Sache (BGHZ **74**, 374). Wer also eine Sache kauft oder mietet (z.B. ein Brautkleid), die er später dann entgegen seiner ursprünglichen Erwartung nicht verwenden kann (z.B. Hochzeit fällt aus) kann nun nicht die Zahlung des Kaufpreises bzw. des Mietzinses verweigern mit dem Hinweis, die Leistung sei unmöglich geworden. Die Verwendung der Sache gehört in diesen Fällen *nicht* zur vertraglichen Pflicht der anderen Partei (*Brox/Walker AS* § 27 Rz. 6; *Palandt/Grüneberg* § 275 BGB Rz. 20; *Staudinger/ Löwisch* § 275 BGB Rz. 15).

Daraus folgt, dass im vorliegenden Fall der Rosenmontagszug bzw. dessen Stattfinden nicht zur vertraglichen Pflicht des R gehörte. R hatte sich vertraglich lediglich dazu verpflichtet, dem F seinen Balkon für den entsprechenden Tag zur Verfügung zu stellen. *Dies* aber war fraglos noch möglich, zumindest steht nichts Gegenteiliges in der Sachverhaltsschilderung. F hätte den Balkon betreten können. Dass er von dort aus den Rosenmontagszug nicht sehen konnte, beeinträchtigt die Vertragserfüllung seitens des R nicht.

ZE.: Es liegt durch den Ausfall des Rosenmontagszuges *kein* Fall der Unmöglichkeit im Sinne des § 275 Abs. 1 BGB vor. Die vertragliche Leistungspflicht des R bezog sich allein auf das Vermieten des Balkons. R ist folglich nicht von seiner Leistungspflicht gemäß § 275 Abs. 1 BGB frei geworden.

ZE.: Und damit liegen die Voraussetzungen des § 326 Abs. 1 Satz 1 BGB ebenfalls nicht vor, denn diese Norm setzt ja das Vorliegen des § 275 Abs. 1 BGB voraus.

ZE.: Der F ist von der Verpflichtung zur Gegenleistung (= Geldzahlung) nicht nach den §§ 326 Abs. 1 Satz 1, 275 Abs. 1 BGB frei geworden.

2.) Der Zahlungsanspruch des R gegen F könnte jedoch aufgrund des von F erklärten Rücktritts gemäß den **§§ 313 Abs. 1, 313 Abs. 3, 346 BGB** wegen der Störung bzw. des Wegfalls der Geschäftsgrundlage erloschen sein.

> **Vorab:** Ein wirksamer Rücktritt hat in der Regel zur Folge, dass die Parteien die bereits empfangenen Leistungen zurückgewähren müssen. Das leuchtet ein, denn welchen Sinn soll ein Rücktritt sonst haben; und deshalb steht das auch ausdrücklich so im Gesetz, nämlich in **§ 346 Abs. 1 BGB** (bitte prüfen). Tritt nun aber eine Partei vom Vertrag zurück, noch *bevor* die Leistungen ausgetauscht sind, können die Leistungen logischerweise natürlich nicht zurückgewährt werden (wie soll das gehen?). In diesem Fall nun hat der Rücktritt das *Erlöschen* der *Hauptleistungspflichten* zur Folge, die Parteien brauchen also nach erfolgtem Rücktritt nichts mehr zu leisten (*Medicus* AS Rz. 543; *Palandt/Grüneberg* § 346 BGB Rz. 4). Auch das leuchtet ein, steht allerdings so nicht im Gesetz, deshalb bitte merken.

Im vorliegenden Fall sind zum Zeitpunkt der Rücktrittserklärung des F die Leistungen noch nicht ausgetauscht und die gerade beschriebene Rechtsfolge, also das Freiwerden von der Hauptleistungspflicht, hätte für unseren F mithin die Konsequenz, dass er den Mietzins in Höhe von 100 Euro nicht mehr leisten müsste. Denn – wir haben es gerade gesagt – die Hauptleistungspflicht aus § 535 Abs. 2 BGB würde bei einem wirksamen Rücktritt wegfallen. Wir müssen also jetzt prüfen, ob der F wirksam den Rücktritt von dem mit R geschlossenen Mietvertrag erklärt hat:

a) Voraussetzung dafür ist zunächst gemäß § 349 BGB eine *Rücktrittserklärung*. Das ist im vorliegenden Fall kein Problem, denn nach Schilderung des Sachverhaltes hat F eine solche Rücktrittserklärung ausdrücklich gegenüber R abgegeben.

b) Des Weiteren erforderlich ist allerdings auch ein *Rücktrittsgrund*. Da ein vertraglich vereinbartes Rücktrittsrecht als Rücktrittsgrund nicht ersichtlich ist, kommt als solcher nur ein *gesetzliches Rücktrittsrecht* aus den §§ 313 Abs. 1 und Abs. 3 BGB wegen der Störung bzw. des Wegfalls der Geschäftsgrundlage in Betracht.

Voraussetzungen des § 313 Abs. 1 BGB:

1.) Zunächst müssen sich die Umstände, die zur Grundlage des Vertrages geworden sind, nach Vertragsschluss schwerwiegend verändert haben (bitte lies: § 313 Abs. 1 BGB). Hierbei ist zu beachten, dass es sich bei diesen Umständen allein um **objektive** Begebenheiten handeln darf. Der **§ 313 Abs. 1 BGB** betrifft die sogenannte »**objektive Geschäftsgrundlage**«, was aus dem Umkehrschluss zu § 313 Abs. 2 BGB folgt, der seinerseits auf die subjektiven Vorstellungen der Parteien abstellt und somit den Fall der Störung der sogenannten »subjektiven Geschäftsgrundlage« erfassen soll (BT-Drucks. 14/6040 Seite 1769; BGHZ **191**, 137; BGH NJW **2012**, 523; BGH WM **2010**, 1136; BGH NJW **2002**, 292; *Brox/Walker* AS § 27 Rz. 4; *Palandt/Grüneberg* § 313 BGB Rz. 20).

Definition: Zur »**Grundlage des Vertrages**« im Sinne der Gesetzesformulierung aus § 313 Abs. 1 BGB sind Umstände dann geworden, wenn sie von wenigstens einer Partei bei Abschluss des Vertrages als für den Vertragsschluss maßgebend vorausgesetzt wurden und sich die andere Partei auf die Berücksichtigung der Umstände unter normalen Umständen hätte auch vertraglich einlassen müssen; der Geschäftswille der Parteien muss beim Abschluss des Vertrages auf diesen Umständen beruhen (BGHZ **191**, 137; BGH NJW **2012**, 523; BGH WM **2010**, 1136; BGH NJW-RR **2008**, 1716; BGH NJW **2007**, 1884; BGH NJW-RR **2006**, 1037; BGH NJW **2001**, 1204; *Brox/Walker* AS § 27 Rz. 4; *Palandt/Grüneberg* § 313 BGB Rz. 7).

Im vorliegenden Fall ist der Balkon nur deshalb vermietet worden, damit F von dort aus den Karnevalszug anschauen konnte. Das war in diesem Fall sogar nicht nur einer Partei klar und wichtig (nämlich dem F), sondern gehörte auch für den anderen Vertragspartner zur Grundlage der Vereinbarung, auch wenn das Mietobjekt selbst – also der Vertragsgegenstand – nur der Balkon gewesen ist. Der Karnevalszug war mithin hier die objektive »Grundlage des Vertrages« im Sinne des § 313 Abs. 1 BGB.

Und diese Umstände haben sich im vorliegenden Fall dann auch fraglos »schwerwiegend verändert«, der Karnevalszug ist nämlich komplett abgesagt worden.

<u>ZE.:</u> Umstände, die zur Grundlage des Vertrages geworden sind, haben sich nach Vertragsschluss schwerwiegend verändert. Die erste Voraussetzung des § 313 Abs. 1 BGB liegt mithin vor.

2.) Des Weiteren erforderlich ist, dass die Parteien, wenn sie die Änderung der Umstände *vorausgesehen* hätten, den Vertrag nicht oder mit einem anderen Inhalt abgeschlossen hätten (lies: § 313 Abs. 1 BGB). Insoweit muss nun der *hypothetische Kausalverlauf* überprüft werden (*Brox/Walker* AS § 27 Rz. 7). Und das ist hier natürlich kein Problem, denn bei Vorhersehen der Absage hätte der F diesen Vertrag selbstredend nicht geschlossen.

ZE.: Der Vertrag wäre bei Vorhersehen der Umstände nicht geschlossen worden.

3.) Schließlich muss gemäß § 313 Abs. 1 BGB mindestens einem Vertragsteil unter Berücksichtigung aller Umstände des Einzelfalles und der vertraglichen oder gesetzlichen Risikoverteilung das Festhalten am unveränderten Vertrag *unzumutbar* sein.

> **Definition**: Von einer solchen *Unzumutbarkeit* kann und muss dann ausgegangen werden, wenn ein Festhalten am Vertrag zu unbilligen, mit den allgemeinen Prinzipien der Rechtsordnung unvereinbaren Ergebnissen führen würde (BGHZ **191**, 137; BGH NJW **2012**, 523; BGH WM **2010**, 1136; BGHZ **121**, 378; BGHZ **133**, 321; *Brox/Walker* AS § 27 Rz. 8).

Zum Fall: Zwar haben wir weiter oben festgestellt, dass der Mieter einer Sache grundsätzlich allein das sogenannte »Verwendungsrisiko« für die Sache trägt und somit eigentlich die Risikoverteilung im vorliegenden Fall zu seinen Lasten gehen müsste. Allerdings muss dieser Grundsatz aufgrund des Rechtsgedankens des § 313 Abs. 1 BGB hier eine Einschränkung erfahren, denn ein Festhalten an dem Vertrag würde auf Seiten des F als Mieter zu einem denkbar unbilligen Ergebnis führen: F hatte den Balkon ausschließlich angemietet, um von dort aus den Karnevalszug zu sehen. Der vergleichsweise hohe Mietzins (100 Euro für einen Balkon für einen Tag!) rechtfertigt sich selbstverständlich nur, wenn der Balkon entsprechend nutzbar ist. Im Übrigen hätte R den Balkon wohl kaum ohne den Karnevalszug vermieten können. Beiden Parteien war daher klar, dass der Mietvertrag nur dann in der geschlossenen Form durchführbar ist, wenn der Karnevalszug auch stattfindet. Aus diesen Überlegungen folgt, dass die Risikoverteilung für den Fall des Ausfalls des Zuges nicht allein bei F als Mieter der Sache liegen kann. Das Risiko des Ausfalls haben beide Parteien gleichwertig zu tragen.

ZE.: Ein Festhalten am ursprünglichen Vertrag ist dem F unter Berücksichtigung aller Umstände, vor allem der vertraglichen Risikoverteilung, nicht zumutbar.

Rechtsfolgen:

1.) Gemäß **§ 313 Abs. 1 BGB** ist in den Fällen der Störung der Geschäftsgrundlage grundsätzlich erst mal eine *Anpassung des Vertrages* vorgesehen (lies: § 313 Abs. 1 BGB). Dieser Anspruch steht logischerweise nur der Partei zu, der ein Festhalten am ursprünglichen Vertrag aufgrund der Störung der Geschäftsgrundlage nun nicht mehr zumutbar ist (BGHZ **191**, 137; BGH NJW **2012**, 2733; BGH NJW **2012**, 523; *Brox/Walker* AS § 27 Rz. 10).

In der Praxis – also in der tatsächlichen Durchführung – sieht das dann so aus, dass der Anspruchsberechtigte, also der, dem das Festhalten am Vertrag nicht mehr zumutbar ist, gegenüber dem anderen Vertragspartner seinen Anspruch auf Anpassung zunächst einmal ausdrücklich geltend machen muss, und die beiden treten dann insoweit in quasi *neue Vertragsverhandlungen*. Führen diese nicht zum Ziel, muss der eine Teil dann seinen Anspruch auf Anpassung in einem Prozess vor Gericht geltend machen. In diesem Fall wäre die Klage zu richten auf die angepasste Leistung bzw. Gegenleistung (BT-Drucks. 14/6040 Seite 176; *Palandt/Grüneberg* § 313 BGB Rz. 29; *Schmidt* in NJW **2002**, 2076).

In unserem Fall stellt sich demnach nun zunächst die Frage, ob der vorliegende Vertrag einer Anpassung überhaupt zugänglich gewesen ist. Und das wird man wohl verneinen müssen, denn der Balkon macht für den F überhaupt keinen Sinn, wenn er von dort aus nicht den Karnevalszug anschauen kann. Eine Verringerung der Miete etwa – was man als Anpassung in Betracht hätte ziehen können – ist aus diesem Grund völlig sinnlos und dem F daher auch nicht zumutbar.

2.) Für den Fall, dass eine Vertragsanpassung nicht mehr möglich oder einer Partei nicht zumutbar ist, gewährt das Gesetz dann in **§ 313 Abs. 3 Satz 1 BGB** die zweite mögliche Rechtsfolge bei der Störung der Geschäftsgrundlage, nämlich den *Rücktritt vom Vertrag* (BGHZ **191**, 137; BGH NJW **2012**, 2733).

Dieser Rücktritt vom Vertrag hat nach dem Willen des Gesetzgebers lediglich *subsidiären* Charakter zur Vertragsanpassung und stellt damit nur die letzte Möglichkeit dar, der Veränderung der Vertragsbedingungen gerecht zu werden. Grundsätzlich soll das Vertragsverhältnis erst und nur dann mit dem Rücktritt aufgehoben werden können, wenn eine Anpassung im Sinne des § 313 Abs. 1 BGB aus den in § 313 Abs. 3 BGB genannten Gründen ausgeschlossen ist (BGHZ **191**, 137; *Brox/Walker* AS § 27 Rz. 11). Der Rücktritt selbst muss dann als rechtsgestaltender Akt durch *Erklärung* gemäß § 349 BGB gegenüber dem Vertragspartner erfolgen und führt dann zu den Rechtsfolgen der §§ 346 ff. BGB.

Im vorliegenden Fall haben wir weiter oben festgestellt, dass eine Anpassung des Vertrages für den F nicht zumutbar ist mit der Folge, dass F demnach gemäß § 313 Abs. 3 Satz 1 BGB ein Rücktrittsrecht – ein *gesetzliches Rücktrittsrecht* im Sinne des § 346 Abs. 1 BGB – zusteht. F hat dieses Rücktrittsrecht auch gegenüber R ausgeübt, er ist kurz nach der Absage des Rosenmontagszuges von dem mit R geschlossenen Vertrag zurück getreten.

<u>ZE.</u>: Durch den von F erklärten Rücktritt ist das ursprüngliche Vertragsverhältnis zwischen R und F aufgehoben worden, insbesondere sind die Hauptleistungspflichten mit der Erklärung des Rücktritts nach den §§ 313 Abs. 3 Satz 1, 346 Abs. 1 BGB weggefallen.

Erg.: Da die Hauptleistungspflichten aus dem Mietvertrag weggefallen sind, ist F nicht mehr verpflichtet, den ursprünglich vereinbarten Mietzins in Höhe von 100 Euro an R zu zahlen.

Gutachten

R kann gegen F einen Anspruch auf Zahlung von 100 Euro aus § 535 Abs. 2 BGB haben

I.) R und F haben nach Auskunft des Sachverhaltes einen Mietvertrag nach § 535 BGB über den Balkon geschlossen. Damit ist der Anspruch des R auf Zahlung der Miete aus § 535 Abs. 2 BGB entstanden.

II.) Der Zahlungsanspruch des R gegen F könnte jedoch nachträglich untergegangen sein.

1.) Zunächst kommt eine Befreiung der Zahlungspflicht des F gegenüber R aus § 326 Abs. 1 Satz 1 in Betracht. Gemäß § 326 Abs. 1 Satz 1 BGB entfällt der Anspruch auf die Gegenleistung, wenn der Schuldner der Leistung gemäß § 275 Abs. 1 oder Abs. 3 BGB von seiner Leistungspflicht frei geworden ist. Fraglich ist demgemäß, ob R von seiner Leistungspflicht gemäß § 275 Abs. 1 BGB frei geworden ist. Die Leistungsbefreiung nach § 275 BGB tritt ein, wenn die Leistung für den Schuldner oder für jedermann unmöglich geworden ist. Im vorliegenden Fall kommt als »Unmöglichkeit der Leistung« allein der Ausfall des Karnevalszuges in Betracht.

Es fragt sich allerdings, ob der Karnevalszug überhaupt zur Leistungspflicht des R aus dem mit F geschlossenen Mietvertrag nach § 535 BGB gehörte. Nur unter diesen Umständen wäre durch den Ausfall des Umzuges ein Teil der Leistungspflicht des R unmöglich im Sinne des § 275 Abs. 1 BGB geworden. Was zur vertraglichen Leistungspflicht des Schuldners gehört, bestimmt sich nach dem konkreten Inhalt des Vertrages. Es kommt demnach darauf an, ob R beim Abschluss des Mietvertrages auch schuldete, dass der Karnevalszug tatsächlich stattfindet. Hierbei sind mehrere Lösungsansätze denkbar:

Man könnte im vorliegenden Fall einerseits annehmen, dass zwar nur der Balkon Gegenstand eines Mietvertrages sein kann, dieser Balkon aber hier ausschließlich mit dem Zweck vermietet wurde, dass der Mieter von dort aus den Rosenmontagszug beobachten kann. Der Rosenmontagszug bzw. das Stattfinden dessen wäre daher zum Vertragsinhalt geworden mit der Folge, dass ein Ausbleiben des Zuges die vertragliche Leistungspflicht unmöglich im Sinne des § 275 Abs. 1 BGB gemacht hat. Dem steht jedoch entgegen, dass eine solche Beurteilung den Schuldner der Leistung unangemessen benachteiligt. Der Schuldner hätte sich nämlich damit zu einer Leistung verpflichtet, auf deren Herbeiführung er keinen Einfluss hat. Grundsätzlich trägt der Gläubiger das sogenannte »Verwendungsrisiko« der gekauften oder gemieteten Sache. Die Verwendung der Sache gehört in diesen Fällen nicht zur vertraglichen Pflicht der anderen Partei.

Daraus folgt, dass im vorliegenden Fall der Rosenmontagszug bzw. dessen Stattfinden nicht zur vertraglichen Pflicht des R gehörte. R hatte sich vertraglich lediglich dazu verpflichtet, dem F seinen Balkon für den entsprechenden Tag zur Verfügung zu stellen. Dies aber war mangels entgegenstehender Anhaltspunkte im Sachverhalt noch möglich. F hätte den Balkon betreten können. Dass er von dort aus den Rosenmontagszug nicht sehen konnte, beeinträchtigt die Vertragserfüllung seitens des R nicht. Es liegt durch den Ausfall des Rosenmontagszuges kein Fall der Unmöglichkeit im Sinne des § 275 Abs. 1 BGB vor. R ist folglich nicht von seiner Leistungspflicht gemäß § 275 Abs. 1 BGB frei geworden. Die Voraussetzungen des § 326 Abs. 1 Satz 1 BGB liegen mithin ebenfalls nicht vor. F ist von der Verpflichtung zur Gegenleistung nicht nach den §§ 326 Abs. 1 Satz 1, 275 Abs. 1 BGB frei geworden.

2.) Der Zahlungsanspruch des R gegen F kann jedoch aufgrund des von F erklärten Rücktritts gemäß den §§ 313 Abs. 1, 313 Abs. 3, 346 BGB wegen der Störung bzw. des Wegfalls der Geschäftsgrundlage erloschen sein.

Dann muss F zunächst wirksam den Rücktritt von dem mit R geschlossenen Mietvertrag erklärt haben.

a) Voraussetzung dafür ist gemäß § 349 BGB eine Rücktrittserklärung. Diese hat F nach Schilderung des Sachverhaltes ausdrücklich gegenüber R abgegeben.

b) Des Weiteren erforderlich ist ein Rücktrittsgrund. Da ein vertraglich vereinbartes Rücktrittsrecht nicht ersichtlich ist, kommt nur ein gesetzliches Rücktrittsrecht aus § 313 Abs. 1 und Abs. 3 BGB wegen der Störung bzw. des Wegfalls der Geschäftsgrundlage in Betracht.

aa) Zunächst müssen sich hierfür die Umstände, die zur Grundlage des Vertrages geworden sind, nach Vertragsschluss schwerwiegend verändert haben. Hierbei ist zu beachten, dass es sich bei diesen Umständen allein um objektive Begebenheiten handeln darf.

Zur Grundlage des Vertrages im Sinne der Gesetzesformulierung aus § 313 Abs. 1 BGB sind Umstände dann geworden, wenn sie von wenigstens einer Partei bei Abschluss des Vertrages als für den Vertragsschluss maßgebend vorausgesetzt wurden und sich die andere Partei auf die Berücksichtigung der Umstände unter normalen Umständen hätte auch vertraglich einlassen müssen; der Geschäftswille der Parteien muss beim Abschluss des Vertrages auf diesen Umständen beruhen.

Im vorliegenden Fall ist der Balkon nur deshalb vermietet worden, damit F von dort aus den Karnevalszug anschauen konnte. Dieser Umstand gehörte hier für beide Vertragsparteien zur Grundlage ihrer Vereinbarung, auch wenn das Mietobjekt selbst – also der Vertragsgegenstand – nur der Balkon gewesen ist. Der Karnevalszug war mithin hier die objektive »Grundlage des Vertrages« im Sinne des § 313 Abs. 1 BGB. Und diese Umstände haben sich im vorliegenden Fall dann auch fraglos »schwerwiegend verändert«, der Karnevalszug ist nämlich komplett abgesagt worden. Umstände, die zur Grundlage des Vertrages geworden sind, haben sich demnach nach Vertragsschluss schwerwiegend verändert. Die erste Voraussetzung des § 313 Abs. 1 BGB liegt mithin vor.

bb) Des Weiteren erforderlich ist, dass die Parteien, wenn sie die Änderung der Umstände vorausgesehen hätten, den Vertrag nicht oder mit einem anderen Inhalt abgeschlossen hätten, § 313 Abs. 1 BGB. Insoweit kommt es daher auf den hypothetischen Kausalverlauf an. Hierzu ist mangels anders lautender Angaben im Sachverhalt festzustellen, dass F den Vertrag nicht geschlossen hätte, wenn er vom Ausfall des Rosenmontagszuges Kenntnis gehabt hätte. Der Vertrag wäre bei Vorhersehen der Umstände also nicht zustande gekommen.

cc) Schließlich muss gemäß § 313 Abs. 1 BGB mindestens einem Vertragsteil unter Berücksichtigung aller Umstände des Einzelfalles und der vertraglichen oder gesetzlichen Risikoverteilung das Festhalten am unveränderten Vertrag unzumutbar sein. Von einer solchen Unzumutbarkeit kann und muss dann ausgegangen werden, wenn ein Festhalten am Vertrag zu unbilligen, mit den allgemeinen Prinzipien der Rechtsordnung unvereinbaren Ergebnissen führen würde.

Zwar trägt der Mieter einer Sache grundsätzlich allein das sogenannte »Verwendungsrisiko« für die Mietsache. Allerdings muss dieser Grundsatz aufgrund des Rechtsgedankens des § 313 Abs. 1 BGB hier eine Einschränkung erfahren, denn ein Festhalten an dem Vertrag würde auf Seiten des F als Mieter hier zu einem denkbar unbilligen Ergebnis führen: F hatte den Balkon ausschließlich angemietet, um von dort aus den Karnevalszug zu sehen. Der vergleichsweise hohe Mietzins rechtfertigt sich selbstverständlich nur, wenn der Balkon entsprechend nutzbar ist. Im Übrigen hätte R den Balkon kaum ohne den Karnevalszug überhaupt vermieten können. Beiden Parteien war daher klar, dass der Mietvertrag nur dann in der geschlossenen Form durchführbar ist, wenn der Karnevalszug auch stattfindet. Aus diesen Überlegungen folgt, dass die Risikoverteilung für den Fall des Ausfalls des Zuges nicht allein bei F als Mieter der Sache liegen kann. Das Risiko des Ausfalls haben beide Parteien gleichwertig zu tragen. Ein Festhalten am ursprünglichen Vertrag ist dem F unter Berücksichtigung aller Umstände, vor allem der vertraglichen Risikoverteilung, nicht zumutbar.

Fraglich ist, ob das Vorliegen der tatbestandlichen Voraussetzungen den R tatsächlich zum Rücktritt berechtigt. Dies ist insofern problematisch, als § 313 Abs. 1 BGB als Rechtsfolge vorrangig die Anpassung des Vertrages vorsieht und nur im Falle von deren Unzumutbarkeit ein Rücktrittsrecht einräumt. Der vorliegende Vertrag muss also einer Anpassung zugänglich gewesen sein. Da F an der Zurverfügungstellung des Balkons aber überhaupt kein Interesse hat, wenn er von dort aus nicht dem Karnevalszug zusehen kann, ist eine Anpassung, etwa durch Verringerung der Miete, für ihn sinnlos und daher auch nicht zumutbar. Eine Vertragsanpassung scheidet aus. Dies hat zur Folge, dass F demnach gemäß § 313 Abs. 3 Satz 1 BGB ein Rücktrittsrecht zusteht.

c) Durch den von F erklärten Rücktritt ist das ursprüngliche Vertragsverhältnis zwischen R und F aufgehoben worden, insbesondere sind die Hauptleistungspflichten mit der Erklärung des Rücktritts nach den §§ 313 Abs. 3 Satz 1, 346 Abs. 1 BGB erloschen.

Ergebnis: Da die Hauptleistungspflichten aus dem Mietvertrag weggefallen sind, ist F nicht mehr verpflichtet, den ursprünglich vereinbarten Mietzins in Höhe von 100 Euro an R zu zahlen.

2. Abschnitt
Schuldner- und Gläubigerverzug
(§§ 286, 293 ff. BGB)

Fall 6

Pizza-Service

Rechtsstudent R hat das Handtuch geworfen und will nun lieber einen Pizza-Service betreiben. Aus diesem Grund bestellt er am 20.03. beim Händler H einen Pizza-Ofen zum Preis von 10.000 Euro. Die Lieferung durch H soll wegen der 4-wöchigen Herstellungsdauer laut Vertragstext »erst ab Mai« erfolgen. Als H am 15.05. immer noch nicht geliefert hat, lässt R durch einen Rechtsanwalt dem H eine Mahnung zustellen, in der er mitteilt, dass er dringend die Lieferung des Ofens erwarte. Trotz dieser Mahnung liefert H nicht. R mietet daher zum 01.06. ein vergleichbares Gerät zu einer Tagesmiete von 100 Euro, da er an diesem Tage sein Geschäft eröffnen will. Am 16.06. schließlich bringt H den Ofen, den R bereits am 10.04. bezahlt hatte.

R nimmt den Ofen an, fordert nunmehr aber Erstattung der Mietkosten für das Ersatzgerät in Höhe von 1.500 Euro (15 Tage zu je 100 Euro) sowie die Anwaltskosten für das Mahnschreiben (250 Euro). H weigert sich und erklärt wahrheitsgemäß, am Vorabend der für den 25.05. geplanten Lieferung sei bei einem Einbruch in seinen Betrieb der für R bestimmte Ofen von einem Unbekannten beschädigt worden und habe danach erst wieder instand gesetzt werden müssen. Ihn treffe daher kein Verschulden an der Verspätung.

Was kann R von H begründet verlangen?

> **Schwerpunkte**: Der Verzug nach § 286 BGB; Voraussetzungen und Rechtsfolgen; Begriff der Fälligkeit nach § 271 Abs. 1 BGB, Abgrenzung zur Erfüllbarkeit im Sinne des § 271 Abs. 2 BGB; Mahnung als Verzugsbegründung; Vertretenmüssen beim Verzug; Inhalt und Umfang des Verzögerungsschadens; Mahnkosten.

Lösungsweg

Anspruch auf Ersatz der entstandenen Kosten

<u>AGL.</u>: §§ 280 Abs. 1 und 2, 286 Abs. 1 BGB (Verzögerungsschaden)

1.) Zwischen R und H besteht fraglos ein Schuldverhältnis, und zwar in Form des am 20.03. geschlossenen Kaufvertrages gemäß § 433 BGB über den Ofen zum Preis von 10.000 Euro.

2.) Einen Ersatzanspruch auf den Verzögerungsschaden kann der R nach § 280 Abs. 2 BGB nur dann geltend machen, wenn die Voraussetzungen des § 286 BGB vorliegen. Erforderlich ist dementsprechend *Verzug* des H.

Beachte: Wir müssen also jetzt erst mal überprüfen, ob und vor allem ab und bis wann der H sich im Verzug mit der Leistung befunden hat. Denn – soviel vorneweg – hiervon hängt später entscheidend ab, in welcher Form und Höhe der H dann auch ersatzpflichtig ist. Die Grundregel lautet nämlich, dass der Verzögerungsschaden immer nur den Zeitraum umfasst, in dem sich der Schuldner tatsächlich im Verzug befindet. Der Schaden muss innerhalb genau dieser Zeitspanne und ursächlich auf der Verzögerung beruhend eingetreten sein (BGHZ **66**, 277; *Palandt/Grüneberg* § 286 BGB Rz. 45; *Jauernig/Stadler* § 280 BGB Rz. 50; *Brox/Walker* AS § 23 Rz. 30; *Medicus/Lorenz* SR I Rz. 405). Der Zeitraum davor und danach bleibt bei der Bestimmung des über die §§ 280 Abs. 1 und 2, 286 BGB zu ersetzenden Schadens unberücksichtigt.

Die Voraussetzungen des Verzuges:

a) Erforderlich ist zunächst ein *fälliger* Anspruch (bitte lies § 286 Abs. 1 BGB). Wir müssen somit die Fälligkeit der *Leistung* bestimmen.

> **Definition**: Die *Fälligkeit* bezeichnet den Zeitpunkt, von dem an der Gläubiger die Leistung verlangen kann, der Schuldner sie also erbringen *muss* (BGH NJW **2011**, 2871; BGH NJW **2011**, 2120; BGH NJW **2007**, 1581; *Palandt/Grüneberg* § 271 BGB Rz. 1; PWW/*Jud* § 271 BGB Rz. 1; *Brox/Walker* AS § 12 Rz. 18; *Medicus/Lorenz* SR I Rz. 151).

Die Bestimmung dieses Zeitpunktes erfolgt gemäß **§ 271 Abs. 1 BGB** anhand der konkreten vertraglichen Vereinbarung oder aus den besonderen Umständen des Schuldverhältnisses. Und wenn sich daraus keine Schlüsse ziehen lassen, wendet man **§ 271 Abs. 1 BGB** direkt an und stellt fest, dass eine Leistung im Zweifel *sofort* fällig ist.

Feinkost: Beachte bitte insoweit die Unterscheidung zu § 271 Abs. 2 BGB, der nicht die Fälligkeit, sondern die sogenannte »**Erfüllbarkeit**« einer Leistung betrifft (*Medicus/Lorenz* SR I Rz. 151). Erfüllbarkeit benennt im Gegensatz zur Fälligkeit den Zeitpunkt, ab dem der Schuldner die Leistung erbringen kann, nicht aber schon muss (*Brox/Walker* § 12 Rz. 19; *Palandt/Grüneberg* § 271 BGB Rz. 1). Ist beispielsweise für die Lieferung eines Autos der 01.07. als Termin vereinbart, so ist die Leistung an diesem Termin fällig; denn dann spätestens *muss* der Schuldner leisten, wenn der Gläubiger es verlangt. Kann der Schuldner nun zufällig schon vor diesem Termin, also etwa am 25.06. leisten, betrifft dies die *Erfüllbarkeit* im Sinne des § 271 Abs. 2 BGB, und diese Norm gestattet im Zweifel eine solche vor der Fälligkeit liegende Lieferung (bitte prüfen in § 271 Abs. 2 BGB), die den Gläubiger übrigens bei Nichtannahme dann sogar in Annahmeverzug gemäß § 293 BGB bringt (*Jauernig/Stadler* § 271 BGB Rz. 16; *Palandt/Grüneberg* § 271 BGB Rz. 1).

Zum Fall: Die vertragliche Vereinbarung vom 20.03. benennt kein exaktes Datum für die Lieferung des Ofens. Es stellt sich aber die Frage, ob die im Vertrag enthaltene Formulierung »**erst ab Mai**« eine Zeitbestimmung im Sinne des § 271 Abs. 1 BGB ermöglicht. Insoweit können wir uns zunächst einmal an der Definition der Fälligkeit von oben orientieren und feststellen, dass bei der Wortwahl aus dem Vertragstext der

Gläubiger nach dem Willen der Parteien jedenfalls nicht vor Erreichen des Monats Mai die Leistung verlangen kann. In Ermangelung weiterer Vereinbarungen ergibt sich im Übrigen aber sonst keine zeitliche Begrenzung mehr im Hinblick auf die Forderung des R. Der R kann somit die Leistung ab dem 01.05. verlangen, wobei die besonders cleveren Kandidaten den **§ 193 BGB** kennen und daher wissen, dass die Frist aufgrund des bundesweiten Feiertages am 01.05. (Tag der Arbeit!) bei genauer Betrachtung erst am **02.05.** zu laufen beginnt (BGH NJW **2007**, 1581; *Jauernig/ Stadler* § 271 BGB Rz. 7), sofern das kein Sonn- oder Feiertag ist. Somit kann unser R die Lieferung des Ofens ab dem 02.05. verlangen, unser H könnte sich dann nicht mehr auf die Vereinbarung im Vertrag berufen und *müsste* liefern. Alles klar!?

<u>ZE.:</u> Der Anspruch des R gegen H auf Lieferung gemäß § 433 Abs. 1 Satz 1 BGB ist somit aufgrund der vertraglichen Vereinbarung ab dem 02.05. fällig im Sinne des § 271 Abs. 1 BGB.

b) Dieser Anspruch muss zudem auch *durchsetzbar* sein, dass heißt, es dürfen ihm keine Einreden entgegenstehen.

> **Beachte**: Diese Durchsetzbarkeit des Anspruchs steht zwar nicht im Gesetz, gehört aber nach ganz herrschender Meinung dennoch zum Verzug (BGH NJW **2003**, 1318; BGH NJW **1993**, 2674; PWW/*Schmidt-Kessel* § 286 BGB Rz. 4; *Jauernig/Stadler* § 286 BGB Rz. 13; MüKo/*Ernst* § 286 BGB Rz. 23; *Palandt/Grüneberg* § 286 BGB Rz. 12). Von Bedeutung ist insoweit für die Klausur insbesondere die Einrede des nicht erfüllten Vertrages aus **§ 320 BGB** (bitte Abs. 1 Satz 1 lesen). Nach herrschender Meinung ist der Verzugseintritt nämlich ausgeschlossen, solange dem Schuldner die Einrede des nicht erfüllten Vertrages aus § 320 BGB zusteht, und das sogar unabhängig von der tatsächlichen Geltendmachung (BGH NJW-RR **2003**, 1318; *Brox/Walker* AS § 13 Rz. 20; *Jauernig/Stadler* § 286 BGB Rz. 13; *Palandt/Grüneberg* § 320 BGB Rz. 12). Denn solange der Gläubiger selbst noch nicht erfüllt hat, kann er nicht erwarten, dass der andere Teil seiner Leistungspflicht nachkommt (BGHZ **116**, 244; *Bamberger/Roth/Unberath* § 286 BGB Rz. 13). Man hat also in der Klausur stets darauf zu achten, inwieweit der Gläubiger selbst seine Leistung schon erbracht hat. Nur dann auch ist der Verzugseintritt möglich.

Zum Fall: Hier bei uns ist das kein Problem. R hat den Ofen schon bezahlt (am 10.04.) und damit seine Leistungspflicht aus § 433 Abs. 2 BGB erfüllt mit der Konsequenz, dass dem H kein Recht aus § 320 BGB mehr zusteht. Der Anspruch des R auf Lieferung ist demnach auch durchsetzbar.

c) Des Weiteren ist für den Verzug gemäß § 286 Abs. 1 Satz 1 BGB erforderlich, dass der Gläubiger den Schuldner nach Eintritt der Fälligkeit *gemahnt* hat.

> **Definition**: Die *Mahnung* ist eine an den Schuldner gerichtete Aufforderung des Gläubigers, die das bestimmte Verlangen zum Ausdruck bringt, die geschuldete Leistung zu erbringen; eine Fristsetzung oder Androhung von Rechtsfolgen ist möglich, aber nicht erforderlich (BGH NJW **2011**, 2871; BGHZ **47**, 357; BGH NJW

1998, 2132; BGH NJW **1987**, 1547; OLG Hamm NJW-RR **1992**, 668; *Jauernig/Stadler* § 286 BGB Rz. 15; *Palandt/Grüneberg* § 286 BGB Rz. 16). Bei der Mahnung handelt es sich rechtstechnisch um eine sogenannte »**geschäftsähnliche Handlung**«, auf die die Vorschriften über Willenserklärungen entsprechend anwendbar sind (*Köhler* AT § 5 Rz. 7; *Medicus* AT Rz. 195; BGHZ **47**, 357; OLG Köln NJW **1998**, 320).

Hier in unserem Fall ist das alles kein Problem, denn in der Sachverhaltsschilderung steht ausdrücklich, dass R dem H am 15.05. ein *Mahnschreiben* zugestellt und dort auch noch darauf hingewiesen hat, dass er die Lieferung dringend erwarte.

> Beachte bitte unbedingt, dass die Mahnung nur dann ihre von § 286 Abs. 1 Satz 1 BGB angeordnete Wirkung (= Verzugseintritt) entfalten kann, wenn sie *nach* dem Eintritt der Fälligkeit erfolgt. Das steht zwar ausdrücklich im Gesetzestext des § 286 Abs. 1 BGB drin (prüfen!), wird aber dennoch gnadenlos gerne von den Studenten übersehen. Eine *vor* der Fälligkeit ausgesprochene Mahnung bleibt grundsätzlich *wirkungslos* und führt auch später keinerlei Rechtsfolgen herbei (BGH NJW-RR **1997**, 622; BGH NJW **1992**, 1956; *Medicus/Lorenz* SR I Rz. 399; *Palandt/Grüneberg* § 286 BGB Rz. 16). Im Übrigen soll aber nach herrschender Meinung die Mahnung dann wirksam sein, wenn sie mit der die Fälligkeit begründenden Handlung zeitlich zusammen fällt (BGH NJW **2001**, 3114; BGH NJW **1987**, 1547; MüKo/*Ernst* § 286 BGB Rz. 52; *Brox/Walker* AS § 23 Rz. 13; *Medicus/Lorenz* SR I Rz. 399; *Palandt/Grüneberg* § 286 BGB Rz. 16; *Jauernig/Stadler* § 286 BGB Rz. 20). Wenn also etwa V und K vereinbaren, dass V dem K die vertraglich versprochenen Dachziegel »auf Abruf im kommenden Monat« liefern soll, liegt in dem Abruf, wenn er denn erfolgt, sowohl die die Fälligkeit begründende Handlung als auch die Aufforderung, die Leistung nunmehr zu erbringen (= Mahnung). Hier fallen demnach beide Handlungen bzw. Zeitpunkte zeitlich zusammen, was die Anwendung des § 286 Abs. 1 BGB nicht ausschließt. Merken.

Zurück zum Fall: Der R hat dem H am 15.05. eine Mahnung zustellen lassen. Diese Mahnung erfolgte unzweifelhaft nach dem Eintritt der Fälligkeit, denn die Fälligkeit war ja schon am 02.05. eingetreten (siehe oben).

<u>ZE.</u>: Damit ist die 3. Voraussetzung des Verzuges auch erfüllt mit der Konsequenz, dass der H ab dem 15.05. mit der Leistung (= Lieferung des Ofens) in Verzug ist. Der Verzugsbeginn tritt im Falle des § 286 Abs. 1 Satz 1 BGB mit dem Zugang der Mahnung ein (BGH NJW-RR **1990**, 324; *Brox/Walker* AS § 23 Rz. 9; *Medicus/Lorenz* SR I Rz. 399; *Jauernig/Stadler* § 286 BGB Rz. 38).

d) Gemäß **§ 286 Abs. 4 BGB** kommt der Schuldner aber nicht in Verzug, solange die Leistung infolge eines Umstandes unterbleibt, den er nicht zu vertreten hat.

> Insoweit sind für den Klausurbearbeiter dann zunächst *zwei* Dinge von besonderer Bedeutung: Zum einen hat man nämlich darauf zu achten, dass im Hinblick auf dieses Vertretenmüssen die Beweislast aufgrund der gesetzlichen Formulierung in § 286 Abs. 4 BGB – ebenso wie bei § 280 Abs. 1 Satz 2 BGB – beim *Schuldner* liegen soll, er also nachweisen muss, warum ihn gerade kein Verschulden an der Verspätung trifft (BGH NJW **2011**, 2120; BGH NJW **2001**, 3114; BGHZ **36**, 345; BGH WM **1982**, 400;

PWW/*Schmidt-Kessel* § 286 BGB Rz. 22; *Jauernig/Stadler* § 286 BGB Rz. 40; *Palandt/Grüneberg* § 286 BGB Rz. 39; *Brox/Walker* AS § 23 Rz. 28). Der Schuldner muss sich somit, will er dem Verzug und seinen Rechtsfolgen entgehen, grundsätzlich *aktiv* entlasten. Äußert sich der Schuldner also z.B. überhaupt nicht zur Frage des Vertretenmüssens, hat er demnach die Verspätung wegen der Regelung des § 286 Abs. 4 BGB zu vertreten. Merken.

Das Vertretenmüssen selbst richtet sich, wenn der Schuldner sich tatsächlich erklären sollte, dann nach den allgemeinen Vorschriften der **§§ 276-278 BGB**. Der Schuldner hat also nicht nur für eigenes, sondern insbesondere auch für das Verschulden seiner Erfüllungsgehilfen nach § 278 BGB einzustehen (*Palandt/Grüneberg* § 286 BGB Rz. 39).

Zum Fall: Unser H hat hier wahrheitsgemäß erklärt, der Ofen sei am 25.05. bei einem Einbruch von einem Unbekannten beschädigt worden und habe dann erst wieder instand gesetzt werden müssen. Es fragt sich, ob diese Erklärung tatsächlich eine Entlastung im weiter oben beschriebenen Sinne darstellen kann. Wenn dem so ist, tritt kein Verzug ein (lies: § 286 Abs. 4 BGB!) und ein Ersatzanspruch des R wäre zumindest nach den §§ 280 Abs. 1 und 2, 286 BGB ausgeschlossen.

Bei der Auflösung des Problems müssen wir nun sehr genau hinschauen: Zunächst kann insoweit erst einmal festgestellt werden, dass den H an der Beschädigung des Ofens sicher kein Verschulden im Sinne der §§ 276-278 BGB trifft. Denn bei einer von einer anderen Person vorsätzlich (§ 303 StGB) oder fahrlässig herbeigeführten Beschädigung liegt – wenn keine besonderen Umstände erkennbar sind – grundsätzlich kein Verschulden des Opfers vor. Fraglich ist allerdings, ob dieses Nichtvertretenmüssen im Hinblick auf die Beschädigung des Ofens tatsächlich identisch ist mit dem von § 286 Abs. 4 BGB gemeinten Verschuldensmaßstab.

Denn: Gemäß § 286 Abs. 4 BGB muss sich das Vertretenmüssen auf den Umstand beziehen, aufgrund dessen die Leistung unterbleibt (Gesetz lesen). Hinter dieser Formulierung steckt folgender wichtiger Gedanke: Das Vertretenmüssen im Sinne des § 286 Abs. 4 BGB bezieht sich ausschließlich auf die die *Verspätung* der Leistung begründenden Umstände. Man hat also im Rahmen des § 286 Abs. 4 BGB nur zu fragen, ob der Schuldner den *Eintritt des Verzuges* zu vertreten hat. Ab diesem Zeitpunkt dann spielt ein Verschulden hingegen keine Rolle mehr, denn nach dem Rechtsgedanken des **§ 287 BGB** (**LESEN!**) haftet der Schuldner im Verzug selbst – also ab dem Verzugseintritt – auch für Zufall (RGZ **156**, 113; BGH NJW-RR **1996**, 460; *Palandt/Grüneberg* § 286 BGB Rz. 39).

Berücksichtigt man dies, ergibt sich für unseren Fall nun Folgendes: Der Verzug war am Tage der Zustellung der Mahnung eingetreten. Das war der **15.05.**, das haben wir weiter oben ja umfassend geprüft und festgestellt (siehe dort). Im Hinblick auf diesen Verzugseintritt hat der H nun aber gar nichts erklärt, mithin auch keine mögliche Entlastung im Sinne des § 286 Abs. 4 BGB geltend gemacht. Den Verzugseintritt hat er demnach mangels aktiver Entlastung zu vertreten. Seine entlastenden Erklärungen bezogen sich ausschließlich auf den danach folgenden Zeitraum, namentlich den 25.05. Zu dieser Zeit befand sich H indessen längst in Verzug mit der Leistung. Die

Erklärungen des H bleiben somit in Bezug auf ein Vertretenmüssen des Verzuges nach § 286 Abs. 4 BGB grundsätzlich unberücksichtigt. Ein nach Eintritt des Verzuges entstehender Entschuldigungsgrund beseitigt den Verzug nach dem Rechtsgedanken des § 287 BGB nicht (RGZ **156**, 113; BGH NJW-RR **1996**, 460; *Jauernig/Stadler* § 286 BGB Rz. 40; *Palandt/Grüneberg* § 286 BGB Rz. 39). Wichtig, bitte merken.

ZE.: Damit liegt auch die letzte (negative) Voraussetzung des § 286 BGB vor; H hat den Eintritt des Verzuges zu vertreten.

Rechtsfolgen: Der H hat demnach den durch den Verzug entstandenen Schaden – sogenannter *Verzögerungsschaden* – zu ersetzen.

Definition: Der *Verzögerungsschaden* nach den §§ 280 Abs. 1 und 2, 286 BGB ist der Schaden, der dem anderen Teil dadurch entstanden ist, dass der Schuldner nicht rechtzeitig, sondern erst verspätet geleistet hat. Der Gläubiger muss gemäß den §§ 249 ff. BGB dann so gestellt werden, wie er bei rechtzeitiger Leistung gestanden hätte (BGH NJW **2011**, 2871; BGH NJW **2011**, 2120; BGH ZIP **2002**, 895; *Palandt/Grüneberg* § 286 BGB Rz. 43; *Jauernig/Stadler* § 286 BGB Rz. 41; *Brox/Walker* AS § 23 Rz. 30; *Medicus/Lorenz* SR I Rz. 405).

Merke: Der über die §§ 280 Abs. 1 und 2, 286 BGB zu ersetzende Verzögerungsschaden muss *während* und *durch* den Verzug entstanden sein und setzt im Übrigen voraus, dass die Leistung in diesem Zeitraum noch möglich war.

Prüfen wir mal:

In unserem Fall befand sich der H seit dem **15.05.** in Verzug mit der Leistung, denn das war das Datum der Zustellung der Mahnung. Das Ende des Verzuges war am **16.06.**, denn da hat H den Ofen geliefert. Der Verzug endet grundsätzlich dann, wenn eine seiner Voraussetzungen wegfällt, unter anderem also mit der Vornahme der geschuldeten Leistung (BGH NJW-RR **1997**, 622; OLG Düsseldorf NJW-RR **1998**, 780; OLG Frankfurt MDR **1999**, 667). Der Verzugszeitraum liegt also vom 15.05. bis zum 16.06.

Relativ unproblematisch können wir insoweit nun zunächst sagen, dass die Kosten für die Miete des Ersatzofens unter den Verzögerungsschaden nach den §§ 280 Abs. 2, 286 BGB fallen, denn diese Kosten sind entstanden *während* des Verzuges und wären vor allem nicht entstanden, wenn H rechtzeitig, also ab dem 15.05. geliefert hätte. Sie sind somit nicht nur *während* des Verzuges, sondern auch kausal *durch* die Verzögerung angefallen und mithin ersatzpflichtig (vgl. insoweit etwa BGHZ **66**, 277 zur Miete einer Ersatzwohnung bei nicht rechtzeitiger Herstellung eines Hauses).

Außerordentlich interessant ist dann des Weiteren aber noch die Frage, ob auch die Kosten des Anwalts, der die Mahnung geschickt hatte, unter den Verzögerungsschaden im Sinne der §§ 280 Abs. 2, 286 BGB zu subsumieren sind. Und hier kommt jetzt ganz zum Schluss noch ein echter *Klassiker*, der gnadenlos oft sowohl in universitären Übungsarbeiten als auch im Examen abgefragt wird und auf den die Kandidaten dann auch entsprechend häufig reinfallen. Folgendes muss zur Vermeidung dessen in Zukunft beachtet werden:

Inwieweit die Kosten der Rechtsverfolgung (= Anwaltskosten) im Rahmen des Verzugsschadens über die §§ 280 Abs. 2, 286 BGB erstattet werden, hängt insbesondere davon ab, *wann* sie entstehen:

→ In jedem Fall ersatzfähig sind die Anwaltskosten, die *während* des Verzuges auftreten. So sind namentlich Mahn- oder Kündigungsschreiben eines Rechtsanwaltes, die *nach* Verzugseintritt gefertigt werden, vom Schuldner zu ersetzen, wenn sie, was der Regelfall ist, der zweckentsprechenden Rechtsverfolgung dienen (BGH NJW **2011**, 2871; BGH VersR **1974**, 642; OLG Köln NJW-RR **1987**, 593; OLG Karlsruhe NJW-RR **1990**, 929; *Palandt/Grüneberg* § 286 BGB Rz. 47; *Brox/Walker* AS § 23 Rz. 30). Bei dieser Ersatzpflicht ist unter Umständen dann aber § 254 Abs. 2 BGB zu beachten. Der Schuldner hat also nur die nach der Gebührenordnung der Anwälte (Rechtsanwaltsvergütungsgesetz) entstandenen Kosten zu tragen, nicht aber darüber hinaus gehendes Honorar (BGHZ **30**, 156). Und diese Ersatzpflicht gilt übrigens auch dann, wenn sich der Anwalt selbst vertritt (BAG DB **1995**, 835). Nach Meinung des BGH (→ NJW **2011**, 2871) fallen unter den Verzugsschaden zudem auch die Kosten für die Einschaltung eines Detektivs, wenn nämlich der Schuldner nicht ohne Probleme identifizierbar ist (im konkreten Fall ging es um den Betrug an einer Tankstelle, bei dem der Autofahrer ohne Bezahlung des Benzins davongefahren war).

→ *Nicht* ersatzfähig sind hingegen die Kosten der Mahnung, die den Verzug nach § 286 Abs. 1 Satz 1 BGB erst begründet, **denn**: Diese Kosten entstehen weder *während* noch *durch* den Verzug, die Mahnung begründet ja erst den Verzug! Die Kosten der sogenannten »**Erstmahnung**« unterliegen demzufolge nicht der Schadensersatzpflicht aus den §§ 280 Abs. 1 und 2, 286 BGB im Rahmen des Verzögerungsschadens, das zahlt der Gläubiger somit selbst (**unstreitig**: BGH NJW **1985**, 324; BGH VersR **1974**, 642; BayObLG NJW-RR **1993**, 280; *Bamberger/Roth/Unberath* § 286 BGB Rz. 70; *Medicus/Lorenz* SR I Rz. 405; *Schreiber* in Jura 1990, 193; *Brox/Walker* AS § 23 Rz. 30).

Und auf den vorliegenden Fall übertragen bedeutet dies, dass unser Gläubiger R die bei ihm angefallenen Anwaltskosten von H *nicht* ersetzt verlangen kann, denn das Anwaltsschreiben bzw. die Mahnung begründet erst den Verzug. Die Kosten entstehen also nicht *während* des Verzuges und sind auch nicht ursächlich darin begründet. Es handelt sich vielmehr um eine sogenannte »Erstmahnung«, die nach dem soeben Erlernten nicht der Erstattungspflicht im Rahmen des Verzögerungsschadens unterliegt (BGH NJW **1985**, 324).

Erg.: Der R kann von H lediglich die 1.500 Euro Kosten für das Mieten des Ersatzofens über die §§ 280 Abs. 2, 286 BGB verlangen; die Kosten für den Rechtsanwalt hat er demgegenüber selbst zu tragen.

Gutachten

R kann gegen H einen Anspruch auf Ersatz der entstandenen Kosten aus den §§ 280 Abs. 1 und 2, 286 Abs. 1 BGB haben.

1.) Zwischen R und H besteht ein Schuldverhältnis, und zwar in Form des am 20.03. geschlossenen Kaufvertrages gemäß § 433 BGB über den Ofen zum Preis von 10.000 Euro.

2.) Einen Ersatzanspruch auf den Verzögerungsschaden kann R nach § 280 Abs. 2 BGB nur dann geltend machen, wenn die Voraussetzungen des § 286 BGB vorliegen. Erforderlich ist dementsprechend Verzug des H mit einer Leistungspflicht aus dem Kaufvertrag.

a) Erforderlich ist hierfür zunächst ein fälliger Anspruch, § 286 Abs. 1 BGB. Die Fälligkeit bezeichnet den Zeitpunkt, von dem an der Gläubiger die Leistung verlangen kann, der Schuldner sie also erbringen muss. Die Bestimmung dieses Zeitpunktes erfolgt gemäß § 271 Abs. 1 BGB anhand der konkreten vertraglichen Vereinbarung oder aus den besonderen Umständen des Schuldverhältnisses. Lassen sich daraus keine Schlüsse ziehen, wird § 271 Abs. 1 BGB direkt angewendet mit der Folge, dass die Leistung im Zweifel sofort fällig ist.

Die vertragliche Vereinbarung vom 20.03. benennt kein exaktes Datum für die Lieferung des Ofens. Es stellt sich aber die Frage, ob die im Vertrag enthaltene Formulierung »erst ab Mai« eine Zeitbestimmung im Sinne des § 271 Abs. 1 BGB ermöglicht. Insoweit gilt, dass nach diesem Wortlaut der Gläubiger nach dem Willen der Parteien jedenfalls nicht vor Erreichen des Monats Mai die Leistung verlangen kann. In Ermangelung weiterer Vereinbarungen ergibt sich im Übrigen aber sonst keine zeitliche Begrenzung im Hinblick auf die Forderung des R. R kann somit die Leistung grundsätzlich ab dem 01.05. verlangen. Nach § 193 BGB beginnt die Frist im vorliegenden Fall aufgrund des bundesweiten Feiertages am 01.05. erst am folgenden Werktag, also dem 02.05.

Der Anspruch des R gegen H auf Lieferung gemäß § 433 Abs. 1 Satz 1 BGB ist somit aufgrund der vertraglichen Vereinbarung ab dem 02.05. fällig im Sinne des § 271 Abs. 1 BGB.

b) Dieser Anspruch muss zudem auch durchsetzbar sein, es dürfen ihm also keine Einreden entgegenstehen. R hat vorliegend den Ofen schon am 10.04. bezahlt und damit seine Leistungspflicht aus § 433 Abs. 2 BGB erfüllt mit der Konsequenz, dass dem H insbesondere kein Recht aus § 320 BGB mehr zusteht. Der Anspruch des R auf Lieferung ist demnach auch durchsetzbar.

c) Des Weiteren ist für den Verzug gemäß § 286 Abs. 1 Satz 1 BGB erforderlich, dass der Gläubiger den Schuldner nach Eintritt der Fälligkeit gemahnt hat. Die Mahnung ist eine an den Schuldner gerichtete Aufforderung des Gläubigers, die das bestimmte Verlangen zum Ausdruck bringt, die Leistung zu erbringen; eine Fristsetzung oder Androhung von Rechtsfolgen ist möglich, aber nicht erforderlich. Nach der Sachverhaltsschilderung hat R dem H am 15.05. ein Mahnschreiben zugestellt und dort auch darauf hingewiesen, dass er die Lieferung dringend erwarte. Die erforderliche Mahnung nach Fälligkeit lag damit vor.

d) Gemäß § 286 Abs. 4 BGB kommt der Schuldner aber nicht in Verzug, solange die Leistung infolge eines Umstandes unterbleibt, den er nicht zu vertreten hat. Das Vertretenmüssen selbst richtet sich nach den allgemeinen Vorschriften der §§ 276-278 BGB. Insoweit gilt nach § 286 Abs. 4 BGB eine Beweislastumkehr zugunsten des Gläubigers. Der Schuldner muss demzufolge aktiv die zu seiner Entlastung führenden Umstände darlegen und beweisen.

H hat hier wahrheitsgemäß erklärt, der Ofen sei am 25.05. bei einem Einbruch von einem Unbekannten beschädigt worden und habe dann erst wieder instand gesetzt werden müssen. Es fragt sich, ob diese Erklärung tatsächlich eine Entlastung darstellen kann. Wenn dem so ist, tritt kein Verzug ein und ein Ersatzanspruch des R wäre zumindest nach den §§ 280 Abs. 1 und 2, 286 BGB ausgeschlossen. H trifft an der Beschädigung des Ofens kein Verschulden im Sinne der §§ 276-278 BGB, denn bei einer von einer anderen Person vorsätzlich oder fahrlässig herbeigeführten Beschädigung liegt – wenn keine besonderen Umstände erkennbar sind – kein Verschulden des Opfers vor.

Gemäß § 286 Abs. 4 BGB muss sich das Vertretenmüssen indes auf den Umstand beziehen, aufgrund dessen die Leistung unterbleibt. Das Vertretenmüssen im Sinne des § 286 Abs. 4 BGB bezieht sich damit ausschließlich auf die die Verspätung der Leistung begründenden Umstände. Es kommt also im Rahmen des § 286 Abs. 4 BGB nur darauf an, ob der Schuldner den Eintritt des Verzuges zu vertreten hat. Ab diesem Zeitpunkt dann spielt ein Verschulden hingegen keine Rolle mehr, denn nach dem Rechtsgedanken des § 287 BGB haftet der Schuldner im Verzug selbst – also ab dem Verzugseintritt – auch für Zufall.

Verzug ist im vorliegenden Fall am Tage der Zustellung der Mahnung, also am 15.05. eingetreten. Im Hinblick auf diesen Verzugseintritt hat H nichts erklärt, mithin auch keine möglichen Entlastungen im Sinne des § 286 Abs. 4 BGB geltend gemacht. Den Verzugseintritt hat er demnach mangels aktiver Entlastung zu vertreten. Seine entlastenden Erklärungen bezogen sich ausschließlich auf den danach folgenden Zeitraum, namentlich den 25.05. Zu dieser Zeit befand sich H bereits in Verzug mit der Leistung. Die Erklärungen des H bleiben somit in Bezug auf ein Vertretenmüssen des Verzuges nach § 286 Abs. 4 BGB unberücksichtigt. Ein nach Eintritt des Verzuges entstehender Entschuldigungsgrund beseitigt den Verzug nach dem Rechtsgedanken des § 287 BGB nicht. Damit hat H den Eintritt des Verzuges zu vertreten und muss demnach den Verzögerungsschaden ersetzen.

3.) Fraglich ist, welche von R geltend gemachten Vermögenspositionen vom Verzögerungsschaden umfasst sind. Der Verzögerungsschaden nach den §§ 280 Abs. 1 und 2, 286 BGB ist der Schaden, der dem anderen Teil dadurch entstanden ist, dass der Schuldner nicht rechtzeitig, sondern erst verspätet geleistet hat. Der Gläubiger muss gemäß den §§ 249 ff. BGB dann so gestellt werden, wie er bei rechtzeitiger Leistung gestanden hätte.

Hier befand sich H seit dem 15.05. in Verzug mit der Leistung. Der Verzug endet grundsätzlich dann, wenn eine seiner Voraussetzungen wegfällt, unter anderem also mit der Vornahme der geschuldeten Leistung. Das Ende des Verzuges war somit am 16.06., denn zu diesem Termin hat H den Ofen geliefert.

Die Kosten für die Miete des Ersatzofens fallen unter den Verzögerungsschaden nach den §§ 280 Abs. 2, 286 BGB, denn diese Kosten sind während des Verzuges entstanden und wären nicht entstanden, wenn H rechtzeitig, also am 15.05. geliefert hätte.

Fraglich ist, ob auch die Kosten des Anwalts, der die Mahnung geschickt hatte, im Rahmen des Verzögerungsschadens ersetzt werden können. Inwieweit die Kosten der Rechtsverfolgung im Rahmen des Verzugsschadens über die §§ 280 Abs. 2, 286 BGB erstattet werden, hängt insbesondere davon ab, wann sie entstehen: In jedem Fall ersatzfähig sind die Anwaltskosten, die während des Verzuges auftreten. So sind namentlich Mahn- oder Kündigungsschreiben eines Rechtsanwaltes, die nach Verzugseintritt gefertigt werden, vom Schuldner zu ersetzen, wenn sie, was der Regelfall ist, der zweckentsprechenden Rechtsverfolgung dienen. Nicht ersatzfähig sind hingegen die Kosten der Mahnung, die den Verzug nach § 286 Abs. 1 Satz 1 BGB erst begründet, denn diese Kosten entstehen weder während noch durch den Verzug. Die Kosten der sogenannten »Erstmahnung« unterliegen demzufolge nicht der Schadensersatzpflicht aus den §§ 280 Abs. 1 und 2, 286 BGB im Rahmen des Verzögerungsschadens. Sie sind vom Gläubiger somit selbst zu tragen.

Auf den vorliegenden Fall übertragen bedeutet dies, dass unser Gläubiger R die bei ihm angefallenen Anwaltskosten von H nicht ersetzt verlangen kann, denn das Anwaltsschreiben bzw. die Mahnung begründete erst den Verzug.

Ergebnis: R kann von H lediglich die Mietkosten in Höhe von 1.500 Euro für den Ersatzofen über die §§ 280 Abs. 2, 286 BGB verlangen.

Fall 7

Pizza-Service II

Also: Wir bleiben bei der Bestellung des Pizza-Ofens durch unseren Rechtsstudenten R beim Händler H zum Preis von 10.000 Euro am 20. März. Im Unterschied zum vorherigen Fall steht nun aber im Vertrag, dass H »bis Mitte Mai« liefern und R dann bei Lieferung den Kaufpreis zahlen soll. Als H am 17.05. noch nicht geliefert hat, setzt R dem H per Anwalt eine »dringende Lieferfrist« bis zum 31.05. und erklärt zudem, nach fruchtlosem Ablauf der Zeit trete er vom Vertrag zurück. Am 03.06. – H hat nicht geliefert – erwirbt R ein vergleichbares Gerät bei einem anderen Hersteller zum Preis von 13.000 Euro.

Am 10.06. erscheint H bei R und verlangt Abnahme und Zahlung des Ofens. R weigert sich unter Berufung auf den Rücktritt und will vielmehr jetzt Erstattung der 3.000 Euro Mehrkosten für das Ersatzgerät sowie die Anwaltskosten in Höhe von 250 Euro ersetzt haben.

Rechtslage?

Schwerpunkte: Schadensersatz statt der Leistung bei Verzögerung gemäß den §§ 280 Abs. 1 und 3, 281 Abs. 1 BGB; Abgrenzung zum Verzugsschaden nach den §§ 280 Abs. 1 und 2, 286 BGB; Bestimmung der Fälligkeit; Ablauf einer angemessenen Frist; Berechnung des Schadensumfangs; Rücktritt und Schadensersatz.

Lösungsweg

Vorbemerkung: Dieser Fall sieht dem letzten zwar ähnlich, er ist es aber tatsächlich überhaupt nicht. Bei der Verspätung bzw. Verzögerung der Leistung können auch kleinere Unterscheidungen im Sachverhalt immense inhaltliche Konsequenzen haben. Das werden wir uns gleich im Einzelnen ansehen, wollen unseren Blick aber zunächst auf die für die Klausur mit Abstand wichtigste Unterscheidung richten:

Der für die Prüfung bedeutendste Unterschied im Sachverhalt liegt nämlich darin, dass der Gläubiger die Leistung hier am Ende *ablehnt*, es also tatsächlich nicht mehr zur Erfüllung des Kaufvertrages von Seiten des Schuldners kommt. Das war im letzten Fall anders, da hatte R den Ofen ja trotz Verspätung angenommen und wollte den *Verzögerungsschaden* in Form der Mietkosten für das Ersatzgerät und den Anwaltskosten – *neben* der Erfüllung des Vertrages – ersetzt haben. Und in dem Fall waren die **§§ 280 Abs. 1 und 2, 286 BGB** dann die richtige Anspruchsgrundlage (siehe den vorherigen Fall).

Hier in diesem Fall nun verlangt R zwar auch Schadensersatz, allerdings nicht neben der Erfüllung des Vertrages (also neben der Eigentumsverschaffung am Ofen), sondern sozusagen *anstelle* der Leistung oder in der Sprache des Gesetzes »**statt der Leistung**«. Unser R hat ja ausdrücklich den Rücktritt vom Vertrag erklärt und zudem auch schon einen Ersatz- bzw. Deckungskauf getätigt, was deutlich macht, dass er auf die Erbringung der Leistung von H verzichtet. Und wenn jemand wegen Verspätung auf die Leistung letztlich verzichtet bzw. sie ablehnt und vielmehr anstelle dessen Schadensersatz verlangt, eröffnet dies den Weg über § 280 Abs. 1 und Abs. 3 BGB in Verbindung mit § 281 Abs. 1 BGB. Der Gesetzgeber nennt dieses Begehren in § 280 Abs. 3 BGB und § 281 Abs. 1 BGB »**Schadensersatz statt der Leistung**« und will damit unter anderem die Fälle erfassen, in denen die Leistungserbringung wegen Verspätung letztlich ausbleibt bzw. abgelehnt wird und der Gläubiger *stattdessen* Schadensersatz verlangt (BT-Drs. 14/6040 Seite 138; *Brox/Walker* AS § 23 Rz. 34).

In der Klausur hat man daher, wenn eine verspätete Leistungserbringung im Raum steht, stets genau auf das Begehren des Gläubigers bzw. darauf zu achten, ob die Leistung letztlich noch angenommen wird oder nicht. Wenn der Gläubiger die Leistung noch annimmt, kann er dann logischerweise auch keinen Schadensersatz »**statt**« der Leistung fordern (siehe oben); als Anspruchsgrundlage für einen solchen Schadensersatzanspruch – *neben* der Leistung – kommen ausschließlich die §§ 280 Abs. 1 und 2, 286 BGB in Betracht (→ *Verzögerungsschaden*). Nimmt der Gläubiger die Leistung hingegen nicht mehr an, ist der Weg frei für den Schadensersatz *statt* der Leistung, und dann ist bei Fällen der Verspätung im Zweifel immer § 280 Abs. 1 und 3 BGB in Verbindung mit § 281 Abs. 1 BGB die zuvorderst zu prüfende Anspruchsgrundlage.

Bei diesem § 281 Abs. 1 BGB muss man dann übrigens gut aufpassen, denn der setzt – soviel vorneweg – *keinen* Verzug im Sinne des § 286 BGB voraus; in § 281 BGB steht da nämlich kein Wort von drin (prüfen!). Tatsächlich haben wir es bei den §§ 280 Abs. 1 und 3, 281 Abs. 1 BGB mit einer von § 286 BGB und dem Verzug komplett losgelösten Anspruchsgrundlage zu tun, und das, obwohl hier fraglos die *Verspätung* der Leistung vorliegt (*Brox/Walker* AS § 23 Rz. 35; *Palandt/Grüneberg* § 281 BGB Rz. 7). Beachtlich ist in diesem Zusammenhang im Übrigen noch, dass ein Anspruch auf Ersatz des Verzugsschadens aus den §§ 280 Abs. 1 und 2, 286 BGB grundsätzlich bestehen bleiben kann, selbst wenn der Gläubiger den Schadensersatz statt der Leistung geltend macht oder/und vom Vertrag zurücktritt (*Grigoleit/Riehm* in AcP 203, 750; *Jauernig/Stadler* § 286 BGB Rz. 41; *Palandt/Grüneberg* § 281 BGB Rz. 17; *Brox/Walker* AS § 23 Rz. 31). Dies ist deshalb erwähnenswert, weil der Schadensersatz statt der Leistung an sich nur die Schäden erfasst, die *nach* Ablauf der gemäß § 281 Abs. 1 BGB zu setzenden Frist entstehen, der Verzugsschaden aber auch den Zeitraum vorher betreffen kann (*Jauernig/Stadler* § 281 BGB Rz. 16; *Palandt/Grüneberg* § 281 BGB Rz. 17). Wenn also Schäden in Frage stehen, die vor Ablauf der gesetzten Frist entstanden sind und zu dieser Zeit bereits Verzug vorlag, kann der Anspruch auf Verzögerungsschaden neben dem Anspruch auf Schadensersatz der Leistung stehen (*Jauernig/Stadler* § 281 BGB Rz. 16; *Grigoleit/Riehm* in AcP 203, 750; *Palandt/Grüneberg* § 281 BGB Rz. 17). Wichtig, bitte merken.

I.) Ansprüche des R gegen H auf Ersatz der entstandenen Kosten

AGL.: §§ 280 Abs. 1 und 3, 281 Abs. 1 BGB (Schadensersatz *statt* der Leistung)

1.) Erste Voraussetzung für den Ersatzanspruch aus den gerade genannten Vorschriften ist neben dem Vorliegen eines *Schuldverhältnisses*, dass die Leistungspflicht des Schuldners grundsätzlich noch erfüllbar gewesen, insbesondere nicht unmöglich geworden ist (*Brox/Walker* AS § 23 Rz. 34). Im Falle der Unmöglichkeit wäre nämlich § 283 BGB einschlägig, der zwar auch einen umfassenden Schadensersatzanspruch gewährt, indessen an andere Voraussetzungen gebunden ist (*Jauernig/Stadler* § 283 BGB Rz. 2).

Hier: Die Leistung in Form der Übereignung des Ofens nach § 433 Abs. 1 Satz 1 BGB war grundsätzlich weiterhin möglich, der H hat sie am 10.06. sogar noch angeboten.

2.) Die notwendige *Pflichtverletzung* richtet sich in unserem Fall – wie oben gezeigt – nach § 281 Abs. 1 BGB. Die Leistung muss demnach zunächst *fällig* gewesen sein (Gesetz lesen, § 281 Abs. 1 BGB).

> **Definition**: Die *Fälligkeit* bezeichnet den Zeitpunkt, von dem an der Gläubiger die Leistung verlangen kann, der Schuldner sie also erbringen *muss* (BGH NJW **2012**, 3714; BGH NJW **2011**, 2871; BGH NJW **2011**, 2120; BGH NJW **2007**, 1581; PWW/*Jud* § 271 BGB Rz. 1; *Palandt/Grüneberg* § 271 BGB Rz. 1; *Brox/Walker* AS § 12 Rz. 18; *Medicus/Lorenz* SR I Rz. 151).

Die Bestimmung dieses Zeitpunktes erfolgt gemäß § 271 Abs. 1 BGB anhand der konkreten vertraglichen Vereinbarung oder aus den besonderen Umständen des Schuldverhältnisses. Wenn sich daraus keine Schlüsse ziehen lassen, wendet man § 271 Abs. 1 BGB direkt an und stellt fest, dass eine Leistung im Zweifel *sofort* fällig ist.

Hier: In unserem Vertrag findet sich die Formulierung, dass die Lieferung des Ofens »**bis Mitte Mai**« erfolgen soll. Schaut man nun in § 192 BGB rein (bitte!), erkennt man, dass diese Formulierung den 15. des jeweiligen Monats meint und somit wegen § 188 Abs. 1 BGB ab dem nächsten Tag (= 16.05.) der Gläubiger die Leistung verlangen kann und der Schuldner sie dann erbringen *muss*. Die Auslegung der vertraglichen Vereinbarung ergibt mithin, dass die Leistung ab dem **16.05.** – morgens 0 Uhr – fällig im Sinne des § 271 Abs. 1 BGB bzw. § 281 Abs. 1 BGB gewesen ist.

3.) Der Lieferungsanspruch muss im Übrigen auch *durchsetzbar* gewesen sein, ihm dürfen folglich keine Einreden entgegenstehen. Das steht zwar nicht im Gesetz, begründet sich aber damit, dass niemandem zugemutet werden kann, mit der Schadensersatzpflicht wegen verspäteter Leistung belastet zu werden, wenn man selbst (noch) gar nicht leisten muss (BGHZ **104**, 11; *Jauernig/Stadler* § 281 BGB Rz. 5).

Hier: In unserem Fall könnte man grundsätzlich auf die Idee kommen, dass dem Lieferungsanspruch des R das Zurückbehaltungsrecht aus § 320 BGB entgegensteht, was die Durchsetzbarkeit allein bei Vorliegen der Voraussetzungen des § 320 BGB hemmen würde (BGH WM **1999**, 1529; BGHZ **104**, 11; *Bamberger/Roth/Ernst* § 281 BGB Rz. 19; *Medicus/Lorenz* SR I Rz. 395; *Palandt/Grüneberg* § 286 BGB Rz. 11). Indessen soll unser R laut vertraglicher Vereinbarung erst bei Lieferung der Sache den Kaufpreis zahlen, was bedeutet, dass H *vorleistungspflichtig* ist. Dies aber schließt die Anwendung des § 320 BGB aus (steht drin!).

4.) Der Schuldner muss die Leistung außerdem nicht oder nicht wie geschuldet erbracht haben (bitte das Gesetz lesen, § 281 Abs. 1 BGB). Mit dieser Formulierung umschreibt der § 281 Abs. 1 BGB die Art der Pflichtverletzung aus § 280 Abs. 1 BGB genauer. Im Rahmen der Verspätung ist die bloße Nichtleistung trotz Möglichkeit der Leistung als Pflichtverletzung im Sinne des § 280 Abs. 1 BGB anzusehen und damit auch unter § 281 BGB zu subsumieren (*Brox/Walker* AS § 23 Rz. 37; *Palandt/Grüneberg* § 281 BGB Rz. 8).

Hier: Der Schuldner H hat somit *nicht* geleistet im Sinne des § 281 Abs. 1 BGB, da er trotz Möglichkeit den fälligen Ofen nicht gebracht hat.

5.) Der Gläubiger muss dem Schuldner des Weiteren erfolglos eine *angemessene Frist* gesetzt haben.

> **Durchblick**: An dieser Stelle nun sollte man gut aufpassen und darf diese Fristsetzung vor allem nicht mit dem Verzug und dessen Voraussetzungen aus § 286 BGB verwechseln. Wir hatten das weiter oben in der Vorbemerkung schon mal gesagt: Bei einem Anspruch auf Schadensersatz *statt* der Leistung aus den §§ 280 Abs. 1 und 3, 281 Abs. 1 BGB spielt der Verzug nach § 286 BGB *keine* Rolle (*Brox/Walker* AS § 23 Rz. 35; *Jauernig/Stadler* § 281 BGB Rz. 16). Der § 281 Abs. 1 BGB stellt eigene Voraussetzungen auf, und diese sind abschließend (PWW/*Schmidt-Kessel* § 281 BGB Rz. 4; *Palandt/Grüneberg* § 281 BGB Rz. 7). Geht man davon aus, dass die Fristsetzung gemäß § 281 Abs. 1 BGB im Zweifel immer auch eine schlüssige Mahnung im Sinne des § 286 Abs. 1 Satz 1 BGB darstellt, dürfte der § 281 BGB, der ausdrücklich ja auch die Fälligkeit verlangt, den Verzug zwar im Regelfall beinhalten (BT-Drs. 14/6040 Seite 138), rechtstechnisch indessen hat man sich allein an den Voraussetzungen der §§ 280 Abs. 1 und 3, 281 Abs. 1 BGB zu orientieren (*Jauernig/Stadler* § 281 BGB Rz. 16; *Ernst/Gsell* in ZIP 2001, 1389).

Wir brauchen hier also eine angemessene Frist, innerhalb derer der Schuldner die Leistung erbringen kann. Bei dieser Fristsetzung handelt es sich um eine nicht formgebundene einseitige Erklärung, die eine geschäftsähnliche Handlung darstellt und auf die demnach die Vorschriften über Willenserklärungen entsprechend anwendbar sind (*Palandt/Grüneberg* § 281 BGB Rz. 9; *Jauernig/Stadler* § 281 BGB Rz. 5). Beachte im Übrigen bitte noch, dass die Fristsetzung grundsätzlich nur dann wirksam ist, wenn sie *nach* Eintritt der Fälligkeit erfolgt (BGHZ **193**, 315). Dies begründet sich damit, dass der § 281 Abs. 1 BGB dem Schuldner die Möglichkeit der *zweiten Andienung* geben soll (BGH NJW **2012**, 3714 = BGHZ **193**, 315; *Jauernig/Stadler* § 281 BGB Rz. 6), was aber logischerweise voraussetzt, dass der Schuldner den Zeitpunkt der ersten Andienung (→ Fälligkeit) bereits versäumt hat (*Huber/Faust* 3. Kapitel Rz. 133; *Jauernig/Stadler* § 281 BGB Rz. 6; vgl. aber auch *Derleder/Zänker* in NJW 2003, 2778, die das Zusammenfallen von Fälligkeit und Fristsetzung genügen lassen wollen; oder auch *Brox/Walker* AS § 23 Rz. 38, die sogar eine Fristsetzung *vor* Fälligkeit für möglich und zulässig halten!). Beachte schließlich in diesem Zusammenhang noch, dass eine *vor* der Fälligkeit erklärte Fristsetzung auch nicht mit dem Eintritt der Fälligkeit (quasi »nachträglich«) wirksam wird; sie bleibt vielmehr unwirksam (BGH NJW **2012**, 3714).

Definition: *Inhaltlich* notwendig ist für die *Fristsetzung* eine bestimmte und eindeutige Aufforderung zur Leistung, eine Ablehnungsandrohung ist aber nicht erforderlich (*Palandt/Grüneberg* § 281 BGB Rz. 9a; *Medicus/Petersen* BR Rz. 246). Es genügt, wenn der Gläubiger durch das Verlangen nach »**sofortiger Leistung**« oder vergleichbare Formulierungen deutlich macht, dass dem Schuldner für die Erfüllung nur ein begrenzter (bestimmbarer) Zeitraum zur Verfügung steht, einen bestimmten Zeitraum oder einen bestimmten Termin muss er demgegenüber nicht zwingend nennen (BGH NJW **2009**, 3153). Die *Angemessenheit* der Frist bestimmt sich dann nach den Umständen des Einzelfalles, wobei darauf zu achten ist, dass die Frist dem Schuldner die Leistung nicht erst ermöglichen, sondern ihm nur eine letzte Gelegenheit geben soll, die Leistung zu erbringen (BGH NJW **2012**, 3714; BGH NJW **1985**, 2640; OLG Düsseldorf NJW-RR **1992**, 951; *Brox/Walker* AS § 23 Rz. 40; *Jauernig/Stadler* § 281 BGB Rz. 6).

Hier: Unser R hat dem H gegenüber mit Anwaltsschreiben vom 17.05. erklärt, er erwarte jetzt dringend die Lieferung des Ofens bis zum 31.05. In dieser Erklärung findet sich zum einen die bestimmte und eindeutige Aufforderung zur Leistung; sie ist zum anderen auch <u>nach</u> Eintritt der Fälligkeit (das war der 16.05., siehe oben) erfolgt. Und letztlich dürfte die Frist von 14 Tagen angesichts der Umstände des Falles auch angemessen sein: Berücksichtigt man, dass der Schuldner ab Fälligkeit grundsätzlich leistungsbereit zu sein hat, braucht die Frist nicht so lange bemessen zu sein, dass der Schuldner eine noch nicht begonnene Leistung anfangen und beenden kann (BT-Drs. 14/6040 Seite 138; BGH NJW **1985**, 320). Der Schuldner soll vielmehr nur in die Lage versetzt werden, die bereits in Angriff genommene Leistung zu vollenden (BGH NJW **1982**, 1280). Der H hatte knapp acht Wochen Zeit zur Lieferung; eine Aufstockung dieser Frist um weitere zwei Wochen (also noch mal ¼ der ursprünglichen Zeit) ist geeignet und angemessen, dem H die Lieferung zu ermöglichen bzw. diese zu vollenden. Der R hat dem H somit eine angemessene Frist im Sinne des § 281 Abs. 1 BGB gesetzt. Und diese Frist ist schließlich auch erfolglos verstrichen, H hatte bis zum 31.05. den Ofen nicht geliefert.

6.) Der Ersatzanspruch aus den §§ 280 Abs. 1 und 3, 281 Abs. 1 BGB setzt wegen § 280 Abs. 1 <u>**Satz 2**</u> BGB abschließend ein *Vertretenmüssen* der Pflichtverletzung seitens des Schuldners voraus. Hinsichtlich dieses Vertretenmüssens gilt indessen wegen der

Formulierung des Gesetzes eine Beweislastumkehr mit der Folge, dass der Schuldner sein fehlendes Verschulden nachzuweisen hat. Ansonsten wird das Vertretenmüssen des Schuldners vermutet (BGH NJW **2011**, 2871; *Brox/Walker* AS § 23 Rz. 49; *Palandt/Grüneberg* § 280 BGB Rz. 34).

Hier: Kein Problem, denn H sagt gar nichts zu seiner Verspätung mit der Folge, dass ein Vertretenmüssen zu seinen Lasten vermutet wird.

<u>ZE.</u>: Die Tatbestandsvoraussetzungen der §§ 280 Abs. 1 und 3, 281 Abs. 1 BGB liegen damit vollständig vor. Der Anspruch auf Schadensersatz statt der Leistung ist also dem Grunde nach gegeben.

Der Umfang der Ersatzpflicht:

Die Ersatzpflicht aus den §§ 280 Abs. 1 und 3, 281 Abs. 1 BGB umfasst grundsätzlich das sogenannte *Erfüllungsinteresse* und tritt an die Stelle der Primärleistung. Der Anspruch erfasst damit den Schaden, der dadurch entstanden ist, dass der Schuldner bei Fristablauf nicht geleistet hat; der Gläubiger ist so zu stellen, wie er bei ordnungsgemäßer Erfüllung gestanden hätte (BGH NJW **2011**, 2871; EuGH NJW **2008**, 1935; *Palandt/Grüneberg* § 281 BGB Rz. 17; *Jauernig/Stadler* § 281 BGB Rz. 16).

> **Beachte**: Die Ersatzpflicht nach den §§ 280 Abs. 1 und 3, 281 Abs. 1 BGB steht immer im Spannungsverhältnis zum Ersatz des Verzögerungsschadens nach den §§ 280 Abs. 1 und 2, 286 BGB. Um eine sinnvolle Abgrenzung der Anwendungsbereiche durchzuführen, hält man sich an Folgendes: Der Verzögerungsschaden (§§ 280 Abs. 1 und 2, 286 BGB) setzt grundsätzlich *Verzug* voraus und umfasst den Schaden, der *innerhalb* des Verzugszeitraumes entsteht, sofern die Leistung noch möglich ist. Setzt der Gläubiger dem Schuldner dann aber noch eine Frist und erklärt nach fruchtlosem Ablauf, er verlange Schadensersatz oder trete vom Vertrag zurück, muss insoweit dann der **§ 281 Abs. 4 BGB** (lesen!) gesehen werden. Der ordnet nämlich an, dass der Anspruch auf die Leistung unter diesen Umständen *ausgeschlossen* ist, was automatisch dann auch das Ende des Verzuges bedeutet (MüKo/*Ernst* § 281 BGB Rz. 111). Entstehen nun weitere Schäden wegen der Nichterfüllung, sind diese logischerweise nur noch über § 281 Abs. 1 BGB zu ersetzen, während die *bis* zur Fristsetzung entstandenen Schäden weiterhin – also quasi parallel – über die Regeln des Verzuges, wenn ein solcher denn vor der Fristsetzung vorlag, ersatzfähig sind (MüKo/*Ernst* § 281 BGB Rz. 111-113; *Jauernig/Stadler* § 281 BGB Rz. 16; *Grigoleit/Riehm* in AcP 203, 750; *Palandt/Grüneberg* § 281 BGB Rz. 17).

Zum Fall: Die Mehrkosten des anstelle der Erfüllung getätigten Deckungskaufs in Höhe von 3.000 Euro sind im vorliegenden Fall *nach* Ablauf der gesetzten Frist eingetreten. Sie unterliegen daher dem Ersatzanspruch aus den §§ 280 Abs. 1 und 3, 281 Abs. 1 BGB, da es sich hierbei um einen adäquat durch die Nichterfüllung verursachten Schaden handelt (BGH NJW **1998**, 2902; *Brox/Walker* AS § 23 Rz. 50; *Pa-*

landt/Grüneberg § 281 BGB Rz. 23). Und hierbei ist im Übrigen noch zu beachten, dass dieser Ersatzanspruch nicht durch den von R vorher erklärten Rücktritt ausgeschlossen ist. Dieser – im vorliegenden Fall inhaltlich nach **§ 323 Abs. 1 BGB** zulässige – Rücktritt beseitigt wegen **§ 325 BGB** (LESEN!) nämlich nicht die Möglichkeit, bei einem gegenseitigen Vertrag auch Schadensersatz zu verlangen. **Merken.** Und wegen des erklärten Rücktritts können wir uns hier dann auch noch die unterschiedliche Berechnung des Schadensersatzes anhand der *Differenz-* und *Surrogationstheorie* ersparen (dazu etwa *Brox/Walker* AS § 23 Rz. 50 oder *Medicus/Lorenz SR* I Rz. 595). Denn bei einem Rücktritt entfallen – sofern Leistung und Gegenleistung noch nicht erbracht sind – die Hauptleistungspflichten mit der Folge, dass der beim Gläubiger entstandene Schaden grundsätzlich nur anhand einer Differenzberechnung zu ermitteln ist (*Palandt/Grüneberg* § 346 BGB Rz. 4). R kann demnach die 3.000 Euro Mehrkosten, die ihm durch den teureren Ersatzkauf entstanden sind, von H ersetzt verlangen.

Nicht ersatzfähig über die §§ 280 Abs. 1 und 3, 281 BGB sind demgegenüber die Anwaltskosten, da diese bereits *vor* Ablauf der gesetzten Frist entstanden sind (Mü-Ko/*Ernst* § 281 BGB Rz. 112; *Jauernig/Stadler* § 281 BGB Rz. 16; *Palandt/Grüneberg* § 281 BGB Rz. 17; anders aber *Brox/Walker* AS § 23 Rz. 31). Insoweit sind nun aber – wie oben eingehend erörtert – die Regeln des Verzugs gesondert zu prüfen, also:

AGL.: §§ 280 Abs. 1 und 2, 286 BGB (Verzögerungsschaden)

Die Kosten für den Anwalt müssen *während* und *durch* den Verzug eingetreten sein. Die einzelnen Voraussetzungen des Verzuges bei § 286 Abs. 1 BGB haben wir im vorherigen Fall schon kennengelernt, insoweit sei zum Aufbau nach vorne verwiesen; wir konzentrieren uns hier jetzt nur auf das Wesentliche, und das sieht so aus:

> Gemäß § 286 Abs. 1 Satz 1 BGB setzt der Verzug *Fälligkeit* des Anspruchs und eine darauf folgende *Mahnung* voraus. Der Zugang dieser Mahnung begründet dann den Verzug und legt mithin den Zeitpunkt des Verzugsbeginns fest (BGH NJW **2011**, 2871; BGH NJW-RR **1997**, 622; BGH NJW **1992**, 1956; *Medicus/Lorenz SR* I Rz. 399; *Palandt/Grüneberg* § 286 BGB Rz. 16). Wenn wir angesichts dessen das oben in unserem Fall bereits Erarbeitete nun verwerten, können wir als Erstes feststellen, dass die Fälligkeit der Forderung hier eingetreten ist am **16.05.** um 0 Uhr morgens, denn H sollte »bis Mitte Mai« liefern, was wir unter Zuhilfenahme der §§ 192, 188 Abs. 1 BGB terminlich dann auf den Ablauf des 15.05. festgelegt hatten. Als *Mahnung* kommt jetzt natürlich nur das Schreiben vom 17.05. in Betracht, ansonsten liegt ja auch gar nichts Verwertbares nach Eintritt der Fälligkeit vor. Und wenn wir nun noch annehmen, dass dieses Schreiben mit der Fristsetzung auch als dringende Leistungsaufforderung im Sinne der Definition einer Mahnung ausgelegt werden kann (BGHZ **47**, 357; BGH NJW **1998**, 2132; BGH NJW **1987**, 1547; OLG Hamm NJW-RR **1992**, 668; *Jauernig/Stadler* § 286 BGB Rz. 15; *Palandt/Grüneberg* § 286 BGB Rz. 16), dürfte eigentlich klar sein, dass die Kosten dieses Schreibens gerade *nicht* ersatzfähig sind, denn dieses Schreiben würde den Verzug ja erst *begründen*. Eine den Verzug begründende Mahnung unterliegt – wie wir im vorherigen Fall schon gelernt haben – unstreitig *nicht* dem Schadensersatzanspruch aus den §§ 280 Abs. 1 und 2, 286 BGB (BGH NJW **1985**, 324; BGH VersR **1974**, 642; BayObLG NJW-RR **1993**, 280; *Bamberger/Roth/*

Unberath § 286 BGB Rz. 70; *Medicus/Lorenz SR* I Rz. 405; *Schreiber* in Jura 1990, 193; *Brox/Walker* AS § 23 Rz. 30).

Aber: Hier kommt nun die überraschende Finte! Bitte lies dafür zunächst **§ 286 Abs. 2 Nr. 1 BGB**. Einer Mahnung bedarf es ausnahmsweise nicht, wenn für die Leistung eine Zeit nach dem Kalender bestimmt ist. Dafür genügt es, wenn die Leistungszeit entweder unmittelbar oder auch nur mittelbar auf einen Kalendertag festgelegt werden kann (BGH NJW **1999**, 593; BGH NJW **1984**, 49; BAG WM **1992**, 246). Und das schaffen wir hier: Denn wir haben oben ja schon gelernt, dass die Formulierung »bis Mitte Mai« anhand der §§ 192, 188 Abs. 1 BGB terminlich fixiert werden kann und muss (!) auf den Ablauf des 15.05. mit der Folge, dass somit ein Kalendertag für die Leistung bestimmt ist im Sinne des § 286 Abs. 2 Nr. 1 BGB. Die Bezeichnung »Mitte des Monats« genügt unstreitig für die Zeitbestimmung nach § 286 Abs. 2 Nr. 1 BGB auf den jeweils 15. des Monats (BAG WM **1982**, 246; *Palandt/Grüneberg* § 286 BGB Rz. 22; *Jauernig/Stadler* § 286 BGB RZ. 27). Beachte insoweit hier dann noch die Besonderheit, dass damit das Datum der Fälligkeit gemäß § 271 Abs. 1 BGB und die den Verzug begründende Terminbestimmung nach § 286 Abs. 2 Nr. 1 BGB auf den gleichen Zeitpunkt fallen, was bei kalendermäßiger Terminbestimmung allerdings die Regel und daher auch nicht schädlich ist (BGH NJW **2001**, 3114; BGH NJW **1987**, 1547; MüKo/*Ernst* § 286 BGB Rz. 52; *Brox/Walker* AS § 23 Rz. 13; *Medicus/Lorenz SR* I Rz. 399; *Palandt/Grünebergs* § 286 BGB Rz. 16; *Jauernig/Stadler* § 286 BGB Rz. 20).

Wir halten demnach fest, dass der *Verzugsbeginn* auf den Ablauf des 15.05. (oder den Anfang des 16.05.) terminiert ist. Das Anwaltsschreiben erfolgte am 17.05., also während des Verzuges, und stellt dann einen ersatzfähigen Verzugsschaden im Sinne der §§ 280 Abs. 1 und 2, 286 BGB dar, wenn es zudem der zweckentsprechenden Rechtsverfolgung diente (BGHZ **30**, 156; *Palandt/Grüneberg* § 286 BGB Rz. 47). Und davon kann hier auch problemlos ausgegangen werden, denn H hat trotz Fälligkeit und Terminvereinbarung noch nicht geleistet; in solchen Fällen gehört es zur zweckentsprechenden Rechtsverfolgung, den Schuldner auf seine Leistungspflicht mit anwaltlicher Hilfe aufmerksam zu machen (BGH NJW-RR **2001**, 170; BGH NJW **1990**, 1905; BGHZ **30**, 156; *Palandt/Grüneberg* § 286 BGB Rz. 47; *Schreiber* in Jura 1990, 198; *Brox/Walker* AS § 23 Rz. 30; *Jauernig/Stadler* § 280 BGB Rz. 51).

Erg.: H hat dem R die Kosten des Anwaltsschreibens in Höhe von 250 Euro über die §§ 280 Abs. 1 und 2, 286 BGB zu ersetzen. Und da die Mehrkosten des Ersatzkaufs nach den §§ 280 Abs. 1 und 3, 281 Abs. 1 BGB zu erstatten sind, stehen R gegen H insgesamt 3.250 Euro Schadensersatz zu.

II.) Anspruch des H gegen R auf Zahlung und Abnahme des Ofens

<u>AGL.</u>: § 433 Abs. 2 BGB

Aber: Das haben wir weiter oben schon festgestellt: R ist von dem Kaufvertrag mit H gemäß den §§ 346, 323 Abs. 1 BGB zurückgetreten mit der Folge, dass die beiderseitigen Erfüllungsansprüche untergegangen sind (*Palandt/Grüneberg* § 346 BGB Rz. 4).

> **Feinkostabteilung**: Diesen Rücktritt hätte R übrigens gar nicht benötigt, um von seiner Erfüllungsverpflichtung (= Kaufpreiszahlung) im vorliegenden Fall frei zu werden. Dies folgt nämlich schon im Umkehr- oder Ergänzungsschluss aus § 281 Abs. 4 BGB: Wenn der Gläubiger beim Verlangen nach Schadensersatz statt der Leistung gemäß § 281 Abs. 4 BGB seinen Leistungsanspruch verliert, muss er wegen der synallagmatischen Verknüpfung von Leistung und Gegenleistung auch die Gegenleistung nicht mehr erbringen (*Brox/Walker* AS § 23 Rz. 55; *Bamberger/Roth/Unberath* § 281 BGB Rz. 50; *Jauernig/Stadler* § 281 Rz. 14; *Palandt/Grüneberg* § 281 BGB Rz. 51; vgl. dazu auch *Teichmann* in BB 2001, 1485, der im Verlangen nach Schadensersatz eine konkludente Rücktrittserklärung sehen will und damit zum gleichen Ergebnis kommt; anders aber MüKo/*Ernst* § 281 BGB Rz. 7).

Erg.: Der H kann von R nicht mehr Abnahme und Zahlung des Ofens verlangen.

Gutachten

R kann gegen H einen Anspruch auf Ersatz der Kosten aus §§ 280 Abs. 1 und 3, 281 Abs. 1 BGB haben.

1.) Erste Voraussetzung für den Ersatzanspruch aus den gerade genannten Vorschriften ist neben dem Vorliegen eines Schuldverhältnisses, dass die Leistungspflicht des Schuldners grundsätzlich noch erfüllbar gewesen, insbesondere nicht unmöglich geworden ist. Hier ist die Leistung in Form der Übereignung des Ofens nach § 433 Abs. 1 Satz 1 BGB grundsätzlich weiterhin möglich gewesen, H hat sie am 10.06. sogar noch angeboten.

2.) Die Leistung muss zudem fällig gewesen sein, § 281 Abs. 1 BGB. Die Fälligkeit bezeichnet den Zeitpunkt, von dem an der Gläubiger die Leistung verlangen kann, der Schuldner sie also erbringen muss. Die Bestimmung dieses Zeitpunktes erfolgt gemäß § 271 Abs. 1 BGB anhand der konkreten vertraglichen Vereinbarung oder aus den besonderen Umständen des Schuldverhältnisses. Wenn sich daraus keine Schlüsse ziehen lassen, ist § 271 Abs. 1 BGB unmittelbar anzuwenden mit der Folge, dass die Leistung im Zweifel sofort fällig ist.

Im vorliegend zwischen R und H geschlossenen Vertrag findet sich die Formulierung, dass die Lieferung des Ofens »bis Mitte Mai« erfolgen soll. Nach § 192 BGB ist hiermit der 15. des jeweiligen Monats gemeint. Wegen § 188 Abs. 1 BGB kann der Gläubiger ab dem nächsten Tag, vorliegend also dem 16.05., die Leistung verlangen. Die Auslegung der vertraglichen Vereinbarung ergibt mithin, dass die Leistung ab dem 16.05. – morgens 0 Uhr – fällig im Sinne des § 271 Abs. 1 BGB bzw. § 281 Abs. 1 BGB gewesen ist.

3.) Der Lieferungsanspruch muss im Übrigen auch durchsetzbar gewesen sein, ihm dürfen folglich keine Einreden entgegenstehen. Dies begründet sich mit dem Umstand, dass niemandem zugemutet werden kann, mit der Schadensersatzpflicht wegen verspäteter Leistung belastet zu werden, wenn man selbst noch gar nicht leisten muss. Hier kann man grundsätzlich annehmen, dass dem Lieferungsanspruch des R das Zurückbehaltungsrecht aus § 320 BGB entgegensteht, was die Durchsetzbarkeit allein bei Vorliegen der Voraussetzungen des § 320 BGB hemmen würde. Indessen soll R laut vertraglicher Vereinbarung erst bei Lieferung der Sache den Kaufpreis zahlen, was bedeutet, dass H vorleistungspflichtig ist. Dies aber schließt die Anwendung des § 320 BGB aus. Der Anspruch war damit auch einredefrei.

4.) Der Schuldner muss die Leistung außerdem nicht oder nicht wie geschuldet erbracht haben, § 281 Abs. 1 BGB. Im Rahmen der Verspätung ist die bloße Nichtleistung trotz Möglichkeit der Leistung als Pflichtverletzung im Sinne des § 280 Abs. 1 BGB anzusehen und damit auch unter § 281 BGB zu subsumieren. H hat trotz Möglichkeit den fälligen Ofen nicht gebracht und somit nicht geleistet im Sinne des § 281 Abs. 1 BGB.

5.) Der Gläubiger muss dem Schuldner des Weiteren erfolglos eine angemessene Frist gesetzt haben. Bei dieser Fristsetzung handelt es sich um eine nicht formgebundene einseitige Erklärung, die eine geschäftsähnliche Handlung darstellt und auf die demnach die Vorschriften über Willenserklärungen entsprechend anwendbar sind. Inhaltlich notwendig ist für die Fristsetzung eine bestimmte und eindeutige Aufforderung zur Leistung, eine Ablehnungsandrohung ist aber nicht erforderlich. Die Angemessenheit der Frist bestimmt sich dann nach den Umständen des Einzelfalles, wobei darauf zu achten ist, dass die Frist dem Schuldner die Leistung nicht erst ermöglichen, sondern ihm nur eine letzte Gelegenheit geben soll, die Leistung zu erbringen.

R hat gegenüber H mit Anwaltsschreiben vom 17.05. erklärt, er erwarte jetzt dringend die Lieferung des Ofens bis zum 31.05. In dieser Erklärung findet sich die bestimmte und eindeutige Aufforderung zur Leistung. Weiterhin dürfte die Frist von 14 Tagen angesichts der Umstände des Falles auch angemessen sein: Berücksichtigt man, dass der Schuldner ab Fälligkeit grundsätzlich leistungsbereit zu sein hat, braucht die Frist nicht so lange bemessen zu sein, dass der Schuldner eine noch nicht begonnene Leistung anfangen und beenden kann. Der Schuldner soll vielmehr nur in die Lage versetzt werden, die bereits in Angriff genommene Leistung zu vollenden. H hatte knapp 8 Wochen Zeit zur Lieferung; eine Aufstockung dieser Frist um weitere 2 Wochen ist geeignet und angemessen, dem H die Lieferung zu ermöglichen bzw. diese zu vollenden. R hat H somit eine angemessene Frist im Sinne des § 281 Abs. 1 BGB gesetzt. Diese Frist ist schließlich auch erfolglos verstrichen, H hatte bis zum 31.05. den Ofen nicht geliefert.

6.) Der Ersatzanspruch aus den §§ 280 Abs. 1 und 3, 281 Abs. 1 BGB setzt wegen § 280 Abs. 1 Satz 2 BGB abschließend ein Vertretenmüssen der Pflichtverletzung seitens des Schuldners voraus. Hinsichtlich dieses Vertretenmüssens gilt indessen wegen der Formulierung des Gesetzes eine Beweislastumkehr mit der Folge, dass der Schuldner sein fehlendes Verschulden nachzuweisen hat. Ansonsten wird das Vertretenmüssen des Schuldners vermutet. H hat sich vorliegend nicht zu seiner Verspätung geäußert mit der Folge, dass ein Vertretenmüssen zu seinen Lasten vermutet wird.

Die Tatbestandsvoraussetzungen der §§ 280 Abs. 1 und 3, 281 Abs. 1 BGB liegen damit vollständig vor. Der Anspruch auf Schadensersatz statt der Leistung ist also dem Grunde nach gegeben.

7.) Fraglich ist indes der Umfang der Ersatzpflicht. Die Ersatzpflicht aus den §§ 280 Abs. 1 und 3, 281 Abs. 1 BGB umfasst grundsätzlich das sogenannte Erfüllungsinteresse und tritt an die Stelle der Primärleistung. Der Anspruch erfasst damit den Schaden, der dadurch entstanden ist, dass der Schuldner bei Fristablauf nicht geleistet hat; der Gläubiger ist so zu stellen, wie er bei dann ordnungsgemäßer Erfüllung gestanden hätte. Die Mehrkosten des anstelle der Erfüllung getätigten Deckungskaufs in Höhe von 3.000 Euro sind im vorliegenden Fall nach Ablauf der gesetzten Frist eingetreten. Sie unterliegen daher dem Ersatzanspruch aus den §§ 280 Abs. 1 und 3, 281 Abs. 1 BGB, da es sich hierbei um einen adäquat durch die Nichterfüllung verursachten Schaden handelt. Nicht ersatzfähig über die §§ 280 Abs. 1 und 3, 281 BGB sind demgegenüber die Anwaltskosten, da diese bereits vor Ablauf der gesetzten Frist entstanden sind.

Ergebnis: R kann von H Ersatz der Mehrkosten für den Deckungskauf aus §§ 280 Abs. 1, Abs. 3 in Verbindung mit § 281 Abs. 1 BGB verlangen.

R kann gegen H einen Anspruch auf Ersatz der Anwaltskosten aus §§ 280 Abs. 1 und 2, 286 BGB haben.

Gemäß § 286 Abs. 1 Satz 1 BGB setzt der Verzug Fälligkeit des Anspruchs und eine darauf folgende Mahnung voraus.

a) Die Fälligkeit bezeichnet den Zeitpunkt, von dem an der Gläubiger die Leistung verlangen kann, der Schuldner sie also erbringen muss. Die Bestimmung dieses Zeitpunktes erfolgt gemäß § 271 Abs. 1 BGB anhand der konkreten vertraglichen Vereinbarung oder aus den besonderen Umständen des Schuldverhältnisses. Lassen sich daraus keine Schlüsse ziehen, wird § 271 Abs. 1 BGB direkt angewendet mit der Folge, dass die Leistung im Zweifel sofort fällig ist.

Es ist festzustellen, dass die Fälligkeit der Forderung hier nach §§ 192, 188 Abs. 1 BGB am 16.05. um 0 Uhr morgens eingetreten ist, denn H sollte »bis Mitte Mai« liefern.

b) Der Anspruch des R auf Lieferung war mangels anders lautender Angaben im Sachverhalt auch durchsetzbar.

c) Als Mahnung kommt nur das Schreiben vom 17.05. in Betracht. Dieses Schreiben mit der Fristsetzung kann auch als dringende Leistungsaufforderung im Sinne der Definition einer Mahnung ausgelegt werden. Die Kosten dieses Schreibens sind damit aber gerade nicht ersatzfähig, denn das Schreiben würde den Verzug ja erst begründen. Eine den Verzug begründende Mahnung unterliegt nicht dem Schadensersatzanspruch aus den §§ 280 Abs. 1 und 2, 286 BGB.

Nach § 286 Abs. 2 Nr. 1 BGB bedarf es jedoch einer Mahnung ausnahmsweise nicht, wenn für die Leistung eine Zeit nach dem Kalender bestimmt ist. Dafür genügt es, wenn die Leistungszeit entweder unmittelbar oder auch nur mittelbar auf einen Kalendertag festgelegt werden kann. Durch die Formulierung »bis Mitte Mai« im Schreiben an H kann anhand der §§ 192, 188 Abs. 1 BGB terminlich fixiert werden. Demzufolge ist ein Kalendertag für die Leistung im Sinne des § 286 Abs. 2 Nr. 1 BGB bestimmt. Der Umstand, dass das Datum der Fälligkeit gemäß § 271 Abs. 1 BGB und die den Verzug begründende Terminbestimmung nach § 286 Abs. 2 Nr. 1 BGB auf den gleichen Zeitpunkt fallen, ist bei kalendermäßiger Terminbestimmung die Regel und daher unschädlich. Der Verzugsbeginn war demnach auf den Ablauf des 15.05. terminiert. Das Anwaltsschreiben erfolgte am 17.05., also während des Verzuges, und stellt deshalb einen ersatzfähigen Verzugsschaden im Sinne der §§ 280 Abs. 1 und 2, 286 BGB dar, wenn es zudem der zweckentsprechenden Rechtsverfolgung diente. H hat trotz Fälligkeit und Terminvereinbarung noch nicht geleistet. In solchen Fällen gehört es zur zweckentsprechenden Rechtsverfolgung, den Schuldner auf seine Leistungspflicht mit anwaltlicher Hilfe aufmerksam zu machen.

Ergebnis: H hat dem R die Kosten des Anwaltsschreibens in Höhe von 250 Euro über die §§ 280 Abs. 1 und 2, 286 BGB zu ersetzen.

H kann gegen R einen Anspruch auf Zahlung und Abnahme des Ofens aus § 433 Abs. 2 BGB haben.

Zwar ist der Zahlungsanspruch des H aus § 433 Abs. 2 BGB mit Abschluss des Kaufvertrages zunächst entstanden. R ist von dem Kaufvertrag mit H gemäß § 323 Abs. 1 BGB jedoch zurückgetreten mit der Folge, dass die beiderseitigen Erfüllungsansprüche untergegangen sind.

Ergebnis: H kann von R nicht mehr Abnahme und Zahlung des Ofens verlangen.

Fall 8

Armer Medicus!

Rechtsstudent R will sich dem Pferdesport widmen und kauft deshalb am 10.03. beim Gestütsbesitzer B den hoffnungsvollen zweijährigen Hengst *Medicus* zum Preis von 4.000 Euro. Da R noch auf der Suche nach einer entsprechenden Stallung ist, wird verabredet, dass R das Tier spätestens bis zum 10.04. bei B abholen und dann auch Eigentümer werden soll; in der Zwischenzeit soll der *Medicus* noch auf dem Gelände des B stehen dürfen. Am 14.04. – R hat das Pferd noch nicht abgeholt – verwechselt B bei der Fütterung seiner Tiere aus Versehen die Eimer und verabreicht dem *Medicus* daher ein für ein anderes Tier vorgesehenes Medikament, woran der *Medicus* innerhalb von zwei Stunden verendet.

R und B streiten nun über die Zahlung des Kaufpreises. R weigert sich und erklärt, er habe, was der Wahrheit entspricht, wegen eines unverschuldeten Verkehrsunfalls vom 20.03. bis zum 14.04. im Krankenhaus gelegen und deshalb das Pferd nicht rechtzeitig abholen können. Im Übrigen habe B ja sowieso durch sein alleiniges Verschulden den Tod des Tieres herbeigeführt. B hingegen meint, wenn R rechtzeitig erschienen wäre, hätte er (B) liefern können, R müsse daher den Kaufpreis zahlen.

Rechtslage?

Schwerpunkte: Der Gläubigerverzug nach den §§ 293 ff. BGB; Voraussetzungen und Rechtsfolgen im Hinblick auf den Untergang des Anspruchs auf die Gegenleistung nach § 326 Abs. 2 Satz 1 BGB; Haftungserleichterung gemäß § 300 Abs. 1 BGB; Begriff der groben Fahrlässigkeit; Abgrenzung zur normalen Fahrlässigkeit.

Lösungsweg

Anspruch des B gegen R auf Kaufpreiszahlung

<u>AGL.</u>: § 433 Abs. 2 BGB (vertraglicher Erfüllungsanspruch)

1.) Die Entstehung des Kaufpreisanspruchs aus § 433 Abs. 2 BGB ist unproblematisch, B und R haben am 10.03. einen Kaufvertrag über das Pferd geschlossen. Der Anspruch ist mit diesem Vertragsschluss *entstanden*.

2.) Es fragt sich jedoch, ob der Anspruch wieder *untergegangen* ist.

Für diesen Anspruchsuntergang kommt angesichts der Tatsache, dass wir es hier mit der Frage nach der *Gegenleistung* (Geldzahlung) zu tun haben und die verkaufte Sache nicht mehr lieferbar ist, nur der **§ 326 Abs. 1 BGB** in Betracht (bitte lesen). Demnach entfällt der Anspruch auf die Gegenleistung, wenn der Schuldner nach **§ 275 Abs. 1 bis 3 BGB** nicht zu leisten braucht. Im vorliegenden Fall ist die Lieferpflicht gemäß § 433 Abs. 1 Satz 1 BGB gerichtet auf die Übereignung der Sache, wobei wir der Vollständigkeit halber bitte den **§ 90a BGB** beachten wollen, wonach die Tiere keine »Sachen« sind, allerdings im Zweifel wie solche behandelt werden. Die Lieferung bzw. Übereignung des Pferdes ist im vorliegenden Fall dann auch (objektiv) *unmöglich*, denn das arme Tier ist nach Auskunft des Sachverhaltes an dem Medikament verendet. Die Leistungspflicht ist somit nach § 275 Abs. 1 BGB ausgeschlossen.

<u>ZE.</u>: Daraus folgt, dass nach § 326 Abs. 1 Satz 1 BGB der Anspruch auf die Gegenleistung grundsätzlich ebenfalls entfallen ist.

Aber: Etwas anderes könnte sich im vorliegenden Fall aus **§ 326 Abs. 2 Satz 1 BGB** ergeben (bitte in Ruhe durchlesen).

> **Durchblick**: Dieser § 326 Abs. 2 Satz 1 BGB stellt die Ausnahme zur Grundregel des § 326 Abs. 1 BGB dar, nennt sich *anspruchserhaltende Ergänzungsnorm* und verschiebt die Gefahr der Kostentragung beim Untergang der Leistung (→ *Preis-* bzw. *Gegenleistungsgefahr*) im Gegensatz zu § 326 Abs. 1 BGB nunmehr auf den Gläubiger. Der muss nämlich, wenn die Voraussetzungen des § 326 Abs. 2 Satz 1 BGB vorliegen, den Kaufpreis zahlen, obwohl er die Leistung nie erhalten hat (*Brox/Walker* AS § 27 Rz. 15; *Jauernig/Stadler* § 326 BGB Rz. 16). Hierbei teilt sich die Norm dann zum einen in die alleinige oder weit überwiegende Verantwortlichkeit des Gläubigers bezogen auf den Untergang der Leistung auf; zum anderen soll der Gläubiger auch bei zufälligem (= beiderseitig unverschuldetem) Untergang der Leistung den Kaufpreis zahlen, sofern er sich zum Zeitpunkt des Untergangs der Sache im Annahmeverzug befindet. In allen drei Fällen zahlt der Gläubiger – wie gesagt – dann wegen § 326 Abs. 2 Satz 1 BGB den Kaufpreis, obwohl er die Leistung nicht erhalten hat. Er trägt dann die Preis- bzw. Gegenleistungsgefahr.

Zum Fall: Wir wählen hier von den unterschiedlichen Varianten des § 326 Abs. 2 Satz 1 BGB die des *Annahmeverzuges* – also die letzte dort benannte – aus, denn augenscheinlich hatte R die Frist zur Abholung versäumt und ein Verschulden bzw. eine Verantwortlichkeit im Hinblick auf die Tötung des Tieres ist bei R nicht erkennbar. R war einfach nur zu spät und das Tier ist aufgrund eines Versehens des B verendet. Gemäß § 326 Abs. 2 Satz 1 BGB *behält* der Schuldner dann unter folgenden Voraussetzungen ausnahmsweise den Anspruch auf die Gegenleistung: Der Umstand, aufgrund dessen der Schuldner nach § 275 Abs. 1 bis 3 BGB nicht zu leisten braucht, muss zu einer Zeit eingetreten sein, zu welcher sich der Gläubiger im Verzug der Annahme befunden hat, und der Schuldner darf diesen Umstand nicht zu vertreten haben (lies: § 326 Abs. 2 Satz 1 BGB am Ende).

Und das prüfen wir jetzt mal:

a) Wir müssen als Erstes feststellen, ob der Untergang der Sache (Tod des Tieres) zu einer Zeit eingetreten ist, zu welcher der Gläubiger sich im Verzug mit der Annahme der Leistung befunden hat. Dieser Annahme- oder auch Gläubigerverzug richtet sich nach den **§§ 293 ff. BGB**. Demnach setzt der Annahmeverzug ein Angebot der entsprechenden Leistung durch den Schuldner am rechten Ort und zur rechten Zeit sowie die Nichtannahme dieser Leistung durch den Gläubiger voraus (*Soergel/Wiedemann* vor § 293 BGB Rz. 3; *Jauernig/Stadler* § 293 BGB Rz. 1; *Brox/Walker* AS § 26 Rz. 3-10; *Medicus/Lorenz* SR I Rz. 426).

Zum Fall: B und R hatten vereinbart, dass R das Pferd spätestens bis zum 10.04. bei B abholen soll (= Holschuld). Bei dieser Vereinbarung handelt es sich um eine *Terminbestimmung* im Sinne des **§ 296 BGB** (bitte lesen) mit der Folge, dass es weder eines tatsächlichen Angebots im Sinne des § 294 BGB noch eines bei Holschulden in der Regel notwendigen wörtlichen Angebots nach § 295 BGB bedurfte (BGH NJW-RR **1991**, 268; *PWW/Jud* § 296 BGB Rz. 1; *Palandt/Grüneberg* § 295 BGB Rz. 5; *Jauernig/Stadler* § 295 BGB Rz. 3). Der Gläubiger wusste aufgrund der vertraglichen Verabredung, bis wann spätestens er die Sache abholen und damit seine Mitwirkungshandlung bei der Vertragserfüllung erbringen musste. Da das Pferd in Ermangelung anderer Angaben zu dieser Zeit auch zur Abholung bereitstand, war die vertraglich geschuldete Leistung dem Gläubiger somit zur rechten Zeit am rechten Ort angeboten worden. Unser R hat das Pferd nicht innerhalb der Frist abgeholt mit der Konsequenz, dass er sich nach Ablauf der gesetzten Frist im Annahmeverzug gemäß den **§§ 293 ff. BGB** befunden hat (BGH WM **1995**, 440; BGH NJW-RR **1991**, 268). Und wenn wir dazu jetzt noch den **§ 188 Abs. 1 BGB** beachten, können wir sagen, dass der Annahmeverzug am 11.04., morgens um 0:00 Uhr beginnt.

> **Und aufgepasst:** Erstaunlicherweise spielt hierbei überhaupt keine Rolle, dass R die Verspätung wegen seines Krankenhausaufenthaltes im Zweifel gar nicht zu vertreten hat. **Denn:** Der Gläubiger gerät – anders als der Schuldner – grundsätzlich auch <u>ohne</u> Verschulden im Hinblick auf den Grund seiner Verspätung in Verzug (**unstreitig:** BGH NJW-RR **1994**, 1470; BGHZ **24**, 91; *Palandt/Grüneberg* § 293 BGB Rz. 1; *PWW/Jud* § 293 BGB Rz. 1; *Brox/Walker* AS § 26 Rz. 8; *Medicus/Lorenz* SR I Rz. 435; *Jauernig/Stadler* § 293 BGB Rz. 4). Dogmatisch wird dies übrigens damit begründet, dass es sich bei der Abnahme bzw. Annahme der Kaufsache nicht um eine *Pflichtverletzung* seitens des Gläubigers handelt. Die Annahme der Leistung durch den Gläubiger ist vielmehr nur eine sogenannte »**Obliegenheit**« (*PWW/Jud* § 293 BGB Rz. 2): Denn der Gläubiger ist zwar berechtigt, nicht aber auch verpflichtet, die angebotene Leistung anzunehmen. Die Nichtannahme stellt daher keine Pflichtverletzung dar und ist demzufolge auch keinem Verschuldensmaßstab des BGB zugänglich (*MüKo/Ernst* § 293 BGB Rz. 1; *Jauernig/Stadler* § 293 BGB Rz. 4; *Larenz* SR AT § 25 Seite 389). Merken.

<u>ZE.</u>: Folglich befindet sich R seit dem 11.04. (morgens 0 Uhr) im Verzug mit der Annahme der Leistung. Die erste Voraussetzung des § 326 Abs. 2 Satz 1 BGB ist mithin gegeben.

b) Des Weiteren müssen wir im Rahmen des § 326 Abs. 2 Satz 1 BGB jetzt noch klären, inwieweit der Schuldner den Untergang der Sache zu vertreten hat. In § 326 Abs. 2 Satz 1 BGB steht ja, dass der Schuldner den Umstand, aufgrund dessen er nach § 275 BGB nicht zu leisten braucht, gerade *nicht* zu vertreten haben darf (bitte prüfen). Und das macht auch Sinn, denn wenn er den Umstand doch zu vertreten hat, leuchtet nicht ein, warum er den Anspruch auf die Gegenleistung behalten soll, er hat ja dann schuldhaft die Nichtleistung herbeigeführt und darf logischerweise jetzt davon nicht noch profitieren und den Kaufpreis einstreichen (*Palandt/Grüneberg* § 326 BGB Rz. 13).

> Das Vertretenmüssen des Schuldners richtet sich grundsätzlich nach den **§§ 276-278 BGB**. Gemäß **§ 276 Abs. 1 Satz 1 BGB** hat der Schuldner Vorsatz und Fahrlässigkeit zu vertreten, wenn eine strengere oder mildere Haftung weder bestimmt noch aus dem sonstigen Inhalt des Schuldverhältnisses zu entnehmen ist. Im vorliegenden Fall kommt lediglich eine Haftung für fahrlässiges Verhalten in Betracht, der B hat »aus Versehen« die Eimer verwechselt und damit den Tod des Tieres herbeigeführt. *Fahrlässig* handelt gemäß **§ 276 Abs. 2 BGB**, wer die im Verkehr erforderliche Sorgfalt außer Acht lässt. Und das wird man hier dann auch problemlos bejahen können und sogar müssen, denn bei der vorliegenden Fütterung der Tiere bzw. der Verabreichung von Medikamenten hat man natürlich darauf zu achten, dass die entsprechenden Eimer nicht vertauscht werden und vor allem die richtigen Tiere die jeweils vorgesehenen Medikamente erhalten. Unser B hat versehentlich die Medikamente dem falschen Tier verabreicht, woran dieses Tier dann verendet ist. Der B hat mithin die erforderliche Sorgfalt nicht beachtet und damit die Voraussetzungen des § 276 Abs. 2 BGB verwirklicht. B handelte *fahrlässig* im Sinne des § 276 Abs. 2 BGB. Er hat demzufolge den Umstand, der zur Unmöglichkeit der Leistung führte, zu vertreten im Sinne des § 276 Abs. 1 BGB. Und daraus ergäbe sich dann, dass die Voraussetzungen des § 326 Abs. 2 Satz 1 BGB *nicht* vorliegen, denn der setzte ja voraus, dass der Schuldner den Umstand gerade *nicht* zu vertreten hat. Hat er hier aber, wie gesagt, Fahrlässigkeit in Bezug auf den Tod des Tieres liegt vor.

Aber: Das ist selbstverständlich noch nicht das letzte Wort. Denn irgendeinen fallrelevanten Vorteil muss es für den B ja haben, dass der R die Kaufsache (Tier) nicht innerhalb der gesetzten Frist abgeholt hat. Bislang hätten wir als Ergebnis, dass diese Verspätung tatsächlich keine (negativen) Rechtsfolgen für den R hat, denn er müsste nach dem jetzigen Stand der Dinge den Kaufpreis wegen § 326 Abs. 1 BGB nicht zahlen, da die Voraussetzungen der Ausnahmevorschrift des § 326 Abs. 2 BGB – wie soeben erläutert – nicht vorliegen; nach der bisherigen Prüfung hat der B nämlich den Tod des Tieres (= Untergang der Leistung) nach § 276 Abs. 1 BGB zu vertreten mit der Konsequenz, dass er die Gegenleistung wegen § 326 Abs. 1 BGB nicht mehr fordern könnte. Dies würde bedeuten, dass er in Ermangelung anderweitiger Anspruchsgrundlagen den Verlust des Pferdes (= Untergang der Leistung) kostenmäßig alleine zu tragen hätte. Das aber kann angesichts der Tatsache, dass bei rechtzeitigem Erscheinen des R das Tier hätte geliefert werden können und B nur »aus Versehen« die Eimer verwechselt hat, eigentlich nicht sein.

Der entscheidende Hinweis verbirgt sich in **§ 276 Abs. 1 Satz 1 BGB** und die Lösung steht dann letztlich in **§ 300 Abs. 1 BGB**. Der Reihe nach:

Zunächst müssen wir uns den § 276 Abs. 1 Satz 1 BGB, den wir oben ja schon geprüft und eigentlich auch abgeschlossen hatten, noch mal genauer ansehen: Da steht nämlich, dass der Schuldner nur dann für Vorsatz oder Fahrlässigkeit haftet, »wenn eine strengere oder mildere Haftung weder bestimmt noch aus dem sonstigen Inhalt des Schuldverhältnisses … zu entnehmen ist«. Das heißt, es gibt also auch Ausnahmen, bei denen der Schuldner anders bzw. nach einem anderen Verschuldensmaßstab für sein eigenes Verhalten einsteht. Und eine solche, von § 276 Abs. 1 Satz 1 BGB gemeinte Ausnahme findet sich in **§ 300 Abs. 1 BGB**: Demnach hat der Schuldner während des Verzugs des Gläubigers nur *Vorsatz* und *grobe Fahrlässigkeit* zu vertreten. Das hat zur Folge, dass der Schuldner logischerweise für »leichte« und »normale« Fahrlässigkeit in der Zeit des Annahmeverzuges nicht einzustehen hat. *Das* ist also der Vorteil, der dem Schuldner durch die Verspätung des Gläubigers (Annahmeverzug) nach dem Willen des Gesetzes erwächst: Er haftet nur für Vorsatz und grobe Fahrlässigkeit, wenn die Sache im Annahmeverzug untergeht.

Zum Fall: Da sich der R im Annahmeverzug befand als B den Tod des Tieres verursachte, hat B den Untergang der Kaufsache (Pferd) nur dann »zu vertreten«, wenn B grob fahrlässig oder vorsätzlich handelte. Vorsatz kommt vorliegend nicht in Betracht. Es bleibt somit nur die grobe Fahrlässigkeit.

> **Definition**: *Grobe Fahrlässigkeit* liegt vor, wenn die verkehrserforderliche Sorgfalt in besonders schwerem, ungewöhnlichem Maße verletzt wird und dasjenige unbeachtet bleibt, was unter den gegebenen Umständen jedem hätte einleuchten müssen (BGH NJW **1994**, 2094; BGHZ **119**, 149; **89**, 161; BAG VersR **1998**, 895; *Brox/Walker* AS § 20 Rz. 18; *Palandt/Grüneberg* § 276 BGB Rz. 14).

Mit dieser Definition sind demnach die Geschichten gemeint, wo man als objektiver und redlicher Beobachter nur noch den Kopf schüttelt, wie zum Beispiel Auto fahren im besoffenen Zustand (BGH NJW **1985**, 2648); Überfahren eines Stoppschildes (OLG Karlsruhe in NZV **2003**, 420; OLG Köln NZV **2002**, 374); Abstellen von Gepäck an Orten mit regem Publikumsverkehr, etwa auf dem Flughafen (LG Hamburg VersR **1993**, 226); das Vermerken der Geheimzahl auf der EC-Karte (BGH NJW **2004**, 3623) oder auch scherzhaftes Abfeuern einer Schusswaffe auf Menschen, ohne vorher zu kontrollieren, ob die Knarre geladen ist (OLG Hamm VersR **1983**, 566). In all diesen Fällen handelt man grob fahrlässig, weil man dasjenige unbeachtet gelassen hat, was wirklich jedem hätte einleuchten müssen.

Unser B nun hat lediglich »**aus Versehen**« die Eimer verwechselt. Das Ergebnis dessen ist zwar ziemlich bitter, aber diese Verwechselung der Eimer kann jedem mal passieren und reicht nach dem soeben Gesagten demnach keinesfalls zur Bejahung der groben Fahrlässigkeit. B hat lediglich »normal« oder je nach Blickrichtung sogar nur »leicht« fahrlässig gehandelt.

Folge: Damit hat B wegen § 300 Abs. 1 BGB den Tod des Tieres (= Untergang der Leistung) *nicht* zu vertreten im Sinne des § 276 Abs. 1 Satz 1 BGB. Er hat zwar wie gezeigt fahrlässig im Sinne des § 276 Abs. 2 BGB gehandelt, als er aus Versehen die Eimer vertauschte. Allerdings steht er wegen des Annahmeverzuges des R gemäß § 300 Abs. 1 BGB nur für Vorsatz und *grobe Fahrlässigkeit* ein, und eine solche grobe Fahrlässigkeit liegt hier nicht vor.

Folge: Daraus ergibt sich, dass der **§ 326 Abs. 2 Satz 1 BGB** erfüllt ist, denn neben dem Annahmeverzug des R haben wir jetzt ja auch festgestellt, dass B den Umstand, aufgrund dessen der Schuldner von seiner Leistungspflicht nach § 275 Abs. 1 bis 3 BGB frei geworden ist (= Tod des Tieres), nicht zu vertreten hat.

Folge: Und das wiederum hat zur Konsequenz, dass B den Anspruch auf die Gegenleistung nach der Regelung des § 326 Abs. 2 Satz 1 BGB *behält*.

Ergebnis: B kann von R die Zahlung des Kaufpreises für das Tier aus § 433 Abs. 2 BGB verlangen; dieser Anspruch ist nicht nach § 326 Abs. 1 BGB untergegangen, sondern gemäß § 326 Abs. 2 Satz 1 BGB *erhalten* geblieben.

Gutachten

B kann gegen R einen Anspruch auf Kaufpreiszahlung aus § 433 Abs. 2 BGB haben.

1.) Der Anspruch auf Kaufpreiszahlung aus § 433 Abs. 2 BGB ist entstanden, denn B und R haben am 10.03. einen wirksamen Kaufvertrag über das Pferd geschlossen.

2.) Es fragt sich jedoch, ob der Anspruch wieder untergegangen ist. Hierfür kommt § 326 Abs. 1 BGB in Betracht. Demnach entfällt der Anspruch auf die Gegenleistung, wenn der Schuldner nach § 275 Abs. 1 bis 3 BGB nicht zu leisten braucht. Im vorliegenden Fall ist die Lieferpflicht gemäß § 433 Abs. 1 Satz 1 BGB gerichtet auf die Übereignung des Pferdes. Nach § 90 a BGB sind Tiere zwar keine Sachen, sie sind indes im Rechtsverkehr regelmäßig wie solche zu behandeln. Die Übereignung des Pferdes ist im vorliegenden Fall objektiv unmöglich, denn das Tier ist nach Auskunft des Sachverhaltes verendet. Die für B bestehende Leistungspflicht ist somit nach § 275 Abs. 1 BGB ausgeschlossen. Daraus folgt, dass nach § 326 Abs. 1 Satz 1 BGB der Anspruch auf die Gegenleistung grundsätzlich ebenfalls entfallen ist.

Etwas anderes könnte sich im vorliegenden Fall aus § 326 Abs. 2 Satz 1 BGB ergeben. Wenn die Voraussetzungen des § 326 Abs. 2 Satz 1 BGB vorliegen, muss der Gläubiger den Kaufpreis zahlen, obwohl er die Leistung nicht erhalten hat. Von den unterschiedlichen Varianten des § 326 Abs. 2 Satz 1 BGB kommt hier die des Annahmeverzuges in Betracht, denn augenscheinlich hatte R die Frist zur Abholung versäumt und ein Verschulden im Hinblick auf die Tötung des Tieres ist bei R nicht erkennbar. R war einfach nur zu spät und das Tier ist aufgrund eines Versehens des B verendet. Gemäß § 326 Abs. 2 Satz 1 BGB behält der Schuldner dann unter folgenden Voraussetzungen ausnahmsweise den Anspruch auf die Gegenleistung: Der Umstand, aufgrund dessen der Schuldner nach § 275 Abs. 1 bis 3 BGB nicht zu leisten braucht, muss zu einer Zeit eingetreten sein, zu welcher sich der Gläubiger im Verzug der Annahme befunden hat, und der Schuldner darf diesen Umstand nicht zu vertreten haben.

a) Fraglich ist, ob der Untergang des Tieres zu einer Zeit eingetreten ist, zu welcher der Gläubiger sich im Verzug mit der Annahme der Leistung befunden hat. Der Annahmeverzug richtet sich nach den §§ 293 ff. BGB. Demnach setzt der Annahmeverzug ein Angebot der entsprechenden Leistung durch den Schuldner am rechten Ort und zur rechten Zeit sowie die Nichtannahme dieser Leistung durch den Gläubiger voraus.

B und R hatten vereinbart, dass R das Pferd spätestens bis zum 10.04. bei B abholen soll. Bei dieser Vereinbarung handelt es sich um eine Terminbestimmung im Sinne des § 296 BGB mit der Folge, dass es weder eines tatsächlichen Angebots im Sinne des § 294 BGB noch eines bei Holschulden in der Regel notwendigen wörtlichen Angebots nach § 295 BGB bedurfte. Der Gläubiger wusste aufgrund der vertraglichen Verabredung, bis wann spätestens er die Sache abholen und damit seine Mitwirkungshandlung bei der Vertragserfüllung erbringen musste. Da das Pferd in Ermangelung anderer Angaben zu dieser Zeit auch zur Abholung bereit stand, war die vertraglich geschuldete Leistung dem Gläubiger somit zur rechten Zeit am rechten Ort angeboten worden. R hat das Pferd nicht innerhalb der Frist abgeholt mit der Konsequenz, dass er sich folglich nach Ablauf der gesetzten Frist im Annahmeverzug gemäß den §§ 293 ff. BGB befand. Nach § 188 Abs. 1 BGB trat der Annahmeverzug damit am 11.04., morgens um 0:00 Uhr ein. Folglich befand sich R seit dem 11.04. (morgens 0 Uhr) im Verzug mit der Annahme der Leistung. Die erste Voraussetzung des § 326 Abs. 2 Satz 1 BGB ist mithin gegeben.

b) Des Weiteren verlangt § 326 Abs. 2 Satz 1 BGB, dass der Schuldner den Untergang der Sache zu vertreten hat. Das Vertretenmüssen des Schuldners richtet sich grundsätzlich nach den §§ 276-278 BGB. Gemäß § 276 Abs. 1 Satz 1 BGB hat der Schuldner Vorsatz und Fahrlässigkeit zu vertreten, wenn eine strengere oder mildere Haftung weder bestimmt noch aus dem sonstigen Inhalt des Schuldverhältnisses zu entnehmen ist. Im vorliegenden Fall kommt lediglich eine Haftung für fahrlässiges Verhalten in Betracht, da B »aus Versehen« die Eimer verwechselt und damit den Tod des Tieres herbeigeführt hat. Fahrlässig handelt gemäß § 276 Abs. 2 BGB, wer die im Verkehr erforderliche Sorgfalt außer Acht lässt. Bei der Fütterung der Tiere bzw. der Verabreichung von Medikamenten hat man darauf zu achten, dass die entsprechenden Eimer nicht vertauscht werden und vor allem die richtigen Tiere die jeweils vorgesehenen Medikamente erhalten. B hat versehentlich die Medikamente dem falschen Tier verabreicht, woran dieses Tier dann verendet ist. Er hat mithin die erforderliche Sorgfalt nicht beachtet und damit die Voraussetzungen des § 276 Abs. 2 BGB verwirklicht. B handelte fahrlässig im Sinne des § 276 Abs. 2 BGB.

Allerdings muss der Schuldner nach § 276 Abs. 1 BGB nur dann für Vorsatz oder Fahrlässigkeit haften, »wenn eine strengere oder mildere Haftung weder bestimmt noch aus dem sonstigen Inhalt des Schuldverhältnisses« zu entnehmen ist. Nach § 300 Abs. 1 BGB hat der Schuldner während des Verzugs des Gläubigers nur Vorsatz und grobe Fahrlässigkeit zu vertreten. Das hat zur Folge, dass der Schuldner für »leichte« und »normale« Fahrlässigkeit in der Zeit des Annahmeverzuges nicht einzustehen hat. Da sich der R im Annahmeverzug befand als B den Tod des Tieres verursachte, hat B den Untergang der Kaufsache nur dann zu vertreten, wenn B grob fahrlässig oder vorsätzlich handelte. Vorsatz kommt vorliegend nicht in Betracht. Es bleibt somit nur die grobe Fahrlässigkeit. Diese liegt vor, wenn die verkehrserforderliche Sorgfalt in besonders schwerem, ungewöhnlichem Maße verletzt wird und dasjenige unbeachtet bleibt, was unter den gegebenen Umständen jedem hätte einleuchten müssen. B nun hat lediglich »aus Versehen« die Eimer verwechselt. Dies reicht selbst in Anbetracht der schwerwiegenden Folge keinesfalls zur Bejahung von grober Fahrlässigkeit aus. B hat insofern lediglich »normal« oder sogar nur »leicht« fahrlässig gehandelt. Damit hat B wegen § 300 Abs. 1 BGB den Tod des Tieres und mithin den Untergang der Leistung nicht im Sinne des § 276 Abs. 1 Satz 1 BGB zu vertreten. Die Voraussetzungen von § 326 Abs. 2 Satz 1 BGB sind erfüllt. Dementsprechend behält B nach § 326 Abs. 2 Satz 1 BGB den Anspruch auf die Gegenleistung.

Ergebnis: B kann von R die Zahlung des Kaufpreises für das Tier aus § 433 Abs. 2 BGB verlangen; dieser Anspruch ist nicht nach § 326 Abs. 1 BGB untergegangen, sondern gemäß § 326 Abs. 2 Satz 1 BGB erhalten geblieben.

3. Abschnitt

Dritte Personen im Schuldverhältnis

Erfüllungs- und Verrichtungsgehilfen, §§ 278, 831 BGB; der Vertrag zugunsten Dritter und der Vertrag mit Schutzwirkung für Dritte, §§ 328 ff. BGB

Fall 9

Seit vielen Jahren fehlerlos

In der Küche von Rechtsanwalt A ist ein Heizungsrohr geplatzt. A beauftragt deshalb umgehend die Sanitär- und Heizungsfirma des H mit der Behebung des Schadens. Der von H geschickte Geselle G, der seit vielen Jahren fehlerlos für H arbeitet, hat dann auch schnell die undichte Stelle in der Wand freigelegt und beginnt nun, die Rohre wieder zusammen zu schweißen. Dabei rutscht ihm allerdings aus Unachtsamkeit das Schweißgerät ab, wobei die Flamme die in der Nähe stehende nagelneue Kaffeemaschine des A (Wert: 200 Euro) abfackelt. Später steckt G dann beim Verlassen der Wohnung in einem unbeobachteten Moment noch die auf einem Regal liegende Armbanduhr des A (Wert: 500 Euro) ein.

A ruft am nächsten Tag bei H an und verlangt Schadensersatz für die Kaffeemaschine und die abhanden gekommene Uhr. H meint daraufhin, für eine strafbare Handlung des G habe er grundsätzlich nicht einzustehen und das Schweißgerät sei dem G bislang noch nie abgerutscht. Für einen einmaligen Ausreißer hafte er nicht.

Was kann A von H verlangen?

Schwerpunkte: Die Haftung des Geschäftsherrn für den Erfüllungsgehilfen gemäß § 278 Satz 1 BGB; der Begriff des Erfüllungsgehilfen; die Zurechnung fremden Verhaltens; Haftung für Diebstahl des Erfüllungsgehilfen; Abgrenzung der Begriffe »in Erfüllung« und »bei Gelegenheit« der Verbindlichkeit; mögliche Exkulpation bei § 278 BGB?; Haftung über § 831 BGB; Tatbestandsvoraussetzungen und Exkulpationsmöglichkeit nach § 831 Abs. 1 Satz 2 BGB.

Lösungsweg

Anspruch des A gegen H auf Schadensersatz

<u>AGL.:</u> § 280 Abs. 1 BGB (Pflichtverletzung im Schuldverhältnis)

1.) Zwischen A und H besteht ein **Schuldverhältnis**, und zwar in Form eines Werkvertrages nach § 631 BGB, denn A hatte die Firma des H mit der Reparatur der Heizungsrohre betraut.

2.) Erforderlich für eine Haftung aus § 280 Abs. 1 BGB ist des Weiteren eine dem H zurechenbare bzw. von ihm zu vertretene *Pflichtverletzung*.

H muss also eine aus dem Schuldverhältnis mit A entstandene Pflicht verletzt haben. Aus dem Werkvertrag mit A erwächst dem H zunächst logischerweise die Hauptpflicht der Vertragserfüllung in Form der Reparatur der Heizungsrohre. Dies folgt aus § 631 Abs. 1 BGB, wonach der Werkunternehmer die Herstellung des versprochenen Werkes schuldet (*Palandt/Sprau* § 631 BGB Rz. 12). Neben dieser Pflicht hat der Unternehmer – wie jeder Schuldner, vgl. **§ 241 Abs. 2 BGB** – selbstverständlich aber auch andere, sogenannte *Obhuts- und Fürsorgepflichten* gegenüber seinem Besteller. Namentlich darf der Unternehmer dem Besteller bei der Durchführung des Vertrages keine Schäden an anderen Rechtsgütern zufügen (BGH NJW **2000**, 280; BGH NJW-RR **1997**, 342; BGH NJW **1989**, 2115; BGH NJW **1983**, 113; OLG Köln BauR **1999**, 768; *Jauernig/Mansel* § 631 BGB Rz. 13).

Hier: Diese (Neben-) Pflichten sind im vorliegenden Fall verletzt worden. Zum einen ist die Kaffeemaschine des A durch die unsachgemäße Bedienung des Schweißgerätes zu Schaden gekommen (= Eigentumsbeschädigung); zum anderen hat der Geselle G die Uhr des A gestohlen (= Eigentums- bzw. Besitzentzug).

3.) Es fragt sich nun aber, ob H diese Pflichtverletzungen auch *zu vertreten* hat. Gemäß **§ 280 Abs. 1 Satz 2 BGB** hat der Schuldner den entstandenen Schaden nämlich nicht zu ersetzen, wenn er die Pflichtverletzung nicht zu vertreten hat. Wir müssen also prüfen, inwieweit dem H ein Verschulden zur Last fällt. H hat im vorliegenden Fall im Hinblick auf die entstandenen Schäden nicht selbst gehandelt. Eine Zurechnung über § 276 Abs. 1 und 2 BGB für *eigenes* Verschulden scheidet demnach von vornherein aus.

In Betracht kommt aber die Anwendung von **§ 278 BGB**. Dazu lesen wir als Erstes bitte sehr sorgfältig den **§ 278 Satz 1 BGB** durch:

> »Der Schuldner hat ein Verschulden seines gesetzlichen Vertreters und der Personen, deren er sich zur Erfüllung seiner Verbindlichkeit bedient, in gleichem Umfang zu vertreten wie eigenes Verschulden.«

Diese Norm regelt also, dass man nicht nur für sein eigenes Verschulden bzw. Verhalten einzustehen haben soll, sondern ausnahmsweise auch das Verschulden der in § 278 Satz 1 BGB beschriebenen Personen wie *eigenes* (!) Verschulden zu vertreten hat. Das Gesetz macht mit § 278 BGB somit eine Ausnahme von dem wichtigen und in § 276 Abs. 1 BGB gesetzlich festgeschriebenen Grundsatz, dass jeder Mensch nur für sein eigenes Verschulden haften soll (BGH NJW **2012**, 1083; BGH NJW **2009**, 2197; BGH NJW **1996**, 465; BGHZ **62**, 124). Die Existenz des § 278 BGB, der übrigens *keine* eigene Anspruchsgrundlage, sondern nur eine *Zurechnungsnorm* ist, erklärt sich damit, dass der Schuldner grundsätzlich berechtigt ist, die vertraglich geschuldeten Erfüllungshandlungen auch mit Hilfe anderer Personen durchzuführen (BGH NJW **2012**, 1083; *Medicus/Lorenz SR* I Rz. 318; *Brox/Walker AS* § 20 Rz. 23), es dann aber nicht gerecht wäre, dem Gläubiger bei Verletzung von Vertragspflichten durch die Gehilfen des Schuldners nur Ansprüche gegen diese Hilfspersonen zuzusprechen. Diese sind nämlich zum einen gar nicht Vertragspartner des Gläubigers und zum anderen lassen sich mögliche sonstige Ansprüche, etwa aus unerlaubter Handlung, aus wirtschaftlichen Gründen häufig nur schwer realisieren (*Medicus/Lorenz SR* I Rz. 318). **Deshalb**: Wer als Schuldner bei der Erfüllung seiner Verbindlichkeiten den Vorteil von Arbeitsteilung in Form von Hinzuziehung eines Gehilfen in Anspruch nimmt, soll auch die daraus erwachsenen Nachteile tragen, nämlich unter anderem das Risiko, dass der an seiner Stelle handelnde Gehilfe schuldhaft rechtlich geschützte Interessen des Gläubigers verletzt (BGH NJW **2012**, 1083; BGH NJW **2009**, 2197; BGHZ **95**, 132; *Palandt/Grüneberg* § 278 BGB Rz. 1). *Das* steckt hinter § 278 BGB.

> Wie das im Einzelnen zu funktionieren hat, hat das Gesetz für den Fall, dass vor der Schädigung durch den Gehilfen bereits ein Schuldverhältnis zwischen den Parteien bestand, in **§ 278 BGB** geregelt, den wir uns gleich genauer ansehen werden. Daneben gibt es im Übrigen für den Bereich der unerlaubten Handlung noch den **§ 831 BGB**, der zwar auch die Haftung für ein Verhalten Dritter regelt, indessen eine völlig andere Struktur hat und zudem ein Schuldverhältnis zwischen Gläubiger und Schuldner vor der schädigenden Handlung *nicht* zwingend voraussetzt (schauen wir später in der Lösung noch an).

Bei der Prüfung des § 278 Satz 1 BGB ist es nun wichtig, das Gesetz sehr sorgfältig durchzulesen, was wir oben ja bereits getan haben. Aus dem Wortlaut des § 278 Satz 1 BGB ergibt sich der Inhalt und der Aufbau der Prüfung:

Die Voraussetzungen des § 278 Satz 1 BGB

a) Erforderlich ist zunächst ein zwischen den Parteien bestehendes Schuldverhältnis, aus dem dem Schuldner dann eine *Verbindlichkeit* erwachsen ist (*Brox/Walker* AS § 20 Rz. 25). Dass ein Schuldverhältnis vorliegen muss, erkennt man übrigens daran, dass das Gesetz in § 278 BGB das Wort »Schuldner« verwendet, was logischerweise ein bereits bestehendes *Schuldverhältnis* voraussetzt (BGHZ **58**, 212).

ZE.: Ein solches Schuldverhältnis liegt hier problemlos vor, zwischen A und H bestand ein Werkvertrag nach § 631 BGB (= Schuldverhältnis) mit dem Inhalt, dass H die Heizung des A reparieren sollte. Die *Verbindlichkeit* des H bestand somit gemäß § 631 Abs. 1 BGB in der Herstellung des geschuldeten Werkes (Reparatur der Heizung).

b) Des Weiteren muss die handelnde Person unter § 278 Satz 1 BGB zu subsumieren sein. In unserem Fall kommt nicht der gesetzliche Vertreter, sondern nur die Person, *deren sich der Schuldner zur Erfüllung seiner Verbindlichkeit bedient*, in Frage. Diese Personen nennt man dann üblicherweise auch *Erfüllungsgehilfen* (BGH NJW **2012**, 1083; BGHZ **152**, 383; BGHZ **100**, 122; BGHZ **98**, 334; *Palandt/Grüneberg* § 278 BGB Rz. 7; *Jauernig/Stadler* § 278 BGB Rz. 6; *Brox/Walker* AS § 20 Rz. 28).

Feinkost: Ob jemand im konkreten Fall Erfüllungsgehilfe im Sinne des § 278 Satz 1 BGB ist, kann man an sich schon mit einfacher Subsumtion unter den Wortlaut des Gesetzes feststellen, denn dort steht ja, dass sich der Schuldner dieser Person *zur Erfüllung seiner Verbindlichkeit bedient* haben muss. Damit ist nun eigentlich alles Wichtige für die Subsumtion gesagt. Dennoch hat sich unter den Studenten eingebürgert, hier noch eine separate Definition zu lernen. Und da der BGH das gelegentlich auch so macht, wollen wir uns diese Definition hier dementsprechend anschauen, und zwar:

> **Definition**: Erfüllungsgehilfe im Sinne des § 278 Satz 1 BGB ist, wer nach den rein tatsächlichen Umständen und mit Willen des Schuldners bei der Erfüllung einer diesem obliegenden Verbindlichkeit als seine Hilfsperson tätig wird (BGH NJW **2012**, 1083; BGH NJW **2009**, 2197; BGHZ **152**, 383; BGHZ **100**, 122; PWW/*Schmidt-Kessel* § 278 BGB Rz. 7; *Jauernig/Stadler* § 278 BGB Rz. 6; *Palandt/Grüneberg* § 278 BGB Rz. 7).

Wie gesagt, es genügt auch der Wortlaut des Gesetzes, wer aber diese Definition aufsagen kann, erhält sicher keine schlechtere Note (nur mit dem Wortlaut arbeiten etwa: *Brox/Walker* AS § 20 Rz. 28 und *Medicus/Lorenz* SR I Rz. 324 sowie in BR Rz. 801).

Im vorliegenden Fall spielt diese Feinheit keine entscheidende Rolle, denn G ist von H zu A geschickt worden mit dem Auftrag, die Heizung zu reparieren. Damit bedient sich der H des G zur Erfüllung seiner Verbindlichkeit aus dem mit A geschlossenen Werkvertrag und G ist folglich zum einen bereits nach dem Wortlaut des § 278 Satz 1 BGB *Erfüllungsgehilfe* des H. Zum anderen wird G auch nach den rein tatsächlichen Umständen und mit Willen des H bei der Erfüllung der dem H obliegenden Verbindlichkeit als Hilfsperson tätig (vgl. die Definition).

<u>ZE.</u>: G war gemäß § 278 Satz 1 BGB Erfüllungsgehilfe des H, als er bei A die Heizung reparierte.

c) Die Finte fast einer jeden Prüfung des § 278 Satz 1 BGB steckt allerdings an anderer Stelle. Um dahinter zu kommen, müssen wir noch mal den Gesetzestext genau lesen. Da steht nämlich, dass der Erfüllungsgehilfe »**zur Erfüllung**« der Verbindlichkeit eingesetzt worden sein muss. Und daraus folgert man nun, dass der Schuldner nur für ein Verhalten bzw. Verschulden einzustehen haben soll, dass der Erfüllungsgehilfe gerade *bei dieser Erfüllung* der geschuldeten Verbindlichkeit verursacht hat (BGH NJW **2012**, 1083; BGH NJW **1993**, 1705; BGH NJW-RR **1989**, 1184; BGHZ **23**, 323; BGHZ **31**, 366; BGHZ **114**, 270). Es muss sich also um eine Schädigung handeln, die bei der *Ausführung* der Erfüllung entstanden ist. Erforderlich ist, dass die schädigende Handlung in einem *inneren sachlichen Zusammenhang* zu dem Aufgabenbereich steht, den der Schuldner seinem Gehilfen in Bezug auf die Vertragserfüllung zugewiesen hatte (BGH MDR **2012**, 644; BGH NJW **1996**, 451; BGH ZIP **1997**, 548; BGH NJW-RR **1989**, 725; BGHZ **31**, 366; *Palandt/Grüneberg* § 278 BGB Rz. 20; *Jauernig/Stadler* § 278 BGB Rz. 12). Nicht ersatzfähig sollen deshalb Schäden aus Handlungen sein, die mit der Ausführung der geschuldeten Tätigkeit sachlich rein gar nichts zu tun hatten und demnach »**nur bei Gelegenheit**« der Erfüllung passiert sind (BGH MDR **2012**, 644; BGH NJW **1993**, 1705; BGH NJW-RR **1989**, 1184; MüKo/*Gundmann* § 278 BGB Rz. 46; PWW/*Schmidt-Kessel* § 278 BGB Rz. 19; *Jauernig/Stadler* § 278 BGB Rz. 12; *Palandt/Grüneberg* § 278 BGB Rz. 20).

Interessant wird diese Unterscheidung vor allem bei *strafbaren Handlungen*, namentlich einem *Diebstahl* des Erfüllungsgehilfen, den dieser anlässlich der Tätigkeit beim Auftraggeber des Schuldners, also beim Gläubiger, begeht. Hier muss man in der Klausur gut aufpassen, denn:

- Nach der Rechtsprechung und der bislang überwiegenden Meinung in der Literatur geschieht ein solcher Diebstahl grundsätzlich nur »**bei Gelegenheit**« der Erfüllung mit der Folge, dass der Geschäftsherr dafür *nicht* über § 278 Satz 1 BGB einstehen muss (OLG Hamburg MDR **1977**, 752; *Palandt/Grüneberg* § 278 BGB Rz. 22; *Jauernig/Stadler* § 278 BGB Rz. 12; *Staudinger/Löwisch/Caspers* § 278 BGB Rz. 55; *Erman/Westermann* § 278 BGB Rz. 41; *Larenz* Schuldrecht AT § 20 VIII; *Fikentscher* SR Rz. 519). Etwas anderes soll aber dann gelten, wenn die gestohlene Sache der Hilfsperson zur Verwahrung übergeben worden ist oder eine andere, besondere Verbindung zu den Rechtsgütern des Geschädigten bestand. Unter diesen Umständen gehört die Verwahrung bzw. der Schutz der Rechtsgüter des Geschädigten explizit zum Pflichtenkreis des Schuldners; ein Diebstahl des Erfüllungsgehilfen verletze damit eine vertragsspezifische Pflicht und führe zur Haftung über § 278 Satz 1 BGB (vgl. BGH VersR **1983**, 352; BGH VersR **1981**, 732; BGH LM Nr. 15 zu § 459 ZPO; OLG Köln MDR **2008**, 36; OLG Düsseldorf TranspR **1991**, 239).

- In jüngerer Zeit hat sich nun eine beachtliche Gegenansicht zu diesen Diebstahlsfällen gebildet. Nach neuerer Auffassung soll der § 278 BGB bzw. das Merkmal »**zur Erfüllung der Verbindlichkeit**« nämlich *großzügiger* ausgelegt werden. Der Schuldner soll schon dann für einen Diebstahl seines Erfüllungsgehilfen haften, wenn die Straftat durch die übertragene Tätigkeit nur *ermöglicht* oder aber wenigstens *erleichtert* worden ist. Und darunter sollen dann insbesondere die Diebstähle fallen, die der Gehilfe deshalb begehen kann, weil er in den Räumlichkeiten des Gläubigers tätig wird, denn erst so erhalte er überhaupt die *Möglichkeit* zur Wegnahme (MüKo/*Gundmann* § 278 BGB Rz. 47; *Brox/Walker* AS § 20 Rz. 32; *Medicus/Lorenz* SR I Rz. 333; *Esser/Eike Schmidt* § 27 I 3 b; *Schmidt* in AcP 170, 505; *Soergel/Wolf* § 278 BGB Rz. 37 und 41). Dass der Diebstahl mit der Erfüllung des Vertrages sachlich überhaupt nichts zu tun hat, hindere die Haftung über § 278 BGB nicht; entscheidend sei vielmehr, dass der Schuldner durch die Beauftragung des Erfüllungsgehilfen die Gefahr des Diebstahls geschaffen bzw. ermöglicht habe (*Brox/Walker* AS § 20 Rz. 32; *Medicus/Lorenz* SR I Rz. 333). Im Übrigen müsse der Schuldner wegen § 278 BGB grundsätzlich auch so behandelt werden, als hätte er selbst die entsprechende Handlung vorgenommen (MüKo/*Gundmann* § 278 BGB Rz. 47; *Brox/Walker* AS § 20 Rz. 32).

Im vorliegenden Fall mit der geklauten Armbanduhr durch unseren Gesellen G hat der oben dargestellte Streit beachtliche Konsequenzen, denn je nach favorisierter Meinung hat der H für den Diebstahl des G über § 278 Satz 1 BGB einzustehen – oder eben nicht. Folgt man der zuletzt benannten Auffassung, handelt G beim Diebstahl der Uhr »**in bzw. zur Erfüllung**« der Verbindlichkeit, denn er begeht die Wegnahme in den Räumlichkeiten des A, und da ist er nur deshalb rein gekommen, weil er von H mit der Reparatur beauftragt wurde. Nach der anderen Ansicht geschieht der Diebstahl demgegenüber nur »**bei Gelegenheit**« der Erfüllung mit der Konsequenz, dass zumindest insoweit eine Haftung des H (über § 278 BGB) ausscheiden würde.

Wir wollen hier – ohne Wertung – mal der oben *zuerst* genannten Ansicht folgen und feststellen, dass der Diebstahl des Erfüllungsgehilfen somit *nicht* unter § 278 BGB fällt, da er nur »**bei Gelegenheit**« der Erfüllung der Verbindlichkeit begangen wurde (vgl. zur Darstellung des Streits in der Klausur das Gutachten weiter unten). Das Entwenden der Uhr durch G unterliegt somit *nicht* mehr den Handlungen, für die der Geschäftsherr H nach § 278 Satz 1 BGB einzustehen hat. Es liegt insbesondere auch kein Ausnahmefall dergestalt vor, dass dem G die Uhr von A anvertraut oder zur Verwahrung übergeben worden wäre.

ZE.: Eine Ersatzpflicht des H für den Diebstahl des G an der Uhr über die §§ 280 Abs. 1, 278 Satz 1 BGB entfällt.

Etwas anderes gilt dann aber für die mit dem Schweißgerät abgefackelte Kaffeemaschine, **denn**: Als G die zerstört, handelt er ohne Frage bei der Ausführung der Erfüllung der Verbindlichkeit im Sinne des § 278 Satz 1 BGB. Er war ja gerade dabei, die Rohre zusammen zu schweißen, als ihm aus Versehen das Schweißgerät abgerutscht ist. Dieses Zusammenschweißen der Rohre gehörte zu den Verpflichtungen aus dem Schuldverhältnis. Und wenn bei der unsachgemäßen Ausführung der erforderlichen Tätigkeit ein Schaden an anderen Rechtsgütern des Gläubigers entsteht, ist dieser grundsätzlich über § 278 Satz 1 BGB ersatzfähig. Wird bei der Reparatur fahrlässig eine andere Sache beschädigt, unterliegt dies dem § 278 BGB, es besteht ein innerer sachlicher Zusammenhang zur ausgeführten Tätigkeit (RGZ **63**, 343; BGH NJW-RR **2004**, 45; *Palandt/Grüneberg* § 278 BGB Rz. 20; *Brox/Walker* AS § 20 Rz. 31).

ZE.: Im Hinblick auf die zerstörte Kaffeemaschine ist der § 278 Satz 1 BGB damit grundsätzlich anwendbar.

d) Für eine Haftung ist schließlich noch erforderlich, dass der Erfüllungsgehilfe selbst auch schuldhaft gehandelt hat. Der Schuldner hat nur für ein *Verschulden* seines Erfüllungsgehilfen einzustehen (bitte das Gesetz lesen!). In unserem Fall ist dies nicht problematisch, denn dem G rutscht ausweislich des Sachverhaltes »aus Unachtsamkeit« das Schweißgerät ab, was sich zwanglos unter den Begriff der *Fahrlässigkeit* im Sinne des **§ 276 Abs. 2 BGB** susbsumieren lässt.

Feinkost: Die Oberschlauen wollen an dieser Stelle bitte noch die Feinheit beachten, dass die Anwendung des § 276 BGB im Hinblick auf das Verschulden des Erfüllungsgehilfen dogmatisch eigentlich gar nicht gelten kann: Denn bei genauer Betrachtung der Verhältnisse »schuldet« der Erfüllungsgehilfe dem Gläubiger vertraglich natürlich nichts, der Vertragspartner und damit »Schuldner« des Gläubigers ist und bleibt vielmehr allein der Geschäftsherr des Erfüllungsgehilfen. Der Erfüllungsgehilfe selbst kann demzufolge auch keine (eigene) vertragliche Pflicht gegenüber dem Gläubiger schuldhaft im Sinne des § 276 BGB verletzen. Den § 278 BGB muss man daher so verstehen, dass gefragt werden muss, ob die Handlung der Hilfsperson, hätte sie der Schuldner selbst vorgenommen, dann als pflichtwidrig und schuldhaft anzusehen wäre (BGHZ **31**, 367; *Esser/Schmidt* SR § 27 I 3c; *Medicus/Lorenz* SR I Rz. 334; *Brox/Walker* AS § 20 Rz. 34; *Jauernig/Stadler* § 278 BGB Rz. 13). Das Verschuldensmaß orientiert sich somit am Schuldner und seiner Verantwortlichkeit, was freilich in der Fall-Lösung nur dann relevant wird, wenn dieses Verschuldensmaß des Schuldners – etwa aufgrund einer Haftungserleichterung oder Verschärfung – geringer oder höher ist als üblich; dann beurteilt sich auch der Gehilfe und sein Verschulden nur nach diesem Maßstab (RGZ **65**, 20; BGHZ **31**, 367; *Jauernig/Stadler* § 278 BGB Rz. 13; *Palandt/Grüneberg* § 278 BGB Rz. 27). Ist der Schuldner beispielsweise Handwerksmeister, so kommt es auf dessen Sorgfalt an, auch wenn der ausführende Mitarbeiter nur ein unerfahrener Lehrling ist (BGHZ **31**, 367).

In unserem Fall steht nun nix von irgendeiner Erleichterung oder Erhöhung des Haftungsmaßstabes des Schuldners (H) mit der Konsequenz, dass der Schuldner selbst grundsätzlich wie alle Personen nach § 276 Abs. 1 BGB für Vorsatz und Fahrlässigkeit haften würde; das wäre dann das »**eigene Verschulden**« im Sinne des § 278 Satz 1 BGB. Und deshalb muss H als Geschäftsherr auch für ein entsprechendes Verschulden des Erfüllungsgehilfen einstehen; denn – wie gesagt – das wäre sein eigener Haftungsmaßstab gewesen, hätte er selbst gehandelt. H haftet also für Vorsatz und Fahrlässigkeit des G.

ZE.: Der Erfüllungsgehilfe hat im vorliegenden Fall aus Unachtsamkeit den Schaden verursacht und damit die im Verkehr erforderliche Sorgfalt im Sinne des § 276 Abs. 2 BGB außer Acht gelassen. Beachte insoweit bitte, dass der Einwand des H, dem G sei bislang noch nie das Schweißgerät abgerutscht, den Fahrlässigkeitsvorwurf aus § 276 BGB natürlich nicht beseitigt (BGH NJW **1987**, 1938; *Jauernig/Stadler* § 276 BGB Rz. 29; *Palandt/Grüneberg* § 276 BGB Rz. 21). Auch ein einmaliges Fehlverhalten (des Erfüllungsgehilfen) begründet den Fahrlässigkeitsvorwurf und führt vor allem nicht zur Entlastung nach § 280 Abs. 1 Satz 2 BGB (*Canaris* in JZ 2001, 512; *Jauernig/Stadler* § 280 BGB Rz. 20). Der G handelte demzufolge fahrlässig nach § 276 Abs. 2 BGB und somit schuldhaft im Sinne der §§ 276 Abs. 1, 278 Satz 1 BGB.

ZE.: Und mit der Bejahung des Verschuldens des Erfüllungsgehilfen liegen dann auch sämtliche Voraussetzungen des § 278 Satz 1 BGB vor.

ZE.: Und das hat wiederum zur Folge, dass H die durch G begangene Pflichtverletzung im Hinblick auf die zerstörte Kaffeemaschine »zu vertreten« hat im Sinne des § 280 Abs. 1 BGB.

Ergebnis: Dem A steht damit gegen H ein Schadensersatzanspruch aus § 280 Abs. 1 BGB in Höhe von 200 Euro für die zerstörte Kaffeemaschine zu.

AGL.: § 831 Abs. 1 Satz 1 BGB (Haftung für den Verrichtungsgehilfen)

Bitte lies zunächst § 831 Abs. 1 BGB sorgfältig durch (auch Satz 2!).

Also: Diesen § 831 Abs. 1 Satz 1 BGB muss man stets im Hinterkopf haben, wenn eine Haftung für das Verhalten einer anderen Person im Raum steht. Der § 831 Abs. 1 BGB befasst sich nämlich ebenso wie § 278 BGB mit der Einstandspflicht für das Verhalten Dritter. Es gibt allerdings einige wichtige Unterscheidungen, was damit zusammen- hängt, dass § 831 Abs. 1 Satz 1 BGB – im Gegensatz zu § 278 BGB – eine *eigene An- spruchsgrundlage* ist (vgl. *Schwabe*, »Lernen mit Fällen«, Schuldrecht Band II, Fall 21; *Palandt/Sprau* § 831 BGB Rz. 3). Der § 278 BGB ist demgegenüber wie gesehen ledig- lich eine *Zurechnungsnorm* und wird daher auch immer nur innerhalb einer anderen Anspruchsgrundlage, und dort konkret beim *Verschulden* des Geschäftsherrn, ge- prüft (siehe unsere Prüfung weiter oben im Rahmen des § 280 Abs. 1 BGB). Wichtig, bitte merken.

Merken sollte man sich im Übrigen, dass § 831 BGB im Unterschied zu § 278 BGB eine Haftung für das *eigene* Verschulden des *Geschäftsherrn*, und zwar bei der Auswahl und Überwachung seiner Hilfspersonen (die heißen bei § 831 BGB *Ver- richtungsgehilfen*) normiert. Und das bedeutet Folgendes: Der § 831 Abs. 1 Satz 1 BGB stellt die Vermutung auf, dass wenn der Gehilfe bei seiner Arbeit einen Scha- den verursacht, dem Geschäftsherrn bei der Auswahl und der Überwachung die- ses Gehilfen ein Verschulden zur Last fällt (wichtiger Satz, bitte mindestens noch einmal lesen). Das Gesetz vermutet also, dass bei richtiger Auswahl und Überwa- chung der Schaden nicht eingetreten wäre (bitte lies: § 831 Abs. 1 Satz 2 BGB am Ende). Der Eintritt des Schadens indiziert somit ein Verschulden des Geschäfts- herrn bei der Auswahl seiner Hilfsperson, für das der Geschäftsherr dann nach § 831 Abs. 1 Satz 1 BGB einzustehen hat. Der Geschäftsherr haftet bei § 831 Abs. 1 BGB also für sein vermutetes *eigenes* Verschulden (BGH NJW **2013**, 1002; Mü- Ko/*Wagner* § 831 BGB Rz. 7; *Palandt/Sprau* § 831 BGB Rz. 3). Und dies hat dann des Weiteren zur Folge, dass es auf ein Verschulden des Gehilfen bei § 831 Abs. 1 BGB gar nicht mehr ankommt. Wie gesagt, der Geschäftsherr haftet für *sein* Auswahl- verschulden im Hinblick auf den Gehilfen; auf ein Verschulden des Gehilfen kommt es daher nicht an, und dieses Verschulden hat man daher in der Klausur auch nicht zu prüfen (BGH NJW **2013**, 1002; *Jauernig/Teichmann* § 831 BGB Rz. 1; *Palandt/Sprau* § 831 BGB Rz. 10).

Und schließlich ist in diesem Zusammenhang dann die in **§ 831 Abs. 1 Satz 2 BGB** festgeschriebene sogenannte *Exkulpationsmöglichkeit* des Geschäftsherrn klausur- technisch von erheblicher Bedeutung. Denn der Geschäftsherr kann sich nämlich – im

Unterschied zu § 278 BGB – von seiner Haftung aus § 831 Abs. 1 Satz 1 BGB dadurch befreien, dass er nachweist, dass er die Hilfsperson ordnungsgemäß ausgewählt und überwacht hat. In den Klausuren stehen dann so Sätze wie »arbeitet seit Jahren fehlerlos« oder »hat bislang in 5-jähriger Tätigkeit nie Grund zur Beanstandung gegeben« oder ähnliches. Das ist dann stets die Alarmglocke für § 831 Abs. 1 Satz 2 BGB, wonach der Geschäftsherr dann wegen einer Exkulpation nicht haften muss. Merken, kommt oft in Klausuren vor.

Zum Fall: Unser G ist im vorliegenden Fall Verrichtungsgehilfe des H im Sinne des § 831 Abs. 1 BGB, denn G ist von H zu einer Verrichtung (Reparatur der Heizung) bestellt worden. Der G hat hierbei auch einen (sogar zwei) Schäden verursacht, namentlich hat G die Kaffeemaschine zerstört und dem A die Uhr gestohlen. Durch die Verursachung dieser Schäden vermutet der § 831 Abs. 1 Satz 1 BGB nunmehr ein Verschulden des Geschäftsherrn H bei der Auswahl und Überwachung des G und begründet damit grundsätzlich die Haftung. H wäre dem A demnach nach § 831 Abs. 1 BGB zum Ersatz des entstandenen Schadens verpflichtet.

> **Aber aufgepasst:** Im Rahmen der Tatbestandsprüfung des § 831 Abs. 1 Satz 1 BGB gibt es noch eine weitere Finte, nämlich: Auch hier muss man gut hinsehen, wenn es sich um eine Straftat bzw. einen Diebstahl des Verrichtungsgehilfen dreht. Denn ein solcher Diebstahl erfolgt in der Regel nicht »**in Ausführung der Verrichtung**« (bitte suchen in § 831 Abs. 1 Satz 1 BGB), hier gelten – trotz der sonstigen Unterschiede – insoweit die gleichen Regeln, die wir weiter oben im Rahmen des § 278 BGB schon gelernt haben: Es muss nämlich auch bei der Haftung aus § 831 Abs. 1 Satz 1 BGB immer ein innerer sachlicher Zusammenhang zwischen der dem Gehilfen aufgetragenen Tätigkeit und der schädigenden Handlung bestehen. Das schädigende Verhalten des Verrichtungsgehilfen darf nicht aus dem Kreis der ihm aufgetragenen Aufgaben herausfallen (BGH NJW **1971**, 31; BGH WM **1977**, 1169; BGH NJW-RR **1989**, 723; OLG Naumburg NJW-RR **2009**, 1032). So fällt die Begehung einer vorsätzlichen Straftat im Zweifel nicht unter § 831 BGB, da der Verrichtungsgehilfe nicht »in Ausführung der Verrichtung« gehandelt hat (BGH WM **1977**, 1169; *Palandt/Sprau* § 831 BGB Rz. 11).

<u>ZE.:</u> Für die gestohlene Uhr haftet H schon deshalb nicht, weil diese Schädigung nicht »in Ausführung der Verrichtung« erfolgte; es fehlt also bereits an den Tatbestandsmerkmalen des § 831 Abs. 1 Satz 1 BGB.

Dann bliebe jetzt eigentlich noch die zerstörte Kaffeemaschine übrig. Insoweit liegen die Tatbestandsvoraussetzungen des § 831 Abs. 1 Satz 1 BGB vor, G hat als Verrichtungsgehilfe einem Dritten in Ausführung der Verrichtung einen Schaden zugefügt. Und aufgrund dieses Schadens wird jetzt das Verschulden des Geschäftsherrn bei der Auswahl des G vermutet (siehe oben).

Aber: Jetzt greift § 831 Abs. 1 Satz 2 BGB ein. Denn im Sachverhalt steht, dass der G »**seit vielen Jahren fehlerlos für H arbeitet**« mit der Folge, dass H von der in § 831 Abs. 1 Satz 2 BGB gegebenen Möglichkeit der *Exkulpation* Gebrauch machen kann. Dieser in Klausuren häufig anzutreffende Hinweis auf die bisher fehlerlose Tätigkeit des Gehilfen zielt immer auf § 831 Abs. 1 Satz 2 BGB ab. Wenn angesichts dessen dem Verrichtungsgehilfen nun ein *einmaliger* Fehler unterläuft, fällt dem Geschäftsherrn insoweit dann kein Auswahl- oder Überwachungsverschulden zur Last, denn es bestand ja kein Anlass, eine gesonderte Prüfung oder Überwachung durchzuführen (*Jauernig/Teichmann* § 831 BGB Rz. 10/11). Steht also sonst nix im Fall, kann und soll man in der Klausur eine Entlastung nach § 831 Abs. 1 Satz 2 BGB annehmen. Der H kann somit im vorliegenden Fall die Vermutung des Verschuldens aus § 831 Abs. 1 Satz 1 BGB entkräften bzw. widerlegen. Und deshalb ist die Haftung des H im Hinblick auf die zerstörte Kaffeemaschine nach § 831 Abs. 1 Satz 2 BGB ausgeschlossen.

Ergebnis: Eine Haftung des H aus § 831 Abs. 1 BGB scheidet damit insgesamt aus. Für die gestohlene Uhr muss H nicht zahlen, da dieser Diebstahl nicht »in Ausführung der Verrichtung« geschah; die Zerstörung der Kaffeemaschine geschah zwar in Ausführung der Verrichtung, allerdings kann sich H nach § 831 Abs. 1 Satz 2 BGB mithilfe der Exkulpation von seiner Zahlungspflicht befreien. Der H muss somit nur nach § 280 Abs. 1 BGB in Verbindung mit § 278 Satz 1 BGB für die Zerstörung der Kaffeemaschine einstehen. Andere Ansprüche des A gegen H bestehen nicht.

Wiederholung

Bitte beachte noch einmal die Unterschiede: Der § 831 Abs. 1 Satz 1 BGB ist eine eigene Anspruchsgrundlage, der § 278 BGB demgegenüber nur eine Zurechnungsnorm, die immer nur innerhalb einer anderen Anspruchsgrundlage (beim Verschulden) geprüft wird. Der § 831 Abs. 1 BGB normiert eine Haftung des Geschäftsherrn für vermutetes *eigenes* Verschulden bei der Auswahl und Überwachung seiner Gehilfen und setzt ein eigenes Verschulden des Gehilfen nicht voraus. Der § 278 BGB regelt hingegen eine Haftung des Geschäftsherrn für *fremdes* Verschulden seines Erfüllungsgehilfen; hier muss der Gehilfe selbst auch schuldhaft gehandelt haben. Der § 831 Abs. 1 BGB setzt das Bestehen eines Schuldverhältnisses im Zeitpunkt der schädigenden Handlung nicht zwingend voraus; dies ist bei § 278 BGB aber erforderlich. Der § 831 Abs. 1 Satz 2 BGB gibt dem Geschäftsherrn die Möglichkeit der *Exkulpation*, wenn er nachweisen kann, dass er die Hilfsperson ordnungsgemäß ausgewählt und überwacht hat (im Sachverhalt steht dann: »seit Jahren zuverlässig« oder ähnliches). Diese Möglichkeit hat § 278 Satz 1 BGB nicht, der Geschäftsherr haftet also danach auch für Ausreißer oder einmalige Fälle, selbst wenn der Gehilfe seit 250 Jahren fehlerlos arbeitet. *Identisch* ist bei beiden Normen aber das Problem des inneren Zusammenhanges zwischen schädigender Handlung und der aufgetragenen Tätigkeit. Sowohl bei § 278 BGB als auch bei § 831 Abs. 1 BGB muss ein innerer sachlicher Zusammenhang bestehen. Fehlt es daran, scheitert die Haftung des Geschäftsherrn bei beiden Vorschriften bereits im Tatbestand, bei § 831 Abs. 1 BGB braucht man dann auch auf eine Exkulpation nicht mehr einzugehen. Alles klar!?

Gutachten

A kann gegen H einen Anspruch auf Schadensersatz aus § 280 Abs. 1 BGB haben.

1.) Zwischen A und H besteht ein Schuldverhältnis in Form eines Werkvertrages nach § 631 BGB, A hatte die Firma des H mit der Reparatur der Heizungsrohre betraut.

2.) Erforderlich für eine Haftung aus § 280 Abs. 1 BGB ist des Weiteren eine dem H zurechenbare Pflichtverletzung.

a) H muss also eine aus dem Schuldverhältnis mit A entstandene Pflicht schuldhaft verletzt haben. Aus dem Werkvertrag mit A erwächst dem H zunächst die Hauptpflicht der Vertragserfüllung in Form der Reparatur der Heizungsrohre. Dies folgt aus § 631 Abs. 1 BGB, wonach der Unternehmer die Herstellung des versprochenen Werkes schuldet. Neben dieser Pflicht hat der Schuldner nach § 241 Abs. 2 BGB aber auch andere, sogenannte Obhuts- und Fürsorgepflichten gegenüber dem Gläubiger. Namentlich darf der Unternehmer dem Besteller bei der Durchführung des Vertrages keine Schäden an anderen Rechtsgütern zufügen. Diese Nebenpflicht ist im vorliegenden Fall verletzt worden. Zum einen ist die Kaffeemaschine des A durch die unsachgemäße Bedienung des Schweißgerätes zu Schaden gekommen, zum anderen hat der Geselle G die Uhr des A gestohlen.

b) Gemäß § 280 Abs. 1 Satz 2 BGB hat der Schuldner den entstandenen Schaden nicht zu ersetzen, wenn er die Pflichtverletzung nicht zu vertreten hat. Fraglich ist also, inwieweit dem H ein Verschulden zur Last fällt. H hat im vorliegenden Fall im Hinblick auf die entstandenen Schäden nicht selbst gehandelt. Ein eigenes Verschulden gemäß § 276 Abs. 1 und 2 BGB scheidet demnach von vornherein aus. In Betracht kommt aber die Anwendung von § 278 BGB. Demnach hat der Schuldner ein Verschulden seines gesetzlichen Vertreters und der Personen, deren er sich zur Erfüllung seiner Verbindlichkeit bedient, in gleichem Umfang zu vertreten wie eigenes Verschulden.

aa) Ein zwischen den Parteien bestehendes Schuldverhältnis, aus dem dem Schuldner dann eine Verbindlichkeit erwachsen ist, liegt hier vor. Zwischen A und H bestand ein Werkvertrag nach § 631 BGB mit dem Inhalt, dass H die Heizung des A reparieren sollte. Die Verbindlichkeit des H bestand somit gemäß § 631 Abs. 1 BGB in der Herstellung des geschuldeten Werkes, namentlich der Reparatur der Heizung.

bb) Des Weiteren muss die handelnde Person unter § 278 Satz 1 BGB zu subsumieren sein. Hier kommt nur die Person, deren sich der Schuldner zur Erfüllung seiner Verbindlichkeit bedient, in Frage. Erfüllungsgehilfe im Sinne des § 278 Satz 1 BGB ist, wer nach den rein tatsächlichen Umständen und mit Willen des Schuldners bei der Erfüllung einer diesem obliegenden Verbindlichkeit als seine Hilfsperson tätig wird. Im vorliegenden Fall ist G von H zu A geschickt worden mit dem Auftrag, die Heizung zu reparieren. Damit bedient sich der H des G zur Erfüllung seiner Verbindlichkeit aus dem mit A geschlossenen Werkvertrag und G ist folglich Erfüllungsgehilfe des H.

cc) Weiterhin muss der Erfüllungsgehilfe »zur Erfüllung« der Verbindlichkeit eingesetzt worden sein. Die in Rede stehende Schädigung muss demnach bei der Ausführung der Erfüllungshandlung entstanden ist. Erforderlich ist, dass die schädigende Handlung in einem inneren sachlichen Zusammenhang zu dem Aufgabenbereich stehen muss, den der Schuldner seinem Gehilfen in Bezug auf die Vertragserfüllung zugewiesen hatte. Handlungen, die mit der Ausführung der geschuldeten Tätigkeit rein sachlich gar nichts zu tun hatten und »nur bei Gelegenheit« der Erfüllung passiert sind, sollen hiervon nicht erfasst sein.

Im Hinblick auf die verschiedenen Schädigungshandlungen ist hier jedoch zu differenzieren: Bezüglich der Frage, ob ein Diebstahl »zur Erfüllung« der Verbindlichkeit stattfindet und ob § 278 BGB in solchen Fällen Anwendung finden soll, bestehen unterschiedliche Auffassungen.

Nach einer Meinung soll ein solcher Diebstahl grundsätzlich nur »bei Gelegenheit« der Erfüllung stattfinden mit der Folge, dass der Geschäftsherr dafür nicht über § 278 Satz 1 BGB haften müsste. Etwas anderes soll nur dann gelten, wenn die gestohlene Sache der Hilfsperson zur Verwahrung übergeben worden ist, denn dann gehört die Verwahrung explizit zum Pflichtenkreis des Schuldners; ein Diebstahl verletze damit eine vertragliche Pflicht.

Die Gegenansicht geht davon aus, dass § 278 BGB bzw. das Merkmal »zur Erfüllung der Verbindlichkeit« weiter ausgelegt werden muss. Der Schuldner soll danach schon dann für einen Diebstahl seines Erfüllungsgehilfen haften, wenn die Straftat durch die übertragene Tätigkeit nur ermöglicht oder aber wenigstens erleichtert worden ist.

Und darunter sollen dann insbesondere die Diebstähle fallen, die der Gehilfe deshalb begehen kann, weil er in den Räumlichkeiten des Gläubigers tätig wird, denn erst so erhalte er überhaupt die Möglichkeit zur Wegnahme. Dass der Diebstahl mit der Erfüllung des Vertrages sachlich nichts zu tun habe, hindere die Haftung über § 278 BGB nicht; entscheidend sei, dass der Schuldner durch die Beauftragung des Erfüllungsgehilfen die Gefahr des Diebstahls geschaffen bzw. ermöglicht habe. Im Übrigen müsse der Schuldner wegen § 278 BGB grundsätzlich auch so behandelt werden, als hätte er selbst die entsprechende Handlung vorgenommen.

Für den vorliegenden Fall führen die dargestellten Ansichten zu unterschiedlichen Ergebnissen, denn je nach verfolgter Meinung hat der H für den Diebstahl des G über § 278 Satz 1 BGB einzustehen oder eben nicht. Die zuletzt genannte Auffassung lässt indes die dogmatische Trennung von vertraglicher und deliktischer Haftung weitgehend unberücksichtigt. Zudem erscheint eine solche Ausdehnung der Haftung des Schuldners unter Wertungsgesichtspunkten nicht sachgerecht.

Es ist daher der zuerst genannten Ansicht zu folgen. Der Diebstahl des Erfüllungsgehilfen fällt somit nicht unter § 278 BGB, da er nur »bei Gelegenheit« der Erfüllung der Verbindlichkeit begangen wurde. Das Entwenden der Uhr durch G unterliegt somit nicht mehr den Handlungen, für die der Geschäftsherr H nach § 278 Satz 1 BGB einzustehen hat. Es liegt insbesondere auch kein Ausnahmefall dergestalt vor, dass dem G die Uhr von A anvertraut oder zur Verwahrung übergeben worden wäre. Eine Ersatzpflicht des H für den Diebstahl des G an der Uhr über die §§ 280 Abs. 1, 278 Satz 1 BGB entfällt somit.

Bezüglich der mit dem Schweißgerät zerstörten Kaffeemaschine handelte G in Ausführung der Verbindlichkeit im Sinne des § 278 Satz 1 BGB. Wenn bei der unsachgemäßen Ausführung der erforderlichen Tätigkeit ein Schaden an anderen Rechtsgütern des Gläubigers entsteht, ist dieser grundsätzlich über § 278 Satz 1 BGB ersatzfähig. Wird bei der Reparatur fahrlässig eine andere Sache beschädigt, unterliegt dies dem § 278 BGB, es besteht ein innerer sachlicher Zusammenhang zur ausgeführten Tätigkeit. G war vorliegend gerade dabei, die Rohre zusammen zu schweißen, als ihm das Schweißgerät abgerutscht ist. Dieses Zusammenschweißen der Rohre gehörte zu den Verpflichtungen aus dem Schuldverhältnis. § 278 Satz 1 BGB ist damit grundsätzlich anwendbar.

dd) Für eine Haftung ist schließlich noch erforderlich, dass der Erfüllungsgehilfe selbst auch schuldhaft gehandelt hat. G rutscht ausweislich des Sachverhaltes »aus Unachtsamkeit« das Schweißgerät ab, was unter den Begriff der Fahrlässigkeit im Sinne des § 276 Abs. 2 BGB zu subsumieren ist. G hat damit die im Verkehr erforderliche Sorgfalt im Sinne des § 276 Abs. 2 BGB außer Acht gelassen. Mit der Bejahung des Verschuldens des Erfüllungsgehilfen liegen dann auch sämtliche Voraussetzungen des § 278 Satz 1 BGB vor. Konsequenz ist, dass H als Geschäftsherr auch für ein entsprechendes Verschulden des Erfüllungsgehilfen G einstehen muss.

Ergebnis: A steht damit gegen H ein Schadensersatzanspruch aus § 280 Abs. 1 BGB in Höhe von 200 Euro für die zerstörte Kaffeemaschine zu.

A kann gegen H einen Anspruch auf Schadensersatz aus § 831 Abs. 1 Satz 1 BGB haben.

1.) G war im vorliegenden Fall Verrichtungsgehilfe des H im Sinne des § 831 Abs. 1 BGB, da er von H zu einer Verrichtung bestellt worden ist.

2.) G hat hierbei auch mehrere Schäden herbeigeführt, namentlich hat er die Kaffeemaschine zerstört und dem A die Uhr gestohlen.

3.) Fraglich ist, ob diese Schädigungshandlungen auch in Ausführung der Verrichtung erfolgt sind. Diesbezüglich ist wiederum zu differenzieren: Ein Diebstahl erfolgt in der Regel nicht »in Ausführung der Verrichtung«. Hier gelten – trotz der sonstigen Unterschiede – insoweit die gleichen Regeln wie im Rahmen von § 278 BGB:

Es muss nämlich auch bei der Haftung aus § 831 Abs. 1 Satz 1 BGB immer ein innerer sachlicher Zusammenhang zwischen der dem Gehilfen aufgetragenen Tätigkeit und der schädigenden Handlung bestehen. Das schädigende Verhalten des Verrichtungsgehilfen darf nicht aus dem Kreis der ihm aufgetragenen Aufgaben herausfallen. So fällt die Begehung einer vorsätzlichen Straftat im Zweifel nicht unter § 831 BGB, da der Verrichtungsgehilfe nicht »in Ausführung der Verrichtung« gehandelt hat.

Für die gestohlene Uhr haftet H folglich schon deshalb nicht, weil diese Schädigung nicht »in Ausführung der Verrichtung« erfolgte; es fehlt also bereits an den Tatbestandsmerkmalen des § 831 Abs. 1 Satz 1 BGB. Im Hinblick auf die zerstörte Kaffeemaschine ist die Rechtsgutsverletzung demgegenüber in Ausführung der Verrichtung erfolgt.

4.) Möglicherweise greift zu Gunsten des H vorliegend jedoch § 831 Abs. 1 Satz 2 BGB ein, G arbeitet »seit vielen Jahren fehlerlos für H«. Dies hätte zur Folge, dass H von der in § 831 Abs. 1 Satz 2 BGB gegebenen Möglichkeit der Exkulpation Gebrach machen kann. Wenn dem Verrichtungsgehilfen nun ein einmaliger Fehler unterläuft, fällt dem Geschäftsherrn insoweit dann kein Auswahl- oder Überwachungsverschulden zur Last, denn es bestand kein Anlass, eine gesonderte Prüfung oder Überwachung durchzuführen. H kann somit im vorliegenden Fall die Vermutung des Verschuldens aus § 831 Abs. 1 Satz 1 BGB entkräften. Seine Haftung im Hinblick auf die zerstörte Kaffeemaschine ist nach § 831 Abs. 1 Satz 2 BGB ausgeschlossen.

Ergebnis: A hat gegen H keinen Anspruch aus § 831 Abs. 1 Satz 1 BGB.

Fall 10

Orangensaft

Rechtsanwalt A betritt mit seiner sechsjährigen Tochter T den Supermarkt des S, um für einen gemütlichen Abend noch ein paar Flaschen Bier zu kaufen. Als er vor dem Getränkeregal steht, rutscht die T auf dem Boden aus und bricht sich dabei die Hand. Der seit Jahren zuverlässige Mitarbeiter M des S hatte nämlich versehentlich vergessen, den Boden aufzuwischen, nachdem einige Minuten vorher eine Flasche mit Orangensaft hingefallen war. Da A mit T sofort ins Krankenhaus muss, kommt es nicht mehr zum Kauf der Bierflaschen.

A verlangt nun stellvertretend für T von S Ersatz der Behandlungskosten in Höhe von 2.500 Euro und ein angemessenes Schmerzensgeld. **Zu Recht?**

Schwerpunkte: Das vorvertragliche Schuldverhältnis gemäß § 311 Abs. 2 und 3 BGB; Haftung über die §§ 280 Abs. 1, 311 Abs. 2, 241 Abs. 2 BGB; der Vertrag mit Schutzwirkung für Dritte; Voraussetzungen und Rechtsfolgen; Abgrenzung zum Vertrag zugunsten Dritter nach den §§ 328 ff. BGB; Haftung für Dritte nach den §§ 278 und 831 BGB; Anspruch auf Schmerzensgeld aus § 253 Abs. 2 BGB.

Lösungsweg

Anspruch des T gegen S auf Ersatz der Behandlungskosten und Schmerzensgeld

<u>AGL.:</u> §§ 280 Abs. 1, 311 Abs. 2, 241 Abs. 2 BGB

1.) Der S muss zur Begründung des Anspruchs aus § 280 Abs. 1 BGB zunächst eine Pflicht aus einem *Schuldverhältnis* verletzt haben, wobei hier gleich zu Beginn besondere Vorsicht geboten ist, **denn:** Da der A die Flaschen letztlich nicht gekauft hat, kommt keinesfalls ein klassisches vertragliches Schuldverhältnis in Frage. Es besteht ja überhaupt kein Vertrag. In Betracht kommt somit nur die Verletzung eines *vorvertraglichen* Schuldverhältnisses im Sinne des **§ 311 Abs. 2 BGB** (bitte die Nrn. 1 und 2 lesen). Und im Übrigen ist die sechsjährige T (schon allein wegen der §§ 104, 105 BGB) im vorliegenden Fall selbst keinesfalls mögliche Partei eines angebahnten Vertrages gewesen mit der Folge, dass sie an sich auch nicht vom Pflichtenkreis bzw. Schutzzweck des § 311 Abs. 2 BGB erfasst sein kann. Hierzu gehören grundsätzlich nur die Parteien des in Aussicht genommenen Vertrages (BGHZ **71**, 286; BGH NJW-RR **1988**, 161; *Palandt/Grüneberg* § 311 BGB Rz. 20; *Jauernig/Stadler* § 311 BGB Rz. 48).

Also: Diese beiden Gesichtspunkte – das Bestehen eines vorvertraglichen Schuldverhältnisses und die mögliche Einbeziehung der T in dieses Verhältnis – sind zu klären, um der T überhaupt die Möglichkeit eines Ersatzanspruchs zu eröffnen, zumal der clevere Leser längst bemerkt hat, dass andere Anspruchsgrundlagen für die T, namentlich der § 831 Abs. 1 BGB, hier nicht greifen können: Denn der Mitarbeiter M, der hier durch seine Nachlässigkeit den Schaden verursacht, ist nach Auskunft des Sachverhaltes »seit Jahren zuverlässig«, was logischerweise die Möglichkeit der Exkulpation gemäß **§ 831 Abs. 1 Satz 2 BGB** nach sich zieht (vgl. insoweit bitte den vorherigen Fall).

a) Es stellt sich im Rahmen der §§ 280 Abs. 1, 311 Abs. 2, 241 Abs. 2 BGB somit zunächst die Frage, ob überhaupt ein vorvertragliches Schuldverhältnis im Sinne des § 311 Abs. 2 BGB zwischen A und S bestand:

→ Ein solches kann sich zum einen aus **§ 311 Abs. 2 Nr. 1 BGB** ergeben. Voraussetzung dafür ist, dass zwischen A und S *Vertragsverhandlungen* aufgenommen worden sind. Dieser § 311 Abs. 2 Nr. 1 BGB meint vornehmlich die *tatsächliche* Kontaktaufnahme im Rahmen von Vertragsverhandlungen der Parteien, wobei auch einseitige Maßnahmen genügen können, etwa das Verteilen von Werbeprospekten oder Ähnliches (BGH NJW **2012**, 846; *Brox/Walker* AS § 5 Rz. 5; *Jauernig/Stadler* § 311 BGB Rz. 43; *Palandt/Grüneberg* § 311 BGB Rz. 16). Es muss aber schon zum Kontakt zwischen den Parteien gekommen sein.

→ Die Vorstufe dieser tatsächlichen Kontaktaufnahme im Rahmen von Vertragsverhandlungen soll hingegen der weiter gefasste **§ 311 Abs. 2 Nr. 2 BGB** mit dem Begriff der »**Vertragsanbahnung**« abdecken. Hiermit sind dann die klassischen Situationen des Betretens eines Supermarktes oder einer Verkaufshalle bzw. eines sonstigen Geschäftsraumes gemeint (BT-Drs. 14/6040 Seite 163; vgl. aber auch BGH NJW **2011**, 139). Dabei beginnt der Schutz mit dem Betreten der Geschäftsräume und setzt nach dem Wortlaut des § 311 Abs. 2 Nr. 2 BGB zwingend voraus, dass der Kunde das Geschäft auch tatsächlich »im Hinblick auf eine etwaige rechtsgeschäftliche Beziehung« betritt. Wer sich etwa nur zum Aufwärmen ins Kaufhaus setzt, bahnt ebenso wenig einen Vertrag im Sinne des § 311 Abs. 2 Nr. 2 BGB an wie z.B. auch ein Ladendieb. Beide unterliegen daher nach herrschender Meinung nicht dem Schutzzweck der Norm und können folglich auch keine Ansprüche aus vorvertraglichen Schuldverhältnissen herleiten (BGH NJW **2001**, 3698; BGH NJW **2000**, 661; BGHZ **66**, 51; OLG Köln VersR **1987**, 164; *Michalski* in Jura 1993, 22; *Palandt/Grüneberg* § 311 BGB Rz. 17; *Jauernig/Stadler* § 311 BGB Rz. 44).

Im vorliegenden Fall haben wir es fraglos mit einer Form des § 311 Abs. 2 Nr. 2 BGB zu tun, denn von der Aufnahme von tatsächlichen Vertragsverhandlungen im Sinne des § 311 Abs. 2 Nr. 1 BGB ist hier nicht die Rede; der A ist mit T nur in den Supermarkt des S gegangen und dort hat die T vor dem Getränkeregal den Bruch an ihrer Hand erlitten. Das ist ein klassischer Fall des § 311 Abs. 2 Nr. 2 BGB.

ZE.: Zum Zeitpunkt der Schädigung der T bestand zwischen A und S ein vorvertragliches Schuldverhältnis im Sinne des § 311 Abs. 2 Nr. 2 BGB. Aus diesem Schuldverhältnis sind dem S daher auch die Pflichten aus § 241 Abs. 2 BGB jedenfalls gegenüber A erwachsen.

b) Die zweite Frage, die sich nun stellt, ist natürlich die, ob auch T vom Schutzbereich des § 311 Abs. 2 Nr. 2 BGB erfasst sein kann. Das ist deshalb hier – wie oben schon erwähnt – von entscheidender Bedeutung, weil nur die T einen Schaden erlitten hat und als Anspruchssteller gegen S, vertreten von A, auftritt. Sollte T nicht zum Schutzbereich der vorvertraglichen Regelungen gehören, wäre die Prüfung bereits an dieser Stelle beendet, denn andere Gesichtspunkte stehen zur Anspruchsbegründung zugunsten der T nicht zur Verfügung.

aa) Im Hinblick auf eine Einbeziehung der T in den Schutzzweck der vorvertraglichen Haftung kommt zunächst die Anwendung des **§ 311 Abs. 2 Nr. 3 BGB** in Betracht, wenn man nämlich annähme, dass mit »ähnlichen geschäftlichen Kontakten« auch die Personen erfasst werden sollen, die nicht von der unmittelbaren Vertragsanbahnung als Partei betroffen waren, gleichwohl aber im Zusammenhang damit einen Schaden erlitten haben (so etwa *Canaris* in JZ 2001, 520). Dies aber hat der Gesetzgeber ausdrücklich nicht gewollt. Der § 311 Abs. 2 Nr. 3 BGB soll zwar eine Generalklausel für die Fälle darstellen, die nicht unter die Nrn. 1 und 2 des § 311 Abs. 2 BGB zu subsumieren sind und der möglichen Weiterentwicklung des Rechtsinstituts der vorvertraglichen Haftung Platz schaffen; die Einbeziehung Dritter war aber damit nicht beabsichtigt (BT-Drs. 14/6040 Seite 163).

ZE.: Eine Einbeziehung der T anhand des § 311 Abs. 2 Nr. 3 BGB scheidet somit aus.

bb) Diese könnte sich aber aus **§ 311 Abs. 3 BGB** ergeben (bitte *vollständig* lesen).

Liest man den Abs. 3 des § 311 BGB nun einfach nur durch, könnte man insbesondere wegen Satz 1 eine Haftung zugunsten der dritten Person grundsätzlich bejahen und damit dann auch die Fälle der vorliegenden Art erfassen (*Huber/Faust* 3. Kapitel Rz. 12; *Teichmann* in BB 2001, 1492; *Schwab* in JuS 2002, 873; vgl. auch *Canaris* in JZ 2001, 520). Denn dort steht ja, dass ein Schuldverhältnis mit Pflichten aus § 241 Abs. 2 BGB auch gegenüber vertragsfremden Personen entstehen kann, was dann logischerweise zur Folge hätte, diese Personen in den Schutzbereich mit aufzunehmen und entsprechende Haftungstatbestände über § 280 Abs. 1 BGB wegen »Pflichtverletzung im Schuldverhältnis« anzunehmen.

Aber: Insoweit ergeben sich durchgreifende Bedenken. Diese begründen sich zum einen mit der Tatsache, dass der § 311 Abs. 3 Satz 1 BGB keinerlei Konkretisierung im Hinblick darauf vornimmt, wer denn jetzt zu diesem geschützten Personenkreis überhaupt gehören soll. Theoretisch könnte das, bliebe man nur beim Wortlaut des § 311 Abs. 3 Satz 1 BGB, jedermann sein (!?). Zur Konkretisierung des Personenkreises muss man daher vielmehr **§ 311 Abs. 3 <u>Satz 2</u> BGB** im Rahmen der Auslegung heranziehen. Demnach entsteht ein Schuldverhältnis zu einer dritten Person dann, wenn der Dritte in besonderem Maße Vertrauen für sich in Anspruch nimmt und dadurch die Vertragsverhandlungen oder den Vertragsschluss erheblich beeinflusst (Gesetz lesen). Der Sinn, der hinter dieser Formulierung steckt, ist folgender: Der § 311 Abs. 3 BGB soll vor allem Ansprüche der beiden Vertragsparteien *gegen* diese dritten Personen ermöglichen; gemeint sind damit nämlich vor allem die Leute, die selbst zwar nicht Vertragspartner werden, aber dennoch wegen eines eigenen unmittelbaren wirtschaftlichen oder persönlichen Interesses an dem angebahnten Vertragsschluss maßgeblich mitwirken oder wegen ihrer besonderen Sachkenntnis vor oder beim Vertragsschluss herangezogen werden (BGH NJW **2004**, 2523). Das können z.B. sein: Sachverständige, die Gutachten etwa über den Wert der Kaufsache erstellen, wenn dieses Gutachten dann den Kaufpreis bestimmt; so etwas kommt sehr häufig bei Grundstücks- oder Unternehmenskäufen vor (BT-Drs. 14/6040 Seite 163; BGHZ **111**, 319; *Jauernig/Stadler* § 311 BGB Rz. 49); ebenso gemeint von § 311 Abs. 3 BGB ist der Gebrauchtwagenhändler, der den in Zahlung genommenen PKW seines Kunden in dessen Namen verkauft (*Brox/Walker* AS § 5 Rz. 10; *Palandt/Grüneberg* § 311 BGB Rz. 61); auch der Finanzberater, der mögliche Darlehensverträge zwischen Bank und Kunden vermittelt; und dann gehört natürlich der Versicherungsmakler dazu, der Verträge zwischen der Versicherung und dem Kunden vermittelt (BGH DB **2002**, 1878; BGH ZIP **1990**, 506; *Brox/Walker* AS § 5 Rz. 12; *Palandt/Grüneberg* § 311 BGB Rz. 61).

Wenn nun diese Personen bei ihren Tätigkeiten Fehler machen und damit Schutzpflichten gegenüber den eigentlichen Vertragspartnern verletzen, können sie nach § 311 Abs. 3 BGB in Verbindung mit § 280 Abs. 1 BGB in Anspruch genommen werden. Wie gesagt, sie selbst sind ja gar nicht Partner des Vertrages, bei dessen Zustandekommen sie aber dennoch maßgeblich mitgewirkt haben. Schätzt also etwa der Gutachter den Wert eines zu verkaufenden Grundstücks mal eben 150.000 Euro zu niedrig und wird dann deshalb von den Vertragsparteien auch nur ein entsprechend geringerer Kaufpreis veranschlagt, kann der Verkäufer später, wenn der Irrtum bemerkt wird und ein Verschulden des Gutachters insoweit vorliegt, nach § 280 Abs. 1, 311 Abs. 3 BGB den entstandenen Schaden (= 150.000 Euro zu wenig angesetzter Kaufpreis) vom Gutachter verlangen. *Dafür* gibt es den § 311 Abs. 3 BGB. Kapiert!?

Gut. Der § 311 Abs. 3 BGB zielt also auf Ansprüche des Gläubigers oder Schuldners *gegen* den Dritten ab (PWW/*Medicus* § 311 BGB Rz. 63; *Jauernig/Stadler* § 311 BGB Rz. 49; *Palandt/Grüneberg* § 311 BGB Rz. 60). Und dann verstehen wir jetzt auch, warum der § 311 Abs. 3 BGB in unserem Fall mit der sechsjährigen Tochter T des A natürlich nicht einschlägig sein kann, um die T in das angebahnte Vertragsverhältnis des S mit A einzubeziehen. Denn wir wollen hier gar keinen Anspruch *gegen* den

Dritten, sondern – gerade umgekehrt! – *für* ihn bzw. sie begründen. Gefragt ist ja nach dem Anspruch der T *gegen* den S. Die T als »Dritte« soll also selbst Begünstigte sein, was von § 311 Abs. 3 BGB – wie eben ausführlich erläutert – aber nicht intendiert ist. Im Übrigen würde in Bezug auf die T aber auch nicht einmal der Wortlaut des § 311 Abs. 3 BGB eine Haftung herleiten können, denn die T hat nun überhaupt kein eigenes wirtschaftliches oder persönliches Interesse an dem Vertragsschluss und hat auch nicht besonderes Vertrauen für sich in Anspruch genommen, um den Vertragsschluss zu beeinflussen (lies: § 311 Abs. 3 Satz 2 BGB).

<u>ZE.:</u> Eine Einbeziehung der T in die Haftung aus dem angebahnten Vertragsverhältnis zwischen A und S nach § 311 Abs. 3 BGB kommt nicht in Betracht.

cc) Und damit verbleibt als letzte Möglichkeit, die T als »Dritte« in das angebahnte Vertragsverhältnis zwischen S und A einzubeziehen, nur noch, die Grundsätze des *Vertrages mit Schutzwirkung für Dritte* in entsprechender Anwendung der **§§ 328 ff. BGB** heranzuziehen.

Durchblick: Diese – gesetzlich *nicht* ausdrücklich fixierten – Regeln über die Verträge mit Schutzwirkungen für Dritte muss man stets abgrenzen vom klassischen *Vertrag zugunsten Dritter*, den das Gesetz in den §§ 328 ff. BGB ausdrücklich normiert hat. Die Unterscheidung dieser beiden Rechtsinstitute ist vom dahinter steckenden Prinzip her nicht schwer und funktioniert so:

→ Bei einem Vertrag *zugunsten Dritter*, wie ihn das Gesetz in § 328 Abs. 1 BGB explizit vorsieht, ist der Dritte selbst zwar nicht Vertragspartner, erwirbt aber einen *eigenen* Anspruch auf *Erfüllung* aus diesem von anderen Personen geschlossenen Vertrag (bitte lies § 328 Abs. 1 BGB). Beispiele dafür sind etwa der Vertrag der Krankenkasse mit dem Krankenhaus, aus dem der Patient einen Anspruch auf Leistung erwirbt (BGH NJW **2008**, 2702; BGH NJW **1992**, 2962); der Vertrag des Reiseveranstalters mit der Fluggesellschaft zugunsten des Reisenden (BGHZ **93**, 273; LG Frankfurt NJW-RR **1986**, 853); auch die Beauftragung des Rechtsanwalts durch die Haftpflichtversicherung ist ein Vertrag zugunsten des Versicherungsnehmers (OLG Köln NJW **1978**, 897); wer eine Lebensversicherung zugunsten eines anderen abschließt, hat ebenfalls ein Rechtsgeschäft nach § 328 Abs. 1 BGB getätigt, was sich aus der Auslegungsregel des § 330 BGB ergibt (*Brox/Walker* AS § 32 Rz. 2; *Palandt/Grüneberg* § 330 BGB Rz. 1). In all diesen Fällen kann der Dritte die *Erfüllung* des Vertrages verlangen, obwohl er selbst den Vertrag gar nicht geschlossen hat. Der Dritte erwirbt damit rechtstechnisch gesehen das Forderungsrecht des Gläubigers, tritt aber nicht an dessen Stelle (OLG Köln NJW-RR **1997**, 542). Der Gläubiger selbst übrigens kann im Zweifel die Erfüllung nur an den Dritten einfordern, nicht aber an sich selbst, lies § 335 BGB (BGHZ **3**, 388). Ihm verbleiben aber Gestaltungsrechte wie Rücktritt, Anfechtung oder Kündigung (MüKo/*Gottwald* § 335 BGB Rz. 14; *Palandt/Grüneberg* § 328 BGB Rz. 6; *Jauernig/Stadler* § 328 BGB Rz. 17).

→ Bei einem Vertrag mit *Schutzwirkung für Dritte* ist der Dritte nun ebenfalls nicht Vertragspartner und ihm soll jetzt – im Unterschied zum Vertrag zugunsten Dritter – auch gar kein Erfüllungsanspruch aus diesem Vertrag zustehen. Es kann aber Situationen geben, in denen die Vertragsparteien zwar keine Erfüllung für einen Dritten wollen, dieser Dritte und seine Rechtsgüter aber gleichwohl erkennbar derart in den Vertrag einbezogen sind, dass es sachgerecht erscheint, ihn wenigstens mit Sekundäransprüchen, etwa auf Schadensersatz, zu versehen, sollten bei der Erfüllung des Vertrages Schäden entstehen (BGH NJW **2011**, 139; *Brox/Walker* AS § 33 Rz. 4). Der Dritte wird also in die Obhuts- und Schutzpflichten der Vertragsparteien einbezogen mit der Folge, dass ihm bei Verletzung der Pflichten Ersatzansprüche zustehen sollen (vgl. etwa BGH NJW **2012**, 3165 = BGHZ **193**, 297; BGH NJW-RR **2011**, 462; BGH NJW **2011**, 139; BGHZ **49**, 353; BGH NJW **1959**, 1676).

Damit nun aber nicht jede x-beliebige Person in den Genuss dieser Ersatzansprüche aus dem Vertrag mit Schutzwirkung für Dritte kommt (Rechtsfortbildung ohne gesetzliche Grundlage!), müssen folgende Voraussetzungen auf Seiten des Dritten bzw. innerhalb der Dreierkonstellation erfüllt sein:

I.) Zunächst muss eine sogenannte »**Leistungsnähe**« des Dritten im Hinblick auf die laut Vertrag zu erbringende Erfüllung bestehen (BGH NJW-RR **2011**, 462; BGH NJW **2011**, 139; BGHZ **129**, 168; BGHZ **70**, 329). Der Dritte muss den Gefahren der Pflichtverletzungen bzw. Schlechtleistung des Schuldners demnach ebenso ausgesetzt sein wie der Gläubiger selbst (BGHZ **193**, 297; BGHZ **133**, 173). Wer also beispielsweise, ohne selbst Vertragspartner des Vermieters zu sein, mit dem Mieter zusammen in einer Wohnung lebt, ist den gleichen Gefahren ausgesetzt wie dieser selbst (*Brox/Walker* AS § 33 Rz. 9; *Palandt/Grüneberg* § 328 BGB Rz. 16).

II.) Des Weiteren ist erforderlich, dass der Gläubiger auch ein *berechtigtes Interesse* am Schutz des Dritten hat (BGH NJW **2012**, 3165 = BGHZ **193**, 297; BGH NJW-RR **2011**, 462; BGH NJW **2011**, 139; BGH NJW **2001**, 514; BGH NJW **1998**, 1948; *Medicus/Lorenz* SR I Rz. 775). Dieses auch als »**Gläubigernähe**« bezeichnete Interesse bejahte die Rechtsprechung über viele Jahre hindurch mit der berühmten »**Wohl-und-Wehe**«-Formel, wonach dieses Interesse dann angenommen werden sollte, wenn der Gläubiger aufgrund eines personenrechtlichen Einschlages des Schuldverhältnisses für Wohl und Wehe des Dritten mitverantwortlich war (BGHZ **56**, 273). Unter diesen Umständen träfe den Gläubiger die Schädigung des Dritten quasi immer auch selbst, da er zu Schutz und Fürsorge gegenüber dem Dritten verpflichtet sei (BGHZ **66**, 51; *Brox/Walker* AS § 33 Rz. 9). In jüngerer Zeit ist diese Rechtsprechung aber zunehmend aufgeweicht worden; es genügt für das erforderliche berechtigte Interesse des Gläubigers inzwischen bereits, wenn der Dritte mit der im Vertrag versprochenen Leistung *bestimmungsgemäß* in Kontakt kommen soll oder wenn im konkreten Fall andere Anhaltspunkte für einen auf den Schutz des Dritten gerichteten Parteiwillen bestehen; um das Wohl und Wehe des Dritten muss es den Parteien nicht mehr zwingend gehen (vgl. aktuell etwa BGH NJW **2012**, 3165 = BGHZ **193**, 297 sowie BGH NJW **2001**, 3116; BGHZ **127**, 378; BGHZ **138**, 261; MüKo/*Gottwald* § 328 BGB Rz. 113; *Brox/Walker* AS § 33 Rz. 10; *Palandt/Grüneberg* § 328 BGB Rz. 17a).

III.) Im Übrigen müssen für eine Haftung aus einem Vertrag mit Schutzwirkung für Dritte die beiden gerade genannten Voraussetzungen dem Schuldner auch *erkennbar* gewesen sein (BGH NJW **2012**, 3165 = BGHZ **193**, 297; BGH NJW-RR **2011**, 462; BGHZ **133**, 173; BGHZ **75**, 323). Und das leuchtet auch ein, denn der Schuldner muss natürlich wissen, auf welches (zusätzliche!) Risiko er sich bei dem Vertragsschluss mit dem Gläubiger einlässt (BGH ZIP **2004**, 1814; BGH NJW **1996**, 2929; *Brox/Walker* AS § 33 Rz. 11), wobei insoweit noch zu beachten ist, dass dem Schuldner aber nicht etwa die Namen oder die genaue Zahl der zu schützenden Dritten bekannt sein müssen. Es reicht aus, wenn der Schuldner den zu schützenden Personenkreis nach allgemeinen Merkmalen bestimmen kann (BGH NJW-RR **2011**, 462; BGH NJW **2011**, 139; BGH ZIP **2004**, 1814; BGH NJW-RR **2003**, 1035; BGH NJW **1995**, 392).

IV.) Und schließlich muss der Dritte auch *schutzbedürftig* sein, was bedeutet, dass ihm kein eigener vertraglicher Anspruch gegen den Schuldner oder einen anderen am Vertrag Beteiligten zustehen darf (BGH NJW-RR **2011**, 462; BGH NJW **2011**, 139; BGHZ **133**, 173; MüKo/*Gottwald* § 328 BGB Rz. 117; *Palandt/Grüneberg* § 328 BGB Rz. 18).

Zum Fall: Damit unsere T mit in den Schutzbereich des zwischen A und S angebahnten Vertrages gelangt und dann unter Umständen auch Schadensersatzansprüche geltend machen kann, müssen also die gerade aufgezeigten vier Prüfungspunkte vorliegen. Und das ist hier kein echtes Problem, denn: Die erforderliche *Leistungsnähe* besteht in den Fällen der vorliegenden Art deshalb, weil die Begleitperson des potentiellen Käufers den Gefahren des hier zu prüfenden vorvertraglichen Schuldverhältnisses ebenso ausgesetzt ist wie der Käufer selbst. Wer mit einem potentiellen Käufer die Verkaufsräume des Verkäufers betritt, ist von der Verletzung vorvertraglicher Schutzpflichten durch das unsachgemäße Instandhalten der Räumlichkeiten im gleichen Maße betroffen wie der Käufer (BGHZ **66**, 51 → mit genau unserem Fall: Mutter und Tochter im Supermarkt und Tochter rutscht auf Salatblatt aus; vgl. im Übrigen auch BGH NJW-RR **2011**, 462; BGHZ **133**, 170; *Medicus/Lorenz* SR I Rz. 775; *Brox/Walker* AS § 33 Rz. 8; *Palandt/Grüneberg* § 328 BGB Rz. 17). Des Weiteren hat der A im vorliegenden Fall selbstredend ein *berechtigtes Interesse* am Schutz des Dritten, das ist schließlich seine Tochter, und die kommt im konkreten Fall auch mit der Leistung des Schuldners in Berührung, sie ist ja dabei im Supermarkt (BGHZ **66**, 51). Dass dritte Personen neben dem eigentlichen potentiellen Käufer mit in den Supermarkt kommen, ist im Übrigen für den Schuldner S ohne Zweifel *erkennbar*, wobei wir hier dann noch mal beachten wollen, dass es dabei unerheblich ist, dass S nicht die Personen einzeln kennen muss; es genügt eine allgemeine Kenntnis von der Erhöhung des Risikos durch die Einbeziehung Dritter. Diese Kenntnis hat ein Supermarktbesitzer in den Fällen der vorliegenden Art (BGHZ **66**, 51; *Medicus/Lorenz* SR I Rz. 776;

Brox/Walker AS § 33 Rz. 11). Und schließlich ist die T auch *schutzbedürftig*, denn es steht ihr kein anderer vertraglicher Schadensersatzanspruch (aus welchem Vertrag?) zu. Dass sie sich unter Umständen noch auf § 831 Abs. 1 BGB berufen könnte, hindert die Schutzbedürftigkeit nicht (BGHZ **133**, 173; OLG Köln NJW-RR **2003**, 101; Mü-Ko/*Gottwald* § 328 BGB Rz. 117; *Palandt/Grüneberg* § 328 BGB Rz. 18).

ZE.: Damit liegen die Voraussetzungen, unter denen die T in den Schutzbereich des zwischen A und S angebahnten Vertrages nach den Grundsätzen des Vertrages mit Schutzwirkung für Dritte einbezogen werden kann, vor.

ZE.: Und damit haben wir nach langer Wegstrecke endlich festgestellt, dass nicht nur ein vorvertragliches Schuldverhältnis im Sinne des § 311 Abs. 2 Nr. 2 BGB zwischen A und S bestand, sondern auch, dass die dem S daraus erwachsenen Schutzpflichten aus § 241 Abs. 2 BGB auch der T – die ja die alleinige Anspruchstellerin aus § 280 Abs. 1 BGB ist – gegenüber gelten.

2.) Diese in § 241 Abs. 2 BGB benannten Schutzpflichten muss der S nun auch verletzt haben, was aber kein wirkliches Problem darstellt, denn wenn der Boden des Supermarktes nicht ordentlich gewischt wird, ist das eine Pflichtverletzung, die im vorliegenden Fall ja auch kausal zu einer Verletzung des Rechtsguts *körperliche Unversehrtheit* der T geführt hat.

3.) Schließlich muss der S diese Pflichtverletzung auch *zu vertreten* haben. Das ergibt sich aus **§ 280 Abs. 1 Satz 2 BGB**, wonach der Schuldner nicht haftet, wenn er die Pflichtverletzung nicht zu vertreten hat. Im vorliegenden Fall kommt ein eigenes Verschulden des S nach § 276 Abs. 1 BGB nicht in Betracht, denn der S selbst hat gar nicht (fahrlässig) gehandelt bzw. etwas pflichtwidrig unterlassen. Eine Einstandspflicht des S ergibt sich hier aber aus **§ 278 Satz 1 BGB**. Denn M ist als Mitarbeiter des S ohne Probleme *Erfüllungsgehilfe* des S und handelt selbst »versehentlich«, damit fahrlässig im Sinne des § 276 Abs. 2 BGB und erfüllt demnach die Voraussetzungen des § 278 Satz 1 BGB in Verbindung mit § 276 Abs. 1 und 2 BGB. Die Feinkostliebhaber wollen insoweit bitte dann noch beachten, dass auch das Schuldverhältnis im Sinne des § 311 Abs. 2 Nr. 2 BGB, obwohl es eigentlich *vorvertraglichen* Charakter hat, dennoch die Einstandspflicht für andere Personen über § 278 BGB begründet (BGH NJW **2011**, 139; *Palandt/Grüneberg* § 311 BGB Rz. 22).

ZE.: Der S hat im vorliegenden Fall somit für das Verschulden des M nach § 278 Satz 1 BGB einzustehen und folglich die Pflichtverletzung im Sinne des § 280 Abs. 1 Satz 2 BGB auch »zu vertreten«.

ZE.: Und damit liegen dann sämtliche Voraussetzungen der Haftung aus den §§ 280 Abs. 1, 311 Abs. 2, 241 Abs. 2 BGB vor. S hat schuldhaft eine Pflicht aus dem mit A angebahnten Schuldverhältnis verletzt und muss, da die T nach den Grundsätzen des Vertrages mit Schutzwirkung für Dritte in dieses Schuldverhältnis einbezogen wird, den der T durch die Pflichtverletzung entstandenen Schaden ersetzen. Dieser Schaden umfasst neben den Behandlungskosten (§ 249 Abs. 2 BGB) auch ein angemessenes Schmerzensgeld (§ 253 Abs. 2 BGB), wobei die genaue Höhe dieses Schmerzensgeldes vom Gericht festgesetzt würde (lies: § 287 ZPO).

Ergebnis: Der T steht gegen S ein Anspruch auf Zahlung der 2.500 Euro Behandlungskosten sowie ein angemessenes Schmerzensgeld aus den §§ 280 Abs. 1, 311 Abs. 2, 241 Abs. 2 BGB zu.

<u>**AGL.:**</u> **§ 831 Abs. 1 Satz 1 BGB (Haftung für Verrichtungsgehilfen)**

Keine Aktion: Hier können wir es jetzt kurz und bündig halten: Wir haben im letzten Fall ja schon das Prinzip dieser Vorschrift gelernt, und besonders wichtig war dabei die *Exkulpationsmöglichkeit* nach § 831 Abs. 1 <u>Satz 2</u> BGB. Und weil wir das im vorherigen Fall schon im Einzelnen aufgedröselt haben, nehmen wir hier jetzt die abgespeckte Fassung. Und die geht so:

> Zwar liegen die tatbestandlichen Voraussetzungen des § 831 Abs. 1 Satz 1 BGB vor, denn M hat als Verrichtungsgehilfe in Ausführung der Verrichtung einem anderen (der T) widerrechtlich einen Schaden zugefügt mit der Folge, dass der S als Geschäftsherr nach § 831 Abs. 1 Satz 1 BGB insoweit für vermutetes Verschulden bei der Auswahl und Überwachung des M grundsätzlich haften muss. Allerdings kann sich S, da der M seit Jahren zuverlässig ist, gemäß § 831 Abs. 1 Satz 2 BGB exkulpieren und braucht daher hier nicht nach § 831 Abs. 1 Satz 1 BGB zu zahlen (zu den Einzelheiten der Prüfung des § 831 Abs. 1 BGB vgl. bitte den vorherigen Fall).

Ergebnis: T steht gegen S kein Anspruch aus § 831 Abs. 1 Satz 1 BGB zu.

Gutachten

T kann gegen S einen Anspruch auf Ersatz der Behandlungskosten und Schmerzensgeld aus den §§ 280 Abs. 1, 311 Abs. 2, 241 Abs. 2 BGB haben.

1.) Zur Begründung des Anspruchs aus § 280 Abs. 1 BGB muss zunächst ein Schuldverhältnis bestanden haben. Mangels vertraglicher Beziehungen zwischen den Beteiligten kommt hier nur ein vorvertragliches Schuldverhältnis im Sinne des § 311 Abs. 2 BGB in Betracht. Insoweit ist zunächst festzustellen, dass die 6-jährige T im vorliegenden Fall keinesfalls Partei eines angebahnten Vertrages gewesen ist. Möglicherweise ist T jedoch in den Schutzbereich eines vorvertraglichen Schuldverhältnisses zwischen A und S einbezogen worden mit der Folge, dass ihr unter Umständen eigene Sekundäransprüche zustehen.

a) Voraussetzung hierfür ist zunächst das Vorliegen eines vorvertraglichen Schuldverhältnisses zwischen A und S. Ein solches kann sich zum einen aus § 311 Abs. 2 Nr. 1 BGB ergeben. Voraussetzung dafür ist, dass zwischen A und S Vertragsverhandlungen aufgenommen worden sind. Dieser § 311 Abs. 2 Nr. 1 BGB meint vornehmlich die tatsächliche Kontaktaufnahme im Rahmen von Vertragsverhandlungen der Parteien, wobei auch einseitige Maßnahmen genügen können. Die Vorstufe dieser tatsächlichen Kontaktaufnahme

im Rahmen von Vertragsverhandlungen soll hingegen der weiter gefasste § 311 Abs. 2
Nr. 2 BGB mit dem Begriff der »Vertragsanbahnung« abdecken. Im vorliegenden Fall
handelt es sich mithin um einen Fall des § 311 Abs. 2 Nr. 2 BGB, denn von der Aufnahme
von tatsächlichen Vertragsverhandlungen im Sinne des § 311 Abs. 2 Nr. 1 BGB ist hier
nicht die Rede; A ist mit T nur in den Supermarkt des S gegangen und dort hat die T vor
dem Getränkeregal den Bruch an ihrer Hand erlitten.

Zum Zeitpunkt der Schädigung der T bestand zwischen A und S somit ein vorvertragliches Schuldverhältnis im Sinne des § 311 Abs. 2 Nr. 2 BGB. Aus diesem Schuldverhältnis
sind dem S daher auch die Pflichten aus § 241 Abs. 2 BGB jedenfalls gegenüber A erwachsen.

b) Fraglich ist weiterhin, ob T in den Schutzbereich dieses vorvertraglichen Schuldverhältnisses einbezogen worden ist.

aa) Diesbezüglich kommt zunächst die Anwendung des § 311 Abs. 2 Nr. 3 BGB in Betracht, wenn man nämlich annimmt, dass mit »ähnliche geschäftliche Kontakte« auch die
Personen erfasst werden sollen, die nicht von der unmittelbaren Vertragsanbahnung als
Partei betroffen waren, gleichwohl aber im Zusammenhang damit einen Schaden erlitten
haben. Dies aber hat der Gesetzgeber ausdrücklich nicht gewollt. § 311 Abs. 2 Nr. 3 BGB
soll zwar eine Generalklausel für die Fälle darstellen, die nicht unter die Nrn. 1 und 2 des
§ 311 Abs. 2 BGB zu subsumieren sind und der möglichen Weiterentwicklung des Rechtsinstituts der vorvertraglichen Haftung Platz schaffen; die Einbeziehung Dritter war aber
damit nicht beabsichtigt. Eine Einbeziehung der T anhand des § 311 Abs. 2 Nr. 3 BGB
scheidet somit aus.

bb) Eine Einbeziehung kann sich aber aus § 311 Abs. 3 BGB ergeben. Insoweit bestehen
jedoch durchgreifende Bedenken. Diese begründen sich zum einen mit der Tatsache, dass
der § 311 Abs. 3 Satz 1 BGB keinerlei Konkretisierung im Hinblick darauf vornimmt, wer
zu dem geschützten Personenkreis überhaupt gehören soll. Theoretisch könnte das, bliebe
man nur beim Wortlaut des § 311 Abs. 3 Satz 1 BGB, jedermann sein. Zur Konkretisierung
des Personenkreises ist daher § 311 Abs. 3 Satz 2 BGB im Rahmen der Auslegung heranzuziehen. Demnach entsteht ein Schuldverhältnis zu einer dritten Person dann, wenn der
Dritte in besonderem Maße Vertrauen für sich in Anspruch nimmt und dadurch die Vertragsverhandlungen oder den Vertragsschluss erheblich beeinflusst. Erfasst sind hiervon
vor allem die Personen, die selbst zwar nicht Vertragspartner werden, aber dennoch wegen eines eigenen unmittelbaren wirtschaftlichen oder persönlichen Interesses an dem angebahnten Vertragsschluss maßgeblich mitwirken oder wegen ihrer besonderen Sachkenntnis vor oder beim Vertragsschluss herangezogen werden. Eine Einbeziehung der T
in die Haftung aus dem angebahnten Vertragsverhältnis zwischen A und S nach § 311
Abs. 3 BGB kommt nicht in Betracht.

cc) Es verbleibt als letzte Möglichkeit, die T in das angebahnte Vertragsverhältnis zwischen S und A einzubeziehen, nur noch, die Grundsätze des Vertrages mit Schutzwirkung
für Dritte in entsprechender Anwendung der §§ 328 ff. BGB heranzuziehen.

I.) Hierfür muss »Leistungsnähe« des Dritten im Hinblick auf die laut Vertrag zu erbringende Erfüllung bestehen. Der Dritte muss den Gefahren der Pflichtverletzungen bzw. Schlechtleistung des Schuldners demnach ebenso ausgesetzt sein wie der Gläubiger selbst. Wer mit einem potentiellen Käufer die Verkaufsräume des Verkäufers betritt, ist von der Verletzung vorvertraglicher Schutzpflichten durch das unsachgemäße Instandhalten der Räumlichkeiten im gleichen Maße betroffen wie der Käufer. T ist als Begleitperson des potentiellen Käufers A den Gefahren des hier zu prüfenden vorvertraglichen Schuldverhältnisses ebenso ausgesetzt ist wie A selbst. Die erforderliche Leistungsnähe ist damit vorliegend zu bejahen.

II.) Des Weiteren ist erforderlich, dass der Gläubiger auch ein berechtigtes Interesse am Schutz des Dritten hat. Dieses bejahte die Rechtsprechung über viele Jahre hindurch mit der berühmten »Wohl-und-Wehe«-Formel, wonach dieses Interesse dann angenommen werden sollte, wenn der Gläubiger aufgrund eines personenrechtlichen Einschlages des Schuldverhältnisses für Wohl und Wehe des Dritten mitverantwortlich war. Unter diesen Umständen träfe den Gläubiger die Schädigung des Dritten quasi immer auch selbst, da er zu Schutz und Fürsorge gegenüber dem Dritten verpflichtet sei. In jüngerer Zeit ist diese Rechtsprechung aber zunehmend erweitert worden; es genügt für das erforderliche berechtigte Interesse des Gläubigers inzwischen bereits, wenn der Dritte mit der im Vertrag versprochenen Leistung bestimmungsgemäß in Kontakt kommen soll oder wenn im konkreten Fall andere Anhaltspunkte für einen auf den Schutz des Dritten gerichteten Parteiwillen bestehen. A hat im vorliegenden Fall ein solches berechtigtes Interesse am Schutz der T, gerade weil sie auch mit der Leistung des Schuldners S in Berührung kommt. Auch die Gläubigernähe liegt demnach vor.

III.) Im Übrigen müssen für eine Haftung aus einem Vertrag mit Schutzwirkung für Dritte die beiden gerade genannten Voraussetzungen dem Schuldner auch erkennbar gewesen sein, wobei insoweit noch zu beachten ist, dass dem Schuldner nicht etwa die Namen oder die genaue Zahl der zu schützenden Dritten bekannt sein müssen. Es reicht aus, wenn er den zu schützenden Personenkreis nach allgemeinen Merkmalen bestimmen kann. Dass dritte Personen neben dem eigentlichen potentiellen Käufer mit in den Supermarkt kommen, war für den Schuldner S hier ohne weiteres erkennbar.

IV.) Schließlich muss der Dritte auch schutzbedürftig sein, was bedeutet, dass ihm kein eigener vertraglicher Anspruch gegen den Schuldner oder einen anderen am Vertrag Beteiligten zustehen darf. T ist vorliegend demnach auch schutzbedürftig, denn es steht ihr kein anderer vertraglicher Schadensersatzanspruch zu. Dass sie sich unter Umständen noch auf § 831 Abs. 1 BGB berufen könnte, hindert die Schutzbedürftigkeit nicht.

Damit liegen die Voraussetzungen, unter denen T in den Schutzbereich des zwischen A und S angebahnten Vertrages nach den Grundsätzen des Vertrages mit Schutzwirkung für Dritte einbezogen werden kann, vor.

2.) Die in § 241 Abs. 2 BGB benannten Schutzpflichten muss der S nun auch verletzt haben. Wenn der Boden des Supermarktes nicht ordentlich gewischt wird, stellt dies eine solche

Nebenpflichtverletzung dar. Diese war im vorliegenden Fall kausal für die Verletzung der körperlichen Unversehrtheit der T.

3.) Schließlich muss der S diese Pflichtverletzung auch zu vertreten haben. Das ergibt sich aus § 280 Abs. 1 Satz 2 BGB, wonach der Schuldner nicht haftet, wenn er die Pflichtverletzung nicht zu vertreten hat. Im vorliegenden Fall kommt ein eigenes Verschulden des S nach § 276 Abs. 1 BGB nicht in Betracht, denn der S selbst hat gar nicht gehandelt. Eine Einstandspflicht des S ergibt sich hier aber aus § 278 Satz 1 BGB. Denn M ist als Mitarbeiter des S Erfüllungsgehilfe des S und handelt selbst »versehentlich«, damit fahrlässig im Sinne des § 276 Abs. 2 BGB und erfüllt demnach die Voraussetzungen des § 278 Satz 1 BGB in Verbindung mit § 276 Abs. 1 und 2 BGB.

S hat folglich im vorliegenden Fall für das Verschulden des M nach § 278 Satz 1 BGB einzustehen und hat damit die Pflichtverletzung im Sinne des § 280 Abs. 1 Satz 2 BGB auch »zu vertreten«. S muss daher der T den durch die Pflichtverletzung entstandenen Schaden ersetzen. Dieser Schaden umfasst neben den Behandlungskosten auch ein angemessenes Schmerzensgeld, §§ 249 Abs. 2, 253 Abs. 2 BGB.

Ergebnis: Der T steht gegen S ein Anspruch auf Zahlung der 2.500 Euro Behandlungskosten sowie ein angemessenes Schmerzensgeld aus den §§ 280 Abs. 1, 311 Abs. 2, 241 Abs. 2 BGB zu.

T kann gegen S einen Anspruch auf Ersatz der Behandlungskosten und Schmerzensgeld aus § 831 Abs. 1 Satz 1 BGB haben.

Zwar liegen die tatbestandlichen Voraussetzungen des § 831 Abs. 1 Satz 1 BGB vor, denn M hat als Verrichtungsgehilfe in Ausführung der Verrichtung einem anderen (der T) widerrechtlich einen Schaden zugefügt mit der Folge, dass der S als Geschäftsherr nach § 831 Abs. 1 Satz 1 BGB insoweit für vermutetes Verschulden bei der Auswahl und Überwachung des M grundsätzlich haften muss. Allerdings kann sich S, da der M seit Jahren zuverlässig ist, gemäß § 831 Abs. 1 Satz 2 BGB exkulpieren und braucht daher hier nicht nach § 831 Abs. 1 Satz 1 BGB zu zahlen.

Ergebnis: T steht gegen S kein Anspruch aus § 831 Abs. 1 Satz 1 BGB zu.

Fall 11

Cala Ratjada

Rechtsstudent R bucht beim Reiseveranstalter T eine zweiwöchige Pauschalreise nach *Cala Ratjada* (Mallorca) zum Preis von 750 Euro. In diesem Preis inbegriffen sind das Hotel sowie der Flug und der Transfer vom Flughafen zum Hotel und zurück. Der Hinflug mit der von T gecharterten Maschine der Fluggesellschaft L verläuft einige Wochen später reibungslos. Am Tage des Rückflugs verweigern die Mitarbeiter der L dem R in *Palma de Mallorca* allerdings den Zutritt zur Maschine – mit dem der Wahrheit entsprechenden Hinweis, T habe seine Zahlungsverpflichtungen aus dem mit L geschlossenen Chartervertrag für die Maschine in Höhe von 12.000 Euro noch nicht erfüllt.

In seiner Not erwirbt R daraufhin ein Rückflugticket bei einer anderen Fluggesellschaft zum Preis von 300 Euro und verlangt nach seiner Rückkehr diese aufgewendeten Kosten wegen Verletzung von Vertragspflichten von L ersetzt. Die L verweigert indessen jede Zahlung und meint, R müsse sich an T halten, denn der sei schließlich sein Vertragspartner. Jedenfalls aber könne L das Zurückbehaltungsrecht aus dem Vertrag mit T auch R entgegenhalten.

Steht R gegen L der Anspruch auf Zahlung von 300 Euro zu?

Schwerpunkte: Der Vertrag zugunsten Dritter nach den §§ 328 ff. BGB; der »echte« und »unechte« Vertrag zugunsten Dritter, die Abgrenzung; Abdingbarkeit des § 334 BGB; selbstständige Ersatzansprüche für den Dritten; die Regel des § 335 BGB.

Lösungsweg

Anspruch des R gegen L auf Zahlung der 300 Euro

<u>AGL.</u>: §§ 280 Abs. 1 und 3, 283 BGB (Schadensersatz statt der Leistung)

1.) Gemäß § 280 Abs. 1 Satz 1 BGB ist die L nur dann gegenüber R schadensersatzpflichtig, wenn sie eine Pflicht aus einem Schuldverhältnis verletzt hat (Gesetz lesen: § 280 Abs. 1 Satz 1 BGB). Voraussetzung ist folglich zunächst einmal das Bestehen eines *Schuldverhältnisses* zwischen R und L.

> **Problem**: Im vorliegenden Fall hat der R gar keinen eigenen Vertrag mit L geschlossen. Bei den hier in Frage stehenden Vertragskonstellationen muss man nämlich wis-

sen, dass der Reiseveranstalter im Regelfall einen Reisevertrag gemäß § 651a Abs. 1 BGB mit dem Kunden schließt und dann seinerseits wieder eigene Verträge mit den Charter- bzw. Fluggesellschaften oder sonstigen Partnern (z.B. Hotel) aushandelt. Der Kunde ist somit nur Vertragspartner des Reiseveranstalters, hat aber keine eigenen Vereinbarungen mit den Partnern des Veranstalters abgeschlossen. Die Partner des Reiseveranstalters sind dann dessen Erfüllungsgehilfen nach § 278 Satz 1 BGB im Hinblick auf das mit dem Kunden geschlossene Vertragsverhältnis und den daraus erwachsenen Verpflichtungen (BGHZ **93**, 271, 275; BGHZ **63**, 98; OLG München NJW-RR **1999**, 1358; OLG Düsseldorf NJW-RR **1992**, 1330; LG Frankfurt NJW-RR **1991**, 631).

Ein Ersatzanspruch des Kunden gegenüber einem Partner des Reiseveranstalters ist nach dem soeben Gesagten auf vertraglicher Grundlage an sich somit nicht möglich, denn – wie gesagt – es besteht ja gar kein eigener Vertrag zwischen dem Kunden des Reiseveranstalters und z.B. der Fluggesellschaft oder etwa dem Hotel. Im Zweifel bliebe in solchen Fällen dann nur die Möglichkeit, aus unerlaubter Handlung gemäß den §§ 823 ff. BGB gegen den jeweiligen Partner des Veranstalters vorzugehen, was allerdings zumeist an dem Umstand scheitert, dass es nicht zur Verletzung eines absoluten Rechts im Sinne des § 823 Abs. 1 BGB gekommen ist, sondern lediglich *Vermögensschäden* entstanden sind, die aber von den §§ 823 ff. BGB grundsätzlich nicht ersetzt werden (KG MDR **1998**, 897; *Jauernig/Teichmann* vor § 823 BGB Rz. 1; *Palandt/Sprau* vor § 823 BGB Rz. 2).

In unserem Fall kommt aber möglicherweise in Betracht, den Kunden in das Vertragsverhältnis zwischen dem Reiseveranstalter und der Fluggesellschaft (sogenannter »Chartervertrag«) einzubeziehen und somit dann unter Umständen doch einen *vertraglichen* Ersatzanspruch auf Erstattung der Vermögensaufwendungen gegen den Partner des Veranstalters herzuleiten.

Dies könnte etwa dann der Fall sein, wenn es sich bei dem »**Chartervertrag**« zwischen Veranstalter und Fluggesellschaft um einen sogenannten »**echten**« Vertrag zugunsten Dritter im Sinne des **§ 328 Abs. 1 BGB** handelt. Gemäß § 328 Abs. 1 BGB kann durch Vertrag eine Leistung an einen Dritten mit der Wirkung bedungen werden, dass der Dritte unmittelbar das Recht erwirbt, die Leistung zu fordern. Diese Art von Verträgen hatten wir im vorherigen Fall bereits kurz kennengelernt und dabei festgestellt, dass die Besonderheit darin liegt, dass der Dritte zwar nicht Vertragspartner wird, gleichwohl aber aus dem von anderen Parteien geschlossenen Vertrag berechtigt sein soll, die *Erfüllung* der Vertragspflichten vom Schuldner für bzw. an sich zu verlangen. Dem Dritten erwächst also der Anspruch des Gläubigers auf Erfüllung, er tritt zwar nicht an seine Stelle, wird aber dennoch Forderungsinhaber (BGH NJW **1992**, 2962; *Medicus/Lorenz* SR I Rz. 765).

In unserem Fall stellt sich demnach die Frage, ob ein solcher »echter« Vertrag zugunsten Dritter im Sinne des § 328 Abs. 1 BGB zwischen T und L vorliegt, aus dem R ein Anspruch auf Erfüllung (= Beförderung) gegen L zusteht. Denn wenn dies so ist, hat L durch die Verweigerung der Beförderung eine Pflicht aus einem Schuldverhältnis im Sinne des § 280 Abs. 1 BGB gegenüber R (!) verletzt, obwohl R gar nicht Vertragspartner war (BGHZ **93**, 271). Der echte Vertrag zugunsten Dritter ermöglicht somit das Entstehen einer Leistungs- bzw. Erfüllungspflicht des Schuldners gegenüber dem Dritten, die bei Verletzung dieser Pflicht einen Ersatzanspruch aus § 280 Abs. 1 BGB für den Dritten gegen den Schuldner begründen kann (wichtiger Satz, bitte noch einmal lesen).

Von diesem »**echten**« Vertrag zugunsten Dritter abzugrenzen ist aber der sogenannte »**unechte**« Vertrag zugunsten Dritter, der nicht über § 328 BGB geregelt wird und bei dem der Schuldner zwar auch an einen Dritten leisten soll, der Dritte aber *keinen* eigenen Anspruch auf die Leistung hat. In Abänderung zur Grundregel des § 362 Abs. 1 BGB wird der Schuldner hier vom Gläubiger lediglich ermächtigt und verpflichtet, seine Verbindlichkeiten aus dem Vertrag mit dem Gläubiger befreiend an den Dritten zu bewirken (*Palandt/Grüneberg* vor § 328 BGB Rz. 1; *Brox/Walker* AS § 32 Rz. 3). Zwischen dem Schuldner und dem Dritten bestehen aber keinerlei rechtliche Bindungen dergestalt, dass der Dritte die Leistung selbst einfordern kann, dieses Recht steht nur dem Gläubiger zu. Der Dritte wird also nicht in das fremde Schuldverhältnis einbezogen und könnte folglich bei Nichtleistung auch keine Ansprüche über § 280 Abs. 1 BGB wegen Pflichtverletzung geltend machen, denn es besteht ihm gegenüber auch keine »Pflicht« im Sinne des § 280 Abs. 1 BGB (*Jauernig/Stadler* § 328 BGB Rz. 3). Der gesetzlich vorgesehene typische Fall dieses »unechten« Vertrages zugunsten Dritter liegt übrigens in der Erfüllungsübernahme nach § 329 BGB (BGH ZIP **2002**, 126; BGH NJW **1980**, 2127; *Palandt/Grüneberg* § 329 BGB Rz. 1).

Ob es sich im konkreten Fall nun um einen »echten« oder »unechten« Vertrag zugunsten Dritter handelt, muss gemäß § 328 Abs. 2 BGB aus den Umständen bzw. dem Zweck des Vertrages entnommen werden. Insoweit ist maßgeblich, was die Auslegung unter Berücksichtigung des Parteiwillens ergibt (BGHZ **93**, 271; *Medicus/Lorenz* SR I Rz. 766; *Brox/Walker* AS § 32 Rz. 4; *Staudinger/Jagmann* § 328 BGB Rz. 35).

Lösung: Unseren Fall hier hatte der BGH am 17.01.1985 zu entscheiden und dabei eben unter anderem zu klären, welchen Charakter die Vereinbarung zwischen Reiseveranstalter und Fluggesellschaft hat (BGHZ **93**, 271). Die Relevanz dessen ist – wie schon erläutert – enorm, denn wenn es kein Vertrag zugunsten des Kunden (R) im Sinne des § 328 Abs. 1 BGB ist, kommt ein vertraglicher Ersatzanspruch für ihn auch nicht in Frage.

Der BGH hat in der benannten Entscheidung klargestellt, dass der Vertrag zwischen Reiseveranstalter und (Charter-) Fluggesellschaft ein »**echter**« Vertrag zugunsten Dritter ist, demnach grundsätzlich dem Kunden des Veranstalters einen Anspruch auf Erfüllung gegen die Fluggesellschaft gibt und ihn somit auch in das Vertragsverhältnis der beiden Parteien mit einbezieht (BGHZ **93**, 271). Zur Begründung führt das Gericht an, dass es insbesondere keine Rolle spiele, dass der Fluggesellschaft beim Abschluss des Chartervertrages mit dem Reiseveranstalter die Namen der zu befördernden Personen noch nicht bekannt sind und dass die Flugscheine im Regelfall schon vom Veranstalter ausgestellt werden.

Wörtlich heißt es im Urteil des BGH (BGHZ **93**, 271, 274):

> »Der nach § 328 Abs. 2 BGB maßgebende Zweck des Chartervertrages ist es, Fluggäste zu befördern, die durch Ausstellung eines auf ihren Namen lautenden Flugscheins von dem Reiseveranstalter benannt werden. Auf diesen Vertragszweck ist auch der Wille der Vertragsschließenden gerichtet. Es ist deshalb sachgerecht, den Fluggästen, in deren Interesse der Chartervertrag zwischen Reiseveranstalter und Fluggesellschaft abgeschlossen wurde, einen unmittelbaren vertraglichen Anspruch auf Beförderung gegen die Fluggesellschaft auch dann zuzusprechen, wenn die Flugscheine nicht von der Fluggesellschaft selbst ausgestellt wurden. ... Entgegen der Ansicht der Revision spricht auch die Vorschrift des § 651a BGB nicht gegen die Annahme eines Vertrages zugunsten Dritter. Zwar steht dem Reisenden, der einen Reisevertrag abgeschlossen hat, nach § 651a BGB grundsätzlich nur der Reiseveranstalter als Vertragspartner gegenüber. Dabei kann sich der Reiseveranstalter der für die Ausführung einzelner Reiseleistungen hinzugezogenen Leistungsträger als Erfüllungsgehilfen bedienen. Diese nur das Verhältnis zwischen Reiseveranstalter und Reisendem betreffende Regelung schließt jedoch nicht aus, dass dem Reisenden aufgrund besonderer Vertragsgestaltung neben dem Anspruch gegen den Veranstalter auch gegen Leistungsträger Ansprüche zustehen können. ... Schließlich wird es auch allein der Interessenlage gerecht, in dem Chartervertrag einen Vertrag zugunsten des Reisenden zu erblicken. Gerade bei Flugpauschalreisen ist der Reisende in besonderem Maße auf die Leistung des Vercharterers angewiesen. Sein Interesse an einer möglichst ungestörten Reise gebietet es daher, den ihm zustehenden Beförderungsanspruch nicht nur gegen den Reiseveranstalter, sondern auch gegen die Fluggesellschaft geltend machen zu können. Das Interesse der Fluggesellschaft, lediglich dem Reiseveranstalter vertraglich zur Leistung verpflichtet zu sein, wiegt demgegenüber gering.«

Also: Der Vertrag zwischen T und L ist ein »echter« Vertrag zugunsten Dritter im Sinne des § 328 Abs. 1 BGB mit der Folge, dass dem R aus diesem Vertrag ein unmittelbarer **vertraglicher** Leistungsanspruch gegen L erwachsen ist. Es bestand mithin ein Schuldverhältnis zwischen R und L, aus dem L verpflichtet war, den L sowohl nach Malle als auch zurückzubefördern.

2.) Ob die Verweigerung der Beförderung auch tatsächlich eine Pflichtverletzung im Sinne des § 280 Abs. 1 Satz 1 BGB gewesen ist, hängt nun des Weiteren davon ab, inwieweit diese Verweigerung überhaupt *pflichtwidrig* war. Im Normalfall ist dies überhaupt kein Problem, denn wenn jemand zu einer Leistung verpflichtet ist und diese dann nicht erbringt, handelt er an sich immer pflichtwidrig (*Bamberger/Roth/Unberath* § 280 BGB Rz. 13; MüKo/*Ernst* § 280 BGB Rz. 17). Man braucht dazu dann in der Klausur auch nicht explizit Stellung zu nehmen. In unserem Fall kommt nun aber die Besonderheit hinzu, dass die L sich bei der Verweigerung der Beförderung des R darauf beruft, ihr Vertragspartner T habe seine Leistungspflicht (Zahlung von 12.000 Euro) selbst nicht erbracht, daher brauche sie (L) auch an R nicht zu leisten.

Es fragt sich insoweit, ob der L nicht ein *Zurückbehaltungsrecht* aus § 320 Abs. 1 BGB im Hinblick auf ihre Leistungsverpflichtung (Beförderung) zustand und ob sie dieses Recht dann auch dem R entgegenhalten konnte. Wir erinnern uns bitte, dass der R aufgrund des § 328 Abs. 1 BGB zwar das Forderungsrecht erworben hatte, indessen nicht auch an die Stelle des Gläubigers als Vertragspartner getreten war (BGH NJW **1992**, 2962; *Medicus/Lorenz SR* I Rz. 765). Sollte der L ein wirksam entstandenes Zurückbehaltungsrecht aus § 320 Abs. 1 BGB zustehen, wäre sie gesetzlich ausdrücklich berechtigt, die Leistung zu verweigern mit der Folge, dass diese Verweigerung dann natürlich auch keine Pflichtverletzung im Sinne des § 280 Abs. 1 BGB darstellen konnte.

Prüfen wir mal:

a) Zunächst kann im Hinblick auf ein mögliches Zurückbehaltungsrecht der L festgestellt werden, dass der zwischen T und L abgeschlossene Chartervertrag ein gegenseitiger Vertrag im Sinne des § 320 Abs. 1 BGB, und zwar im Zweifel ein Werkvertrag nach § 631 BGB gewesen ist (BGHZ **62**, 71; *Palandt/Sprau* vor § 631 BGB Rz. 20). Die L ist verpflichtet, das Flugzeug einschließlich der Mitarbeiter zur Verfügung zu stellen und die Passagiere zum Flugziel und zurück zu befördern; der T ist verpflichtet, das dafür vereinbarte Entgelt in Höhe von 12.000 Euro zu entrichten. Und für diesen Werkvertrag gelten in Ermangelung besonderer vertraglicher Vereinbarungen zwischen den Parteien selbstverständlich die üblichen Regeln, wonach der eine Teil seine Leistung solange verweigern kann, bis der andere Teil seine (Gegen-) Leistung erbracht hat (bitte lies: § 320 Abs. 1 BGB). **Folge**: Da der T im vorliegenden Fall die Vergütung für die Charterung der Maschine noch nicht bezahlt hat, kann L sich auf ihr Leistungsverweigerungsrecht gemäß § 320 Abs. 1 BGB berufen.

<u>ZE.</u>: Der L steht gegenüber T ein Zurückbehaltungsrecht aus § 320 Abs. 1 BGB bis zur Zahlung der Vergütung aus dem Chartervertrag zu.

b) Es fragt sich nun natürlich, ob die L dieses Zurückbehaltungsrecht auch **dem R** entgegenhalten konnte. R ist bekanntlich nicht Vertragspartner der L, sondern hatte lediglich über die Regeln des Vertrages zugunsten Dritter nach § 328 Abs. 1 BGB das Forderungsrecht auf Erfüllung (Beförderung) erworben. Inwieweit Einwendungen aus dem Vertragsverhältnis nach § 328 Abs. 1 BGB auch gegenüber dem Dritten gelten, regelt sich in **§ 334 BGB**. Demnach stehen dem Versprechenden die Einwendungen aus dem Vertrag grundsätzlich auch dem Dritten gegenüber zu.

Erläuterung: Der »**Versprechende**« im Sinne des § 334 BGB ist immer der Schuldner des Vertrages, hier in unserem Fall also die L; die L »verspricht« dem T die Beförderungsleistung. Des Weiteren verwendet das Gesetz bei den §§ 328 ff. BGB den Terminus »**Versprechensempfänger**« (lies etwa § 331 Abs. 1 BGB); das ist dann die Person bzw. Partei, der die Leistung versprochen wird, also der Gläubiger des Vertrages. In unserem Fall ist das der T, denn dem T »verspricht« die L die Leistung, T ist also »**Versprechensempfänger**«. Und schließlich gibt es dann noch den »**Drit-**

ten«, und das ist selbstverständlich die noch nicht benannte – vertragsfremde – Person. Der »Dritte« ist derjenige, der von dem Vertrag begünstigt wird, hier bei uns dann der R.

Mit diesem Wissen gehen wir nun zurück zu § 334 BGB und stellen fest, dass die Einwendung des »Versprechenden« (L) aus dem Vertrag mit T auch gegenüber dem »Dritten« (R) gilt. Und das heißt, dass die L grundsätzlich berechtigt war, auch dem R das Zurückbehaltungsrecht aus § 320 Abs. 1 BGB entgegenzuhalten. Die Verweigerung der Beförderung wäre somit nicht pflichtwidrig gewesen und könnte demnach auch keine Pflichtverletzung im Sinne des § 280 Abs. 1 BGB darstellen.

Aber: Das ist leider noch nicht das letzte Wort. Der § 334 BGB ist nämlich abdingbar, soll heißen, die Parteien können die Geltung des § 334 BGB vertraglich ausschließen (BGH NJW **1998**, 1601) mit der Konsequenz, dass dann die Einwendungen aus dem Vertrag dem Dritten *nicht* entgegengehalten werden können (PWW/*Medicus* § 334 BGB Rz. 2; *Jauernig/Stadler* § 334 BGB Rz. 1; *Palandt/Grüneberg* § 334 BGB Rz. 2).

Angesichts unseres Falles wird man sich indessen fragen müssen, was dieser Hinweis auf die Abdingbarkeit des § 334 BGB eigentlich soll, denn im Sachverhalt steht nun kein einziges Wort davon, dass die Vertragsparteien L und T hier irgendeine Regelung dergestalt getroffen hätten, dass die Einwendungen der L gegen T nicht auch gegenüber R gelten sollten. § 334 BGB müsste also eigentlich hier gelten.

Finte! Dieses Abbedingen kann auch *stillschweigend* (konkludent) erfolgen. Insbesondere könnte sich aus der Natur des Schuldverhältnisses ergeben, dass der Schuldner nicht alle Einwendungen aus dem Verhältnis mit dem Gläubiger dem Dritten entgegensetzen kann (BGHZ **93**, 271, 276; BGH NJW **1998**, 1601; *Palandt/Grüneberg* § 334 BGB Rz. 2; *Staudinger/Jagmann* § 334 BGB Rz. 3; *Schmid/Sonnen* in NJW 1992, 464). Und so soll es nach Meinung des BGH hier in unserem Fall auch gewesen sein (BGHZ **93**, 271, 276; zustimmend *Gottwald* in JZ 1985, 575; *Schmid/Sonnen* in NJW 1992, 464; *Palandt/Grüneberg* § 334 BGB Rz. 2; *Jauernig/Stadler* § 334 BGB Rz. 1; *Staudinger/Jagmann* § 334 BGB Rz. 3). Wörtlich heißt es beim BGH:

»Die Beklagte (Fluggesellschaft) schloss den Chartervertrag mit der Firma T (Reiseveranstalter) ab. Die Beklagte musste deshalb damit rechnen, dass über die Plätze aufgrund von Reiseverträgen verfügt wird, die von den Reiseveranstaltern mit Reisenden abgeschlossen worden sind und diese Reisenden den im Reisepreis eingeschlossenen Flugpreis bereits vor Antritt der Reise bezahlen würden, gleichviel ob sie dazu verpflichtet sind oder nicht. Die Fluggesellschaft war auch damit einverstanden, dass für die von ihr vercharterten Plätze Flugscheine von der Firma T ausgegeben wurden. Dann aber musste ihr auch bewusst gewesen sein, dass die eine Flugpauschalreise buchenden Reisenden, die die besondere rechtliche Gestaltung des Beförderungsvertrages nicht kennen, von einem einredefreien Beförderungsanspruch gegen die Fluggesellschaft ausgingen und ausgehen durften. Als Vercharterer konnte die Fluggesellschaft daher die Einrede des nicht erfüllten (Charter-) Vertrages dem Reisenden nicht entgegen halten. Es fällt vielmehr in ihren Risikobereich, dafür zu sorgen, dass Zahlungen, die die

Reisenden für den Flug zahlen, an sie gelangen. Im Übrigen durften die Reisenden darauf vertrauen, dass die Fluggesellschaft sie befördern würde, wenn sie selbst den Reisepreis entrichtet hatten. Die Regelung des § 334 BGB war demnach zwischen den Parteien stillschweigend abbedungen.« (BGHZ **93**, 271, 276, 277).

Also: Der § 334 BGB war zwischen den Vertragsparteien im vorliegenden Fall stillschweigend ausgeschlossen worden mit der Folge, dass die L dem R das gegenüber T bestehende Zurückbehaltungsrecht aus § 320 Abs. 1 BGB *nicht* entgegenhalten konnte.

<u>ZE.</u>: Die Verweigerung der Beförderung gegenüber R war somit pflichtwidrig und stellte folglich eine Pflichtverletzung im Sinne des § 280 Abs. 1 Satz 1 BGB dar.

3.) Diese Pflichtverletzung geschah im Übrigen auch schuldhaft, die Mitarbeiter der L haben sogar *vorsätzlich* die Beförderung verweigert. L hat die Pflichtverletzung damit auch »zu vertreten« im Sinne der §§ 280 Abs. 1 Satz 2, 276 Abs. 1 BGB, wobei wir hier der Vollständigkeit halber auch noch davon ausgehen wollen, dass die Mitarbeiter am Flughafen Erfüllungsgehilfen der L nach § 278 Satz 1 BGB gewesen sind.

4.) Zur Begründung des Anspruchs auf Schadensersatz statt der Leistung aus den §§ 280 Abs. 1 und 3, 283 BGB müssen wir gerade noch die Voraussetzungen des **§ 283 BGB** feststellen, was aber kein wirkliches Problem darstellt: Gemäß § 283 Satz 1 BGB gibt es nur dann Schadensersatz statt der Leistung, wenn der Schuldner selbst nach § 275 Abs. 1 bis 3 BGB nicht mehr zu leisten braucht. Unser Schuldner L ist hier wegen **§ 275 Abs. 1 BGB** von seiner Leistungspflicht frei geworden, denn die Flugreise ist selbstredend ein absolutes Fixgeschäft, demnach nicht nachholbar und folglich bei Nichtdurchführung ein Fall von objektiver Unmöglichkeit im Sinne des § 275 Abs. 1 BGB (unstreitig: BGHZ **60**, 16; BGH NJW **1974**, 1047; LG Berlin NJW **1982**, 343; AG Köln NJW **2002**, 833).

<u>ZE.</u>: Die Voraussetzungen des § 283 Satz 1 BGB liegen auch vor. Demnach sind insgesamt die Tatbestandsvoraussetzungen der §§ 280 Abs. 1 und 3, 283 BGB gegeben.

5.) Damit kommen wir schließlich zu den *Rechtsfolgen* des Anspruchs aus den §§ 280 Abs. 1 und 3, 283 Satz 1 BGB. Gemäß § 283 Satz 1 BGB kann der Gläubiger nun Schadensersatz statt der Leistung verlangen.

Problem: Der »Gläubiger« im Sinne des § 283 Satz 1 BGB ist nach wie vor der T. Wir haben es ja schon mehrfach angesprochen: Unser R wird durch den zwischen T und L geschlossenen (Charter-) Vertrag zugunsten Dritter lediglich Forderungsinhaber, nicht aber auch Vertragspartner und damit auch nicht Gläubiger der L im Sinne des § 283 Satz 1 BGB. Es fragt sich deshalb, *wem* von den beiden – also T oder R – der Schadensersatzanspruch aus den §§ 280, 283 BGB gegen L nun zustehen soll.

Hier muss man nun differenzieren:

a) Solange es sich um Schadensersatzansprüche handelt, die das Vertragsverhältnis in seiner Gesamtheit nicht berühren, stehen diese Ansprüche, namentlich solche aus § 280 Abs. 1 und 2 in Verbindung mit § 286 und § 311 Abs. 2 und 3 BGB nach allgemeiner Meinung auch dem Dritten zu (OLG Köln NJW-RR **1997**, 542; OLG München Rechtspfleger **1972**, 32; *Gottwald* in JZ **1985**, 576; *Erman/Westermann* § 328 BGB Rz. 8; *Palandt/Grüneberg* § 328 BGB Rz. 5; *Brox/Walker* AS § 32 Rz. 16; *Jauernig/Stadler* § 328 BGB Rz. 16; *Medicus/Lorenz* SR I Rz. 770).

b) Sehr umstritten ist indessen, was bei Ansprüchen bzw. Rechten zu gelten hat, die, wie etwa der Rücktritt oder der Schadensersatz statt der Leistung, das Vertragsverhältnis in seiner Gesamtheit betreffen bzw. umgestalten. Insoweit werden zwei Ansichten vertreten:

- Nach einer Meinung sollen diese Ansprüche dem Dritten *nicht* zustehen, da er nicht Vertragspartner ist und die den Vertrag in seiner Gesamtheit betreffenden Rechte allein den den Vertrag schließenden Parteien zustehen könnten (OLG München Rechtspfleger **1972**, 32; *Brox/Walker* AS § 32 Rz. 17; *Palandt/Grüneberg* § 328 BGB Rz. 5; *Gottwald* in JZ 1985, 576; *Erman/Westermann* § 328 BGB Rz. 8).

- Die andere Auffassung sieht das indessen nicht so und meint vielmehr, dass beim gegenseitigen Vertrag nicht die Parteien, also die Vertragspartner, sondern vielmehr die *Hauptleistungspflichten* im Vordergrund des Synallagmas stünden. Und daraus ergebe sich dann konsequenterweise, dass grundsätzlich der jeweils Berechtigte im Hinblick auf die Hauptleistungsforderung auch Inhaber eines Schadensersatzanspruchs oder des Rechtes auf Rücktritt sein könne, unabhängig davon, ob dieses Recht das gesamte Vertragsverhältnis beeinflusse oder nicht. Deshalb könne der Dritte als Gläubiger der Hauptleistung auch Schadensersatz statt der Leistung verlangen oder den Rücktritt vom Vertrag erklären (*Jauernig/Stadler* § 328 BGB Rz. 1; *Soergel/Hadding* § 328 BGB Rz. 42; jedenfalls für Schadensersatz auch *Medicus/Lorenz* SR I Rz. 770).

Für unseren Fall hat dieser Streit beachtliche Konsequenzen, denn der R will Schadensersatz (statt der Leistung) und mit der Geltendmachung dieses Anspruchs würde automatisch der Erfüllungsanspruch erlöschen (BT-Drs. 14/6040 Seite 140). Der Schadensersatzanspruch tritt in diesem Falle an die Stelle der Primärleistung mit der Konsequenz, dass das Schuldverhältnis in seiner Gesamtheit umgestaltet wird (*Jauernig/Stadler* § 281 BGB Rz. 16). Angesichts dessen käme nur die zweite eben genannte Ansicht zu einem selbstständigen Ersatzanspruch des R gegen L; die erste Auffassung würde diesen Anspruch nur dem T zubilligen, da – wie gesagt – mit der Geltendmachung das Schuldverhältnis zwischen T und L umgestaltet wird und deshalb auch nur dem T als Vertragspartner der L dieses Begehren zustehen soll.

Im Hinblick auf das soeben Gesagte wollen die Feinkostliebhaber dann übrigens noch beachten, dass der T diesen Schadensersatzanspruch gegen L nicht für bzw. an sich selbst, sondern nur an R (!) verlangen könnte; das ergibt sich aus § 335 BGB (lesen, bitte!), der nach herrschender Ansicht nämlich nicht nur die Erfüllungs- sondern auch die Schadensersatzansprüche umfasst (BGH NJW **1967**, 2261; BGH NJW **1974**, 502; *Palandt/Grüneberg* § 335 BGB Rz. 2; *Jauernig/Stadler* § 335 BGB Rz. 2; anders aber *Lange* in NJW 1965, 663).

Wir wollen uns im Ergebnis hier dennoch der zweiten oben aufgezeigten Meinung anschließen; R kann demnach den Schadensersatzanspruch gegen L selbstständig geltend machen, obwohl er nicht Vertragspartner des Chartervertrages gewesen ist. Als entscheidendes Argument dient der Umstand, dass beim gegenseitigen Vertrag tatsächlich die *Hauptleistungspflichten* im Vordergrund stehen mit der Konsequenz, dass die jeweiligen Inhaber dieser Forderungen auch berechtigt sein müssen, etwaige Ersatzansprüche, selbst wenn sie das – aus ihrer Sicht fremde – Vertragsverhältnis umgestalten, geltend zu machen. Dies muss insbesondere unter Berücksichtigung der Tatsache gelten, dass der T im vorliegenden Falle die Erbringung der Hauptleistung (Beförderung) nach der Regel des § 335 BGB sowieso an sich selbst überhaupt nicht fordern konnte. Es erscheint daher unbillig, es dann aber in sein Belieben zu stellen, einen diese Hauptforderung betreffenden Ersatzanspruch selbst und ausschließlich geltend machen zu dürfen. Inhaber des Schadensersatzanspruchs aus den §§ 280 Abs. 1 und 3, 283 BGB kann daher mit der oben aufgezeigten Meinung auch der Dritte sein (*Jauernig/Stadler* § 328 BGB Rz. 16; *MüKo/Gottwald* § 335 BGB Rz. 16; *Soergel/ Hadding* § 328 BGB Rz. 42; jedenfalls für Schadensersatz auch *Medicus/Lorenz SR* I Rz. 770). Und so sieht das dann schließlich auch der BGH in der unserem Fall zugrunde liegenden Entscheidung vom 17.01.1985 (BGHZ **93**, 271), in der das Gericht dem Reisenden den Ersatzanspruch zubilligt, freilich ohne den aufgezeigten Meinungsstreit im Einzelnen auszutragen. Der BGH hat den Anspruch gewährt, woraus man logischerweise schließen kann, dass der Dritte ihn auch selbstständig einfordern darf (BGHZ **93**, 271; *Medicus/Lorenz SR* I Rz. 766).

<u>ZE.:</u> R war berechtigt, den Ersatzanspruch aus den §§ 280 Abs. 1 und 3, 283 BGB selbstständig gegenüber L geltend zu machen.

Ergebnis: Damit liegen sämtliche Voraussetzungen der §§ 280 Abs. 1 und 3, 283 BGB vor mit der Folge, dass R von L die 300 Euro verlangen kann, denn wenn L den R befördert hätte, hätte R dieses Geld nicht für einen anderen Flug aufwenden müssen.

Gutachten

R kann gegen L einen Anspruch auf Zahlung der 300 Euro aus den §§ 280 Abs. 1 und 3, 283 BGB haben.

1.) Gemäß § 280 Abs. 1 Satz 1 BGB ist die L nur dann gegenüber R schadensersatzpflichtig, wenn sie eine Pflicht aus einem Schuldverhältnis verletzt hat. Voraussetzung ist folglich zunächst einmal das Bestehen eines Schuldverhältnisses zwischen R und L.

Im vorliegenden Fall hat R indes keinen Vertrag mit L geschlossen. Bei den hier in Frage stehenden Vertragskonstellationen schließt der Reiseveranstalter im Regelfall einen Reisevertrag gemäß § 651 a Abs. 1 BGB mit dem Kunden und dann seinerseits wieder eigene Verträge mit den Charter- bzw. Fluggesellschaften oder sonstigen Partnern. Der Kunde ist somit allein Vertragspartner des Reiseveranstalters, hat aber keine eigenen Vereinbarungen mit den Partnern des Veranstalters abgeschlossen.

Möglicherweise wurde R in das Vertragsverhältnis zwischen dem Reiseveranstalter und der Fluggesellschaft (sogenannter »Chartervertrag«) einbezogen, sodass ihm unter Umständen doch ein vertraglicher Ersatzanspruch auf Erstattung der Vermögensaufwendungen gegen L zusteht. Dies ist der Fall, wenn es sich bei dem »Chartervertrag« zwischen Veranstalter und Fluggesellschaft um einen sogenannten »echten« Vertrag zugunsten Dritter im Sinne des § 328 Abs. 1 BGB handelt. Gemäß § 328 Abs. 1 BGB kann durch Vertrag eine Leistung an einen Dritten mit der Wirkung bedungen werden, dass der Dritte unmittelbar das Recht erwirbt, die Leistung zu fordern. Dem Dritten erwächst also der Anspruch des Gläubigers auf Erfüllung, er tritt zwar nicht an seine Stelle, wird aber dennoch Forderungsinhaber. Ob es sich im konkreten Fall um einen »echten« Vertrag zugunsten Dritter handelt, muss gemäß § 328 Abs. 2 BGB aus den Umständen bzw. dem Zweck des Vertrages entnommen werden. Insoweit ist maßgeblich, was die Auslegung unter Berücksichtigung des Parteiwillens ergibt. Der nach § 328 Abs. 2 BGB maßgebende Zweck des Chartervertrages ist es, Fluggäste zu befördern, die durch Ausstellung eines auf ihren Namen lautenden Flugscheins von dem Reiseveranstalter benannt werden. Auf diesen Vertragszweck ist auch der Wille der Vertragsschließenden gerichtet. Es ist deshalb sachgerecht, den Fluggästen, in deren Interesse der Chartervertrag zwischen Reiseveranstalter und Fluggesellschaft abgeschlossen wurde, einen unmittelbaren vertraglichen Anspruch auf Beförderung gegen die Fluggesellschaft auch dann zuzusprechen, wenn die Flugscheine nicht von der Fluggesellschaft selbst ausgestellt wurden. Hierbei kann es insbesondere keine Rolle spielen, dass der Fluggesellschaft beim Abschluss des Chartervertrages mit dem Reiseveranstalter die Namen der zu befördernden Personen noch nicht bekannt sind und dass die Flugscheine im Regelfall schon vom Veranstalter ausgestellt werden. Der Vertrag zwischen Reiseveranstalter und Charter-Fluggesellschaft ist daher als »echter« Vertrag zugunsten Dritter anzuerkennen. Es besteht also grundsätzlich ein Anspruch des Endkunden auf Erfüllung gegen die Fluggesellschaft.

Der Vertrag zwischen T und L ist ein »echter« Vertrag zugunsten Dritter im Sinne des § 328 Abs. 1 BGB mit der Folge, dass dem R aus diesem Vertrag ein unmittelbarer vertraglicher Leistungsanspruch gegen L erwachsen ist. Es bestand mithin ein Schuldverhältnis zwischen R und L, aus dem L verpflichtet war, den L sowohl nach Mallorca als auch zu-rückzubefördern.

2.) Fraglich ist, ob die Verweigerung der Beförderung auch tatsächlich eine Pflichtverlet-zung im Sinne des § 280 Abs. 1 Satz 1 BGB gewesen ist. Dies hängt davon ab, inwieweit diese Verweigerung überhaupt pflichtwidrig war. Dies ist insofern problematisch, als dass die L sich bei der Verweigerung der Beförderung des R darauf beruft, ihr Vertragspartner T habe seine Leistungspflicht, namentlich die Zahlung von 12.000 Euro, selbst nicht er-bracht, daher brauche sie auch nicht an R zu leisten. Es fragt sich insoweit, ob der L nicht ein Zurückbehaltungsrecht aus § 320 Abs. 1 BGB im Hinblick auf ihre Leistungsverpflich-tung (Beförderung) zustand und ob sie dieses Recht dann auch dem R entgegenhalten konnte.

a) Der zwischen T und L abgeschlossene Chartervertrag ist als Werkvertrag nach § 631 BGB ein gegenseitiger Vertrag im Sinne des § 320 Abs. 1 BGB. L ist hieraus dazu verpflich-tet, das Flugzeug einschließlich der Mitarbeiter zur Verfügung zu stellen und die Passa-giere zum Flugziel und zurück zu befördern; T ist verpflichtet, das dafür vereinbarte Ent-gelt in Höhe von 12.000 Euro zu entrichten. Für diesen Werkvertrag gelten in Ermangelung besonderer vertraglicher Vereinbarungen zwischen den Parteien die übli-chen Regeln, wonach der eine Teil seine Leistung solange verweigern kann, bis der andere Teil die Gegenleistung erbracht hat, § 320 Abs. 1 BGB. T hat im vorliegenden Fall die Ver-gütung für das Chartern der Maschine noch nicht bezahlt. L kann sich deshalb auf ihr Leistungsverweigerungsrecht gemäß § 320 Abs. 1 BGB berufen. Der L steht gegenüber T ein Zurückbehaltungsrecht aus § 320 Abs. 1 BGB bis zur Zahlung der Vergütung aus dem Chartervertrag zu.

b) Fraglich ist weiterhin, ob die L dieses Zurückbehaltungsrecht auch dem R entgegenhal-ten konnte, obwohl R nicht Vertragspartner der L war. Inwieweit Einwendungen aus dem Vertragsverhältnis nach § 328 Abs. 1 BGB auch gegenüber dem Dritten gelten, regelt sich in § 334 BGB. Demnach stehen dem Versprechenden die Einwendungen aus dem Vertrag grundsätzlich auch dem Dritten gegenüber zu. Die Einwendung des »Versprechenden« L aus dem Vertrag mit T gelten demzufolge auch gegenüber dem »Dritten« R. L war folglich grundsätzlich dazu berechtigt, auch dem R das Zurückbehaltungsrecht aus § 320 Abs. 1 BGB entgegenzuhalten. Die Verweigerung der Beförderung wäre hiernach nicht pflicht-widrig gewesen und könnte demnach auch keine Pflichtverletzung im Sinne des § 280 Abs. 1 BGB darstellen. Es ist indes zu berücksichtigen, dass die Regelung des § 334 BGB als dispositives Recht grundsätzlich abdingbar ist. Die Parteien können die Geltung des § 334 BGB vertraglich ausschließen mit der Konsequenz, dass dann die Einwendungen aus dem Vertrag dem Dritten nicht entgegen gehalten werden können. Zwar bietet der Sach-verhalt keinen Anhaltspunkt für eine ausdrückliche Regelung der Vertragsparteien L und T, dass die Einwendungen der L gegen T nicht auch gegenüber R gelten sollten; die Abbe-dingung kann jedoch auch stillschweigend erfolgen. Insbesondere könnte sich aus der Natur des Schuldverhältnisses ergeben, dass der Schuldner nicht alle Einwendungen aus dem Verhältnis mit dem Gläubiger dem Dritten entgegensetzen kann.

L schloss den Chartervertrag mit dem Reiseveranstalter T ab. Sie musste deshalb damit rechnen, dass über die Plätze aufgrund von Reiseverträgen verfügt wird, die von T mit

Reisenden abgeschlossen worden sind und diese Reisenden den im Reisepreis einge-schlossenen Flugpreis bereits vor Antritt der Reise bezahlen würden, gleichviel ob sie dazu verpflichtet sind oder nicht. Die Fluggesellschaft war auch damit einverstanden, dass für die von ihr vercharterten Plätze Flugscheine von der Firma T ausgegeben wurden. Dann aber muss ihr auch bewusst gewesen sein, dass die eine Flugpauschalreise buchen-den Reisenden, die die besondere rechtliche Gestaltung des Beförderungsvertrages nicht kennen, von einem einredefreien Beförderungsanspruch gegen die Fluggesellschaft aus-gingen und ausgehen durften. Als Vercharterer konnte die Fluggesellschaft daher die Einrede des nicht erfüllten (Charter-) Vertrages dem Reisenden nicht entgegen halten. Es fällt vielmehr in ihren Risikobereich, dafür zu sorgen, dass Zahlungen, die die Reisenden für den Flug zahlen, an sie gelangen. Im Übrigen durften die Reisenden darauf vertrauen, dass die Fluggesellschaft sie befördern würde, wenn sie selbst den Reisepreis entrichtet hatten. Die Regelung des § 334 BGB war demnach zwischen den Parteien stillschweigend abbedungen. Folge hiervon ist, dass die L dem R das gegenüber T bestehende Zurückbe-haltungsrecht aus § 320 Abs. 1 BGB nicht entgegenhalten konnte. Die Verweigerung der Beförderung gegenüber R war somit pflichtwidrig und stellte folglich eine Pflichtverlet-zung im Sinne des § 280 Abs. 1 Satz 1 BGB dar.

3.) Diese Pflichtverletzung geschah im Übrigen auch schuldhaft, die Mitarbeiter der L, die als Erfüllungsgehilfen nach § 278 Satz 1 BGB zu qualifizieren sind, haben sogar vorsätzlich die Beförderung verweigert. L hat die Pflichtverletzung damit auch »zu vertreten« im Sinne der §§ 280 Abs. 1 Satz 2, 276 Abs. 1 BGB.

4.) Zur Begründung des Anspruchs auf Schadensersatz statt der Leistung aus den §§ 280 Abs. 1 und 3, 283 BGB müssen des Weiteren die Voraussetzungen des § 283 BGB vorlie-gen. Gemäß § 283 Satz 1 BGB muss der Schuldner selbst nach § 275 Abs. 1 bis 3 BGB von seiner Leistungspflicht befreit sein. Die Flugreise ist als absolutes Fixgeschäft nicht nach-holbar und folglich liegt bei Nichtdurchführung ein Fall von objektiver Unmöglichkeit im Sinne des § 275 Abs. 1 BGB vor. L ist somit wegen § 275 Abs. 1 BGB von seiner Leistungs-pflicht frei geworden. Die Voraussetzungen des § 283 Satz 1 BGB liegen auch vor. Dem-nach sind insgesamt die Tatbestandsvoraussetzungen der §§ 280 Abs. 1 und 3, 283 BGB gegeben.

5.) Als Rechtsfolge des Anspruchs aus den §§ 280 Abs. 1 und 3, 283 Satz 1 BGB kann der Gläubiger Schadensersatz statt der Leistung verlangen. »Gläubiger« im Sinne des § 283 Satz 1 BGB ist indes nicht R sondern T. Fraglich ist deshalb, wem – T oder R – der Scha-densersatzanspruch aus den §§ 280, 283 BGB gegen L zustehen soll. Diesbezüglich ist zu differenzieren:

a) Solange es sich um Schadensersatzansprüche handelt, die das Vertragsverhältnis in seiner Gesamtheit nicht berühren, stehen diese Ansprüche, namentlich solche aus den §§ 280 Abs. 1 und 2 in Verbindung mit § 286 und § 311 Abs. 2 und 3 BGB nach allgemeiner Meinung auch dem Dritten zu. R will Schadensersatz statt der Leistung, und mit der Gel-tendmachung dieses Anspruchs würde automatisch der Erfüllungsanspruch erlöschen. Der Schadensersatzanspruch tritt in diesem Falle an die Stelle der Primärleistung mit der

Konsequenz, dass das Schuldverhältnis in seiner Gesamtheit umgestaltet wird. Das Vertragsverhältnis wird somit von der Geltendmachung des Ersatzanspruches berührt.

b) Was bei solchen Ansprüchen bzw. Rechten zu gelten hat, die, wie etwa der Rücktritt oder der Schadensersatz statt der Leistung, das Vertragsverhältnis in seiner Gesamtheit betreffen bzw. umgestalten, ist umstritten. Insoweit werden zwei Ansichten vertreten:

aa) Nach einer Meinung sollen diese Ansprüche dem Dritten nicht zustehen, da er nicht Vertragspartner ist und die den Vertrag in seiner Gesamtheit betreffenden Rechte allein den den Vertrag schließenden Parteien zustehen könnten.

bb) Die andere Auffassung sieht das indessen nicht so und meint vielmehr, dass beim gegenseitigen Vertrag nicht die Parteien, also die Vertragspartner, sondern vielmehr die Hauptleistungspflichten im Vordergrund des Synallagmas stünden. Und daraus ergebe sich dann konsequenterweise, dass grundsätzlich der jeweils Berechtigte im Hinblick auf die Hauptleistungsforderung auch Inhaber eines Schadensersatzanspruchs oder des Rechtes auf Rücktritt sein könne, unabhängig davon, ob dieses Recht das gesamte Vertragsverhältnis beeinflusse oder nicht. Deshalb könne der Dritte als Gläubiger der Hauptleistung auch Schadensersatz statt der Leistung verlangen oder den Rücktritt vom Vertrag erklären.

Für den vorliegenden Fall hat dieser Streit beachtliche Konsequenzen. Nur die zweitgenannte Ansicht kommt zu einem selbstständigen Ersatzanspruch des R gegen L; die erste Auffassung würde diesen Anspruch nur dem T zubilligen, da mit der Geltendmachung das Schuldverhältnis zwischen T und L umgestaltet wird und deshalb auch nur dem T als Vertragspartner der L dieses Begehren zustehen soll. Die Streitfrage bedarf daher einer Entscheidung. Die erstgenannte Ansicht lässt weitgehend unberücksichtigt, dass beim gegenseitigen Vertrag tatsächlich die Hauptleistungspflichten im Vordergrund stehen mit der Konsequenz, dass die jeweiligen Inhaber dieser Forderungen auch berechtigt sein müssen, etwaige Ersatzansprüche, selbst wenn sie das – aus ihrer Sicht fremde – Vertragsverhältnis umgestalten, geltend zu machen. Dies muss im vorliegenden Fall insbesondere deshalb gelten, weil T die Erbringung der Hauptleistung nach der Regel des § 335 BGB an sich selbst überhaupt nicht fordern konnte. Es erscheint daher unbillig, es dann aber in sein Belieben zu stellen, einen diese Hauptforderung betreffenden Ersatzanspruch selbst und ausschließlich geltend machen zu dürfen. Inhaber des Schadensersatzanspruchs aus den §§ 280 Abs. 1 und 3, 283 BGB kann daher mit der zweitgenannten Meinung auch der Dritte sein. Hier ist aus den genannten Gründen der zweiten Meinung zu folgen und der Ersatzanspruch dem Begehren des R zu unterstellen. R kann demnach den Schadensersatzanspruch gegen L selbstständig geltend machen, obwohl er nicht Vertragspartner des Chartervertrages gewesen ist. R war somit berechtigt, den Ersatzanspruch aus den §§ 280 Abs. 1 und 3, 283 BGB selbstständig gegenüber L geltend zu machen.

Ergebnis: R kann von L die 300 Euro verlangen, denn wenn L den R befördert hätte, hätte R dieses Geld nicht für einen anderen Flug aufwenden müssen.

4. Abschnitt

Das Erlöschen der Schuldverhältnisse

(§§ 362 ff. BGB)

Fall 12

Teures Mofa!?

Der 17-jährige Schüler S hat sein altes Mofa mit Zustimmung seiner Eltern an den Rechtsstudenten R zum Preis von 300 Euro verkauft. R hat das Gefährt auch gleich übergeben bekommen und den Eltern des S versprochen, den Kaufpreis innerhalb der nächsten drei Tage zu zahlen. Am Nachmittag des folgenden Tages erscheint R mit drei 100-Euro-Scheinen und übergibt diese, da die Eltern gerade nicht zuhause sind, dem S. Und aus klausurtaktischen Gründen verliert S diese Geldscheine, die er in seine Hosentasche gesteckt hatte, selbstverständlich eine halbe Stunde später beim Fußballspielen.

Als die Eltern abends nach Hause kommen, rufen sie R an und erklären, R müsse noch einmal zahlen, da er mit der Übergabe der Scheine an S nicht seine Verpflichtung aus dem Kaufvertrag erfüllt habe. R weigert sich und meint, er habe erfüllt, ansonsten stehe ihm aber ein Anspruch auf Rückzahlung der 300 Euro gegen S zu, mit dem er aufrechne.

Rechtslage?

Schwerpunkte: Die Erfüllung gegenüber Minderjährigen; Anwendbarkeit des § 362 BGB; Erfüllung unter Berücksichtigung des § 107 BGB; der Begriff der Geldschuld; Theorie der realen Leistungsbewirkung; der Begriff der Empfangszuständigkeit.

Lösungsweg

Anspruch des S gegen R auf Zahlung von 300 Euro

<u>AGL.</u>: § 433 Abs. 2 BGB

I.) Entstehen des Anspruchs:

Voraussetzung für das Entstehen des Anspruchs aus § 433 Abs. 2 BGB ist zunächst natürlich ein wirksamer Kaufvertrag zwischen dem minderjährigen S und dem volljährigen R. Angesichts der Tatsache, dass der Kaufvertrag mit Zustimmung der Eltern des S geschlossen wurde, ist dieser Vertrag gemäß **§ 107 BGB** wirksam: Der Kaufvertrag ist zwar grundsätzlich ein rechtlich *nachteiliges* Geschäft, da es den Minderjährigen zur Leistung in Form der Eigentumsverschaffung gemäß § 433 Abs. 1 Satz 1 BGB verpflichtet (*Palandt/Ellenberger* § 107 BGB Rz. 2; vgl. auch *Schwabe*, Lernen mit Fällen, BGB-AT, Fälle 20-22); die für dieses Geschäft gemäß § 107 BGB erforderliche Einwilligung (= vorherige Zustimmung, § 183 Satz 1 BGB) des gesetzlichen Vertreters liegt laut Auskunft des Sachverhaltes allerdings vor.

<u>ZE.</u>: Der Anspruch auf Zahlung des Kaufpreises in Höhe von 300 Euro aus dem zwischen S und R geschlossenen Kaufvertrag ist somit *entstanden*.

II.) Untergang des Anspruchs?

Der Zahlungsanspruch des S gegen R könnte jedoch aufgrund der Auszahlung der 300 Euro von R an S wegen dadurch eingetretener *Erfüllung* nach **§ 362 Abs. 1 BGB** wieder untergegangen sein. Gemäß § 362 Abs. 1 BGB erlischt das Schuldverhältnis, wenn die geschuldete Leistung an den Gläubiger bewirkt wird. Mit dem Erlöschen des Schuldverhältnisses im Sinne des § 362 Abs. 1 BGB ist dann logischerweise auch der Erfüllungsanspruch aus diesem Schuldverhältnis untergegangen (BGH MDR **2008**, 1086; *Medicus/Lorenz SR* I Rz. 223). Der R muss somit, um diese Rechtsfolge herbeizuführen, die geschuldete Leistung *bewirkt* haben. Insoweit ist zunächst zu klären, was genau die »geschuldete Leistung« im vorliegenden Fall gewesen ist.

> R schuldete aus dem mit S geschlossenen Kaufvertrag die Zahlung von 300 Euro; es handelt sich dabei um eine sogenannte »**Geldschuld**« im Sinne des § 245 BGB. Geldschulden werden in Ermangelung einer separaten Vereinbarung im gesetzlichen Regelfall durch **Barzahlung** erfüllt; der Schuldner muss dem Gläubiger dann das Eigentum an den Geldscheinen (oder Münzen) gemäß **§ 929 Satz 1 BGB** verschaffen, wobei die Eigentumsübertragung wegen **§ 270 Abs. 1 BGB** grundsätzlich am Wohnsitz des Gläubigers zu erfolgen hat (*Palandt/Grüneberg* § 362 BGB Rz. 8; *Brox/Walker* AS § 9 Rz. 5).

Und auf den ersten Blick ist das in unserem Fall nun auch kein Problem, denn der R erscheint bei seinem Vertragspartner S und übergibt dem S dort die 300 Euro, woraus man schließen könnte, dass sowohl eine *Einigung* als auch eine *Übergabe* im Sinne des § 929 Satz 1 BGB am Wohnsitz des S stattgefunden haben und S dann durch diese Übereignung auch neuer Eigentümer der Scheine geworden ist.

Aber: Ganz so einfach ist es natürlich nicht. Zunächst müssen wir nämlich die Übereignung und ihre Wirksamkeit im Hinblick auf die Minderjährigkeit des S beleuchten. Und zwar deshalb, weil die in § 929 Satz 1 BGB geforderte *Einigung* über den Eigentumsübergang selbstverständlich ein *Vertrag* ist, für den die §§ 104 ff. BGB gelten (BGHZ **28**, 16; *Palandt/Bassenge* § 929 BGB Rz. 1; *Jauernig* in JuS 1994, 721; *Schwabe*, Sachenrecht, Seite 14 ff.). Die Einigungserklärung hinsichtlich der Eigentumsübertragung an den Geldscheinen im Sinne des § 929 Satz 1 BGB hat der S aber zunächst <u>ohne</u> Zustimmung der Eltern abgegeben; die Eltern hatten laut Auskunft des Sachverhaltes nur ihre Zustimmung zum Abschluss des Kaufvertrages abgegeben. Das Geld sollte R später, nämlich innerhalb der nächsten drei Tage, bringen. Es fragt sich somit, ob S dennoch das Eigentum an den Geldscheinen erlangen konnte:

1.) Die nach § 929 Satz 1 BGB erforderliche Einigungserklärung des S ist nur dann wirksam, wenn sie aus der Sicht des S gemäß **§ 107 BGB** lediglich rechtlich vorteilhaft war. Diesbezüglich ist nun zu beachten, dass der S mit der Übereignung der Scheine deren neuer Eigentümer wird, selbst aber keinerlei Verpflichtung eingeht. S erhält »nur« das Eigentum an den Sachen; dies aber stellt rechtlich keinen Nachteil dar, die Übereignung ist rechtlich vorteilhaft und unterliegt nach allgemeiner Meinung *nicht* der Regelung des § 107 BGB (*Medicus/Lorenz SR* I Rz. 228; derselbe im *BR* Rz. 171; *Erman/Müller* § 107 BGB Rz. 6; *Palandt/Ellenberger* § 107 BGB Rz. 4; MüKo/*Oechsler* § 929 BGB Rz. 53; BFH NJW **1989**, 1631; BayObLG NJW **1968**, 941).

ZE.: Der S ist mit der Übergabe der 300 Euro von R neuer Eigentümer der Geldscheine nach § 929 Satz 1 BGB geworden. Insbesondere ist nicht schädlich, dass die Eltern hierzu ihre Zustimmung nicht erteilt hatten, es handelt sich um ein rechtlich vorteilhaftes Geschäft, das nicht dem § 107 BGB unterliegt. Und damit müsste nun eigentlich auch klar sein, dass mit dieser Übereignung der Zahlungsanspruch des S gegen R wegen Erfüllung gemäß § 362 Abs. 1 BGB untergegangen ist, denn R hat die geschuldete Leistung bewirkt.

2.) Etwas anderes könnte sich allerdings ergeben, wenn man berücksichtigt, dass S in diesem Fall nach § 362 Abs. 1 BGB durch die Eigentumsverschaffung an den Geldscheinen seine Forderung aus dem Kaufvertrag (§ 433 Abs. 2 BGB) verloren hat. Der Verlust dieser Forderung aber würde den Minderjährigen rechtlich benachteiligen und damit gegen den allumfassenden Minderjährigenschutz des BGB verstoßen (*Medicus/Petersen BR* Rz. 171).

Problem: Es stellt sich mithin die Frage, ob angesichts dessen der Eigentumserwerb an den Geldscheinen nach § 929 Satz 1 BGB und die damit verbundene Erfüllungswirkung nach § 362 Abs. 1 BGB weiterhin Bestand haben kann oder aber ob man für beide Vorgänge nicht vielmehr – ebenso wie beim schuldrechtlichen Grundgeschäft – die Zustimmung der Eltern bzw. der gesetzlichen Vertreter fordert.

Lösung: (Ein bisschen) umstritten.

- Nach einer (Minder-) Meinung soll die Zustimmung des gesetzlichen Vertreters weder für den Eigentumserwerb noch für die Erfüllungswirkung notwendig sein; der Minderjährige erwerbe demnach *zustimmungsfrei* gemäß § 929 Satz 1 BGB das Eigentum an der Sache bzw. den Geldscheinen, und es trete dann auch eine entsprechende Erfüllungswirkung im Sinne des § 362 Abs. 1 BGB ein (*Harder* in JuS 1977, 149; *van Venrooy* in BB 1980, 1017). Der vertragliche Anspruch des Minderjährigen sei damit erloschen bzw. untergegangen.

Diese Ansicht verweist hauptsächlich auf den Umstand, dass bei einer wirtschaftlichen Betrachtung die Situation des Minderjährigen durch die Zahlung und die damit eingetretene Erfüllung insgesamt verbessert werde. Der Minderjährige erhalte schließlich die geschuldete Leistung und benötige daher auch keinen gesetzlichen

Schutz in Form des Zustimmungserfordernisses mehr; mit der Zahlung und Übereignung des Geldes sei genau der vertraglich geschuldete Zustand eingetreten (*Harder* in JuS 1977, 149; *van Venrooy* in BB 1980, 1017; Nachweise auch bei *Medicus* AS Rz. 228).

- Nach anderer (herrschender) Auffassung soll zwar grundsätzlich mit der *realen Leistungsbewirkung* – also der Eigentumsverschaffung – auch der Erfüllungserfolg im Sinne des § 362 Abs. 1 BGB eintreten; indessen müssten beim Minderjährigen aufgrund dessen besonderer Schutzbedürftigkeit die Vollzugsakte unterteilt werden in den Eigentumserwerb gemäß § 929 Satz 1 BGB auf der einen und die Erfüllungswirkung im Sinne des § 362 Abs. 1 BGB auf der anderen Seite: Demnach soll der Minderjährige zunächst einmal zustimmungsfrei das Eigentum an dem Geld gemäß § 929 Satz 1 BGB erwerben können; hingegen soll die Erfüllungswirkung im Sinne des § 362 Abs. 1 BGB ohne Zustimmung der Eltern bzw. des gesetzlichen Vertreters *nicht* eintreten (PWW/*Völzmann-Stickelbrock* § 107 BGB Rz. 14; *Wacke* in JuS 1978, 80; *Köhler* AT § 10 Rz. 18; *Larenz-Wolf* AT § 25 Rz. 22; *Palandt/Ellenberger* § 107 BGB Rz. 2; *Palandt/Grüneberg* § 362 BGB Rz. 3; *Medicus/Petersen* BR Rz. 171; *derselbe* im SR I Rz. 228; MüKo/*Fetzer* § 362 BGB Rz. 15). Der Minderjährige werde somit zwar Eigentümer der Geldscheine, es trete aber keine Erfüllungswirkung nach § 362 Abs. 1 BGB ein, die Forderung bleibe bestehen.

Zur Begründung führt diese Meinung an, dass der Eigentumserwerb zwar fraglos rechtlich vorteilhaft sei und daher auch keiner Zustimmung bedürfe; dies gelte aber nicht für die Erfüllungswirkung nach § 362 Abs. 1 BGB, denn diese benachteilige den Minderjährigen, weil er seine Forderung aus dem Vertrag verliere (*Medicus/Lorenz SR* Rz. 228). Dem Minderjährigen fehle in diesem Falle die sogenannte »**Empfangszuständigkeit**« für die geschuldete Leistung im Sinne des § 362 Abs. 1 BGB. Empfangszuständig sei aufgrund des rechtlichen Nachteils allein der gesetzliche Vertreter, der demnach dann entweder seine Zustimmung erteilen oder aber selbst den geleisteten Gegenstand erhalten müsse, um die Erfüllungswirkung im Sinne des § 362 Abs. 1 BGB herbei zu führen (*Larenz-Wolf* AT § 25 Rz. 22; *Wacke* in JuS 1978, 80). Werde an den Minderjährigen ohne Zustimmung des gesetzlichen Vertreters geleistet, müsse der Leistende demnach im Zweifel nochmals den Vertrag erfüllen, ihm stehe seinerseits dann aber ein Anspruch aus den §§ 812 ff. BGB auf Rückgewähr des vorher Geleisteten zu. Dieser Anspruch könne entweder im Wege der Aufrechnung nach § 387 BGB oder aber der Zurückbehaltung gemäß § 273 BGB dem Minderjährigen bzw. der Forderung entgegengehalten werden. Der Leistende trage insoweit dann aber das Risiko der Entreicherung beim Minderjährigen gemäß § 818 Abs. 3 BGB, wenn der Minderjährige das Erhaltene nicht mehr herausgeben kann (*Medicus/Petersen* BR Rz. 171 a.E.).

Zum Fall: Unter Beachtung der beiden gerade dargestellten Meinungen ergibt sich, dass nach der **ersten Auffassung** der R seine vertragliche Pflicht erfüllt hätte und mithin gemäß § 362 Abs. 1 BGB auch von der Leistungspflicht aus dem mit S geschlossenen Kaufvertrag frei geworden wäre: R hatte ja an den Minderjährigen S gezahlt bzw. ihm die Scheine übergeben, hatte ihm damit das Eigentum nach § 929 Satz 1 BGB verschafft und folglich auch die Erfüllungswirkung gemäß § 362 Abs. 1 BGB herbeigeführt. Der Anspruch des S auf nochmalige Zahlung wäre mithin untergegangen.

Nach der **zweiten (herrschenden) Ansicht** sähe die Angelegenheit deutlich anders aus, nämlich: Zwar hätte R auch nach dieser Auffassung dem S das Eigentum an dem Geld gemäß § 929 Satz 1 BGB verschafft, denn dieses Geschäft war ja unstreitig lediglich rechtlich vorteilhaft im Sinne des § 107 BGB. Die Erfüllungswirkung des § 362 Abs. 1 BGB konnte mit der Übergabe der Geldscheine nach dieser Meinung indessen *nicht* eintreten, da es im vorliegenden Fall an der Zustimmung des gesetzlichen Vertreters fehlte und der Minderjährige durch die Zahlung seine Forderung aus dem Kaufvertrag (§ 433 Abs. 2 BGB) verlöre; und dies wäre rechtlich nachteilig mit der Konsequenz, dass das Geschäft wegen § 107 BGB unwirksam sein soll (vgl. oben). Der Leistende muss infolgedessen nun noch mal zahlen bzw. weiterhin *erfüllen*; dafür stünde ihm seinerseits aber ein Anspruch gegen den Minderjährigen auf Rückgewähr des bereits Geleisteten nach den **§§ 812 ff. BGB** zu, mit dem er entweder gemäß § 387 BGB aufrechnen oder aber ihn im Wege der Zurückbehaltung nach § 273 BGB in Ansatz bringen kann.

Konkret wäre hier in unserem Fall demnach jetzt erst einmal zu prüfen, ob R gegen S tatsächlich ein solcher Anspruch aus den Vorschriften der ungerechtfertigten Bereicherung gemäß den §§ 812 ff. BGB zusteht. Und hinsichtlich der Anspruchsvoraussetzungen des § 812 Abs. 1 BGB ist dies zunächst dann auch unproblematisch der Fall, denn – wie oben bereits erwähnt – der Minderjährige erlangt hier das Eigentum an der Sache bzw. den Geldscheinen, ohne dass auf Seiten des Leistenden der Erfüllungserfolg eintritt mit der Konsequenz, dass die Leistung »ohne rechtlichen Grund« im Sinne des § 812 Abs. 1 BGB erfolgt ist (*Palandt/Sprau* § 812 BGB Rz. 7).

> Die Probleme tauchen nun aber bei der Frage auf, inwiefern der Minderjährige *noch bereichert* ist und demnach unter Umständen die Verpflichtung zur Herausgabe oder zum Wertersatz aus § 812 Abs. 1 BGB gemäß **§ 818 Abs. 3 BGB** *ausgeschlossen* sein kann (*Medicus/Petersen* BR Rz. 171). Lägen die Voraussetzungen des § 818 Abs. 3 BGB vor, stünde dem Leistenden dann nämlich auch kein Anspruch aus § 812 BGB mehr zu mit der interessanten Konsequenz, dass dann natürlich auch keine Aufrechnung oder Zurückbehaltung möglich ist (mit welchem Anspruch?). Und das hätte schließlich zur Folge, dass der Leistende tatsächlich ein zweites Mal zahlen müsste, ohne das bereits beim ersten Mal Gezahlte in Ansatz bringen zu können.

Es ist somit in unserem Fall zu prüfen, ob S noch bereichert ist im Sinne des § 818 Abs. 3 BGB. Und insoweit kann und muss nun natürlich der Umstand verwertet werden, dass der gute S in unserem Fall die Geldscheine nach Empfang von R beim Fußballspielen verloren hat.

> **Regel**: Bei ersatzlosem Wegfall des Erlangten entfällt der Bereicherungsanspruch
> aus § 812 Abs. 1 BGB, denn der Empfänger ist dann nicht mehr bereichert im Sinne
> des **§ 818 Abs. 3 BGB** (MüKo/*Schwab* § 818 BGB Rz. 70; *Palandt/Sprau* § 818 BGB
> Rz. 34; *Soergel/Mühl* § 818 BGB Rz. 65). Wer also die empfangene Sache verliert
> oder aus sonstigen Gründen den Besitz bzw. die Verfügungsmöglichkeit endgültig
> einbüßt, muss keinen Wertersatz nach den §§ 812 ff. BGB leisten, sofern nicht an
> die Stelle des verlorenen Gegenstandes ein Surrogat – wie etwa eine Versiche-
> rungssumme – getreten ist (BGH NJW **1984**, 2095; BGH VersR **1989**, 943).

Zum Fall: Grundsätzlich müsste R nach der herrschenden Meinung seine Pflicht aus
dem Kaufvertrag (§ 433 Abs. 2 BGB) noch einmal erfüllen, da die erste Zahlung dem S
zwar das Eigentum an dem Geld verschafft hat, indessen die Erfüllungswirkung des
§ 362 Abs. 1 BGB nicht eintreten konnte (vgl. oben). Wir hatten nun insoweit gesagt,
dass dem R im Hinblick auf das bereits Geleistete grundsätzlich ein Anspruch aus
ungerechtfertigter Bereicherung gemäß den §§ 812 ff. BGB zusteht, den er dann im
Wege der Aufrechnung oder aber in Form eines Zurückbehaltungsrechtes dem zweiten Zahlungsanspruch des S entgegenhalten könnte.

Im vorliegenden Fall funktioniert dies nun aber *nicht*, denn der Anspruch des R gegen S auf Rückzahlung des bereits Geleisteten aus § 812 Abs. 1 BGB ist – wie eben
erörtert – wegen § 818 Abs. 3 BGB *ausgeschlossen*: S ist aufgrund des Verlustes des
Geldes nicht mehr bereichert. Und daraus folgt, dass es für den R auch keinen Anspruch mehr gibt, den er dem Zahlungsbegehren des S entgegensetzen kann. R muss
folglich den Kaufpreis für das Mofa noch einmal zahlen bzw. seine vertragliche
Schuld erfüllen, denn das hatte er mit der Zahlung der ersten 300 Euro ja noch nicht
vollzogen.

ZE.: Nach der herrschenden Meinung, der wir hier folgen wollen, hat R im vorliegenden Fall seine Schuld aus dem Kaufvertrag durch die erste Zahlung der 300 Euro
noch nicht erfüllt im Sinne des § 362 Abs. 1 BGB. Einer zweiten Zahlung kann R keinen Bereicherungsanspruch aus § 812 Abs. 1 BGB im Wege der Aufrechnung entgegen setzen, da ein solcher Anspruch gegen S nicht besteht; S ist namentlich entrei-
chert nach § 818 Abs. 3 BGB, da er die empfangenen Geldscheine verloren hat.

Erg.: R muss gemäß § 433 Abs. 2 BGB nochmals 300 Euro an S zahlen.

Gutachten

S kann einen Anspruch gegen R auf Zahlung von 300 Euro aus § 433 Abs. 2 BGB haben.

I.) Voraussetzung für das Entstehen des Anspruchs aus § 433 Abs. 2 BGB ist ein wirksamer Kaufvertrag zwischen dem minderjährigen S und dem volljährigen R. Der Kaufvertrag ist zwar grundsätzlich ein rechtlich nachteiliges Geschäft, da es den Minderjährigen zur Leistung in Form der Eigentumsverschaffung gemäß § 433 Abs. 1 Satz 1 BGB verpflichtet. Die für dieses Geschäft gemäß § 107 BGB erforderliche Einwilligung gemäß § 183 Satz 1 BGB des gesetzlichen Vertreters liegt laut Auskunft des Sachverhaltes allerdings vor. Angesichts dieser Tatsache ist der Vertrag zwischen S und R wirksam. Der Anspruch auf Zahlung des Kaufpreises in Höhe von 300 Euro aus dem zwischen S und R geschlossenen Kaufvertrag ist somit entstanden.

II.) Der Zahlungsanspruch des S gegen R kann jedoch wieder untergegangen sein.

1.) Die Erlöschenswirkung kann aufgrund der Auszahlung der 300 Euro von R an S wegen dadurch eingetretener Erfüllung nach § 362 Abs. 1 BGB eingetreten sein. Gemäß § 362 Abs. 1 BGB erlischt das Schuldverhältnis, wenn die geschuldete Leistung an den Gläubiger bewirkt wird. Mit dem Erlöschen des Schuldverhältnisses geht auch der Erfüllungsanspruch aus diesem Schuldverhältnis unter. R muss daher die geschuldete Leistung bewirkt haben. Insoweit ist zunächst fraglich, was genau die »geschuldete Leistung« im vorliegenden Fall gewesen ist. R schuldete aus dem mit S geschlossenen Kaufvertrag die Zahlung von 300 Euro; es handelt sich dabei um eine sogenannte »Geldschuld« im Sinne des § 245 BGB. Geldschulden werden im Regelfall durch Barzahlung erfüllt: der Schuldner muss dem Gläubiger das Eigentum an den Geldzeichen gemäß § 929 Satz 1 BGB verschaffen, wobei die Eigentumsübertragung wegen § 270 Abs. 1 BGB grundsätzlich am Wohnsitz des Gläubigers zu erfolgen hat.

R hat seinem Vertragspartner S hier in dessen Wohnung die geschuldeten 300 Euro übergeben, woraus man schließen könnte, dass sowohl eine Einigung als auch eine Übergabe im Sinne des § 929 Satz 1 BGB am Wohnsitz des S stattgefunden haben und S dann durch diese Übereignung auch neuer Eigentümer der Scheine geworden ist. Fraglich ist jedoch, ob die von § 929 S. 1 BGB vorausgesetzte Einigung im Hinblick auf die Minderjährigkeit des S wirksam war. Die Einigungserklärung hinsichtlich der Eigentumsübertragung an den Geldscheinen im Sinne des § 929 Satz 1 BGB hat S zunächst ohne Zustimmung seiner Eltern abgegeben. Diese hatten laut Auskunft des Sachverhaltes nur ihre Zustimmung zum Abschluss des Kaufvertrages abgegeben. Das Geld sollte R später, nämlich innerhalb der nächsten drei Tage, bringen. Es fragt sich somit, ob S dennoch das Eigentum an den Geldscheinen erlangen konnte:

a) Die nach § 929 Satz 1 BGB erforderliche Einigungserklärung des S ist nur dann wirksam, wenn sie aus der Sicht des S gemäß § 107 BGB lediglich rechtlich vorteilhaft war. Diesbezüglich ist zu beachten, dass der S mit der Übereignung der Scheine deren neuer Eigentümer wird, selbst aber keinerlei Verpflichtung eingeht. S erhält nur das Eigentum an den Sachen; dies aber stellt rechtlich keinen Nachteil dar, die bloße Übereignung ist rechtlich vorteilhaft und unterliegt deshalb nach allgemeiner Meinung nicht der Regelung des § 107 BGB. S ist folglich durch die Übergabe der 300 Euro von R neuer Eigentümer der Geldscheine nach § 929 Satz 1 BGB geworden. Hierbei ist insbesondere unschädlich, dass seine Eltern hierzu ihre Zustimmung nicht erteilt haben.

b) Fraglich ist indes, wie es sich auswirkt, dass S nach § 362 Abs. 1 BGB durch die Eigentumsverschaffung an den Geldscheinen seine Forderung aus dem Kaufvertrag (§ 433 Abs. 2 BGB) verloren hat. Der Verlust dieser Forderung würde den Minderjährigen rechtlich benachteiligen und damit gegen den allumfassenden Minderjährigenschutz des BGB verstoßen.

Die Beantwortung dieser Frage ist umstritten.

aa) Nach einer Meinung soll die Zustimmung des gesetzlichen Vertreters weder für den Eigentumserwerb noch für die Erfüllungswirkung notwendig sein; der Minderjährige erwerbe demnach zustimmungsfrei gemäß § 929 Satz 1 BGB das Eigentum an der Sache bzw. den Geldscheinen und es trete dann auch eine entsprechende Erfüllungswirkung im Sinne des § 362 Abs. 1 BGB ein. Der vertragliche Anspruch des Minderjährigen sei damit erloschen bzw. untergegangen. Diese Ansicht verweist hauptsächlich auf den Umstand, dass bei einer wirtschaftlichen Betrachtung die Situation des Minderjährigen durch die Zahlung und die damit eingetretene Erfüllung insgesamt verbessert werde. Der Minderjährige erhalte schließlich die geschuldete Leistung und benötige daher auch keinen gesetzlichen Schutz in Form des Zustimmungserfordernisses mehr; mit der Zahlung und Übereignung des Geldes sei genau der vertraglich geschuldete Zustand eingetreten. Nach dieser Auffassung hätte R seine vertragliche Pflicht erfüllt und wäre mithin gemäß § 362 Abs. 1 BGB auch von der Leistungspflicht aus dem mit S geschlossenen Kaufvertrag frei geworden.

bb) Nach anderer Ansicht soll zwar grundsätzlich mit der realen Leistungsbewirkung – also der Eigentumsverschaffung – auch der Erfüllungserfolg im Sinne des § 362 Abs. 1 BGB eintreten; indessen müssten beim Minderjährigen aufgrund dessen besonderer Schutzbedürftigkeit die Vollzugsakte unterteilt werden in den Eigentumserwerb gemäß § 929 Satz 1 BGB auf der einen und in die Erfüllungswirkung im Sinne des § 362 Abs. 1 BGB auf der anderen Seite: Demnach soll der Minderjährige zunächst einmal zustimmungsfrei das Eigentum an dem Geld gemäß § 929 Satz 1 BGB erwerben können; hingegen soll die Erfüllungswirkung im Sinne des § 362 Abs. 1 BGB ohne Zustimmung der Eltern bzw. des gesetzlichen Vertreters nicht eintreten. Der Minderjährige werde somit zwar Eigentümer der Geldscheine, es trete aber keine Erfüllungswirkung nach § 362 Abs. 1 BGB ein, die Forderung bleibe bestehen. Zur Begründung führt diese Meinung an, dass der Eigentumserwerb zwar fraglos rechtlich vorteilhaft sei und daher auch keiner Zustimmung bedürfe; dies gelte aber nicht für die Erfüllungswirkung nach § 362 Abs. 1 BGB, denn diese benachteilige den Minderjährigen, weil er seine Forderung aus dem Vertrag verliere. Dem Minderjährigen fehle in diesem Falle die sogenannte »Empfangszuständigkeit« für die geschuldete Leistung im Sinne des § 362 Abs. 1 BGB. Empfangszuständig sei aufgrund des rechtlichen Nachteils allein der gesetzliche Vertreter, der demnach dann entweder seine Zustimmung erteilen oder aber selbst den geleisteten Gegenstand erhalten müsse, um die Erfüllungswirkung im Sinne des § 362 Abs. 1 BGB herbei zu führen. Nach dieser Ansicht hätte R seine vertragliche Pflicht noch nicht erfüllt und wäre mithin auch nicht gemäß § 362 Abs. 1 BGB von der Leistungspflicht aus dem mit S geschlossenen Kaufvertrag frei geworden.

Da beide genannten Ansichten im vorliegenden Fall zu unterschiedlichen Ergebnissen führen, ist der Meinungsstreit zu entscheiden. Unter dem Gesichtspunkt, dass der Minderjährigenschutz als Rechtsprinzip dem gesamten Zivilrecht zu Grunde liegt, erscheint die letztgenannte Auffassung vorzugswürdig. Insbesondere ist nicht einzusehen, warum vom Grundsatz der Zustimmungsbedürftigkeit bei nicht lediglich rechtlich vorteilhaften Geschäften in der vorliegenden Fallkonstellation eine Ausnahme gemacht werden soll. Nach der letztgenannten Meinung hat R im vorliegenden Fall seine Schuld aus dem Kaufvertrag durch die erste Zahlung der 300 Euro noch nicht im Sinne von § 362 Abs. 1 BGB erfüllt. Der Zahlungsanspruch des S ist folglich nicht durch Erfüllung erloschen.

2.) Der Anspruch des S auf Zahlung aus § 433 Abs. 2 BGB kann jedoch durch Aufrechnung gemäß §§ 387, 389 BGB wieder erloschen sein. Dies setzt voraus, dass R eine entsprechende aufrechenbare Gegenforderung gegen S zusteht. In Betracht kommt hierfür allein ein Anspruch aus ungerechtfertigter Bereicherung nach § 812 Abs. 1 Satz 1 Fall 1 BGB. Hinsichtlich der Anspruchsvoraussetzungen des § 812 Abs. 1 BGB ist festzustellen, dass S hier das Eigentum an den Geldscheinen erlangt hat, ohne dass auf Seiten des R der Erfüllungserfolg eingetreten ist mit der Konsequenz, dass die Leistung »ohne rechtlichen Grund« im Sinne des § 812 Abs. 1 BGB erfolgt ist. Grundsätzlich steht R im Hinblick auf das bereits Geleistete ein Anspruch aus ungerechtfertigter Bereicherung gemäß den §§ 812 ff. BGB zu, den er dem zweiten Zahlungsbegehren des S im Wege der Aufrechnung entgegen halten könnte. Fraglich ist jedoch, inwiefern S vorliegend noch bereichert ist. Bei ersatzlosem Wegfall des Erlangten entfällt der Bereicherungsanspruch aus § 812 Abs. 1 BGB, denn der Empfänger ist dann nicht mehr bereichert im Sinne des § 818 Abs. 3 BGB. Wer den Besitz bzw. die Verfügungsmöglichkeit über die empfangene Sache endgültig einbüßt, muss keinen Wertersatz nach den §§ 812 ff. BGB leisten, sofern nicht an die Stelle des verlorenen Gegenstandes ein Surrogat getreten ist. S hat die Geldscheine eine halbe Stunde nach Empfang von R beim Fußballspielen verloren. Für diesen Verlust ist seinem Vermögen mangels entgegenstehender Angaben im Sachverhalt auch kein Surrogat zugeflossen. S ist daher nicht mehr bereichert. R hat demgemäß keine aufrechenbare Gegenforderung. Der Zahlungsanspruch des S ist folglich auch nicht durch Aufrechnung erloschen.

Ergebnis: R muss gemäß § 433 Abs. 2 BGB nochmals 300 Euro an S zahlen.

Fall 13

Geld oder Golf?

Rechtsstudent R hat seinem Kommilitonen K zu Semesterbeginn 1.500 Euro geliehen, die K innerhalb von sechs Monaten zurückzahlen soll. Eine Woche vor Ablauf der Frist meint K zu R, er biete R anstatt der Rückzahlung seinen gebrauchten *VW Golf*, da er von seinen Eltern zum Geburtstag ein neues Auto bekommen habe. R ist einverstanden, erhält den Wagen und stellt nach einem Monat fest, dass das Auto einen bereits bei der Übergabe vorhandenen Schaden an der Lichtmaschine hat, der reparaturbedürftig ist. R erklärt daraufhin gegenüber K, er trete von der Vereinbarung über die Annahme des Wagens zurück und wolle jetzt die 1.500 Euro. K weigert sich.

Zu Recht?

> **Schwerpunkte**: Die Annahme an Erfüllungs statt nach § 364 Abs. 1 BGB; Abgrenzung zur Leistung erfüllungshalber im Sinne des § 364 Abs. 2 BGB; Erhalt oder Wiederaufleben des Zahlungsanspruchs bei Mangelhaftigkeit der Sache; die Regel des § 365 BGB.

Lösungsweg

Anspruch des R gegen K auf Zahlung der 1.500 Euro

AGL.: § 488 Abs. 1 Satz 2 BGB (Darlehensvertrag)

I.) Entstehen des Anspruchs

Fraglos haben R und K einen Darlehensvertrag im Sinne des § 488 BGB über die 1.500 Euro geschlossen, wobei nicht schädlich ist, dass in der Praxis dies dann häufig als »Leihe« (»Geld geliehen«) bezeichnet wird. Die Leihe gemäß § 598 BGB unterscheidet sich dadurch vom Darlehensvertrag, dass bei einer Leihe *dieselbe* Sache – also gegenständlich – zurückgegeben werden muss, daher in diesem Fall auch nur der *Besitz*, nicht aber das Eigentum übertragen wird (*Palandt/Weidenkaff* § 607 BGB Rz. 6). Beim Darlehensvertrag hingegen wird im Regelfall das *Eigentum* am Geld übertragen und der Darlehensnehmer kann seine Schuld – also die Rückzahlung nach § 488 Abs. 1 Satz 2 BGB – dann sowohl mit anderen Geldscheinen als auch auf sonstige Weise befriedigen (BGH NJW **1991**, 1817; *Mühlberg* in WM 2002, 465). Das »Verleihen« von Geld ist mithin stets als Darlehensvertrag gemäß § 488 BGB zu qualifizieren, und zwar selbst dann, wenn keine Zinszahlung vereinbart wird. Die Höhe des

Zinssatzes ist nämlich dispositives (= nicht zwingendes) Recht (*Palandt/Weidenkaff* § 488 BGB Rz. 2).

Zum Fall: R und K haben einen Darlehensvertrag im gerade benannten Sinne geschlossen, R hat das Geld ausgezahlt und die 6-monatige Frist für die Rückzahlung ist nach Auskunft des Sachverhaltes zum Zeitpunkt der Anspruchsstellung erreicht.

ZE.: Der Anspruch des R gegen K auf Rückzahlung der 1.500 Euro aus § 488 Abs. 1 Satz 2 BGB ist mithin *entstanden*.

II.) Untergang des Anspruchs?

1.) Der Zahlungsanspruch des R gegen K könnte aber untergegangen sein, und zwar aufgrund der Vorschriften der **§§ 362 ff. BGB.** Insoweit ist zunächst festzustellen, dass K jedenfalls seine Schuld nicht gemäß § 362 Abs. 1 BGB (Erfüllung) beglichen hat. Dazu wäre nach dem Wortlaut der Norm nämlich erforderlich gewesen, dass er die geschuldete Leistung bewirkt hätte (bitte das Gesetz lesen). Die geschuldete Leistung aus dem Darlehensvertrag war gemäß § 488 Abs. 1 Satz 2 BGB die Rückzahlung des zur Verfügung gestellten Darlehens in Höhe der 1.500 Euro. Dies aber hat K bislang nicht bewirkt.

2.) Es stellt sich mithin die Frage, ob die Annahme des Wagens eine Erfüllungswirkung in dem Sinne hatte, dass der Rückzahlungsanspruch des R damit untergegangen ist. Insoweit kommt eine *Annahme an Erfüllungs statt* gemäß **§ 364 Abs. 1 BGB** in Betracht. Voraussetzung dafür ist, dass der Gläubiger eine andere als die geschuldete Leistung anstelle der ursprünglich geschuldeten Leistung annimmt.

> **Beachte:** Die Leistung *an Erfüllungs statt* im Sinne des **§ 364 Abs. 1 BGB** ist stets abzugrenzen von der *Leistung erfüllungshalber* nach **§ 364 Abs. 2 BGB.** Während bei der Leistung an Erfüllungs statt das Schuldverhältnis mit der Annahme der anderen Leistung **erlischt**, erfolgt dies bei der Leistung erfüllungshalber erst dann, wenn der Gläubiger sich aus dem Geleisteten tatsächlich befriedigt hat. (*Palandt/Grüneberg* § 364 BGB Rz. 6; MüKo/*Fetzer* § 364 BGB Rz. 6; *Brox/Walker* AS § 14 Rz. 6). Den Regelfall der Leistung erfüllungshalber nennt das Gesetz in § 364 Abs. 2 BGB selbst, nämlich die Übernahme einer neuen Verbindlichkeit. In der Praxis erfolgt dies dann zumeist durch die Hingabe von Wechseln oder Schecks, die der Gläubiger anstelle der ursprünglichen Forderung eintreiben kann (BGHZ **96**, 182; BGHZ **83**, 96; *Medicus* AS Rz. 244). Beachte insoweit bitte, dass bei dieser Leistung erfüllungshalber die ursprüngliche Forderung bzw. der Schuldgrund erhalten bleibt, der Gläubiger erhält nun aber eine *zusätzlich* erbrachte Leistung und muss zunächst versuchen, sich aus dem zusätzlich erbrachten Leistungsgegenstand zu befriedigen; gelingt dies nicht, kann er wieder auf die alte Forderung zurückgreifen (BGHZ **44**, 179; BGHZ **83**, 101; BGHZ **96**, 186). Mit der Leistung erfüllungshalber erfolgt nach herrschender Meinung eine *Stundung* der ursprünglichen Forderung, die entweder mit der Erfüllung oder aber dem erfolglosen Versuch der Erfüllung durch die erfüllungshalber erhaltene Leistung endet (BGH NJW **1974**, 1336; BGH NJW **1992**, 684; *Palandt/Grüneberg* § 364 BGB Rz. 8; *Medicus* AS Rz. 245).

Ob im konkreten Fall nun eine Leistung an Erfüllungs statt oder aber eine Leistung erfüllungshalber vorliegt, muss mithilfe der *Auslegung* gemäß den §§ 133, 157 BGB ermittelt werden (RGZ **158**, 317; BGHZ **116**, 278). Hierbei sind die Umstände des Einzelfalles daraufhin zu untersuchen, ob der Gläubiger bzw. die ursprüngliche Forderung des Gläubigers mit der Annahme der anderen Leistung befriedigt sein oder aber ob ihm nur eine weitere zusätzliche Möglichkeit der Befriedigung der Schuld gewährt werden soll (*Staudinger/Olzen* § 364 BGB Rz. 11; *Brox/Walker* AS § 14 Rz. 8).

Im vorliegenden Fall erhält R anstelle der Rückzahlung der Darlehensforderung in Höhe von 1.500 Euro den gebrauchten Golf des K und behält und nutzt diesen auch. In der Annahme des Wagens ist unter Berücksichtigung der beidseitigen Interessen der Vertragsparteien keine Neubegründung einer zusätzlichen Schuld nach § 364 Abs. 2 BGB für K zu sehen, vielmehr handelt es sich um eine Leistung an Erfüllungs statt im Sinne des **§ 364 Abs. 1 BGB**. Die Annahme einer Sache anstelle einer Geldforderung stellt im Regelfall eine Annahme an Erfüllungs statt im Sinne des § 364 Abs. 1 BGB dar, wenn der Gläubiger die Sache nutzt und behält (*Köhler* in WM 1977, 243; *Palandt/Grüneberg* § 364 BGB Rz. 7; *MüKo/Fetzer* § 364 BGB Rz. 3).

Folge: Mit der Annahme des Wagens durch R ist das Schuldverhältnis gemäß § 364 Abs. 1 BGB erloschen. Der Anspruch des R gegen K auf Rückzahlung des Darlehens aus § 488 Abs. 1 Satz 2 BGB ist mithin in diesem Moment untergegangen.

III.) Erhalten oder Wiederaufleben des Zahlungsanspruchs?

Etwas anderes könnte sich aber noch daraus ergeben, dass der Wagen defekt gewesen ist und R erklärt, er wolle nun doch lieber das Geld haben. Insoweit kommt zunächst in Betracht, dass die Wirkung des § 364 Abs. 1 BGB im vorliegenden Fall aufgrund des Mangels an dem Wagen gar nicht eintreten konnte. Des Weiteren könnte R durch seine Erklärung gegenüber K – nimmt man trotz Mangels die Erfüllungswirkung nach § 364 Abs. 1 BGB an – eine Art »Rückabwicklung« der Annahme an Erfüllungs statt bewirkt haben mit der möglichen Folge des **Wiederauflebens** der ursprünglichen Hauptschuld aus dem Darlehensvertrag. Der Reihe nach:

1.) Als Erstes ist festzustellen, dass nach allgemeiner Meinung die Erfüllungswirkung des § 364 Abs. 1 BGB auch dann eintritt, wenn die angenommene Sache mangelhaft ist (BGHZ **46**, 338; *MüKo/Fetzer* § 364 BGB Rz. 3; *Erman/Westermann* § 364 BGB Rz. 2; *Palandt/Grüneberg* § 364 BGB Rz. 2). Dies ergibt sich nämlich aus der Existenz des **§ 365 BGB** (bitte lesen), der für den Fall des Mangels der an Erfüllungs statt angenommenen Sache auf die Vorschriften über das *Kaufrecht* verweist. Das hat zu bedeuten, dass der Gläubiger, der eine andere als die geschuldete Leistung an Erfüllungs statt angenommen hat, in jedem Falle erst mal nicht mehr ohne weiteres auf die ursprüngliche Forderung zurückgreifen kann, wenn die angenommene Sache nicht funktionstauglich oder sonst mangelhaft sein sollte. Die ursprüngliche Schuld lebt durch diesen Umstand von selbst *nicht* wieder auf (*Palandt/Grüneberg* § 364 BGB Rz. 2; *Medicus* AS Rz. 248; *Brox/Walker* AS § 14 Rz. 6). Anwendung finden in solchen Fällen dann vielmehr die **§§ 434 ff. BGB**. Der Gläubiger kann und muss (!) seine Rechte nunmehr aus diesen Vorschriften herleiten und kann sich – wie eben erläutert – nicht auf das Erhalten des ursprünglichen Zahlungsanspruchs berufen und behaupten, die Wirkung des § 364 Abs. 1 BGB sei wegen der Mangelhaftigkeit nicht eingetreten. Wichtiges Prinzip, bitte merken.

<u>ZE.</u>: Übertragen auf den vorliegenden Fall hat dies zur Konsequenz, dass mit der Lieferung des mangelhaften Autos anstelle der Begleichung der Darlehensforderung auch die Erfüllungswirkung des **§ 364 Abs. 1 BGB** eingetreten ist. R ist mit seinen Rechten gemäß **§ 365 BGB** nunmehr auf die Vorschriften über das Kaufrecht beschränkt (§§ 434 ff. BGB) und kann sich insbesondere nicht darauf berufen, dass die Erfüllungswirkung aufgrund des Mangels der Sache gemäß § 364 Abs. 1 BGB nicht eingetreten ist.

2.) Und damit ist abschließend noch zu klären, inwieweit die Vorschriften der kaufrechtlichen Gewährleistung aus den §§ 434 ff. BGB, die ja jetzt über § 365 BGB Anwendung finden, dem R die Möglichkeit eröffnen, die Annahme des Wagens rückabzuwickeln mit der dann möglichen Folge des *Wiederauflebens* der ursprünglichen Darlehensforderung.

R will vorliegend den Wagen zurückgeben und von der Vereinbarung über die Annahme des Wagens zurücktreten. Ein solches Rücktrittsrecht indessen ist beim Kaufrecht wegen § 437 Nr. 2 Fall 1 an die Vorschriften bzw. Voraussetzungen der §§ 323, 326 Abs. 5 BGB gebunden. Und gemäß **§ 323 Abs. 1 BGB** kann der Gläubiger nur und erst dann vom Vertrag zurücktreten, wenn er dem Schuldner, der eine nicht vertragsgemäße Leistung erbracht hat, erfolglos eine angemessene *Frist zur Nacherfüllung* (vgl. § 439 BGB) bestimmt hat. Gemäß § 439 Abs. 1 BGB kann R von K als »Nacherfüllung« grundsätzlich entweder die Lieferung einer mangelfreien Sache oder aber die Beseitigung des Mangels verlangen. Im vorliegenden Fall hätte R dem K mithin zunächst eine Frist zur Nacherfüllung setzen müssen, was freilich nach der Sachverhaltsschilderung (noch) nicht geschehen ist. Der R hat dem K bislang keinerlei Frist gesetzt, sondern vielmehr sofort die Rückabwicklung eingefordert. Diese Forderung des R geht folglich wegen der Regelung der §§ 323 Abs. 1, 437 Nr. 2 Fall 1 BGB ins Leere. Zum Rücktritt ist R erst dann berechtigt, wenn er dem K eine Frist zur Nacherfüllung (Mängelbeseitigung) setzt und K den Wagen nicht repariert.

Durchblick: Wenn R dem K nun erfolglos eine Frist zur Nachbesserung des Wagens setzt, wäre er zum Rücktritt von der Vereinbarung der Annahme des Wagens aus den §§ 437 Nr. 2 Fall 1, 323 Abs. 1 BGB wegen der entsprechenden Anwendung dieser Normen über § 365 BGB berechtigt. Und gemäß § 346 BGB hätte R <u>dann</u> einen Anspruch auf – Achtung! – *Wiederbegründung der ursprünglichen Forderung* (aus dem Darlehensvertrag). Der Rücktritt bewirkt in diesem Falle somit, dass der Schuldner den ursprünglichen Zustand wiederherstellen muss, also das Bestehen der Forderung aus dem vormaligen Vertragsverhältnis (OLG Hamm

> NJW-RR **1988**, 266; *Brox/Walker* AS § 14 Rz. 6; *Medicus/Lorenz* SR I Rz. 248; *Palandt/Grüneberg* § 364 BGB Rz. 2). Der Gläubiger – hier bei uns der R – muss natürlich seinerseits dann den Wagen zurückgeben.

ZE.: R ist im vorliegenden Fall (noch) nicht berechtigt, von der mit K getroffenen Vereinbarung über die Annahme des Wagens an Erfüllungs statt zurückzutreten. Wegen der über § 365 BGB anwendbaren kaufrechtlichen Vorschriften in §§ 323 Abs. 1, 437 Nr. 2 Fall 1 BGB setzt der Rücktritt den erfolglosen Ablauf einer Frist zur Nacherfüllung voraus. Eine solche Frist hat R dem K (noch) nicht gesetzt.

Erg.: R kann von K zurzeit nicht die Rückzahlung des Darlehens in Höhe von 1.500 Euro fordern, dieser Anspruch ist gemäß § 364 Abs. 1 BGB durch die Annahme des Wagens erloschen. Ein Wiederaufleben des Anspruchs durch einen von R erklärten Rücktritt setzt voraus, dass R dem K erfolglos eine Frist zur Nacherfüllung im Hinblick auf den Mangel an der Lichtmaschine setzt.

Gutachten

R kann gegen K einen Anspruch auf Zahlung der 1.500 Euro aus § 488 Abs. 1 Satz 2 BGB haben.

I.) R und K müssen hierfür zunächst einen Darlehensvertrag nach § 488 BGB geschlossen haben. Fraglich ist, welchen Inhalt die Einigung zwischen R und K hatte, da nach dem Sachverhalt das Geld »geliehen« werden sollte. Die Leihe gemäß § 598 BGB unterscheidet sich dadurch vom Darlehensvertrag, dass bei einer Leihe gegenständlich dieselbe Sache zurückgegeben werden muss und deshalb nur der Besitz, nicht aber das Eigentum übertragen wird. Beim Darlehensvertrag hingegen wird im Regelfall das Eigentum am Geld übertragen und der Darlehensnehmer kann seine Schuld – also die Rückzahlung nach § 488 Abs. 1 Satz 2 BGB – dann sowohl mit anderen Geldscheinen als auch auf sonstige Weise befriedigen. Das »Verleihen« von Geld ist mithin stets als Darlehensvertrag gemäß § 488 BGB zu qualifizieren.

R und K haben demnach einen Darlehensvertrag geschlossen, R hat das Geld ausgezahlt und die 6-monatige Frist für die Rückzahlung ist nach Auskunft des Sachverhaltes zum Zeitpunkt der Anspruchsstellung erreicht. Der Anspruch des R gegen K auf Rückzahlung der 1.500 Euro aus § 488 Abs. 1 Satz 2 BGB ist mithin entstanden.

II.) Der Zahlungsanspruch des R gegen K könnte aber untergegangen sein, und zwar aufgrund der Vorschriften der §§ 362 ff. BGB. Insoweit ist zunächst festzustellen, dass K jedenfalls seine Schuld nicht gemäß § 362 Abs. 1 BGB beglichen hat. Dazu wäre nach dem Wortlaut der Norm nämlich erforderlich gewesen, dass er die geschuldete Leistung bewirkt hätte. Die geschuldete Leistung aus dem Darlehensvertrag war gemäß § 488 Abs. 1 Satz 2 BGB die Rückzahlung des zur Verfügung gestellten Darlehens in Höhe der 1.500 Euro. Dies aber hat K bislang nicht bewirkt. Es stellt sich mithin die Frage, ob die Annahme des Wagens eine Erfüllungswirkung in dem Sinne hatte, dass der Rückzahlungsanspruch des R damit untergegangen ist. Insoweit kommt eine Annahme an Erfüllungs statt gemäß § 364 Abs. 1 BGB in Betracht. Voraussetzung dafür ist, dass der Gläubiger eine andere als die geschuldete Leistung an Erfüllungs statt annimmt.

Ob im konkreten Fall eine Leistung an Erfüllungs statt gemäß § 364 Abs. 1 BGB oder aber eine Leistung erfüllungshalber im Sinne des § 364 Abs. 2 BGB vorliegt, muss durch Auslegung gemäß §§ 133, 157 BGB ermittelt werden. Hierbei sind die Umstände des Einzelfalles daraufhin zu untersuchen, ob die ursprüngliche Forderung des Gläubigers mit der Annahme der anderen Leistung befriedigt sein oder aber ob ihm nur eine weitere zusätzliche Möglichkeit der Befriedigung der Schuld gewährt werden soll. Im vorliegenden Fall erhält R anstelle der Rückzahlung der Darlehensforderung in Höhe von 1.500 Euro den gebrauchten Golf des K und behält und nutzt diesen auch. In der Annahme des Wagens ist unter Berücksichtigung der beidseitigen Interessen der Vertragsparteien keine Neubegründung einer zusätzlichen Schuld nach § 364 Abs. 2 BGB für K zu sehen, vielmehr handelt es sich um eine Leistung an Erfüllungs statt im Sinne des § 364 Abs. 1 BGB. Die Annahme einer Sache anstelle einer Geldforderung stellt im Regelfall eine Annahme an Erfüllungs statt im Sinne des § 364 Abs. 1 BGB dar, wenn der Gläubiger die Sache nutzt und behält. Mit der Annahme des Wagens durch R ist das Schuldverhältnis folglich gemäß § 364 Abs. 1 BGB erloschen. Der Anspruch des R gegen K auf Rückzahlung des Darlehens aus § 488 Abs. 1 Satz 2 BGB ist mithin in diesem Moment untergegangen.

1.) Etwas anderes könnte sich aus dem Umstand ergeben, dass der Wagen defekt gewesen ist und R erklärt, er wolle nun doch lieber das Geld haben. Insoweit kommt zunächst in Betracht, dass die Wirkung des § 364 Abs. 1 BGB im vorliegenden Fall aufgrund des Mangels an dem Wagen gar nicht eintreten konnte.

Diesbezüglich ist jedoch festzustellen, dass nach allgemeiner Meinung die Erfüllungswirkung des § 364 Abs. 1 BGB auch dann eintritt, wenn die angenommene Sache mangelhaft ist. Dies ergibt sich aus der Existenz des § 365 BGB, der für den Fall des Mangels der an Erfüllungs statt angenommenen Sache auf die Vorschriften über das Kaufrecht verweist. Das hat zu bedeuten, dass der Gläubiger, der eine andere als die geschuldete Leistung an Erfüllungs statt angenommen hat, nicht mehr ohne weiteres auf die ursprüngliche Forderung zurückgreifen kann, wenn die angenommene Sache mangelhaft sein sollte. Die ursprüngliche Schuld lebt durch diesen Umstand nicht wieder auf. Übertragen auf den vorliegenden Fall hat dies zur Konsequenz, dass auch mit der Lieferung des mangelhaften Autos anstelle der Begleichung der Darlehensforderung die Erfüllungswirkung des § 364 Abs. 1 BGB eingetreten ist. R kann sich nicht darauf berufen, dass die Erfüllungswirkung aufgrund des Mangels der Sache gemäß § 364 Abs. 1 BGB nicht eingetreten ist.

2.) Des Weiteren könnte R durch seine Erklärung gegenüber K ein Wiederaufleben der ursprünglichen Hauptschuld aus dem Darlehensvertrag bewirkt haben.

R will vorliegend den Wagen zurückgeben und von der Vereinbarung über die Annahme des Wagens zurücktreten. Ein solches Rücktrittsrecht indessen ist im Kaufrecht an die Vorschriften bzw. Voraussetzungen der §§ 323 Abs. 1, 437 Nr. 2 Fall 1 BGB gebunden. Und gemäß § 323 Abs. 1 BGB kann der Gläubiger nur und erst dann vom Vertrag zurücktreten, wenn er dem Schuldner, der eine nicht vertragsgemäße Leistung erbracht hat, erfolglos eine angemessene Frist zur Nacherfüllung bestimmt hat. Im vorliegenden Fall hätte R dem K mithin eine Frist zur Mangelbeseitigung setzen müssen, was nach der Sachverhaltsschilderung nicht geschehen ist. Der R hat dem K bislang keinerlei Frist gesetzt, sondern sofort die Rückabwicklung gefordert. Diese Forderung des R geht folglich wegen der Regelung der §§ 323 Abs. 1, 437 Nr. 2 Fall 1 BGB ins Leere. Zum Rücktritt ist R erst dann berechtigt, wenn er dem K erfolglos eine Frist zur Nacherfüllung setzt.

Ergebnis: R kann von K nicht die Rückzahlung des Darlehens in Höhe von 1.500 Euro fordern.

Fall 14

Happy Hour

Rechtsstudent R und sein Kommilitone K sitzen in »Harrys Cocktailbar« und gießen sich nach einem harten Studientag Alkoholspezialitäten zum halben Preis hinter die Binde. Da K sein Geld vergessen hat, leiht er sich später 20 Euro von R und begleicht damit seinen Teil der Rechnung.

Am nächsten Tag sieht R in der Universität die außerordentlich erfreuliche Medizinstudentin M und quatscht diese auch gleich an. R und M verabreden sich daraufhin für den Abend in »Harrys Cocktailbar«. Beim Bezahlen von viermal *Sex on the Beach* (je 7,50 Euro) muss R dann aber peinlicherweise feststellen, dass er nur zehn Euro in der Tasche hat. Um den Abend zu retten, gibt er diese dem Besitzer B und bittet ihn unter Schilderung seiner Notlage, sich ausnahmsweise bezüglich des Restbetrags an K zu halten. Dieser schulde ihm noch 20 Euro. Da K und R Stammgäste sind, ist B einverstanden. Eine Stunde später schiebt der ahnungslose K, der an diesem Abend zuhause geblieben war, einen 20-Euro-Schein in einem Briefumschlag bei R unter die Wohnungstür. Als B am nächsten Abend von K die 20 Euro fordert, weigert sich K und meint, er müsse seine Schulden doch nicht zweimal bezahlen.

Ansprüche des B gegen R und K?

> **Schwerpunkte**: Die Abtretung einer Forderung gemäß § 398 BGB; Erlöschen von Ansprüchen durch Erfüllung nach den §§ 362 Abs. 1, 364 Abs. 1 BGB; Teilleistung nach § 266 BGB; Voraussetzungen und Rechtsfolgen der Forderungsabtretung nach § 398 BGB; Schuldnerschutzvorschriften der §§ 404 ff. BGB; Ausgleich einer ungerechtfertigten Bereicherung nach den §§ 816 Abs. 2 und 812 Abs. 1 BGB.

Lösungsweg

Kurze Vorüberlegung: B will von R (oder K) das Restgeld für die Cocktails haben. Hierbei werden wir gleich einen Anspruch aus **§ 433 Abs. 2 BGB** prüfen, demnach also vom Vorliegen eines *Kaufvertrages* ausgehen. Ganz so einfach ist das aber eigentlich nicht, denn bei genauer Betrachtung haben die Parteien in der Bar einen sogenannten »**Bewirtungsvertrag**« geschlossen (*Jauernig/Stadler* § 311 BGB Rz. 30; *Ramrath* in AcP 189, 559). Dieser ist im BGB nicht explizit geregelt, wird auch »**gemischter**« Vertrag genannt und setzt sich aus mehreren unterschiedlichen Vertragselementen des BGB zusammen. So richtet sich etwa die Überlassung des Sitzplatzes in einer Gaststätte nach Mietrecht, die Herstellung der Speisen nach Werk- oder

Dienstrecht, während im Hinblick auf die fertigen Produkte wie z.B. Bier oder Schampus Kaufrechtsbestandteile im Vordergrund stehen. Um nun in einer Klausur die jeweils zutreffenden Normen für die Fallfrage bestimmen zu können, hält man sich in solchen Fällen bitte an folgenden Grundsatz: Anzuwenden sind immer die Vorschriften, die für den in Streit stehenden Vertragsbestandteil maßgeblich sind (BGHZ **63**, 333; BGH NJW **1989**, 1673; *Larenz/Canaris* II/2 § 63 I 3b; *Staudinger/Löwisch* § 305 BGB Rz. 29; *Esser/Schmidt* AT § 12 II). Bei uns geht es allein um die **Zahlung** der Cocktails, und das betrifft demnach den zu entrichtenden **Kaufpreis**, also ist die richtige Anspruchsgrundlage der § 433 Abs. 2 BGB. Alles klar!?

I.) Ansprüche des B gegen R

<u>AGL.:</u> § 433 Abs. 2 BGB (Kaufpreiszahlung)

1.) Voraussetzung für das Bestehen eines Anspruchs auf Kaufpreiszahlung aus § 433 Abs. 2 BGB ist ein wirksam abgeschlossener Kaufvertrag zwischen B und R. Und das haben wir eben erklärt: Hier liegt zwar eigentlich ein sogenannter »Bewirtungsvertrag« vor, die in Frage stehende Zahlung der Cocktails berührt aber allein den kaufrechtlichen Aspekt dieses Vertrages mit der Konsequenz, dass wir vom Vorliegen einer entsprechenden Einigung im Sinne des § 433 BGB ausgehen können.

<u>ZE.:</u> Der Anspruch des B gegen R auf Zahlung des Kaufpreises für die Cocktails in Höhe von 30 Euro (4 x *Sex on the Beach* zu je 7,50 Euro) ist damit entstanden.

2.) Der Anspruch des B gegen R kann jedoch wieder *untergegangen* sein.

a) Als Erlöschensgrund im Hinblick auf die gezahlten zehn Euro kommt § **362 Abs. 1 BGB** in Betracht. Danach erlischt das Schuldverhältnis, wenn die geschuldete Leistung an den Gläubiger bewirkt wird. Die Leistung muss dabei in der durch das Schuldverhältnis bestimmten Art und Weise erbracht werden (*Bamberger/Roth/ Dennhardt* § 362 BGB Rz. 5). R hat vorliegend einen Teil der geschuldeten Summe bar an B gezahlt hat, nämlich zehn Euro. Durch diese Zahlung hat er die Wirkung des § 362 Abs. 1 BGB herbeigeführt und das Schuldverhältnis ist in dieser Höhe dementsprechend erloschen, denn die sofortige Barzahlung stellt hier das Bewirken der geschuldeten Leistung in der richtigen Art und Weise dar.

> Fraglich ist, ob sich wegen § **266 BGB** (lesen!) an diesem Ergebnis noch etwas ändert. Nach § 266 BGB gilt nämlich die Regel, dass der Schuldner einer Leistung grundsätzlich nicht zu Teilleistungen berechtigt ist. Die Vorschrift stellt jedoch dispositives (= nicht zwingendes) Recht dar, sodass sie von den Vertragsparteien durch eine entsprechende Vereinbarung ausgeschlossen werden kann (MüKo/*Krüger* § 266 BGB Rz. 8; *Palandt/Grüneberg* § 266 BGB Rz. 5; *Soergel/Wolf* § 266 BGB Rz. 19). Und das ist auch gut so, denn mit der Regelung von § 266 BGB soll (nur) verhindert werden, dass der Gläubiger durch mehrfache Teilleistungen unzumutbar belästigt wird (RGZ **79**, 359; vgl. auch *Weber* in MDR 1992, 828). Wenn der Gläubiger auf diesen Schutz aber freiwillig verzichtet, dann darf der Schuldner eben auch in Teilen leisten. So

liegt der Fall hier, denn B akzeptiert den Vorschlag seines Stammkunden R anstandslos und verzichtet damit darauf, den Rechnungsbetrag »auf einmal« zu erhalten.

ZE.: Der Anspruch des B gegen R ist in Höhe von zehn Euro nach § 362 Abs. 1 BGB untergegangen, weil R diesen Betrag in bar gezahlt hatte.

b) Fraglich ist jetzt natürlich, wie es um die restliche Summe in Höhe von 20 Euro steht, die R eben nicht bezahlt hat. Hierfür kommt als Erlöschensgrund der **§ 364 Abs. 1 BGB** in Betracht. Die dort geregelte Leistung an Erfüllungs Statt führt – wie wir aus dem vorherigen Fall bereits wissen – unmittelbar zum Erlöschen des Schuldverhältnisses und stellt damit ein echtes *Erfüllungssurrogat* dar (*Bamberger/Roth/Dennhardt* § 364 BGB Rz. 6). Gegenstand der Leistung an Erfüllungs statt können Leistungen jeder Art sein: Sachen, Ansprüche gegen Dritte, sonstige Rechte, aber auch Dienst- oder Werkleistungen (*MüKo/Fetzer* § 364 BGB Rz. 4), sofern der Gläubiger sie nur an Stelle der Erfüllung gelten lässt. R hätte daher z.B. auch für B zwei Stunden lang in der Küche als Spülkraft tätig werden können. Vorliegend hat sich R jedoch dafür entschieden, dem B anstelle der Zahlung von 20 Euro die Übertragung einer Forderung gegen K (aus dem Vertrag mit K) anzubieten. Sollte B diese Forderung gegen K als Leistung an Erfüllungs statt angenommen haben, wäre der Anspruch des B gegen R auch in Höhe der verbliebenen 20 Euro erloschen, und zwar nach § 364 Abs. 1 BGB.

Durchblick: Eine solche hier in Frage stehende Übertragung einer Forderung nennt man *Abtretung,* und sie ist in den §§ 398 ff. BGB geregelt (bitte aufschlagen!). Nach § 398 Satz 1 BGB kann demnach ein Anspruch vom Gläubiger durch Vertrag auf einen anderen übertragen werden. Bei der Abtretung wird die Forderung durch einen Vertrag zwischen dem bisherigem Gläubiger (nennt man »**Zedent**«) und neuem Gläubiger (nennt man »**Zessionar**«) auf diesen übertragen. Die Abtretung ist damit ein *Verfügungsgeschäft*, da sie unmittelbar auf den Bestand eines Rechtes einwirkt, dieses namentlich überträgt (BGH NJW **2007**, 1196; *Palandt/Grüneberg* § 398 BGB Rz. 3). Die systematische Besonderheit besteht darin, dass die Abtretung anders als die meisten Verfügungsgeschäfte nicht im Sachenrecht, sondern im Schuldrecht geregelt ist (*Ahcin/Armbrüster* in JuS 2000, 450). Im Hinblick auf die Übertragung der Forderung beachte bitte den § 401 Abs. 1 BGB, wonach bei der Abtretung einer Forderung diverse Neben- bzw. Vorzugsrechte, die an der Forderung quasi »kleben«, automatisch, also ohne gesonderte Vereinbarung mit übergehen. Wer also z.B. eine Forderung, die durch eine Hypothek gesichert ist, per Abtretung erwirbt, wird gleichzeitig auch Inhaber der Hypothek (*Jauernig/Stürner* § 401 BGB Rz. 1). Merken.

Zurück zum Fall: Wenn eine wirksame Abtretung an Erfüllungs statt vorgenommen worden ist, dann ist der Anspruch des B gegen R auf Zahlung der restlichen 20 Euro nach § 364 Abs. 1 BGB erloschen (BGHZ **15**, 154; *Bamberger/Roth/Dennhardt* § 364 BGB

Rz. 6). B hatte nach Schilderung des Sachverhaltes keine Einwände dagegen, dass R ihm anstelle einer Geldzahlung eine Forderung gegen seinen Stammgast K angeboten hat. Insofern hat er dieses Leistungsangebot an Erfüllungs statt im Sinne des § 364 Abs. 1 BGB angenommen. Fraglich ist somit alleine noch, ob die Abtretung im vorliegenden Falle den Erfordernissen der §§ 398 ff. BGB entsprach, demnach auch *wirksam* durchgeführt worden ist. Prüfen wir mal:

aa) Als Erstes müssen wir uns dabei fragen, ob ein entsprechender (*Abtretungs-*) *Vertrag* zwischen R und B vorliegend tatsächlich wirksam zustande gekommen ist. Dabei gelten die bekannten Regeln des BGB-AT. Die Abtretung ist grundsätzlich *formfrei* möglich (BGHZ **89**, 46) und kann auch durch *schlüssiges* Verhalten zustande kommen (BGH NJW **1997**, 729). Wie alle Verfügungen setzt sie voraus, dass der Gegenstand, über den verfügt wird, genau bezeichnet ist (→ Bestimmtheitsgrundsatz; BGH NJW **2000**, 276). B und R haben zwar nicht ausdrücklich von einer »Abtretung« gesprochen, sie waren sich vorliegend aber darüber einig, dass B nach Zahlung der 10 Euro durch R den noch offenen Restbetrag (= 20 Euro) von K einfordern können sollte. Das reicht aus. Für etwaige Wirksamkeitshindernisse, die dieser Einigung entgegenstehen könnten, bietet der Sachverhalt keine Anhaltspunkte. Vertragsparteien, Gegenstand und geschuldeter Betrag waren den Parteien bekannt und die Abtretung damit auch hinreichend bestimmt.

ZE.: R und B haben einen wirksamen Abtretungsvertrag über den Anspruch des R gegen K in Höhe von 20 Euro geschlossen.

bb) Die Abtretung setzt weiterhin voraus, dass die abzutretende Forderung dem Zedenten im Zeitpunkt der Abtretung auch wirklich zugestanden hat. Man spricht auch von der »Forderungsinhaberschaft des Zedenten«. Und das ist auch nötig, **denn**: Ein gutgläubiger Forderungserwerb ist im BGB grundsätzlich *nicht* vorgesehen (*Staudinger/Busche* Einl. zu § 398 ff. BGB Rz. 26; MüKo/*Roth* § 398 BGB Rz. 28; *Meyer/von Varel* in JuS **2004**, 192).

> **Feinkostabteilung**: Um den letzten Satz zu verstehen und vor allem auch zu behalten, wollen wir uns bitte Folgendes klarmachen: Bei (beweglichen) *Sachen* ist ein gutgläubiger Erwerb nach §§ 932 ff. BGB problemlos möglich. Man kann also auch Eigentümer einer Sache werden, wenn derjenige, der die Sache veräußert, nicht Eigentümer ist, sich aber als solcher ausgibt (lies: § 932 BGB). Voraussetzung für alle Gutglaubenstatbestände ist jedoch stets ein sogenannter *Rechtsscheinträger*, also ein tatsächlicher Umstand, aus dem der rechtliche Schein entsteht, dass irgendjemand tatsächlich Eigentümer einer Sache ist, obwohl das ja in Wirklichkeit nicht stimmt. Für bewegliche Sachen fungiert als Rechtsscheinträger regelmäßig der *Besitz* bzw. die Übergabe der Sache. Wer Besitzer einer beweglichen Sache ist und diese übergeben kann, für den vermutet das Gesetz, dass er auch ihr Eigentümer ist. Und das steht in § **1006 Abs. 1** BGB (prüfen!). An *Forderungen* kann man im Gegensatz zu beweglichen Sachen aber logischerweise keinen Besitz begründen, weil man sie nicht übergeben kann (wie sollte das gehen?). Wenn man im Rechtsverkehr aber nichts »Greifbares« in der Hand hat, fehlt es insoweit immer an einem sichtbaren Rechtsscheinträger und damit an einem Anknüpfungspunkt für den notwendigen guten

Glauben. Wir halten deshalb fest: Dem BGB ist der gutgläubige Erwerb von Forderungen grundsätzlich fremd (*Brox/Walker* AS § 34 Rz. 10). Etwas anderes gilt nur in den Fällen des **§ 405 BGB** und bei wertpapierrechtlich verselbstständigten Forderungen. Dabei existiert dann allerdings auch immer ein »greifbares« Stück (Wert-) Papier, das dem Inhaber bescheinigt, dass er bezüglich der Forderung berechtigt ist. Nur deswegen wird von dem soeben aufgestellten Prinzip eine (seltene!) Ausnahme zugelassen (*Jauernig/Stürner* § 405 BGB Rz. 1; *MüKo/Roth* § 405 BGB Rz. 1).

Zurück zum Fall: Unserem R stand hier zum Zeitpunkt des Abschlusses des Abtretungsvertrages fraglos ein Anspruch gegen K aus **§ 488 Abs. 1 BGB** zu, denn er hatte K am Vorabend 20 Euro »geliehen«, worin juristisch korrekt die Gewährung eines zinslosen Darlehens zu sehen ist. In diesem Zusammenhang spielt es übrigens auch keine Rolle mehr, dass K eine Stunde *nachdem* R und B sich hinsichtlich der Abtretung geeinigt hatten, die zurückzuzahlende Darlehenssumme in den Briefkasten des R gesteckt hat, und zwar unabhängig davon, wie man diesen Vorgang rechtlich bewertet (dazu gleich unten). Zwar geht die Abtretung ins Leere, wenn die Forderung durch Erfüllung, Aufrechnung etc. bereits erloschen ist (*MüKo/Roth* § 398 BGB Rz. 26; *Meyer/von Varel* in JuS 2004, 192). Es kommt für das Merkmal der Forderungsinhaberschaft des Zedenten aber nur auf den Zeitpunkt der *Einigung* hinsichtlich des Forderungsübergangs an, und da stand R die Forderung gegen K noch zu.

ZE.: R war somit zum Zeitpunkt der Abtretung des Anspruchs an B auch (noch) Forderungsinhaber.

cc) Letztlich darf die Forderungsabtretung nicht ausgeschlossen gewesen sein. Ausschlussgründe stehen unter anderem in **§ 399 BGB**, den wir uns etwas genauer ansehen wollen. Der § 399 BGB regelt **zwei** Konstellationen: Von § 399 **Fall 1** BGB werden Forderungen erfasst, die wegen ihres *Inhalts* unabtretbar sind. Hierunter fallen in erster Linie sogenannte »höchstpersönliche Ansprüche«, bei denen es für die Leistung also gerade auf die Person des Gläubigers ankommt (*MüKo/Roth* § 399 Rz. 2; *Staudinger/Busche* Vor § 398 BGB Rz. 6.). Gemeint sind damit etwa Ansprüche auf Unterhalt in natura oder auf Urlaub gegen den Arbeitgeber (*Palandt/Grüneberg* § 399 BGB Rz. 6). Der § 399 **Fall 2** BGB erfasst demgegenüber Fälle, in denen die Abtretung wegen einer *Vereinbarung* der Parteien nicht oder nur unter besonderen Bedingungen vorgenommen werden kann.

> **Beachte:** Insofern widerspricht § 399 Fall 2 BGB zwar auf den ersten Blick dem eindeutigen Wortlaut von **§ 137 Satz 1 BGB** (aufschlagen!). Nach heute herrschender Meinung soll aber immer dann, wenn die Vertragsparteien einen Ausschluss nach § 399 Fall 2 BGB vereinbaren, kein »veräußerliches Recht« im Sinne von § 137 BGB mehr vorliegen, sodass § 399 BGB in seinem Anwendungsbereich den § 137 BGB verdrängt (BGHZ **108**, 172; BGHZ **112**, 387; *Staudinger/Busche* § 399 BGB Rz. 52; *Bülow* in NJW 1993, 901). Eine klausurwichtige Ausnahme von § 399 BGB steht übrigens in **§ 354a HGB**, wenn im Sachverhalt Kaufleute mitspielen (*Palandt/Grüneberg* § 399 BGB Rz. 9).

Zum Fall: R und K haben hier nichts vereinbart, was einer Abtretung der Forderung im Sinne des § 399 BGB entgegenstehen würde. Auch ändert sich der Inhalt der Leistung nicht dadurch, dass K nunmehr nicht an R, sondern an B leisten muss, denn es geht insoweit (nur) um eine Geldzahlung und nicht um eine höchstpersönlich zu erbringende Leistung. Für die Lösung unseres Falles können wir daher feststellen, dass kein Abtretungsausschluss vorliegt.

ZE.: Damit sind alle drei Voraussetzungen der Abtretung nach § 398 BGB erfüllt. R hat dem B seinen Anspruch gegen K aus § 488 BGB wirksam abgetreten.

ZE.: R ist durch diese Abtretung an Erfüllungs statt gemäß § 364 Abs. 1 BGB gegenüber B von seiner restlichen Zahlungsverpflichtung aus § 433 Abs. 2 BGB in Höhe von 20 Euro befreit worden.

ZE.: Der Anspruch des B auf Zahlung von 30 Euro gegen R aus § 433 Abs. 2 BGB ist damit insgesamt erloschen.

Erg.: B hat gegen R keinen Zahlungsanspruch aus § 433 Abs. 2 BGB mehr.

AGL.: § 816 Abs. 2 BGB (Herausgabe wegen ungerechtfertigter Bereicherung)

Vorab: Fallkonstellationen, in denen jemand einen Vermögenszuwachs verzeichnen kann, der eigentlich einem anderen Teilnehmer des Rechtsverkehrs zusteht, bringen die Fall-Lösung in aller Regel zum Bereicherungsrecht (§§ 812–822 BGB). Die bereicherungsrechtlichen Vorschriften stellen nämlich zumeist sicher, dass niemand tatsächlich Vorteile behält, die er aus rechtlichen Gründen nicht behalten darf. Wenn eine Person etwas erlangt, ohne dazu berechtigt zu sein, diese Leistung dem Berechtigten aber gegenüber wirksam ist, ist bei der Fallbearbeitung auf **§ 816 Abs. 2 BGB** einzugehen. Denn nach dieser Norm ist der Nichtberechtigte dem Berechtigten gegenüber zur Herausgabe dessen verpflichtet, was an ihn geleistet worden ist. In unserem Fall stellt sich konkret die Frage, ob die 20 Euro, die K abends unter die Tür des R geschoben hat, eine Leistung an einen Nichtberechtigten ist, die dem Berechtigten (B!) gegenüber wirksam war. Wenn dem so ist, muss der Nichtberechtigte (R) dem Berechtigten (B) gemäß § 816 Abs. 2 BGB diese 20 Euro geben. Kapiert!?

Wir prüfen:

1.) Es muss eine *Leistung* an einen *Nichtberechtigten* erbracht worden sein. Der Leistungsbegriff stimmt dabei mit dem Leistungsbegriff von § 812 Abs. 1 BGB überein, nämlich:

> **Definition**: Unter *Leistung* im Sinne der §§ 812 ff. BGB ist die bewusste und zweckgerichtete Mehrung fremden Vermögens zu verstehen (BGHZ **40**, 272; BGHZ **58**, 184, 188; BGH NJW **1999**, 1393, 1394; *Staudinger/Lorenz* § 812 BGB Rz. 4; *Palandt/Sprau* § 812 BGB Rz. 3).

Als Leistung kommt nach der Sachverhaltsschilderung hier selbstredend nur das Schieben der 20 Euro unter die Wohnungstür des R in Betracht. K müsste hierdurch also das Vermögen von R bewusst und zweckgerichtet vermehrt haben. Und hier dürfen wir entspannt feststellen, dass K genau das getan hat: Indem er den Briefumschlag unter die Wohnungstür geschoben hat, wollte er bewusst seine Verbindlichkeit gegenüber R aus § 488 Abs. 1 BGB erfüllen. Das ging nur, indem er dem R die »geliehenen« 20 Euro zukommen ließ. Inhalt der Leistungsverpflichtung des K war hier die Rückzahlung einer ausbezahlten Darlehenssumme. Er hatte das Geld nach § 270 **Abs. 1 BGB** auf seine Gefahr und seine Kosten dem Gläubiger an dessen *Wohnsitz* zu übermitteln, da nichts anderes vereinbart worden war. Das hat K gemacht, er hat das Geld unter die Wohnungstür geschoben (Einwurf in den Briefkasten hätte übrigens nicht gereicht, vgl. AG Köln NJW **2006**, 1600).

ZE.: K hat an R geleistet im Sinne des § 816 Abs. 2 BGB, indem er den 20-Euro-Schein unter der Tür durchgeschoben hat.

Weiterhin müsste R im Hinblick auf diese Leistung *Nichtberechtigter* gewesen sein.

> **Definition:** *Nichtberechtigter* ist ein Leistungsempfänger, der weder Inhaber der zugrunde liegenden Forderung noch auf Grund Rechtsgeschäfts oder Gesetzes zur Einziehung der Forderung befugt ist (*Bamberger/Roth/Wendehorst* § 816 BGB Rz. 28).

In dem Moment, in dem K den Geldschein unter der Tür durchgesteckt hat, war der R wegen der vorher durchgeführten Abtretung schon nicht mehr Inhaber der Forderung in Höhe von 20 Euro. Diese Forderung hatte er eine Stunde vorher auf B übertragen.

ZE.: R war im Hinblick auf die Forderung gegen K aus § 488 Abs. 1 BGB in Höhe von 20 Euro auch *Nichtberechtigter*.

2.) Weiterhin setzt § 816 Abs. 2 BGB voraus, dass die Leistung *dem Berechtigten gegenüber wirksam* sein muss. Ein Ausgleich im Verhältnis zwischen dem Leistungsempfänger und dem wahren Inhaber der Forderung ist nämlich nur dann notwendig, wenn der Schuldner durch seine Leistung an den Nichtberechtigten auf Grund einer Ausnahmeregelung auch gegenüber dem Berechtigten befreit wird. Der Leistungserfolg nach § 362 Abs. 1 BGB muss grundsätzlich gegenüber dem (richtigen) Gläubiger bewirkt werden. Die Leistung an einen Nichtberechtigten befreit den Schuldner nicht (*MüKo/Fetzer* § 362 BGB Rz. 15; *Bamberger/Roth/Dennhardt* § 362 BGB Rz. 7, 9).

Zum Fall: Demnach hat unser K durch das Übermitteln des Geldes im Hinblick auf die 20 Euro an den *falschen* Gläubiger gezahlt, denn der Gläubiger war inzwischen ja der B. Ein Erlöschen der Forderung nach § 362 Abs. 1 BGB wäre also demnach *nicht* eingetreten, weil K im Hinblick auf die 20 Euro nicht an seinen wirklichen Gläubiger B, sondern an den vermeintlichen Gläubiger R gezahlt hat. Und das hätte zur Folge, dass der § 816 Abs. 2 BGB nicht einschlägig ist, denn die Leistung wäre dem Berechtigten B gegenüber wegen nicht eingetretener Erfüllung auch *nicht* wirksam geworden im Sinne des § 816 Abs. 2 BGB (*Brox/Walker* AS § 34 Rz. 23).

Aber: Eine Ausnahmeregelung, durch die der Schuldner trotz Leistung an den falschen Gläubiger von seiner Leistungspflicht befreit wird, findet sich für den Fall der Abtretung in **§ 407 Abs. 1 BGB** (bitte aufschlagen und ablesen!). Nach § 407 Abs. 1 BGB muss nämlich der neue Gläubiger eine Leistung, die der Schuldner nach der Abtretung an den bisherigen Gläubiger erbringt, grundsätzlich gegen sich gelten lassen. Einzige Voraussetzung von § 407 Abs. 1 BGB ist dabei, dass der Schuldner nichts von der erfolgten Abtretung weiß (BGH NJW-RR **2004**, 1145; BGH NJW **1989**, 905). Grundsätzlich schließt nur positive Kenntnis die befreiende Wirkung von § 407 BGB aus, ein fahrlässiges Nichtkennen reicht *nicht* aus (BGH NJW **1997**, 1775, 1776; OLG Rostock OLGR **2000**, 30; *Palandt/Grüneberg* § 407 BGB Rz. 6). Hier in unserem Fall hatte der K keine Ahnung davon, dass R »hinter seinem Rücken« den Anspruch abgetreten hatte, andernfalls wäre er auch kaum zu R nach Hause gegangen, um den 20-Euro-Schein abzuliefern. Aus diesem Grund erfüllt § 407 Abs. 1 BGB an dieser Stelle hundertprozentig seine Funktion als *Schuldnerschutzvorschrift* (*Brox/Walker* AS § 34 Rz. 22). Der K braucht deshalb nicht noch einmal an B (oder R) zu zahlen.

<u>ZE.:</u> Die Leistung des K an R ist wegen § 407 BGB gegenüber B wirksam im Sinne des § 816 Abs. 2 BGB. Und genau dieses Ergebnis brauchten wir, um vorliegend dem B den gerade zu prüfenden Herausgabeanspruch aus § 816 Abs. 2 BGB zuzusprechen (s.o.). Es sind mithin alle Voraussetzungen von § 816 Abs. 2 BGB erfüllt.

Erg.: B hat gegen R einen Anspruch aus § 816 Abs. 2 BGB auf Herausgabe der durch Leistung des K erlangten 20 Euro.

II.) Ansprüche des B gegen K

<u>AGL.:</u> § 433 Abs. 2 BGB (Kaufpreiszahlung)

1.) B und K haben miteinander, jedenfalls soweit es um die vier Cocktails für R und M geht, ersichtlich *keinen* Kaufvertrag geschlossen. Ein entsprechender Anspruch ist somit auch nicht entstanden.

2.) Auch durch die Abtretung ist K (logischerweise) nicht Vertragspartner des B geworden, denn insoweit fehlt es ebenfalls an einer Willensäußerung des K. Ein Vertrag zwischen B und R, durch den K ohne sein Zutun und Wissen unmittelbar nach § 433 Abs. 2 BGB verpflichtet worden wäre, würde einen (unzulässigen) Vertrag zulasten Dritter darstellen, den das deutsche Recht nicht anerkennt (BGHZ **54**, 247; BAG ZIP **2004**, 729).

Ergebnis: B hat gegen K keinen Anspruch aus § 433 Abs. 2 BGB.

<u>AGL.:</u> § 488 Abs. 1, 398 BGB (Darlehensrückzahlung)

1.) Zwar haben B und K vorliegend keinen Darlehensvertrag geschlossen, jedoch ist ein Zahlungsanspruch des B aus abgetretenem Recht entstanden. Wie gezeigt, hat R dem B seinen zu diesem Zeitpunkt bestehenden Anspruch gegen K auf Darlehensrückzahlung aus § 488 Abs. 1 BGB wirksam abgetreten. B ist damit Inhaber des Anspruchs gegen K geworden. Der B ist durch die Abtretung übrigens keineswegs auch Vertragspartner des K geworden. Parteien des Darlehensvertrages sind weiterhin K und R, da der Zedent seine Stellung als Vertragspartei nicht an den Zessionar verliert (BGHZ **55**, 354; *Palandt/Grüneberg* § 398 BGB Rz. 18, 19; *Soergel/Zeiss* § 398 BGB Rz. 4).

2.) Zwar ist die Forderung des B nicht durch Erfüllung *erloschen* (s.o.). Allerdings muss er, wie wir gerade gesehen haben, die Leistung des K an R gemäß § 407 Abs. 1 BGB gegen sich gelten lassen. Der § 407 BGB bewirkt den Untergang des Anspruchs des Zessionars gegen den Schuldner (*Brox/Walker* AS § 34 Rz. 23).

<u>ZE.:</u> B hat gegen K keinen Anspruch aus den §§ 488 Abs. 1, 398 BGB.

Erg.: B hat gegen K überhaupt keine Ansprüche und muss sich demnach an den R halten (siehe oben).

Kurzer Nachschlag noch:

Es kommen bei Vorliegen der Voraussetzungen von § 407 Abs. 1 BGB grundsätzlich immer *zwei* mögliche Rechtsfolgen in Betracht, die davon abhängen, wie sich der Schuldner im konkreten Fall verhält: Entweder der Schuldner beruft sich – wie in unserem Fall geschehen – darauf, dass er die an den Zessionar bereits erbrachte Leistung nicht noch einmal erbringen will und damit der § 407 BGB gegenüber dem Gläubiger bzw. Zessionar gelten soll. Welche Rechtsfolgen das dann hat, haben wir eben gesehen: Der Zessionar (B) verliert wegen § 407 BGB seinen Anspruch gegen den Schuldner (K) und kann sich bei dem Zedenten (R) nach § 816 Abs. 2 BGB schadlos halten. Möglich wäre aber auch gewesen, dass der Schuldner (K), obwohl er schon an den Zedenten (R) geleistet hat, die Leistung ein zweites Mal an den Zessionar (B) erbringt und damit auf die befreiende Wirkung des § 407 BGB verzichtet. In diesem Fall stünde ihm aber ein Rückzahlungsanspruch gegen den Zedenten (R) aus **§ 812 Abs. 1 Satz 1 Fall 1 BGB** zu (BGH NJW **2001**, 231). **Grund**: Die Zahlung des Schuldners an den Zedenten erfolgte in diesem Fall ohne rechtlichen Grund, denn es fehlte an einem entsprechenden Anspruch des Zedenten, den er ja durch die Abtretung verloren hat.

Gutachten

I.) Ansprüche des B gegen R

B kann gegen R einen Anspruch auf Kaufpreiszahlung aus § 433 Abs. 2 BGB haben.

1.) Voraussetzung für das Bestehen eines Anspruchs aus § 433 Abs. 2 BGB ist ein wirksam abgeschlossener Kaufvertrag zwischen B und R. Die Parteien haben hier einen sogenannten »Bewirtungsvertrag« geschlossen. Dieser gemischt-typische Vertrag setzt sich aus mehreren unterschiedlichen Vertragselementen des BGB zusammen. Anzuwenden sind hierbei stets die Vorschriften, die für den in Streit stehenden Vertragsbestandteil maßgeblich sind. Vorliegend steht allein die Zahlung der Cocktails in Rede. Diesbezüglich ist Kaufrecht anzuwenden. Im Hinblick auf die Wirksamkeit des Vertragsschlusses bestehen keine Bedenken. Der Anspruch des B gegen R auf Zahlung des Kaufpreises für die Cocktails in Höhe von 30 Euro (4 x *Sex on the Beach* zu je 7,50 Euro) ist damit entstanden.

2.) Der Anspruch des B gegen R kann jedoch untergegangen sein.

a) Als Erlöschensgrund im Hinblick auf die gezahlten zehn Euro kommt § 362 Abs. 1 BGB in Betracht. Danach erlischt das Schuldverhältnis, wenn die geschuldete Leistung an den Gläubiger bewirkt wird. Die Leistung muss dabei in der durch das Schuldverhältnis bestimmten Art und Weise erbracht werden. R hat vorliegend einen Teil der geschuldeten Summe bar an B gezahlt, nämlich zehn Euro. Durch diese Zahlung hat er die geschuldete Leistung in der richtigen Art und Weise bewirkt und mithin die Wirkung des § 362 Abs. 1 BGB herbeigeführt. Das Schuldverhältnis ist in dieser Höhe dementsprechend erloschen.

Zu prüfen ist, ob sich § 266 BGB auf dieses Ergebnis auswirkt, wonach der Schuldner einer Leistung grundsätzlich nicht zu Teilleistungen berechtigt ist. Die Vorschrift stellt jedoch dispositives Recht dar, sodass sie von den Vertragsparteien durch eine entsprechende Vereinbarung ausgeschlossen werden kann. B akzeptierte den Vorschlag seines guten Stammkunden R anstandslos und verzichtete damit darauf, den Rechnungsbetrag in einer Summe zu erhalten. Der Anspruch von B gegen R ist somit in Höhe von zehn Euro nach § 362 Abs. 1 BGB untergegangen.

b) Fraglich ist indes, ob dies auch im Hinblick auf die restliche Summe in Höhe von 20 Euro zu gelten hat. Hierfür kommt als Erlöschensgrund § 364 Abs. 1 BGB in Betracht. Die dort geregelte Leistung an Erfüllungs statt führt unmittelbar zum Erlöschen des Schuldverhältnisses und stellt damit ein echtes Erfüllungssurrogat dar. R hat sich entschieden, B anstelle der Zahlung von 20 Euro die Übertragung einer Forderung gegen K anzubieten. Sollte B die Übertragung der Forderung gegen K als Leistung an Erfüllungs statt angenommen haben, wäre der Anspruch des B gegen R auch in Höhe der verbliebenen 20 Euro erloschen. B hatte nach Schilderung des Sachverhaltes keine Einwände dagegen, dass R ihm anstelle einer Geldzahlung eine Forderung gegen K angeboten hat. Insofern hat er dieses Leistungsangebot an Erfüllungs statt im Sinne des § 364 Abs. 1 BGB angenommen. Es kommt demgemäß für das Erlöschen des Anspruchs allein darauf an, ob tatsächlich eine wirksame Abtretung von R auf B stattgefunden hat.

aa) Hierfür bedarf es zunächst eines wirksamen Abtretungsvertrags zwischen R und B. B und R haben zwar nicht ausdrücklich von einer »Abtretung« gesprochen, sie waren sich vorliegend aber darüber einig, dass B nach Zahlung der zehn Euro durch R den noch offenen Restbetrag von 20 Euro von K einfordern können sollte. Für etwaige Wirksamkeitshindernisse, die dieser Einigung entgegenstehen könnten, bietet der Sachverhalt keine Anhaltspunkte. Vertragsparteien, Gegenstand und geschuldeter Betrag waren den Parteien bekannt und die Abtretung damit auch hinreichend bestimmt. R und B haben demnach einen Abtretungsvertrag über den Anspruch des R gegen K in Höhe von 20 Euro geschlossen.

bb) Die Abtretung setzt weiterhin voraus, dass die abzutretende Forderung dem Zedenten im Zeitpunkt der Abtretung auch wirklich zugestanden hat. Ein gutgläubiger Forderungserwerb ist im BGB grundsätzlich nicht vorgesehen. R stand hier zum Zeitpunkt des Abschlusses des Abtretungsvertrages ein Anspruch gegen K aus § 488 BGB Abs. 1 BGB zu, denn er hatte K am Vorabend ein zinsloses Darlehen in Höhe von 20 Euro gewährt. Damit war er Forderungsinhaber. Fraglich ist, wie es sich auswirkt, dass K eine Stunde, nachdem R und B sich hinsichtlich der Abtretung geeinigt hatten, die zurückzuzahlende Darlehenssumme in den Briefkasten des R gesteckt hat. Zwar geht die Abtretung ins Leere, wenn die Forderung etwa durch Erfüllung oder Aufrechnung bereits erloschen ist. Es kommt für das Merkmal der Forderungsinhaberschaft des Zedenten aber nur auf den Zeitpunkt der Einigung hinsichtlich des Forderungsübergangs an. Zu diesem Zeitpunkt stand R die Forderung gegen K indes noch zu. Es bleibt daher bei dem festgestellten Ergebnis. R war zum Zeitpunkt der Abtretung auch Forderungsinhaber.

cc) Letztlich war die Forderungsabtretung vorliegend auch nicht ausgeschlossen.

Damit sind alle Voraussetzungen der Abtretung nach § 398 BGB erfüllt. R hat B seinen Anspruch gegen K aus § 488 BGB wirksam abgetreten. R ist durch diese Abtretung an Erfüllungs statt gemäß § 364 Abs. 1 BGB gegenüber B von seiner restlichen Zahlungsverpflichtung aus § 433 Abs. 2 BGB in Höhe von 20 Euro befreit worden. Der Anspruch des B auf Zahlung von 30 Euro gegen R aus § 433 Abs. 2 BGB ist damit insgesamt erloschen.

Ergebnis: B hat gegen R keinen Zahlungsanspruch aus § 433 Abs. 2 BGB mehr.

B kann gegen R einen Anspruch auf Herausgabe des Erlangten aus § 816 Abs. 2 BGB haben.

1.) Dann muss eine Leistung an einen Nichtberechtigten erbracht worden sein. Unter Leistung ist die bewusste und zweckgerichtete Mehrung fremden Vermögens zu verstehen. Als Leistung kommt nach der Sachverhaltsschilderung nur das Schieben der 20 Euro unter die Wohnungstür des R in Betracht. K müsste hierdurch also das Vermögen von R bewusst und zweckgerichtet vermehrt haben. Indem er den Briefumschlag mit dem Geld unter der Tür durchgeschoben hat, wollte K bewusst seine Verbindlichkeit gegenüber R aus § 488 Abs. 1 BGB erfüllen. Das ging nur, indem er dem R die »geliehenen« 20 Euro zukommen ließ. Inhalt der Leistungsverpflichtung des K war hier die Rückzahlung einer ausbezahlten Darlehenssumme. K hat somit im Sinne des § 816 Abs. 2 BGB an R geleistet, indem er den 20-Euro-Schein übermittelt hat.

2.) Weiterhin müsste R im Hinblick auf diese Leistung Nichtberechtigter gewesen sein. Nichtberechtigter ist ein Leistungsempfänger, der weder Inhaber der zugrunde liegenden Forderung noch auf Grund Rechtsgeschäfts oder Gesetzes zur Einziehung der Forderung befugt ist. In dem Moment, in dem K den Geldschein unter der Tür durchgesteckt hat, war der R wegen der soeben geprüften Abtretung schon nicht mehr Inhaber der Forderung in Höhe von 20 Euro. Diese Forderung hatte er ja etwa eine Stunde vorher auf B übertragen. R war folglich im Hinblick auf die Forderung gegen K aus § 488 Abs. 1 BGB in Höhe von 20 Euro auch ein Nichtberechtigter.

3.) Weiterhin setzt § 816 Abs. 2 BGB voraus, dass die Leistung dem Berechtigten gegenüber wirksam sein muss. Ein Ausgleich im Verhältnis zwischen dem Leistungsempfänger und dem wahren Inhaber der Forderung ist nur dann notwendig, wenn der Schuldner durch seine Leistung an den Nichtberechtigten auf Grund einer Ausnahmeregelung auch gegenüber dem Berechtigten befreit wird. Der Leistungserfolg nach § 362 Abs. 1 BGB muss grundsätzlich gegenüber dem richtigen Gläubiger bewirkt werden. K hat insoweit durch das Übermitteln des Geldes im Hinblick auf die 20 Euro an den falschen Gläubiger gezahlt, denn der Gläubiger war nach erfolgter Abtretung wie gezeigt nunmehr B.

Jedoch muss nach § 407 Abs. 1 BGB der neue Gläubiger eine Leistung, die der Schuldner nach der Abtretung an den bisherigen Gläubiger erbringt, grundsätzlich gegen sich gelten lassen. Einzige Voraussetzung von § 407 Abs. 1 BGB ist dabei, dass der Schuldner keine Kenntnis von der erfolgten Abtretung hat. K wusste nichts von der von R vorgenommenen Abtretung. Aus diesem Grund greift hier § 407 Abs. 1 BGB als Schuldnerschutzvorschrift ein. Die Leistung des K an R ist wegen § 407 BGB gegenüber B wirksam im Sinne des § 816 Abs. 2 BGB. Es sind mithin alle Voraussetzungen von § 816 Abs. 2 BGB erfüllt.

Ergebnis: B hat gegen R einen Anspruch aus § 816 Abs. 2 BGB auf Herausgabe der durch Leistung des K erlangten 20 Euro.

II.) Ansprüche des B gegen K

B kann gegen K einen Anspruch auf Kaufpreiszahlung aus § 433 Abs. 2 BGB haben.

1.) B und K haben miteinander, jedenfalls soweit es um die vier Cocktails für R und M geht, ersichtlich keinen Kaufvertrag geschlossen. Ein entsprechender Anspruch ist somit auch nicht entstanden.

2.) Auch durch die Abtretung ist K nicht Vertragspartner des B geworden, denn insoweit fehlt es ebenfalls an einer Willensäußerung des K. Ein Vertrag zwischen B und R, durch den K ohne sein Zutun und Wissen unmittelbar nach § 433 Abs. 2 BGB verpflichtet worden wäre, würde einen unzulässigen Vertrag zulasten Dritter darstellen, den das deutsche Recht nicht anerkennt.

Ergebnis: B hat mithin gegen K keinen Anspruch aus § 433 Abs. 2 BGB.

B kann gegen K einen Anspruch auf Darlehensrückzahlung aus § 488 Abs. 1, 398 BGB haben.

1.) Zwar haben B und K vorliegend keinen Darlehensvertrag geschlossen, jedoch ist ein Zahlungsanspruch des B aus abgetretenem Recht entstanden. Wie gezeigt, hat R dem B seinen zu diesem Zeitpunkt bestehenden Anspruch gegen K auf Darlehensrückzahlung aus § 488 Abs. 1 BGB wirksam abgetreten. B ist damit Inhaber des Anspruchs gegen K geworden.

2.) Zwar ist die Forderung des B nicht durch Erfüllung erloschen (s.o.). Allerdings muss er, wie wir gerade gesehen haben, die Leistung des K an R gemäß § 407 Abs. 1 BGB gegen sich gelten lassen. § 407 BGB bewirkt den Untergang des Anspruchs des Zessionars gegen den Schuldner.

Ergebnis: B hat folglich keinen Anspruch aus den §§ 488 Abs. 1, 398 BGB gegen K.

Fall 15

Omas Erbe

Zur Finanzierung seiner Ferienwohnung auf Mallorca nimmt Rechtsanwalt A im Jahre 2009 bei der B-Bank (B) einen Kredit in Höhe von 35.000 Euro auf. Es wird vereinbart, dass die Darlehenssumme samt Zinsen spätestens am 2. Mai 2011 zurückgezahlt werden soll. Ende 2010 erbt A von seiner Oma ein Diamantcollier (Wert: 40.000 Euro) und deponiert dieses in einem Schließfach der B. Der für den Saferaum zuständige Mitarbeiter M, der seit Jahren zuverlässig für B tätig ist, vergisst aus Schusseligkeit am Abend des 3. März 2011 die Tür ordnungsgemäß zu verriegeln, woraufhin in der Folgenacht bei einem Einbruch unter anderem das Collier gestohlen wird. Als A am 2. April 2011 erfährt, was geschehen ist, erklärte er der B die Aufrechnung seiner Schadensersatzforderung wegen des Colliers mit der gegen ihn bestehenden Darlehensforderung. B meint, das sei nicht möglich und verlangt die Rückzahlung der 35.000 Euro aus dem Darlehen.

Zu Recht?

Abwandlung: Der Fall bleibt gleich, allerdings tritt die B ihren Anspruch gegen den A am 15. März 2011 an den Z ab, ohne A hierüber zu informieren. **Anspruch des Z gegen A?**

> **Schwerpunkte:** Wirkung und Voraussetzungen der Aufrechnung gemäß den §§ 387 ff. BGB; die Pflichtverletzung nach den §§ 280 Abs. 1, 241 Abs. 2 BGB; Rechtsnatur des Schließfachvertrags mit einer Bank; Begriff des Erfüllungsgehilfen; der Ausschlusstatbestand von § 393 BGB; die Gleichartigkeit der Forderungen im Sinne des § 387 BGB; das Problem der Gegenseitigkeit von Forderungen bei Aufrechnung nach Abtretung.

Lösungsweg

Anspruch der B gegen A auf Rückzahlung von 35.000 Euro

AGL.: § 488 Abs. 1 Satz 2 BGB (Darlehensvertrag)

I.) Der Anspruch muss zunächst einmal *entstanden* sein. Der hierfür erforderliche Darlehensvertrag ist nach Schilderung des Sachverhalts zwischen A und B zustande gekommen, Wirksamkeitshindernisse sind nicht ersichtlich. Beachte insoweit bitte, dass der Rückzahlungsanspruch aus § 488 Abs. 1 BGB nicht unmittelbar mit Abschluss des Darlehensvertrages entsteht, sondern erst, wenn die Darlehenssumme auch tatsächlich ausgezahlt wird. Das ergibt sich aus dem Wortlaut von § 488 Abs. 1 Satz 2 BGB (»das zur Verfügung gestellte Darlehen«). Das ist hier passiert, also ist der Rückzahlungsanspruch entstanden.

II.) Der Anspruch kann jedoch im vorliegenden Fall wieder *erloschen* sein. Es ist zwar keine Erfüllung gemäß § 362 Abs. 1 BGB eingetreten, denn A hat die überlassene Geldsumme schließlich noch nicht zurückgezahlt. In Betracht kommt aber ein Erlöschen des Rückzahlungsanspruchs wegen der von A erklärten *Aufrechnung*. Die Aufrechnung ist in den §§ 387 ff. BGB geregelt. Sie bewirkt gemäß **§ 389 BGB** im Falle der wirksamen Durchführung das *Erlöschen* der Forderung(en), gegen die aufgerechnet wurde, und hat folgende Voraussetzungen:

1.) Die Aufrechnung ist ein (Gestaltungs-) Recht und muss deswegen immer aktiv *ausgeübt* werden. Dies ergibt sich aus § 388 BGB und geschieht durch eine einseitige empfangsbedürftige Erklärung gegenüber dem Gläubiger der Hauptforderung (BGH NJW **2011**, 451; BGHZ **11**, 27, 37; OLG Zweibrücken NJW-RR **2004**, 1177; OLG Brandenburg NJW-RR **2000**, 1620; *Bamberger/Roth/Dennhardt* § 388 BGB Rz. 1). A hat am 2. April 2011 gegenüber der B nach § 388 Satz 1 BGB die Aufrechnung erklärt.

2.) Es muss weiterhin eine sogenannte *Aufrechnungslage* nach § 387 BGB zu dem Zeitpunkt bestanden haben, als A die Aufrechnung gegenüber der B erklärt hat (BGHZ **2**, 300, 304; BGHZ **12**, 136, 144; *Palandt/Grüneberg* § 387 BGB Rz. 3).

> **Durchblick:** Bei der Aufrechnung geht es immer um zwei Forderungen, die man sehr sorgfältig auseinander halten muss: Die eine nennt man *Hauptforderung* (»Passivforderung«) und die andere die *Gegenforderung* (»Aktivforderung«). Begrifflich rechnet der Schuldner der Hauptforderung »mit« der Gegenforderung und »gegen« die Hauptforderung auf. Zweck der ganzen Aktion ist es, dass die beiden Forderungen gemäß § 389 BGB erlöschen, soweit sie sich decken (*Bamberger/Roth/Dennhardt* § 87 BGB Rz. 1). Der Schuldner der Hauptforderung kann somit – quasi im Wege der Selbsthilfe – seine Gegenforderung durchsetzen, ohne dass er dafür vor Gericht klagen muss (BGH NJW **1987**, 2997, 2998; *Pawlowski* ZZP 1991, 249, 269).

a) Erste Voraussetzung für die Aufrechnungslage ist, dass zwei Personen »einander« Leistungen schulden (lies: § 387 BGB). Damit ist gemeint, dass die Forderungen *gegenseitig* sein müssen.

> **Definition:** *Gegenseitigkeit* der Forderungen bedeutet, dass der Aufrechnende der Schuldner der Hauptforderung und der Gläubiger der Gegenforderung und – umgekehrt – der Aufrechnungsgegner der Gläubiger der Hauptforderung und der Schuldner der Gegenforderung sein muss (BGH NJW **2011**, 451; *Brox/Walker* AS § 16 Rz. 4; *Palandt/Grüneberg* § 387 BGB Rz. 4; *Jauernig/Stürner* § 387 BGB Rz. 3).

A war hier Schuldner und die B Gläubigerin des Rückzahlungsanspruchs aus § 488 Abs. 1 Satz 2 BGB.

Fraglich ist aber, ob auch eine Gegenforderung besteht, bei der A Gläubiger und die B Schuldnerin ist. In Betracht kommt hierfür ein *Schadensersatzanspruch* des A wegen der gestohlenen Kette. Ein solcher Anspruch kann sich aus **§ 280 Abs. 1 BGB** in Verbindung mit **§ 241 Abs. 2 BGB** ergeben. Dann müssen die Voraussetzungen dieser Vorschriften erfüllt sein:

aa) Ein *Schuldverhältnis* zwischen B und A lag hier jedenfalls in Form eines sogenannten »Schließfachvertrags« vor. Dieser Bankschließfachvertrag ist nach herrschender Meinung übrigens kein Verwahrungsvertrag im Sinne des § 688 BGB, sondern vielmehr nach den Regeln des Mietrechts aus den §§ 535 ff. BGB zu beurteilen, da die Bank im Zweifel nur den Safe zur Verfügung stellt, aber keine Obhutpflicht im Hinblick auf die aufbewahrten Sachen übernimmt (RGZ **141**, 99; OLG Hamburg OLGZ **2001**, 354; *Jauernig/Mansel* § 688 BGB Rz. 9; *Palandt/Weidenkaff* vor § 535 BGB Rz. 19; *Brox/Walker* BS § 30 Rz. 3). Das ist nur dann anders (→ Verwahrungsvertrag), wenn die Bank ausdrücklich oder stillschweigend auch das Bewachungsrisiko übernommen hat, wofür etwa eine gesonderte Absprache oder auch ein besonders hohes Entgelt sprechen kann (*Staudinger/Reuter* vor § 688 BGB Rz. 33).

ZE.: Hier in unserem Fall ist keine Rede von gesondertem Entgelt, einer vertraglichen Absprache oder einem besonderen Bewachungsrisiko mit der Folge, dass wir vom Vorliegen eines Mietvertrags im Sinne des § 535 BGB ausgehen wollen.

bb) Aus dem Mietvertrag mit A resultierte für die B zum einen die Pflicht, das vermietete Fach zur Verfügung zu stellen. Jedem Schuldverhältnis ist zudem gemäß § 241 Abs. 2 BGB die Nebenpflicht immanent, Rücksicht auf die Rechtsgüter des anderen Teils zu nehmen (*Jauernig/Mansel* § 241 BGB Rz. 9). Diese Verpflichtung im Rahmen der Durchführung des Mietvertrages mit A ist hier durch die Unachtsamkeit des M verletzt worden. A hat dadurch eine Eigentumsschädigung an seinem Collier in Form des Besitzverlustes erlitten.

ZE.: Es liegt eine von § 280 Abs. 1 Satz 1 BGB geforderte Pflichtverletzung vor; die Rechtsgüter des A sind bei der Durchführung des Mietvertrages durch M verletzt worden.

cc) Es fragt sich abschließend, ob B diese Pflichtverletzung auch *zu vertreten* hat. Dieses Vertretenmüssen ist gemäß § 280 Abs. 1 Satz 2 BGB Voraussetzung einer jeden Schadensersatzpflicht aus § 280 Abs. 1 Satz 1 BGB.

Nach den §§ 280 Abs. 1 Satz 2, 276 Abs. 1 BGB hat der Schuldner *Vorsatz* und *Fahrlässigkeit* zu vertreten. Die B selbst hat weder vorsätzlich noch fahrlässig gehandelt. Möglicherweise muss sich B jedoch die Handlung bzw. das Verschulden des Mitarbeiters M gemäß § 278 Satz 1 BGB wie eigenes zurechnen lassen. Dies ist dann der Fall, wenn M als *Erfüllungsgehilfe* der B tätig geworden ist. Die Definitionsmerkmale, die einen Erfüllungsgehilfen ausmachen, stehen unmittelbar in der Vorschrift selbst (Gesetz lesen!): Die B müsste sich des M demnach zur Erfüllung einer Verbindlichkeit aus diesem Schuldverhältnis bedient haben. An dieser Stelle kann man übrigens gerne auch die einprägsame und von den Studenten häufig benutzte Formel der Rechtsprechung zum Erfüllungsgehilfen präsentieren, sie lautet:

> **Definition:** *Erfüllungsgehilfe* im Sinne des § 278 BGB ist, wer nach den rein tatsächlichen Umständen mit dem Willen des Schuldners bei der Erfüllung einer diesem obliegenden Verbindlichkeit als seine Hilfsperson tätig wird (BGH NJW **2009**, 2197; BGHZ **100**, 122; BGHZ **152**, 380; PWW/*Schmidt-Kessel* § 278 BGB Rz. 7).

Subsumtion: Ein Schuldverhältnis bestand hier zwischen A und der B in Form des Schließfachvertrages (= Mietvertrag). Innerhalb dieses Mietvertrages hatte die B gemäß § 241 Abs. 2 BGB die Pflicht, die Rechtsgüter des A nicht zu schädigen. Eine solche Schädigung ist indessen durch die Unachtsamkeit des M beim Verschließen der Türen verursacht worden. Der M handelte dabei zudem »fahrlässig« im Sinne des § 276 Abs. 2 BGB, da er nach Schilderung des Sachverhaltes »aus Schusseligkeit« vergessen hatte, die Tür des Saferaumes ordnungsgemäß zu verschließen.

ZE.: Das Verschulden des M ist der B somit gemäß § 278 Satz 1 BGB zuzurechnen. Damit hat die B (!) schuldhaft eine Pflicht im Sinne des § 280 Abs. 1 BGB aus dem mit A geschlossenen Mietvertrag verletzt und ist dem A zum Ersatz des daraus entstandenen Schadens verpflichtet.

ZE.: Es liegen folglich sämtliche Voraussetzungen eines Ersatzanspruchs des A gegen B aus den §§ 280 Abs. 1, 241 Abs. 2 BGB vor mit der Konsequenz, dass eine Gegenforderung des A gegen die B aus den genannten Vorschriften bestand. Beachte übrigens, dass ein weiterer Anspruch des A gegen B aus § 831 Abs. 1 Satz 1 BGB (Haftung für den Verrichtungsgehilfen) daran scheitert, dass der M nach Auskunft des Sachverhaltes »seit Jahren zuverlässig« für B gearbeitet hat. Das ist der Klassiker der Exkulpation nach § 831 Abs. 1 Satz 2 BGB (vgl. insoweit bitte ausführlich Fall 9 weiter vorne). Es bleibt also bei einem Ersatzanspruch des A gegen B aus den §§ 280 Abs. 1, 241 Abs. 2 BGB in Höhe von 40.000 Euro.

ZE.: Es lagen demnach gegenseitige Forderungen von A und B vor.

3.) Der § 387 BGB setzt weiterhin voraus, dass die Forderungen, »ihrem Gegenstand nach gleichartig sind«.

> **Definition**: Forderungen sind *gleichartig* im Sinne des § 387 BGB, wenn sie ihrem tatsächlichen Gegenstand nach austausch- und verrechenbar sind (BGHZ **16**, 124, 127; BGHZ **54**, 244, 247; *Brox/Walker* AS § 16 Rz. 5).

Praktisch kommen hierfür vor allem *Geldforderungen* und *Gattungsschulden* gemäß den §§ 243-245 BGB in Betracht (*Palandt/Grüneberg* § 245 BGB Rz. 6). Und da hier sowohl der Anspruch der B auf Rückzahlung der Darlehenssumme aus § 488 Abs. 1 Satz 2 BGB als auch der Schadensersatzanspruch des A aus den §§ 280 Abs. 1 Satz 1, 241 Abs. 2 BGB auf die Zahlung von <u>Geld</u> gerichtet sind, liegt in unserem Fall die Gleichartigkeit der Forderungen vor.

<u>ZE.</u>: Es handelte sich um gleichartige Forderungen im Sinne des § 387 BGB.

4.) Die *Gegenforderung* des A muss weiterhin *durchsetzbar* sein. Dieses Erfordernis ergibt sich aus § 390 BGB, wonach mit einer einredebehafteten Forderung nicht aufgerechnet werden darf (prüfen!). Dabei ist der Ausdruck »einredebehaftet« eng zu verstehen. Rechtshindernde oder rechtsvernichtende Einwendungen (= Wirksamkeitshindernisse oder Erlöschensgründe) sind explizit und unstreitig nicht erfasst (vgl. nur *Bamberger/ Roth/Dennhardt* § 390 BGB Rz. 2).

> **Definition**: Die Gegenforderung ist *durchsetzbar*, wenn sie frei von Einreden und zudem auch fällig ist (BGH NJW **2002**, 3541; BGH NJW **2001**, 287; BGHZ 2, 300, 302).

In unserem Fall war der Anspruch des A aus den §§ 280 Abs. 1 Satz 1, 241 Abs. 2 BGB wegen § 271 Abs. 1 BGB sofort *fällig*, also direkt mit Begehung der Pflichtverletzung am 3. März. *Einreden* der B sind aus dem Sachverhalt nicht ersichtlich. Der Anspruch des A ist somit auch durchsetzbar.

> **Feinkostabteilung**: Im Hinblick auf mögliche Einreden wollen sich die Oberschlauen bitte merken, dass die Einreden – im Gegensatz zur sonstigen Regel – vom Schuldner bei der Aufrechnung nicht geltend gemacht werden müssen, um Wirksamkeit zu erlangen (BGH WM **2000**, 2385). Eine Einrede (z.B. Verjährung) steht der Aufrechnung somit wegen § 390 BGB schon dann entgegen, wenn nur ihre Voraussetzungen vorliegen, ohne dass man dies auch geltend machen muss (BGH NJW **2002**, 3541; BGH NJW **2001**, 287; *Palandt/Grüneberg* § 390 BGB Rz. 1). Merken.

<u>ZE.</u>: Die Gegenforderung des A war auch *durchsetzbar*.

5.) Letztlich muss die Hauptforderung auch *erfüllbar* sein (BGH NJW-RR **2004**, 3118).

> **Definition:** Die *Erfüllbarkeit* der Hauptforderung liegt vor, wenn dem Aufrechnenden eine Leistung obliegt und er diese zum Zeitpunkt der Aufrechnungserklärung bewirken kann (MüKo/*Schlüter* § 387 BGB Rz. 38; *Palandt/Grüneberg* § 387 BGB Rz. 12).

a) Der Rückzahlungsanspruch der B war hier nach der von A und B getroffenen Vereinbarung erst am 2. Mai 2011 fällig.

b) Im Hinblick auf die Erfüllbarkeit gilt grundsätzlich § 271 Abs. 2 BGB. Da steht drin, dass wenn die Parteien im Vertrag eine Zeit bestimmt haben, zu der geleistet werden soll, der Gläubiger im Zweifel die Leistung nicht vor dieser Zeit verlangen, der Schuldner sie aber vorher bewirken kann. **Beispiel:** X bestellt sich beim Versandhändler *Amazonas* (A) ein Buch. A teilt mit, das Buch werde erst in einer Woche geliefert, X findet das in Ordnung. Wenn das Buch jetzt trotzdem schon drei Tage nach der Bestellung bei X im Briefkasten liegt, dann hat A damit seine Verpflichtung aus § 433 Abs. 1 Satz 1 BGB erfüllt. Umgekehrt dürfte X nach der Zweifelsfallregelung von § 271 Abs. 2 BGB die Lieferung aber nicht vor Ablauf einer Woche verlangen. Kapiert!?

c) Möglicherweise ist in unserem Fall aber eine abweichende Vereinbarung von den Vertragsparteien getroffen worden, sodass § 271 Abs. 2 BGB nicht anwendbar ist. Das hätte zur Folge, dass A am 2. April die Rückzahlung noch nicht bewirken dürfte, die Forderung der B für ihn also nicht erfüllbar wäre. Die Aufrechnung würde dann an diesem Punkt scheitern.

> **Beachte bitte die harte Wirklichkeit**: Bei einem von einem Kreditinstitut gewährten verzinslichen Darlehen ist Erfüllbarkeit im Sinne des § 271 Abs. 2 BGB regelmäßig erst bei *Fälligkeit* des Rückzahlungsanspruchs anzunehmen. Eine vorzeitige Rückzahlung ist daher grundsätzlich nicht möglich. Das liegt daran, dass der Kreditgeber (Bank = steinreich) im Regelfall sein Geld damit verdient, dass er das Geld auf Zeit dem Kreditnehmer (= armer Schlucker) überlässt und ihm für diese Überlassung tüchtig Zinsen für jeden Tag des Überlassungszeitraums berechnet. Würde es zu einer vorzeitigen Rückzahlung kommen, gingen der Bank diese Einnahmen bis zum vereinbarten Laufzeitende verloren. Und da haben die natürlich keine Lust drauf, weil sie sonst nämlich nicht so reich würden.

Zum Fall: Hier in unserem Fall wurde jedoch, der brutalen Wirklichkeit widersprechend, die Rückzahlung bis »**spätestens**« zum 2. Mai 2011 vereinbart. Daraus wird ersichtlich, dass auch eine frühere Rückzahlung für A möglich sein sollte.

<u>ZE.</u>: Die Hauptforderung war auch erfüllbar.

<u>ZE.</u>: Damit bestand die gemäß § 387 BGB erforderliche Aufrechnungslage.

6.) Schließlich darf die Aufrechnung auch nicht *ausgeschlossen* sein. Ein möglicher Ausschlussgrund findet sich in **§ 393 BGB** (bitte aufschlagen!). Bezüglich des Anspruchs aus den §§ 280 Abs. 1, 241 Abs. 2 BGB scheidet § 393 BGB indessen aus, da dieser Anspruch – wie wir gesehen haben – auf einer *vertraglichen* Pflichtverletzung und nicht auf einer vorsätzlichen unerlaubten Handlung beruht, wie es § 393 BGB verlangt.

> **Feinkost**: Der § 393 BGB wäre selbst dann nicht einschlägig gewesen, wenn wir weiter oben einen Anspruch aus § 831 BGB bejaht hätten, denn: Zum einen fehlte es im vorliegenden Fall natürlich am Vorsatz, denn M handelte ja nur aus Schusseligkeit (= Fahrlässigkeit). Zum anderen setzt der § 393 BGB aber vor allem voraus, dass die

Aufrechnung *gegen* eine Forderung aus unerlaubter Handlung erfolgt (vgl. dazu den instruktiven Fall des BGH aus NJW **2009**, 3508). Hier hat unser A aber nicht die Aufrechnung gegen, sondern *mit* einer eigenen Forderung aus unerlaubter Handlung erklärt, denn Inhaber der Forderung war er selbst. Die Regelung von § 393 BGB ist übrigens notwendig und hat beachtlichen Sinn, denn anderenfalls könnte der Gläubiger einer Forderung (z.B. der Vermieter) ohne weiteres losmarschieren und Sachen seines Schuldners (z.B. Mieter) absichtlich beschädigen und dann gegen die Ansprüche des Mieters aus § 823 BGB mit der Mietzinsforderung aufrechnen! Zahlt der Mieter also die Miete nicht und hat der Vermieter keine Lust, dagegen vor Gericht zu klagen, zerstört er einfach das Auto des Mieters und rechnet dann auf. Kann nicht sein. Der Selbstjustiz wäre damit nämlich Tür und Tor geöffnet (BGH NJW **2009**, 3508). Herr *Gursky* nennt dieses Phänomen deshalb übrigens höchst anschaulich »Selbstexekution der Gegenforderung durch finales Handeln« (*Staudinger/Gursky* § 393 BGB Rz. 1). Eine solche »sanktionslose Privatrache« (*Deutsch* NJW 1981, 735) soll aber nach einhelliger Meinung ausgeschlossen sein.

<u>ZE.:</u> Die Aufrechnung war vorliegend nicht ausgeschlossen.

<u>ZE.:</u> Der Anspruch der B gegen A aus § 488 Abs. 1 Satz 2 BGB ist mithin durch Aufrechnung gemäß § 387 BGB *erloschen*.

Ergebnis: Die B hat gegen A keinen Anspruch auf Zahlung von 35.000 Euro aus § 488 Abs. 1 Satz 2 BGB mehr.

Abwandlung

Anspruch des Z gegen A auf Zahlung von 35.000 Euro

<u>AGL.:</u> **§§ 488 Abs. 1 Satz 2, 398 BGB (Anspruch aus abgetretenem Recht)**

1.) Z ist durch die Abtretung Inhaber des wirksam entstandenen und auf ihn übergegangenen Anspruchs geworden.

2.) Fraglich ist jedoch, ob dieser Anspruch des Z nicht durch die Aufrechnung des A gegenüber der B *erloschen* ist. Eine Aufrechnungserklärung lag zwar vor, jedoch fehlt es möglicherweise an der notwendigen *Aufrechnungslage*.

Durchblick: Problematisch ist in der Fallabwandlung, dass ein Dritter (Z) ins Spiel gekommen ist, und die beiden Forderungen insofern möglicherweise nicht mehr *gegenseitig* sind, sodass die Aufrechnung des A nicht funktioniert. Wir erinnern uns:

> **Definition:** Die *Gegenseitigkeit* der Forderungen bedeutet, dass der Aufrechnende der Schuldner der Hauptforderung und der Gläubiger der Gegenforderung und – umgekehrt – der Aufrechnungsgegner der Gläubiger der Hauptforderung und der Schuldner der Gegenforderung sein muss (*Brox/Walker* AS § 16 Rz. 4; *Palandt/ Grüneberg* § 387 BGB Rz. 4; *Jauernig/Stürner* § 387 BGB Rz. 3).

Gegenseitigkeit liegt also nur vor, wenn der Aufrechnende (A) der Schuldner der Hauptforderung und Gläubiger der Gegenforderung, und der Aufrechnungsgegner (B) Gläubiger der Hauptforderung und Schuldner der Gegenforderung ist (schwerer Satz, bitte noch mal lesen). Durch die Abtretung des Anspruchs aus § 488 Abs. 1 Satz 2 BGB ist hier allerdings Z zum Gläubiger dieser Forderung geworden. Als A am 2. April gegenüber der B die Aufrechnung erklärt, ist diese also gar nicht mehr Inhaberin dieses Anspruchs gewesen. Nach der Definition von eben fehlt es also grundsätzlich an der Gegenseitigkeit der Forderungen mit der Folge, dass die Aufrechnung des A ins Leere ginge und er an Z zahlen müsste.

Aber: Für unseren Fall kommen als Ausnahmevorschriften die **§§ 404 ff. BGB** in Betracht. Die §§ 404 ff. BGB sind sogenannte *Schuldnerschutzvorschriften* (*Brox/Walker* AS § 34 Rz. 22). Sie greifen immer ein, wenn eine Abtretung stattfindet und dienen dazu, dass der Schuldner eines Anspruchs keine Nachteile daraus erleidet, dass sein Gläubiger bzw. Vertragspartner den Anspruch an einen Dritten abtritt (BGH NJW **1956**, 257). Die Abtretung bedarf nämlich grundsätzlich nicht der Genehmigung des Schuldners, sodass jeder Gläubiger prinzipiell auch »hinter dem Rücken« des Schuldners operieren und diesem einen neuen (unbekannten) Gläubiger vor die Nase setzen kann. Der Gesetzgeber hat für diese Konstellation bestimmte Schutzmechanismen vorgesehen und in den **§§ 404 ff. BGB** niedergelegt. Schauen wir uns die mal an:

→ Der **§ 406 BGB** fliegt allerdings in unserem Fall direkt wieder raus, denn nach dieser Vorschrift darf der Schuldner »dem neuen Gläubiger« gegenüber aufrechnen. In unserem Fall hat A aber gegenüber der B die Aufrechnung erklärt. Die war nicht der neue Gläubiger, sondern der alte.

→ Hier passt dafür aber **§ 407 Abs. 1, Fall 2 BGB**, denn § 407 BGB hat Regelungen über »Rechtshandlungen gegenüber dem bisherigen Gläubiger« (Gesetzesüberschrift!) zum Inhalt. Demnach muss der neue Gläubiger (Z) grundsätzlich jedes Rechtsgeschäft, das nach der Abtretung zwischen dem Schuldner (A) und dem bisherigen Gläubiger (B) in Ansehung der Forderung vorgenommen wird, gegen sich gelten lassen. Etwas anderes gilt nur, wenn der Schuldner (A) bei Vornahme des Rechtsgeschäfts schon von der Abtretung weiß.

Zum Fall: A hatte hier keine Ahnung von der Abtretung des Anspruchs an Z. Die gegenüber B erklärte Aufrechnung wirkt damit in unserem Fall auch unmittelbar gegenüber Z. Der Anspruch des Z ist durch Aufrechnung gegenüber der B gemäß § 387 BGB erloschen.

Erg.: Z hat gegen A keinen Anspruch auf Zahlung von 35.000 Euro aus den §§ 488 Abs. 1 Satz 2, 398 BGB.

Gutachten

B kann gegen A einen Anspruch auf Rückzahlung von 35.000 Euro aus § 488 Abs. 1 Satz 2 BGB haben.

I.) Der hierfür erforderliche Darlehensvertrag ist nach Schilderung des Sachverhalts zwischen A und B zustande gekommen, Wirksamkeitshindernisse sind nicht ersichtlich. Der Rückzahlungsanspruch aus § 488 BGB entsteht erst, wenn die Darlehenssumme auch tatsächlich ausgezahlt wird, § 488 Abs. 1 Satz 2 BGB. Das ist hier passiert. Der Rückzahlungsanspruch ist mithin entstanden.

II.) Der Anspruch kann jedoch erloschen sein. In Betracht kommt ein Erlöschen des Rückzahlungsanspruchs wegen der von A erklärten Aufrechnung. Die Aufrechnung ist in den §§ 387 ff. BGB geregelt.

1.) A hat gegenüber B am 2. April 2011 nach § 388 Satz 1 BGB die Aufrechnung erklärt.

2.) Es muss weiterhin eine sogenannte Aufrechnungslage nach § 387 BGB zu dem Zeitpunkt bestanden haben, zu dem A die Aufrechnung gegenüber der B erklärt hat.

a) Erste Voraussetzung hierfür ist, dass zwei Personen »einander« Leistungen schulden, § 387 BGB, die Forderungen also gegenseitig sind. Gegenseitigkeit der Forderungen bedeutet, dass der Aufrechnende der Schuldner der Hauptforderung und der Gläubiger der Gegenforderung und – umgekehrt – der Aufrechnungsgegner der Gläubiger der Hauptforderung und der Schuldner der Gegenforderung sein muss. A war hier Schuldner und die B Gläubigerin des Rückzahlungsanspruches aus § 488 Abs. 1 Satz 2 BGB. Fraglich ist aber, ob auch eine Gegenforderung besteht, bei der A Gläubiger und die B Schuldnerin ist. In Betracht kommt hierfür ein Schadensersatzanspruch des A wegen der gestohlenen Kette. Ein solcher Anspruch kann sich aus § 280 Abs. 1 BGB in Verbindung mit § 241 Abs. 2 BGB ergeben. Dann müssen die Voraussetzungen dieser Vorschriften erfüllt sein.

aa) Ein Schuldverhältnis zwischen B und A lag hier jedenfalls in Form eines »Schließfachvertrags« vor. Ein gesondertes Entgelt, eine vertragliche Absprache oder ein besonderes Bewachungsrisiko sind dem Sachverhalt nicht zu entnehmen mit der Folge, dass es sich hierbei um einen Mietvertrag im Sinne des § 535 BGB handelt.

bb) Aus dem Mietvertrag mit A resultierte für B zum einen die Pflicht, das vermietete Fach zur Verfügung zu stellen. Jedem Schuldverhältnis ist jedoch die Nebenpflicht immanent, Rücksicht auf die Rechtsgüter des anderen Teils zu nehmen. Diese Verpflichtung gemäß § 241 Abs. 2 BGB im Rahmen der Durchführung des Mietvertrages mit A ist hier durch die Unachtsamkeit des M verletzt worden. A hat dadurch den Besitz an seinem Collier verloren. Es liegt somit eine von § 280 Abs. 1 Satz 1 BGB geforderte Pflichtverletzung vor.

cc) Diese Pflichtverletzung muss B auch zu vertreten haben, § 280 Abs. 1 Satz 2 BGB. Nach den §§ 280 Abs. 1 Satz 2, 276 Abs. 1 BGB hat der Schuldner Vorsatz und Fahrlässigkeit zu vertreten. B selbst hat weder vorsätzlich noch fahrlässig gehandelt. Möglicherweise muss sich B jedoch die Handlung bzw. das Verschulden des M gemäß § 278 Satz 1 BGB wie eigenes zurechnen lassen.

Dies ist dann der Fall, wenn M als Erfüllungsgehilfe der B tätig geworden ist. Erfüllungsgehilfe im Sinne des § 278 BGB ist, wer nach den rein tatsächlichen Umständen mit dem Willen des Schuldners bei der Erfüllung einer diesem obliegenden Verbindlichkeit als seine Hilfsperson tätig wird. Ein Schuldverhältnis im Sinne von § 278 BGB bestand hier zwischen A und der B in Form des Schließfachvertrages. Innerhalb dieses Mietvertrages hatte B gemäß § 241 Abs. 2 BGB die Pflicht, die Rechtsgüter des A nicht zu schädigen. Eine solche Schädigung ist indes aufgrund der Unachtsamkeit des M beim Verschließen der Türen verursacht worden. M hatte »aus Schusseligkeit« vergessen, die Tür des Saferaumes ordnungsgemäß zu verschließen. Er handelte folglich »fahrlässig« im Sinne des § 276 Abs. 2 BGB. Das Verschulden des M ist der B somit gemäß § 278 Satz 1 BGB zuzurechnen. Es liegen folglich sämtliche Voraussetzungen eines Ersatzanspruchs des A gegen B aus den §§ 280 Abs. 1, 241 Abs. 2 BGB vor mit der Konsequenz, dass eine Gegenforderung des A gegen die B aus den genannten Vorschriften bestand. Die Forderungen von A und B waren mithin auch gegenseitig.

b) § 387 BGB setzt weiterhin voraus, dass die Forderungen »ihrem Gegenstand nach gleichartig sind«. Forderungen sind gleichartig im Sinne des § 387 BGB, wenn sie ihrem tatsächlichen Gegenstand nach austausch- und verrechenbar sind. Sowohl der Anspruch der B auf Rückzahlung der Darlehenssumme aus § 488 Abs. 1 Satz 2 BGB als auch der Schadensersatzanspruch des A aus den §§ 280 Abs. 1 Satz 1, 241 Abs. 2 BGB sind auf die Zahlung von Geld gerichtet. Es handelte sich folglich um gleichartige Forderungen im Sinne des § 387 BGB.

c) Die Gegenforderung des A muss weiterhin durchsetzbar sein. Dieses Erfordernis ergibt sich aus § 390 BGB, wonach mit einer einredebehafteten Forderung nicht aufgerechnet werden darf. Die Gegenforderung ist durchsetzbar, wenn sie frei von Einreden und zudem auch fällig ist. Der Anspruch des A aus den §§ 280 Abs. 1 Satz 1, 241 Abs. 2 BGB war wegen § 271 Abs. 1 BGB sofort fällig, also mit Begehung der Pflichtverletzung am 3. März. Einreden der B sind aus dem Sachverhalt nicht ersichtlich. Die Gegenforderung des A war demgemäß auch durchsetzbar.

d) Letztlich muss die Hauptforderung auch erfüllbar sein. Erfüllbarkeit der Hauptforderung liegt vor, wenn dem Aufrechnenden eine Leistung obliegt und er diese zum Zeitpunkt der Aufrechnungserklärung bewirken kann.

aa) Der Rückzahlungsanspruch der B war hier nach der von A und B getroffenen Vereinbarung erst am 2. Mai 2011 fällig.

bb) Im Hinblick auf die Erfüllbarkeit gilt grundsätzlich § 271 Abs. 2 BGB. Demnach gilt, wenn die Parteien im Vertrag eine Zeit bestimmt haben, zu der geleistet werden soll, dass der Gläubiger im Zweifel die Leistung nicht vor dieser Zeit verlangen, der Schuldner sie aber vorher bewirken kann.

cc) Möglicherweise ist vorliegend aber eine abweichende Vereinbarung von den Vertragsparteien getroffen worden, sodass § 271 Abs. 2 BGB nicht anwendbar ist. Das hätte zur Folge, dass A am 2. April die Rückzahlung noch nicht bewirken dürfte, die Forderung der B für ihn also nicht erfüllbar wäre. Die Rückzahlung war zwischen A und B jedoch bis »spätestens« zum 2. Mai 2011 vereinbart worden. Daraus wird ersichtlich, dass auch eine frühere Rückzahlung für A möglich sein sollte. Die Hauptforderung war auch erfüllbar. Die gemäß § 387 BGB erforderliche Aufrechnungslage bestand im Zeitpunkt der Aufrechnungserklärung.

e) Die Aufrechnung darf letztendlich auch nicht ausgeschlossen sein. Ein möglicher Ausschlussgrund findet sich in § 393 BGB. Bezüglich des Anspruchs aus den §§ 280 Abs. 1, 241 Abs. 2 BGB scheidet § 393 BGB indessen aus, da dieser Anspruch auf einer vertraglichen Pflichtverletzung und nicht auf einer vorsätzlichen unerlaubten Handlung beruht, wie es § 393 BGB verlangt. Die Aufrechnung war mithin auch nicht ausgeschlossen. Der Anspruch der B gegen A aus § 488 Abs. 1 Satz 2 BGB ist somit durch Aufrechnung gemäß § 387 BGB erloschen.

Ergebnis: B hat gegen A keinen Anspruch auf Zahlung von 35.000 Euro aus § 488 Abs. 1 Satz 2 BGB.

Abwandlung

Z kann gegen A einen Anspruch auf Zahlung von 35.000 Euro aus den §§ 488 Abs. 1 Satz 2, 398 BGB haben.

1.) Z ist durch die Abtretung Inhaber des wirksam entstandenen und auf ihn übergegangenen Anspruchs geworden.

2.) Fraglich ist jedoch, ob dieser Anspruch des Z nicht durch die Aufrechnung des A gegenüber der B erloschen ist. Eine Aufrechnungserklärung lag zwar vor, jedoch fehlt es möglicherweise im Hinblick auf die Gegenseitigkeit der Forderungen an der notwendigen Aufrechnungslage. Gegenseitigkeit der Forderungen liegt nur vor, wenn A der Schuldner der Hauptforderung und Gläubiger der Gegenforderung, und der B Gläubiger der Hauptforderung und Schuldner der Gegenforderung ist.

Durch die Abtretung des Anspruchs aus § 488 Abs. 1 Satz 2 BGB ist allerdings Z zum Gläubiger der Forderung geworden. Als A am 2. April gegenüber der B die Aufrechnung erklärt, ist diese also gar nicht mehr Inhaberin dieses Anspruchs gewesen. Möglicherweise greift hier aber § 407 Abs. 1, Fall 2 BGB ein, denn danach muss der neue Gläubiger grundsätzlich jedes Rechtsgeschäft, das nach der Abtretung zwischen dem Schuldner und dem bisherigen Gläubiger in Ansehung der Forderung vorgenommen wird, gegen sich gelten lassen. Etwas anderes gilt nur, wenn der Schuldner bei Vornahme des Rechtsgeschäfts schon von der Abtretung weiß. A hatte keine Kenntnis von der Abtretung des Anspruchs an Z. Die gegenüber B erklärte Aufrechnung wirkt damit auch unmittelbar gegenüber Z. Dessen Anspruch ist also durch Aufrechnung gegenüber der B gemäß § 387 BGB erloschen.

Ergebnis: Z hat gegen A keinen Anspruch auf Zahlung von 35.000 Euro aus den §§ 488 Abs. 1 Satz 2, 398 BGB.

Teil 2
Die vertraglichen
Schuldverhältnisse

1. Abschnitt

Das Kaufrecht, §§ 433 ff. BGB

Fall 16

Ich bin doch nicht blöd!

Angelockt von provokanter Medienpräsenz hat Rechtsstudent R beim M-Markt (M) eine neue Digital-Fotokamera zum Preis von 350 Euro gekauft. Gleich bei der ersten Benutzung im heimischen Wohnzimmer muss R zwei Stunden später feststellen, dass das Blitzlicht aufgrund eines Fabrikationsfehlers nicht funktionstüchtig ist.

R fühlt sich auf den Arm genommen, fährt sofort zurück zu M, stellt den Apparat auf den Tisch und erklärt wegen des Defektes den Rücktritt vom Vertrag; M solle ihm schleunigst das Geld zurückzahlen. M indessen weigert sich und meint, so einfach ginge das nicht. R könne ein neues, funktionsfähiges Exemplar dieser Kamera haben oder aber die defekte von M kostenfrei reparieren lassen; den Kaufpreis erstatte er (M) aber nicht. R besteht auf der Rückzahlung des Kaufpreises.

Zu Recht?

Schwerpunkte: Die kaufrechtliche Gewährleistung der §§ 434 ff. BGB, der Grundfall; Rücktritt vom Kaufvertrag wegen Mangelhaftigkeit der Kaufsache; der Aufbau einer Rücktrittsprüfung im Kaufrecht; der Begriff des Mangels aus den §§ 434, 435 BGB; die möglichen Rechtsbehelfe aus § 437 BGB; der Gefahrübergang nach § 446 BGB.

Lösungsweg

Vorbemerkung: Wir starten jetzt mit dem Kaufrecht und haben uns für den Anfang einen recht einfachen Fall ausgesucht. Einfach deshalb, weil natürlich klar ist, dass sich niemand mit einer Digitalkamera, bei der das Blitzlicht funktionsuntauglich ist, zufrieden geben muss. Unserem Rechtsstudenten R stehen hier selbstredend Gewährleistungsrechte aus den §§ 434 ff. BGB gegen den M zu. Der Fall hat allerdings trotz dieser Eindeutigkeit im Ergebnis eine für den Laien und leider auch die meisten Studenten interessante Überraschung parat. Der Leser mag sich, bitte ohne das Ergebnis gleich nachzuschlagen, spaßeshalber mal – rein vom Rechtsgefühl her – fragen, ob der R denn nun sein Geld im vorliegenden Fall zurückbekommen soll oder nicht.

Wie das Ganze in der vollständigen rechtlichen Prüfung tatsächlich ausgeht, sehen wir uns sogleich an, wollen uns vorher aber bitte noch darauf einstellen, dass wir hier im ersten Fall hauptsächlich wichtige, für das *gesamte* Kaufrecht geltende Grundregeln, insbesondere im Hinblick auf den Fallaufbau und die klausurmäßige Bearbeitung lernen werden. Besondere Aufmerksamkeit ist also geboten, und wer dazu dann noch den Gesetzestext aufgeschlagen neben sich liegen hat, hat reelle Chancen, einen vernünftigen Einstieg in die Materie zu finden. Alles klar!?

Anspruch des R gegen M auf Rückzahlung der 350 Euro

AGL.: §§ 346 Abs. 1, 323 Abs. 1, 437 Nr. 2 Fall 1 BGB (Rücktritt vom Vertrag)

Dem R steht dann ein Anspruch auf Rückzahlung des Kaufpreises aus § 346 Abs. 1 BGB zu, wenn er wirksam vom Kaufvertrag mit M zurückgetreten ist. Dies ergibt sich aus dem Wortlaut des § 346 Abs. 1 BGB, wonach bei erfolgtem Rücktritt die empfangenen Leistungen zurückzugewähren sind (lies: § 346 Abs. 1 BGB). Wir müssen demnach prüfen, ob R wirksam vom Vertrag mit M zurückgetreten ist.

Voraussetzungen des Rücktritts:

I.) Der R muss den Rücktritt gemäß **§ 349 BGB** zunächst einmal *erklärt* haben, was im vorliegenden Fall aber kein Problem darstellt, denn nach der Sachverhaltsangabe hat unser R dies ausdrücklich gegenüber M getan.

II.) Des Weiteren erforderlich ist natürlich auch ein *Rücktrittsgrund*, wobei das Gesetz in § 346 Abs. 1 BGB ausdrücklich zwischen dem vertraglich vereinbarten und dem gesetzlich angeordneten Rücktrittsrecht unterscheidet. Im vorliegenden Fall ist keine vertragliche Vereinbarung diesbezüglich ersichtlich mit der Konsequenz, dass für den Rücktritt des R nur ein *gesetzliches* Rücktrittsrecht in Betracht kommt. Dieses kann sich wegen des Defektes an der Kamera aus den **§§ 323 Abs. 1, 437 Nr. 2 Fall 1 BGB** ergeben.

Durchblick: Die Rechte des Käufers sind für den Fall des Vorliegens eines Mangels der Kaufsache in § 437 BGB (abschließend!) geregelt. Die Norm nennt dabei insgesamt *fünf* Rechtsbehelfe, auf die der Käufer zurückgreifen kann, nämlich:

Nacherfüllung (Nr. 1), **Rücktritt** (Nr. 2, 1. Variante), **Minderung** (Nr. 2, 2. Variante), **Schadensersatz** (Nr. 3, 1. Variante) und **Aufwendungsersatz** (Nr. 3, 2. Variante).

Beachtlich für die Klausur ist nun zunächst, dass der § 437 BGB zwar die möglichen Rechte des Käufers abschließend auflistet, selbst aber dennoch keine eigene Anspruchsgrundlage, sondern vielmehr nur eine sogenannte *Rechtsgrundverweisung* darstellt (*Bamberger/Roth/Faust* § 437 BGB Rz. 1; PWW/*Schmidt* § 437 BGB Rz. 1; *Jauernig/Berger* § 434 BGB Rz. 8; *Palandt/Weidenkaff* § 437 BGB Rz. 1; *Ehmann/Sutschet* in JZ 2004, 62). Rechtsgrundverweisung bedeutet, dass die Norm nur unter Hinzuziehung anderer Vorschriften, die dann den eigentlichen »Rechtsgrund« des Anspruchs ausmachen, zur Anspruchsgrundlage wird (*Bamberger/Roth/Faust* § 437 BGB Rz. 1; *Jauernig/Berger* § 434 BGB Rz. 8). Der § 437 BGB ist damit zwar die *Schaltzentrale* des gesamten Kaufrechts, für die Anspruchsbegründung im Einzelnen bedarf es indessen immer noch weiterer Voraussetzungen bzw. Vorschriften (sehen wir uns gleich an).

Für die Fallprüfung hat das zur Konsequenz, dass man sich zunächst sehr genau das Begehren des Käufers anschauen muss. Je nach Anspruchsziel weist der § 437 BGB auf die entsprechenden weiteren Normen, die dann im Einzelnen zu prüfen sind, hin. Wenn der Käufer also beispielsweise wie bei uns den Rücktritt bzw. die Rückzahlung des Kaufpreises wegen erklärten Rücktritts fordert, orientiert sich die Prüfung zunächst an **§ 437 Nr. 2 BGB**. Denn nur dort spricht der § 437 BGB von der Möglichkeit zur Rückabwicklung des Kaufvertrages (Fall 1). Der § 437 Nr. 2 Fall 1 BGB führt dann mit dem Verweis auf – unter anderem – den § 323 Abs. 1 BGB zur eigentlichen Anspruchsgrundlage, nämlich zu dem für den Rücktritt grundsätzlich geltenden **§ 346 Abs. 1 BGB**. Und deshalb stehen die §§ 346 Abs. 1, 323 Abs. 1, 437 Nr. 2 Fall 1 BGB gemeinsam im Obersatz unserer Prüfung – und nicht nur der § 437 Nr. 2 BGB. Denn diese Norm ist – wir sagten es eben – nur quasi der »Wegweiser« zu den weiteren Vorschriften.

> **Anderes Beispiel**: Wäre etwa nach einem Anspruch auf Neulieferung einer Sache oder Beseitigung des Mangels (»Nacherfüllung«) gefragt gewesen, hätte **§ 439 Abs. 1 BGB** in Verbindung mit **§ 437 Nr. 1 BGB** erörtert werden müssen. Denn erst aus der Kombination von § 437 Nr. 1 BGB mit § 439 Abs. 1 BGB ergibt sich, was genau der Käufer im Rahmen der Nacherfüllung verlangen kann (bitte lies § 439 Abs. 1 BGB).

Der § 437 BGB steht demnach nie allein zur Begründung eines kaufrechtlichen Anspruchs im Obersatz der Prüfung, sondern muss gekoppelt mit anderen Normen genannt werden.

Neben diesem Prinzip, wonach für die jeweiligen Ansprüche des Käufers unterschiedliche Voraussetzungen gelten und diese aus § 437 BGB herzuleiten sind, gibt es bei der Prüfung der Rechte des Käufers allerdings *eine* zwingende und für alle in § 437 BGB genannten Rechtsbehelfe geltende **Grundvoraussetzung**: Aus dem Einleitungssatz des § 437 BGB ergibt sich nämlich, dass sämtliche Rechte (also etwa auch der Rücktritt) gekoppelt sind an das Vorliegen eines *Mangels*. Im Einleitungssatz von § 437 BGB steht: »*Ist die Sache mangelhaft*...« (bitte nachlesen). Ohne Mangelhaftigkeit der Kaufsache findet der § 437 BGB mit seinen möglichen Rechtsfolgen bzw. Verweisungen demnach überhaupt **keine** Anwendung, eine kaufrechtliche Gewährleistung wäre unter diesen Umständen von vornherein komplett ausgeschlossen (*Palandt/Weidenkaff* § 437 BGB Rz. 2; *Jauernig/Berger* § 437 BGB Rz. 2; *Boerner* in ZIP 2001, 2264).

> **Wir merken uns:** Die Rechtsbehelfe des Käufers sind in § 437 BGB abschließend geregelt. Der § 437 BGB stellt aber für sich betrachtet noch keine eigene Anspruchsgrundlage, sondern nur eine sogenannte »Rechtsgrundverweisung« dar. Das jeweilige Begehren des Käufers ist immer auch abhängig von weiteren Voraussetzungen bzw. Vorschriften, die sich aus § 437 BGB mit den entsprechenden

unterschiedlichen Verweisen der einzelnen Nummern 1-3 ergeben. Sämtliche Rechte des Käufers sind aber jedenfalls an die *Mangelhaftigkeit* der Kaufsache gebunden, was zwingend aus dem Einleitungssatz des § 437 BGB folgt. Diese Mangelhaftigkeit ist daher obligatorische Voraussetzung einer jeden kaufrechtlichen Gewährleistungsprüfung, unabhängig vom konkreten Begehren des Käufers.

Zum Fall: Wir prüfen gerade, ob R von dem Vertrag mit M zurücktreten und dann sein Geld zurückverlangen kann. Als Anspruchsgrundlage für den aus dem Rücktritt folgenden Zahlungsanspruch hatten wir weiter oben die §§ 346 Abs. 1, 323 Abs. 1, **437 Nr. 2 BGB** benannt. In dieser Kette von Vorschriften erfüllt der § 437 Nr. 2 BGB nun seine Funktion dadurch, dass er selbst zwar nicht die gewünschte Rechtsfolge der Rückgewähr der empfangenen Leistungen benennt, dafür aber durch den Hinweis auf den Rücktritt den Weg zu § 346 Abs. 1 BGB, der dieses Anspruchsziel ausdrücklich beinhaltet, weist. Deshalb: »Rechtsgrundverweisung«. Verstanden?!

Prima. Dann können wir uns jetzt endlich der inhaltlichen Prüfung des Anspruchs widmen und müssen dabei – wie weiter oben erläutert – zunächst mal die materiellen Voraussetzungen des § 437 Nr. 2 BGB feststellen, also vor allem die *Mangelhaftigkeit* der Kaufsache (der Einleitungssatz!). Haben wir die geprüft, müssen wir, so steht es in § 437 Nr. 2 BGB drin, dann im zweiten Schritt noch auf die Vorschriften eingehen, die der § 437 Nr. 2 Fall 1 BGB für den Fall des Rücktritts ausdrücklich benennt. Nur beides zusammen führt bei unserer Prüfung zum Ziel. Also dann:

A) Die materielle (inhaltliche) Prüfung des § 437 Nr. 2 BGB:

1.) Dass ein Kaufvertrag zwischen R und M bestand, ist nicht zweifelhaft.

2.) Des Weiteren erforderlich ist nach dem Einleitungssatz des § 437 BGB auf jeden Fall die *Mangelhaftigkeit* der Kaufsache. Diese bestimmt sich nun nach den **§§ 434, 435 BGB**, wobei das Gesetz im Hinblick auf die Mangelhaftigkeit der Kaufsache gemäß **§ 433 Abs. 1 Satz 2 BGB** begrifflich zwischen dem *Sach*mangel (geregelt in § 434 BGB) und dem *Rechts*mangel (geregelt in § 435 BGB) unterscheidet. Beide Arten von Mängeln stehen gleichwertig nebeneinander, begründen also bei ihrem Vorliegen jeweils die Mangelhaftigkeit der Kaufsache und ebnen folglich den Einstieg über § 437 BGB (*Palandt/Weidenkaff* § 437 BGB Rz. 2; *Bamberger/Roth/Faust* § 435 BGB Rz. 3).

Im vorliegenden Fall kommt angesichts des defekten Blitzlichtes selbstverständlich nur ein *Sachmangel* nach § 434 Abs. 1 BGB in Betracht. Und insoweit wollen wir es uns einfach machen und auf eine eingehende Erörterung der einzelnen Sachmängel (vorläufig) verzichten. Das können wir uns hier auch durchaus erlauben, denn dass die Fotokamera ohne Blitzlicht sich nicht für die gewöhnliche Verwendung (lies bitte: **§ 434 Abs. 1 Satz 2 Nr. 2 BGB**) eignet, bedarf keiner Erörterung, zumal der M-Markt das ja auch noch selbst anerkennt und eine neue Kamera anbietet.

Beachte bitte, dass die Frage, wann ein Fall des § 434 Abs. 1 Satz 1 BGB (Fehlen der vertraglich vereinbarten Beschaffenheit), wann ein Fall des § 434 Abs. 1 Satz 2 Nr. 1 BGB (nicht geeignet für die nach dem Vertrag vorausgesetzte Verwendung) oder wann ein Fall des § 434 Abs. 1 Satz 2 Nr. 2 BGB (nicht geeignet für die gewöhnliche Verwendung und nicht von üblicher Beschaffenheit) vorliegt, im Einzelfall durchaus schwierig zu beantworten sein kann (vgl. *Grigoleit/Herresthal* in JZ 2003, 233). Ist die Sache aber augenscheinlich entweder ganz oder in Teilen aufgrund eines Fehlers bei der Herstellung funktionsuntüchtig, kann man sich auf den Auffangtatbestand des **§ 434 Abs. 1 Satz 2 Nr. 2 BGB** stützen und das Vorliegen eines Sachmangels damit begründen, dass die Sache sich sicher nicht für die *gewöhnliche Verwendung* eignet (BGH MDR **2013**, 173; *Palandt/Weidenkaff* § 434 BGB Rz. 25; *Jauernig/Berger* § 434 BGB Rz. 14; *Brox/Walker* BS § 4 Rz. 14). Dies wird insbesondere bei den Geschäften des täglichen Lebens, bei denen im Zweifel keine Verwendungsvereinbarung im Sinne des § 434 Abs. 1 Satz 2 Nr. 1 BGB zwischen den Parteien getroffen wird, anzunehmen sein. Hier entscheidet dann der Erwartungshorizont des Durchschnittskäufers, und Maßstab sind Sachen gleicher Art und Güte (BT-Drs. 14/6040 Seite 214; BGH NJW **2009**, 2807; *Grigoleit/Herresthal* in JZ 2003, 233; *Medicus/Lorenz* SR II Rz. 46; *Jauernig/Berger* § 434 BGB Rz. 14).

Unter Berücksichtigung dessen können wir hier einen Sachmangel nach § 434 Abs. 1 Satz 2 Nr. 2 BGB annehmen, denn die Digitalkamera ohne funktionsfähiges Blitzlicht eignet sich nicht zur gewöhnlichen Verwendung (→ Fotos bei jedem Tageslicht schießen); das darf der Durchschnittskäufer erwarten und andere Geräte der gleichen Gattung sind selbstverständlich nicht kaputt.

ZE.: Die Kamera hat einen Sachmangel im Sinne des § 434 Abs. 1 Satz 2 Nr. 2 BGB.

3.) Der Mangel muss des Weiteren, um die Ansprüche des Käufers zu begründen, gemäß § 434 Abs. 1 Satz 1 BGB zum Zeitpunkt des *Gefahrübergangs* vorgelegen haben (bitte prüfen im Gesetz).

Durchblick: Diese Regelung verweist auf die **§§ 446, 447 BGB** und hat Folgendes zu sagen: Selbstverständlich muss der Mangel der Kaufsache *vor* der Übergabe der Sache bereits vorgelegen haben, und darf vor allem nicht *danach* vom Käufer verursacht worden sein. Das wäre nämlich ziemlich ungerecht, wenn der Verkäufer dafür zu haften hätte, dass der Käufer die Kamera zuhause unsachgemäß bedient, dadurch kaputt macht und dann vom Verkäufer sein Geld zurück möchte (!?). **Deshalb**: Der Sachmangel muss gemäß § 434 Abs. 1 Satz 1 BGB zum Zeitpunkt des Gefahrübergangs vorgelegen haben. Der Gefahrübergang erfolgt gemäß **§ 446 Satz 1 BGB** grundsätzlich mit der *Übergabe* der Sache. Der Sachmangel muss mithin bei der Übergabe der Sache vorhanden gewesen sein. Und beachte insoweit bitte unbedingt den ziemlich wichtigen **§ 476 BGB** (lesen!), wonach beim Verbrauchsgüterkauf (Normalfall → Definition in § 474 BGB) die gesetzliche Vermutung gilt, dass ein innerhalb von sechs Monaten auftretender Mangel bereits bei Gefahrübergang vorgelegen hat (OLG Köln NJW-RR **2004**, 268; *Palandt/Weidenkaff* § 476 BGB Rz. 3).

<u>ZE.</u>: Diese Vermutung des § 476 BGB wollen wir uns bitte merken, brauchen sie im vorliegenden Fall aber gar nicht, denn es liegt zwar durchaus ein Verbrauchsgüterkauf nach § 474 BGB vor, der Mangel war aber nach Schilderung des Sachverhaltes in einem Fabrikationsfehler begründet und lag mithin (unstreitig) schon zum Zeitpunkt der Übergabe vor.

<u>ZE.</u>: Die Fotokamera war mangelhaft im Sinne des § 434 BGB, und dieser Mangel lag auch schon bei Gefahrübergang vor.

<u>ZE.</u>: Und damit sind dann alle drei (allgemeinen) Voraussetzungen des § 437 BGB gegeben, nämlich das Bestehen eines Kaufvertrages, der Mangel an der Kaufsache und schließlich auch das Vorliegen dieses Mangels zum Zeitpunkt des Gefahrüberganges.

B) Das weitere Vorgehen hängt nun von den in § 437 Nr. 2 Fall 1 BGB genannten Normen ab, wir hatten oben ja gelernt, dass neben den im Einleitungssatz gegebenen Voraussetzungen noch weitere Vorschriften zu prüfen sind. Unser R möchte vom Vertrag zurücktreten, weswegen jetzt im vorliegenden Fall der in § 437 Nr. 2 Fall 1 BGB aufgezählte **§ 323 Abs. 1 BGB** zu prüfen ist.

> **Beachte**: Dieser § 323 BGB ist die zentrale Norm des Schuldrechts für den Rücktritt im Falle der nicht oder nicht ordnungsgemäßen Erbringung der Leistung, worunter selbstverständlich auch die Lieferung einer mangelhaften (= nicht ordnungsgemäßen) Sache fällt (BGH NJW **2011**, 2872; *Palandt/Grüneberg* § 323 BGB Rz. 1; *Jauernig/Stadler* § 323 BGB Rz. 1). Die in dieser Vorschrift benannten Voraussetzungen sind daher bei der Prüfung des Rücktritts vom Kaufvertrag neben der Mangelhaftigkeit der Kaufsache immer gesondert festzustellen (LG Hanau NJW-RR **2003**, 1560). Und hierbei hat man zunächst stets den **§ 323 Abs. 1 BGB** zu erörtern, bevor man im zweiten Schritt auf mögliche Ausnahmeregelungen des § 323 Abs. 2 BGB oder aber der §§ 440, 326 Abs. 5 BGB eingeht (BGH NJW **2011**, 2872; *Palandt/Weidenkaff* § 437 BGB Rz. 24).

Und jetzt wird es richtig interessant:

Der Gesetzgeber hat in **§ 323 Abs. 1 BGB** nämlich angeordnet, dass der Rücktritt vom (Kauf-) Vertrag grundsätzlich nur dann möglich sein soll, wenn der Gläubiger dem Schuldner zunächst erfolglos »eine angemessene Frist zur Leistung oder Nacherfüllung« gesetzt hat (bitte lies § 323 Abs. 1 BGB).

Achtung: Das muss man sich bitte unbedingt klarmachen: Der Käufer kann bei Mangelhaftigkeit der Kaufsache demnach nicht gleich den Rücktritt erklären und damit sein Geld zurückfordern (*Medicus/Lorenz SR* II § 74 Rz. 54). Er muss vielmehr, wie es § 323 Abs. 1 BGB vorschreibt, dem Verkäufer erst mal eine Möglichkeit zur sogenannten **»zweiten Andienung«** geben (PWW/*Schmidt* § 437 BGB Rz. 15; *Jauernig/Berger* § 437 BGB Rz. 11). Denn der Verkäufer hat nicht nur die *Pflicht*, sondern gemäß § 323

Abs. 1 BGB gleichzeitig auch das *Recht* zur – vorrangigen – *Nacherfüllung* (*Palandt/Weidenkaff* § 437 BGB Rz. 4; *Ehmann/Sutschet* in JZ 2004, 62; *Pammler* in NJW 2003, 1992; *Heinrich* in ZGS 2003, 253). Diese vorrangige *Nacherfüllung* meint gemäß § 439 Abs. 1 BGB dann entweder die Beseitigung des Mangels oder aber die Lieferung einer mangelfreien Sache (bitte prüfen in § 439 Abs. 1 BGB). Der Verkäufer hat somit die Möglichkeit und vor allem auch das Recht (!), die Rückgängigmachung des Kaufvertrages dadurch abzuwenden, dass er innerhalb der gesetzten Frist entweder den Mangel beseitigt oder aber eine neue mangelfreie Sache liefert. Welche dieser beiden Varianten letztlich durchgeführt wird, entscheidet freilich der *Käufer*, ihm allein steht, wie man dem Wortlaut des § 439 Abs. 1 BGB entnehmen kann, insoweit das Wahlrecht zu. Hat er sich einmal entschieden, ist er an diese Wahl allerdings gebunden und kann ohne sachlichen Grund nicht mehr die andere Art der Nacherfüllung verlangen (OLG Saarbrücken ZGS **2008**, 429). Merken.

Also: Der Käufer muss dem Verkäufer zunächst die Gelegenheit geben, seine ursprüngliche Verpflichtung aus dem Vertrag auch nachträglich noch zu erfüllen, sei es durch die Beseitigung des Mangels oder durch die Lieferung einer mangelfreien Sache (*Medicus/Lorenz SR* II § 74 Rz. 54). Und damit der Verkäufer sich mit dieser Nacherfüllung dann auch bitte nicht unendlich viel Zeit lässt, muss der Käufer ihm hierfür eine bestimmte und *angemessene Frist* setzen. (Beachte: der häufig anzutreffende Begriff der *Nachfrist* steht so nicht im Gesetz, meint aber dasselbe). Diese Voraussetzung ergibt sich für den Rücktritt und die Minderung (= Herabsetzung des Kaufpreises) aus **§ 323 Abs. 1 BGB**. Erst wenn die Frist erfolglos verstrichen ist, der Verkäufer also weder repariert noch neu geliefert hat, darf der Käufer den Rücktritt erklären oder den Kaufpreis mindern (BGH NJW **2010**, 1805; *Jauernig/Berger* § 437 BGB Rz. 6).

> **Merksatz:** Rücktritt oder Minderung sind im Regelfall nur möglich, wenn eine vom Käufer gesetzte *angemessene Frist* zur Neulieferung oder Nachbesserung erfolglos verstrichen ist.

Ausnahmsweise kann diese Fristsetzung schließlich auch *entbehrlich* sein. Und das sind dann die (insgesamt sieben) Fälle, die in den §§ 323 Abs. 2, 440 und 326 Abs. 5 BGB stehen (bitte prüfen). Diese Varianten haben allerdings nur Ausnahmecharakter und gehören daher im Prüfungsaufbau hinter den § 323 Abs. 1 BGB (*Palandt/Weidenkaff* § 437 BGB Rz. 24). In einer Prüfungsarbeit hat man daher immer zuerst die Fristsetzung bzw. ihre Erforderlichkeit festzustellen. Das ist der Regelfall. Hat man dies geprüft, kann und muss man sich (zumeist wenigstens im Kopf) noch vergewissern, ob nicht eine der benannten Ausnahmen vorliegt. Auch hier gilt der Grundsatz, dass nur das geprüft werden darf und muss, was im Sachverhalt auch eine Grundlage findet.

Zum Fall: Die Auflösung unserer Geschichte mit dem Fotoapparat ist nach dem soeben Erlernten jetzt nicht mehr schwer. Bei uns fehlt offensichtlich die von § 323 Abs. 1 BGB geforderte Fristsetzung durch R, der wollte ja vielmehr direkt die Kohle zurückhaben. Und so geht's grundsätzlich nicht – wie wir jetzt wissen. Und da zudem hier auch kein Fall der Entbehrlichkeit der Fristsetzung nach den §§ 323, 440, 326 Abs. 5 BGB vorliegt, müssen wir dem R leider mitteilen, dass er dem M-Markt zunächst die Möglichkeit geben muss, den Vertrag in Form der »Nacherfüllung« ordnungsgemäß abzuwickeln. Das heißt, dass R (!) zunächst nur die Wahl hat zwischen Mangelbeseitigung (= Reparatur) oder aber Lieferung einer neuen mangelfreien Sache (lies: § 439 Abs. 1 BGB). Ein Rücktritt ist zum jetzigen Zeitpunkt indessen nicht begründet.

> **Feinkostabteilung**: Ein Grund, warum in Teilen der Bevölkerung bis heute ein ganz anderes Rechtsgefühl (»*Isch krisch hier sofort mein Jeld zurück!*«) verankert ist, liegt übrigens in Folgendem: Das BGB hatte seit seinem Bestehen (→ 01.01.1900) bis zum 31.12.2001 – also satte 102 Jahre! – für den Käufer ein sofortiges Rücktrittsrecht im Falle der Mangelhaftigkeit der Kaufsache vorgesehen. Im alten § 462 BGB stand nämlich, dass man bei einem Fehler der Kaufsache den Vertrag sofort »*wandeln*« (= Rückgängigmachen) konnte. Ein Recht des Verkäufers auf Nachbesserung war nicht vorgesehen, man konnte sich als Käufer bei einem Fehler der gekauften Sache vielmehr vom Vertrag durch einfache (Rücktritts-) Erklärung lösen und die gezahlte Kohle zurückfordern. Und so sind demnach unsere Urgroßväter, die Großväter, die Väter (Mütter auch) und sonst wer über 100 Jahre lang aufgewachsen. Die von uns oben gelernte Regelung besteht demgegenüber »erst« seit der Schuldrechtsreform vom 01.01.**2002**. Danach gilt, wir haben es gesehen, etwas ganz anderes: Der Verkäufer hat es jetzt diesbezüglich faktisch etwas besser, er muss nicht direkt die Sache zurücknehmen und den Kaufpreis zurückerstatten, sondern kann eine »**zweite Andienung**« versuchen und somit das Bestehen des Kaufvertrages quasi noch retten. Hierfür muss ihm der Käufer – wie oben erläutert – nach § 323 Abs. 1 BGB erfolglos eine angemessene Frist gesetzt haben, bevor er dann vom Vertrag zurücktreten kann.

An dieser Fristsetzung seitens des R fehlte es im vorliegenden Fall mit der Konsequenz, dass die Voraussetzungen der von uns geprüften §§ 323 Abs. 1, 437 Nr. 2 Fall 1 BGB nicht vorliegen und dem R folglich aus der Mangelhaftigkeit der Kaufsache bislang *kein* gesetzliches Rücktrittsrecht erwachsen ist.

ZE.: Und damit liegen auch die Voraussetzungen des § 346 Abs. 1 BGB nicht vor; dem R steht kein Rücktrittsgrund zur Seite.

Ergebnis: Der R kann die gezahlten 350 Euro demnach (noch) nicht nach den §§ 346 Abs. 1, 323 Abs. 1, 437 Nr. 2 Fall 1 BGB vom M-Markt zurückfordern.

Praktischer Hinweis zum Schluss:

Bitte nicht davon irritieren lassen, dass die Händler im richtigen Leben im Zweifel jedem Käufer freundlicherweise ein Rückgaberecht einräumen und somit faktisch auf ihre Rechte zur zweiten Andienung aus § 439 Abs. 1 BGB verzichten. Sämtliche großen Warenhäuser bieten mittlerweile ihren Kunden eine ein- oder manchmal sogar zweiwöchige »**Geld-zurück-Garantie**«, was nichts anderes bedeutet, alsdass man die gekauften Sachen (häufig auch wenn sie gar nicht defekt sind!) dann problemlos zurückgeben kann. Zumeist erhält man dann entweder direkt sein Geld zurück oder aber einen Warengutschein, den man freilich im gleichen Geschäft einlösen muss. Beachte aber bitte, dass man als Käufer auf diese »Garantie« nach dem BGB grundsätzlich *keinen* Anspruch hat. Das funktioniert nur, wenn es der jeweilige Händler ausdrücklich anbietet. Der Rücktritt ist ansonsten – wir haben es oben ausführlich besprochen— erst möglich, wenn man dem Verkäufer erfolglos eine angemessene Frist zur Beseitigung des Mangels oder zur Lieferung einer neuen Sache gesetzt hat. Das sind die vorrangigen Rechte und Pflichten aus § 439 Abs. 1 BGB (§ 437 Nr. 1 BGB). Die heute übliche vereinfachte Einräumung von Käuferrechten, insbesondere der sofortige Rücktritt vom Vertrag, geschieht allein aus Kulanz. Alles klar!?

Gutachten

R kann gegen M einen Anspruch auf Rückzahlung von 350 Euro aus §§ 346 Abs. 1, 323 Abs. 1, 437 Nr. 2 BGB haben.

R steht ein Anspruch auf Rückzahlung des Kaufpreises aus § 346 Abs. 1 BGB zu, wenn er wirksam vom Kaufvertrag mit M zurückgetreten ist. Dies ergibt sich aus dem Wortlaut des § 346 Abs. 1 BGB, wonach bei erfolgtem Rücktritt die empfangenen Leistungen zurückzugewähren sind.

I.) Nach der Sachverhaltsangabe hat R den Rücktritt gemäß § 349 BGB ausdrücklich gegenüber M erklärt.

II.) Des Weiteren erforderlich ist ein Rücktrittsgrund, wobei das Gesetz in § 346 Abs. 1 BGB ausdrücklich zwischen dem vertraglich vereinbarten und dem gesetzlich angeordneten Rücktrittsrecht unterscheidet. Im vorliegenden Fall ist keine vertragliche Vereinbarung diesbezüglich ersichtlich mit der Konsequenz, dass für den Rücktritt des R nur ein gesetzliches Rücktrittsrecht in Betracht kommt. Dieses kann sich wegen des Defektes an der Kamera aus den §§ 323 Abs. 1, 437 Nr. 2 Fall 1 BGB ergeben.

1.) Ein Kaufvertrag zwischen R und M liegt hier vor.

2.) Des Weiteren erforderlich ist nach dem Einleitungssatz des § 437 BGB die Mangelhaftigkeit der Kaufsache. Diese bestimmt sich nach den §§ 434, 435 BGB, wobei das Gesetz im Hinblick auf die Mangelhaftigkeit der Kaufsache gemäß § 433 Abs. 1 Satz 2 BGB begrifflich zwischen dem Sachmangel (geregelt in § 434 BGB) und dem Rechtsmangel (geregelt in § 435 BGB) unterscheidet. Beide Arten von Mängeln stehen gleichwertig nebeneinander, begründen also bei ihrem Vorliegen jeweils die Mangelhaftigkeit der Kaufsache.

Im vorliegenden Fall kommt angesichts des defekten Blitzlichtes nur ein Sachmangel nach § 434 Abs. 1 BGB in Betracht. Ob der Kamera im vorliegenden Fall gemäß § 434 Abs. 1 Satz 1 BGB die vertraglich vereinbarte Beschaffenheit fehlt oder sie sich wegen des defekten Blitzlichts nicht für die nach dem Vertrag vorausgesetzte Verwendung nach § 434 Abs. 1 Satz 2 Nr. 1 BGB eignet, kann offen bleiben. Ist die Sache augenscheinlich entweder ganz oder in Teilen aufgrund eines Fehlers bei der Herstellung funktionsuntüchtig, so ist jedenfalls der Auffangtatbestand des § 434 Abs. 1 Satz 2 Nr. 2 BGB einschlägig. Bei der von R erworbenen Fotokamera beruht die Funktionsstörung des Blitzlichts auf einem Fabrikationsfehler. Das Gerät eignet sich offensichtlich nicht für die gewöhnliche Verwendung, denn diese würde beinhalten, dass Fotoaufnahmen bei jedem Tageslicht möglich sind. Die Fotokamera ist mithin mangelhaft im Sinne von § 434 Abs. 1 Satz 2 Nr. 2 BGB.

3.) Der Mangel muss des Weiteren, um die Ansprüche des Käufers zu begründen, gemäß § 434 Abs. 1 Satz 1 BGB zum Zeitpunkt des Gefahrübergangs vorgelegen haben. Wann die Gefahr bei einem Kaufvertrag auf den Käufer übergeht, richtet sich nach §§ 446, 447 BGB. Der Gefahrübergang erfolgt gemäß § 446 Satz 1 BGB grundsätzlich mit der Übergabe der Sache. Der Sachmangel muss mithin bei der Übergabe der Sache vorhanden gewesen sein. Hier war der Mangel nach der Schilderung des Sachverhaltes in einem Fabrikationsfehler begründet und lag mithin schon zum Zeitpunkt der Übergabe vor. Der Mangel bestand somit zum Zeitpunkt des Gefahrübergangs.

4.) Ausschlussgründe für die Gewährleistungshaftung des M sind nicht ersichtlich.

5.) Weiterhin müssen nach § 437 Nr. 2 Fall 1 BGB die Voraussetzungen von § 323 Abs. 1 BGB erfüllt sein.

a) Nach § 323 Abs. 1 BGB soll der Rücktritt vom Vertrag grundsätzlich nur dann möglich sein, wenn der Gläubiger dem Schuldner zunächst erfolglos eine angemessene Frist zur Leistung oder Nacherfüllung gesetzt hat. Der Käufer muss dem Verkäufer also zunächst die Gelegenheit geben, seine ursprüngliche Verpflichtung aus dem Vertrag auch nachträglich noch zu erfüllen, sei es durch die Beseitigung des Mangels oder durch die Lieferung einer mangelfreien Sache. Erst wenn die bestimmte und angemessene Frist erfolglos verstrichen ist, darf der Käufer den Rücktritt erklären. An einer solchen Fristsetzung durch R fehlte es im vorliegenden Fall.

b) Die fehlende Fristsetzung ist jedoch folgenlos, wenn die Fristsetzung ausnahmsweise entbehrlich ist. Dies bestimmt sich nach §§ 323 Abs. 2, 440, 326 Abs. 5 BGB. Es bestehen indes keinerlei Anhaltspunkte für das Vorliegen eines der dort genannten Ausnahmetatbestände. Die Voraussetzungen der §§ 323 Abs. 1, 437 Nr. 2 Fall 1 BGB liegen mithin nicht vor. Der von R erklärte Rücktritt ist demzufolge nicht begründet. Damit liegen auch die Voraussetzungen des § 346 Abs. 1 BGB nicht vor.

Ergebnis: R hat gegen den M-Markt keinen Anspruch auf Rückzahlung von 350 Euro nach §§ 346 Abs. 1, 323 Abs. 1, 437 Nr. 2 Fall 1 BGB.

Fall 17

Schraubst du noch oder schläfst du schon?

Rechtsstudentin R hat einen neuen Freund und braucht deshalb ein größeres Bett. Im Katalog des Möbelhauses I hat sie das zum Selbstaufbau angebotene Modell »Lax« mit den Maßen 140x200 cm zum Preis von 200 Euro ausgesucht und macht sich auf den Weg zur Verkaufsfiliale. Bei Durchsicht der Regale bemerkt R dann ein Exemplar des »Lax« mit beschädigter Verpackung. Darauf angesprochen erklärt ihr der zuständige Mitarbeiter, dass zwar die Verpackung eingerissen, das Bett an sich aber einwandfrei sei und auch der Beschreibung im Katalog entspreche. R erhält nach kurzer Verhandlung aufgrund der beschädigten Verpackung einen Nachlass von 30 Euro und nimmt das Schlafmöbel gleich mit.

Zuhause angekommen muss R feststellen, dass dem Bett lediglich eine in schwedischer Sprache verfasste Aufbauanleitung beiliegt. Nur mit Hilfe ihres Nachbarn gelingt R nach mehreren Stunden der Aufbau des Bettes. Als sie dann beim Vermessen bemerkt, dass das Bett nur 132 cm breit ist, platzt ihr der Kragen. Sie fährt zurück zu I und verlangt umgehend ein neues Modell mit den im Katalog vermerkten Maßen und lesbarer Aufbauanleitung. Das andere Bett solle I bei R zudem schleunigst abholen. I weigert sich und meint, die acht Zentimeter seien unerheblich, R habe das Bett ja zudem aufbauen können und im Übrigen habe es sich wegen der beschädigten Verpackung und des Preisnachlasses um ein Einzelstück gehandelt, weswegen eine Neulieferung ausgeschlossen sei.

Rechtslage?

Schwerpunkte: Voraussetzungen des Nacherfüllungsanspruchs aus § 439 Abs. 1 BGB; fehlerhafte Montageanleitung; die »IKEA-Klausel« in § 434 Abs. 2 BGB; der Sachmangel nach § 434 Abs. 1 Satz 1 BGB; die Unmöglichkeit der Nacherfüllung bei Stückschuld nach § 275 Abs. 1 BGB; Abgrenzung Gattungsschuld / vertretbare Sache, Unverhältnismäßigkeit der Nacherfüllung nach § 439 Abs. 3 BGB; Anspruch auf Rücknahme der mangelhaften Kaufsache; Anspruch auf Ersatz von Ausbau- und Wiedereinbaukosten.

Lösungsweg

I.) Anspruch der R gegen I auf Lieferung eines neuen Betts

<u>AGL.:</u> §§ 439 Abs. 1, 437 Nr. 1 BGB (Neulieferung)

Einstieg: Der Anspruch auf Lieferung einer neuen Sache ist dann begründet, wenn die Voraussetzungen der genannten Normen vorliegen. Wir hatten im vorherigen Fall schon gelernt, dass der § 437 BGB für sich allein betrachtet keine eigene Anspruchsgrundlage ist (»Rechtsgrundverweisung«) und ihm daher immer weitere Vorschriften zur Seite stehen müssen, die letztlich den Anspruch bzw. das Anspruchsziel benennen (PWW/*Schmidt* § 437 BGB Rz. 1; *Bamberger/Roth/Faust* § 437 BGB Rz. 1; *Jauernig/Berger* § 434 BGB Rz. 8; *Palandt/Weidenkaff* § 437 BGB Rz. 1; *Ehmann/ Sutschet* in JZ 2004, 62). Im vorliegenden Fall der »Nacherfüllung« ist das der **§ 439 Abs. 1 BGB**, auf den § 437 Nr. 1 BGB verweist und der das hier gewünschte Begehren des Käufers auf Lieferung einer mangelfreien Sache konkret beinhaltet (bitte prüfen). Deshalb stehen hier die beiden Normen im Obersatz.

Im Hinblick auf den materiellen Inhalt der Prüfung hatten wir zudem gelernt, dass trotz Verweisung auf andere Vorschriften dennoch immer auch identische Grundvoraussetzungen bei der kaufrechtlichen Gewährleistung existieren, die in § 437 BGB explizit enthalten sind und die für *alle* Ansprüche des Käufers Geltung haben. Im Einleitungssatz des § 437 BGB steht nämlich, dass sämtliche Ansprüche des Käufers gebunden sind an die *Mangelhaftigkeit* der Kaufsache, die damit nach Feststellung eines bestehenden Kaufvertrages immer zuvorderst zu untersuchen ist (*Palandt/ Weidenkaff* § 437 BGB Rz. 2; *Jauernig/Berger* § 437 BGB Rz. 2; *Boerner* in ZIP 2001, 2264). Und genau so machen wir das auch hier:

I.) Zur Begründung des Anspruchs auf Lieferung einer neuen mangelfreien Sache (Bett) aus den §§ 439 Abs. 1, 437 Nr. 1 BGB muss demnach, da ein Kaufvertrag zwischen I und R fraglos geschlossen wurde, die *Mangelhaftigkeit* der Kaufsache festgestellt werden. Im vorliegenden Fall kommt ein »**Sachmangel**« im Sinne des § 434 BGB in Betracht.

1.) Dieser kann sich zunächst aus der nur in schwedischer Sprache verfassten Aufbauanleitung ergeben. Gemäß **§ 434 Abs. 2 Satz 2 BGB** liegt bei einer zur Montage bestimmten Sache ein Sachmangel vor, wenn die Montageanleitung mangelhaft ist (sogenannte »**IKEA-Klausel**«, die hauptsächlich für den Möbelhandel gedacht und deshalb auch entstanden ist, vgl. *Jauernig/Berger* § 434 BGB Rz. 19; PWW/*Schmidt* § 434 BGB Rz. 77). Da das Bett im vorliegenden Fall »zum Selbstaufbau« vorgesehen war, stellt sich die Frage, ob die schwedische Montageanleitung tatsächlich einen Mangel der Sache im benannten Sinne darstellt.

> **Definition**: Die Montageanleitung ist *mangelhaft*, wenn sie nicht den ganz überwiegenden Teil der voraussichtlichen Käufer in die Lage versetzt, die Kaufsache auf Anhieb fehlerfrei zu montieren (*Bamberger/Roth/Faust* § 434 BGB Rz. 96; *Palandt/Weidenkaff* § 434 BGB Rz. 49; *Jauernig/Berger* § 434 BGB Rz. 19).

Diese Mangelhaftigkeit ist aus dem Erwartungshorizont des Käufers abzuleiten. Insoweit ist vom Verkäufer auch zu berücksichtigen, in welcher Sprache und mit welcher Kenntnis die Käufer die Aufbauanleitung verwendet. Grundsätzlich muss eine Montageanleitung deshalb in der Sprache verfasst sein, die im Kaufvertrag vorausgesetzt wird *(Palandt/Weidenkaff* § 434 BGB Rz. 48). Demnach wäre die Montageanleitung im vorliegenden Fall mangelhaft, denn unser Fall spielt selbstredend in Deutschland und daher muss die Anleitung auch in deutscher Sprache verfasst sein.

Aber: Es gibt da noch einen Haken: Gelingt dem Käufer die fehlerfreie Montage, obwohl die Montageanleitung mangelhaft ist, greift die Sonderregel von § 434 Abs. 2 Satz 2, **2. HS** BGB ein (bitte reinschauen). Hintergrund hierfür ist, dass der Verkäufer ausdrücklich nicht haften soll, wenn sich der Mangel der Montageanleitung im Endeffekt überhaupt nicht ausgewirkt hat. Und dabei ist es nach Meinung des Gesetzgebers schließlich sogar gleichgültig, ob der Käufer den Zusammenbau aus eigener Kraft bewerkstelligt oder sich dazu fremder Hilfe bedient (BT-Drs. 14/6040 Seite 216; *Palandt/Weidenkaff* § 434 BGB Rz. 51). Dass der Nachbar hier in unserem Fall der R zu Hilfe gekommen ist, schadet also nicht.

<u>ZE.</u>: Der Umstand, dass die Montageanleitung in schwedisch abgefasst ist, stellt keinen Sachmangel gemäß § 434 Abs. 2 Satz 2 BGB dar, da das Bett letztlich fehlerfrei montiert worden ist.

2.) Der Sachmangel kann sich angesichts dessen jetzt nur noch in der um acht Zentimeter fehlenden Breite des Bettes begründen. Insoweit kommt ein Sachmangel nach **§ 434 Abs. 1 Satz 1 BGB** in Betracht. Demnach ist die Sache frei von Sachmängeln, wenn sie bei Gefahrübergang die vereinbarte Beschaffenheit hat. Sie ist also mangelhaft, wenn sie diese Beschaffenheit nicht hat. Im vorliegenden Fall ist folglich zunächst zu fragen, ob zwischen den Parteien eine Beschaffenheit vertraglich vereinbart gewesen ist. Diese Vereinbarung im Sinne des § 434 Abs. 1 Satz 1 BGB kann sowohl ausdrücklich als auch konkludent (schlüssig) erfolgen.

Definition: Eine vertragliche *Vereinbarung* im Sinne des § 434 Abs. 1 Satz 1 BGB liegt vor, wenn der Inhalt des Kaufvertrages von vornherein die Pflicht des Verkäufers bestimmt, die gekaufte Sache in dem Zustand zu übereignen, wie ihre Beschaffenheit im Vertrag festgelegt ist. Hierbei genügt auch eine schlüssige Erklärung etwa derart, dass der Verkäufer die Sache vor Vertragsschluss beschreibt und dabei auf ein Muster oder einen Prospekt verweist (BT-Drs. 14/6040 Seite 212; *Jauernig/Berger* § 434 BGB Rz. 9; *Brox/Walker* BS § 4 Rz. 9).

Hier: Kein Problem, denn der Verkäufer weist die R vor Abschluss des Vertrages darauf hin, dass die Verpackung beschädigt ist, das Bett an sich aber der Beschreibung im Katalog entspricht. Und im Katalog stand ja, dass das Bett die Maße 140x200 cm hat. Die 140x200 cm sind demnach zwischen den Parteien *vereinbart* im Sinne des § 434 Abs. 1 Satz 1 BGB.

Schließlich müssen diese Maße dann natürlich auch unter den Begriff der »**Beschaffenheit**« im Sinne der gerade genannten Vorschrift fallen, was aber nicht problematisch ist, denn:

> **Definition**: Unter den Begriff der *Beschaffenheit* im Sinne des § 434 BGB fallen sämtliche den Wert und die Verwendungseignung der Sache ausmachenden Eigenschaften; namentlich können hierzu je nach Kaufsache die Größe, das Alter, das Gewicht, das Material oder etwa auch das Herstellungsdatum gehören, wenn diese Faktoren auf die Verwendungseignung oder den Wert Einfluss haben (*Palandt/Weidenkaff* § 434 BGB Rz. 10; *Jauernig/Berger* § 434 BGB Rz. 6; vgl. auch *Kleinhenz/Junk* in JuS 2009, 787)).

Hier: Selbstverständlich gehören bei einem Bett die Maße zu den Eigenschaften, die den Wert und vor allem die Verwendungsmöglichkeit der Sache ausmachen. Allein die Tatsache, dass Matratzen nur in gängigen Größen gefertigt werden, lässt dies jedem einleuchten; wo soll man eine Matratze mit 132 cm Breite herbekommen? Und ist das Bett nun z.B. kürzer oder wie hier 8 cm weniger breit als beschrieben, fehlt der Kaufsache eben eine Beschaffenheit, die ihre Verwendungseignung beeinträchtigt.

ZE.: Dem Bett fehlte im vorliegenden Fall die vertraglich vereinbarte Beschaffenheit von 140x200 cm mit der Folge, dass die Kaufsache mangelhaft im Sinne des § 434 Abs. 1 Satz 1 BGB ist.

3.) Dieser Mangel muss nach § 434 Abs. 1 BGB zum Zeitpunkt des *Gefahrübergangs* vorgelegen haben. Dieser richtet sich grundsätzlich nach § 446 BGB. Demnach kommt es auf den Zeitpunkt der Übergabe an. Zum Zeitpunkt der Übergabe lag der Mangel vor.

ZE.: Damit sind die Voraussetzungen des § 437 Nr. 1 BGB vollständig erfüllt, das Bett hatte zum Zeitpunkt des Gefahrübergangs einen Sachmangel.

ZE.: Der Anspruch auf Nacherfüllung aus § 439 Abs. 1 BGB ist demnach grundsätzlich entstanden. R kann also nach *ihrer* Wahl (lies: § 439 Abs. 1 BGB) Nacherfüllung in Form der Beseitigung des Mangels oder aber der Lieferung einer mangelfreien Sache verlangen. Die R hat sich angesichts ihrer Forderung nach einem neuen Bett augenscheinlich für die Neulieferung entschieden.

Anspruch untergegangen?

1.) Dieser Anspruch auf Neulieferung könnte aber möglicherweise wieder untergegangen sein. In Betracht kommt insoweit die Anwendung des **§ 275 Abs. 1 BGB** (bitte lesen).

Durchblick: Der Anspruch auf Neulieferung aus den §§ 439 Abs. 1, 437 Nr. 1 BGB unterliegt als Forderung grundsätzlich den allgemeinen Regeln über die Leistungsstörungen, namentlich der Unmöglichkeit und des Verzuges (*Palandt/Weidenkaff* § 439 BGB Rz. 14; *Wieser* in MDR 2002, 858), denn auch im Hinblick auf den Anspruch auf Lieferung einer neuen Sache kann sich der Schuldner natürlich verspäten oder ihm kann diese Neulieferung unter Umständen auch unmöglich geworden sein. Nun wird man sich angesichts dessen im vorliegenden Fall allerdings fragen, warum denn hier eine Unmöglichkeit in Betracht kommen soll, denn auf den ersten Blick dürfte es für I überhaupt kein Problem sein, ein neues Bett der Marke »Lax« zu liefern, die Dinger stehen vermutlich noch zu Hunderten bei I im Regal oder lassen sich jedenfalls aber beschaffen. Eine Unmöglichkeit, bei der nach der Definition niemand mehr die geschuldete Leistung erbringen kann (*Jauernig/Stadler* § 275 BGB Rz. 12), scheidet demnach eigentlich aus. Wie gesagt, von dem fraglichen Bett sind selbstverständlich noch genügend vorhanden und eines davon könnte I fraglos liefern.

> **Aber**: Diese Beurteilung berücksichtigt nicht, dass R hier nicht irgendein Bett, sondern erst nach eingehender Verhandlung mit dem Verkäufer genau das Exemplar mit der beschädigten Verpackung gekauft und dafür dann auch einen geringeren Preis bezahlt hat. Und bei sehr sorgfältiger Betrachtung sind wir damit bei der Unterscheidung zwischen einer *Gattungs-* von einer *Stückschuld*, was im vorliegenden Fall erhebliche Konsequenzen haben kann, denn: Solange sich der Kaufvertrag auf eine nur der Gattung nach bestimmte Sache bezieht, ist eine Neulieferung im Falle eines Mangels nach den §§ 439 Abs. 1, 437 Nr. 1 BGB problemlos möglich. Man nimmt einfach nur eine neue Sache – und fertig. Es kam den Parteien ja nicht auf die Lieferung einer bestimmten Sache an, sondern es sollte ein Exemplar aus der jeweiligen Gattung geliefert werden (z.B.: Kauf eines Neuwagens, Ford Fiesta, blau metallic, 50 PS usw.). Ist der Leistungsgegenstand indessen von den Parteien individuell bestimmt worden, kann nun nicht einfach ein neuer Gegenstand geliefert werden, denn es kam den Parteien ja darauf an, genau *diese* Sache zum Kaufgegenstand zu machen. Eine Neulieferung scheidet im Falle der Mangelhaftigkeit dann eigentlich aus, denn *dieser* Gegenstand ist natürlich nicht mehr »**neu**« lieferbar.

Zum Fall: Die hier bei uns vorliegende Konstellation macht das Problem deutlich, denn I und R haben sich auf genau *dieses* besondere Bett, nämlich mit beschädigter Verpackung und verringertem Preis geeinigt, obwohl es sich bei dem Modell »Lax« ansonsten fraglos um eine *Gattung* handelt. Wir haben es also trotz ursprünglicher Gattung im konkreten Fall mit einer *Stückschuld* zu tun. In unserem Fall könnte I daher theoretisch ein neues Bett liefern, es wäre dann aber nicht mehr das, was ursprünglich Gegenstand der vertraglichen Einigung war. Und ob der Käufer in solchen Fällen der aus einer Gattung ausgesonderten Stückschuld vom Verkäufer Neulieferung verlangen kann, ist höchst **umstritten**:

- Zum einen wird insoweit vertreten, die Neulieferung nach den §§ 439 Abs. 1, 437 Nr. 1 BGB komme bei der Stückschuld grundsätzlich nicht mehr in Betracht. Begründet wird dieser Ansatz damit, dass jede andere als die ursprünglich gelieferte Sache nicht geschuldet war, und die Lieferung der vertraglich vereinbarten Sache in mangelfreiem Zustand demnach gemäß § 275 Abs. 1 BGB *unmöglich* sei. Wenn die Parteien eine Stückschuld vereinbaren, könne sich das Gesetz nicht über diese vertragliche Begrenzung des Schuldverhältnisses hinwegsetzen. Vor allem dann, wenn der Verkäufer keine andere Sache mehr hat, mit der er erfüllen könnte, gebe es keinen Grund, ihn entgegen der vertraglichen Vereinbarung mit einem gattungsschuldähnlichen Beschaffungsrisiko zu belasten (*Faust* in ZGS 2004, 252; *Westermann* in NJW 2002, 244; *Ackermann* in JZ 2003, 1154; *Bamberger/Roth/Faust* § 439 BGB Rz. 27; *Huber* in NJW 2002, 1004, 1006; *Lettl* in JuS 2002, 866, 871; *Reischl* in JuS 2003, 865, 870; *Schwab* in JuS 2002, 1, 6).

- Nach anderer (herrschender) Meinung soll eine Neulieferung grundsätzlich auch bei der Stückschuld möglich sein, jedenfalls sofern es sich um eine *vertretbare* Sache (lies: § 91 BGB) handelt, die am Markt noch zu beschaffen ist. Die Vertreter dieser Ansicht stützen sich dabei auf die Gesetzesmaterialien, in denen davon ausgegangen wird, dass Neulieferung beim Stückkauf im Wege der Ersatzlieferung nur bei *nicht* vertretbaren Sachen ausgeschlossen ist (RE, BT-Drs. 14/6040 Seite 209). Mit der Schuldrechtsreform habe ausweislich des § 434 Abs. 3 BGB die begriffliche Unterscheidung zwischen Stück- und Gattungsschuld im Kaufrecht aufgehoben werden sollen. Dieser Auffassung hat sich auch der BGH angeschlossen. Danach kommt eine Ersatzlieferung auch im Falle der Stückschuld in Betracht, wenn ein entsprechender Wille der Vertragsparteien bei Vertragsschluss vorliegt. Dies sei anzunehmen, wenn die mangelhafte Kaufsache durch eine gleichartige und gleichwertige Sache ersetzt werden könne. Die Gegenansicht finde im Wortlaut von § 439 Abs. 1 BGB keine Stütze und führe überdies dazu, dass der Vorrang des Anspruchs auf Nacherfüllung, der den §§ 437ff. BGB zu Grunde liegt, beim Stückkauf von vornherein entfiele (BGH NJW **2007**, 1346; BGH NJW **2006**, 2839; OLG Braunschweig NJW **2003**, 1053; LG Ellwangen NJW **2003**, 517; *Tiedtke/Schmidt* in DStR 2004, 2019; *Jauernig/Berger* § 439 BGB Rz. 13; *Palandt/Weidenkaff* § 439 BGB Rz. 15; *Brox/Walker* BS § 4 Rz. 44; *Dauner-Lieb/Arnold* in JuS 2002, 1175 ff.; *Heinemann/Spickartz* in ZGS 2003, 149, 151 ff.; *Pammler* in NJW 2003, 1992 ff.; *Spickhoff* in BB 2003, 589, 590; *Schulze/Ebers* in JuS 2004, 462, 464).

Welcher Ansicht man den Vorzug gewährt, ist selbstverständlich wie immer im besten Sinne des Wortes »gleichgültig«. Wir wollen hier in unserer Lösung der herrschenden Auffassung folgen und uns dabei auf die Argumentation beziehen, wonach der Gesetzgeber die Neulieferung nur für den Fall ausschließen wollte, dass es sich um eine nicht vertretbare Sache handelt (RE, BT-Drs. 14/6040 Seite 209). Bei einer vertretbaren Sache aber ist es dem Verkäufer grundsätzlich weiterhin möglich, ein neues Exemplar zu liefern bzw. zu beschaffen, auch wenn die vertragliche Vereinbarung vorher auf ein bestimmtes Stück gerichtet war. Es ist nicht einsehbar, den Verkäufer trotz tatsächlich möglicher Neulieferung von seiner Lieferpflicht zu entlasten. Die Neulieferung gemäß den §§ 439 Abs. 1, 437 Nr. 1 BGB ist daher auch beim Vorliegen einer Stückschuld *nicht* nach § 275 Abs. 1 BGB unmöglich geworden, sofern es sich um eine vertretbare Sache handelt.

2.) Und genau das prüfen wir hier dann noch: Der Anspruch auf Neulieferung setzt nach dem soeben Gesagten das Vorliegen einer *vertretbaren* Sache im Sinne des § 91 BGB voraus.

Beachte: Obwohl die Begriffe »Gattungsschuld« und »vertretbare Sache« rein tatsächlich zumeist deckungsgleich sind, darf man sie dennoch nicht ohne weiteres als gleichbedeutend behandeln (*Palandt/Ellenberger* § 91 BGB Rz. 1). Was eine vertretbare Sache ist, wird in § 91 BGB definiert. Demnach muss die Sache **1.)** beweglich und **2.)** im Verkehr nach Maß, Zahl, Art und Gewicht bestimmt zu werden pflegen. Mit dieser etwas antiquierten Ausdrucksweise will das Gesetz sagen, dass eine vertretbare Sache sich von anderen gleichartigen Sachen nicht durch irgendwelche individuellen Merkmale auszeichnet und daher mit anderen gleichartigen Sachen im Zweifel *austauschbar* ist (*MüKo/Holch* § 91 BGB Rz. 1). Anders als bei der Gattungsschuld, bei der die Parteien die Merkmale, welche die geschuldeten Sachen aufweisen müssen, selbst (= **subjektiv**) festlegen können, ist der Maßstab für die *Vertretbarkeit* einer Sache immer **objektiv**. Parteivereinbarungen sind im Rahmen des § 91 BGB grundsätzlich unbeachtlich (*Bamberger/Roth/Fritzsche* § 91 BGB Rz. 5; *MüKo/Holch* § 91 BGB Rz. 1; *Palandt/Ellenberger* § 91 BGB Rz. 1).

> **Merke:** Gattungsschulden werden *in der Regel* durch die Leistung vertretbarer, Stückschulden durch die Leistung nicht vertretbarer Sachen erfüllt. Gebrauchte Sachen sind niemals vertretbar (*Bamberger/Roth/Fritzsche* § 91 BGB Rz. 4, 5).

Zum Fall: Das Bett ist natürlich eine bewegliche Sache. Es wurde auch neu hergestellt und ist kein gebrauchter Gegenstand. Individualisiert wurde es hier lediglich durch die besondere Auswahl der Vertragsparteien. Weil es somit grundsätzlich austauschbar ist, handelt es sich dabei um eine vertretbare Sache im Sinne des § 91 BGB. **Folge:** Da wir uns oben der Meinung angeschlossen haben, die eine Neulieferung trotz des Vorliegens einer Stückschuld im Falle einer vertretbaren Sache angenommen hat, können wir nunmehr entspannt feststellen, dass der Neulieferungsanspruch nicht aufgrund von Unmöglichkeit nach § 275 Abs. 1 BGB untergegangen ist. I kann im vorliegenden Fall ein neues Bett liefern.

<u>ZE.:</u> Der Anspruch auf Neulieferung aus den §§ 439 Abs. 1, 437 Nr. 1 BGB ist entstanden und auch nicht wieder untergegangen.

Anspruch durchsetzbar?

Darüber müssen wir zum Schluss noch einen Augenblick nachdenken und konkret einen Blick in **§ 439 Abs. 3 BGB** werfen. Nach dieser Norm darf der Verkäufer unter bestimmten Umständen die gewählte *Art* der Nacherfüllung verweigern (= Einrede). Damit ist aber natürlich nicht gesagt, dass er die Nacherfüllung *insgesamt* verweigern kann. Grundsätzlich steht das Wahlrecht bezüglich der Art der Nacherfüllung dem *Käufer* zu, bitte lies § 439 Abs. 1 BGB. Es sind aber Fälle denkbar, in denen der

Käufer sein Wahlrecht unbillig zulasten des Verkäufers ausübt (Stichwort: Schikane). Und genau für diesen Fall hat der Gesetzgeber in § 439 Abs. 3 BGB einen Schutzmechanismus eingebaut. Demnach muss der Verkäufer weiterhin nacherfüllen, er darf sich aber gegebenenfalls eine der beiden Arten aussuchen und sich insofern über die vom Käufer getroffene Wahl hinwegsetzen (*Brox/Walker* BS § 4 Rz. 45; *Jauernig/Berger* § 439 BGB Rz. 15). Konkret kann der Verkäufer die gewählte Art der Nacherfüllung verweigern, »wenn sie nur mit unverhältnismäßigen Kosten möglich ist«.

Hintergrund (schwer!): Nach **§ 439 Abs. 3 Satz 2 BGB** kommt es für die Frage, ob die Nacherfüllungskosten unverhältnismäßig sind, insbesondere auf den »Wert der Sache in mangelfreiem Zustand« und »die Bedeutung des Mangels« an. In diesen Fällen spricht man von *absoluter* Unverhältnismäßigkeit der Nacherfüllung, weil für die Beurteilung kein Vergleich zwischen mehreren möglichen Formen der Nacherfüllung anzustellen ist. Nach dem Wortlaut der europäischen Verbrauchsgüterkauf-Richtlinie (1999/44/EG) ist die Abhilfe für den Verkäufer allerdings nur dann unverhältnismäßig, wenn sie »*Kosten verursachen würde, die [...] verglichen mit der alternativen Abhilfemöglichkeit unzumutbar wären*« Anders als § 439 Abs. 3 BGB steht dort also nur etwas von *relativer* Unverhältnismäßigkeit, denn entscheidend ist nach dem Wortlaut ein Vergleich zweier Abhilfevarianten (= Nachbesserung und Neulieferung). Der BGH hat vor diesem Hintergrund in einer neueren Entscheidung Zweifel daran geäußert, dass der Teil des § 439 Abs. 3 BGB, in dem es um absolute Unmöglichkeit geht, mit der Richtlinie vereinbar ist und die Frage dem Europäischen Gerichtshof (EuGH) vorgelegt (BGH NJW **2009**, 1660). Der EuGH hat daraufhin im Juni **2011** (NJW **2011**, 2269) klargestellt, dass die Regelung in § 439 Abs. 3 BGB unter dem genannten Gesichtspunkt tatsächlich *nicht* mit der Verbrauchsgüterkauf-Richtlinie vereinbar ist. Danach gilt nun, dass für die Frage der Unverhältnismäßigkeit der Nacherfüllungskosten stets ein Vergleich zwischen Nachbesserung und Neulieferung anzustellen ist. Der Verkäufer kann die Nacherfüllung also nicht mehr ohne weiteres mit der Begründung ablehnen, der Wert der Sache oder die Bedeutung des Mangels sei zu gering.

Bitte beachte des Weiteren, dass der Verkäufer gemäß **§ 439 Abs. 2 BGB** grundsätzlich *sämtliche* Kosten der Nacherfüllung zu tragen hat (OLG München NJW **2006**, 449). Sind nun die Kosten der vom Käufer gewählten Art der Nacherfüllung unverhältnismäßig hoch, kann sich der Verkäufer im Gegenzug auf § 439 Abs. 3 BGB berufen und die »billigere« Art der Nacherfüllung wählen (OLG Braunschweig NJW **2003**, 1953). Lässt sich der Mangel an einer Waschmaschine durch einfaches Austauschen etwa eines Netzteils oder eines anderen geringwertigen Bauteils beheben, kann der Verkäufer die Lieferung einer neuen Sache unter Berufung auf § 439 Abs. 3 BGB verweigern und vielmehr die Beseitigung des Mangels durchführen (BT-Drs. 14/6040 Seite 232; vgl. auch BGH NJW **2006**, 1195).

Zum Fall: Hier bei uns ist der § 439 Abs. 3 BGB nicht einschlägig, was sich allein schon damit begründet, dass I die Sache im Zweifel gar nicht nachbessern (= Beseitigung des Mangels) kann. Das Bett ist 8 cm zu schmal; eine Möglichkeit, dies kostengünstig zu ändern, ist nicht ersichtlich. R ist demnach sowieso beschränkt auf die Lieferung einer neuen Sache. Wäre diese Beseitigung des Mangels hingegen möglich, hätte man dann die Kosten dieser Nachbesserung zu vergleichen mit den Kosten der Lieferung einer neuen Sache (vgl. dazu dann *Huber* in NJW 2002, 1004, 1007; *Bitter/Meidt* in ZIP 2001, 2122).

Ergebnis: Der Anspruch auf Lieferung eines neuen Bettes aus den §§ 439 Abs. 1, 437 Nr. 1 BGB ist entstanden, nicht nach § 275 Abs. 1 BGB untergegangen und schließlich auch durchsetzbar, da kein Fall des § 439 Abs. 3 BGB vorliegt. R kann demnach von I ein neues mangelfreies Bett fordern – einschließlich einer deutschen Aufbauanleitung.

II.) Anspruch auf Abholung des alten Bettes bei R durch I?

Dieser Anspruch war von R auch noch geltend gemacht worden, und das auch aus gutem Grund, denn immerhin hatte sie das Bett ja schon nach Hause geschafft. Es fragt sich, ob sie das Möbelstück nun tatsächlich wieder zurückbringen oder aber ob I das Bett selbst bei R abholen muss. Beachte insoweit bitte die immense praktische Bedeutung dieser Frage, denn das Problem stellt sich selbstverständlich jedem Käufer einer mangelhaften Sache, der die Nacherfüllung in Form der Lieferung einer neuen Sache einfordert: Was macht er jetzt mit dem alten Ding, muss er es zurück bringen oder muss es vom Verkäufer abgeholt werden?

An die Antwort tasten wir uns schön langsam heran, wir können dabei nämlich noch einige wichtige Regeln zur Rückabwicklung im Kaufrecht lernen, und zwar: Zunächst lesen wir mal den **§ 439 Abs. 4 BGB** durch, wonach der *Verkäufer* bei Lieferung einer neuen Sache jedenfalls einen *Anspruch* auf Rückgewähr der mangelhaften Sache nach den §§ 346-348 BGB hat (vgl. LG Nürnberg-Fürth NJW **2005**, 2558). Das leuchtet auch ein, denn ansonsten hätte der Käufer ja unter Umständen einen beachtlichen materiellen Vorteil, wenn er nicht nur eine neue Sache bekommt, sondern die mangelhafte Sache zudem auch noch behalten könnte (*Jauernig/Berger* § 439 BGB Rz. 18). Soweit ist das klar und auch vollkommen unstreitig, steht ja im Gesetz. Der § 439 Abs. 4 BGB beantwortet aber nicht unsere oben gestellte Frage, denn wir wollen ja wissen, ob I das Bett, auf das er – wie gerade gesehen – sowieso einen Anspruch hat, auch tatsächlich bei R *abholen* muss, hierzu also gegenüber dem Käufer sogar *verpflichtet* ist. Der § 439 Abs. 4 BGB bestimmt mit dem Verweis auf die Rücktrittsvorschriften lediglich das *Recht* des Verkäufers, die mangelhafte Sache im Fall der Neulieferung zurückzuverlangen. Über seine *Verpflichtung* diesbezüglich steht da kein Wort.

Die Lösung dieser Frage müssen wir daher an anderer Stelle suchen und teilen das Ganze jetzt auf in zwei Schritte:

1.) Dass der Verkäufer bei der Rückabwicklung des Kaufvertrages im Rahmen der Rücktrittsvorschriften grundsätzlich auch *verpflichtet* ist, die mangelhafte Sache tatsächlich zurückzunehmen, folgt nach allgemeiner Ansicht aus einem Umkehrschluss zu § 433 Abs. 2 BGB (Spiegelbildgedanke), wonach der Käufer nicht nur den Kaufpreis zahlen, sondern die Kaufsache auch *abnehmen* muss (bitte prüfen). Wenn das Gesetz den Käufer in § 433 Abs. 2 BGB neben der Kaufpreiszahlung explizit zur Abnahme verpflichtet, muss dem Verkäufer bei der Rückabwicklung des Geschäfts diese Verpflichtung ebenso auferlegt werden (**unstreitig**: BGHZ 87, 104; OLG Köln ZGS **2006**, 77; OLGR Karlsruhe **2004**, 456; *Terrahe* in VersR 2004, 680; *Bamberger/ Roth/Faust* § 439 BGB Rz. 31; *Palandt/Grüneberg* § 346 BGB Rz. 5; *Palandt/Weidenkaff* § 439 BGB Rz. 26; *Erman/Grunewald* § 467 BGB a.F. Rz. 12; *Faust* in JuS 2009, 470).

ZE.: Der Verkäufer ist nicht nur nach § 439 Abs. 4 BGB berechtigt, die Sache zurückzufordern, sondern aus dem Umkehrschluss des § 433 Abs. 2 BGB bei entsprechendem Verlangen des Käufers sogar *verpflichtet*, die Sache zurückzu*nehmen*.

2.) Bleibt die Frage, ob der Verkäufer im Rahmen dieser Verpflichtung die Sache nun selbst beim Käufer abholen oder der Käufer sie ihm bringen muss.

Antwort: Da der Erfüllungsort (zum Begriff siehe oben Fall 3) für die Nacherfüllung im Kaufrecht nicht geregelt ist, richtet sich die Frage, *wo* diese Nacherfüllung erbracht werden muss, nach den allgemeinen Vorschriften, und das ist vor allem der § 269 Abs. 1 BGB (BGH MDR **2011,** 775; BGHZ **87**, 104; OLG Stuttgart MDR **1999**, 469; AG Menden NJW **2004**, 2237). Danach kommt es in erster Linie auf die von den Vertragsparteien getroffenen *Vereinbarungen* an. Gibt es keine vertraglichen Absprachen über den Erfüllungsort, kommt es dann entscheidend auf die *Umstände* des jeweiligen *Falls* an. Hierzu zählen unter anderem die *Ortsgebundenheit* und die Art der vorzunehmenden Leistung, die *Verkehrsauffassung* und etwaige *örtliche Gepflogenheiten*: so entspricht es etwa beim Kauf im Supermarkt zum Beispiel der Verkehrsauffassung, dass die Kunden mangelhafte Ware typischerweise zum Laden zurückbringen und dort reklamieren. Ergibt sich auch aus den Umständen kein eindeutiges Bild, ist die Nacherfüllung dort zu erbringen, wo der *Verkäufer* zum Zeitpunkt der Entstehung des Schuldverhältnisses seinen Wohnsitz oder seine Niederlassung im Sinne von § 269 Abs. 2 BGB hatte (BGH MDR **2011**, 775). Die Nacherfüllung ist also weder ohne weiteres am Erfüllungsort der ursprünglichen Leistungspflicht (so sahen das bisher etwa *Palandt/Grüneberg* § 269 BGB Rz. 15; *Lorenz*, NJW 2009, 1633 und *Unberath/Cziupka*, JZ 2008, 867) zu erbringen, noch automatisch an dem Ort, an dem sich der Kaufgegenstand im Zeitpunkt des Nacherfüllungsverlangens vertragsgemäß befindet – sogenannter Belegenheitsort (so bisher unter anderem OLG München NJW **2006**, 449, 450; *Bamberger/Roth/Faust* § 439 BGB Rz. 13). Vielmehr muss der Erfüllungsort für die Nacherfüllung in jedem Einzelfall sorgfältig anhand der Voraussetzungen von § 269 Abs. 1 BGB bestimmt werden (vgl. dazu ausführlich BGH NJW **2013**, 1074 und BGH MDR **2011**, 775).

Vorsicht! An den grundsätzlichen Aussagen, die der BGH im Hinblick auf den *Rücktritt* (§§ 437 Nr. 2 Fall 1, 346 Abs. 1 BGB) getroffen hat, ändert sich hierdurch **nichts.** Weil die Nacherfüllung dem Fortbestehen des Kaufvertrags und seinem ordnungsgemäßen Vollzug dient und es beim Rücktritt um die Auflösung und Rückabwicklung des Vertrags geht, sind Rücktritt und Nacherfüllung nach Auffassung des BGH nicht vergleichbar. Fehlen anderweitige Absprachen der Parteien, ist der Leistungsort bei der *Rückabwicklung* des Kaufvertrages im Hinblick auf die mangelhafte Sache daher dort, wo sich der Kaufgegenstand vertragsgemäß befindet, also im Zweifel am Wohnsitz des Käufers (BT-Drucks 14/6040 Seite 231; OLG Stuttgart NJW-RR **1999**, 1576; OLG Nürnberg NJW **1974**, 2237; MüKo/*Gaier* § 346 BGB Rz. 31). Der Verkäufer muss lediglich in die Lage versetzt werden, über die Sache verfügen zu können, sie muss ihm aber nicht vom Käufer gebracht werden (BGHZ **87**, 104). Die Rückabwicklung beim Rücktritt ist somit aus Sicht des Verkäufers grundsätzlich als *Holschuld* ausgestaltet, unabhängig davon, welcher Schuldtyp die ursprüngliche Lieferpflicht war. In einer Prüfungsarbeit muss daher bitte stets sorgfältig identifiziert werden, ob es um *Rücktritt* oder *Nacherfüllung* geht. Sehr ähnliches Problem, andere Lösung. Merken.

Sofern ein Verbrauchsgüterkauf (→ Definition in § 474 BGB) vorliegt (unser Fall), sind bei der Bestimmung des Erfüllungsorts für die Nacherfüllung nach Ansicht des BGH insbesondere die Vorgaben des Art. 3 der europäischen Verbrauchsgüterkauf-Richtlinie (1999/44/EG) zu beachten, wonach die Nacherfüllung stets »*ohne erhebliche Unannehmlichkeiten für den Verbraucher*« erfolgen muss. Im Rahmen der Nacherfüllung muss der Verbraucher keine Handlungen vornehmen, die für ihn eine erhebliche Unannehmlichkeit darstellen und auch keine Nacherfüllungsmaßnahmen des Unternehmers dulden, aus denen sich für ihn erhebliche Unannehmlichkeiten ergeben. Daraus folgt aber **nicht**, dass der Verbraucher nun **überhaupt keine Unnanehmlichkeiten** in Kauf nehmen muss, sondern vielmehr umgekehrt, dass gewisse (nicht erhebliche) Unannehmlichkeiten – finanzieller oder anderer Art – durchaus zu tolerieren sind, wenn dies nach den konkreten Umständen geboten erscheint.

Dem Käufer kann daher je nach Lage des Falls etwa auch der Transport der mangelhaften Sache zum Verkäufer zugemutet werden. Dazu merken wir uns dann bitte noch, dass der Käufer nach Ansicht des BGH in jedem Fall Anspruch auf *Ersatz seiner Transportkosten* hat und darauf sogar einen entsprechenden *Vorschuss* aus § 439 **Abs. 2** BGB verlangen kann (BGH MDR **2011**, 775; ebenso bereits OLG Köln ZGS **2006**, 77; OLG Karlsruhe MDR **2005**, 135; *Palandt/Weidenkaff* § 439 BGB Rz. 26; *Bamberger/Roth/Faust* § 439 BGB Rz. 31; *Lorenz* in NJW **2009**, 1633).

Durchblick: Insbesondere für eine vom Käufer verlangte *Nachbesserung* (= § 439 Abs. 1 **Fall 2** BGB) leuchtet die Sichtweise des BGH übrigens zwanglos ein, denn die Fehlerdiagnose und die erforderlichen Instandsetzungsarbeiten können ohnehin in vielen Fällen (→ defektes Auto) allein beim Verkäufer (→ Werkstatt) durchgeführt werden, weil nur dort die dafür benötigten Einrichtungen vorhanden sind (vgl. OLG

München NJW **2007**, 3214 und OLG Köln Schaden-Praxis 2007, 302). **Achtung**: für die Nachbesserung im *Werkrecht* hat der BGH (NJW-RR **2008**, 724) ausdrücklich *anders* entschieden: Fehlt eine besondere Vereinbarung der Parteien eines Werkvertrags, ist die Nachbesserung im Zweifel am Belegenheitsort zu erbringen, also dort, wo sich das nachzubessernde Werk vertragsgemäß befindet.

Die Lösung hängt vor dem Hintergrund der jüngsten BGH-Rechtsprechung nun also von der individuellen Fallsituation – und das Gelingen der Klausur oder Hausarbeit an dieser Stelle demzufolge insbesondere von einer überzeugenden Argumentation ab. Hat man in einer Prüfungsarbeit die soeben erlernten Grundsätze dargestellt, ist ein Großteil der an dieser Stelle zu erzielenden Punkte aber bereits eingefahren. Für die weiteren Ausführungen finden sich im vorgegebenen Sachverhalt regelmäßig Anhaltspunkte, mit denen man seine Entscheidung dann vernünftig begründen kann.

Zum Fall: I hat gegenüber R ursprünglich keine Lieferverpflichtung übernommen, vielmehr handelt es sich um einen typischen Kauf im Ladenlokal, bei dem nach der Verkehrsauffassung der Käufer die mangelhafte Ware im Regelfall zum Verkäufer befördern muss. Besondere, hiervon abweichende Vereinbarungen hatten I und R nicht getroffen. Zwar hat I durch die Mangelhaftigkeit der Kaufsache die Rückabwicklung überhaupt erst verursacht, das Möbelhaus I hatte jedoch keinen Einfluss darauf und konnte auch nicht erkennen, wo und wie R das Bett hinterher aufbaut, sodass nicht anzunehmen ist, dass I das diesbezügliche Rücktransportrisiko übernehmen wollte. Diese Sichtweise entspricht schließlich auch der gesetzlichen Grundregel des § 269 Abs. 1 BGB. Da I die mit dem Rücktransport des (nicht fest eingebauten und relativ leicht zerleg- und transportierbaren) Betts verbundenen Kosten vollständig übernehmen muss, sind die Unannehmlichkeiten, die der R durch den Abbau und dem Rücktransport entstehen, (noch) hinnehmbar.

Ergebnis für unseren Fall: I muss das Bett nicht bei R abholen.

(Ziemlich) wichtiger Nachschlag:

In den Fällen, in denen der Käufer *Nacherfüllung* in Form der *Neulieferung* verlangt, ergeben sich weitere beachtliche Klausurprobleme, die man in diesem Zusammenhang kennen sollte, und zwar:

1.) Prüfungsrelevant sind angesichts einer neueren EuGH-Entscheidung Fälle, in denen der Käufer die gekauften Sachen später irgendwo bei sich *einbaut* (z.B. gekaufte Fliesen in der Küche). Selbstverständlich bemerkt er die Mangelhaftigkeit der Ware (die Fliesen haben nämlich Risse) in diesen Konstellationen typischerweise erst dann, wenn der Einbau bereits vollständig oder zumindest ganz überwiegend abgeschlossen ist. Anschließend fordert er den Verkäufer dann zur Nacherfüllung durch Lieferung einer mangelfreien Sache (= § 439 Abs. 1 **Fall 2** BGB) auf. Damit man auf die richtige Spur kommt, wird der Fall oft noch so liegen, dass der Verkäufer nur ein

Zwischenhändler ist und er mithin weder die Lieferung der mangelhaften Ware selbst verschuldet noch nach § 278 BGB für ein Verschulden des Herstellers einzustehen hat (vgl. dazu den Fall des BGH aus NJW **2008**, 2837). In diesen sogenannten »**Einbaufällen**« tauchen dann gleich *zwei* Probleme auf:

a) Die Parteien streiten nämlich zunächst darüber, ob der Verkäufer den *Ausbau* der mangelhaften Sache schuldet oder jedenfalls die hierfür vom Käufer aufgewendeten *Kosten* tragen muss. Im Schrifttum und in der Rechtsprechung werden zu dieser Frage unterschiedliche Ansichten vertreten, mit deren Kenntnis man in einer Klausurbearbeitung den Korrektor erfreuen und profundes Sachwissen demonstrieren kann:

- Nach der *herrschenden Meinung* soll der Verkäufer in diesen Fällen grundsätzlich zum Ausbau der mangelhaften Sache verpflichtet sein. Da er verpflichtet sei, dem Käufer Eigentum und Besitz *nur* an der mangelfreien Kaufsache zu verschaffen, ergebe sich im Umkehrschluss hieraus, dass der Käufer nicht verpflichtet sei, neben der mangelfreien Sache auch noch die mangelhafte zu behalten (kniffliger Satz, bitte noch einmal lesen). Daraus folge eine *vertragliche Rücknahmeverpflichtung* des Verkäufers hinsichtlich der mangelhaften Sache, die er am Ort der eingebauten Sache zu erfüllen habe (vgl. oben unser Fall). Zudem müssten die Gesetzesmaterialien, nach denen § 439 BGB der Umsetzung der europäischen Verbrauchsgüterkauf-Richtlinie (1999/44/EG) dienen sollte, berücksichtigt werden. Nach der Richtlinie schulde der Verkäufer im Falle der Nacherfüllung die »*Herstellung des vertragsgemäßen Zustands des Verbrauchsgutes*«, also mehr als lediglich die Übergabe und Übereignung. Komme er dieser Pflicht nicht nach, müsse er als Schadensersatz statt der Leistung auch für die durch den Ausbau entstehenden Kosten aufkommen (OLG Karlsruhe ZGS **2004**, 432; OLG Köln NJW-RR **2006**, 677; OLG Stuttgart, Urt. v. 8. 11. **2007** – 19 U 52/07; LG Itzehoe, Urt. v. 27. April **2007** – 9 S 85/06; *Bamberger/Roth/Faust* § 439 BGB Rz. 32; *Lorenz* in ZGS 2004, 408; *ders.* in NJW 2005, 1889; *MüKo/Westermann* § 439 BGB Rz. 13; *Witt* in ZGS 2008, 369).

- Nach *anderer Ansicht* in der Literatur steht dem Käufer ein solcher Anspruch dagegen nicht zu. Im Falle der Nacherfüllung könnten keine über den ursprünglichen Erfüllungsanspruch hinausgehenden Pflichten bestehen. Dieser Anspruch sei bei einem Kaufvertrag lediglich auf die Übergabe und Übereignung einer *mangelfreien Sache* gerichtet. (AnwK-BGB/*Büdenbender* § 439 BGB Rz. 27 Fn. 23; *Erman/Grunewald* § 439 BGB Rz. 5; *Katzenstein* in ZGS 2009, 29; *Staudinger/Matusche-Beckmann* § 439 BGB Rz. 21; *Oetker/Maultzsch*, Vertragliche Schuldverhältnisse, 3. Aufl., § 2 Rz. 189; *Otte* in FS Schwerdtner, 2003 Seite 599, 608; *Skamel* in NJW 2008, 2820; *Ayad/Hesse* in BB 2008, 1926; *Thürmann* in NJW 2006, 3457).

Der Europäische Gerichtshof (EuGH) hat auf Vorlage des BGH (→ NJW **2009**, 1660) eine solche Verpflichtung zum Ausbau bejaht (NJW **2011**, 2269). Art. 3 der Verbrauchsgüterkauf-Richtlinie ist nach Ansicht des EuGH so auszulegen, dass der *Verkäufer* im Fall der Neulieferung die mangelhafte Sache entweder selbst ausbauen (und darüber hinaus auch abtransportieren) oder die Kosten tragen muss, die hierfür anfallen. Ob sich der Verkäufer im Kaufvertrag verpflichtet hatte, das ursprünglich gekaufte Verbrauchsgut einzubauen, spielt nach Ansicht des EuGH keine Rolle.

Da sich der BGH inzwischen dieser Sichtweise angeschlossen hat (→ BGH NJW **2012**, 1073 und BGH NJW **2013**, 220), sollte der dargestellte Streit im Rahmen einer Prüfungsarbeit im Sinne der erstgenannten Meinung entschieden werden.

b) Regelmäßig problematisch ist in den typischen »Einbaufällen« zudem, ob der Verkäufer auch den *Wiedereinbau* der nachzuliefernden Sache bzw. die hierdurch entstehenden Kosten übernehmen muss. Dieses Thema muss man von der soeben behandelten Frage nach den Ausbaukosten unbedingt sauber trennen. Das Meinungsbild in Rechtsprechung und Schrifttum sieht hierzu folgendermaßen aus:

- Nach *einer Ansicht* soll dem Käufer ein solcher Anspruch zustehen, sodass der Verkäufer diejenigen Veränderungen aufrechterhalten oder wiederherstellen müsse, die der Käufer schon an der Kaufsache vorgenommen hatte. Für diese Sichtweise spreche es unter anderem, dass nach der Regierungsbegründung (BT-Drucks 14/6040 Seite 231) Erfüllungsort für die Nacherfüllung der Belegenheitsort der Sache zum Zeitpunkt der Nacherfüllung sein soll. Der Erfolg vom Käufer herbeigeführter *Ortsveränderungen* sei also im Rahmen der Nacherfüllung zu erhalten. Für vom Käufer herbeigeführte *Zustandsveränderungen* der Kaufsache könne nichts anderes gelten (OLG Karlsruhe ZGS **2004**, 432; LG Deggendorf, BauR 2007, 1457; *Schmitz* in IBR 2007, 426, *Bamberger/Roth/Faust* § 439 BGB Rz. 18; *Eckert/Maifeld/Matthiessen*, Handbuch des Kaufrechts, 2007, Rz. 621 f.; *Terrahe* in VersR 2004, 680).

- Nach der *Gegenmeinung* soll sich der Nacherfüllungsanspruch nicht auch auf diese Kosten erstrecken. Der Nacherfüllungsanspruch könne als »Verlängerung« des ursprünglichen Erfüllungsanspruchs nicht weiter als dieser reichen und der Käufer daher im Wege der Nacherfüllung nicht mehr verlangen, als der Verkäufer ursprünglich geschuldet hat. Die Zweiteinbaukosten seien ein durch die mangelhafte Lieferung bedingter Schaden, der nicht im Rahmen der Nachbesserung, sondern lediglich im Wege des Schadens- oder Aufwendungsersatzes augeglichen werden könne. (OLG Frankfurt a.M. ZGS **2008**, 315; OLG Köln ZGS **2006**, 77; LG Itzehoe, Urt. v. 27.04.**2007** – 9 S 85/06, n.v.; MüKo/*Westermann*, § 439 BGB Rz. 13; *Thürmann* in NJW 2006, 3457; *Haedicke* in ZGS 2006, 55; *Brömmelmeier* in JZ 2006, 493 Fn. 7; *Seibel* in IBR 2006, 140; *Reinicke/Tiedtke*, KaufR, Rz. 439 f.; *Leupertz* in BauR 2006, 1648; *Staudinger/Matusche-Beckmann* § 439 BGB Rz. 21; *Lorenz* in NJW 2005, 1889; *Reinking/Eggert*, Der Autokauf, 9. Aufl., Rz. 330; *Wilmowsky*, JuS 2002, Beil. zu Heft 1, Seite 22).

Der EuGH hat sich in der vorgenannten Entscheidung vom 16. Juni 2011 (NJW **2011**, 2269) der erstgenannten Meinung angeschlossen und entschieden, dass der Verkäufer bei der Neulieferung grundsätzlich auch den Wiedereinbau schuldet – oder eben für die entsprechenden Kosten aufkommen muss. Für Klausuren und Hausarbeiten sollte man sich dieses (nicht gerade naheliegende) Ergebnis unbedingt einprägen, zumal inzwischen auch der BGH dieser Linie folgt (siehe hierzu das in NJW **2013**, 220 abgedruckte Urteil).

Beachte: Wir merken uns bitte unbedingt, dass sich die soeben mehrfach zitierte Entscheidung des EuGH nur auf den Fall des *Verbrauchsgüterkaufs* bezog. Das liegt daran, dass es jeweils um die Vereinbarkeit deutschen Rechts mit dem (höherrangigen) europäischen Recht (→ Verbrauchsgüterkauf-Richtlinie) ging und für solche Fragen allein der EuGH zuständig und kompetent ist. Der EuGH hat sich dabei *nicht* zu Kaufverträgen zwischen zwei Verbrauchern (§ 13 BGB) oder zwischen zwei Unternehmern (§ 14 BGB) geäußert. Da in solchen Fällen der persönliche Anwendungsbereich der Verbrauchsgüterkauf-Richtlinie nicht eröffnet ist, besteht logischerweise auch keine Pflicht zur richtlinienkonformen Auslegung von § 439 BGB (vgl. BGH NJW **2013**, 220). Merken.

2.) So. Neben diesem ganzen Kram um Ein- und Ausbaukosten gibt es noch ein weiteres beachtliches Klausurthema, das beherrscht oder zumindest gekannt werden sollte: Es dreht sich um die interessante Frage, ob der Käufer, dem zum Zwecke der Nacherfüllung eine neue mangelfreie Sache geliefert wurde, nach § 439 Abs. 4 BGB nicht nur die ihm zunächst gelieferte mangelhafte Sache zurückgeben muss, sondern dem Verkäufer gegenüber auch zum Nutzungsersatz im Hinblick auf die ja von ihm zunächst genutzte (mangelhafte) Sache verpflichtet ist.

> **Beispiel** (nach BGH NJW **2006**, 3200): Der Käufer erwirbt einen Herd, und nach einem Jahr problemloser Nutzung löst sich plötzlich wegen eines Fabrikationsfehlers die Emailleschicht im Backofen. Der Käufer verlangt nun nach § 439 Abs. 1 BGB die Lieferung einer neuen mangelfreien Sache, erhält diese auch vom Verkäufer, der aber seinerseits jetzt Nutzungsersatz in Bezug auf die mangelhafte Sache fordert. Denn der Käufer hatte den zuerst gelieferten (mangelhaften) Ofen immerhin ein ganzes Jahr lang problemlos nutzen können. Muss er dafür Nutzungsersatz leisten?

Zur Lösung dieser Frage wollen wir uns zunächst die entsprechende gesetzliche Regelung in **§ 100 BGB** ansehen: Danach sind Nutzungen unter anderem »**die Vorteile, welche der Gebrauch der Sache oder des Rechts gewährt**«. Solche Vorteile können je nach Kaufsache ganz unterschiedlicher Art sein: In unserem ganz oben gelösten Fall bestand der Nutzungsvorteil, den der Gebrauch des gekauften Bettes gewährt, natürlich darin, dass man in dem Bett schlafen kann. Bei der Geschichte mit dem Herd (BGH NJW **2006**, 3200) liegt der Vorteil in der üblichen Nutzung, etwa für das Zubereiten von Essen usw. Und da diese Nutzungen im Zweifel stets einen *geldwerten* Vorteil darstellen (der Käufer hat namentlich den Erwerb einer anderen Sache für die

Zeit der Nutzung erspart), fragt sich, ob der Käufer nicht Nutzungsersatz leisten soll. Ansonsten hätte er nämlich quasi »kostenfrei« die gekaufte (mangelhafte) Sache nutzen dürfen. Die Behandlung dieses Problems war lange Zeit heftig umstritten:

- Für einen Anspruch des Verkäufers gegen den Käufer auf Nutzungsersatz sprechen zunächst sowohl der Wortlaut als auch die Systematik des Gesetzes: Der § 439 Abs. 4 BGB sieht nämlich vor, dass der Verkäufer »**Rückgewähr der mangelhaften Sache nach Maßgabe der §§ 346 bis 348**« verlangen kann, wenn er dem Käufer eine mangelfreie Sache als Ersatz liefert. Und in § 346 Abs. 1 BGB steht, dass der Schuldner (= Käufer) »**die empfangenen Leistungen zurückzugewähren und die gezogenen Nutzungen herauszugeben**« hat. Und deshalb sieht auch ein ganz erheblicher Teil des rechtswissenschaftlichen Schrifttums die Rechtslage so wie gerade beschrieben und will dem Verkäufer demnach einen Anspruch auf Nutzungsersatz gewähren (vgl. etwa MüKo/*Westermann* § 439 BGB Rz. 17; PWW/*Schmidt* § 439 BGB Rz. 34; *Staudinger/Matusche-Beckmann* § 439 BGB Rz. 56; *Bamberger/Roth/Faust* § 439 BGB Rz. 32; *Erman/Grunewald* § 439 BGB Rz. 11; *Jauernig/Berger* § 439 BGB Rz. 18; *Reinicke/Tiedtke* Kaufrecht Rz. 432 ff.; *Brox/Walker* BS § 4 Rz. 42; *Westermann* in JZ 2001, 530; *Reischl* in JuS 2003, 667).

- Nach der Gegenmeinung soll der Käufer im Falle der Ersatzlieferung *nicht* zum Nutzungsersatz verpflichtet sein. Zur Begründung wird unter anderem angeführt, die Verweisung in § 439 Abs. 4 BGB auf die §§ 346 bis 348 BGB sei zu weit geraten und müsse deswegen *teleologisch reduziert* werden. Außerdem spreche auch **§ 446 S. 2 BGB** (bitte lesen!) dafür, dass die Nutzungen der Kaufsache von Anfang an dem Käufer zustehen sollen (der dafür schließlich auch den Kaufpreis gezahlt hat!). Der Verkäufer behalte zudem bei einer Ersatzlieferung – anders als beim Rücktritt – den Kaufpreis und natürlich auch die Nutzungsmöglichkeit hieran (so vertreten von OLG Nürnberg NJW **2005**, 3000; *Palandt/Weidenkaff* § 439 BGB Rz. 25; MüKo/*Lorenz* Vor § 474 BGB Rz. 19; *Gsell* in JuS 2006, 203; *Roth* in JZ 2001, 475; *Schwab* in JuS 2002, 630; *Ball* in NZV 2004, 217; *Rott* in BB 2004, 2478; *Wagner/Michal* in ZGS 2005, 368; *Muthorst* in ZGS 2006, 90; *Brömmelmeyer* in JZ 2006, 493; *Beck* in JR 2006, 177).

Nachdem der **BGH** die Geschichte mit dem Herd und der brüchigen Emailleschicht dem Europäischen Gerichtshof (EuGH) zur Klärung vorgelegt hatte (→ BGH NJW **2006**, 3200), hat der EuGH entschieden, dass die bis dahin bestehende gesetzliche Regelung des BGB *nicht* mit Art. 3 der Verbrauchsgüterkauf-Richtlinie (1999/44/EG) in Einklang steht, weil die Richtlinie einen Nutzungsersatzanspruch des Verkäufers beim Verbrauchsgüterkauf nicht vorsieht (EuGH NJW **2008**, 1433; ebenso nachfolgend BGH NJW **2009**, 427). Der EuGH hat sich damit – wohlgemerkt: nur für den Fall des Verbrauchsgüterkaufs! – der letztgenannten Meinung angeschlossen. Der deutsche Gesetzgeber hat – recht schnell – auf dieses Urteil reagiert und in **§ 474 Abs. 2 Satz 1 BGB** (bitte nachlesen!) ausdrücklich reingeschrieben, dass der Verkäufer bei einem Verbrauchgüterkaufvertrag vom Käufer im Fall der Nacherfüllung weder

Nutzungen herausverlangen, noch deren Wert ersetzt verlangen kann. **Und**: Auch wenn das Problem damit im Verhältnis zwischen *Unternehmer* und *Verbraucher* vom Tisch ist, sollte man den oben dargestellten Streitstand für eine Prüfungsarbeit in jedem Fall im Kopf haben, denn die Problematik um den Nutzungsersatz bei der Rückgabe der mangelhaften Sache nach § 439 Abs. 4 BGB ist in Fällen, in denen kein Verbrauchsgüterkauf vorliegt, nach wie vor nicht ausdiskutiert und daher immer noch ziemlich klausur- und hausarbeitsträchtig. Nicht vergessen sollte man schließlich, dass auch bei einem Verbrauchsgüterkauf eine der Parteien selbstverständlich den *Rücktritt* vom Vertrag erklären kann und in diesem Fall der § 346 Abs. 1 BGB – im Einklang mit dem europäischen Recht – unmittelbar gilt. Der Verkäufer kann in dieser Situation also problemlos auch Nutzungsersatz vom Käufer verlangen (BGH NJW **2010**, 148).

Gutachten

R kann gegen I einen Anspruch auf Lieferung eines neuen Betts aus §§ 439 Abs. 1, 437 Nr. 1 BGB haben.

I.) Zur Begründung des Anspruchs auf Lieferung einer neuen mangelfreien Sache aus den §§ 439 Abs. 1, 437 Nr. 1 BGB muss, da zwischen I und R ein Kaufvertrag geschlossen wurde, die Kaufsache mangelhaft sein. Im vorliegenden Fall kommt ein Sachmangel im Sinne des § 434 BGB in Betracht.

1.) Dieser kann sich zunächst aus der nur in schwedischer Sprache verfassten Aufbauanleitung ergeben. Gemäß § 434 Abs. 2 Satz 2 BGB liegt bei einer zur Montage bestimmten Sache ein Sachmangel vor, wenn die Montageanleitung mangelhaft ist. Da das Bett im vorliegenden Fall »zum Selbstaufbau« vorgesehen war, stellt sich allein die Frage, ob die schwedische Montageanleitung mangelhaft ist. Dies ist der Fall, wenn sie nicht den ganz überwiegenden Teil der voraussichtlichen Käufer in die Lage versetzt, die Kaufsache auf Anhieb fehlerfrei zu montieren. Die Mangelhaftigkeit ist aus dem Erwartungshorizont des Käufers abzuleiten. Insoweit ist vom Verkäufer auch zu berücksichtigen, in welcher Sprache und mit welcher Kenntnis der Käufer die Bedienungsanleitung verwendet. Grundsätzlich muss eine Montageanleitung deshalb in der Sprache verfasst sein, die im Kaufvertrag vorausgesetzt wird. Demnach ist die Montageanleitung im vorliegenden Fall mangelhaft. Gelingt dem Käufer indes die fehlerfreie Montage, obwohl die Montageanleitung mangelhaft ist, greift die Sonderregel von § 434 Abs. 2 Satz 2, 2. HS BGB ein. Dabei ist es gleichgültig, ob der Käufer den Zusammenbau aus eigener Kraft bewerkstelligt oder sich dazu fremder Hilfe bedient. Hier hat R das Bett mit Hilfe ihres Nachbarn letztlich fehlerfrei zusammengebaut. Der Umstand, dass die Montageanleitung in schwedischer Sprache abgefasst ist, stellt somit keinen Sachmangel gemäß § 434 Abs. 2 Satz 2 BGB dar.

2.) Ein Sachmangel kann sich darüber hinaus auch aus der 8 cm fehlenden Breite des Bettes ergeben. Insoweit kommt ein Sachmangel nach § 434 Abs. 1 Satz 1 BGB in Betracht. Demnach ist die Sache frei von Sachmängeln, wenn sie bei Gefahrübergang die vereinbarte Beschaffenheit hat. Sie ist demnach mangelhaft, wenn sie diese Beschaffenheit nicht hat. Es kommt also darauf an, ob zwischen den Parteien eine Beschaffenheit vertraglich vereinbart gewesen ist. Eine vertragliche Vereinbarung im Sinne des § 434 Abs. 1 Satz 1 BGB liegt vor, wenn der Inhalt des Kaufvertrages von vornherein die Pflicht des Käufers bestimmt, die gekaufte Sache in dem Zustand zu übereignen, wie ihre Beschaffenheit im Vertrag festgelegt ist. Hierbei genügt auch eine schlüssige Erklärung etwa derart, dass der Verkäufer die Sache vor Vertragsschluss beschreibt und dabei auf ein Muster oder einen Prospekt verweist. Fraglich ist zunächst, ob die Maße des Bettes zu dessen Beschaffenheit zählen. Unter den Begriff der Beschaffenheit im Sinne des § 434 BGB fallen sämtliche den Wert und die Verwendungseignung der Sache ausmachenden Eigenschaften; namentlich können hierzu je nach Kaufsache die Größe, das Alter, das Gewicht, das Material oder etwa auch das Herstellungsdatum gehören, wenn diese Faktoren auf die Verwendungseignung oder den Wert Einfluss haben. Die Maße eines Bettes stellen Eigenschaften dar, die dessen Verwendungseignung charakterisieren und sind deshalb unter den Begriff der Beschaffenheit subsumierbar. Der Verkäufer hat R zudem vor Abschluss des Vertrages darauf hingewiesen, dass das Bett der Beschreibung im Katalog entspricht. Dort stand, dass das Bett die Maße 140x200 cm hat. Die 140x200 cm sind demnach im Sinne des § 434 Abs. 1 Satz 1 BGB zwischen den Parteien vereinbart worden. Dem Bett fehlte daher die vertraglich vereinbarte Beschaffenheit von 140x200 cm mit der Folge, dass die Kaufsache mangelhaft im Sinne des § 434 Abs. 1 Satz 1 BGB ist.

3.) Dieser Mangel muss nach § 434 Abs. 1 BGB zum Zeitpunkt des Gefahrübergangs vorgelegen haben. Der Gefahrübergang richtet sich grundsätzlich nach § 446 BGB. Demnach kommt es auf den Zeitpunkt der Übergabe an. Zum Zeitpunkt der Übergabe lag der Mangel vor. Der Sachmangel lag folglich im Zeitpunkt des Gefahrübergangs vor. Somit sind die Voraussetzungen des § 437 Nr. 1 BGB vollständig erfüllt. Der Anspruch auf Nacherfüllung aus § 439 Abs. 1 BGB ist demnach entstanden, R kann also gemäß § 439 Abs. 1 BGB nach ihrer Wahl Nacherfüllung in Form der Beseitigung des Mangels oder aber der Lieferung einer mangelfreien Sache verlangen. R hat sich für die zweite Variante (Neulieferung) entschieden.

Dieser Anspruch auf Neulieferung kann aber erloschen sein. In Betracht kommt insoweit die Anwendung des § 275 Abs. 1 BGB.

1.) Der Anspruch auf Neulieferung aus den §§ 439 Abs. 1, 437 Nr. 1 BGB unterliegt als Forderung grundsätzlich den allgemeinen Regeln über die Leistungsstörungen. Die Nacherfüllung kann I daher unmöglich geworden sein. Unmöglichkeit tritt ein, wenn niemand mehr die geschuldete Leistung erbringen kann. Von dem fraglichen Bett sind hier mangels anderslautender Angaben im Sachverhalt noch genügend Exemplare vorhanden. Dies könnte dafür sprechen, dass I die Leistung weiterhin möglich ist. Es ist jedoch zu berücksichtigen, dass R hier nicht irgendein Bett, sondern erst nach eingehender Verhandlung mit I genau das Exemplar mit der beschädigten Verpackung gekauft und dafür dann auch einen geringeren Preis bezahlt hat. Ist der Leistungsgegenstand von den Parteien individuell bestimmt und mithin eine Stückschuld vereinbart worden, kann nicht ohne weiteres ein neuer Gegenstand geliefert werden, denn es kam den Parteien darauf an, die im Kaufvertrag bezeichnete Sache zum Kaufgegenstand zu machen. Ob in solchen Fällen, in denen eine Stückschuld vereinbart wurde, im Hinblick auf den Neulieferungsanspruch Unmöglichkeit eintritt, ist streitig:

Zum einen wird insoweit vertreten, die Neulieferung nach den §§ 439 Abs. 1, 437 Nr. 1 BGB komme bei der Stückschuld grundsätzlich nicht mehr in Betracht. Begründet wird dieser Ansatz damit, dass jede andere als die ursprünglich gelieferte Sache nicht geschuldet war, und die Lieferung der vertraglich vereinbarten Sache in mangelfreiem Zustand demnach gemäß § 275 Abs. 1 BGB unmöglich sei. Wenn die Parteien eine Stückschuld vereinbaren, könne sich das Gesetz nicht über diese vertragliche Begrenzung des Schuldverhältnisses hinwegsetzen. Vor allem dann, wenn der Verkäufer keine andere Sache mehr hat, mit der er erfüllen könnte, gebe es keinen Grund, ihn entgegen der vertraglichen Vereinbarung mit einem gattungsschuldähnlichen Beschaffungsrisiko zu belasten. Nach anderer Meinung soll eine Neulieferung auch bei der Stückschuld möglich sein, sofern es sich um eine vertretbare Sache handelt, die am Markt noch zu beschaffen ist. Die Vertreter dieser Ansicht stützen sich dabei auf die Gesetzesmaterialien, nach denen davon ausgegangen wird, dass Neulieferung beim Stückkauf im Wege der Ersatzlieferung nur bei nicht vertretbaren Sachen ausgeschlossen ist. Mit der Schuldrechtsreform habe ausweislich des § 434 Abs. 3 BGB die begriffliche Unterscheidung zwischen Stück- und Gattungsschuld im Kaufmängelrecht aufgehoben werden sollen. Wertungsmäßig könne es keinen Unterschied machen, ob die neue vertretbare Kaufsache z.B. im Geschäft des Verkäufers ausgestellt ist oder der Käufer sie anhand eines Prospektes kauft. In beiden Fällen könne er ein schutzwürdiges Interesse an einer Ersatzlieferung haben.

Da die Meinungen für den vorliegenden Fall zu unterschiedlichen Ergebnissen führen, ist der Streit zu entscheiden. Für die letztgenannte Auffassung spricht insbesondere der gesetzgeberische Wille, wonach die Neulieferung nur für den Fall ausgeschlossen werden sollte, dass es sich um eine nicht vertretbare Sache handelt. Bei einer vertretbaren Sache ist es dem Verkäufer grundsätzlich weiterhin möglich, ein neues Exemplar zu beschaffen und zu liefern, auch wenn die vertragliche Vereinbarung vorher auf ein bestimmtes Stück gerichtet war. Es ist daher nicht sachgerecht, den Verkäufer gleichwohl von seiner Lieferpflicht zu entlasten. Die Neulieferung gemäß den §§ 439 Abs. 1, 437 Nr. 1 BGB ist daher auch beim Vorliegen einer Stückschuld nicht nach § 275 Abs. 1 BGB unmöglich geworden, sofern es sich bei dem Kaufgegenstand um eine vertretbare Sache handelt.

2.) Der Anspruch auf Neulieferung setzt demnach das Vorliegen einer vertretbaren Sache im Sinne des § 91 BGB voraus. Demnach muss die Sache beweglich und im Verkehr nach Maß, Zahl, Art und Gewicht bestimmt zu werden pflegen. Gebrauchte Gegenstände fallen nicht unter § 91 BGB. Das von R erworbene Bett wurde neu hergestellt und ist kein gebrauchter Gegenstand. Individualisiert wurde es hier lediglich durch die besondere Auswahl der Vertragsparteien. Weil es somit grundsätzlich austauschbar ist, handelt es sich dabei um eine vertretbare Sache im Sinne des § 91 BGB. Damit ist der Neulieferungsanspruch nicht aufgrund von Unmöglichkeit nach § 275 Abs. 1 BGB untergegangen. I kann im vorliegenden Fall ein neues Bett liefern. Der Anspruch auf Neulieferung aus den §§ 439 Abs. 1, 437 Nr. 1 BGB ist entstanden und auch nicht untergegangen.

Fraglich ist schließlich, ob der Anspruch auch durchsetzbar ist. Als rechtshemmende Einrede kommt § 439 Abs. 3 BGB in Betracht. Demnach darf der Verkäufer die gewählte Art der Nacherfüllung verweigern, wenn sie nur mit unverhältnismäßigen Kosten möglich ist. Der Verkäufer kann dann die »billigere« Art der Nacherfüllung wählen. Hier ist eine

Nachbesserung der Sache durch I nicht denkbar, denn das Bett ist 8 cm zu schmal. Eine Möglichkeit, dies kostengünstig zu ändern, ist nicht ersichtlich. R ist demnach beschränkt auf die Lieferung einer neuen Sache. Der Anspruch auf Lieferung eines neuen Bettes aus den §§ 439 Abs. 1, 437 Nr. 1 BGB ist damit schließlich auch durchsetzbar.

Ergebnis: R hat gegen I einen Anspruch auf Lieferung eines mangelfreien Betts aus §§ 439 Abs. 1, 437 Nr. 1 BGB haben.

R kann gegen I einen Anspruch auf Abholung des alten Bettes haben.

Nach § 439 Abs. 4 BGB hat der Verkäufer bei Lieferung einer neuen Sache einen Anspruch auf Rückgewähr der mangelhaften Sache nach den §§ 346-348 BGB. Fraglich ist jedoch, ob der Verkäufer die Sache, auf die er einen Anspruch hat, auch tatsächlich beim Käufer abholen muss.

I.) Dass der Verkäufer bei der Rückabwicklung des Kaufvertrages im Rahmen der Rücktrittsvorschriften grundsätzlich auch verpflichtet ist, die mangelhafte Sache tatsächlich zurückzunehmen, folgt nach allgemeiner Ansicht aus dem Umkehrschluss bzw. dem Spiegelbild des § 433 Abs. 2 BGB, wonach der Käufer nicht nur den Kaufpreis zahlen, sondern die Kaufsache auch abnehmen muss. Wenn das Gesetz den Käufer in § 433 Abs. 2 BGB neben der Kaufpreiszahlung explizit zur Abnahme verpflichtet, muss dem Verkäufer bei der Rückabwicklung des Geschäfts diese Verpflichtung ebenso auferlegt werden. Der Verkäufer ist damit nicht nur nach § 439 Abs. 4 BGB berechtigt, die Sache zurückzufordern, sondern aus dem Umkehrschluss des § 433 Abs. 2 BGB bei entsprechendem Verlangen des Käufers sogar verpflichtet, die Sache zurückzunehmen.

II.) Fraglich ist weiterhin, ob I bei dieser Verpflichtung die Sache bei R abholen oder R sie zu I bringen muss. Da der Erfüllungsort für die Nacherfüllung im Kaufrecht nicht geregelt ist, richtet sich die Frage, wo der Nacherfüllungsanspruch vom Verkäufer zu erfüllen ist, nach § 269 Abs. 1 BGB. Danach kommt es in erster Linie auf die von den Vertragsparteien getroffenen Vereinbarungen an. Fehlen vertragliche Absprachen über den Erfüllungsort, kommt es auf die Umstände des jeweiligen Falls an. Ergibt sich auch aus den Umständen kein eindeutiges Bild, ist die Nacherfüllung dort zu erbringen, wo der Verkäufer zum Zeitpunkt der Entstehung des Schuldverhältnisses seinen Wohnsitz oder seine Niederlassung im Sinne von § 269 Abs. 2 BGB hatte. Hier hatte I gegenüber R ursprünglich keine Lieferverpflichtung übernommen, vielmehr handelt es sich um einen typischen Kauf im Ladenlokal, bei dem nach der Verkehrsauffassung der Käufer die mangelhafte Ware im Regelfall zum Verkäufer befördern muss. Besondere, hiervon abweichende Vereinbarungen haben I und R nicht getroffen. Zwar hat I durch die Mangelhaftigkeit der Kaufsache die Rückabwicklung überhaupt erst verursacht, I hatte jedoch keinen Einfluss darauf und konnte auch nicht erkennen, wo und wie R das Bett hinterher aufbaut, sodass nicht anzunehmen ist, dass I das diesbezügliche Rücktransportrisiko übernehmen wollte. Diese Sichtweise entspricht auch der gesetzlichen Grundregel des § 269 Abs. 1 BGB. Da I die mit dem Rücktransport des – nicht fest eingebauten und relativ leicht zerleg- und transportierbaren – Betts verbundenen Kosten vollständig übernehmen muss, sind die Unannehmlichkeiten, die R durch den Abbau und dem Rücktransport entstehen, hinnehmbar.

Ergebnis: R hat keinen Anspruch gegen I auf Abholung des alten Bettes.

Fall 18

Besser ankommen!

Rechtsstudent R interessiert sich beim Gebrauchtwagenhändler G für einen älteren *Ford Fiesta*. An der Windschutzscheibe des Wagens ist ein Schild angebracht, auf dem steht: »38.000 km, unfallfrei, Servolenkung, 5.000 Euro«. Auf Nachfrage des R bestätigt G, dass die Angaben auf dem Schild zutreffen. Daraufhin kauft R den Pkw. Beim Kauf akzeptiert er zudem die Allgemeinen Geschäftsbedingungen des G, in denen es unter § 3 heißt:

>*In Kenntnis der Tatsache, dass es sich um einen gebrauchten Wagen handelt, verzichtet der Käufer auf alle Gewährleistungsansprüche wegen der nicht sichtbaren Mängel. Hiervon ausgenommen ist die Haftung für Schäden an Leben, Körper und Gesundheit oder aufgrund groben Verschuldens.*«

Selbstverständlich stellt der TÜV eine Woche später bei der Hauptuntersuchung fest, dass der Wagen vor Jahren bereits einen erheblichen Unfall hatte und der Wert des Autos daher derzeit nur bei ca. 3.000 Euro liegt. Der daraufhin von R zur Rede gestellte G kann nachweisen, dass er von dem Unfall weder wusste noch hätte wissen können. R hingegen hätte den Wagen ohne Unfallschaden für 6.000 Euro weiterverkaufen können; diese 6.000 Euro hätten dem tatsächlichen Zeitwert des Wagens ohne Unfall entsprochen.

Ansprüche des R gegen G?

Schwerpunkte: Die Gewährleistungsrechte des Käufers bei Unmöglichkeit der Nacherfüllung; Rücktritt und Minderung; Entbehrlichkeit der Fristsetzung nach § 326 Abs. 5 BGB; Schadensersatzanspruch nach §§ 311a Abs. 2, 437 Nr. 3 Fall 1 BGB; Verhältnis der Gewährleistungsrechte zueinander; die Garantieübernahme des Verkäufers; der Verbrauchsgüterkauf nach § 474 BGB; Gewährleistungsausschluss nach § 475 BGB; der Haftungsausschluss gemäß § 444 BGB.

Lösungsweg

Einstieg: Um diesen Fall mit seinen verschiedenen Lösungsmöglichkeiten bzw. für den R hier zur Verfügung stehenden Rechtsfolgen vollständig erfassen zu können, müssen wir uns gleich vorab Folgendes klarmachen: Eine *Nacherfüllung* im Sinne der **§§ 439 Abs. 1, 437 Nr. 1 BGB** ist im vorliegenden Fall bereits rein tatsächlich *ausgeschlossen*. Denn ein gebrauchtes Unfallfahrzeug kann man nicht »nachbessern« (Unfall ungeschehen machen!?) oder »neu« liefern. Die stets vorrangigen Gewährleis-tungsrechte des Käufers aus den §§, 439 Abs. 1, 437 Nr. 1 BGB sind demnach von vornerehin gar nicht realisierbar oder noch genauer: Die Nacherfüllung seitens des Verkäufers ist *unmöglich* im Sinne des **§ 275 Abs. 1 BGB**. Denn dieser Mangel (Un-fallfahrzeug) kann *niemals* behoben werden (BT-Drs. 14/6040 Seite 209; BGH NJW **2008**, 53, 55; BGH NJW **2008**, 1517; *Jauernig/Berger* § 439 BGB Rz. 12). Der grundsätz-lich geltende Vorrang der Nacherfüllung gilt in diesem Falle also nicht, der Käufer muss auf die sonstigen Rechtsbehelfe des § 437 Nr. 2 und 3 BGB zurückgreifen, so-weit deren Voraussetzungen vorliegen (BT-Drs. 14/6040 Seite 209; PWW/*Schmidt* § 439 BGB Rz. 23; *Palandt/Weidenkaff* § 439 BGB Rz. 21). Wir werden uns daher hier mit der Nacherfüllung aus den §§ 439 Abs. 1, 437 Nr. 1 BGB als Anspruchsgrundlage auch gar nicht beschäftigen, sondern sofort auf die sonstigen Möglichkeiten des Käu-fers eingehen. Freilich wird diese Unmöglichkeit der Nacherfüllung die Lösung den-noch nachhaltig beeinflussen, weil sie dem Käufer nämlich die Durchsetzung der übrigen Rechtsbehelfe erleichtert oder überhaupt erst ermöglicht.

I.) Anspruch des R gegen G auf Rückzahlung des Kaufpreises

<u>AGL.:</u> **§§ 346 Abs. 1, 323 Abs. 1, 437 Nr. 2 BGB (Rücktritt vom Vertrag)**

Um vom Vertrag wirksam zurückzutreten und dann auch gemäß § 346 Abs. 1 BGB das gezahlte Geld zurückverlangen zu können, muss dem R – neben einer zu unterstel-lenden Rücktrittserklärung – selbstverständlich ein *Rücktrittsgrund* zur Seite stehen. Von den in § 346 Abs. 1 BGB genannten beiden Möglichkeiten (vertraglich vereinbar-tes oder gesetzliches Rücktrittsrecht) kommt im vorliegenden Fall nur das *gesetzliche Rücktrittsrecht* in Betracht, denn die Parteien hatten vertraglich insoweit nichts ver-einbart.

1.) Ein gesetzliches Rücktrittsrecht kann sich hier aus den **§§323 Abs. 1, 437 Nr. 2 BGB** ergeben.

> **Durchblick**: Bereits an dieser Stelle wirkt sich die Besonderheit der Unmöglichkeit der Nacherfüllung aus. Denn wir haben weiter vorne im Buch beim ersten Kauf-rechtsfall ja eigentlich gelernt, dass der Rücktritt grundsätzlich erst nach erfolglosem Ablauf einer vom Käufer zu setzenden angemessenen Frist möglich ist; das steht in § 323 Abs. 1 BGB und hat den Sinn, dem Verkäufer erst dann die dicke Keule des Rücktritts zu verpassen, wenn er die Chance der »zweiten Andienung« (= Beseiti-gung des Mangels oder Lieferung einer mangelfreien Sache, § 439 Abs. 1 BGB) nicht wahrnimmt. Logischerweise macht das mit der Fristsetzung aber keinen Sinn, wenn eine Nacherfüllung – wie hier – überhaupt nicht realisiert werden kann. Insbesonde-re ist dann jede Fristsetzung unnötig, denn der Verkäufer kann ja gar nicht nacher-füllen. Und deshalb hat der Gesetzgeber für diesen Fall des Rücktritts bei Unmög-lichkeit der Nacherfüllung die Fristsetzung als *entbehrlich* angesehen und sie dementsprechend in **§ 326 Abs. 5 BGB** dann auch geregelt (lesen, bitte!). **Also:** der § 323 BGB bleibt zwar weiterhin anwendbar, nur die Fristsetzung ist entbehrlich (vgl. BGH ZIP **2013**, 173; OLG Hamm NJW-RR **2005**, 1220). Merken.

Nicht umhin kommen wir aber, zunächst die Voraussetzungen des § 437 BGB zu prüfen. Und das ist neben dem Bestehen eines Kaufvertrages natürlich die *Mangelhaftigkeit* der Kaufsache, lies bitte noch einmal den Einleitungssatz des § 437 BGB.

a) Im vorliegenden Fall kommt eine Mangelhaftigkeit der Kaufsache nach **§ 434 Abs. 1 Satz 1 BGB** in Betracht. Es fragt sich demnach, ob die Kaufsache die zwischen den Parteien vereinbarte Beschaffenheit hatte. Der Wagen war als »unfallfrei« verkauft worden, was aber nicht den Tatsachen entsprach. Zu prüfen ist zunächst, ob die »Unfallfreiheit« überhaupt eine *Beschaffenheit* des verkauften Wagens im Sinne des § 434 Abs. 1 Satz 1 BGB darstellt.

> **Definition:** Unter den Begriff der *Beschaffenheit* im Sinne des § 434 BGB fallen sämtliche den Wert und die Verwendungseignung der Sache ausmachenden Eigenschaften; namentlich können hierzu je nach Kaufsache die Größe, das Alter, das Gewicht, das Material oder etwa auch das Herstellungsdatum gehören, wenn diese Faktoren auf die Verwendungseignung oder den Wert Einfluss haben (BGH NJW **2013**, 1074; BGH ZIP **2013**, 173; BGH NJW **2007**, 1346; *Palandt/Weidenkaff* § 434 BGB Rz. 10; *Jauernig/Berger* § 434 BGB Rz. 6).

Bei einem gebrauchten Auto umfasst diese Beschaffenheitsdefinition vor allem die den Wert der Sache bildenden Faktoren wie Alter, Motorkraft, PS-Zahl, Höchstgeschwindigkeit, Energieverbrauch, Unfallfreiheit, nicht autorisierte Auswechslung des Tachos usw. (BGH ZIP **2013**, 173; BGH NJW **2003**, 2824; BGH NJW **1982**, 1386; OLG Bremen NJW **2003**, 3714; OLG Karlsruhe NJW-RR **1992**, 1144; *Palandt/Weidenkaff* § 434 BGB Rz. 10; *Jauernig/Berger* § 434 BGB Rz. 27; *Berger* in JZ 2004, 256). Wenn ein Pkw nicht mehr unfallfrei ist, führt das im Gebrauchtwagenhandel regelmäßig dazu, dass der Pkw – selbst wenn der technische Schaden repariert wird – einen geringeren Marktwert als ein unfallfreies Fahrzeug hat. Der Umstand »Unfallfreiheit« ist für die Werteinschätzung des Wagens von erheblicher Bedeutung (BGH NJW **2008**, 1517; BGH NJW **2008**, 53; BGH NJW **1982**, 1386; OLG Karlsruhe NJW-RR **1992**, 1144). Deswegen handelt es sich um eine Beschaffenheit im von § 434 Abs. 1 BGB benannten Sinne (*Jauernig/Berger* § 434 BGB Rz. 27).

b) Diese Unfallfreiheit als »Beschaffenheit« müsste gemäß § 434 Abs. 1 Satz 1 BGB zwischen G und R auch *vertraglich vereinbart* worden sein.

> **Definition:** Eine *vertragliche Vereinbarung* im Sinne des § 434 Abs. 1 Satz 1 BGB liegt vor, wenn der Inhalt des Kaufvertrages von vornherein die Pflicht des Verkäufers bestimmt, die gekaufte Sache in dem Zustand zu übereignen, wie ihre Beschaffenheit im Vertrag festgelegt ist. Hierbei genügt auch eine Erklärung derart, dass der Verkäufer die Sache vor Vertragsschluss beim Verkaufsgespräch im Einzelnen beschreibt und dabei etwa Rückgriff nimmt auf Prospekte oder sonstige

Hilfsmittel (BT-Drs. 14/6040 Seite 212; *Jauernig/Berger* § 434 BGB Rz. 9; *Brox/Walker* BS § 4 Rz. 9). Eine bloße *Wissensmitteilung* genügt demgegenüber nicht, vielmehr muss sich eindeutig ein entsprechender Verpflichtungswille ergeben (→ BGH DAR **2011**, 520; vgl. auch BGH NJW **2008**, 1517).

Beschreibt ein Verkäufer – wie hier – bei Vertragsschluss die Eigenschaften der verkauften Sache in einer bestimmten Weise und trifft der Käufer auf dieser Grundlage dann seine Kaufentscheidung, so werden die Erklärungen des Verkäufers ohne weiteres zum Inhalt des Vertrags und damit zum Inhalt der Beschaffenheitsvereinbarung im Sinne des § 434 Abs. 1 Satz 1 BGB (BGH NJW **2013**, 1671; BGH ZIP **2013**, 173; BGH NJW **2007**, 1346; *Palandt/Weidenkaff* § 434 BGB Rz. 15; BT-Drs. 14/6040, S. 212; *Brox/Walker* BS § 4 Rz. 9). **Anders** ist das nur, wenn der Verkäufer seine Angabe einschränkt, etwa indem er sich durch Zusätze wie »*laut Fahrzeugbrief*«, »*Unfallschäden lt. Vorbesitzer: Nein*« oder »*soweit bekannt*« ausdrücklich auf andere Quellen bezieht. Da der Käufer in diesen Fällen erkennen kann, dass der Verkäufer insoweit selbst nicht so genau über die Beschaffenheit der Sache Bescheid weiß, darf er nicht davon ausgehen, dass der Verkäufer für die Richtigkeit solcher Angaben geradestehen will. Gerade diesen (klar erkennbaren) Einstandswillen des Verkäufers fordert aber inzwischen der BGH (NJW **2008**, 1517). Wir merken uns bitte: eine Beschaffenheitsvereinbarung nach § 434 Abs. 1 Satz 1 BGB kann nur angenommen werden, wenn der Verpflichtungswille des Verkäufers *eindeutig* festgestellt werden kann, »im Zweifel« sind die Voraussetzungen von § 434 Abs. 1 Satz 1 BGB also *nicht* erfüllt (vgl. insoweit anschaulich und lehrreich BGH MDR **2013**, 516, wo es um eine nicht erteilte Umweltplakette an einem verkauften Wohnmobil geht).

Unser G hat unter Bezugnahme auf das Schild am Pkw den Wagen als »unfallfrei« beschrieben. Umstände, die darauf schließen lassen, dass der G sich diesbezüglich unsicher war oder seine Beschreibung nicht auf eigenem Wissen beruhte, sind weit und breit nicht erkennbar. Da R diesbezüglich bei G sogar noch einmal genau nachgefragt hat, ist zudem davon auszugehen, dass es ihm gerade auf diesen Umstand für seine Kaufentscheidung besonders ankam.

ZE.: Die Beschaffenheit »unfallfrei« wurde vertraglich vereinbart im Sinne des § 434 Abs. 1 Satz 1 BGB. Da der *Fiesta* tatsächlich nicht unfallfrei war, stellt diese für R ungünstige Abweichung von der vertraglich vereinbarten Beschaffenheit einen Sachmangel nach § 434 Abs. 1 Satz 1 BGB dar.

Beachte bitte, dass sich selbst wenn R und G *keine* Beschaffenheitsvereinbarung getroffen hätten, in unserem Fall nichts an dem Ergebnis, dass der *Fiesta mangelhaft* ist, ändern würde. Denn es wären dann jedenfalls die Voraussetzungen von § **434 Abs. 1 Satz 2 Nr. 2 BGB** (bitte lesen!) erfüllt. Welche *übliche Beschaffenheit* ein Käufer danach erwarten kann, bestimmt sich nach dem Empfängerhorizont eines Durchschnittskäufers. Nach der Rechtsprechung führt allein der Umstand, dass das Fahrzeug bei einem Unfall einen nicht unerheblichen Schaden erlitten hat (unser Fall), zu einer Abweichung von der üblichen Beschaffenheit gleichartiger Sachen (BGH MDR

2013, 173; BGH **2009**, 2807). Zwar muss der Käufer bei einem Gebrauchtwagen in der Regel den normalen alters- und gebrauchsbedingten Verschleiß hinnehmen (BGH ZIP **2013**, 173; BGH NJW **2006**, 434), Unfallschäden sind aber nur dann zu tolerieren, wenn es sich um absolute »Bagatellschäden«, wie etwa ganz geringfügige Kratzer im Lack, handelt (BGH NJW **2008**, 1517; BGH NJW **2008**, 53).

c) Nach § 434 Abs. 1 Satz 1 BGB kommt es für die Mangelfreiheit auf den Zeitpunkt des *Gefahrübergangs* an. Dieser richtet sich nach § 446 Satz 1 BGB (*Palandt/Weidenkaff* § 434 BGB Rz. 8) und ist im vorliegenden Fall unproblematisch, da das Auto den Unfall nach Auskunft des Sachverhaltes bereits vor Jahren erlitten hatte mit der Folge, dass der Sachmangel bei der Übergabe an R vorlag.

ZE.: Infolge des Unfallschadens war der verkaufte Wagen gemäß § 434 Abs. 1 Satz 1 BGB zur Zeit des Gefahrübergangs mangelhaft.

ZE.: Damit liegen die allgemeinen Voraussetzungen des § 437 BGB vor. Im Rahmen des zwischen R und G geschlossenen Kaufvertrages hatte die Kaufsache zum Zeitpunkt des Gefahrüberganges einen Mangel.

2.) Da es an der für den Rücktritt grundsätzlich erforderlichen Fristsetzung fehlt, müssen wir nunmehr noch – obwohl wir das weiter oben schon getan haben – der Vollständigkeit halber die *Entbehrlichkeit* der Fristsetzung feststellen. Und das richtet sich im vorliegenden Fall nach **§ 326 Abs. 5 BGB**, auf den der § 437 Nr. 2 Fall 1 BGB unter anderem verweist (bitte prüfen). Die Prüfung der Voraussetzungen des § 326 Abs. 5 BGB ist kein Problem mehr, denn: Der Schuldner braucht nach § 275 Abs. 1 BGB im vorliegenden Fall nicht zu leisten, die Nacherfüllung ist nämlich unmöglich. Und gemäß des 2. Halbsatzes von § 326 Abs. 5 BGB ist die Fristsetzung aus § 323 Abs. 1 BGB im Falle des Rücktritts ausdrücklich *entbehrlich*.

ZE.: Und damit liegen sämtliche Voraussetzungen des gesetzlichen Rücktrittsrechts über die §§ 437 Nr. 2, 323 Abs. 1, 326 Abs. 5 BGB vor mit der Folge, dass der R an sich von dem Vertrag mit G zurücktreten könnte und dann über § 346 Abs. 1 BGB auch sein Geld zurückfordern kann.

3.) Möglicher Ausschluss des Rücktritts?

Darüber müssen wir angesichts der vorliegenden Fallgestaltung natürlich noch nachdenken, denn ausweislich der Allgemeinen Geschäftsbedingungen des G hatte der R beim Kauf des Wagens auf sämtliche Gewährleistungsansprüche im Hinblick auf die nicht sichtbaren Mängel verzichtet – wir erinnern uns: ausgenommen waren lediglich Ansprüche wegen der Verletzung von Leben, Körper, Gesundheit und groben Verschuldens (zum Hintergrund dieser Formulierung bitte mal **§ 309 Nr. 7 BGB** lesen!). Da sich unser R aber trotz Autokauf bester Gesundheit erfreut und G nachgewiesen hat, dass er von dem Unfall weder wusste noch hätte wissen müssen, hilft R diese Einschränkung nicht weiter.

Beachte: Weil das Gewährleistungsrecht des Käufers grundsätzlich *dispositiv* ist, dürfen die Beteiligten die Rechte und Ansprüche aus § 437 BGB beispielsweise durch eine Parteivereinbarung oder die Verwendung entsprechender AGB ausschließen (BGH NJW **2005**, 3205; *Jauernig/Berger* § 434 BGB Rz. 3; *Palandt/Weidenkaff* § 437 BGB Rz. 4; AG Aachen NJW-RR **2005**, 1143). Darüber hinaus gibt es noch weitere gesetzlich geregelte Fälle, in denen dem Käufer die Geltendmachung seiner Rechte aus den §§ 434 ff. BGB verwehrt ist: So gibt es für den Käufer etwa nichts zu holen, wenn er bei Vertragsschluss schon wusste, dass die gekaufte Sache mangelhaft ist, bitte lies § 442 BGB (vgl. dazu BGH NJW **2011**, 2953 und NJW **2012**, 2723). Eine weitere wichtige Ausnahme stellt § 377 HGB dar, der allerdings nur unter Kaufleuten gilt. Danach verliert der Käufer seine Gewährleistungsrechte, wenn er Mängel der Kaufsache nicht in der dort vorgeschriebenen Art und Weise rügt.

Hier bei uns greift zwar keine dieser beiden gerade genannten Sonderregelungen ein, der R hat aber durch Anerkennung der Allgemeinen Geschäftsbedingungen auf seine Gewährleistungsansprüche wegen der nicht sichtbaren Mängel – demnach auch im Hinblick auf die Unfallfreiheit – bei Sachschäden verzichtet.

Es stellt sich aber die Frage, ob eine solche Vereinbarung überhaupt wirksam sein kann, immerhin gerät der Käufer damit in eine ziemlich missliche Lage, denn de facto büßt er mit Unterzeichnung dieser Klausel (fast) jedes Recht, das ihm das BGB in § 437 zuspricht, ersatzlos ein.

In Betracht kommt hier ein Verstoß gegen **§ 475 Abs. 1 BGB (lesen!)**. Danach kann sich ein Verkäufer nicht auf eine Vereinbarung berufen, durch die Gewährleistungsrechte des Käufers ausgeschlossen werden, wenn diese Vereinbarung vor der Mitteilung über den Mangel (durch den Käufer) getroffen worden ist.

Durchblick: Die §§ 474 ff. BGB sind erst durch die Schuldrechtsreform im Jahre 2002 in das BGB eingefügt worden und dienen hauptsächlich dem Schutz des Verbrauchers bzw. Käufers. Der soll nämlich insbesondere durch § 475 Abs. 1 BGB davor geschützt werden, dass er in Unkenntnis eines Mangels auf seine Gewährleistungsrechte verzichtet (*Brox/Walker* BS § 7 Rz. 6; *Palandt/Weidenkaff* § 475 BGB Rz. 5). Daher ist eine entsprechende Vereinbarung, auch und gerade in Allgemeinen Geschäftsbedingungen, grundsätzlich unwirksam; in der Sprache des Gesetzes »kann der Unternehmer sich darauf nicht berufen« (lies: § 475 Abs. 1 BGB). Vollwirksam ist die Vereinbarung über einen Haftungsausschluss allerdings dann, wenn der Käufer dem Unternehmer (Verkäufer) das Vorliegen des Mangels vorher mitgeteilt und damit seine Ansprüche gewahrt hat. Ab dann darf der Käufer über seine Rechte natürlich disponieren, zum Beispiel in Form des Abschlusses eines Vergleichs (*Jauernig/Berger* § 475 BGB Rz. 4; *Brox/Walker* BS § 7 Rz. 6; *Müller* in NJW 2003, 1975). Und beachte schließlich noch, dass trotz Unwirksamkeit einer Vereinbarung nach § 475 Abs. 1 BGB der übrige Kaufvertrag wirksam bleibt und vor allem § 139 BGB keine Anwendung findet (*Jauernig/Berger* § 475 BGB Rz. 5).

Zum Fall: Damit wir § 475 BGB hier überhaupt anwenden können, muss zunächst ein sogenannter *Verbrauchsgüterkauf* vorliegen. Der ist definiert in § 474 Abs. 1 BGB (bitte prüfen), und diese Norm zählt auch direkt die drei Voraussetzungen auf, die für einen solchen Verbrauchsgüterkauf vorliegen müssen, nämlich:

→ Der Käufer ist Verbraucher

→ Der Verkäufer ist Unternehmer

→ Der Kaufgegenstand ist eine bewegliche Sache

Die Definition für den *Verbraucher* steht ganz vorne im Gesetzbuch, nämlich in § 13 BGB (bitte lesen). Wer *Unternehmer* ist, ergibt sich unmittelbar aus § 14 BGB (muss auch gelesen werden). Und nach der Lektüre des Gesetzestextes können wir ohne Mühe festhalten, dass R hier als Verbraucher – er ist eine natürliche Person und kaufte nicht für gewerbliche Zwecke – und G als Unternehmer einzustufen ist, er ist eine natürliche Person und verkaufte im Rahmen seiner gewerblichen Tätigkeit.

> **Beachte** bitte insoweit, dass nach der Rechtsprechung für eine gewerbliche Tätigkeit im Sinne von § 14 BGB ein »selbstständiges, planmäßiges, auf gewisse Dauer angelegtes Anbieten entgeltlicher Leistungen am Markt« vorausgesetzt wird. Die Absicht, mit der Tätigkeit auch Gewinn zu erzielen, ist dagegen – anders als für den handelsrechtlichen Kaufmannsbegriff des § 1 HGB – *keine* Voraussetzung (BGH NJW **2006**, 2250; vgl. zum Unternehmerbegriff auch BGH JZ **2012**, 147 sowie BGH ZIP **2006**, 68 und BGH ZGS **2005**, 114). **Grund:** Für den Verbraucher soll es keinen Unterschied machen, ob sein Vertragspartner, der nach seinem ganzen Erscheinungsbild als Unternehmer auftritt, im Einzelfall mit oder ohne Gewinnerzielungsabsicht handelt. Merken!

Da es sich bei dem Auto schließlich auch um eine ziemlich bewegliche Sache handelt, liegen sämtliche eben genannten Voraussetzungen vor. Es handelt sich mithin um einen Verbrauchsgüterkauf im Sinne des § 474 Abs. 1 BGB und der § 475 BGB ist damit grundsätzlich anwendbar.

Folge: Wir haben einen Verbrauchsgüterkauf nach § 474 Abs. 1 BGB, bei dem eine zum Nachteil des Käufers von den §§ 434 ff. BGB wirkende Vereinbarung in AGB abgeschlossen wurde. Der R verliert durch den Haftungsausschluss nämlich sämtliche Rechte aus den §§ 434 ff. BGB. Und zudem ist diese Vereinbarung vor Mitteilung des Mangels seitens des Käufers (hat R ja erst später bemerkt) erfolgt mit der Konsequenz, dass die Klausel in den AGB des G in Bezug auf den Kaufvertrag mit R *unwirksam* ist. G kann sich auf diese Vereinbarung nicht berufen, lies § 475 Abs. 1 BGB.

ZE.: Der Rücktritt ist *nicht* ausgeschlossen durch die Vereinbarung über den Haftungsausschluss. Diese Vereinbarung ist wegen § 475 Abs. 1 BGB unwirksam.

Ergebnis: R kann von dem Vertrag mit G gemäß den §§ 346 Abs. 1, 326 Abs. 5, 437 Nr. 2 Fall 1 BGB zurücktreten und dann nach den §§ 346 Abs. 1, 348 BGB die Rückzahlung des Geldes Zug um Zug gegen Rückgabe der Kaufsache fordern.

II.) Anspruch des R gegen G auf Rückzahlung nach einer Minderung des Kauf-preises

<u>AGL.:</u> §§ 346 Abs. 1, 441 Abs. 4, 437 Nr. 2 Fall 2 BGB

Vorab: Der eben geprüfte Rücktritt war die Möglichkeit, den Kaufvertrag komplett rückgängig zu machen mit der Konsequenz, dass man die gekaufte Sache selbstverständlich auch zurückgeben muss. In § 346 Abs. 1 BGB steht ja, dass die empfangenen Leistungen zurückzugewähren sind. Und das meint natürlich auch die Rückgabe der Kaufsache (gegen Rückzahlung des Kaufpreises).

Will man nun aber die Sache trotz des Mangels dennoch lieber behalten, was zumeist beim Stückkauf (also einem Einzelstück) der Fall sein kann, bietet sich für den Käufer die Minderung (= Herabsetzung des Kaufpreises, lies § 441 Abs. 3 BGB) an. Die Minderung sieht das Gesetz in § 437 Nr. 2 Fall 2 BGB als weiteren Rechtsbehelf des Käufers ausdrücklich vor. Hierbei hat man prüfungstechnisch darauf zu achten, dass die Minderung grundsätzlich an die gleichen Voraussetzungen gebunden ist wie der Rücktritt (BT-Drs. 14/6040 Seite 235) mit Ausnahme der Erheblichkeit des Mangels, vgl. § 441 Abs. 1 Satz 2 BGB, der auf § 323 Abs. 5 Satz 2 BGB verweist. Im Übrigen besteht zwischen Rücktritt und Minderung das Verhältnis der *Ausschließlichkeit*, man kann also entweder zurücktreten <u>oder</u> aber den Kaufpreis mindern (lies § 437 Nr. 2 BGB). Das leuchtet übrigens auch ein, denn bei der Minderung behält der Käufer die Sache, während er sie beim Rücktritt selbstverständlich zurückgeben muss. Und schließlich sollte man als Hausarbeits- oder Klausurbearbeiter noch darauf aufpassen, die richtigen Normen im Obersatz zu zitieren: Wenn die Minderung vom Käufer, der den Kaufpreis schon gezahlt hat, geltend gemacht wird, ist die Anspruchsgrundlage für die Rückzahlung des zu viel gezahlten Geldes vor allem der **§ 441 <u>Abs. 4</u> BGB**, der seinerseits auf **§ 346 Abs. 1 BGB** verweist. Wie immer also ist § 437 Nr. 2 BGB nur »Rechtsgrundverweisung«, in diesem Falle auf die gerade genannten Vorschriften, die den Rückzahlungsanspruch explizit benennen.

Zum Fall: Da wir die Voraussetzungen des Rücktritts weiter oben bereits geprüft und bejaht haben, ist der R im vorliegenden Fall auch berechtigt, den Kaufpreis zu mindern; freilich nur alternativ zum Rücktritt – Minderung und Rücktritt schließen sich ja gegenseitig aus (siehe oben). Im Hinblick auf den zurückzufordernden Betrag hat sich der Gesetzgeber in **§ 441 Abs. 3 BGB** für die sogenannte »**relative Berechnungsmethode**« entschieden (BT-Drs. 14/6040 Seite 235; *Brox/Walker* BS § 4 Rz. 71). Dabei ist wichtig zu verstehen, dass der Käufer nicht einfach nur die Differenz zwischen vereinbartem Kaufpreis und dem wirklichen Wert der mangelhaften Sache zurückfordern kann. Das wären bei uns dann 2.000 Euro gewesen, denn R hatte 5.000 Euro bezahlt und das Auto war wegen des Mangels nur 3.000 Euro wert. Vielmehr ist der Kaufpreis nach dem Gesetzeswortlaut des § 441 Abs. 3 BGB »in dem Verhältnis herabzusetzen, in welchem zurzeit des Vertragsschlusses der Wert der Sache in mangelfreiem Zustand zu dem wirklichen Wert gestanden haben würde«.

Also: Der Wert des Wagens mit Mangel war 3.000 Euro. Der Wert des Wagens ohne Mangel wäre hier 6.000 Euro gewesen. Der vereinbarte Kaufpreis war 5.000 Euro. Der Minderungsbetrag errechnet sich nun wie folgt:

$$\frac{\text{Wert der Sache mit Mangel} \times \text{vereinbarter Kaufpreis}}{\text{Wert der Sache ohne Mangel}}$$

Ergebnis: R könnte alternativ zum Rücktritt von G im Wege der Minderung nach den §§ 441 Abs. 4, 346 Abs. 1, 437 Nr. 2 Fall 2 BGB einen Betrag von **2.500 Euro** (das kommt da oben raus!) zurückfordern – und *nicht* bloß 2.000 Euro, wie man annehmen könnte, wenn man einfach nur die Differenz zwischen gezahltem Kaufpreis (5.000 Euro) und tatsächlichem Wert der mangelhaften Sache (3.000 Euro) genommen hätte. Und beachte dann ganz zum Schluss, dass dieser Anspruch aus der Minderung nicht durch den Gewährleistungsausschluss in den AGB gehindert wird: Auch insoweit gilt der **§ 475 Abs. 1 BGB**, wonach sich G auf diese Vereinbarung mit R nicht berufen kann.

III.) Anspruch des R gegen G auf Schadensersatz

<u>AGL.</u>: §§ 311a Abs. 2, 437 Nr. 3 Fall 1 BGB (Schadensersatz statt der Leistung)

Vorneweg: Bislang haben wir also gesehen, dass der R sowohl zurücktreten als auch alternativ die Minderung geltend machen könnte. Beim Rücktritt erhält er bei Rückgabe des Wagens den gezahlten Kaufpreis zurück, während er bei der Minderung das Auto behalten und zudem 2.500 Euro von G zurückfordern könnte. Er hätte bei der Minderung demnach ein Auto im Wert von 3.000 Euro zum Preis von 2.500 Euro erhalten (= gute Sache!).

Den Knaller aber versuchen wir jetzt noch zu begründen, denn im Raum stehen natürlich noch die 1.000 Euro entgangener Gewinn, den R hätte erzielen können, wenn der Wagen mangelfrei gewesen wäre (SV lesen!). Ein Anspruch auf diese 1.000 Euro kann sich innerhalb eines Schadensersatzanspruchs aus den gerade benannten Anspruchsgrundlagen bzw. Vorschriften ergeben. Beachte bitte, dass R diesen Schadensersatzanspruch gemäß § 325 BGB *neben* dem Rücktritt geltend machen könnte. Grundsätzlich gilt dies übrigens auch für die Minderung (*Palandt/Weidenkaff* § 437 BGB Rz. 31; *Jauernig/Stadler* § 325 BGB Rz. 2); allerdings dann nicht, wenn es sich – wie hier – um einen Ersatzanspruch »*statt* der Leistung« handelt. In diesem Falle können die Minderung und der Schadensersatzanspruch nicht nebeneinander bestehen (str. BGH NJW **2011**, 2953; *Palandt/Weidenkaff* § 437 BGB Rz. 31).

> Im Hinblick auf den Schadensersatzanspruch müssen wir jetzt vorher aber noch die – durchaus knifflige – Erklärung liefern, warum denn im Obersatz der **§ 311a Abs. 2 BGB** (bitte mal nachlesen) steht: Diesen § 311a BGB haben wir im allerersten Fall des Buches vorne schon kennengelernt und dort gesehen, dass er grundsätzlich nur die Fälle der *anfänglichen Unmöglichkeit* der Leistung erfasst; also die Situationen, in denen sich jemand zu einer Leistung verpflichtet, die er von Anfang an – also schon

bei Entstehung der Schuld – gar nicht erbringen konnte (z.B.: Kaufvertrag über ein Auto, das zwei Stunden vor Vertragsschluss verbrannt ist). Ob man in solchen Fällen dem Vertragspartner dann dennoch ersatzpflichtig ist, regelt § 311a BGB und der sagt in seinem Abs. 2, dass das nicht der Fall ist, wenn man bei Vertragsschluss das Leistungshindernis (also die Unmöglichkeit) nicht kannte und diese Unkenntnis auch nicht zu vertreten hat. Die Ersatzpflicht begründet sich demnach in dem Umstand, dass der Schuldner seine Informationspflichten über die eigene Leistungsfähigkeit schuldhaft verletzt hat (*Jauernig/Stadler* § 311a BGB Rz. 7; *Palandt/Grüneberg* § 311a BGB Rz. 6; *Altmeppen* in DB 2001, 1399). Wie das Leistungshindernis selbst zustande gekommen ist, spielt im Rahmen des § 311a BGB daneben keine Rolle.

In unserem Fall haben wir die Situation, dass die Leistung (Auto) tatsächlich erbracht wurde, allerdings *mangelhaft*, und vor allem **unbehebbar** mangelhaft. Für diese Konstellation verweist der § 437 Nr. 3 Fall 1 BGB nun auf § 311a BGB. Und insoweit gilt nach herrschender Meinung jetzt die Besonderheit, dass sich das in § 311a Abs. 1 BGB bezeichnete »Leistungshindernis« (= anfängliche Unmöglichkeit) allein auf die **Unmöglichkeit der Nacherfüllung** nach § 439 Abs. 1 BGB bezieht (*Brox/Walker* BS § 4 Rz. 99; *Jauernig/Berger* § 437 BGB Rz. 6). Der Anwendungsbereich des § 311a BGB wird durch den Verweis in § 437 Nr. 3 Fall 1 BGB demnach erweitert auf die Fälle, in denen der Verkäufer zwar – mangelhaft – geliefert hat, die Nacherfüllung in Bezug auf die mangelhafte Sache aber tatsächlich von Anfang an *unmöglich* ist nach § 275 Abs. 1 BGB. Der § 311a BGB umfasst damit die Fälle der sogenannten »anfänglichen qualitativen Unmöglichkeit« (BT-Drs. 14/6040 Seite 209; *Palandt/Grüneberg* § 311a BGB Rz. 4; *Jauernig/Berger* § 439 BGB Rz. 14).

Zum Fall: Mit diesem Wissen können wir unseren Fall zunächst recht entspannt subsumieren. Der Wagen hatte den nach dem Einleitungssatz des § 437 BGB erforderlichen Mangel (haben wir ganz oben ja längst festgestellt) und dieser Mangel lag auch zum Zeitpunkt des Gefahrüberganges vor (→ allgemeine Voraussetzungen des § 437 BGB). Zudem ist unser Schuldner nach § 275 Abs. 1 BGB von seiner Nacherfüllungspflicht frei geworden, denn einen gebrauchten Unfallwagen kann man weder neu liefern noch zu einem Auto ohne Unfall reparieren. Die Nacherfüllung ist demnach für den Schuldner nicht mehr zu erbringen mit der Folge, dass unser G hier von seiner Nacherfüllungspflicht nach § 275 Abs. 1 BGB frei geworden ist.

<u>ZE.:</u> Die Tatbestandsvoraussetzungen der §§ 311a Abs. 2, 437 Nr. 3 Fall 1 BGB liegen damit an sich vor.

Problem: Der Schuldner haftet gemäß § 311a Abs. 2 Satz 2 BGB aber nicht, wenn er das Leistungshindernis bei Vertragsschluss nicht kannte und seine Unkenntnis auch nicht zu vertreten hatte. Maßstab sind insoweit die §§ 276-278 BGB (*Palandt/Grüneberg* § 311a BGB Rz. 9; *Jauernig/Stadler* § 311a BGB Rz. 7). Unserem G war der Mangel an dem verkauften Wagen (also der Unfall) nach der Schilderung im Sachverhalt weder positiv bekannt noch hätte er ihn erkennen können. Damit scheidet sowohl eine Haftung für vorsätzliches Handeln als auch eine Einstandspflicht für Fahrlässigkeit nach § 276 Abs. 1 BGB aus.

Finte! Bitte lies zunächst noch einmal § 276 Abs. 1 <u>Satz 1</u> BGB vollständig durch.

Nach § 276 Abs. 1 BGB reichen zur Beurteilung des Vertretenmüssens die Kategorien Vorsatz und Fahrlässigkeit nur aus, wenn daneben keine »strengere oder mildere Haftung« bestimmt ist. Und eine strengere Haftung ist nach § 276 Abs. 1 Satz 1 BGB insbesondere dann anzunehmen, wenn der Verkäufer eine *Garantie* für die Kaufsache übernommen hat. Und das schauen wir uns jetzt mal an:

> **Definition**: Eine Garantieübernahme liegt vor, wenn der Verkäufer ausdrücklich oder stillschweigend erklärt, dass die Kaufsache eine bestimmte Eigenschaft hat, verbunden mit der Erklärung, *verschuldensunabhängig* für alle Folgen ihres Fehlens einstehen zu wollen (BT-Drs. 14/6040 Seite 132, 236 f.; BGH NJW-RR **2010**, 1329; BGH NJW **2007**, 1346; BGHZ **128**, 111; BGHZ **132**, 55; OLG Koblenz NJW **2004**, 1670; MüKo/*Grundmann* § 276 BGB Rz. 175).

Eine Garantieübernahme kann sich im vorliegenden Fall daraus ergeben, dass G auf dem am Pkw angebrachten Verkaufsschild die ausdrückliche Angabe »unfallfrei« aufgeführt und dass er das auch R gegenüber später noch mal ausdrücklich bestätigt hat. Wie bei vielen anderen rechtserheblichen Erklärungen (z.B. Anfechtung, Kündigung) muss auch die Garantieerklärung nicht wortwörtlich erfolgen (BGH NJW **1996**, 836). In der Regel genügt es, wenn der Verkäufer sagt, er wolle »voll einstehen«, »uneingeschränkte Gewährleistung« geben, oder aber wenn er eine Eigenschaft »zusichert« (BGHZ **128**, 111; BGHZ **132**, 55; *Palandt/Grüneberg* § 276 BGB Rz. 29; *Palandt/Weidenkaff* § 443 BGB Rz. 11).

In unserem Fall fehlt nun eine derartige Erklärung, weshalb man von der Annahme einer Garantie eigentlich nicht ausgehen kann. Allerdings gelten bei Geschäften von *Gebrauchtwagenhändlern* (zu Recht!) andere, und zwar strengere Regeln: Beim Kauf vom Gebrauchtwagenhändler verlässt sich der Käufer nämlich ganz besonders auf die ihm selbst in aller Regel fehlende Erfahrung und Sachkunde des Händlers (vgl. BGH NJW **2007**, 1346). Die Angaben von Gebrauchtwagenhändlern über technische Daten werden deshalb wegen ihrer immensen Bedeutung für die Verkehrstauglichkeit und den Wert des Autos nach ganz überwiegender Auffassung als Übernahme einer *Garantie* für ihre Richtigkeit angesehen. Erklärungen wie »Neuwagen« (BGH NZV **2005**, 304; OLG Köln DAR **2005**, 629); »Jahreswagen« (BGH MDR **2006**, 1280); »fabrikneu« (BGH NJW **2000**, 2018), »werkstattgeprüft« (BGH NJW **1983**, 2192), »TÜV neu« (BGHZ **103**, 275) oder auch »unfallfrei« (BGH NJW **1978**, 261; BGH NJW **1982**, 435) binden den Verkäufer also dergestalt, dass sie in Bezug auf die jeweilige Eigenschaft die Übernahme einer verschuldensunabhängigen Garantiehaftung begründen (*Brox/Walker* BS § 4 Rz. 88). Unser G hat deswegen sowohl durch die Angabe auf dem Verkaufsschild als auch durch die mündliche Bestätigung dieser Angabe eine **Garantie** für die Unfallfreiheit des Gebrauchtwagens übernommen.

(Erstaunliches) <u>ZE.</u>: G hat, obwohl ihm weder Vorsatz noch Fahrlässigkeit im Hinblick auf seine fehlende Kenntnis von dem Unfall vorgeworfen werden kann, seine Unkenntnis dennoch gemäß § 276 Abs. 1 BGB »zu vertreten«. Denn er hatte eine Garantie für die Unfallfreiheit übernommen.

<u>ZE.</u>: Und damit ist dann eigentlich klar, dass G Schadensersatz nach § 311a Abs. 2 BGB leisten muss, da auch hier wieder – wie schon bei der Minderung und dem Rücktritt – der Haftungsausschluss in den AGB des G wegen **§ 475 Abs. 1 BGB** unwirksam ist. Wir müssten jetzt nur noch den Umfang des Ersatzanspruchs berechnen – und das wär's dann.

Nein. Leider noch nicht. Bitte lies **§ 475 Abs. 3 BGB**.

Also: Hier kommt jetzt (versprochen!) die allerletzte Finte des Falles. Die ist ziemlich wichtig, deshalb muss sie hier noch hin, auch wenn der Fall eigentlich schon genug Informationen hatte. Bitte dennoch ein letztes Mal die Kräfte sammeln und konzentrieren, es gibt noch ein paar beachtliche Sonderpunkte zu sammeln:

1.) Wir merken uns bitte als Erstes, dass gemäß **§ 475 Abs. 3 BGB** eine Haftung für Schadensersatzansprüche auch beim Verbrauchsgüterkauf durch AGB oder sonstige Vereinbarung abbedungen werden kann. Wenn ein Verkäufer also bei einem Verbrauchsgüterkauf Schadensersatzansprüche ausschließt oder beschränkt, verstößt dies wegen § 475 Abs. 3 BGB *nicht* gegen § 475 Abs. 1 BGB, der gilt nur für die übrigen Rechtsbehelfe wie Minderung und Rücktritt (*Palandt/Weidenkaff* § 475 BGB Rz. 14).

2.) Ausweislich des Wortlautes des § 475 Abs. 3 BGB bleiben aber die **§§ 307-309 BGB** insoweit anwendbar, soll heißen, der Ausschluss oder die Beschränkung des Schadensersatzanspruchs muss diesen Normen standhalten. Und insoweit achten wir bitte vor allem darauf, dass der hier insbesondere in Betracht kommende **§ 309 Nr. 8 b) aa) BGB** nur für »**neu hergestellte**« Sachen gilt und somit vorliegend (Gebrauchtwagen) *nicht* zur Anwendung kommen kann (bitte prüfen). Der Ausschluss des Schadensersatzanspruchs verstößt demnach auch nicht gegen die §§ 307-309 BGB und ist folglich wirksam (wie man AGB prüft, lernen wir später in Fall 21).

3.) Wir lesen **§ 444 BGB** (ganz!).

Wir haben weiter oben geprüft, dass der G tatsächlich eine *Garantie* für die Unfallfreiheit der Sache übernommen hatte mit der Konsequenz, dass er sich wegen § 444 BGB auf einen vereinbarten Haftungsausschluss doch *nicht* berufen kann. Der § 444 BGB hebelt damit im Falle einer Garantieübernahme den § 475 Abs. 3 BGB aus (*Brox/Walker* BS § 4 Rz. 33/34). Merken.

> **Aufgepasst:** Neben dem Fall der Garantieübernahme regelt § 444 BGB den für Prüfungssachverhalte auch gerne genommenen Fall, in dem ein Verkäufer seinem Kunden *arglistig* einen Mangel der (vorzugsweise gebrauchten) Kaufsache verschweigt. Voraussetzung für ein solches arglistiges Verschweigen eines Mangels ist, dass der

Verkäufer den konkreten Mangel kennt oder zumindest für möglich hält. Macht der Verkäufer dagegen falsche Angaben, die er selbst für richtig hält, handelt er grundsätzlich nicht arglistig (BGH MDR **2012**, 147). Es genügt für die Annahme von Arglist nicht einmal, wenn sich dem Verkäufer nach den Umständen des Falls die Mangelhaftigkeit aufdrängen musste. Arglist setzt nämlich immer Vorsatz (mindestens Eventualvorsatz, also billigendes Inkaufnehmen) voraus, bloße Fahrlässigkeit (auch grobe) reicht nicht (BGH MDR **2013**, 700). Selbstverständlich kann sich der Verkäufer bei arglistigem Verschweigen *nicht* auf einen zuvor vereinbarten Haftungsausschluss berufen (bitte den § 444 BGB noch mal lesen). Die Rechtsprechung sieht bei Arglist zudem die Voraussetzungen von **§ 323 Abs. 2 Nr. 3 BGB** regelmäßig als erfüllt an, sodass der Käufer *sofort* – also ohne vorherigen Fristablauf – den Kaufpreis mindern, vom Vertrag zurücktreten oder Ersatz seiner Schäden oder Aufwendungen verlangen kann (BGH MDR **2013**, 700; BGH NJW **2012**, 3714; BGH NJW **2011**, 1280). Setzt der Käufer trotzdem (unnötigerweise) eine Frist und erfüllt der Verkäufer daraufhin fristgerecht nach, sind der Rücktritt wegen Nichtleistung und Ansprüche auf Schadensersatz statt der Leistung (logischerweise) ausgeschlossen (BGH NJW **2010**, 1805).

ZE.: Der Haftungsausschluss im Hinblick auf Schadensersatzansprüche ist somit zwar nicht nach § 475 Abs. 1 BGB unwirksam (§ 475 Abs. 3 BGB!), verstößt auch nicht gegen § 309 Nr. 8 b) aa) BGB, scheitert aber wegen der Garantieübernahme letztlich an § 444 BGB. Der Schadensersatzanspruch ist demnach *nicht* wirksam ausgeschlossen worden.

Der Umfang des Anspruchs aus den §§ 311a Abs. 2, 437 Nr. 3 Fall 1 BGB

Das machen wir jetzt nur noch kurz: Der Gläubiger ist im Rahmen der Ersatzpflicht nach § 311a Abs. 2 BGB so zu stellen, wie er bei ordnungsgemäßer Leistung des Schuldners stehen würde, sogenanntes »**Erfüllungsinteresse**« (*Canaris* in JZ 2001, 507; *Olshausen* in ZIP 2002, 237; *Jauernig/Stadler* § 281 BGB Rz. 16; *Palandt/Grüneberg* § 311a BGB Rz. 7). Hätte G ein unfallfreies Auto geliefert, hätte R dafür 5.000 Euro bezahlt und einen Gegenwert von 6.000 Euro erhalten (SV lesen!). Daher steht ihm die Differenz in Höhe von 1.000 Euro zu, was man auch mit § 252 BGB (lesen) begründen könnte, wenn man auf den potentiellen Weiterverkauf abstellt.

Und beachte letztlich, dass R diesen Schadensersatzanspruch <u>neben</u> dem Rücktritt geltend machen könnte (lies: **§ 325 BGB**); wählt R indessen die Minderung, ist sowohl der Rücktritt als auch der Schadensersatz ausgeschlossen, wenngleich ein Übergang von der Minderung zum Schadensersatz dann immer noch möglich wäre, sofern R das Auto behält (vgl. dazu OLG Stuttgart ZGS **2008**, 479; *Derleder* in NJW 2003, 989).

Ergebnis: R hat gegen G einen Anspruch auf Schadensersatz in Höhe von 1.000 Euro aus den §§ 311a Abs. 2, 437 Nr. 3 Fall 1 BGB.

Gutachten

I.) R kann gegen G einen Anspruch auf Rückzahlung des Kaufpreises aus §§ 346 Abs. 1, 323 Abs. 1, 437 Nr. 2 BGB haben.

1.) R muss hierzu den Rücktritt ausdrücklich nach § 349 BGB erklären.

2.) Weiterhin muss ein Rücktrittsgrund bestehen. Im vorliegenden Fall kommt mangels vertraglicher Vereinbarung allein ein gesetzliches Rücktrittsrecht nach § 346 Abs. 1, Fall 2 BGB in Betracht. Dieses kann sich aus den §§ 323 Abs. 1, 437 Nr. 2 Fall 1 BGB ergeben. Danach muss neben dem Bestehen eines Kaufvertrages die Kaufsache mangelhaft sein, § 437 BGB.

a) Die Mangelhaftigkeit der Kaufsache kann sich hier aus § 434 Abs. 1 Satz 1 BGB ergeben, wenn die Kaufsache nicht die zwischen den Parteien vereinbarte Beschaffenheit hatte. Der Wagen war als »unfallfrei« verkauft worden, was aber nicht den Tatsachen entsprach. Die »Unfallfreiheit« muss folglich eine Beschaffenheit des verkauften Wagens im Sinne des § 434 Abs. 1 Satz 1 BGB darstellen. Unter den Begriff der Beschaffenheit im Sinne des § 434 BGB fallen sämtliche den Wert und die Verwendungseignung der Sache ausmachenden Eigenschaften; namentlich können hierzu je nach Kaufsache die Größe, das Alter, das Gewicht, das Material oder etwa auch das Herstellungsdatum gehören, wenn diese Werte auf die Verwendungseignung oder den Wert Einfluss haben. Wenn ein Pkw nicht mehr unfallfrei ist, führt das im Gebrauchtwagenhandel regelmäßig dazu, dass der Pkw – selbst wenn der technische Schaden repariert wird – einen geringeren Marktwert als ein unfallfreies Fahrzeug hat. Der Umstand »Unfallfreiheit« ist für die Werteinschätzung des Wagens von erheblicher Bedeutung. Es handelt sich mithin um eine Beschaffenheit im von § 434 Abs. 1 BGB benannten Sinne.

b) Die Unfallfreiheit als »Beschaffenheit« muss gemäß § 434 Abs. 1 Satz 1 BGB zwischen G und R auch vertraglich vereinbart worden sein. Eine vertragliche Vereinbarung im Sinne des § 434 Abs. 1 Satz 1 BGB liegt vor, wenn der Inhalt des Kaufvertrages von vorneherein die Pflicht des Käufers bestimmt, die gekaufte Sache in dem Zustand zu übereignen, wie ihre Beschaffenheit im Vertrag festgelegt ist. Hierbei genügt auch eine Erklärung derart, dass der Verkäufer die Sache vor Vertragsschluss beim Verkaufsgespräch im Einzelnen beschreibt und dabei etwa Rückgriff nimmt auf Prospekte oder sonstige Hilfsmittel. Beschreibt ein Verkäufer bei Vertragsschluss die Eigenschaften der verkauften Sache in einer bestimmten Weise und trifft der Käufer auf dieser Grundlage dann seine Kaufentscheidung, so werden die Erklärungen des Verkäufers ohne weiteres zum Inhalt des Vertrags und damit zum Inhalt der Beschaffenheitsvereinbarung im Sinne des § 434 Abs. 1 Satz 1 BGB. Anders ist dies nur, wenn sich ein entsprechender Verpflichtungswille des Verkäufers für den Käufer nicht eindeutig ergibt. G hat den Wagen unter Bezugnahme auf das an diesem angebrachte Schild als »unfallfrei« beschrieben. Umstände, die darauf schließen lassen, dass G sich diesbezüglich unsicher war oder seine Beschreibung nicht auf eigenem Wissen beruhen, sind nicht erkennbar. R hat diesbezüglich bei G sogar noch einmal genau nachgefragt, diesen Umstand also zur Grundlage seiner Kaufentscheidung gemacht. Die Beschaffenheit »unfallfrei« wurde somit gemäß § 434 Abs. 1 Satz 1 BGB vertraglich vereinbart. Da der Wagen tatsächlich nicht unfallfrei war, stellt diese für R ungünstige Abweichung von der vertraglich vereinbarten Beschaffenheit einen Sachmangel nach § 434 Abs. 1 Satz 1 BGB dar.

c) Nach § 434 Abs. 1 Satz 1 BGB kommt es für die Mangelfreiheit auf den Zeitpunkt des Gefahrübergangs an. Dieser richtet sich nach § 446 Satz 1 BGB und tritt grundsätzlich mit der Übergabe der Sache an den Käufer ein. Das Auto hatte den Unfall nach Auskunft des Sachverhaltes bereits vor Jahren erlitten mit der Folge, dass der Sachmangel bei der Übergabe an R vorlag. Der verkaufte Wagen war gemäß § 434 Abs. 1 Satz 1 BGB zur Zeit des Gefahrübergangs mangelhaft.

d) Die für den Rücktritt grundsätzlich erforderliche Fristsetzung fehlt. Dies bleibt dann folgenlos, wenn die Fristsetzung entbehrlich war. Die Entbehrlichkeit kann sich aus § 326 Abs. 5 BGB ergeben. Voraussetzung des § 326 Abs. 5 BGB ist, dass der Schuldner nach § 275 Abs. 1 BGB nicht zu leisten braucht. Der festgestellte Mangel (Unfallfahrzeug) kann niemals behoben werden, die Nacherfüllung ist für G deshalb unmöglich geworden. Mithin liegen die Voraussetzungen des gesetzlichen Rücktritts über die §§ 437 Nr. 2, 326 Abs. 5 BGB vor.

3.) Möglicherweise ist der Rücktritt jedoch ausgeschlossen. Ausweislich der Allgemeinen Geschäftsbedingungen des G hatte R beim Kauf des Wagens auf sämtliche Gewährleistungsansprüche im Hinblick auf die nicht sichtbaren Mängel verzichtet. Fraglich ist, ob diese Vereinbarung wirksam ist. In Betracht kommt ein Verstoß gegen 475 Abs. 1 BGB. Danach kann sich der Verkäufer nicht auf eine Vereinbarung berufen, durch die Gewährleistungsrechte des Käufers ausgeschlossen werden, wenn diese Vereinbarung vor der Mitteilung über den Mangel durch den Käufer getroffen worden ist. Damit § 475 BGB anwendbar ist, muss es sich um einen Verbrauchsgüterkauf nach § 474 Abs. 1 BGB handeln. Der Käufer muss Verbraucher nach § 13 BGB, der Verkäufer Unternehmer gemäß § 14 BGB und der Kaufgegenstand eine bewegliche Sache sein. R ist eine natürliche Person und kaufte nicht für gewerbliche Zwecke, war also Verbraucher. G ist eine natürliche Person und verkaufte im Rahmen seiner gewerblichen Tätigkeit, trat also als Unternehmer auf. Das Kfz ist schließlich auch eine bewegliche Sache. Es liegt somit ein Verbrauchsgüterkauf im Sinne des § 474 Abs. 1 BGB vor. § 475 BGB ist damit anwendbar. R verliert durch den Haftungsausschluss sämtliche Rechte aus den §§ 434 ff. BGB. Die Vereinbarung stellt damit eine Abweichung von den §§ 434 ff. BGB zum Nachteil des Käufers dar. Zudem ist diese Vereinbarung vor Mitteilung des Mangels seitens des Käufers erfolgt mit der Konsequenz, dass die Klausel in den AGB des G in Bezug auf den Kaufvertrag mit R unwirksam ist. G kann sich auf diese Vereinbarung wegen § 475 Abs. 1 BGB nicht berufen. Der Rücktritt ist folglich durch die Vereinbarung über den Haftungsausschluss nicht ausgeschlossen.

Ergebnis: R kann nach den §§ 346 Abs. 1, 348 BGB die Rückzahlung des Kaufpreises Zug um Zug gegen Rückgabe der Kaufsache fordern.

II.) R kann gegen G einen Anspruch auf Rückzahlung nach einer Minderung des Kaufpreises aus §§ 346 Abs. 1, 441 Abs. 4, 437 Nr. 2 Fall 2 BGB haben.

Da die Voraussetzungen des Rücktritts weiter oben bereits geprüft und bejaht wurden, ist der R im vorliegenden Fall auch berechtigt, den Kaufpreis zu mindern, freilich nur alternativ zum Rücktritt. Im Hinblick auf den zurückzufordernden Betrag ist nach § 441 Abs. 3 BGB der Kaufpreis in dem Verhältnis herabzusetzen, in welchem zur Zeit des Vertragsschlusses der Wert der Sache in mangelfreiem Zustand zu dem wirklichen Wert gestanden haben würde. Der Wert des Wagens mit Mangel betrug 3.000 Euro. Der Wert des Wagens ohne Mangel wäre 6.000 Euro gewesen. Der vereinbarte Kaufpreis betrug 5.000 Euro.

Ergebnis: R kann – alternativ zum Rücktritt – von G im Wege der Minderung nach den §§ 441 Abs. 4, 346 Abs. 1, 437 Nr. 2 Fall 2 BGB einen Betrag von 2.500 Euro zurückfordern.

III.) R kann gegen G einen Anspruch auf Schadensersatz in Höhe von 1.000 Euro aus §§ 311a Abs. 2, 437 Nr. 3 Fall 1 BGB haben.

1.) Nach § 311a Abs. 1 BGB muss hierzu eine Leistungspflicht von Anfang an unmöglich gewesen sein. Dabei bezieht sich § 311a BGB in Fällen der vorliegenden Art allein auf die Unmöglichkeit der Nacherfüllung nach § 439 Abs. 1 BGB. Die Nacherfüllung war hier für G nicht mehr zu erbringen mit der Folge, dass G hier von seiner Nacherfüllungspflicht nach § 275 Abs. 1 BGB frei geworden ist. Die Tatbestandsvoraussetzungen der §§ 311a Abs. 2, 437 Nr. 3 Fall 1 BGB liegen damit vor.

2.) Der Schuldner haftet gemäß § 311a Abs. 2 Satz 2 BGB aber nicht, wenn er das Leistungshindernis bei Vertragsschluss nicht kannte und seine Unkenntnis auch nicht zu vertreten hatte. Maßstab sind insoweit die §§ 276-278 BGB. G war der Mangel an dem verkauften Wagen weder positiv bekannt, noch hätte er ihn erkennen können. Damit scheidet sowohl eine Haftung für vorsätzliches Handeln als auch eine Einstandspflicht für Fahrlässigkeit nach § 276 Abs. 1 BGB grundsätzlich aus.

Nach § 276 Abs. 1 BGB reichen zur Beurteilung des Vertretenmüssens die Kategorien Vorsatz und Fahrlässigkeit aber nur aus, wenn daneben keine strengere oder mildere Haftung bestimmt ist. Eine strengere Haftung ist nach § 276 Abs. 1 Satz 1 BGB insbesondere dann anzunehmen, wenn der Verkäufer eine Garantie für die Kaufsache übernommen hat. Eine Garantieübernahme liegt vor, wenn der Verkäufer ausdrücklich oder stillschweigend erklärt, dass die Kaufsache eine bestimmte Eigenschaft hat, verbunden mit der Erklärung, verschuldensunabhängig für alle Folgen ihres Fehlens einstehen zu wollen. Eine Garantieübernahme kann sich im vorliegenden Fall daraus ergeben, dass G auf dem am Pkw angebrachten Verkaufsschild die ausdrückliche Angabe »unfallfrei« aufgeführt und diese auch R gegenüber später ausdrücklich bestätigt hat. Die Garantieerklärung muss nicht wortwörtlich erfolgen. In der Regel genügt es, wenn der Verkäufer sagt, er wolle »voll einstehen«, »uneingeschränkte Gewährleistung« geben, oder aber wenn er eine Eigenschaft »zusichert«. Zwar fehlt vorliegend eine derartige Erklärung des G. Allerdings gelten bei Geschäften von Gebrauchtwagenhändlern strengere Regeln: Die Angaben von Gebrauchtwagenhändlern über technische Daten werden nämlich wegen ihrer immensen

Bedeutung für die Verkehrstauglichkeit und den Wert des Autos nach ganz überwiegender Auffassung als Übernahme einer Garantie für ihre Richtigkeit angesehen. G hat deswegen durch die Angabe auf dem Verkaufsschild die mündliche Bestätigung dieser Angabe eine Garantie für die Unfallfreiheit des Gebrauchtwagens übernommen. G hat seine Unkenntnis somit gemäß § 276 Abs. 1 BGB zu vertreten.

3.) Möglicherweise ist der Anspruch auf Schadensersatz jedoch ausgeschlossen. § 475 Abs. 1 BGB kommt als Ausschlussgrund nicht in Betracht. Gemäß § 475 Abs. 3 BGB kann die Haftung für Schadensersatzansprüche auch beim Verbrauchsgüterkauf durch AGB oder sonstige Vereinbarung abbedungen werden. § 475 Abs. 1 BGB gilt nur für die übrigen Rechtsbehelfe wie Minderung und Rücktritt. Schließt ein Verkäufer bei einem Verbrauchsgüterkauf Schadensersatzansprüche aus oder beschränkt diese, so verstößt dies wegen § 475 Abs. 3 BGB nicht gegen § 475 Abs. 1 BGB. Ausweislich des Wortlautes des § 475 Abs. 3 BGB bleiben aber die §§ 307-309 BGB insoweit anwendbar. Der hier in Betracht zu ziehende § 309 Nr. 8 b) aa) BGB gilt indes nur für »neu hergestellte« Sachen. Der Ausschluss des Schadensersatzanspruchs verstößt demnach auch nicht gegen die §§ 307-309 BGB und wäre folglich wirksam. G hat jedoch eine Garantie für die Unfallfreiheit der Sache übernommen. Konsequenz ist, dass er sich wegen § 444 BGB auf den vereinbarten Haftungsausschluss nicht berufen kann. Der Haftungsausschluss im Hinblick auf Schadensersatzansprüche ist somit zwar nicht nach § 475 Abs. 1 BGB unwirksam, verstößt auch nicht gegen § 309 Nr. 8 b) aa) BGB, scheitert aber wegen der Garantieübernahme letztlich an § 444 BGB. Der Schadensersatzanspruch ist demnach nicht wirksam ausgeschlossen worden.

Als Rechtsfolge ist der Gläubiger im Rahmen der Ersatzpflicht nach § 311a Abs. 2 BGB so zu stellen, wie er bei ordnungsgemäßer Leistung des Schuldners stehen würde, sogenanntes »Erfüllungsinteresse«. Hätte G ein unfallfreies Auto geliefert, hätte R dafür 5.000 Euro bezahlt und einen Gegenwert von 6.000 Euro erhalten. Daher steht ihm die Differenz in Höhe von 1.000 Euro zu.

Ergebnis: R hat gegen G einen Anspruch auf Schadensersatz in Höhe von 1.000 Euro aus §§ 311a Abs. 2, 437 Nr. 3 Fall 1 BGB.

Fall 19

Undank ist der Welten Lohn!

Rechtsstudent R hat über das Internet beim Elektrowarenhändler H in Hamburg einen neuen Espressoautomaten zum Preis von 400 Euro erworben und das Gerät einige Tage später nach Köln geschickt bekommen. Nachdem die Maschine dann zwei Monate reibungslos funktioniert, läuft der Kaffee eines Tages nur noch lauwarm aus dem Hahn. R bringt die Maschine daraufhin zum örtlichen Elektrohändler E, der feststellt, dass der eingebaute Wasserbereiter defekt ist. Im Auftrag des R repariert E das Gerät zum angemessenen Preis von 50 Euro.

Diese 50 Euro will R nun von H ersetzt haben. H indessen weigert sich und meint, für den Defekt könne er nichts und im Übrigen sei R verpflichtet gewesen, ihm (H) eine Frist zur Nacherfüllung zu setzen; eine von R veranlasste Reparatur müsse er nicht zahlen. R findet das ungerecht, er habe dem H durch die Reparatur immerhin erhebliche Kosten – unter anderem für den Versand der Maschine nach Hamburg und wieder zurück – erspart.

Rechtslage?

Schwerpunkte: Die Selbstvornahme der Mangelbeseitigung im Kaufrecht; der Erstattungsanspruch des Käufers bei selbst veranlasster Reparatur (BGH NJW 2005, 1348); die gesetzliche Vermutung des § 476 BGB beim Verbrauchsgüterkauf nach § 474 Abs. 1 BGB; verursachte Unmöglichkeit der Nacherfüllung im Sinne des § 275 Abs. 1 BGB durch den Käufer; erforderliche Fristsetzung; die analoge Anwendung des § 326 Abs. 2 Satz 2 BGB.

Lösungsweg

Vorüberlegung: Hier kommt jetzt ein »moderner Klassiker« des reformierten Schuldrechts. Es geht dabei um die Frage, ob der Käufer einer mangelhaften Sache vom Verkäufer die Kosten einer selbst veranlassten Reparatur verlangen kann. Das Ganze firmiert unter dem Begriff »**Selbstvornahme**«, hat seinen Platz eigentlich im Werkvertragsrecht und steht dort konkret in **§ 637 BGB** (bitte mal den Abs. 1 lesen). Das Kaufrecht – soviel kann schon mal verraten werden – kennt diese Selbstvornahme an sich nicht, zumindest steht nichts davon in den §§ 433 ff. BGB. Eine analoge Anwendung des § 637 BGB auf das Kaufrecht ist zudem nach dem Willen des Gesetzgebers ausgeschlossen (BT-Drs. 14/6040 Seite 229; vgl. auch *Dauner-Lieb/Dötsch* ZGS **2003**, 250, 251). Wir werden uns daher im Folgenden anschauen, ob es andere Wege gibt, dem Käufer die im Zuge der Reparatur aufgewendeten Kosten als ersatzfähig zuzusprechen. Beachte insoweit bitte neben der erheblichen Prüfungs- auch die enorme **Praxisrelevanz** der Problematik, vor allem unter Berücksichtigung der Tatsache, dass in dem durch das Internet gewaltig forcierten überregionalen Geschäftsverkehr derartige Konstellationen tagtäglich zu tausenden vorkommen. Ob der Käufer dann so – wie in unserem kleinen Fall oben geschehen – handeln und die Kosten der selbst veranlassten Reparatur vom Verkäufer verlangen kann, wollen wir uns jetzt mal anschauen. In Ermangelung einer ausdrücklichen gesetzlichen Regelung über die Selbstvornahme im Kaufrecht haben wir dabei keine andere Wahl, als anhand der uns geläufigen Rechtsbehelfe aus den §§ 433 ff. BGB einen entsprechenden Anspruch herzuleiten.

Anspruch des R gegen H auf Zahlung der 50 Euro

<u>AGL</u>: §§ 280 Abs. 1, Abs. 3, 281 Abs. 1 Satz 1, Fall 1, 437 Nr. 3 Fall 1 BGB

1.) Neben dem obligatorischen Kaufvertrag, der hier problemlos vorliegt, muss gemäß des Einleitungssatzes des § 437 BGB als Erstes dann mal die *Mangelhaftigkeit* der Kaufsache festgestellt werden. Eine Espressomaschine mit defektem Wasserbereiter hat einen *Sachmangel* im Sinne des § 434 BGB, wobei wir ausnahmsweise darauf verzichten wollen, den § 434 BGB in allen möglichen Einzelheiten durchzuprüfen. Wenn die Kaffeemaschine nur noch lauwarmes Wasser produziert, dann eignet sich die hier in Frage stehende Kaufsache sicher *nicht* zur »gewöhnlichen Verwendung« im von § 434 Abs. 1 Satz 2 Nr. 2 BGB verstandenen Sinne und hat auch nicht die übliche Beschaffenheit vergleichbarer Geräte (BGH MDR **2013**, 173; *Palandt/Weidenkaff* § 434 BGB Rz. 25, 29).

<u>ZE.</u>: Der Espressoautomat war mangelhaft nach § 434 Abs. 1 Satz 2 Nr. 2 BGB.

2.) Diese Mangelhaftigkeit muss zudem auch zum Zeitpunkt des *Gefahrüberganges* vorgelegen haben. Der Gefahrübergang ist geregelt in den §§ 446, 447 BGB und knüpft grundsätzlich an den Zeitpunkt der Übergabe der Sache an.

Problem: Im Fall steht nun leider insoweit nichts wirklich Verwertbares, denn wir wissen nur, dass R die Maschine gekauft, später auch aus Hamburg geliefert bekommen hat und dass das Ding dann ca. zwei Monate später auf einmal kaputt war. Ob R das alles selbst verursacht hat, das Gerät von Anfang an defekt war oder aber erst später geworden ist oder ob der H vielleicht sogar vom Mangel wusste? – all das ist nicht überprüfbar. Und das wäre an sich nun ein sehr beachtliches Problem für den R, denn grundsätzlich trägt der *Käufer*, sobald er die Sache angenommen hat, die Beweislast sowohl für den Mangel als auch dessen Vorliegen zum Zeitpunkt des Gefahrüberganges (*Brox/Walker* BS § 4 Rz. 7). Das folgert die ganz herrschende Meinung aus dem Rechtsgedanken des **§ 363 BGB**, der eine Beweislastregel für die Fälle der nicht vertragsgemäßen Erfüllung enthält (BT-Drs. 14/6040 Seite 217; BGH NJW **2009**, 1341; BGH NJW **1989**, 2533; BGH NJW **1985**, 2328; RGZ **109**, 296; *Jauernig/Stürner* § 363

BGB Rz. 1; *Jauernig/Berger* § 434 BGB Rz. 3; *Palandt/Grüneberg* § 363 BGB Rz. 3; *Medicus/Lorenz SR* I Rz. 238).

> **Feinkost:** Diese Verteilung der Beweislast gilt übrigens nicht nur im Falle der *erstmaligen* Annahme der Kaufsache, sondern nach der Rechtsprechung des BGH auch dann, wenn der Käufer die Kaufsache nach einer *Nachbesserung* des Verkäufers wieder entgegengenommen hat. In diesem Fall muss also der Käufer beweisen, dass die Nachbesserung fehlgeschlagen ist (BGH NJW **2009**, 1341). Hierzu ist nach Ansicht des BGH (NJW **2011**, 1664 m. Anm. *Kleinhenz*) sowohl der Nachweis erforderlich, dass (1.) der Mangel, der durch die Nachbesserung beseitigt werden sollte, nach der erneuten Übergabe wieder aufgetreten ist, als auch, dass (2.) das erneute Auftreten nicht auf eine unsachgemäße Behandlung der Kaufsache durch den Käufer zurückzuführen ist.

Für den R wäre das jetzt natürlich ziemlich bitter, denn er kann zwar mithilfe des E nachweisen, dass die Maschine irgendwann kaputt war; das gelingt ihm aber bei der vorliegenden Sachverhaltsgestaltung sicher nicht im Hinblick auf das Vorliegen des Mangels zum Zeitpunkt der Übergabe (wie soll er das machen?) mit der Konsequenz, dass bereits an dieser Stelle der Schadensersatzanspruch ausgeschlossen wäre.

Aber: Wir lesen bitte **§ 476 BGB.**

Der § 476 BGB erleichtert dem Käufer bei einem Verbrauchsgüterkauf im Sinne des § 474 Abs. 1 BGB die Beweisführung in der Form einer *Beweislastumkehr,* was – wie eben gesehen – auch durchaus sinnvoll ist, denn im Zweifel kann der Käufer einer Sache nur schwerlich nachweisen, dass der aufgetretene Sachmangel bereits bei Gefahrübergang vorgelegen hat. Es gilt deshalb gemäß § 476 BGB die Vermutung, dass die Sache schon bei Gefahrübergang mangelhaft war (BGH NJW **2006**, 1195; BGH NJW **2006**, 283; vgl. auch *Saenger/Veltmann* in ZGS 2005, 450).

Zum Fall: R ist Verbraucher (§ 13 BGB), der H als »Elektrowarenhändler« ohne Probleme Unternehmer im Sinne des § 14 BGB und die Espressomaschine selbstverständlich eine bewegliche Sache. Wir können den § 476 BGB somit hier grundsätzlich anwenden. Dabei muss man allerdings gut aufpassen und darf die Vermutung nicht auch auf das Vorliegen des Sachmangels an sich ausdehnen; sie betrifft nur das Vorliegen eines – nach wie vor vom Käufer zu beweisenden! – Mangels *bei Gefahrübergang.* Wörtlich heißt es in einer Entscheidung des BGH dazu:

> *»Macht der Käufer Rechte gemäß § 437 BGB geltend, nachdem er die Kaufsache entgegengenommen hat, trifft ihn auch nach neuem Schuldrecht die Darlegungs- und Beweislast für die einen Sachmangel begründenden Tatsachen (§ 363 BGB). Soweit § 476 BGB die Beweislast zugunsten des Käufers umkehrt, betrifft das nicht die Frage, ob überhaupt ein Sachmangel vorliegt. Die Vorschrift setzt vielmehr einen binnen sechs Monaten seit Gefahrübergang aufgetretenen Sachmangel voraus und enthält eine in zeitlicher Hinsicht wirkende Vermutung, dass dieser Mangel bereits im Zeitpunkt des Gefahrübergangs vorlag.«* (BGH NJW **2004**, 2299)

Der Käufer muss also nach wie vor das Vorliegen eines Sachmangels innerhalb von sechs Monaten nach Übergang der Gefahr beweisen; gelingt ihm dies, vermutet das Gesetz dann in § 476 BGB, dass dieser Sachmangel schon am Tage des Gefahrüberganges vorgelegen hat.

Feinkost (schwer!): Beachte bitte, dass § 476 BGB nach herrschender Meinung auch für *gebrauchte* Sachen gilt und dies insbesondere nicht durch die Formulierung »mit der Art der Sache … unvereinbar« am Ende des § 476 BGB ausgeschlossen ist (BT-Drs. 14/6040 Seite 245; BGH NJW **2004**, 2299; OLG Köln NJW-RR **2004**, 268; OLG Stuttgart NJW **2005**, 60; LG Hanau NJW-RR **2003**, 1561; *Palandt/Weidenkaff* § 476 BGB Rz. 3; zweifelnd *Brox/Walker* BS § 4 Rz. 21; *Jauernig/Berger* § 476 BGB Rz. 2). Auch bei einer gebrauchten Sache muss der Verkäufer deshalb die gesetzliche Vermutung widerlegen, dass diese bereits ursprünglich mangelhaft war. Darauf, dass er den Mangel selbst nicht erkennen konnte, kann er sich dabei nicht berufen (BGH NJW **2007**, 2619). Indessen müssen aufgrund der unterschiedlichen Abnutzung der jeweiligen Sache im Zweifel strengere Maßstäbe angelegt werden (BGH NJW **2004**, 2299; OLG Koblenz NJW **2007**, 1828; OLG Stuttgart ZGS **2005**, 276; *Palandt/Weidenkaff* § 476 BGB Rz. 10). Beim Kauf eines gebrauchten Kfz erstreckt sich die Vermutung des § 476 BGB, wenn der Wagen nach vier Monaten einen Motorschaden erleidet, daher nicht automatisch auch darauf, dass die *Ursache* dieses Motorschadens (etwa: gelockerter bzw. beschädigter Zahnriemen) schon beim Gefahrübergang vorlag; dies muss wegen § 363 BGB vielmehr der Käufer nachweisen, da der jetzt eingetretene Mangel »Motorschaden« beim Kauf natürlich noch nicht vorgelegen hat und deshalb auch nicht über § 476 BGB vermutet werden kann (BGH NJW **2007**, 2621; BGH NJW **2006**, 434; BGH NJW **2005**, 3709; BGH NJW **2004**, 2299; vgl. auch OLG Köln ZGS **2006**, 276; anders aber das OLG Brandenburg DAR **2009**, 92). Faktisch trägt der Käufer damit das Beweisrisiko vor allem in *technischer* Hinsicht, denn er muss nachweisen, dass die *Ursache* des erst nach Gefahrübergang eingetretenen Mangels bereits vorher vorhanden war. Der Motorschaden an sich reicht – wie gesagt – nicht für § 476 BGB aus, denn der Wagen ist ja vier Monate ohne Motorschaden gefahren; eine gegenteilige Vermutung unter Berufung auf § 476 BGB ist somit logischerweise nicht möglich (BGH NJW **2006**, 1195; BGH NJW **2005**, 3709; BGH NJW **2004**, 2299; anders noch: OLG Stuttgart NJW **2005**, 60; OLG Celle NJW **2004**, 3566; *Lorenz* in NJW **2004**, 3020; *Roth* in ZIP **2004**, 2025).

Zurück zu unserem Fall: Da es sich um den Kauf einer <u>neuen</u> Sache handelt, ist die Beweislastumkehr zugunsten des R ohne Einschränkungen anwendbar. Der Sachmangel hat sich innerhalb von sechs Monaten gezeigt und ist von R auch nachgewiesen. Dies hat zur Konsequenz, dass wegen § 476 BGB die Vermutung besteht, dass die Sache bereits zum Zeitpunkt des *Gefahrübergangs* mangelhaft war. Insoweit dürfen wir insbesondere annehmen, dass auch die Ursache des letztlich aufgetretenen Mangels (Defekt des Wasserbereiters) beim Gefahrübergang vorlag (BGH NJW **2006**, 1195;

BGH NJW **2005**, 3709; OLG Stuttgart NJW **2005**, 60; OLG Celle NJW **2004**, 3566; *Lorenz* in NJW 2004, 3020; *Roth* in ZIP 2004, 2025).

Und wegen § **474 Abs. 2 Satz 2 BGB** findet der hier aufgrund der Versendung der Kaufsache eigentlich einschlägige § 447 BGB übrigens *keine* Anwendung, sodass der Gefahrübergang nach § **446 BGB** der Zeitpunkt der Übergabe der Sache bei R gewesen ist. H hat schließlich keinerlei Anstalten gemacht, die Vermutung des § 476 BGB zu widerlegen mit der Folge, dass der Sachmangel als bei Gefahrübergang vorgelegen anzusehen ist (*Palandt/Weidenkaff* § 476 BGB Rz. 8; *Bamberger/Roth/Faust* § 476 BGB Rz. 2 und 7).

ZE.: Die Espressomaschine war zum Zeitpunkt des Gefahrübergangs mangelhaft; die Voraussetzungen des § 437 BGB liegen damit vor.

3.) Im Weiteren müssen wir nun natürlich noch die Voraussetzungen der Normen, auf die § 437 Nr. 3 BGB im konkreten Fall verweist, überprüfen und können insoweit als Erstes feststellen, dass die nach § 280 Abs. 1 Satz 1 BGB erforderliche *Pflichtverletzung* in der Lieferung der mangelhaften Sache liegt. Diese verstößt gegen die Pflicht des Verkäufers aus § 433 Abs. 1 Satz 2 BGB.

ZE.: Durch die Lieferung einer mangelhaften Sache hat H also eine Pflicht gemäß § 280 Abs. 1 BGB verletzt.

3.) Das *Vertretenmüssen* im Hinblick auf diese Pflichtverletzung (hier: der Sachmangel) wird gemäß § 280 Abs. 1 Satz 2 BGB *vermutet* (BGHZ **116**, 337; PWW/*Schmidt-Kessel* § 280 BGB Rz. 16; *Jauernig/Stadler* § 280 BGB Rz. 25; *Palandt/Grüneberg* § 280 BGB Rz. 40). H hat diese Vermutung nicht substantiiert widerlegt, sonder nur pauschal erklärt, er könne nichts für den Defekt.

ZE.: Die Voraussetzungen von § 280 Abs. 1 BGB liegen damit vor.

Noch mal Feinkost: Als Bezugspunkt für das Vertretenmüssen kommen in den Fällen von §§ 280 Abs. 1, Abs. 3, 281 Abs. 1, 437 Nr. 3 Fall 1 BGB bei genauer Betrachtung **zwei** Pflichtverletzungen in Betracht, nämlich: **1.)** Die Lieferung einer mangelhaften Sache und **2.)** die Nichtvornahme der (erfolgreichen) Nacherfüllung. Die Frage, auf welche Pflichtverletzung es nun für ein etwaiges Verschulden des Verkäufers ankommt, ist auch viele Jahre nach der Schuldrechtsreform noch nicht abschließend geklärt. Vereinzelt wird vertreten, dass es allein auf die mangelhafte *Lieferung* ankomme (*Huber/Faust* 13. Kap. Rz. 111). Teilweise wird angenommen, dass allein das *Ausbleiben der Nacherfüllung* relevant sei (OLG Celle, NJW-RR **2007**, 353; *Palandt/Grüneberg* § 281 BGB Rz. 16; *Jauernig/Vollkommer* § 281 BGB Rz. 12). Herr *Hirsch* (in Jura 2003, 289) schlägt sogar vor, dass ein *doppeltes Vertretenmüssen* vorliegen müsse. Die herrschende Meinung will demgegenüber den Verkäufer schon dann haften lassen, wenn er eine der beiden Pflichten, also entweder die Lieferung der mangelhaften Sache *oder* das Unterlassen der Nacherfüllung zu vertreten hat (AnwK-BGB/*Dauner-Lieb* § 280 BGB Rz. 37; *Bamberger/Roth/Faust* § 437 Rz. 73; BGB *Reinicke/Tiedtke* Kaufrecht Rz. 537 ff.; *Canaris* in DB 2001, 1815; *Tiedtke/Schmitt* in BB 2005, 619; vgl. zum Ganzen auch PWW/*Schmidt-Kessel* § 280 BGB Rz. 17). Für diese Sichtweise spricht insbesondere die Gesetzesbegründung (BT-Drs. 14/6040 Seite 40). Praktisch: Auf Grundlage dieser Meinung lassen sich auch in Prüfungsarbeiten sämtliche denkbaren Konstellationen einwandfrei lösen, da es hiernach letztlich ausreicht, wenn der Verkäufer *eine* seiner Pflichten (ursprüngliche Lieferung *oder* Nacherfüllung) verletzt. Merken.

4.) Damit unser R jetzt auch tatsächlich seinen Schadensersatzanspruch zugesprochen bekommt, müssen noch die Voraussetzungen von **§ 281 Abs. 1 Satz 1 BGB** vorliegen. Auf diese Vorschrift müssen wir deshalb noch eingehen, weil § 437 Nr. 3 Fall 1 BGB für den Anspruch auf Schadensersatz wegen einer mangelhaften Kaufsache ausdrücklich dorthin verweist (bitte prüfen). Und deswegen muss nach § 281 Abs. 1 Satz 1 BGB der Gläubiger (R) dem Schuldner (H) immer auch noch eine *angemessene Frist zur Leistung oder Nacherfüllung* bestimmt haben.

> **Bitte erinnern:** Erbringt der Verkäufer seine Leistungspflicht mangelhaft, so trifft ihn aus den §§ 439 Abs. 1, 437 Nr. 1 BGB grundsätzlich eine Nacherfüllungspflicht gegenüber dem Käufer. Dem *Nacherfüllungsanspruch* des Käufers steht aber auch ein *Nacherfüllungsrecht* des Verkäufers gegenüber, sodass der Käufer erst dann weitere Sachmängelgewährleistungsrechte geltend machen kann, wenn der Verkäufer nicht ordnungsgemäß in der ihm gesetzten Frist nacherfüllt hat (*Palandt/Weidenkaff* § 439 BGB Rz. 1; *Huber* in NJW **2002**, 1004; *Reinking* in ZfS **2003**, 57; *Zimmer/Eckhold* in Jura **2002**, 145, 149). Man spricht insoweit von dem sogenannten **»Recht zur zweiten Andienung«** (*Brox/Walker* BS § 4 Rz. 40). Hierdurch kann und soll sich der Verkäufer nachträglich den vollen Kaufpreis »verdienen«.

Zum Fall: Der R hat dem H *keine* Frist gesetzt, sondern die Mangelbeseitigung quasi »ohne Vorwarnung« selbst vorgenommen bzw. durch E vornehmen lassen. H hatte demnach – selbst wenn er gewollt hätte – keine Chance zur Nacherfüllung. Und nicht nur das: Bei genauer Betrachtung hat R durch seine Selbstvornahme den ihm zustehenden Anspruch auf Nacherfüllung aus den §§ 439 Abs. 1, 437 Nr. 1 BGB gemäß § 275 Abs. 1 BGB durch eigenes Tätigwerden ausgeschlossen bzw. unmöglich gemacht (BT-Drs. 14/6040 Seite 232). Denn H kann jetzt gar nicht mehr nacherfüllen, das durch eine Nacherfüllung erstrebte Ergebnis (= Mangel behoben) ist wegen der Reparatur durch E bereits eingetreten.

Folge: Da R dem H keine Frist gesetzt und den Espressoautomaten vielmehr selbst (mittels E) repariert hat, fehlt es an den Voraussetzungen des § 281 BGB mit der Konsequenz, dass ein Schadensersatzanspruch aus den im Obersatz genannten Vorschriften ausscheidet. § 281 Abs. 1 BGB setzt neben der Fristsetzung stets voraus, dass die Nacherfüllung noch möglich war; tritt insoweit Unmöglichkeit ein, kann ein Anspruch auf Schadensersatz nur aus **§ 283 BGB** begründet sein (*Palandt/Weidenkaff* § 439 BGB Rz. 15; *Kupisch* in NJW 2002, 1401; *Jauernig/Stadler* § 283 BGB Rz. 1).

    Achtung: Die Selbstvornahme setzt bereits begrifflich stets voraus, dass der Käufer dem Verkäufer die Nacherfüllung *unmöglich* macht. Diese sogenannte »Unmöglichkeit in Form der Zweckerreichung« tritt (natürlich) noch nicht ein, wenn sich der Käufer nur ein passendes Ersatzteil für die mangelhafte Sache kauft, denn in diesem Fall kann er ja dem Verkäufer trotzdem noch eine Frist zur Nacherfüllung gemäß § 281 Abs. 1 BGB setzen. Was der Käufer mit dem selbstbeschafften Ersatzteil macht, wenn der Verkäufer daraufhin nacherfüllt, ist allein seine Sache (vgl. BVerfG JuS **2007**, 181). Merken.

Ergebnis: Wegen der fehlenden Fristsetzung und der selbst veranlassten Reparatur durch R scheidet ein Anspruch aus §§ 280 Abs. 1, Abs. 3, **281 Abs. 1 Satz 1**, 437 Nr. 3 Fall 1 BGB aus. In Betracht kommt aber ein Anspruch aus § 283 BGB:

AGL: §§ 280 Abs. 1, Abs. 3, <u>283</u>, 437 Nr. 3 Fall 1 BGB

1.) Die allgemeinen Voraussetzungen des § 437 BGB haben wir weiter oben geprüft und bejaht: Die Kaufsache war zum Zeitpunkt des Gefahrüberganges mangelhaft.

2.) Der Schadensersatzanspruch nach **§§ 280 Abs. 1, Abs. 3, <u>283</u> BGB** setzt voraus, dass der Schuldner nach **§ 275 Abs. 1 BGB** nicht mehr zu leisten braucht. Nach dem, was wir gerade herausgefunden haben, ist es dem H hier unmöglich geworden, die Nacherfüllung zu erbringen, denn das hatte der R ja selbst erledigt bzw. erledigen lassen. Der Schuldner R braucht mithin gemäß § 275 Abs. 1 BGB nicht mehr zu leisten.

3.) Schließlich müsste H diesen Umstand zu vertreten haben, lies bitte **§ 280 Abs. 1 Satz 2 BGB**. Jetzt muss man indessen gut hinsehen, denn: Der Bezugspunkt für das Vertretenmüssen liegt hier jetzt nicht mehr im Sachmangel selbst, sondern in der Unmöglichkeit, ihn im Wege der Nacherfüllung zu beheben (wichtiger Satz, bitte noch mal lesen). Der Schuldner muss also die Unmöglichkeit der Nacherfüllung zu vertreten haben, was im vorliegenden Fall aber nicht in Betracht kommt: R selbst nämlich hat durch die Reparatur die Unmöglichkeit der Nacherfüllung **vorsätzlich** (!) herbeigeführt mit der Konsequenz, dass den Schuldner H diesbezüglich natürlich kein Verschulden trifft.

Ergebnis: R hat trotz Unmöglichkeit der Nacherfüllung keinen Anspruch gegen H aus §§280 Abs. 1, Abs. 3, 283 Satz 1, 437 Nr. 3 Fall 1 BGB, da er diese Unmöglichkeit selbst zu vertreten hat.

AGL: §§ 346 Abs. 1, 323 Abs. 1, 326 Abs. 5, 437 Nr. 2 Fall 1 BGB (Rücktritt)

1.) Für einen Anspruch des R gegen H auf Zahlung aus einem Rückgewährschuldverhältnis nach § 346 Abs. 1 BGB müsste R zunächst wirksam den Rücktritt vom Kaufvertrag erklären.

2.) Gemäß § 323 Abs. 1 BGB ist der Gläubiger dann zum Rücktritt berechtigt, wenn der Schuldner eine (fällige) Leistung nicht erbringt. H ist hier grundsätzlich zur

Nacherfüllung verpflichtet gewesen und hat diese Leistung nicht erbracht. Damit liegen die Voraussetzungen des § 323 Abs. 1 BGB vor, wobei wir dann im Übrigen noch den **§ 326 Abs. 5 BGB** beachten wollen, demgemäß die eigentlich obligatorische Fristsetzung entbehrlich ist. Der Rücktritt wäre somit an sich möglich.

Aber: Der Rücktritt darf nicht durch Vereinbarung oder Gesetz ausgeschlossen worden sein. Und dazu lesen wir bitte **§ 323 Abs. 6 BGB**. Dort steht, dass der Rücktritt ausgeschlossen ist, wenn der Gläubiger für den Umstand, der ihn zum Rücktritt berechtigen würde, allein oder weit überwiegend verantwortlich ist. Und unser R ist für diesen Umstand in der Tat ziemlich verantwortlich, er selbst hat – wie gesehen – die Nacherfüllung **vorsätzlich** unmöglich gemacht, da er die Kaufsache selbst repariert hat.

Ergebnis: R kann wegen § 323 Abs. 6 BGB vom Vertrag mit H nicht zurücktreten und demnach insoweit auch keine Zahlungsansprüche herleiten.

AGL: §§ 441 Abs. 4, 346 Abs. 1, 437 Nr. 2 Fall 2 BGB (Minderung)

Kurzfassung: In § 441 Abs. 1 BGB steht, dass die Minderung nur erklärt werden kann »**statt**« des Rücktritts. Die Minderung ist daher immer an die gleichen Voraussetzungen gebunden wie der Rücktritt (*Medicus/Lorenz SR* II Rz. 64; *Jauernig/Berger* § 441 BGB Rz. 3). Und deswegen gilt für die Minderung grundsätzlich dasselbe, was auch für den Rücktritt gilt: Sie ist im vorliegenden Fall gemäß **§ 323 Abs. 6 BGB** ausgeschlossen.

Ergebnis: R hat gegen H auch keinen Anspruch aus den §§ 441 Abs. 4, 346 Abs. 1, 437 Nr. 2 Fall 2 BGB.

Zwischenstand: Bis hierhin haben wir den Fall jetzt mit den von § 437 BGB zur Verfügung gestellten Rechtsbehelfen des Kaufrechts gelöst und sind zu dem Ergebnis gelangt, dass unser R tatsächlich komplett leer ausgeht. H hatte zwar eine mangelhafte Sache geliefert, braucht aber, da der R ihm keine Frist zur Nacherfüllung gesetzt hatte und wegen der selbst vorgenommenen Mangelbeseitigung Rücktritt sowie Minderung ausgeschlossen waren, **keinerlei** Kosten zu tragen.

Insoweit wird man sich nun aber fragen müssen, ob dies der Situation auch wirklich gerecht wird und vor allem vom Gesetzgeber so überhaupt gewollt ist. Diese Frage stellt sich insbesondere vor dem Hintergrund, dass die im Rahmen einer Nacherfüllung entstehenden Aufwendungen nach **§ 439 Abs. 2 BGB** grundsätzlich der *Verkäufer* zu tragen hat (vgl. OLG München NJW **2006**, 449). Gerade für die Fälle der vorliegenden Art, in denen der Käufer die Nachbesserung auf eigene Kosten durchführt und damit den Verkäufer auch rein tatsächlich entlastet (Beachte: Der Verkäufer muss die Nacherfüllung nicht nur bezahlen, sondern selbstverständlich auch durchführen!), hat sich eine beachtliche Meinung in der Wissenschaft herausgebildet, die dem Verkäufer trotz fehlender unmittelbarer gesetzlicher Regelung einen entsprechenden Erstattungsanspruch zubilligt. Und zwar so:

AGL: § 326 Abs. 2 Satz 2 BGB analog i.V.m. § 326 Abs. 4 BGB

Einstieg: Der § 326 BGB regelt, was mit dem Gegenleistungsanspruch des Verkäufers (auf Zahlung des Kaufpreises) passiert, wenn seine Leistung (Lieferung der Sache) unmöglich geworden und der Lieferungsanspruch daher wegen § 275 BGB entfallen ist. Kann der Verkäufer nicht mehr liefern und greift § 275 BGB ein, braucht der Käufer auch nicht zu zahlen (= gerecht). So steht es in § 326 Abs. 1 Satz 1, 1. Halbsatz BGB. Ungerecht wäre das aber, wenn der *Käufer* dafür verantwortlich ist, dass der Verkäufer nicht mehr liefern kann, also etwa wenn der Autokäufer nach Abschluss des Kaufvertrages, aber vor Lieferung, den Wagen schuldhaft gegen die Wand setzt. Dann ist es gerecht, wenn der Verkäufer trotzdem seine Kohle bekommt. Und das steht in § 326 Abs. 2 Satz 1 BGB (bitte prüfen). Spart der Verkäufer in diesem Fall dann aber Aufwendungen dadurch, dass er nicht mehr liefern muss, z.B. durch jetzt weggefallene Transportkosten, ist es gerecht, wenn er diese ersparten Aufwendungen von seinem Kaufpreisanspruch abgezogen bekommt. Denn diese Kosten wären ja auf jeden Fall bei ihm angefallen, deshalb muss er es sich bieten lassen, dass diese Kosten jetzt abgezogen werden. Und das steht in § 326 Abs. 2 Satz 2 BGB.

Und jetzt zu unserem Fall: Wir haben gesehen, dass der H deshalb nicht mehr nacherfüllen muss, weil der R dies selbst getan und damit in Bezug auf diesen Nacherfüllungsanspruch aus den §§ 439 Abs. 1, 437 Nr. 1 BGB eine Unmöglichkeit verursacht hatte. Der H war daher nach § 275 Abs. 1 BGB von seiner Nacherfüllungspflicht frei geworden. Dadurch nun hat der H aber auch beachtliche Kosten gespart, vor allem die, die angefallen wären, wenn er selbst diese Nacherfüllung durchgeführt hätte. Denn nach § 439 Abs. 2 BGB hätte er grundsätzlich sämtliche Kosten dieser Nacherfüllung zu tragen gehabt. Durch die von R verursachte Unmöglichkeit der Leistung hat H also Kosten gespart, die er an sich selbst hätte tragen müssen. Und wer erahnt, was jetzt kommt?

Genau. Diese Situation ist durchaus mit der von § 326 Abs. 2 Satz 2 BGB beschriebenen Lage vergleichbar.

- Die weiter oben benannte Meinung in der Wissenschaft zieht daraus nun den Schluss, den § 326 Abs. 2 Satz 2 BGB auf den Fall der selbst durchgeführten Reparatur im Kaufrecht *analog* anzuwenden und dem Käufer in Verbindung mit § 326 Abs. 4, 346 Abs. 1 BGB einen Ersatzanspruch zuzubilligen. Dieser Ansicht hat sich jüngst auch das OLG München angeschlossen (ZGS **2007**, 80). Zur Begründung wird angeführt, dass es an einem sachlichen Grund fehle, den Verkäufer von den Kosten für die Nachbesserung zu entlasten. Denn diese Kosten hätte er nach § 439 Abs. 2 BGB sowieso selbst erbringen müssen, wäre es nicht zur Selbstvornahme durch den Käufer gekommen. Der Verkäufer, der seine Pflicht zur Lieferung einer mangelfreien Sache verletzt hat, dürfe durch die Selbstvornahme des Käufers nicht privilegiert werden. Der Gesetzgeber habe mit § 437 BGB dem Käufer nicht generell jeden Ersatzanspruch nehmen, sondern lediglich das Recht auf Selbstvornahme ausschließen wollen (*Palandt/Grüneberg* § 326 BGB Rz. 13; *Palandt/Weidenkaff* § 437 BGB Rz. 4a; *Bamberger/Roth/Faust* § 439 BGB Rz. 56; *Bydlinski* in ZGS 2005, 130; *Lorenz* in NJW 2006, 1175; *derselbe* in NJW 2003, 1417; *Gsell* in ZIP 2005, 922; *Katzenstein* in ZGS 2004, 300; *Ebert* in NJW 2004, 1762).

- Selbstverständlich gibt es dazu aber auch eine *Gegenansicht*, die diesen Ersatzanspruch ablehnt, und zwar mit der Begründung, dass zwar die Interessenlagen vergleichbar seien, es aber an der für eine Analogie notwendigen *planwidrigen* Regelungslücke fehle. Diese Meinung behauptet, der Gesetzgeber habe den Fall durchaus erkannt, aber dem Käufer bewusst keinen Ersatzanspruch gewähren wollen. Dies folge unter anderem aus der Existenz des § 637 BGB, der nur für das Werkrecht gelten und insbesondere nicht entsprechend im Kaufrecht Anwendung finden solle. Und wenn selbst im Werkvertrag bei § 637 BGB ein Zahlungsanspruch nur nach Fristsetzung erfolge, könne man einen Zahlungsanspruch vor dem Hintergrund einer gänzlich fehlenden Selbstvornahmeregelung im Kaufrecht vernünftigerweise erst recht nicht zulassen. Nach dieser Auffassung liegt demzufolge *keine* Planwidrigkeit vor und ein Analogieschluss verbietet sich (BGH NJW **2006**, 1195; BGH NJW **2006**, 988; BGH NJW **2005**, 1348; BGH NJW **2005**, 3211; LG Gießen ZGS **2004**, 238; AG Daun ZGS **2003**, 297; AG Kempen MDR **2003**, 1406, 1407; PWW/*Schmidt* § 437 BGB Rz. 8; *Tonner* in ZGS 2005, 903; *Dötsch* in MDR **2004**, 975; *Dauner-Lieb* in ZGS 2005, 169; *Ball* in NZV 2004, 217, 227; *Peters* in JZ 2004, 355).

Lösung: Wie man sich nun an dieser Stelle entschließt, ist selbstverständlich im besten Sinne des Wortes »gleichgültig«. Der Streit geistert trotz der längst ergangenen höchstrichterlichen Entscheidung (→ BGH NJW **2005**, 1348; bestätigt in NJW **2005**, 3211 und NJW **2006**, 988, 1195) immer noch durch sämtliche Lehrbücher und Kommentare und hat zudem sehr beachtliche Praxisrelevanz, wie man etwa an unserem Fall sehen kann: Jeder mag sich vom Rechtsgefühl her mal fragen, ob es tatsächlich gerecht ist, dem R im vorliegenden Fall den Zahlungsanspruch zu versagen, obwohl er dem H tatsächlich die Kosten des Versandes der Sache erspart hat. Und man kann sich im Übrigen vorstellen, wie häufig solche Situationen im täglichen Leben vorkommen, wo dann Käufer scheinbar »gutgläubig« die Sache fremd reparieren lassen in der sicheren Annahme, den erforderlichen Betrag vom Verkäufer später ersetzt zu bekommen. Ob jedem Käufer tatsächlich die Pflicht zur Fristsetzung und Nacherfüllung bekannt ist!?

Da sich mittlerweile – wie oben schon erwähnt – neben diversen Instanzgerichten (LG Gießen ZGS **2004**, 238; AG Daun ZGS **2003**, 297; AG Kempen MDR **2003**, 1406, 1407) auch der BGH eindeutig *gegen* einen Anspruch auf Erstattung der Kosten der Selbstvornahme entschieden hat (NJW **2005**, 1348, 3211; **2006**, 988, 1195), wird man diese Auffassung nunmehr als »herrschende Meinung« bezeichnen können, was freilich das Verfolgen der anderen Ansicht nicht ausschließt. Beachte insoweit abschließend, dass neben den eben erwähnten Lösungsmöglichkeiten auch noch andere Variationen im Raum stehen, namentlich ein Anspruch aus Geschäftsführung ohne Auftrag (LG Bielefeld ZGS **2005**, 79; *Katzenstein* in ZGS 2004, 1825; *Oechsler* in NJW 2004, 1825) oder aber aus aufgedrängter Bereicherung gemäß den §§ 812 ff. BGB (*Katzenstein* in ZGS 2005, 193). *Jauernig/Berger* wollen sogar den § 637 BGB analog anwenden (§ 439 BGB Rz. 8), stehen damit aber – soweit ersichtlich – zurzeit ziemlich allein da.

Ergebnis: Wir wollen uns hier ohne Wertung der Meinung anschließen, die den Ersatzanspruch grundsätzlich ablehnt mit der Begründung, dass es an einer planmäßigen Regelungslücke fehlt. Jede andere Ansicht ist aber wie gesagt sehr gut vertretbar.

Gutachten

R kann gegen H einen Anspruch auf Zahlung der 50 Euro aus den §§ 280 Abs. 1, Abs. 3, 281 Abs. 1 Satz 1, 437 Nr. 3 Fall 1 BGB haben.

1.) Neben dem obligatorischen Kaufvertrag, der hier vorliegt, muss die Kaufsache gemäß § 437 BGB mangelhaft sein. Eine Espressomaschine mit defektem Wasserbereiter, die nur noch lauwarmes Wasser produziert, eignet sich nicht zur »gewöhnlichen Verwendung« im Sinne von § 434 Abs. 1 Satz 2 Nr. 2 BGB und hat auch nicht die übliche Beschaffenheit vergleichbarer Geräte. Der Espressoautomat war folglich mangelhaft nach § 434 Abs. 1 Satz 2 Nr. 2 BGB.

2.) Diese Mangelhaftigkeit muss auch zum Zeitpunkt des Gefahrüberganges vorgelegen haben. Der Gefahrübergang ist geregelt in den §§ 446, 447 BGB und knüpft grundsätzlich an die Übergabe der Sache an. Wegen § 474 Abs. 2 Satz 2 BGB findet § 447 BGB indes keine Anwendung, sodass der Gefahrübergang nach § 446 BGB zum Zeitpunkt der Übergabe der Sache bei R gewesen ist.

Fraglich ist jedoch, ob zu diesem Zeitpunkt auch der von R geltend gemachte Mangel bereits vorlag. R hat die Maschine gekauft und später auch aus Hamburg geliefert bekommen. Erst zwei Monate später stellte sich der Defekt heraus. Ob R diesen selbst verursacht hat, das Gerät von Anfang an defekt war oder aber erst später geworden ist, ist nach dem Sachverhalt nicht überprüfbar. Zwar trägt grundsätzlich der Käufer, sobald er die Sache angenommen hat, die Beweislast sowohl für den Mangel als auch dessen Vorliegen zum Zeitpunkt des Gefahrüberganges, § 363 BGB. Jedoch kommt für den vorliegenden Fall eine Beweislastumkehr nach § 476 BGB in Betracht. Voraussetzung ist, dass es sich bei der schuldrechtlichen Beziehung zwischen R und H um einen Verbrauchsgüterkauf nach § 474 Abs. 1 BGB handelt. R ist Verbraucher (§ 13 BGB) und H als »Elektrowarenhändler« Unternehmer im Sinne des § 14 BGB. Die Espressomaschine ist eine bewegliche Sache. Es liegt somit ein Verbrauchsgüterkauf vor. Demnach ist § 476 BGB grundsätzlich anwendbar. Der Sachmangel hat sich auch innerhalb von sechs Monaten gezeigt und ist von R nachgewiesen worden. Dies hat zur Konsequenz, dass wegen § 476 BGB die Vermutung besteht, dass die Sache bereits zum Zeitpunkt des Gefahrübergangs mangelhaft war. Insoweit ist insbesondere anzunehmen, dass auch die Ursache des letztlich aufgetretenen Mangels (Defekt des Wasserbereiters) beim Gefahrübergang vorlag. H hat die Vermutung des § 476 BGB nicht widerlegt. Folglich ist der Sachmangel als bei Gefahrübergang vorhanden anzusehen. Die Espressomaschine war mithin zum Zeitpunkt des Gefahrübergangs mangelhaft.

3.) Im Weiteren müssen die Voraussetzungen von § 280 Abs. 1 Satz 1 BGB vorliegen. Das Schuldverhältnis bestand hier in dem zwischen R und H geschlossenen Kaufvertrag nach § 433 BGB. Die erforderliche Pflichtverletzung liegt mit der Lieferung einer mangelhaften Sache vor, denn hierdurch verletzt H seine Verkäuferpflicht aus § 433 Abs. 1 Satz 2 BGB.

4.) Das Vertretenmüssen im Hinblick auf diese Pflichtverletzung wird gemäß § 280 Abs. 1 Satz 2 BGB vermutet. H hat diese Vermutung nicht substantiell widerlegt. Die Voraussetzungen von § 280 Abs. 1 BGB liegen damit vor.

5.) Weiterhin müssen für einen Schadensersatzanspruch statt der Leistung gemäß § 280 Abs. 3 BGB noch die Voraussetzungen von § 281 Abs. 1 Satz 1 BGB vorliegen. Nach § 281 Abs. 1 Satz 1 BGB muss der Gläubiger dem Schuldner eine »angemessene Frist zur Leistung oder Nacherfüllung« bestimmt haben. R hat H keine Frist gesetzt, sondern die Mangelbeseitigung ohne weiteres selbst vorgenommen bzw. durch E vornehmen lassen. H hatte demnach keine Möglichkeit zur Nacherfüllung. Es fehlt daher an den Voraussetzungen von § 281 BGB mit der Konsequenz, dass ein Schadensersatzanspruch aus den im Obersatz genannten Vorschriften ausscheidet.

Ergebnis: R hat gegen H keinen Anspruch aus §§ 280 Abs. 1, Abs. 3, 281 Abs. 1 Satz 1, 437 Nr. 3 Fall 1 BGB.

R kann gegen H einen Anspruch auf Zahlung von 50 Euro aus §§ 280 Abs. 1, Abs. 3, 283 Satz 1, 437 Nr. 3 Fall 1 BGB haben.

1.) Die Voraussetzungen von § 437 BGB liegen vor: Die Kaufsache war zum Zeitpunkt des Gefahrüberganges mangelhaft.

2.) Der Schadensersatzanspruch nach §§ 280 Abs. 1, Abs. 3, 283 Satz 1 BGB setzt darüber hinaus voraus, dass der Schuldner nach § 275 Abs. 1 BGB nicht mehr zu leisten braucht. Unmöglichkeit bedeutet dauerhafte Nichterbringbarkeit der Leistungspflicht durch den Schuldner. Hier ist es H unmöglich geworden, die Nacherfüllung zu erbringen, denn diese ist von R ja selbst durch Beauftragung des E vorgenommen worden. H braucht mithin gemäß § 275 Abs. 1 BGB nicht mehr zu leisten.

3.) H muss nach § 280 Abs. 1 Satz 2 BGB diesen Umstand auch zu vertreten haben. Der Bezugspunkt für das Vertretenmüssen liegt dabei nicht mehr im Sachmangel selbst, sondern in der Unmöglichkeit seiner Behebung im Wege der Nacherfüllung. R selbst hat nämlich durch die Reparatur die Unmöglichkeit der Nacherfüllung vorsätzlich herbeigeführt mit der Konsequenz, dass sich H exkulpieren kann. Ein Vertretenmüssen des H liegt mithin nicht vor.

Ergebnis: Der R hat gegen den H keinen Anspruch aus §§ 280 Abs. 1, Abs. 3, 283 Satz 1,437 Nr. 3 Fall 1 BGB.

R kann gegen H einen Anspruch auf Zahlung von 50 Euro aus §§ 346 Abs. 1, 323 Abs. 1, 326 Abs. 5, 437 Nr. 2 Fall 1 BGB haben.

1.) Für einen Anspruch des R gegen H auf Zahlung aus einem Rückgewährschuldverhältnis nach § 346 Abs. 1 BGB muss R zunächst wirksam den Rücktritt vom Kaufvertrag erklären, § 349 BGB.

2.) Gemäß § 323 Abs. 1 BGB ist der Gläubiger zum Rücktritt berechtigt, wenn der Schuldner eine fällige Leistung nicht erbringt. H ist hier grundsätzlich zur Nacherfüllung verpflichtet gewesen und hat diese Leistung nicht erbracht. Damit liegen die Voraussetzungen des § 323 Abs. 1 BGB vor. Im Falle der Unmöglichkeit der Leistung ist die Fristsetzung ausnahmsweise nach § 326 Abs. 5 BGB entbehrlich.

3.) Der Rücktritt darf weiterhin nicht durch Vereinbarung oder Gesetz ausgeschlossen worden sein. Als Ausschlussgrund kommt hier § 323 Abs. 6 BGB in Betracht. Demnach ist der Rücktritt ausgeschlossen, wenn der Gläubiger für den Umstand, der ihn zum Rücktritt berechtigen würde, allein oder weit überwiegend verantwortlich ist. R selbst hat die Nacherfüllung vorsätzlich unmöglich gemacht, da er die Kaufsache selbst repariert hat und ist mithin für diesen Umstand in der Tat allein verantwortlich. R kann daher nicht vom Vertrag mit H zurücktreten

Ergebnis: R hat gegen H keinen Anspruch auf Zahlung von 50 Euro aus §§ 346 Abs. 1, 323 Abs. 1, 326 Abs. 5, 437 Nr. 2 Fall 1 BGB.

R kann gegen H einen Anspruch auf Zahlung von 50 Euro aus §§ 441 Abs. 4, 346 Abs. 1, 437 Nr. 2 Fall 2 BGB haben.

Nach § 441 Abs. 1 BGB kann die Minderung »statt« des Rücktritts erklärt werden. Die Minderung ist daher immer an die gleichen Voraussetzungen gebunden wie der Rücktritt. Auch die Minderung ist mithin im vorliegenden Fall gemäß § 323 Abs. 6 BGB ausgeschlossen.

Ergebnis: R hat gegen H keinen Anspruch aus §§ 441 Abs. 4, 346 Abs. 1, 437 Nr. 2 Fall 2 BGB.

R kann gegen H einen Anspruch auf Zahlung von 50 Euro aus § 326 Abs. 2 Satz 2 BGB analog i.V.m. § 326 Abs. 4 BGB haben.

Der § 326 Abs. 2 Satz 2 BGB müsste zunächst analog anwendbar sein. Eine Analogie setzt zunächst die Vergleichbarkeit des zu beurteilenden mit dem gesetzlich normierten Sachverhalt voraus. Nach § 326 BGB muss der Käufer den Kaufpreis nicht zahlen, wenn der Verkäufer nicht mehr liefern kann und § 275 BGB eingreift. Für den Ausnahmefall, dass der Käufer dafür verantwortlich ist, dass der Verkäufer nicht mehr liefern kann, regelt § 326 Abs. 2 Satz 1 BGB, dass der Käufer die vereinbarte Gegenleistung (Zahlung des Kaufpreises) trotz Unmöglichkeit der Leistung erbringen muss. Spart der Verkäufer in diesem Fall Aufwendungen dadurch, dass er nicht mehr liefern muss, hat er sich ersparte Aufwendungen nach § 326 Abs. 2 Satz 2 BGB anrechnen zu lassen. H hat vorliegend beachtliche Kosten erspart, die angefallen wären, wenn er selbst diese Nacherfüllung durchgeführt hätte. Nach § 439 Abs. 2 BGB hätte er grundsätzlich sämtliche Kosten dieser Nacherfüllung zu tragen gehabt. Durch die von R verursachte Unmöglichkeit der Leistung hat H also Kosten gespart, die er an sich selbst hätte tragen müssen. Diese Situation ist mit der von § 326 Abs. 2 Satz 2 BGB beschriebenen Lage vergleichbar. Ob die für eine analoge Anwendung von § 326 Abs. 2 Satz 2 BGB erforderliche planwidrige Regelungslücke vorliegt, ist Gegenstand eines Meinungsstreits. Nach einer Meinung soll es an einem sachlichen Grund fehlen, den Verkäufer von den Kosten für die Nachbesserung zu entlasten. Denn diese Kosten hätte er nach § 439 Abs. 2 BGB sowieso selbst erbringen müssen, wäre es nicht zur Selbstvornahme durch den Käufer gekommen. Der Verkäufer, der seine Pflicht zur Lieferung einer mangelfreien Sache verletzt hat, dürfe durch die Selbstvornahme des Käufers nicht privilegiert werden. Der Gesetzgeber habe mit § 437 BGB dem Käufer nicht generell jeden Ersatzanspruch nehmen, sondern lediglich das Recht auf Selbstvornahme ausschließen wollen. Nach der Gegenansicht soll es an der für eine Analogie notwendigen planwidrigen Regelungslücke fehlen. Diese Meinung behauptet, der Gesetzgeber habe den Fall durchaus erkannt, aber dem Käufer bewusst keinen Ersatzanspruch gewähren wollen. Dies folge unter anderem aus der Existenz des § 637 BGB, der nur für das Werkrecht gelten und insbesondere nicht entsprechend im Kaufrecht Anwendung finden solle. Und wenn selbst im Werkvertrag bei § 637 BGB ein Zahlungsanspruch nur nach Fristsetzung erfolge, könne man einen Zahlungsanspruch vor dem Hintergrund einer gänzlich fehlenden Selbstvornahmeregelung im Kaufrecht erst recht nicht zulassen. Nach dieser Auffassung liegt demzufolge keine Planwidrigkeit vor und ein Analogieschluss verbietet sich. Die besseren Argumente sprechen für die letztgenannte Ansicht, obschon im Hinblick darauf, dass R dem H tatsächlich die Kosten der Versendung der Sache erspart hat, Bedenken bestehen. Der Gesetzgeber hat bei der Neugestaltung des Schuldrechts bewusst auf ein den §§ 637 Abs. 1, 634 Nr. 2 BGB entsprechendes Käuferrecht verzichtet und damit deutlich zum Ausdruck gebracht, dass in Fällen wie dem vorliegenden kein Selbstvornahmerecht des Käufers vorgesehen ist. Im Übrigen ist die Analogie zu § 326 Abs. 2 Satz 2 BGB wegen denkbarer konkurrierender Ansprüche aus gesetzlichen Schuldverhältnissen nicht geboten. Mit der letztgenannten Meinung ist daher ein Anspruch des R gegen H zu verneinen.

Ergebnis: R hat gegen H keinen Anspruch auf Zahlung von 50 Euro aus § 326 Abs. 2 Satz 2 BGB analog i.V.m. § 326 Abs. 4 BGB.

Fall 20

Happy Birthday!

Rechtsstudent R aus Köln hat zu seinem Geburtstag am 03.12. ein paar Freunde eingeladen und beim Getränkehändler G für einen fröhlichen Abend zwei Fässer (zu je 10 Liter) seines geliebten *F-Kölsch* bestellt. G und R haben vereinbart, dass G die Fässer »pünktlich« am 03.12. gegen 19:00 Uhr gut gekühlt zu R bringt.

G steht dann auch am fraglichen Tage um 19:00 Uhr mit zwei Fässern vor der Tür und übergibt diese gegen Zahlung des Gesamtkaufpreises von 60 Euro dem R. Als R wenig später das erste Fass angeschlagen hat, nimmt das Grauen seinen Lauf: Aus dem Hahn läuft nicht das erwartete *F-Kölsch* sondern Altbier. Und bei der Untersuchung des zweiten Fasses stellt R fest, dass dort zwar *F-Kölsch* drin ist, allerdings wegen einer undichten Stelle am Verschluss anstatt 10 nur 8 Liter. Da die Partygäste weder mit Altbier noch mit einem »angeknacksten« Fass vorlieb nehmen wollen, bleibt der Abend trocken. R erscheint mit beiden Fässern am nächsten Tag bei G, erklärt den Rücktritt vom Vertrag und verlangt die 60 Euro zurück. G weigert sich und meint, Bier sei Bier und wegen der ausgelaufenen zwei Liter erstatte er nur den anteiligen Betrag in Höhe von sechs Euro.

Rechtslage?

Schwerpunkte: Die Manko- und Aliud-Lieferung im Kaufrecht gemäß § 434 Abs. 3 BGB; Abgrenzung von Schlechtlieferung und Nichterfüllung; Unterscheidung von Stückkauf und Gattungskauf; Abgrenzung von Mankolieferung und Teilleistung im Rahmen des § 434 Abs. 3 BGB; die Ausschlussgründe von § 323 Abs. 5 BGB; Erforderlichkeit des Interessenfortfalls für den Rücktritt bei der Mankolieferung.

Lösungsweg

Anspruch des R gegen G auf Rückzahlung von 60 Euro

<u>AGL.</u>: §§ 346 Abs. 1, 323 Abs. 1, 437 Nr. 2 Fall 1 BGB (Rücktritt)

R kann sein Geld dann von G zurückverlangen, wenn er von dem geschlossenen Vertrag wirksam zurückgetreten ist. Als Rechtsfolge des Rücktritts wären die empfangenen Leistungen zurückzugewähren, lies § 346 Abs. 1 BGB.

1.) Erste Voraussetzung ist, dass R den Rücktritt gegenüber G im Sinne des § 349 BGB **erklärt** hat, was hier im vorliegenden Fall aber kein Problem ist, denn R hat dies sogar ausdrücklich getan (SV lesen).

2.) Für den Rücktritt erforderlich ist neben der Erklärung auch ein *Rücktrittsgrund* bzw. ein Rücktrittsrecht. Der § 346 Abs. 1 BGB sieht insoweit zum einen das vertraglich vereinbarte und zum anderen das gesetzliche Rücktrittsrecht vor. In Ermangelung einer entsprechenden vertraglichen Vereinbarung kommt im vorliegenden Fall nur ein *gesetzliches* Rücktrittsrecht in Betracht.

Ein solches Rücktrittsrecht kann sich hier aus den **§§ 323 Abs. 1, 437 Nr. 2 Fall 1 BGB** ergeben. Ob die Normen tatsächlich auf unseren Fall passen, sehen wir uns gleich an. Vorab aber noch eine kurze

> **Wiederholung:** In einer Prüfungsarbeit sollten beide Vorschriften, also § 323 BGB und § 437 Nr. 2 Fall 1 BGB neben dem § 346 Abs. 1 BGB im Obersatz zitiert werden, denn sie bilden einen einheitlichen (Spezial-) Tatbestand, sofern es sich bei der von § 323 Abs. 1 BGB genannten Pflichtverletzung im konkreten Fall um einen Mangel handelt (LG Hanau NJW-RR **2003**, 1560; *Palandt/Weidenkaff* § 437 BGB Rz. 24). Man prüft also die Voraussetzungen der Normen stets zusammen bzw. nacheinander. Kann man einen Mangel im Sinne des § 434 BGB bejahen, ist damit auch immer (automatisch) das Tatbestandsmerkmal »Pflichtverletzung« im Sinne von § 323 BGB erfüllt, denn mit einer mangelhaften Sache erbringt der Schuldner seine Leistung natürlich »nicht wie geschuldet« (*Bamberger/Roth/Faust* § 437 BGB Rz. 11, 12). Umgekehrt ist § 437 BGB übrigens *nicht* einschlägig, wenn das Rücktrittsrecht auf andere Umstände gestützt wird, die mit einem Mangel selbst nichts zu tun haben (*Bamberger/Roth/Faust* § 437 BGB Rz. 10). In solchen Fällen ist § 323 BGB dann allein zu prüfen und stellt die Voraussetzungen des jeweiligen Rücktritts auf (BT-Drs. 14/6040 Seite 183). Merken.

Damit aus den §§ 323 Abs. 1, 437 Nr. 2 Fall 1 BGB ein Rücktrittsrecht hergeleitet werden kann, müssen die Voraussetzungen dieser Vorschriften erfüllt sein. Hierbei beginnen wir – wie immer – zunächst mit den allgemeinen Voraussetzungen des § 437 BGB (der Einleitungssatz der Norm):

a) Der zwischen G und R geschlossene Vertrag war fraglos ein *Kaufvertrag*, sodass § 437 BGB, der als *lex specialis* (= Spezialgesetz) nur die Rechte des »**Käufers**« – und nicht etwa die des Schenkers, Verleihers, Mieters oder Werkunternehmers – regelt, hier anwendbar ist.

b) Weiterhin müsste die Kaufsache *mangelhaft* gewesen sein. Die Mangelhaftigkeit der Kaufsache richtet sich nach **§ 434 BGB**.

Beachte zunächst: Zur Kaufsache zählen hier in unserem Fall natürlich *nicht* die Fässer, denn die will der Käufer (genauso wie z.B. Pfandflaschen) in aller Regel nicht erwerben, sondern nur zum Zwecke des Transports und der Lagerung vorübergehend benutzen. Es kann also nicht schon deshalb ein Sachmangel bejaht werden, weil der Verschluss bei einem der Fässer nicht in Ordnung war. Kaufsache war hier nur das Kölsch, denn das wollte R selbstverständlich behalten bzw. trinken (lassen).

Und insoweit müssen wir nun mal etwas genauer hinschauen. Hinsichtlich der Lieferung des G haben wir es sowohl mit einer inhaltlichen (Altbier statt Kölsch) als auch mit einer mengenmäßigen (8 statt 10 Liter) Abweichung zu tun. Es gibt also für einen Mangel insgesamt *zwei* Anknüpfungspunkte:

aa) G liefert dem R das Altbier anstelle von Kölsch

Es fragt sich, ob es sich dabei tatsächlich um eine *mangelhafte* Lieferung (= Schlechtleistung) im Sinne des § 434 BGB handelt. Man könnte hier als Erstes auch auf den Gedanken kommen, dass mangels Lieferung von *F-Kölsch* der Kaufvertrag hinsichtlich des einen Fasses überhaupt nicht erfüllt worden ist. In diesem Falle wären nicht die §§ 434 ff. BGB, sondern die Regeln über die Unmöglichkeit bzw. der Nichtleistung zu prüfen. Die Abgrenzung zwischen Nichterfüllung und Schlechtleistung geht wie folgt:

> **Merksatz**: Wenn die vom Verkäufer gelieferte Sache aus der Sicht des Käufers *nicht* zur Erfüllung der Verkäuferpflicht aus § 433 Abs. 1 Satz 1 BGB bestimmt ist, es sich also vom Empfängerhorizont her gesehen nicht einmal um den Versuch einer Vertragserfüllung handelt, findet *Nichterfüllungsrecht* – §§ 280 Abs. 1, 281, 283, 286 ff. BGB – und nicht das *Mängelgewährleistungsrecht* – §§ 434 ff. BGB – Anwendung (BT-Drs. 14/6040 Seite 216; *Jauernig/Berger* § 434 BGB Rz. 21; *Palandt/Weidenkaff* § 437 BGB Rz. 49; *Lorenz/Riehm* Rz. 495; *Fahl* in DRiZ 2004, 58).

Hier: Unser G hat zwei Fässer angeliefert, um den mit R geschlossenen Vertrag zu erfüllen, und der R konnte das Verhalten des G auch nur so verstehen. Mit § 437 BGB sind wir insoweit also schon einmal auf dem richtigen Weg, es findet Mängelgewährleistungsrecht Anwendung. Trotzdem bleibt fraglich, ob ein Sachmangel vorliegt. Das richtet sich – wie wir mittlerweile wissen – nach § 434 BGB. Demnach ist eine Kaufsache grundsätzlich dann mangelhaft, wenn sie nicht die von den Parteien vertraglich vereinbarte Beschaffenheit aufweist (§ 434 Abs. 1 Satz 1 BGB), sich nicht für die nach dem Vertrag vorausgesetzte Verwendung (§ 434 Abs. 1 Satz 2 Nr. 1 BGB) oder nicht für die gewöhnliche Verwendung eignet (§ 434 Abs. 1 Satz 2 Nr. 2 BGB).

Subsumtion: Stellt der Verzehr (= Trinken) die nach dem Vertrag vorausgesetzte bzw. die gewöhnliche Verwendung dar, dann eignet sich das Altbier natürlich ebenso gut wie Kölsch. Beides kann man trinken. Im Sachverhalt steht auch nicht, dass das Altbier etwa ungenießbar, überlagert oder mit zu wenig Alkohol versetzt war. Dies alles wären Konstellationen, in denen § 434 Abs. 1 BGB unproblematisch eingreifen würde. Unser Fall ist aber anders als die von § 434 Abs. 1 BGB erfassten Konstellationen, weil es sich bei dem Altbier tatsächlich um eine *ganz andere* Sache als F-Kölsch handelt. Der Gesetzgeber hat das Abgrenzungsproblem zwischen einer schlechten und einer anderen Sache erkannt und durch eine ausdrückliche gesetzliche Regelung entschärft: **§ 434 Abs. 3 BGB** stellt einem Sachmangel den Fall gleich, in dem der Verkäufer entweder eine zu geringe Menge oder »**eine andere Sache**« liefert (bitte prüfen). Wann der Verkäufer rechtlich »eine andere Sache« liefert, also eine sogenannte »**Falschlieferung**« vorliegt, hängt hauptsächlich davon ab, ob ein *Stückkauf* oder ein *Gattungskauf* vorliegt:

> **1. Definition**: Beim *Stückkauf* liegt eine Falschlieferung vor, wenn nicht genau die ihrer Identität nach bezeichnete Sache geliefert wird (*Palandt/Weidenkaff* § 434 BGB Rz. 52a; *Bamberger/Roth/Faust* § 434 BGB Rz. 104; *Musielak* in NJW **2003**, 89). Man spricht dann von einem »**Identitäts-Aliud**« (aliud = lateinisch = ein anderes).

Beispiel: K kauft von V das Bild »Abendsonne abstrakt« von *A.R. Penck*, geliefert wird aber das Bild »Morgenröte monströs« vom gleichen Künstler (= Identitätsaliud). Beachte insoweit bitte, dass der § 434 Abs. 3 BGB nach dem Willen des Gesetzgebers nicht anwendbar sein soll, wenn die Lieferung ganz offensichtlich keinen Bezug zum Anspruch des Käufers hat, also wenn zum Beispiel statt eines Kühlschranks ein Kanarienvogel geliefert wird (BT-Drs. 14/6040 Seite 216). Man spricht dann von einem »**Totalaliud**«, das keine Gewährleistungsrechte auslöst, sondern dem Käufer weiterhin den Erfüllungsanspruch aus § 433 Abs. 1 Satz 1 BGB belässt (*Medicus/Lorenz SR* II Rz. 51; *Lorenz* in JuS **2003**, 36, 38; zweifelnd aber *Palandt/Weidenkaff* § 434 BGB Rz. 52a).

> **2. Definition**: Beim *Gattungskauf* liegt eine Falschlieferung vor, wenn die gelieferte Sache nicht diejenigen Eigenschaften aufweist, die sie zu einer Sache der geschuldeten Gattung machen (*Jauernig/Berger* § 434 BGB Rz. 20; *Bamberger/Roth/Faust* § 434 BGB Rz. 104). Das nennt man dann ein »**Qualifikations-Aliud**«. Eine Gattung bilden alle Gegenstände, die durch gemeinsame Merkmale gekennzeichnet sind und sich dadurch von Gegenständen anderer Art abheben (*Bamberger/Roth/Unberath* § 243 BGB Rz. 4; *Jauernig/Mansel* § 243 BGB Rz. 3).

Beispiel: V und K einigen sich über die Lieferung eines fabrikneuen *Opel Corsa Cabrio*. Alle *Opel Corsa Cabrio* haben als industriell in Serie hergestellte Ware gemeinschaftliche Merkmale, z.B. die Karosserie, Fahrgestell, Sitze oder auch den Bezugsstoff des Cabrioverdecks. Sie gehören damit derselben Gattung an. Der *Opel Corsa Cabrio* (Auto) unterscheidet sich gattungsmäßig von einer Harley-Davidson (Fahrzeugart), von einem Opel Omega (Fahrzeugtyp) und einem Opel Corsa Standard (Ausstattung).

Zum Fall: Unser R hatte hier zwei Fässer *F-Kölsch* bei G bestellt. Es sollte sich dabei nicht um Weizenbier, Berliner Weiße, Pils oder Malzbier, sondern um *Kölsch* handeln. Und es sollte auch nicht eine andere Kölsch-Marke (am Markt sind z.B.: S-Kölsch, D-Kölsch oder M-Kölsch) sein, denn R wollte explizit zwei Fässer seiner Lieblingsmarke *F-Kölsch* haben. Allerdings kam es dem R nicht auf zwei ganz bestimmte Fässer (dann Stückkauf) sondern maßgeblich auf die Sorte an. R und G hatten demnach die Lieferung von 20 Litern der *Gattung* F-Kölsch vereinbart.

ZE.: R und G haben somit einen *Gattungskauf* vereinbart.

Geliefert hat G ein Fass mit Altbier. Im Hinblick auf die geschuldete Gattung hat er also »**eine andere Sache**« geliefert. Das Altbier wird daher (zu Recht) wie »mangelhaftes Kölsch« behandelt, vgl. § 434 Abs. 3 BGB.

ZE.: Mit der Lieferung von Altbier statt Kölsch lag ein Sachmangel im Sinne des § 434 Abs. 3 BGB vor.

bb) Die Lieferung von 8 anstatt 10 Litern

Einstieg: Einem Sachmangel steht es nach **§ 434 Abs. 3 BGB** zudem gleich, wenn der Verkäufer eine zu geringe Menge liefert. Ob eine Mindermenge im Sinne des § 434 Abs. 3 BGB vorliegt, beurteilt sich nach Stückzahl, Maß und Gewicht (BGH NJW **1996**, 1827; *Palandt/Weidenkaff* § 434 BGB Rz. 53). Allerdings setzt die Gleichstellung der Lieferung einer zu geringen Menge mit einem Sachmangel voraus, dass der Verkäufer die Leistung auch tatsächlich *zur vollständigen Erfüllung* seiner Pflicht aus § 433 Abs. 1 Satz 1 BGB erbringt (*Lorenz* in JuS **2003**, 36, 38 und NJW **2003**, 3097). Sonst nämlich liegt nur eine von den Parteien gewollte *Teilleistung* vor und es findet allgemeines Leistungsstörungsrecht Anwendung (*Jauernig/Berger* § 434 BGB Rz. 24). Wir müssen demnach diese beiden Fälle auseinander halten, und zwar so:

> **1. Definition**: Eine *Mankolieferung* im Sinne des § 434 Abs. 3 BGB liegt vor, wenn der Verkäufer eine zu geringe Menge als Erfüllung seiner ganzen Verbindlichkeit liefert (BT-Drs. 14/6040 Seite 216; *Bamberger/Roth/Faust* § 434 BGB Rz. 113; *Lorenz/Riehm* Rz. 496). Eine solche »verdeckte« Mankolieferung stellt stets einen Sachmangel im Sinne des § 434 Abs. 3 BGB dar (*Brox/Walker* BS § 4 Rz. 26; MüKo/*Ernst* § 323 BGB Rz. 213).

> **2. Definition**: Eine *Teilleistung* des Verkäufers liegt demgegenüber dann vor, wenn sich die Lieferung für den Käufer *nicht* als vollständige Erfüllung der Verbindlichkeit durch den Verkäufer darstellt (*Bamberger/Roth/Faust* § 434 BGB Rz. 113). Eine solche Teilleistung (auch: »offene« Mankolieferung) stellt *keinen* Mangel im Sinne des § 434 Abs. 3 BGB dar (*Brors* in JR **2002**, 133; *Jauernig/Berger* § 434 BGB Rz. 24; *Brox/Walker* BS § 4 Rz. 26).

Entscheidend für die Abgrenzung ist also, ob aus der Sicht des *Käufers* die Lieferung zur vollständigen Erfüllung der Verkäuferpflicht aus § 433 Abs. 1 BGB erfolgen soll. Nur dann ist die Lieferung bei einer Mengenabweichung mangelhaft im Sinne von § 434 Abs. 3 BGB. Indizien hierfür sind beispielsweise der Lieferschein oder die vollständige Kaufpreisforderung: Beziehen sie sich auf die geschuldete Gesamtmenge, so ist davon auszugehen, dass der Verkäufer mit der Lieferung seine Verbindlichkeit vollständig erfüllen wollte.

Zum Fall: Unser G hat R hier beliefert und den vollständigen Kaufpreis in Höhe von 60 Euro erhalten. Der R durfte somit davon ausgehen, dass das, was G ihm an die Wohnungstür gebracht hatte, zur Erfüllung der *ganzen* Verbindlichkeit gedacht war. Es handelt sich vorliegend also um eine Mankolieferung und nicht um eine Teilleistung im oben benannten Sinne. Bemerkenswert ist insoweit übrigens, dass 8 Liter Kölsch demnach kein Teil von 10 Litern Kölsch sind, sondern tatsächlich »schlechte« bzw. »mangelhafte« 10 Liter Kölsch.

ZE.: Mit der Lieferung von 8 statt 10 Litern Kölsch lag ebenfalls ein Sachmangel im Sinne des § 434 Abs. 3 BGB vor.

c) Beide Sachmängel waren zum Zeitpunkt des Gefahrüberganges (§ 446 BGB) vorhanden.

ZE.: Die allgemeinen Voraussetzungen des § 437 BGB – Mangelhaftigkeit der Kaufsache zum Zeitpunkt des Gefahrübergangs – sind damit erfüllt.

d) Neben diesen allgemeinen Voraussetzungen müssen nun natürlich – wie immer – noch die weiteren Vorschriften geprüft werden, die in § 437 Nr. 2 Fall 1 BGB drin stehen. Und das ist zunächst der **§ 323 BGB**, der nach dem Willen des Gesetzgebers die zentrale Vorschrift für den Rücktritt sein soll (*Palandt/Grüneberg* § 323 BGB Rz. 1). Gemäß § 323 Abs. 1 BGB ist der Rücktritt erst möglich, wenn zuvor eine *angemessene Frist* zur Nacherfüllung gesetzt worden ist, was der R hier aber augenscheinlich *nicht* getan hat. R ist am nächsten Tag zu G gegangen und hat die Fässer zurückgebracht. Die Fristsetzung fehlt somit.

> **Aber:** Unbedingt zu beachten ist, dass diese Fristsetzung ausnahmsweise gemäß § 323 Abs. 2 BGB *entbehrlich* sein kann. In Betracht kommt im vorliegenden Fall der **§ 323 Abs. 2 Nr. 2 BGB**. Demnach ist die Fristsetzung entbehrlich, wenn der Schuldner die Leistung zu einem im Vertrag bestimmten Termin nicht bewirkt und der Gläubiger im Vertrag den Fortbestand seines Leistungsinteresses an die Rechtzeitigkeit der Leistung gebunden hat (lies: § 323 Abs. 2 Nr. 2 BGB). In diesen Fällen macht eine Fristsetzung keinen Sinn, denn der Leistungstermin steht so präzise fest und ist von derartiger Bedeutung, dass eine Fristsetzung mit dem Ziel einer *späteren* Lieferung dem Gläubiger nicht zumutbar ist; er kann daher ausnahmsweise ohne Fristsetzung zurücktreten, obwohl die Leistung an sich noch möglich ist (*Palandt/ Grüneberg* § 323 BGB Rz. 19; *Jauernig/Stadler* § 323 BGB Rz. 12). Gemeint ist dabei mit § 323 Abs. 2 Nr. 2 BGB das sogenannte **»relative Fixgeschäft«** (BGH NJW **2001**, 2878), bei dem das Rechtsgeschäft mit der Einhaltung der von den Parteien vereinbarten

Leistungszeit »steht und fällt« (RGZ **101**, 361, 363; BGH WM **1989**, 1180, 1181; *Palandt/Grüneberg* § 323 BGB Rz. 19). Indizien für eine derartige Bedeutung der Leistungszeit liefern vertragliche Formulierungen wie »fix«, »genau«, »pünktlich« oder »spätestens« (BGHZ **110**, 88, 97). Treffen die Parteien allerdings nur eine kalendermäßige Bestimmung der Leistungszeit, reicht das allein nicht aus, um ein »relatives Fixgeschäft« anzunehmen (OLG Stuttgart NJW-RR **2012**, 251).

Zum Fall: Unserem R kam es offensichtlich darauf an, dass er die Gäste seiner Geburtstagsparty bewirten konnte. Aus diesem Grund hatte er mit G nicht nur einen präzisen Liefertermin ausgemacht (am 03.12. um 19:00 Uhr), sondern auch vereinbart, dass die Lieferung »pünktlich« erfolgen soll. Folglich haben wir es hier mit einem relativen Fixgeschäft, das unter § 323 Abs. 2 Nr. 2 BGB zu subsumieren ist, zu tun.

ZE.: Die grundsätzlich erforderliche Fristsetzung war hier somit gemäß § 323 Abs. 2 Nr. 2 BGB entbehrlich.

ZE.: Und damit liegt neben § 437 Nr. 2 BGB auch der § 323 BGB in seinen Voraussetzungen vor mit der Konsequenz, dass R auch ohne Fristsetzung grundsätzlich zum Rücktritt berechtigt gewesen ist.

Feinkostliebhaber beachten bitte noch den Unterschied zum sogenannten »**absoluten Fixgeschäft**«. Bei solchen Geschäften tritt nach Überschreitung des vertraglich vereinbarten Leistungszeitpunkts *Unmöglichkeit* im Sinne von § 271 Abs. 1 BGB ein. Hierunter fallen etwa die Bestellung eines Taxis, um einen bestimmten Zug zu erreichen (*Palandt/Grüneberg* § 271 BGB Rz. 16) oder das Buffet für die Hochzeitsfeier (*Palandt/Grüneberg* § 323 BGB Rz. 20). In diesen Fällen ist – sogar ohne ausdrückliche Vereinbarung im Vertrag – allen Beteiligten klar, dass die geschuldete Leistung nur zu einem bestimmten Zeitpunkt erbracht werden kann. Weil § 323 Abs. 2 Nr. 2 BGB systematisch nicht passt, wenn die geschuldete Leistung unmöglich ist, wendet man beim »absoluten Fixgeschäft« den uns schon bekannten **§ 326 Abs. 5 BGB** an. Nach dieser Vorschrift ist die Fristsetzung dann im Ergebnis ebenfalls entbehrlich.

3.) Rücktritt ausgeschlossen?

Allerdings könnte in unserem Fall der Rücktritt **ausgeschlossen** sein. Wichtige Ausschlussgründe, die für den Rücktritt Geltung haben, finden sich in § 323 Abs. 5 BGB und § 323 Abs. 6 BGB. Schauen wir mal rein:

a) Der Käufer kann bei einer Schlechtleistung nur zurücktreten, wenn es sich um eine *erhebliche* Pflichtverletzung handelt. Bei einer *unerheblichen* Pflichtverletzung des Verkäufers ist der Rücktritt nämlich gemäß **§ 323 Abs. 5 Satz 2 BGB** ausgeschlossen (OLG Düsseldorf NJW-RR **2004**, 1060, 1061; *Westermann* NJW **2002**, 241, 243f.).

Durchblick: *Unerhebliche* Pflichtverletzungen berechtigen den Käufer nur zur Minderung. Das ergibt sich aus § 441 Abs. 1 Satz 2 BGB i.V.m. § 323 Abs. 5 Satz 2 BGB (bitte prüfen) und macht bei genauem Hinschauen auch Sinn, denn der Rücktritt ist ein aus Sicht des Verkäufers außerordentlich einschneidender Rechtsbehelf (→ vollständige Rückabwicklung des gesamten Vertrages!). Ist der Käufer erst einmal vom Vertrag zurückgetreten, dann bleibt es dabei, selbst wenn der Mangel später vom Verkäufer beseitigt wird (BGH NJW **2009**, 508). Dieser unumkehrbare Einschnitt in den Vertrag soll dem Käufer deshalb nur bei wesentlichen Abweichungen vom vertraglichen Pflichtenprogramm möglich sein. Das folgt letztlich aus dem Grundsatz der Verhältnismäßigkeit, der die vollständige Rückabwicklung des Vertrages wegen eines Bagatellmangels (z.B. knarrende Fahrertür oder ein sich gelegentlich nicht komplett öffnendes elektrisches Schiebedach bei einem Neuwagen) verbietet (*Bamberger/Roth/Grothe* § 323 BGB Rz. 39).

Zum Fall: Wir müssen uns demnach fragen, ob der Rücktritt bei der Konstellation des vorliegenden Falles verhältnismäßig ist. Und das ist er nur dann, wenn die Sachmängel *erheblich* waren.

Definition: *Unerheblich* im Sinne des § 323 Abs. 5 Satz 2 BGB ist eine Pflichtverletzung, wenn durch sie das Leistungsinteresse des Gläubigers nicht spürbar gestört wird (BT-Drs. 14/6040 Seite 187; BGH NJW **2007**, 2111). Ob ein Mangel erheblich ist, muss im Rahmen einer Interessenabwägung unter Berücksichtigung aller Umstände, vor allem des Verwendungszwecks und der Verkehrsanschauung ermittelt werden (BGH NJW **2013**, 1365; BGH NJW-RR **2010**, 1289; *Brox/Walker* AS § 4 Rz. 62; *Jauernig/Stadler* § 323 BGB Rz. 20). Es kommt dabei vorrangig auf eine eingetretene Wertminderung und/oder Gebrauchsstörung an (BGH NJW **2009**, 508, 509; BGH NJW **2008**, 1517). Ein Verstoß gegen eine Beschaffenheitsvereinbarung im Sinne von § 434 Abs. 1 Satz 1 BGB indiziert im Regelfall einen erheblichen Sachmangel und damit auch eine erhebliche Pflichtverletzung im Sinne von § 323 Abs. 5 Satz 2 BGB (BGH NJW **2013**, 1365; BGH NJW-RR **2010**, 2111).

Bezüglich des Fasses mit Altbier bestehen vor diesem Hintergrund keine Bedenken, von der Erheblichkeit des Mangels auszugehen. Denn bei der Lieferung einer *anderen* als der geschuldeten Sache dürfte die Bagatellgrenze regelmäßig überschritten sein (*Palandt/Weidenkaff* § 434 BGB Rz. 52a).

Etwas komplizierter liegt der Fall im Hinblick auf das andere Fass, in dem lediglich zwei Liter Kölsch zu wenig enthalten waren. Insoweit dürfte beides vertretbar sein: So kann man sich zum einen auf den Standpunkt stellen, dass diesbezüglich nur eine Minderung des Kaufpreises die angemessene Rechtsfolge, der Rücktritt also unverhältnismäßig wäre. Dies würde sich dann nach § 441 Abs. 1 Satz 2 BGB i.V.m. § 323 Abs. 5 Satz 2 BGB regeln und R könnte in diesem Fall nur die von G auch angebotenen sechs Euro zurückfordern. Andererseits erscheint es mindestens genauso gut vertretbar, das Fehlen der zwei Liter (also 20 % der gekauften Menge) als *erheblich* anzusehen im Sinne des § 323 Abs. 5 Satz 2 BGB. Wenn in einem 10-Liter-Fass nur 8 Liter drin sind, muss man das als Käufer sicher nicht hinnehmen und sich mit der Minderung des Kaufpreises zufrieden geben. In einem solchen Falle dürfte der Rücktritt die angemessene und dem Verkäufer auch zumutbare Rechtsfolge sein.

ZE.: Und davon wollen wir hier dann auch ausgehen und somit feststellen, dass sowohl die Lieferung des Altbieres als auch die 8 Liter in dem 10-Liter-Fass keinen unerheblichen Mangel im Sinne des § 323 Abs. 5 Satz 2 BGB darstellen, die den Rücktritt demnach *nicht* ausschließen.

b) Und ganz zum Schluss kommt jetzt noch ein weiteres beachtliches Problem auf uns zu, nämlich: Es gibt an dieser Stelle, konkret im Hinblick auf das Fass mit den 8 Litern Inhalt, noch eine weitere Möglichkeit, das Rücktrittsrecht des Käufers zu beschränken. Dieses Problem hat seinen Anknüpfungspunkt bei **§ 323 Abs. 5 Satz 1 BGB** (bitte lesen). Gemäß § 323 Abs. 5 Satz 1 BGB ist der Gläubiger bei einer *Teilleistung* des Schuldners nur dann zum Rücktritt berechtigt, wenn er an dieser Teilleistung kein Interesse hat. Gemeint sind damit die Fälle der sogenannten »**quantitativen Teilleistung**«, also wenn der Schuldner nur einen Teil der geschuldeten Leistung *vertragsgemäß* (= mangelfrei) geliefert und der Gläubiger diese Teilleistung angenommen hat (OLG Celle ZGS **2004**, 74). Damit der Gläubiger nun wegen der nur zum Teil erbrachten Leistung vom *ganzen* Vertrag zurücktreten kann, muss im Hinblick auf die bislang erbrachte Teilleistung ein *Interessenfortfall* vorliegen (BGH NJW **1990**, 2550; BGH NJW **1990**, 3011). Das kann etwa daran liegen, dass der Gläubiger mit der Teilleistung ohne den übrigen Teil nichts anfangen kann: Wenn z.B. vom geschuldeten Bett nur das Gestell kommt, die Matratze aber ausbleibt, kann der Gläubiger vom ganzen Vertrag zurücktreten, denn nur am Gestell hat er natürlich kein Interesse (= § 323 Abs. 5 Satz 1 BGB).

> **Feinkostabteilung:** **§ 323 Abs. 5 Satz 1 BGB** setzt logischerweise voraus, dass die Leistung überhaupt *teilbar* ist. Kauft etwa jemand eine 180bändige Ausgabe der Entscheidungen des BGH in Zivilsachen (BGHZ) und fehlen bei der Lieferung die ersten zehn Bände, liegt nach der Verkehrsauffassung *keine* solche teilbare Leistung vor, denn die Entscheidungssammlung erfüllt ihren Zweck natürlich nur, wenn sie lückenlos ist. Der Käufer muss deshalb nicht sein fehlendes Interesse an den übrigen Bänden nachweisen, sondern kann sofort vom gesamten Vertrag zurücktreten. Beachtlich ist insoweit noch, dass für die Anwendung des § 323 Abs. 5 Satz 1 BGB nicht nur die ausgebliebene Leistung des Schuldners, sondern auch die *Gegenleistung* des zurücktretenden Gläubigers teilbar sein muss. Denn im Falle des Teilrücktritts muss derjenige, der den Rücktritt erklärt, selbstverständlich noch den der ordnungsgemäßen Leistung entsprechenden Teil seiner Gegenleistung erbringen. Ist die Gegenleistung unteilbar (z.B. Übereignung eines Grundstücks), muss der Gläubiger keinen Interessefortfall nachweisen, sondern kann ohne weiteres vollständig vom Vertrag zurücktreten (vgl. BGH vom 16. Oktober **2009** – V ZR 203/08).

Und jetzt zu unserem Fall:

Eigentlich haben wir ja weiter oben festgestellt, dass die Lieferung von 8 Liter anstelle der geschuldeten 10 Liter gerade *keine* Teilleistung, sondern eine Mankolieferung und damit insbesondere ein »**Mangel**« im Sinne des § 434 Abs. 3 BGB war. Der § 323 Abs. 5 Satz 1 BGB wäre damit nicht anwendbar, denn § 323 Abs. 5 Satz 1 BGB setzt – im Gegensatz zu **§ 323 Abs. 5 Satz 2 BGB!** – eine nur teilweise erbrachte, aber insoweit *vertragsgemäße* Leistung voraus. Die Mankolieferung nach § 434 Abs. 3 BGB und die Teilleistung im Sinne des § 323 Abs. 5 Satz 1 BGB würden sich demnach gegenseitig ausschließen. Eine Sache ist entweder grundsätzlich mangelhaft nach § 434 Abs. 3 BGB oder eine *mangelfreie* Teilleistung nach § 323 Abs. 5 Satz 1 BGB. Das gilt jedenfalls dann, wenn man annimmt, dass das Gesetz in § 434 Abs. 3 BGB die gleichen Maßstäbe ansetzt wie in § 323 Abs. 5 Satz 1 BGB.

- Und aus genau diesem Umstand folgert *eine Meinung*, dass der § 323 Abs. 5 Satz 1 BGB mit seinem geforderten Interessenfortfall im Falle der Mankolieferung nach § 434 Abs. 3 BGB *nicht* anwendbar sei. Denn wenn eine Sache »mangelhaft« sei, könne § 323 Abs. 5 Satz 1 BGB nicht greifen, denn diese Norm setze, wie der Vergleich mit § 323 Abs. 5 Satz 2 BGB zeige, stets eine »vertragsgemäße« (Teil-) Leistung voraus. Demnach wäre für den Rücktritt auch kein zusätzlicher subjektiver Interessenfortfall auf Seiten des Gläubigers – wie ihn § 323 Abs. 5 <u>Satz 1</u> BGB fordert – erforderlich. Es genügt die Erheblichkeit des Mangels bzw. der Pflichtverletzung im Sinne des § 323 Abs. 5 <u>Satz 2</u> BGB (BT-Drs. 14/6040 Seite 216; MüKo/*Ernst* § 323 BGB Rz. 216; *Bamberger/Roth/Faust* § 434 BGB Rz. 115; *Brox/Walker* SR § 4 Rz. 65).

- Die *Gegenmeinung* sieht das anders: Sie behauptet, der § 434 Abs. 3 BGB sei enger auszulegen als § 323 Abs. 5 Satz 1 BGB: Der § 434 Abs. 3 BGB diene mit der Ausdehnung des Mangelbegriffs auf die Mankolieferung nur dazu, dem Käufer die Mängelrechte aus den §§ 434 ff. BGB zu eröffnen, die näheren Voraussetzungen des Rücktritts aus § 323 BGB sollten nach dem gesetzgeberischen Willen hierdurch aber nicht verändert werden. Wenn also aufgrund einer Teillieferung der § 434 Abs. 3 BGB erfüllt und die Sache demnach mangelhaft sei, könne dennoch § 323 Abs. 5 Satz 1 BGB anwendbar sein, denn rein faktisch handele es sich bei der Mankolieferung auch immer um eine teilweise vertragsgemäße Leistung im Sinne des § 323 Abs. 5 Satz 1 BGB. Nach dieser Auffassung muss beim Rücktrittsberechtigten im Falle der Mankolieferung demnach auch ein *Interessenfortfall* gemäß § 323 Abs. 5 Satz 1 BGB vorliegen (*Jauernig/Berger* § 434 BGB Rz. 24; *Windel* in Jura **2003**, 793, 796; *Grigoleit/Riehm* in ZGS **2002**, 117; *Canaris* in ZRP **2001**, 329, 334; *Kindl* in WM **2002**, 1313, 1320; *Thier* in AcP **2003**, 399, 426).

Achtung: Starker Tobak, muss man sicherlich mindestens zweimal lesen, um zu kapieren, was dahinter steckt. Es dürfte für den Studierenden allerdings genügen, wenn man sich merken kann, dass bei einer Mankolieferung, die einen Sachmangel im Sinne des § 434 Abs. 3 BGB begründet, umstritten ist, ob für den Rücktritt auch ein Interessenfortfall auf Gläubigerseite gemäß § 323 Abs. 5 Satz 1 BGB erforderlich ist. Die Antwort hängt davon ab, ob man die beiden genannten Normen im Verhältnis der Ausschließlichkeit betrachtet oder nicht (zur Vertiefung vgl. dazu etwa die prima Ausführungen bei *Brox/Walker* BS § 4 Rz. 64). Beide Meinungen sind in einer Prüfungsarbeit selbstverständlich gut vertretbar. Wir wollen uns im vorliegenden Fall ohne Wertung für die oben zuerst genannte Auffassung entscheiden und brauchen den Interessenfortfall auf Gläubigerseite daher nicht mehr zu prüfen. Die Mankolieferung gemäß § 434 Abs. 3 BGB stellt keinen Fall des § 323 Abs. 5 Satz 1 BGB dar.

<u>ZE.:</u> Der Rücktritt ist damit auch nicht nach § 323 Abs. 5 Satz 1 BGB ausgeschlossen.

Ergebnis: Der R hat gegen G einen Anspruch auf Rückzahlung von 60 Euro aus den §§ 346 Abs. 1, 323 Abs. 1, 437 Nr. 2 Fall 1 BGB.

Gutachten

R kann gegen G einen Anspruch auf Rückzahlung von 60 Euro aus §§ 346 Abs. 1, 323 Abs. 1, 437 Nr. 2 Fall 1 BGB haben.

Dies ist der Fall, wenn R vom geschlossenen Vertrag wirksam zurückgetreten ist. Als Rechtsfolge des Rücktritts sind die empfangenen Leistungen zurückzugewähren, § 346 Abs. 1 BGB.

1.) R hat den Rücktritt gegenüber G im Sinne des § 349 BGB ausdrücklich erklärt.

2.) Für den Rücktritt erforderlich ist neben der Erklärung auch ein Rücktrittsgrund. § 346 Abs. 1 BGB sieht insoweit zum einen das vertraglich vereinbarte und zum anderen das gesetzliche Rücktrittsrecht vor. In Ermangelung einer entsprechenden vertraglichen Vereinbarung kommt im vorliegenden Fall nur ein gesetzliches Rücktrittsrecht in Betracht. Ein solches Rücktrittsrecht kann sich hier aus den §§ 323 Abs. 1, 437 Nr. 2 Fall 1 BGB ergeben. Damit aus §§ 323 Abs. 1, 437 Nr. 2 Fall 1 BGB ein Rücktrittsrecht hergeleitet werden kann, müssen die Voraussetzungen dieser Vorschriften erfüllt sein.

a) Der zwischen G und R geschlossene Vertrag war hier ein Kaufvertrag, sodass § 437 BGB anwendbar ist.

b) Weiterhin müsste die Kaufsache mangelhaft gewesen sein. Die Mangelhaftigkeit der Kaufsache richtet sich nach § 434 BGB. Hinsichtlich der Lieferung des G liegt sowohl eine inhaltliche (Altbier statt Kölsch) als auch eine mengenmäßige (8 statt 10 Liter) Abweichung vor.

aa) Es fragt sich, ob es sich bei der Lieferung von Altbier anstelle von Kölsch tatsächlich um eine mangelhafte Lieferung im Sinne des § 434 BGB handelt. Demnach ist eine Kaufsache grundsätzlich dann mangelhaft, wenn sie nicht die von den Parteien vertraglich vereinbarte Beschaffenheit aufweist (§ 434 Abs. 1 Satz 1 BGB), sich nicht für die nach dem Vertrag vorausgesetzte Verwendung (§ 434 Abs. 1 Satz 2 Nr. 1 BGB) oder nicht für die gewöhnliche Verwendung eignet (§ 434 Abs. 1 Satz 2 Nr. 2 BGB). Problematisch ist insoweit, dass die von § 434 Abs. 1 BGB erfassten Konstellationen auf den vorliegenden Fall nicht passen, weil es sich bei dem Altbier tatsächlich um eine ganz andere Sache als F-Kölsch handelt. Der Gesetzgeber hat diese Konstellation in § 434 Abs. 3 BGB geregelt. Diese Vorschrift stellt einem Sachmangel den Fall gleich, in dem der Verkäufer eine andere Sache liefert. Ob der Verkäufer im Rechtssinne eine andere Sache liefert, also eine sogenannte »Falschlieferung« vorliegt, hängt hauptsächlich davon ab, ob zwischen den

Parteien ein Stückkauf oder ein Gattungskauf vereinbart worden ist. Beim Stückkauf liegt eine Falschlieferung vor, wenn nicht genau die ihrer Identität nach bezeichnete Sache geliefert wird. Man spricht dann von einem »Identitäts-Aliud«. Beim Gattungskauf liegt dagegen eine Falschlieferung vor, wenn die gelieferte Sache nicht diejenigen Eigenschaften aufweist, die sie zu einer Sache der geschuldeten Gattung machen. Das wird als »Qualifikations-Aliud« bezeichnet. Eine Gattung bilden alle Gegenstände, die durch gemeinsame Merkmale gekennzeichnet sind und sich dadurch von Gegenständen anderer Art abheben. R wollte hier explizit zwei Fässer seiner Lieblingsmarke F-Kölsch geliefert bekommen. Allerdings kam es dem R nicht auf zwei ganz bestimmte Fässer, sondern maßgeblich auf die Sorte an. R und G hatten demnach die Lieferung von 20 Litern der Gattung F-Kölsch und mithin einen Gattungskauf vereinbart. R und G haben somit einen Gattungskauf vereinbart. Geliefert hat G ein Fass mit Altbier. Im Hinblick auf die geschuldete Gattung hat er also »eine andere Sache« geliefert. Das Altbier wird daher wie »mangelhaftes Kölsch« behandelt, vgl. § 434 Abs. 3 BGB. Mit der Lieferung von Altbier statt Kölsch lag somit ein Sachmangel im Sinne des § 433 Abs. 3 BGB vor.

bb) Fraglich ist weiterhin, wie es sich auswirkt, dass G lediglich 8 anstelle von 10 Litern F-Kölsch geliefert hat. Einem Sachmangel steht es nach § 434 Abs. 3 BGB gleich, wenn der Verkäufer eine zu geringe Menge liefert. Ob eine Mindermenge im Sinne des § 434 Abs. 3 BGB vorliegt, beurteilt sich nach Stückzahl, Maß und Gewicht. Allerdings setzt die Gleichstellung der Lieferung einer zu geringen Menge mit einem Sachmangel voraus, dass der Verkäufer die Leistung auch tatsächlich zur vollständigen Erfüllung seiner Pflicht aus § 433 Abs. 1 Satz 1 BGB erbringt. Sonst nämlich liegt nur eine von den Parteien gewollte Teilleistung vor und es findet allgemeines Leistungsstörungsrecht Anwendung. Entscheidend für die Abgrenzung ist also, ob aus der Sicht des Käufers die Lieferung zur vollständigen Erfüllung der Verkäuferpflicht aus § 433 Abs. 1 BGB erfolgen soll. Nur dann ist die Lieferung bei einer Mengenabweichung mangelhaft im Sinne von § 434 Abs. 3 BGB. Indizien hierfür sind beispielsweise der Lieferschein oder die vollständige Kaufpreisforderung: Beziehen sie sich auf die geschuldete Gesamtmenge, so ist davon auszugehen, dass der Verkäufer mit der Lieferung seine Verbindlichkeit vollständig erfüllen wollte. G hat R hier beliefert und den vollständigen Kaufpreis in Höhe von 60 Euro erhalten. Der R durfte somit davon ausgehen, dass das, was G ihm an die Wohnungstür gebracht hatte, zur Erfüllung der ganzen Verbindlichkeit gedacht war. Es handelt sich vorliegend also um eine Mankolieferung und nicht um eine Teilleistung im oben benannten Sinne. Mit der Lieferung von 8 statt 10 Litern Kölsch lag folglich ebenfalls ein Sachmangel im Sinne des § 434 Abs. 3 BGB vor.

c) Beide Sachmängel waren bei der Übergabe und mithin zum Zeitpunkt des Gefahrüberganges (§ 446 BGB) vorhanden.

d) Nach den §§ 323 Abs. 1, 437 Nr. 2 Fall 1 BGB ist der Rücktritt erst möglich, wenn zuvor eine angemessene Frist zur Nacherfüllung gesetzt worden ist, was der R hier aber augenscheinlich nicht getan hat. R ist am nächsten Tag zu G gegangen und hat die Fässer zurückgebracht. Es fehlt somit an einer Fristsetzung. In Betracht kommt im vorliegenden Fall der § 323 Abs. 2 Nr. 2 BGB. Demnach ist die Fristsetzung entbehrlich, wenn der Schuldner die Leistung zu einem im Vertrag bestimmten Termin nicht bewirkt und der Gläubiger im Vertrag den Fortbestand seines Leistungsinteresses an die Rechtzeitigkeit der Leistung gebunden hat. In diesen Fällen macht eine Fristsetzung keinen Sinn, denn der Leistungs-termin steht so präzise fest und ist von derartiger Bedeutung, dass eine Fristsetzung mit dem Ziel einer späteren Lieferung dem Gläubiger nicht zumutbar ist; er kann daher aus-nahmsweise ohne Fristsetzung zurücktreten. R kam es vorliegend offensichtlich darauf an, dass er die Gäste seiner Geburtstagsparty bewirten konnte. Aus diesem Grund hatte er mit G einen präzisen Liefertermin vereinbart. Einen Tag oder eine Woche später macht das bestellte Kölsch für R keinen Sinn mehr, denn dann wäre die Party bereits vorbei gewesen. Folglich liegt ein relatives Fixgeschäft nach § 323 Abs. 2 Nr. 2 BGB vor. Die grundsätzlich erforderliche Fristsetzung war hier somit gemäß § 323 Abs. 2 Nr. 2 BGB entbehrlich.

3.) Allerdings könnte der Rücktritt ausgeschlossen sein.

a) Der Käufer kann bei einer Schlechtleistung nur zurücktreten, wenn es sich um eine erhebliche Pflichtverletzung handelt. Bei einer unerheblichen Pflichtverletzung des Ver-käufers ist der Rücktritt gemäß § 323 Abs. 5 Satz 2 BGB ausgeschlossen. Fraglich ist damit, ob die festgestellten Sachmängel erheblich waren. Unerheblich ist eine Pflichtverletzung, wenn durch sie das Leistungsinteresse des Gläubigers nicht spürbar gestört wird. Dies muss unter Berücksichtigung aller Umstände, vor allem des Verwendungszwecks und der Verkehrsanschauung ermittelt werden.

Bezüglich des Fasses mit Altbier bestehen keine durchgreifenden Bedenken von einer Erheblichkeit des Mangels auszugehen. Denn bei der Lieferung einer anderen als der geschuldeten Sache dürfte die Bagatellgrenze regelmäßig überschritten sein. Hier wird anstelle des geforderten Kölsch das Alt geliefert mit der Folge, dass ein Qualifikations-aliud vorliegt. Im Hinblick auf das andere Fass, in dem lediglich zwei Liter Kölsch zu wenig enthalten waren, erscheint es sachgerecht, das Fehlen der zwei Liter (20 % der ge-kauften Menge) ebenfalls als erheblich anzusehen. Damit stellt sowohl die Lieferung des Alt-Bieres als auch die 8 Liter in dem 10-Liter-Fass keinen unerheblichen Mangel im Sinne des § 323 Abs. 5 Satz 2 BGB dar. Der Rücktritt ist demnach nicht ausgeschlossen.

b) Im Hinblick auf das Fass mit den 8 Litern Inhalt kann der Rücktritt darüber hinaus wegen § 323 Abs. 5 Satz 1 BGB ausgeschlossen sein. Gemäß § 323 Abs. 5 Satz 1 BGB ist der Gläubiger bei einer Teilleistung des Schuldners nur dann zum Rücktritt berechtigt, wenn er an dieser Teilleistung kein Interesse hat. Damit der Gläubiger nun wegen der nur zum Teil erbrachten Leistung vom ganzen Vertrag zurücktreten kann, muss im Hinblick auf die bislang erbrachte Teilleistung ein Interessenfortfall vorliegen. Die Lieferung von 8 Litern anstelle der geschuldeten 10 Liter stellte jedoch nach dem oben Gesagten keine Teilleistung, sondern eine Mankolieferung und damit insbesondere einen »Mangel« der Kaufsache im Sinne des § 434 Abs. 3 BGB dar. § 323 Abs. 5 Satz 1 BGB wäre damit nicht anwendbar, denn § 323 Abs. 5 Satz 1 BGB setzt eine nur teilweise erbrachte, aber insoweit vertragsgemäße Leistung voraus. Die Anwendbarkeit von § 323 Abs. 5 Satz 1 BGB in Fäl-len wie dem vorliegenden ist umstritten:

Nach einer Meinung soll § 323 Abs. 5 Satz 1 BGB mit seinem geforderten Interessenfortfall im Falle der Mankolieferung nach § 434 Abs. 3 BGB nicht anwendbar sein. Wenn eine Sache »mangelhaft« sei, könne § 323 Abs. 5 Satz 1 BGB nicht greifen, denn diese Norm setze, wie der Vergleich mit § 323 Abs. 5 Satz 2 BGB zeige, stets eine »vertragsgemäße« (Teil-) Leistung voraus. Demnach wäre für den Rücktritt auch kein zusätzlicher subjektiver Interessenfortfall auf Seiten des Gläubigers – wie ihn § 323 Abs. 5 Satz 1 BGB fordert – erforderlich. Es genüge demnach die Erheblichkeit des Mangels bzw. der Pflichtverletzung im Sinne des § 323 Abs. 5 Satz 2 BGB. Die Gegenmeinung behauptet, § 434 Abs. 3 BGB sei enger auszulegen als § 323 Abs. 5 Satz 1 BGB: Der § 434 Abs. 3 BGB diene mit der Ausdehnung des Mangelbegriffs auf die Mankolieferung nur dazu, dem Käufer die Mängelrechte aus den §§ 434 ff. BGB zu eröffnen; die näheren Voraussetzungen des Rücktritts aus § 323 BGB sollten nach dem gesetzgeberischen Willen hierdurch aber nicht verändert werden. Wenn also aufgrund einer Teillieferung der § 434 Abs. 3 BGB erfüllt und die Sache demnach mangelhaft sei, könne dennoch § 323 Abs. 5 Satz 1 BGB anwendbar sein, denn rein faktisch handele es sich bei der Mankolieferung auch immer um eine teilweise vertragsgemäße Leistung im Sinne des § 323 Abs. 5 Satz 1 BGB. Nach dieser Auffassung muss beim Rücktrittsberechtigten im Falle der Mankolieferung demnach auch ein Interessenfortfall gemäß § 323 Abs. 5 Satz 1 BGB vorliegen.

Da die Meinungen für den vorliegenden Fall zu unterschiedlichen Ergebnissen führen, ist eine Streitentscheidung nicht verzichtbar. Die zuletzt genannte Auffassung durchbricht die durch den Gesetzgeber aufgestellte Systematik und weicht erheblich vom Wortlaut des Gesetzes ab. Die zuerst genannte Auffassung erscheint daher vorzugswürdig. Folgt man dieser, kommt es auf den Interessenfortfall auf Gläubigerseite nicht mehr an. Die Mankolieferung gemäß § 434 Abs. 3 BGB stellt damit keinen Fall des § 323 Abs. 5 Satz 1 BGB dar. Der Rücktritt ist nicht nach § 323 Abs. 5 Satz 1 BGB ausgeschlossen.

Ergebnis: R hat gegen G einen Anspruch auf Rückzahlung von 60 Euro aus §§ 346 Abs. 1, 323 Abs. 1, 437 Nr. 2 Fall 1 BGB.

Fall 21

Verjährt eigentlich Schimmel?

Rechtsstudentin R hat sich im Januar 2010 beim Elektrohändler E eine neue Spülmaschine gekauft. In dem von R damals unterschriebenen Vertragsformular hieß es in den Allgemeinen Geschäftsbedingungen unter § 6:
»Unser Fachpersonal liefert Ihr Gerät kostenfrei nach Hause und übernimmt auch die Installation vor Ort. Für daraus resultierende Schäden wird keinerlei Haftung oder Gewährleistung übernommen.«

Die Lieferung und Installation der Maschine übernahm der Mitarbeiter M des E, der bis dahin über zehn Jahre fehlerlos für E tätig war. Beim Anschluss der Maschine an die Wasserzufuhr hatte M allerdings aus Unachtsamkeit vergessen, eine kleine Dichtung zwischen den Verbindungsschlauch und den aus der Wand ragenden Wasserhahn zu setzen. Daher sickerten bei jedem Waschvorgang einige Tropfen Wasser in das hinter der Maschine gelegene Mauerwerk. Erst bei ihrem Auszug im März 2012 bemerkt R, dass sich an der Wand hinter der Spülmaschine ein großer Schimmelfleck gebildet hat. Die Trockenlegung der Wand kostet 1.500 Euro, die R nun von E ersetzt verlangt. E indessen weigert sich und meint, er hafte grundsätzlich nicht für einen Fehler des M, die R habe zudem einen Haftungsausschluss unterschrieben und im Übrigen seien sämtliche Ansprüche sowieso verjährt.

Rechtslage?

Schwerpunkte: Der Montagemangel nach § 434 Abs. 2 Satz 1 BGB; Mangelfolgeschaden, Abgrenzung zum Mangelschaden; der Haftungsausschluss durch AGB; Haftung für Erfüllungsgehilfen nach § 278 Satz 1 BGB; Verjährung der Mängelansprüche nach § 438 BGB; Verjährung bei Mangelfolgeschäden; Verjährung von Rücktritt und Minderung; die Exkulpation bei § 831 Abs. 1 Satz 2 BGB.

Lösungsweg

Anspruch der R gegen E auf Zahlung von 1.500 Euro

<u>AGL</u>: §§ 280 Abs. 1, 437 Nr. 3 Fall 1 BGB (Schadensersatz)

Vorab: Bevor wir richtig in die Lösung einsteigen, wollen wir uns für einen Augenblick noch mal das Begehren der R und die von uns insoweit im Obersatz gewählte Anspruchsgrundlage anschauen: Die R will Geld. Diesen Anspruch verlangt sie aber weder aus einem Rücktritt noch aus einer Minderung des Kaufpreises, die Maschine an sich war ja augenscheinlich auch in Ordnung. Es kann sich somit nur um einen klassischen *Schadensersatzanspruch* handeln. Und bedenkt man nun, dass die fehlerhafte Montage gemäß **§ 434 Abs. 2 Satz 1 BGB** durchaus einen kaufrechtlichen Sachmangel begründen kann, kommt als Anspruchsgrundlage bzw. Ausgangsnorm nur der **§ 437 <u>Nr. 3</u> BGB** in Frage, freilich verbunden mit einer der dort benannten Vorschriften (bitte aufschlagen). Und jetzt aufgepasst: Die in § 437 Nr. 3 Fall 1 BGB aufgeführten Schadensersatzansprüche aus den **§§ <u>281</u> ff. BGB** gewähren Ersatz immer nur »<u>statt</u> der Leistung«, greifen also dann ein, wenn der Schaden theoretisch durch eine Nacherfüllung nach § 439 Abs. 1 BGB zwar beseitigt werden könnte, der Schuldner dies aber – aus welchen Gründen auch immer – letztlich nicht getan hat. Dann gibt es Schadensersatz »**statt**« der Leistung (*Heßeler/Kleinhenz* in JuS 2007, 706; *Bamberger/Roth/Unberath* § 281 BGB Rz. 4; *Palandt/Grüneberg* § 280 BGB Rz. 18). Der Anspruch aus **§ <u>280</u> Abs. 1 BGB** ist demgegenüber gedacht für die sogenannten »**endgültigen**« Schäden, die nämlich auch mit einer Nachbesserung oder Neulieferung nicht mal theoretisch mehr hätten beseitigt werden können. In diesen Fällen verlangt der Gläubiger dann Schadensersatz *neben* der Leistung, und den gibt es grundsätzlich nur aus § 280 Abs. 1 BGB (*Erman/Westermann* § 280 BGB Rz. 11; *MüKo/Ernst* § 280 BGB Rz. 66; *Canaris* in ZIP 2003, 322; *Medicus* in JuS 2003, 528; *Heßeler/Kleinhenz* in JuS 2007, 706). Sehr wichtige Regel, bitte mindestens noch einmal lesen und: Merken.

Zum Fall: Der hier eingetretene Schaden (Schimmelfleck) ließe sich durch eine Nacherfüllung nach § 439 Abs. 1 BGB nicht beseitigen, denn der Schimmelfleck geht weder durch die Lieferung einer neuen Spülmaschine noch durch das nachträgliche Einsetzen der vergessenen Dichtung weg. R verlangt also Schadensersatz *neben* der (hier im Übrigen ordnungsgemäß erbrachten) Leistung. Und deshalb ist die Anspruchsgrundlage nicht § 281 BGB oder § 283 BGB in Verbindung mit § 437 Nr. 3 Fall 1 BGB, sondern§ 280 Abs. 1 BGB in Verbindung mit § 437 Nr. 3 Fall 1 BGB . Alles klar!?

Die Anspruchsvoraussetzungen der §§ 280 Abs. 1, 437 Nr. 3 Fall 1 BGB:

1.) Für das Begehren der R aus den §§ 280 Abs. 1, 437 Nr. 3 Fall 1 BGB muss zunächst ein *Schuldverhältnis,* namentlich ein *Kaufvertrag* vorliegen (bitte lies: § 280 Abs. 1 Satz 1 BGB und dann den Einleitungssatz von § 437 BGB, da steht »**Käufer**«). Hier ist das eigentlich auch kein Problem, denn R und E haben eine Vereinbarung darüber abgeschlossen, dass R die Spülmaschine erhält und diese von E oder seinen Mitarbeitern geliefert und auch angeschlossen wird.

> Man könnte indessen bei genauem Hinsehen für einen Augenblick am Vorliegen eines Kaufvertrages zweifeln und auf die Idee kommen, dass es sich angesichts der im Hinblick auf die Spülmaschine versprochenen Lieferung und Installation um einen *Werkvertrag* nach § 631 BGB handelt. Wenn die Montage den Schwerpunkt der Leistung des Unternehmers bildet, kommt nämlich *Werkvertragsrecht* zur Anwendung (BGH NJW **2013**, 1431; WM **1996**, 1786). Davon aber kann vorliegend nun nicht wirklich die Rede sein, denn E bietet die Lieferung und Montage kostenfrei, damit sozusagen als »Extraleistung« für seine Kunden. Darin liegt demnach nicht seine Haupt-

leistungspflicht, für die er den Kaufpreis erhält. Diese Pflicht besteht vielmehr in der Übereignung der Sache – und somit ist in Fällen der vorliegenden Art auch unstreitig Kaufrecht, also die §§ 433 ff. BGB, anwendbar (BGH NJW-RR **1990**, 787; OLG Düsseldorf NJW-RR **2002**, 200). Dass die Montage nicht zur Annahme eines Werkvertrages ausreicht, ergibt sich seit der Schuldrechtsreform im Übrigen auch unmittelbar aus § 434 Abs. 2 Satz 1 BGB, denn der Gesetzgeber ordnet bei unsachgemäßer Montage ja sogar ausdrücklich an, dass es sich um einen *kaufrechtlichen* Sachmangel handeln soll (*Palandt/Sprau* § 651 BGB Rz. 3).

<u>ZE.:</u> R und E haben einen *Kaufvertrag* (= Schuldverhältnis) geschlossen.

2.) Des Weiteren erforderlich ist gemäß den §§ 280 Abs. 1 Satz 1, 437 Nr. 3 Fall 1 BGB die *Mangelhaftigkeit* der Kaufsache. Diese Mangelhaftigkeit der Kaufsache ist zwingende Voraussetzung jeder kaufrechtlichen Gewährleistung und indiziert zudem immer auch das Merkmal der *Pflichtverletzung* im Sinne des § 280 Abs. 1 Satz 1 BGB. Denn bei der Lieferung einer mangelhaften Sache hat der Schuldner stets seine Hauptpflicht aus dem Kaufvertrag gemäß § 433 Abs. 1 Satz 2 BGB verletzt (*Jauernig/Stadler* § 280 BGB Rz. 12).

In Betracht kommt im vorliegenden Fall ein Sachmangel nach **§ 434 Abs. 2 Satz 1 BGB**. Die Spülmaschine selbst war ja in Ordnung, der M indessen bei der Montage unachtsam, wodurch dann später der Schimmelfleck entstand. Gemäß § 434 Abs. 2 Satz 1 BGB müsste die vereinbarte Montage durch den Verkäufer oder dessen Erfüllungsgehilfen unsachgemäß durchgeführt worden sein (Gesetz lesen!). Da E selbst nicht gehandelt hat, kommt es für unseren Fall zunächst darauf an, ob der Monteur M der *Erfüllungsgehilfe* des E war. *Erfüllungsgehilfen* sind gemäß § 278 Satz 1 BGB die Personen, deren man sich zur Erfüllung seiner Verbindlichkeiten bedient. Diese Definition aus § 278 Satz 1 BGB gilt auch für § 434 Abs. 2 Satz 1 BGB (BGH NJW **2012**, 1083; *Bamberger/Roth/Faust* § 434 BGB Rz. 91). Unser E hat sich zur Erfüllung der mit R vertraglich vereinbarten Montage des Monteurs M als Hilfsperson bedient. Und deshalb ist der M Erfüllungsgehilfe nach § 278 Satz 1 BGB bzw. § 434 Abs. 2 Satz 1 BGB.

Die Montage durch M müsste nach § 434 Abs. 2 Satz 1 BGB dann zudem auch *unsachgemäß* gewesen sein.

> **Definition:** Die Montage ist *unsachgemäß* im Sinne des § 434 Abs. 2 Satz 1 BGB, wenn sie entweder nicht der Vereinbarung entspricht oder aber dazu führt, dass die Kaufsache sich nicht für die nach dem Vertrag vorausgesetzte oder aber für die gewöhnliche Verwendung eignet (*Palandt/Weidenkaff* § 434 BGB Rz. 44; *Gruber* in VuR 2002, 121).

M hat den Wasserzulauf nicht ordnungsgemäß angeschlossen. Dies hat zwar nicht die Maschine selbst beschädigt, indessen aber dazu geführt, dass ein ordnungsgemäßer Betrieb ohne Schädigung anderer Rechtsgüter nicht möglich gewesen ist. Beachte insoweit bitte, dass zur Bejahung eines Sachmangels nach § 434 Abs. 2 BGB nach dem ausdrücklichen Willen des Gesetzgebers *nicht* zwingend erforderlich ist, dass die fehlerhafte Montage zu einer Beschädigung der Kaufsache selbst führt (BT-Drs. 14/6040 Seite 215). Ausreichend ist vielmehr auch, wenn nur die Montage an sich fehlerhaft ist, ohne dass dies zu einer Beeinträchtigung der Beschaffenheit der Sache geführt hat (BT-Drs. 14/6040 Seite 215; *Brox/Walker* BS § 4 Rz. 24). Der § 434 Abs. 2 Satz 1 BGB erfasst mithin jede Art von Montagefehlern, im Ergebnis unabhängig von ihrer Wirkung auf die Kaufsache selbst (*Palandt/Weidenkaff* § 434 BGB Rz. 44).

ZE.: Im vorliegenden Fall war die Montage fraglos fehlerhaft und damit *unsachgemäß* im Sinne des § 434 Abs. 2 Satz 1 BGB; der M hat den Wasserzulauf nicht ordnungsgemäß angeschlossen.

ZE.: Die Spülmaschine hatte mithin einen Sachmangel, war also *mangelhaft* gemäß § 437 BGB. Und daraus folgt, dass auch das Merkmal der *Pflichtverletzung* im Sinne des § 280 Abs. 1 Satz 1 BGB erfüllt ist; denn – wie oben schon mal erwähnt – beim Vorliegen eines Sachmangels hat der Schuldner immer seine Pflicht aus dem Kaufvertrag verletzt (*Jauernig/Stadler* § 280 BGB Rz. 12).

3.) Im Gegensatz zum Rücktritt und zur Minderung gewährt das Gesetz einen vertraglichen Schadensersatzanspruch grundsätzlich aber nur dann, wenn der Schuldner die Pflichtverletzung auch *zu vertreten* hat. Das folgt aus **§ 280 Abs. 1 Satz 2 BGB**, der ein solches Vertretenmüssen ausdrücklich normiert und diesbezüglich eine Vermutung zulasten des Schuldners aufstellt (*Brox/Walker* BS § 4 Rz. 83). Das Vertretenmüssen selbst richtet sich nach § 276 Abs. 1 BGB, und danach hat der Schuldner *Vorsatz* und *Fahrlässigkeit* vertreten.

Zum Fall: Der E als *Schuldner* aus dem Vertrag mit R müsste somit vorsätzlich oder fahrlässig gehandelt haben, was indessen vorliegend sicher *nicht* in Betracht kommt, denn der E hat selbst ja gar nicht gehandelt. Den Einbau der Maschine, bei dem die Schädigung entstand, hat allein der M durchgeführt. Eine Haftung des Schuldners E über § 276 Abs. 1 BGB scheidet demnach aus.

Aber: In Betracht kommt für den Schuldner E eine Zurechnung fremden Verschuldens des M über **§ 278 Satz 1 BGB**. Und das haben wir weiter oben sogar schon geprüft: Der M war *Erfüllungsgehilfe* des E beim Einbau der Maschine mit der Folge, dass E sich das Verschulden des M wie eigenes zurechnen lassen muss. Und M selbst hat nach Auskunft des Sachverhaltes »unachtsam« (= fahrlässig im Sinne des § 276 Abs. 2 BGB) gehandelt. Der E muss sich demzufolge gemäß § 278 Satz 1 BGB das fahrlässige Verhalten des M wie eigenes Verschulden zurechnen lassen.

ZE.: Der E hat die durch M begangene Pflichtverletzung gemäß den §§ 278 Satz 1, 276 Abs. 2, 280 Abs. 1 Satz 2 BGB zu vertreten. Damit liegen die geschriebenen Voraussetzungen der §§ 280 Abs. 1 Satz 1, 437 Nr. 3 Fall 1 BGB insgesamt vor und der Anspruch der R gegen E auf Schadensersatz ist demnach entstanden.

Feinkostabteilung (schwer!): Bitte beachte, dass zur Realisierung des Ersatzanspruchs aus den §§ 280 Abs. 1, 437 Nr. 3 Fall 1 BGB eine Fristsetzung *nicht* erforderlich ist, obwohl die vertraglichen Schadensersatzansprüche, insbesondere nach den §§ **281 Abs. 1**, 437 Nr. 3 Fall 1 BGB diese grundsätzlich voraussetzen (bitte im Gesetz prüfen). Die Fristsetzung macht dort auch Sinn, denn dieser Ersatzanspruch setzt voraus, dass der Schaden grundsätzlich mit einer Nacherfüllung nach § 439 Abs. 1 BGB behebbar war. Man spricht insoweit vom sogenannten »**Mangelschaden**«, also einem Schaden, der dem Kaufgegenstand selbst anhaftet und sich damit begründet, dass die Sache beim Kauf nicht so beschaffen war, wie sie sein sollte (*Palandt/Grüneberg* § 280 BGB Rz. 18). In diesem Falle erhält der Verkäufer grundsätzlich erst mal eine Frist zur Nacherfüllung (→ Neulieferung oder Mangelbeseitigung) und muss erst *nach* fruchtlosem Ablauf dieser Frist möglicherweise Schadensersatz nach § 281 Abs. 1 BGB leisten. Der Käufer begehrt mit dem Mangelschaden dann Ersatz für das sogenannte »**Äquivalenzinteresse**«, das auf die ordnungsgemäße Vertragserfüllung gerichtet ist (*Jauernig/Stadler* § 280 BGB Rz. 12).

Demgegenüber stehen die sogenannten »**Mangelfolgeschäden**«, die von der Ersatzpflicht nach **§ 280 Abs. 1 Satz 1 BGB** erfasst werden und mit denen es Folgendes auf sich hat: Diese Schäden haften nicht der Kaufsache selbst an, sondern entstehen an anderen Rechtsgütern des Käufers (z.B. wie in unserem Fall). Der Käufer begehrt mit diesem Anspruch nun nicht mehr das eben benannte und allein auf die Vertragserfüllung gerichtete Äquivalenzinteresse, sondern das sogenannte »**Integritätsinteresse**«, das auf den Bestand und den Erhalt der sonstigen Rechtsgüter des Geschädigten gerichtet ist (*Palandt/Grüneberg* § 280 BGB Rz. 18). Die haftungsrechtliche Besonderheit besteht darin, dass diese, an *anderen* Rechtsgütern als der Kaufsache entstandenen (Mangelfolge-) Schäden, da sie durch eine Nacherfüllung niemals beseitigt werden können, logischerweise auch keiner Fristsetzung bedürfen, um ersatzfähig zu sein (was soll in der Frist auch passieren?). Die Mangelfolgeschäden können daher *ohne* Fristsetzung geltend gemacht werden, sofern die Voraussetzungen der §§ 280 Abs. 1, 437 Nr. 3 Fall 1 BGB vorliegen. Merken.

4.) Wir gehen jetzt zurück zum konkreten Fall und müssen uns noch fragen, ob die bislang festgestellte Ersatzpflicht des E aus den §§ 280 Abs. 1, 437 Nr. 3 Fall 1 BGB entfällt, weil E möglicherweise seine Haftung wirksam *vertraglich ausgeschlossen* hat. In Betracht kommt hierfür natürlich die Klausel aus dem mit R geschlossenen Vertrag, wonach E für Schäden aus der Montage keine Haftung übernimmt. Fraglich ist, ob diese Klausel wirksam ist; sie könnte gegen gesetzliche Verbote verstoßen:

a) Zunächst ist diese Klausel allerdings *nicht* unwirksam wegen § 475 Abs. 1 Satz 1 BGB (aufschlagen, bitte). Es handelt sich bei dem zwischen E und R geschlossenen Vertrag zwar um einen *Verbrauchsgüterkauf* im Sinne des § 474 Abs. 1 BGB, denn R ist Verbraucherin (§ 13 BGB), der E ein Unternehmer nach § 14 BGB und die Spülmaschine eine bewegliche Sache. Der § 475 BGB findet damit grundsätzlich Anwendung. Allerdings greift vorliegend § 475 **Abs. 3** BGB ein, wonach der Anspruch auf *Schadensersatz* unbeschadet der §§ 307-309 BGB ausgeschlossen oder beschränkt werden darf. Der § 475 Abs. 1 BGB gilt also nicht für Schadensersatzansprüche; diese können – wie gesehen – durch Vereinbarung ausgeschlossen oder beschränkt werden. Freilich nur, wenn sie, so steht es in § 475 Abs. 3 BGB drin, nicht gegen die §§ **307-309 BGB** verstoßen. Also:

b) Es könnte sich bei der Klausel um »**Allgemeine Geschäftsbedingungen**« im Sinne der §§ 305 ff. BGB handeln:

Durchblick: Die Wirksamkeit von Klauseln, die in Allgemeinen Geschäftsbedingungen (AGB) stehen, prüft man grundsätzlich bitte in folgender Reihenfolge:

1.) Liegen überhaupt AGB vor?   (§ 305 Abs. 1 BGB)
2.) Sind die AGB Vertragsbestandteil geworden?   (§ 305 Abs. 2 BGB)
3.) Gibt es eine vorrangige individuelle Vertragsabrede? (§ 305b BGB)
4.) Handelt es sich um eine überraschende Klausel? (§ 305c Abs. 1 BGB)
5.) Inhaltliche Wirksamkeit?   (§§ 307-309 BGB)

Besteht bei den verwendeten AGB eine Abweichung vom Gesetzeswortlaut (und so ist das immer!), prüft man nach dem Abhaken der Nummern 1-4 dann *inhaltlich* (→Schwerpunkt in Prüfungsarbeiten) der Reihe nach die §§ 309, 308, 307 BGB durch und hält die gerade genannte Reihenfolge (309-307) bitte immer ein. Das macht Sinn, denn die drei Vorschriften stehen in einem *Stufenverhältnis*: Der § 309 BGB ist die speziellste Norm, insbesondere *ohne* Wertungs- bzw. Abwägungsmöglichkeiten; der § 308 BGB hat demgegenüber zwar auch spezielle Klauselverbote, beinhaltet dazu aber Abwägungsmöglichkeiten (lies insoweit z.B. § 308 Nr. 1 BGB, dort stehen die Worte »unangemessen lange« → Auslegungs- bzw. Abwägungsfrage); der § 307 BGB schließlich ist eine Generalklausel (lies § 307 Abs. 1 BGB) und greift nur ein, wenn die anderen beiden nix hergeben (BGH NJW **2012**, 1431; *Jauernig/Stadler* § 307 BGB Rz. 1; *Palandt/Grüneberg* vor § 307 BGB Rz. 1).

In Klausuren und Hausarbeiten also bitte immer brav die genannte Reihenfolge einhalten, im Zweifel findet man die Lösung übrigens zumeist in § 309 BGB, wobei das wegen der gnadenlosen Länge der Norm leider kein Spaß ist. Man hat dann tatsächlich keine andere Wahl, als das Gesetz zu lesen und die entsprechende Passage zu suchen.

Zu beachten ist schließlich noch der sehr häufig von den Kandidaten übersehene **§ 310 Abs. 1 und Abs. 2 BGB**, wonach unter anderem die §§ 308, 309, 305 Abs. 2 und 3 BGB ausgeschlossen sind, sofern es sich um AGB handelt, die gegenüber *Unternehmern* und juristischen Personen (AG, GmbH) verwendet werden. Die §§ 308, 309 BGB haben in diesem Fall bestenfalls Indizwirkung für den bei der Klauselkontrolle allein anzuwendenden § 307 BGB (vgl. BGH NJW **2007**, 3774). Gemäß **§ 310 Abs. 3 Nr. 2 BGB** können einseitig gestellte Vertragsbedingungen übrigens abweichend vom Normalfall schon dann unter die §§ 305 ff. BGB fallen, wenn sie nur zur *einmaligen* Verwendung bestimmt sind, sofern es sich um einen Verbrauchervertrag (Definition steht im § 310 Abs. 3 BGB!) handelt. Merken.

Feinkost: Besonders schlaue Kandidaten merken sich bitte zusätzlich noch, dass es sich auch dann um »*für eine Vielzahl von Verträgen vorformulierten Vertragsbedingungen*« (lies: § 305 Abs. 1 **Satz 1** BGB) handelt, wenn keine der Parteien die Vorformulierung selbst in die Hand genommen hat, sondern ein Vertragsmuster oder Formular verwendet wird, dass von einem *Dritten* (ADAC, Mieterschutzbund, Versicherungsunternehmen, Notar, usw.) vorformuliert wurde und dabei die mehrmalige Verwendung beabsichtigt war. Allerdings scheidet ein (einseitiges) »Stellen« (vgl. § 305 Abs. 1 Satz 1 BGB, letztes Wort) von Vertragsbedingungen aus, wenn die Bedingungen des Vertrags von den Parteien »*im Einzelnen ausgehandelt*« sind (lies: § 305 Abs. 1 **Satz 3** BGB). Das gilt übrigens auch, wenn die Parteien *gemeinsam*, vereinbaren, ein Formular (= vorformulierte Vertragsbedingungen) zu verwenden und sich den Vertragstext dann frei aussuchen (BGH NJW **2010**, 1131). Die Voraussetzungen von § 305 Abs. 1 Satz 1 BGB sind in diesen Fällen *nicht* erfüllt, sodass die AGB-Prüfung schon nach Nummer 2 (siehe oben) beendet werden kann. Hintergrund ist, dass mit den §§ 305 ff. BGB (nur) denjenigen Vertragsparteien geschützt werden sollen, denen Bedingungen einseitig von ihren Vertragspartnern aufdiktiert werden. Besteht aber die Gelegenheit, im Rahmen der Vertragsverhandlungen eigene Textvorschläge zu machen und diese auch durchzusetzen, besteht für diesen Schutz kein Bedarf. Das bitte abspeichern!

Zum Fall: Wir ersparen uns bei der vorliegenden Geschichte eine vertiefte Auseinandersetzung mit den oben genannten Nummern 1-4 und wollen angesichts der Schilderung im Fall vielmehr davon ausgehen, dass es sich um ordnungsgemäß in den Vertrag eingeführte AGB handelt. Von Interesse bleibt für uns dann nur die inhaltliche Prüfung, also die Frage, ob die gewählte Klausel zunächst einmal gegen ein Verbot aus § 309 BGB verstößt. Wenn dem so wäre, wäre das Ding *unwirksam*, insbesondere ohne Auslegungs- oder Abwägungsmöglichkeit (*Brox/Walker* AS § 4 Rz. 48). Und insoweit wollen wir es zur Vermeidung von lähmenden Suchaktionen pragmatisch kurz machen und feststellen: Die vorliegende Klausel, wonach E sämtliche Schadensersatzansprüche und auch die Gewährleistung ausschließt, ist selbstredend unwirksam. Sie verstößt sowohl gegen § **309 Nr. 7 a) BGB** als auch gegen § **309 Nr. 8 a) und b) aa) BGB** (bitte aufschlagen und reinsehen).

<u>ZE.:</u> Der vollständige Haftungsausschluss ist nach § 309 BGB unwirksam. Damit ist der Anspruch auf Schadensersatz aus den §§ 280 Abs. 1, 437 Nr. 3 Fall 1 BGB durch die Klausel im Vertrag *nicht* ausgeschlossen.

Anspruch verjährt?

Über die Verjährung des Anspruchs müssen wir angesichts der Sachverhaltsgestaltung natürlich noch reden, immerhin ist die ganze Geschichte mit dem fehlerhaften Einbau ja schon über zwei Jahre her. Die Frage nach der Verjährung behandelt rein dogmatisch übrigens das Problem der *Durchsetzbarkeit* eines Anspruchs und gehört immer an das Ende der Prüfung. Im Rahmen dieser Durchsetzbarkeit werden die sogenannten *rechtshemmenden Einreden* des Schuldners erörtert. Das Besondere an diesen Einreden ist, dass man, will man sich darauf berufen, sie tatsächlich geltend machen muss. Das Gericht prüft etwa die Einrede der Verjährung nur dann, wenn man sich dahingehend auch geäußert hat (BGHZ 1, 239; OLG Düsseldorf NJW **1991**, 2089; *Larenz/Wolf* § 18 Rz. 67). Tut man das nicht, spricht das Gericht auch dann einen Anspruch zu, wenn dieser beispielsweise seit zehn Jahren verjährt ist! In einer Klausur also bitte stets sehr sorgfältig darauf achten, ob die insoweit berechtigte Partei sich auch entsprechend geäußert hat; wenn nicht, kann die Prüfung unterbleiben, oder aber es muss nach durchgeführter Prüfung in jedem Falle darauf hingewiesen werden, dass eine Geltendmachung nötig ist. Wichtig, bitte merken.

Zum Fall: Hier bei uns ist zumindest das mit der Erklärung kein Problem, denn E hat sich auf die Einrede der Verjährung ausdrücklich berufen. Wäre der Anspruch nun tatsächlich auch inhaltlich verjährt, hätte dies gemäß **§ 214 Abs. 1 BGB** zur Folge, dass E berechtigt war und im Übrigen dann auch für immer bleibt, die geforderte Leistung (hier: Schadensersatz) zu *verweigern* (bitte lies: § 214 Abs. 1 BGB).

> **Durchblick:** In **§ 194 Abs. 1 BGB** ist geregelt, *was* der Verjährung unterliegt, nämlich *Ansprüche* (bitte reinschauen). Die *Rechtsfolgen* der eingetretenen Verjährung ergeben sich aber aus **§ 214 BGB**, und da steht in Abs. 1 drin, dass derjenige, der sich auf die Verjährung beruft, dazu berechtigt ist, **»die Leistung zu verweigern«.** Und deswegen zieht man in einer Prüfungsarbeit, in der es um Verjährungsfragen geht, grundsätzlich den § 214 BGB als ersten Ausgangspunkt der Überlegungen heran. Die Prüfung der Verjährung beginnt also nicht mit der inhaltlichen Erörterung der Verjährungsfrist, sondern zeigt dem Leser erst, welche möglichen *Rechtsfolgen* der Eintritt der Verjährung haben kann. Man schreibt das dann in etwa so: »*Fraglich ist abschließend, ob der Anspruch des X gegen Y aus den §§ ... BGB auf Zahlung von 10.000 Euro auch durchsetzbar ist. Dies könnte im vorliegenden Fall daran scheitern, dass dem Y wegen der von ihm geltend gemachten Verjährung ein Leistungsverweigerungsrecht aus § 214 Abs. 1 BGB zusteht. Ein solches Leistungsverweigerungsrecht aus § 214 Abs. 1 BGB setzt neben der Geltendmachung voraus, dass der in Frage stehende Anspruch verjährt ist. In Betracht kommt die Verjährungsfrist aus § ... BGB.*«

Zum Fall: Wir müssen also feststellen, ob dem E ein Leistungsverweigerungsrecht aus § 214 Abs. 1 BGB zusteht, was dann der Fall ist, wenn der von R geltend gemachte Schadensersatzanspruch *verjährt* ist.

Normalerweise beurteilt sich die Verjährung nach den §§ 195, 199 BGB. Die in § 195 BGB genannte regelmäßige Verjährungsfrist beträgt *drei* Jahre. Im Kaufrecht gilt diesbezüglich nun allerdings eine sehr wichtige *Besonderheit,* und die steht in **§ 438 Abs. 1 Nr. 3 BGB** (aufschlagen!). Demnach verjähren die in § 437 Nr. 1 und 3 BGB bezeichneten Ansprüche nämlich schon in *zwei* Jahren. Und diese Frist beginnt bei beweglichen Sachen mit der Ablieferung, **§ 438 Abs. 2 BGB.** Als die R von E den Ersatz ihres Schadens fordert (März 2012), sind seit der Ablieferung der Spülmaschine (Januar 2010) schon mehr als zwei Jahre verstrichen. Unterläge die Schadensersatzforderung der R der kaufrechtlichen Sonderverjährung des § 438 Abs. 1 Nr. 3 BGB, wäre also bereits die Verjährung eingetreten und der Anspruch damit nicht mehr durchsetzbar.

Das ist allerdings noch nicht das letzte Wort: Denn ob auch der Anspruch auf Ersatz von dem hier in Frage stehenden *Mangelfolgeschaden* unter § 438 Abs. 1 Nr. 3 BGB subsumiert werden kann, ist außerordentlich umstritten:

- Teilweise wird vertreten, dass bei Mangelfolgeschäden die zweijährige Verjährungsfrist des § 438 Abs. 1 Nr. 3 BGB nicht gelte: Die haftungsbegründende Pflichtverletzung liege nämlich in der Verletzung *quasi-deliktischer* Schutzpflichten, die mit der Schlechterfüllung der vertraglichen Hauptleistungspflicht nur rein zufällig zusammenfalle. Die verjährungstechnische Behandlung der Mangelfolgeschäden, die über die §§ 280 Abs. 1, 437 Nr. 3 Fall 1 BGB zu ersetzen sind, bemesse sich daher nicht nach kaufrechtlichen Sonderregeln (→ § 438 Abs. 1 Nr. 3 BGB), sondern nach dem allgemeinen Verjährungsrecht, da es sich de facto um eine Verletzung des *Integritätsinteresses* handele, für die das Kaufrecht keine angemessene Verjährungsregelung darstelle (*Medicus/Lorenz SR* II Rz. 73j; *Mankowski* in JuS 2006, 481; *Fliegner* in JR 2002, 314, 321 Fußn. 75; *Wagner* in JZ 2002, 475, 478 f.; *Brüggemeier* in WM 2002, 1376, 1382).

- Eine andere (herrschende) Auffassung geht indessen davon aus, dass auch vertragliche Schadensersatzansprüche, die auf den Ersatz von Mangelfolgeschäden gerichtet sind, in den Anwendungsbereich von § 438 BGB fallen. Hierfür spreche vor allem, dass der Gesetzgeber mit § 438 BGB eine Sondervorschrift habe schaffen wollen, um die vertragliche Haftung des Verkäufers einer mangelhaften Sache wegen *aller* Ansprüche berechenbar zu machen und zeitlich einzuschränken. Die Anwendung des allgemeinen Verjährungsrechts liefe dieser Intention des Gesetzgebers zuwider. Mögliche deliktsrechtliche und auf das Integritätsinteresse gerichtete Ansprüche aus den **§§ 823 ff. BGB** könnten dann immer noch in dreijähriger Verjährungsfrist gemäß § 195 BGB geltend gemacht werden, sodass der Gläubiger insoweit keinesfalls schutzlos oder beeinträchtigt dastehe (*Staudinger/Matusche-Beckmann* § 438 BGB Rz. 27; *PWW/Schmidt* § 438 BGB Rz. 6; *MüKo/Westermann* § 438 BGB Rz. 9; *Gsell* in JZ 2002, 1089; *Ball* in ZGS 2002, 49, 53; *Mansel* in NJW 2002, 89, 95; *Bamberger/Roth/Faust* § 438 BGB Rz. 9; *Palandt/ Weidenkaff* § 438 BGB Rz. 11).

Welcher der beiden Auffassungen man den Vorzug gewährt, ist wie immer im besten Sinne des Wortes »gleichgültig«. Wir wollen uns hier der zuletzt genannten Meinung anschließen und dabei das Argument verwenden, dass der Gesetzgeber die Verjährung betreffend in § 438 BGB tatsächlich eine abschließende Regelung für vertragliche Ansprüche des Käufers schaffen wollte. Dem Gläubiger bleibt es weiterhin unbenommen, mögliche Ersatzansprüche aus den §§ 823 ff. BGB in der Frist des § 195 BGB geltend zu machen und damit sein Integritätsinteresse zu schützen. Kaufvertragliche Ansprüche auf Ersatz von Mangelfolgeschäden verjähren somit gemäß § 438 Abs. 1 Nr. 3 BGB in zwei Jahren.

ZE.: Dem Schadensersatzanspruch der R gegen E aus den §§ 280 Abs. 1, 437 Nr. 3 Fall 1 BGB steht das von E ausgeübte Leistungsverweigerungsrecht aus § 214 Abs. 1 BGB entgegen. Der Anspruch ist demnach nicht durchsetzbar.

Ergebnis: R hat gegen E keinen Anspruch auf Zahlung von Schadensersatz in Höhe von 1500 Euro aus §§ 280 Abs. 1, 437 Nr. 3 Fall 1 BGB.

<u>AGL.:</u> § 831 Abs. 1 Satz 1 BGB (Haftung für den Verrichtungsgehilfen)

So, in den § 831 Abs. 1 BGB schauen wir noch kurz rein, wir haben ja eben schon mal gesagt, dass in den Fällen der Entstehung von Mangelfolgeschäden neben den vertraglichen Schadensersatzansprüchen durchaus auch noch Ansprüche aus Delikt (§§ 823 ff. BGB) bestehen können. Im vorliegenden Fall müssen wir insoweit allerdings zunächst mal darauf achten, dass ein Anspruch der R gegen E aus § 823 Abs. 1 BGB selbst *nicht* in Betracht kommt, denn den Schaden hat nicht der E, sondern der M verursacht. Einen Anspruch der R gegen E gibt es daher – wenn überhaupt – nur über **§ 831 Abs. 1 Satz 1 BGB**, der Haftung für den Verrichtungsgehilfen. Dieser Anspruch scheitert aber daran, dass der M nach Auskunft des Sachverhaltes »über zehn Jahre fehlerlos für E tätig war«, was soviel bedeutet wie: E kann sich auf die Exkulpation nach **§ 831 Abs. 1 <u>Satz 2</u> BGB** (lesen!) berufen.

Ergebnis: Eine Haftung des E gegenüber R für den von M verursachten Schaden bei der Montage der Spülmaschine ist auch nicht aus § 831 Abs. 1 Satz 1 BGB begründet. E kann sich gemäß § 831 Abs. 1 Satz 2 BGB exkulpieren. Und da andere Anspruchsgrundlagen vorliegend nicht ersichtlich sind, geht R insgesamt leer aus.

Noch ein Nachschlag zum Fall:

Wie wir gesehen haben, regelt § 438 Abs. 1 BGB die Sonderverjährung im Kaufrecht. Und dort steht drin, was mit den Ansprüchen aus § 437 Nr. 1 und 3 BGB passiert. Bei genauer Betrachtung bleibt allerdings jetzt noch eine Frage übrig, nämlich: Was geschieht eigentlich mit den Rechtsbehelfen aus § 437 <u>Nr. 2</u> BGB?

Antwort: Zunächst wollen wir uns bitte insoweit vergegenwärtigen, dass in § 437 Nr. 2 BGB überhaupt keine **Ansprüche** geregelt sind, sondern *Rechte*, und zwar das *Rücktrittsrecht* und das *Minderungsrecht*. Und deswegen ist § 438 Abs. 1 BGB vom Gesetzgeber auch so abgefasst, wie er da steht. Verjähren können nämlich – wie weiter oben schon mal erwähnt – nur *Ansprüche*; das steht in § 194 Abs. 1 BGB wörtlich so drin. (Gestaltungs-) Rechte wie die Minderung und der Rücktritt unterliegen deshalb grundsätzlich *keiner* Verjährung. Von diesem Grundsatz gibt es aber selbstredend Ausnahmen, und dass das hier beim Rücktritt und der Minderung auch so sein muss, liegt auf der Hand: Anderenfalls könnte der Käufer nämlich theoretisch noch nach 132 Jahren vom Vertrag zurücktreten, wenn er eine mangelhafte Sache geliefert bekommen hat. Das kann selbstverständlich nicht sein. Und weil der Gesetzgeber das auch so sieht, existiert eine Norm, die das verjährungstechnische Schicksal von Gestaltungsrechten bestimmt.

Wir lesen bitte: **§ 218 BGB Abs. 1 Satz 1 BGB.**

Der Rücktritt ist demnach unwirksam, wenn der *Nacherfüllungsanspruch* verjährt ist. Und weil man laut § 437 Nr. 2 BGB entweder Rücktritt *oder* Minderung – unter den gleichen Voraussetzungen – erklären kann, ist diese Regelung unstreitig auch für das Minderungsrecht verbindlich (*Palandt/Weidenkaff* § 438 BGB Rz. 17). Es besteht demnach eine Kopplung der Verjährung der *Rechte* an die Verjährung der *Ansprüche*. Im Zweifel kann also der Käufer nach Ablauf von zwei Jahren aus dem Kaufvertrag wegen eines Mangels weder Ansprüche geltend machen noch Rechte ausüben, also mindern oder zurücktreten (*Jauernig/Berger* § 438 BGB Rz. 9).

Gutachten

R kann gegen E einen Anspruch auf Zahlung von 1.500 Euro aus den §§ 280 Abs. 1, 437 Nr. 3 Fall 1 BGB haben.

1.) Für das Begehren der R aus den §§ 280 Abs. 1, 437 Nr. 3 Fall 1 BGB muss zunächst ein Schuldverhältnis, namentlich ein Kaufvertrag vorliegen. R und E haben eine Vereinbarung darüber abgeschlossen, dass R die Spülmaschine erhält und diese von E oder seinen Mitarbeitern geliefert und auch angeschlossen wird. Diese Einigung kann auch einen Werkvertrag nach § 631 BGB zum Gegenstand gehabt haben, sofern die Montage den Schwerpunkt der Leistung des Unternehmers bildet. Vorliegend hat E die Lieferung und Montage jedoch kostenfrei angeboten. Seine Hauptleistungspflicht sollte vielmehr in der Übereignung der Sache bestehen. Somit ist im vorliegenden Fall Kaufrecht anwendbar. R und E haben einen Kaufvertrag geschlossen. Das für § 280 Abs. 1 BGB erforderliche Schuldverhältnis liegt damit vor.

2.) Des Weiteren erforderlich ist gemäß § 437 BGB die Mangelhaftigkeit der Kaufsache. Liegt diese vor, so ist gleichzeitig auch das Merkmal der Pflichtverletzung aus § 280 Abs. 1 Satz 1 BGB erfüllt, denn bei der Lieferung einer mangelhaften Sache hat der Schuldner stets seine Pflicht aus dem Kaufvertrag verletzt. In Betracht kommt ein Sachmangel nach § 434 Abs. 2 Satz 1 BGB. Die Spülmaschine selbst war in Ordnung, M indessen bei der Montage unachtsam, wodurch dann später der Schimmelfleck entstand. Gemäß § 434 Abs. 2 Satz 1 BGB müsste die vereinbarte Montage durch den Verkäufer oder dessen Erfüllungsgehilfen unsachgemäß durchgeführt worden sein. Da E selbst nicht gehandelt hat, kommt es zunächst darauf an, ob der Monteur M der Erfüllungsgehilfe des E war. Erfüllungsgehilfen sind gemäß § 278 Satz 1 BGB die Personen, deren sich der Schuldner zur Erfüllung seiner Verbindlichkeit bedient. Diese Definition aus § 278 Satz 1 BGB gilt auch für § 434 Abs. 2 Satz 1 BGB. E hat sich zur Erfüllung der mit R vertraglich vereinbarten Montage des Monteurs M als Hilfsperson bedient. Deshalb ist M Erfüllungsgehilfe nach § 278 Satz 1 BGB bzw. § 434 Abs. 2 Satz 1 BGB.

Die Montage durch M müsste nach § 434 Abs. 2 Satz 1 BGB dann zudem auch unsachgemäß gewesen sein. Die Montage ist unsachgemäß im Sinne des § 434 Abs. 2 Satz 1 BGB, wenn sie entweder nicht der Vereinbarung entspricht oder aber dazu führt, dass die Kaufsache sich nicht für die nach dem Vertrag vorausgesetzte oder aber für die gewöhnliche Verwendung eignet. M hat den Wasserzulauf nicht ordnungsgemäß angeschlossen. Dies hat zwar nicht die Maschine selbst beschädigt, indessen dazu geführt, dass ein ordnungsgemäßer Betrieb ohne Schädigung anderer Rechtsgüter nicht möglich gewesen ist. Im vorliegenden Fall war die Montage daher fehlerhaft und mithin unsachgemäß im Sinne des § 434 Abs. 2 Satz 1 BGB.

Die Spülmaschine war also mangelhaft gemäß § 437 BGB. Aufgrund des festgestellten Sachmangels lag auch eine Pflichtverletzung im Sinne des § 280 Abs. 1 Satz 1 BGB vor.

3.) Nach § 280 Abs. 1 Satz 2 BGB muss der Schuldner die Pflichtverletzung auch zu vertreten haben. Das Vertretenmüssen richtet sich nach § 276 Abs. 1 BGB. Danach hat der Schuldner Vorsatz und Fahrlässigkeit vertreten. E als Schuldner aus dem Vertrag mit R müsste somit vorsätzlich oder fahrlässig gehandelt haben. E hat indes selbst gar nicht gehandelt. Den Einbau der Maschine, bei dem die Schädigung entstand, hat allein der M durchgeführt. Eine Haftung des Schuldners E über § 276 Abs. 1 BGB scheidet demnach aus. In Betracht kommt für den Schuldner E jedoch eine Zurechnung fremden Verschuldens des M über § 278 Satz 1 BGB. M war Erfüllungsgehilfe des E beim Einbau der Maschine mit der Folge, dass E sich das Verschulden des M wie eigenes zurechnen lassen muss. Und M selbst hat nach Auskunft des Sachverhaltes »unachtsam«, also fahrlässig im Sinne des § 276 Abs. 2 BGB, gehandelt. E muss sich das fahrlässige Verhalten des M somit gemäß § 278 Satz 1 BGB wie eigenes Verschulden zurechnen lassen. E hat die durch M begangene Pflichtverletzung gemäß den §§ 278 Satz 1, 276 Abs. 2, 280 Abs. 1 Satz 2 BGB zu vertreten. Damit liegen die Voraussetzungen der §§ 280 Abs. 1 Satz 1, 437 Nr. 3 Fall 1 BGB insgesamt vor.

4.) Fraglich ist, ob die Ersatzpflicht des E aus den §§ 280 Abs. 1, 437 Nr. 3 BGB entfällt, weil E möglicherweise seine Haftung wirksam vertraglich ausgeschlossen hat. In Betracht kommt hierfür die Klausel aus dem mit R geschlossenen Vertrag, wonach E für Schäden aus der Montage keinerlei Haftung übernimmt. Fraglich ist, ob diese Klausel wirksam ist.

a) In Betracht kommt insoweit zunächst § 475 Abs. 1 Satz 1 BGB. Zwar handelt es sich bei dem zwischen E und R geschlossenen Vertrag um einen Verbrauchsgüterkauf im Sinne des § 474 Abs. 1 BGB, allerdings greift vorliegend § 475 Abs. 3 BGB ein, wonach der Anspruch auf Schadensersatz ausgeschlossen oder beschränkt werden darf.

b) In Betracht kommt darüber hinaus ein Verstoß gegen die §§ 305 ff. BGB. Es handelt sich bei der Klausel um AGB im Sinne von § 305 Abs. 1 BGB, die auch nach § 305 Abs. 2 BGB Vertragsbestandteil geworden sind. Vorrangige individuelle Vertragsabreden gemäß § 305b BGB sind nicht ersichtlich. Die Klausel ist auch nicht überraschend (§ 305c Abs. 1 BGB). Fraglich ist jedoch, ob sie gegen ein Verbot aus § 309 BGB verstößt. Die Regelung, wonach E sämtliche Schadensersatzansprüche und auch die Gewährleistung ausschließt, verstößt sowohl gegen § 309 Nr. 7 a) BGB als auch gegen § 309 Nr. 8 a) und b) aa) BGB.

Der vollständige Haftungsausschluss ist daher nach § 309 BGB unwirksam. Somit ist der Anspruch auf Schadensersatz aus den §§ 280 Abs. 1, 437 Nr. 3 Fall 1 BGB durch die Klausel im Vertrag nicht ausgeschlossen.

Fraglich ist abschließend, ob der Anspruch des R gegen E auch durchsetzbar ist. Dies kann scheitern, wenn E wegen der von ihm geltend gemachten Verjährung ein Leistungsverweigerungsrecht aus § 214 Abs. 1 BGB zusteht.

Ein solches Leistungsverweigerungsrecht aus § 214 Abs. 1 BGB setzt neben der Geltendmachung voraus, dass der in Frage stehende Anspruch verjährt ist. Grundsätzlich beurteilt sich die Verjährung nach den §§ 195, 199 BGB. Die in § 195 BGB genannte regelmäßige Verjährungsfrist beträgt drei Jahre. Im Kaufrecht gilt diesbezüglich als Sondervorschrift § 438 Abs. 1 Nr. 3 BGB. Danach verjähren die in § 437 Nr. 1 und 3 BGB bezeichneten Ansprüche bereits innerhalb von zwei Jahren. Diese Frist beginnt bei beweglichen Sachen mit der Ablieferung, § 438 Abs. 2 BGB. Als die R von E den Ersatz ihres Schadens fordert (März 2012), sind seit der Ablieferung der Spülmaschine (Januar 2010) schon mehr als zwei Jahre verstrichen. Unterläge die Schadensersatzforderung der R der kaufrechtlichen Sonderverjährung des § 438 Abs. 1 Nr. 3 BGB, wäre also bereits die Verjährung eingetreten und der Anspruch damit nicht mehr durchsetzbar.

Ob auch der Anspruch auf Ersatz von dem hier in Frage stehenden Mangelfolgeschaden unter § 438 Abs. 1 Nr. 3 BGB subsumiert werden kann, ist umstritten.

Teilweise wird vertreten, dass bei Mangelfolgeschäden die zweijährige Verjährungsfrist des § 438 Abs. 1 Nr. 3 BGB nicht gelte: Die haftungsbegründende Pflichtverletzung liege nämlich in der Verletzung quasi-deliktischer Schutzpflichten, die mit der Schlechterfüllung der vertraglichen Hauptleistungspflicht nur rein zufällig zusammenfalle. Die verjährungstechnische Behandlung der Mangelfolgeschäden, die über die §§ 280 Abs. 1, 437 Nr. 3 Fall 1 BGB zu ersetzen sind, bemesse sich daher nicht nach kaufrechtlichen Sonderregeln, sondern nach dem allgemeinen Verjährungsrecht, da es sich de facto um eine Verletzung des Integritätsinteresses handele, für die das Kaufrecht keine angemessene Verjährungsregelung darstelle.

Eine andere Auffassung geht davon aus, dass auch vertragliche Schadensersatzansprüche, die auf den Ersatz von Mangelfolgeschäden gerichtet sind, in den Anwendungsbereich von § 438 BGB fallen. Hierfür spreche vor allem, dass der Gesetzgeber mit § 438 BGB eine Sondervorschrift habe schaffen wollen, um die vertragliche Haftung des Verkäufers einer mangelhaften Sache wegen aller Ansprüche berechenbar zu machen und zeitlich einzuschränken. Die Anwendung des allgemeinen Verjährungsrechts liefe dieser Intention des Gesetzgebers zuwider.

Die dargestellten Meinungen führen im vorliegenden Fall zu unterschiedlichen Ergebnissen, weswegen der Meinungsstreit zu entscheiden ist. Nur die zweitgenannte Meinung berücksichtigt, dass der Gesetzgeber die Verjährung betreffend in § 438 BGB tatsächlich eine abschließende Regelung für vertragliche Ansprüche des Käufers schaffen wollte.

Dem Gläubiger bleibt es weiterhin unbenommen, mögliche Ersatzansprüche aus den §§ 823 ff. BGB in der Frist des § 195 BGB geltend zu machen und damit sein Integritätsinteresse zu schützen. Kaufvertragliche Ansprüche auf Ersatz von Mangelfolgeschäden verjähren somit gemäß § 438 Abs. 1 Nr. 3 BGB in zwei Jahren. Dem Schadensersatzanspruch der R gegen E aus den §§ 280 Abs. 1, 437 Nr. 3 Fall 1 BGB steht das von E ausgeübte Leistungsverweigerungsrecht aus § 214 Abs. 1 BGB entgegen. Der Anspruch ist demnach nicht durchsetzbar.

Ergebnis: R hat gegen E keinen Anspruch auf Zahlung von Schadensersatz in Höhe von 1500 Euro aus §§ 280 Abs. 1, 437 Nr. 3 Fall 1 BGB.

R kann gegen E einen Anspruch auf Zahlung von 1.500 Euro aus § 831 Abs. 1 Satz 1 BGB haben.

Zwar liegt eine kausale und rechtswidrige Rechtsgutsverletzung vor, jedoch war M nach Auskunft des Sachverhaltes »über zehn Jahre fehlerlos für E tätig«. E kann sich daher nach § 831 Abs. 1 Satz 2 BGB exkulpieren, sodass es am erforderlichen Verschulden fehlt.

Ergebnis: Eine Haftung des E gegenüber R für den von M verursachten Schaden bei der Montage der Spülmaschine ist damit auch nicht aus § 831 Abs. 1 Satz 1 BGB begründet.

Fall 22

Wisch-Wasch

Rechtsstudent R hat wieder mal das Handtuch geworfen und betreibt jetzt in Köln gewerbsmäßig einen Waschsalon. Als Ende November eine seiner Maschinen den Geist aufgibt, kauft R beim Elektrogroßhändler V eine neue Waschmaschine zum Preis von 2.000 Euro. V liefert am 03.12. und R bezahlt den Kaufpreis bei der Übergabe. Bei der ersten Inbetriebnahme stellt R wenige Stunden später dann fest, dass die Schleudertaste nicht funktionstauglich ist. R kann die Maschine deshalb nicht wie vorgesehen am nächsten Tag seinen Kunden zur Verfügung stellen. Er schickt V sofort eine E-Mail und fordert ihn auf, bis zum 15.12. ein Ersatzgerät zu liefern. Die E-Mail geht V allerdings wegen eines technischen Problems des Internetanbieters erst am 08.12. nachmittags zu. Da V am nächsten Tag in den Skiurlaub verreisen möchte und noch einige Besorgungen zu machen hat, unternimmt er nichts.

R verlangt am 03.01. von V Erstattung des Kaufpreises und Ersatz der Betriebsausfallkosten in Höhe von 150 Euro pro Werktag vom 03.12 bis zum 03.01. Der V weigert sich und meint, er habe die Maschine in diesem Zustand vom Hersteller bezogen und nur an R weitergeleitet. Er könne somit nichts dafür, dass die Maschine nicht schleudere.

Rechtslage?

Schwerpunkte: Der Rücktritt vom Vertrag wegen Mangelhaftigkeit der Kaufsache; Voraussetzungen eines Schadensersatzanspruchs neben der Leistung; die Regel des § 325 BGB; Bezugspunkt der Pflichtverletzung bei mangelhafter Leistung; Bezugspunkt des Vertretenmüssens im Rahmen des § 280 Abs. 1 Satz 2 BGB; der Begriff des Betriebsausfallschadens; Beweislastregel des § 280 Abs. 1 Satz 2 BGB.

Lösungsweg

Anspruch des R gegen V auf Rückzahlung des Kaufpreises

Vorbemerkung: Wird bei der Mangelhaftigkeit der Kaufsache vom Gläubiger neutral die Rückforderung des Kaufpreises verlangt, können theoretisch zwei Anspruchsgrundlagen in Betracht kommen: Und zwar einmal der Rücktritt nach den §§ 437 Nr. 2 Fall 1, 323 Abs. 1, 346 BGB und zum anderen der Schadensersatzanspruch statt der Leistung aus den §§ 437 Nr. 3, 280 Abs. 1 und 3, 281 Abs. 1 BGB. Der Kaufpreis ist nämlich stets zugleich auch der »Mindestschaden« im Rahmen des sogenannten »großen Schadensersatzes« über § 281 BGB (*Staudinger/Otto* § 280 BGB Rz. E 117). Das mit dem großen Schadensersatzanspruch muss man jetzt nicht direkt verstehen, die Einzelheiten dazu schauen wir uns gleich in der Lösung an. Dass sich ein Anspruch auf Schadensersatz und der Rücktritt keinesfalls gegenseitig ausschließen, ergibt sich übrigens unmittelbar aus § 325 BGB (BGH NJW **2010**, 2426; NJW **2008**, 911). Und mit dem möglichen Rücktritt wollen wir jetzt auch beginnen:

<u>AGL.:</u> §§ 346, 323 Abs. 1, 437 Nr. 2 Fall 1 BGB (Rücktritt vom Vertrag)

1.) Damit R das für die Waschmaschine gezahlte Geld zurückerhalten kann, muss er wirksam vom mit V (unproblematisch) geschlossenen Kaufvertrag zurückgetreten sein. Dies setzt zunächst gemäß § 349 BGB eine *Rücktrittserklärung* voraus. R hat zwar nicht ausdrücklich erklärt, dass er zurücktreten wolle, eine entsprechende Erklärung ist aber auch konkludent durch Rückforderung des Kaufpreises möglich (BGH NJW **1988**, 2877; *Jauernig/Stadler* § 349 BGB Rz. 1). So liegt der Fall hier, denn R hat unmissverständlich zum Ausdruck gebracht, dass er an dem Vertrag nicht weiter festhalten und sein Geld zurückhaben möchte. Darin kann mithin eine Rücktrittserklärung im Sinne des § 349 BGB gesehen werden.

2.) Mangels eines vertraglich vereinbarten kommt nur das *gesetzliche Rücktrittsrecht* nach den §§ 323 Abs. 1, 437 Nr. 2 Fall 1 BGB in Betracht. Damit aus den §§ 323 Abs. 1, 437 Nr. 2 Fall 1 BGB ein Rücktrittsrecht hergeleitet werden kann, müssen die Voraussetzungen dieser Vorschriften erfüllt sein. Hierbei beginnen wir – wie immer – zunächst mit den Voraussetzungen des § 437 BGB (der Einleitungssatz der Norm): Demnach muss der Verkäufer dem Käufer eine *mangelhafte* Sache geliefert haben. Die Mangelhaftigkeit der Kaufsache richtet sich nach § 434 BGB. Demnach ist eine Kaufsache grundsätzlich dann mangelhaft, wenn sie nicht die von den Parteien vertraglich vereinbarte Beschaffenheit aufweist (§ 434 Abs. 1 Satz 1 BGB), sich nicht für die nach dem Vertrag vorausgesetzte Verwendung (§ 434 Abs. 1 S. 2 Nr. 1 BGB) oder für die gewöhnliche Verwendung eignet (§ 434 Abs. 1 S. 2 Nr. 2 BGB). Die Waschmaschine konnte vorliegend nicht ordnungsgemäß benutzt werden, weil die Schleudertaste nicht funktionierte.

<u>ZE.:</u> Die Waschmaschine war also gemäß § 434 Abs. 1 Satz 2 Nr. 1 BGB *mangelhaft.*

3.) Dieser Sachmangel war bereits zum Zeitpunkt des Gefahrüberganges (§ 446 BGB) vorhanden mit der Folge, dass damit die allgemeinen Voraussetzungen des § 437 BGB (Einleitungssatz) vorliegen.

4.) Daneben müssen wie immer noch die weiteren Voraussetzungen der Vorschriften geprüft werden, die in § 437 Nr. 2 Fall 1 BGB erwähnt sind. Gemäß § 323 Abs. 1 BGB ist der Rücktritt insbesondere erst möglich, wenn zuvor eine *angemessene Frist* zur Nacherfüllung gesetzt worden ist. Dies hat R getan, und die Frist ist erfolglos verstrichen, V hat gar nicht reagiert.

<u>ZE.:</u> Somit liegen alle Voraussetzungen für den Rücktritt vor.

5.) Die Gewährleistungsrechte und -ansprüche sind in unserem Fall darüber hinaus auch weder gesetzlich noch vertraglich *ausgeschlossen*.

Feinkostabteilung: Der R als gewerbsmäßiger Inhaber eines Waschsalons und V als Großhändler sind *Kaufleute* gemäß § 1 HGB. Deswegen ist der Kaufvertrag, den beide geschlossen haben, auch ein *Handelskauf* gemäß § 343 HGB. Und weil das so ist, greift vorliegend die Regelung von § 377 Abs. 2 HGB ein. Danach verliert bei einem Handelskauf der Käufer grundsätzlich seine Gewährleistungsrechte, wenn er die gekauften Sachen nicht kontrolliert und Mängel, die ihm dabei auffallen, nicht unverzüglich gegenüber dem Verkäufer anzeigt (= sogenannte »Mängelrüge«). Für unseren Fall ändert sich deswegen aber nichts, denn nach dem Sachverhalt hat der gute R ja direkt an V geschrieben und sich beschwert. Damit ist er seiner Rügeobliegenheit nachgekommen und darf gegen V über § 437 BGB vorgehen.

Erg.: R hat gegen V einen Anspruch auf Rückzahlung des Kaufpreises in Höhe von 2.000 Euro nach den §§ 346 Abs. 1, 323 Abs. 1, 437 Nr. 2 Fall 1 BGB.

AGL.: §§ 280 Abs. 1, Abs. 3, 281 Abs. 1, 437 Nr. 3 Fall 1 BGB (Schadensersatz)

1.) So, jetzt wollen wir uns – wie oben in der Einleitung angedeutet – mal ansehen, ob unser R dasselbe Anspruchsziel (Erstattung der gezahlten 2.000 Euro) auch unter dem Aspekt des Schadensersatzes begründet verlangen kann. Gemäß § 280 Abs. 1 BGB muss hierfür zwischen R und V zunächst einmal ein *Schuldverhältnis* bestehen, was hier in Form eines Kaufvertrages vorliegt.

2.) Der § 280 Abs. 1 BGB setzt weiterhin voraus, dass der Schuldner (hier: V) eine Pflicht aus diesem Schuldverhältnis verletzt hat. Aus dem Kaufvertrag resultierte für V die Pflicht zur Übergabe und Übereignung der Waschmaschine. Das ist aber noch nicht alles: Im Falle der Lieferung einer mangelhaften Sache schuldet der Verkäufer dem Käufer nämlich auch unmittelbar die *Nacherfüllung* gemäß den §§ 439, 437 Nr. 1 BGB (*Palandt/Weidenkaff* § 439 BGB Rz. 1; *Brox/Walker* BS § 4 Rz. 40; *Ackermann* in JZ 2002, 378). Ihn trifft also eine Nacherfüllungs*pflicht*. Wir haben es demnach bei genauer Betrachtung mit *zwei* Pflichten zu tun, die für eine Verletzung im Sinne des § 280 Abs. 1 BGB in Betracht kommen (*Canaris* in JZ 2001, 512).

Achtung: Die Frage, welche der beiden Pflichtverletzungen für die Rechtsbehelfe des § 437 BGB maßgeblich ist, ist umstritten: Nach einer Auffassung soll es allein darauf ankommen, dass der Verkäufer (irgendwann einmal) eine mangelhafte Sache geliefert hat. Dies soll als Anknüpfungspunkt für die Pflichtverletzung ausreichen (*Palandt/Grüneberg* § 281 BGB Rz. 8; *Jauernig/Stadler* § 281 BGB Rz. 5; *Hirsch* in Jura 2003, 289, 292). Die Gegenmeinung vertritt den Standpunkt, dass die entscheidende Pflichtverletzung darin bestehe, dass der Verkäufer nicht nacherfüllt, obwohl er dies schulde (*MüKo/Ernst* § 281 BGB Rz. 47).

Unser V hat hier sowohl eine mangelhafte Sache geliefert als auch die Nacherfüllung nicht innerhalb der gesetzten Frist vorgenommen, also demnach *beide* Pflichten verletzt. Der gerade dargestellte Streit ist in unserem Fall daher nicht entscheidungserheblich. Nach beiden Auffassungen liegt eine Pflichtverletzung vor.

ZE.: V hat gemäß § 280 Abs. 1 Satz 1 BGB eine Pflicht aus dem Schuldverhältnis mit R verletzt.

3.) In § 280 Abs. 1 Satz 2 BGB heißt es weiter, dass der Schadensersatzanspruch nicht besteht, »wenn der Schuldner die Pflichtverletzung nicht zu vertreten hat«. Dementsprechend haben wir nun also das Vertretenmüssen des V zu prüfen.

Beachte: Die Formulierungen »*Dies gilt nicht, wenn…*« und »*…es sei denn, dass…*« verwendet der Gesetzgeber immer dann, wenn er klarstellen will, dass es sich bei der folgenden Regelung um eine *Ausnahme* handelt. Und weil das Gesetz davon ausgeht, dass grundsätzlich der Normalfall vorliegt, spricht man dabei von einer gesetzlichen *Vermutungsregel*. Man darf also, wenn sich aus dem Sachverhalt nichts Gegenteiliges ergibt, von dem gesetzlich vermuteten Regelfall ausgehen. **Beispiele:** §§ 287 Satz 1, 828 Abs. 2 Satz 1, 932 Abs. 1 Satz 1 BGB. Merken.

Für § 280 Abs. 1 Satz 2 BGB bedeutet das Folgendes: Wenn eine Pflichtverletzung vorliegt, dann wird das Vertretenmüssen des Schuldners als gegeben vermutet (*Palandt/Grüneberg* § 280 BGB Rz. 40). Der Schuldner hat die nachgewiesene Pflichtverletzung also grundsätzlich zu vertreten.

Und das ist im vorliegenden Fall dann auch ein echter Vorteil für den R. Aus Vermutungsregeln folgt nämlich regelmäßig eine sogenannte *Beweislastumkehr*. Was das bedeutet, kann man sich folgendermaßen klarmachen: Die Umstände, die einen Anspruch begründen, muss vor Gericht grundsätzlich derjenige beweisen, der den Anspruch geltend macht. So muss in unserem Fall der R – als Anspruchsteller – beweisen, dass ein Schuldverhältnis mit V vorliegt, dass V eine hieraus resultierende Pflicht verletzt hat und schließlich, dass V das Ganze auch noch zu vertreten hat. Denn das sind die Voraussetzungen der Anspruchsgrundlage (§ 280 Abs. 1 BGB), auf die er sein Begehren stützt. Durch § 280 Abs. 1 Satz 2 BGB wird nun die Beweislast hinsichtlich des Vertretenmüssens *umgekehrt* und damit auf den Schuldner (V) verlagert. Dieser muss sich also, will er der Haftung entgehen, exkulpieren (lateinisch: ex = aus, culpa = Schuld), demnach darlegen und beweisen, dass er die Pflichtverletzung eben doch nicht zu vertreten hat. Eine Unaufklärbarkeit des Sachverhalts geht dabei zu seinen Lasten (BGHZ **116**, 337; BGH NJW-RR **1992**, 1338; BGH NJW **1953**, 59; RGZ **107**, 15, 18; *Jauernig/Stadler* § 280 BGB Rz. 25; *Palandt/Grüneberg* § 280 BGB Rz. 40).

Fraglich ist, ob sich V hier *exkulpiert* hat. Er hat gegenüber R nur eingewendet, er habe die Mangelhaftigkeit der Maschine nicht zu vertreten, da er die Waschmaschine vom Hersteller bezogen und lediglich weitergeleitet habe. Zu der nicht durchgeführten Neulieferung sagt V gar nichts. Den Verkäufer trifft grundsätzlich keine Untersuchungspflicht im Hinblick auf die von ihm verkauften Sachen (OLG Köln ZGS **2006**,

77). Dass V die Waschmaschine an R weitergeleitet hat ohne sie auszupacken, reicht demnach aus, um sich im Hinblick auf deren Mangelhaftigkeit zu exkulpieren. Angesichts dessen fragt sich, ob sich das Vertretenmüssen des Schuldners im Rahmen des § 280 Abs. 1 Satz 2 BGB auf den Mangel der gelieferten Sache – also auf die *erste* Pflichtverletzung – oder auf die Nichtvornahme der Nacherfüllung im Rahmen der Nacherfüllungsfrist – das ist die *zweite* Pflichtverletzung – oder sogar auf beides beziehen muss.

Lösung: Nach allgemeiner Ansicht ist bei der Frage, ob der Schuldner die Pflichtverletzung zu vertreten hat, auf die *Nichtleistung bei Fristablauf* abzustellen, sofern es wie hier um einen Schadensersatzanspruch *statt* der Leistung geht (*Palandt/Grüneberg* § 281 BGB Rz. 16; *Jauernig/Stadler* § 281 BGB Rz. 12; *Bamberger/Roth/Unberath* § 281 BGB Rz. 12; *MüKo/Ernst* § 281 BGB Rz. 47 f.; *Hirsch* in Jura 2003, 289, 292). Denn mit der Nacherfüllung habe der Verkäufer das Recht zur zweiten Andienung, also die letzte Chance, seine vertragsgemäßen Pflichten zu erfüllen (BT-Drs. 14/6040 Seite 221). Und diese Argumentation leuchtet auch ein, denn nach der Systematik von § 437 BGB und § 281 BGB soll es Schadensersatz ja gerade erst dann geben, wenn der Verkäufer die Nacherfüllung nicht ordnungsgemäß bewirkt. Somit kann sich der Schuldner also nur wirksam exkulpieren, wenn er darlegt und beweist, dass er dem Nacherfüllungsverlangen schuldlos nicht nachkommen konnte. Dazu hat unser V nach dem Sachverhalt allerdings gar nichts vorgetragen und deswegen bleibt es diesbezüglich bei der Vermutungswirkung von § 280 Abs. 1 Satz 2 BGB.

<u>ZE.:</u> V kann sich nicht entlasten und hat damit die Nichtbehebung des Mangels auch zu vertreten.

<u>ZE.:</u> Damit liegen die Voraussetzungen von § 280 Abs. 1 BGB vor.

4.) Der R hat dem V auch eine (angemessene) Frist zur Nacherfüllung gesetzt. Diese ist erfolglos verstrichen. Somit liegen alle Voraussetzungen für den Schadensersatzanspruch vor.

5.) Als Rechtsfolge hat R nun ein *Wahlrecht.* Er kann entweder die Waschmaschine behalten und verlangen, so gestellt zu werden, als ob mangelfrei erfüllt worden wäre. Der Anspruch richtet sich dann auf Ersatz der Wertdifferenz zwischen mangelfreier und mangelhafter Sache. Man nennt dies den »**kleinen Schadensersatz**« (BGHZ **108**, 156; *Palandt/Grüneberg* § 281 BGB Rz. 46; *Bamberger/Roth/Unberath* § 281 BGB Rz. 65). Er kann demgegenüber aber auch die Maschine zurückgeben und Schadensersatz statt der ganzen Leistung verlangen. Dann spricht man – wie oben in der Einleitung erwähnt – vom »**großen Schadensersatz**« (*Brox/Walker* AS § 22 Rz. 62). Im Rahmen des großen Schadensersatzes ist der gezahlte Kaufpreis dann der Mindestschaden. Der Anspruch auf den großen Schadensersatz ist gemäß § 281 Abs. 1 Satz 3 BGB übrigens dann ausgeschlossen, wenn die Pflichtverletzung *unerheblich* ist. Da dies hier allerdings nicht der Fall ist, darf unser R zwischen den beiden Arten der Schadensberechnung wählen.

Erg.: R hat gegen V in jedem Fall einen Anspruch auf Rückzahlung des Kaufpreises in Höhe von 2.000 Euro nach den §§ 280 Abs. 1, Abs. 3, 281 Abs. 1, 437 Nr. 3 Fall 1 BGB.

Anspruch des R gegen V auf Ersatz der Betriebsausfallkosten

Weiteres Anspruchsziel des R ist nach der Schilderung des Sachverhalts der Ersatz des nicht erwirtschafteten Gewinns (→ § 252 Satz 1 BGB), also der Fehlbeträge in seiner Kasse, weil er seinen Kunden die Waschmaschine nicht zur Verfügung stellen konnte. Bei diesem von R begehrten Schaden handelt es sich um den sogenannten **»Betriebsausfallschaden«** bzw. **»Nutzungsausfallschaden«**, dessen rechtliche Einordnung und insbesondere die mögliche Erstattungspflicht seit Änderung des Schuldrechts im Jahr 2002 die Wissenschaft beschäftigt. Dabei ist unproblematisch, dass der Käufer bei Lieferung einer mangelhaften Sache einen Anspruch auf Ersatz des erlittenen Nutzungsausfallschadens hat. Das Hauptproblem liegt vielmehr bei der Frage, aus welcher *Anspruchsgrundlage* man eigentlich den Nutzungsausfallschaden ersetzt verlangen kann. Zum besseren Verständnis des Problems und seiner Lösung müssen wir uns zunächst über die konkrete Art des Schadensersatzes klar werden, die der R hier begehrt: Das Gesetz unterscheidet in den §§ 280 ff. BGB zwei verschiedene Varianten von entstandenen Schäden, und zwar so:

1.) Der Schadensersatz *statt der Leistung* im Sinne der §§ 280 Abs. 1, Abs. 3 BGB betrifft den Schaden, der sich aus dem endgültigen Ausbleiben der Leistung ergibt. Er setzt allerdings voraus, dass der eingetretene Schaden durch eine (hinzugedachte) Nacherfüllung im letztmöglichen Zeitpunkt noch hätte ausgeglichen werden können und erfordert deshalb grundsätzlich eine Fristsetzung (*Bamberger/Roth/Unberath* § 280 BGB Rz. 34; *Palandt/Grüneberg* § 280 BGB Rz. 18). **Beispiel:** Der Anstreicher erscheint trotz Fristsetzung nicht beim Auftraggeber. Dieser lässt die Wohnung daher von einem anderen Handwerker streichen. Die Kosten für diesen Handwerker verlangt der Gläubiger nun ersetzt (→ §§ 280 Abs. 1 und Abs. 3, 281 Abs. 1 BGB).

2.) Schadensersatz *neben der Leistung* betrifft demgegenüber den Schaden, der auch durch eine Nacherfüllung nicht mehr beseitigt werden kann; dieser Schaden ist daher grundsätzlich ohne Fristsetzung nach § 280 BGB ersatzfähig (BGH NJW-RR **2012**, 268; *Erman/Westermann* § 280 BGB Rz. 11; MüKo/*Ernst* § 280 BGB Rz. 66; *Palandt/Grüneberg* § 280 BGB Rz. 18; *Medicus* in JuS 2003, 528). **Beispiel:** Der Anstreicher streicht zwar ordnungsgemäß die Wände, beschädigt in der Wohnung des Auftraggebers aber aus Unachtsamkeit eine wertvolle Vase (→ § 280 Abs. 1 BGB).

Für unseren R ist nun der Schaden bereits eingetreten, denn er konnte die Waschma-schine vom 03.12. bis zum 03.01. nicht einsetzen und deshalb in diesem Zeitraum auch keinen Gewinn damit erwirtschaften. Dieser Schaden ist auch nicht mehr durch eine spätere Nacherfüllung (= Reparatur oder Neulieferung) kompensierbar (denn man kann die Zeit nicht zurückdrehen). Wenden wir jetzt die soeben gelernten Grundsätze an, scheidet Schadensersatz statt der Leistung danach einwandfrei aus, denn der kommt ja nur in Frage, wenn der Schadenseintritt durch eine Nacherfüllung noch behoben werden kann. Vielmehr könnte und müsste R von V Schadensersatz *neben der Leistung* verlangen.

> Jetzt kommt allerdings noch eine entscheidende Wendung, die in Prüfungen be-herrscht werden sollte und die wir aktuell dem BGH (NJW **2010**, 2426) verdanken: Bei der Ermittlung der richtigen Anspruchsgrundlage muss nach Ansicht des BGH nämlich stets berücksichtigt werden, dass sich Schadensersatz *statt* der Leistung immer aus dem »*endgültigen Ausbleiben der Leistung*« ergibt (hatten wir gerade ge-sehen). Weil ein Verkäufer seiner Pflicht zur Erfüllung oder Nacherfüllung aber nur solange nachkommen kann, wie diese besteht, bleibt seine Leistung immer dann endgültig aus, wenn die entsprechende Leistungspflicht entfällt (wichtiger Satz, bitte mindestens noch einmal lesen!). Zu einem solchen Entfallen der Leistungspflicht kann es dabei auf ganz unterschiedliche Weise kommen, etwa wenn dem Verkäufer die Leistung unmöglich wird (§ 275 Abs. 1 BGB) oder der Käufer – wie hier in unse-rem Fall – vom Kaufvertrag *zurücktritt* (§ 346 BGB). Deshalb kann (und muss) der Käufer in diesen Fällen für den Nutzungsausfallschaden Schadensersatz *statt* der Leistung verlangen.

Dies gilt aber aber nur – aufgepasst! – für den Schaden, der *nach* dem Entfallen der Leistungspflicht entsteht (BGH NJW **2009**, 2674 und **2010**, 2426; OLG Celle NJW-RR **2008**, 1635, 1637; *Faust*, JZ 2008, 471, 472). Der **Grund**: Der vom Käufer insoweit gel-tend gemachte Nutzungsausfallschaden beruht gar nicht (mehr) auf dem ursprüngli-chen Mangel, sondern allein auf dem Entfallen der Leistungspflicht (wichtiger Unter-schied!). Umgekehrt bleibt es dabei, dass der vor dem Entfallen der Leistungspflicht entstandene Nutzungsausfallschaden als Schadensersatz neben der Leistung ersatz-fähig ist, denn bis dahin ist der Schaden ja entstanden, weil der Käufer davon ausge-gangen ist, dass er die geschuldete Leistung (= mangelfreie Kaufsache) noch be-kommt.

Merke: Der Käufer kann für den »Nutzungsausfallschaden« wegen einer mangel-haften Kaufsache, der *vor* dem Entfallen der ursprünglichen Leistungspflicht ent-steht, nur Schadensersatz *neben* der Leistung (§ 280 Abs. 1 BGB) verlangen. Für einen »Nutzungsausfallschaden«, der *nach* dem Entfallen der ursprünglichen Leis-tungspflicht entsteht, kann der Käufer nur Schadensersatz *statt* der Leistung (§§ 280 Abs. 1 und Abs. 3, 281 Abs. 1 BGB) verlangen.

Feinkostabteilung: Ein weiterer Fall, in dem die Leistungspflicht des Schuldners entfällt, steht in § 281 Abs. 4 BGB (lesen!). Allerdings verträgt sich diese Vorschrift bei genauer Betrachtung nicht mit der gerade dargestellten Sichtweise des BGH, denn im Zeitpunkt, in dem der Gläubiger nach § 281 Abs. 4 BGB *Schadensersatz statt der Leistung* verlangt, kann der damit geltend gemachte Schaden ja noch gar nicht entstanden sein. Wir haben das ja gerade gelernt: Schadensersatz statt der Leistung gibt es nur für Vermögenseinbußen, die <u>nach</u> dem endgültigen Ausbleiben der Leistung wegen des Entfallens der Leistungspflicht entstehen. Warum und wie der Gläubiger diesen Schadensersatz dann verlangen kann, ist fraglich. Das Problem ist im Schrifttum aber bereits erkannt worden (*Ostendorf* in NJW 2010 2833, 2835). Zur Beruhigung: in einer Prüfungsarbeit muss diese Feinheit weder erkannt noch diskutiert werden. Stattdessen darf man ohne Sorge feststellen, dass durch das Schadensersatzverlangen die Leistungspflicht entfallen ist und sich insoweit stillschweigend der Sichtweise des BGH anschließen.

Zurück zum Fall: Unser R hat (nach erfolglosem Ablauf einer Frist zur Nacherfüllung) am 03.01. gegenüber dem V den Rücktritt vom Kaufvertrag erklärt. Er ist damit – wie wir oben bereits festgestellt hatten – berechtigterweise vom Kaufvertrag zurückgetreten. Mit dem Zugang der Rücktrittserklärung (§ 349 BGB) bei V sind die gegenseitigen Pflichten aus dem Kaufvertrag erloschen. Für den Nutzungsausfallschaden, der bis zum Zugang der Rücktrittserklärung entstanden ist (und nur diesen hat der R hier geltend gemacht), ist Schadensersatz *neben* der Leistung zu leisten. Richtige Anspruchsgrundlage in unserem Fall sind daher **§§ 280 Abs. 1, 437 Nr. 3 BGB. Achtung:** Im Gutachten wird die gerade gelernte Abgrenzung übrigens regelmäßig mit keiner Silbe erwähnt, sondern man wendet sie einfach direkt an. Ist im Sachverhalt von einem Rücktritt oder dem Eintritt von Unmöglichkeit die Rede, dann muss vor der Niederschrift der Lösung festgestellt werden, auf welchen Zeitraum sich der geltend gemachte Anspruch bezieht. Die Anspruchsgrundlage muss dann entsprechend bestimmt werden. Verlangt der Käufer sowohl für den Zeitraum vor als auch für die Zeit nach dem Entfall der Leistungspflicht seinen Nutzungsausfall ersetzt, dann sind – kommentarlos – **zwei Obersätze** (einer für den Zeitraum bis und einer für den Zeitraum ab Entfall der Leistungspflicht) zu bilden und beide Ansprüche getrennt zu prüfen. Das kostet in einer Prüfungsarbeit auch nicht wesentlich mehr Zeit, weil bei der zweiten Prüfung weitgehend auf die Ausführungen zur ersten Prüfung verwiesen werden kann.

ZE.: R kann seine Betriebsausfallkosten als *Schadensersatz neben der Leistung* nach § 280 Abs. 1 BGB geltend machen.

Aber: Dummerweise gibt es an dieser Stelle nun noch einen kleinen Streit im Hinblick auf die Frage, nach welcher Variante von § 280 BGB der Nutzungsausfallschaden, der vor einem Entfall der Leistungspflicht entstanden ist, ersetzt werden soll. Konkret geht es dabei um die Frage, ob es sich bei dieser Art von Schaden um einen *Verzögerungsschaden* im Sinne der §§ 280 <u>Abs. 2</u>, 286, 437 Nr. 3 BGB handelt oder aber um einen *Mangelfolgeschaden*, der über die §§ 280 <u>Abs. 1</u>, 437 Nr. 3 BGB ersetzt werden soll:

- Nach einer Meinung handelt es sich bei dem Nutzungsausfallschaden um einen *Verzögerungsschaden* gemäß § 280 Abs. 2 BGB (bitte lesen!). In diesem Fall gäbe es Schadensersatz nur unter den zusätzlichen Voraussetzungen des § 286 BGB (Schuldnerverzug). Argumentiert wird damit, dass jede Schlechterfüllung zugleich eine zeitliche Verzögerung der mangelfreien, vertragsgemäßen Erfüllung darstelle. Außerdem würde anderenfalls der Verkäufer, der eine mangelhafte Sache liefert, gegenüber demjenigen, der gar nicht liefert, ungerechtfertigt benachteiligt. § 437 BGB verweise auf § 280 BGB, der seinerseits in Absatz 2 auf § 286 BGB Bezug nimmt (*Brox/Walker* BS § 4 Rz. 106; *Palandt/Weidenkaff* § 437 BGB Rz. 36; *Jauernig/Berger* § 437 BGB Rz. 14 ff.; *Dauner-Lieb/Dötsch* in DB 2001, 2535, 2537; *Oechsler* in NJW 2004, 1825, 1828; *Griegoleit/Riehm* in JuS 2004, 745, 749).

- Nach der Gegenmeinung soll der sich aus der Lieferung einer mangelhaften Sache ergebende Nutzungsausfallschaden unmittelbar über die §§ 280 Abs. 1, 437 Nr. 3 Fall 1 BGB zu ersetzen sein. Danach wären auch keine weiteren Voraussetzungen mehr zu prüfen. Zur Begründung greifen die Vertreter dieser Auffassung in erster Linie auf die Gesetzesbegründung zurück. Dort steht, dass im Hinblick auf den Nutzungsausfallschaden von dem Vorliegen eines *Mangelfolgeschadens* auszugehen ist (BT-Drucks 14/6040 S. 225). Im Übrigen verweise § 437 BGB zwar auf die §§ 280, 281, 283 BGB, aber eindeutig nicht auf § 286 BGB (BGHZ **181**, 317; OLG Hamm vom 23.02.**2006** – 28 U 164/05; LG Krefeld DAR **2008**, 90; MüKo-*Ernst* vor § 275 BGB Rz. 13; *Medicus/Petersen* BR Rz. 299; *Canaris* in ZIP 2003, 321, 323; *Gruber* in ZGS 2003, 130 ff.; *Reischl* in JuS 2003, 250, 251; *Schulze/Ebers* in JuS 2004, 462, 466).

Die tatsächliche Bedeutung dieses Streites sieht man an unserem Fall, und zwar: Wenn wir der zweiten Ansicht folgen, ist der Anspruch des R gegen V bereits ab der Lieferung, das war der **03.12.**, begründet. Insbesondere bedarf es dann keines weiteren Verzugs, der im Zweifel erst durch eine Mahnung erfolgt. Die Mahnung hat der R im vorliegenden Fall zwar am 03.12. abgeschickt, *zugegangen* ist sie dem V nach Auskunft des Sachverhaltes aber erst am 08.12. Dies wäre nach der zweiten Meinung allerdings vollkommen egal, da ja ein Verzug für den Anspruch aus den §§ 280 Abs. 1, 437 Nr. 3 Fall 1 BGB nicht erforderlich ist. *Anders* aber, wenn wir der ersten Auffassung folgen, denn dann beginnt die Ersatzpflicht erst mit dem Eintritt des Verzuges, und das war erst am 08.12. der Fall, da zu diesem Zeitpunkt der Zugang der Mahnung erfolgte. Konkret gingen dem R nach der ersten Meinung also 5 Tage zu je 150 Euro (= 750 Euro) verloren.

Da sich auch der BGH (BGHZ **181**, 317 = NJW **2009**, 2674) inzwischen der zweiten Meinung angeschlossen hat, ist es in einer Klausur oder Hausarbeit gut vertretbar (wenn auch nicht zwingend), dieser Ansicht zu folgen. Die Streitdarstellung darf vor diesem Hintergrund auch eher knapp ausfallen. So machen wir das auch hier und können deshalb ohne weitere Prüfung der Verzugsvoraussetzungen der §§ 280 Abs. 2, 286 BGB das folgende Ergebnis festhalten:

Erg.: R hat einen Anspruch gegen V auf Ersatz seines Nutzungsausfallschadens vom 03.12. bis zum 03.01. aus den §§ 280 Abs. 1, 437 Nr. 3 Fall 1 BGB.

Gutachten

I.) R kann gegen V einen Anspruch auf Rückzahlung des Kaufpreises aus §§ 346 Abs. 1, 323 Abs. 1, 437 Nr. 2 Fall 1 BGB haben.

1.) Damit R das für die Waschmaschine gezahlte Geld zurückerhalten kann, muss er wirksam von dem mit V geschlossenen Kaufvertrag zurückgetreten sein. Dies setzt zunächst gemäß § 349 BGB eine Rücktrittserklärung voraus. R hat zwar nicht ausdrücklich erklärt, dass er zurücktreten wolle, eine entsprechende Erklärung ist aber auch konkludent durch Rückforderung des Kaufpreises möglich. So liegt der Fall hier, denn R hat unmissverständlich zum Ausdruck gebracht, dass er an dem Vertrag nicht weiter festhalten und sein Geld zurückhaben möchte. Darin ist mithin eine Rücktrittserklärung im Sinne des § 349 BGB zu sehen.

2.) Mangels eines vertraglich vereinbarten kommt nur das gesetzliche Rücktrittsrecht nach den §§323 Abs. 1, 437 Nr. 2 Fall 1 BGB in Betracht. Damit aus den §§ 323 Abs. 1, 437 Nr. 2 Fall 1 BGB ein Rücktrittsrecht hergeleitet werden kann, müssen die Voraussetzungen dieser Vorschriften erfüllt sein. Der Verkäufer muss dem Käufer eine mangelhafte Sache geliefert haben. Die Mangelhaftigkeit der Kaufsache richtet sich nach § 434 BGB. Demnach ist eine Kaufsache grundsätzlich dann mangelhaft, wenn sie nicht die von den Parteien vertraglich vereinbarte Beschaffenheit aufweist, § 434 Abs. 1 Satz 1 BGB, sich nicht für die nach dem Vertrag vorausgesetzte Verwendung oder für die gewöhnliche Verwendung eignet, § 434 Abs. 1 S. 2 BGB. Die Waschmaschine konnte vorliegend nicht ordnungsgemäß benutzt werden, weil die Schleudertaste nicht funktionierte. Sie war also gemäß § 434 Abs. 1 Satz 2 Nr. 1 BGB mangelhaft.

3.) Dieser Sachmangel war bereits zum Zeitpunkt des Gefahrüberganges im Sinne von § 446 BGB vorhanden mit der Folge, dass damit die Voraussetzungen von § 437 BGB vorliegen.

4.) Gemäß § 323 Abs. 1 BGB ist der Rücktritt erst möglich, wenn zuvor eine angemessene Frist zur Nacherfüllung gesetzt worden ist. Dies hat R getan, und die Frist ist erfolglos verstrichen. Somit liegen alle Voraussetzungen für den Rücktritt vor.

5.) Die Gewährleistungsrechte und -ansprüche sind darüber hinaus auch weder gesetzlich noch vertraglich ausgeschlossen.

Ergebnis: R hat gegen V einen Anspruch auf Rückzahlung des Kaufpreises in Höhe von 2.000 Euro aus §§ 346 Abs. 1, 323 Abs. 1, 437 Nr. 2 Fall 1 BGB.

II.) R kann gegen V einen Anspruch auf Schadensersatz aus §§ 280 Abs. 1, Abs. 3, 281 Abs. 1, 437 Nr. 3 Fall 1 BGB haben.

1.) Zwischen R und V bestand ein Schuldverhältnis in Form des Kaufvertrages.

2.) § 280 Abs. 1 BGB setzt weiterhin voraus, dass der Schuldner eine Pflicht aus diesem Schuldverhältnis verletzt hat. Aus dem Kaufvertrag resultiert die Pflicht zur Übergabe und Übereignung der Waschmaschine. Im Falle der Lieferung einer mangelhaften Sache schuldet der Verkäufer dem Käufer zudem auch unmittelbar die Nacherfüllung gemäß den §§ 439, 437 BGB. Die Frage, welche der beiden Pflichtverletzungen für die Rechtsbehelfe des § 437 BGB maßgeblich ist, ist umstritten: Nach einer Auffassung soll es alleine darauf ankommen, dass der Verkäufer eine mangelhafte Sache geliefert hat. Dies soll als Anknüpfungspunkt für die Pflichtverletzung ausreichen. Die Gegenmeinung vertritt den Standpunkt, dass die entscheidende Pflichtverletzung darin bestehe, dass der Verkäufer nicht nacherfüllt, obwohl er dies schulde. V hat hier sowohl eine mangelhafte Sache geliefert als auch die Nacherfüllung nicht innerhalb der gesetzten Frist vorgenommen, also demnach beide Pflichten verletzt. Der dargestellte Streit ist daher nicht entscheidungserheblich. Nach beiden Auffassungen liegt eine Pflichtverletzung vor. V hat gemäß § 280 Abs. 1 Satz 1 BGB eine Pflicht aus dem Schuldverhältnis mit R verletzt.

3.) Nach § 280 Abs. 1 Satz 2 BGB muss der Schuldner die Pflichtverletzung weiterhin zu vertreten haben. Fraglich ist, ob sich V hier exkulpiert hat. Er hat gegenüber R eingewendet, er habe die Mangelhaftigkeit der Maschine nicht zu vertreten, da er die Waschmaschine vom Hersteller bezogen und lediglich weitergeleitet habe. Zu der nicht durchgeführten Neulieferung sagt V gar nichts. Angesichts dessen ist fraglich, ob sich das Vertretenmüssen des Schuldners im Rahmen des § 280 Abs. 1 Satz 2 BGB auf den Mangel der gelieferten Sache – also auf die erste Pflichtverletzung – oder auf die Nichtvornahme der Nacherfüllung im Rahmen der Nacherfüllungsfrist – das ist die zweite Pflichtverletzung – oder sogar auf beides beziehen muss. Nach allgemeiner Ansicht ist bei der Frage, ob der Schuldner die Pflichtverletzung zu vertreten hat, auf die Nichtleistung bei Fristablauf abzustellen, sofern es wie hier um einen Schadensersatzanspruch statt der Leistung geht. Mit der Nacherfüllung habe der Verkäufer das Recht zur zweiten Andienung, also die letzte Chance, seine vertragsgemäßen Pflichten zu erfüllen. Somit kann sich der Schuldner also nur wirksam exkulpieren, wenn er darlegt und beweist, dass er dem Nacherfüllungsverlangen schuldlos nicht nachkommen konnte. Dazu hat V nach dem Sachverhalt nichts vorgetragen. Er kann sich mithin nicht entlasten und hat damit die Nichtbehebung des Mangels auch zu vertreten.

4.) R hat dem V auch eine angemessene Frist zur Nacherfüllung gesetzt. Diese ist erfolglos verstrichen. Somit liegen alle Voraussetzungen für den Schadensersatzanspruch vor.

5.) Als Rechtsfolge kann R entweder die Waschmaschine behalten und verlangen, so gestellt zu werden, als ob mangelfrei erfüllt worden wäre. Der Anspruch richtet sich dann auf Ersatz der Wertdifferenz zwischen mangelfreier und mangelhafter Sache. Er kann demgegenüber aber auch die Maschine zurückgeben und Schadensersatz statt der ganzen Leistung verlangen. Im Rahmen des großen Schadensersatzanspruchs ist der gezahlte

Kaufpreis dann der Mindestschaden. Da die vorliegende Pflichtverletzung auch erheblich war, ist der große Schadensersatzanspruch nicht gemäß § 281 Abs. 1 Satz 3 BGB ausgeschlossen.

Ergebnis: R hat gegen V in jedem Fall einen Anspruch auf Rückzahlung des Kaufpreises in Höhe von 2.000 Euro nach den §§ 280 Abs. 1, Abs. 3, 281 Abs. 1, 437 Nr. 3 **Fall 1** BGB.

III.) R kann gegen V einen Anspruch auf Ersatz der im Zeitraum vom 03.12. bis zum 01.12. entstandenen Betriebsausfallkosten aus §§ 280 Abs. 1, 437 Nr. 3 Fall 1 BGB haben.

1.) Zwischen V und R bestand ein Schuldverhältnis im Sinne von § 280 Abs. 1 BGB in Form des Kaufvertrages gemäß § 433 BGB über die Waschmaschine zum Preis von 2.000 Euro.

2.) Wie gezeigt, hat V auch eine Pflicht aus diesem Schuldverhältnis verletzt. Es ist umstritten, ob in Fällen wie dem vorliegenden auch die weiteren Voraussetzungen von §§ 280 Abs. 2, 286 BGB zu prüfen sind.

a) Nach einer Ansicht soll jede Schlechterfüllung zugleich eine zeitliche Verzögerung der mangelfreien, vertragsgemäßen Erfüllung darstellen. Anderenfalls werde der Verkäufer, der eine mangelhafte Sache liefert, gegenüber demjenigen, der gar nicht liefert, ungerechtfertigt benachteiligt.

b) Vorzugswürdig erscheint jedoch die Ansicht der Rechtsprechung, nach der ein sich aus der Lieferung einer mangelhaften Sache ergebender Nutzungsausfallschaden unmittelbar über die §§ 280 Abs. 1, 437 Nr. 3 Fall 1 BGB zu ersetzen sein soll. Danach wären die weiteren Voraussetzungen von § 280 Abs. 2, 286 BGB nicht mehr zu prüfen. Für diese Sichtweise spricht insbesondere die Gesetzesbegründung. Danach ist im Hinblick auf den Betriebsausfallschaden vom Vorliegen eines Mangelfolgeschadens auszugehen. Im Übrigen ist auch der Wortlaut von § 437 BGB zu berücksichtigen, der zwar auf die §§ 280, 281, 283 BGB verweist, aber eindeutig nicht auf § 286 BGB.

Danach kommt es auf die weiteren Voraussetzungen der §§ 280 Abs. 2, 286 BGB nicht an.

V kann sich – wie gezeigt – nicht exkulpieren und hat die Pflichtverletzung damit auch zu vertreten.

Ergebnis: R hat einen Anspruch gegen V auf Ersatz der im Zeitraum vom 03.12. bis zum 01.12. entstandenen Betriebsausfallkosten aus §§ 280 Abs. 1, 437 Nr. 3 Fall 1 BGB.

2. Abschnitt

Werk- und Dienstvertrag sowie angrenzende Vertragsarten

Fall 23

Wer zahlt was?

Eines Morgens muss Rechtsstudent R feststellen, dass die Warmwassertherme in seinem Bad nicht mehr anspringt und daher nur noch kaltes Wasser aus den Hähnen läuft. R ruft daraufhin umgehend den Installationsmeister I an, schildert den Defekt und bittet um Abhilfe. I meint, das sei kein Problem, er werde gleich einen Mitarbeiter schicken. Wenig später erscheint der bei I fest angestellte Monteur M bei R und macht sich an die Arbeit. Nach etwa einer Stunde meint M dann zu R, er könne den Fehler leider nicht finden, das Gerät sei auch schon sehr alt, R solle sich lieber gleich ein neues kaufen.

Eine Woche später erhält R von I die Rechnung, in der I für An- und Abfahrt sowie die 60-minütige Arbeit des M den branchenüblichen Betrag von 150 Euro fordert.

Muss R zahlen? Und hat M gegen seinen Arbeitgeber I einen Anspruch auf Vergütung der einen Stunde Arbeit bei R?

Schwerpunkte: Der Werkvertrag nach § 631 BGB; Abgrenzung zum Dienstvertrag nach § 611 BGB; die Abgrenzungskriterien und Rechtsfolgen der Unterscheidung; Frage der Vergütung beim Werkvertrag nach § 632 BGB und beim Dienstvertrag gemäß § 612 BGB; Problem der geschuldeten Leistung.

Lösungsweg

I.) Anspruch des I gegen R auf Zahlung von 150 Euro

<u>AGL</u>: § 631 Abs. 1 BGB (Vergütungsanspruch aus einem Werkvertrag)

Der Zahlungsanspruch des I muss zunächst entstanden sein. Dies setzt voraus, dass I und R vorliegend einen *Werkvertrag* gemäß § 631 BGB geschlossen haben.

> **Beachte:** Insofern unbeachtlich ist natürlich, dass I nicht selbst bei R erschienen ist, um die Therme zu reparieren, sondern seinen Monteur M geschickt hat. In eine vertragliche Beziehung ist R vorliegend nur mit I getreten. M ist in diesem Zusammenhang lediglich *Erfüllungsgehilfe* des I nach § 278 Satz 1 BGB gewesen, weil er zur Erfüllung einer Verbindlichkeit des I tätig wurde. Der Erfüllungsgehilfe wird im Zweifel aber nicht Vertragspartner im Verhältnis zum Auftraggeber seines Arbeitgebers bzw. Beauftragenden. Er wird immer nur zur Erfüllung einer *fremden* Verbindlichkeit tätig, nicht aber zur Erfüllung einer eigenen Verpflichtung gegenüber dem Auftraggeber (*Brox/Walker* AS § 20 Rz. 23).

Ein Vertragsschluss zwischen I und R im Sinne des § 631 Abs. 1 BGB setzt nun zwei dementsprechende *übereinstimmende Willenserklärungen*, den Antrag und die Annahme nach §§ 145, 147 BGB, voraus: Unser R hat den I angerufen, den Defekt geschildert und dann um Abhilfe gebeten. Hiermit war I einverstanden und hat auch gleich einen Monteur zu R geschickt. Dies lässt sich auf den ersten Blick als vertragliche Einigung zwischen I und R auslegen.

1. Problem: R und I haben sich zwar grundsätzlich über das soeben Geschilderte geeinigt, aber nicht über die Vergütung gesprochen; weder darüber, ob überhaupt eine solche Vergütung verlangt werden kann noch darüber, wie hoch diese dann sein soll. Man könnte angesichts dessen nun annehmen, es fehle an einem wesentlichen Bestandteil des Vertrages mit der Folge, dass eine Einigung im Sinne des § 631 BGB nicht zustande gekommen ist. Wenn etwa bei einem Kaufvertrag die Vereinbarung über den Kaufpreis fehlt und sich der Preis auch nicht ausnahmsweise per Auslegung nach § 157 BGB ermitteln lässt, ist *keine* Einigung und damit auch kein Vertrag zustande gekommen (*Palandt/Weidenkaff* § 433 BGB Rz. 39).

Anders aber beim Werkvertrag: In **§ 632 Abs. 1 BGB** steht nämlich, dass eine Vergütung *stillschweigend* als vereinbart gilt, wenn die Parteien hierüber keine ausdrückliche Vereinbarung treffen und die Tätigkeit üblicherweise nur gegen Zahlung einer Vergütung zu erbringen ist. In **§ 632 Abs. 2 BGB** steht zudem, dass bei fehlender Vereinbarung im Zweifel die »**übliche**« Vergütung als vereinbart gilt.

Durchblick: Diese Regelungen erklären sich wie folgt: Der Werkunternehmer schuldet nicht wie der Käufer eine wertmäßig konkret bestimmbare (Kauf-) Sache, sondern gemäß § 631 BGB die »Herstellung des versprochenen Werkes«, also regelmäßig eine *Handlung* bzw. *Arbeitsleistung*. Normalerweise kann ein Werkunternehmer die hierfür anfallenden Kosten aber – anders als etwa beim Verkauf einer Sache – nur schwerlich von vornherein genau beziffern. Es gibt zwar in jeder Branche Erfahrungssätze, gleichwohl stellt jede Reparatur (z.B. eines Autos, eines Hauses oder einer Warmwassertherme) sowohl inhaltlich als auch zeitlich eine Einzelarbeit dar und orientiert sich immer an den Umständen der konkreten Situation. Häufig zeigen sich bei der Ausführung der Arbeit dann weitere Schäden oder nötige Arbeiten, die gesonderte Kosten verursachen können. Möglich ist umgekehrt aber auch, dass z.B. der angebliche Motorschaden am Auto sich lediglich als defekte Zündkerze mit einem Arbeitsaufwand von drei Minuten und Kosten von 15 Euro entpuppt. Hätte man dann vorher 500 Euro Vergütung für die Reparatur des Motors vereinbart, ließe sich dies natürlich nicht rechtfertigen. Aus diesen Überlegungen unterbleibt in den meisten Fällen im Hinblick auf die geschuldete Werkleistung eine genau bezifferte vorherige Vergütungsabsprache. Die Höhe der Vergütung orientiert sich dann gemäß **§ 632 Abs. 2 BGB** an der in der jeweiligen Branche für die ausgeführte Tätigkeit »**üblichen**« Vergütung. Wem das als Gläubiger dann dennoch zu vage ist, der kann sich einen *Kostenvoranschlag* geben lassen, der gemäß **§ 632 Abs. 3 BGB** im Zweifel sogar umsonst ist, allerdings keine Preisbestimmung und auch keinen Bestandteil des später geschlossenen Vertrages darstellt, es sei denn, der Unternehmer übernimmt ausdrücklich die Garantie für die Richtigkeit (BGH NJW-RR **1987**, 337; OLG Frankfurt NJW-RR **1989**, 209). Bei Überschreitung der Kosten aus dem unverbindlichen Voranschlag kann der Besteller dann aber im Vergleich zu § 649 BGB nach § 650 BGB erleichtert kündigen (*Jauernig/Mansel* § 632 BGB Rz. 4; *Brox/Walker* BS § 27 Rz. 3). Merken.

Zum Fall: Hier bei uns war nicht über Geld gesprochen worden, R hatte den I nur beauftragt, die Therme zu reparieren. Das ist demnach ein klassischer Fall, in dem – wie in § 632 Abs. 1 BGB vorgesehen – die Vergütung dann *stillschweigend* als vereinbart gilt, da Installationsfirmen wie andere Handwerker ihre Dienste üblicherweise nicht kostenlos am Markt zur Verfügung stellen. Es gilt also die Regel von § 632 Abs. 1 BGB, wonach eine stillschweigend vereinbarte Vergütungsabsprache anzunehmen ist (BGH NZBau **2004**, 498; BGH NJW **1999**, 3554). Und da I im vorliegenden Fall zudem nach Auskunft des Sachverhaltes die *übliche* Vergütung von R verlangt, ist die Höhe seiner Forderung gemäß § 632 Abs. 2 BGB nicht zu beanstanden.

<u>ZE.</u>: Die vertragliche Einigung zwischen I und R scheitert jedenfalls nicht daran, dass eine konkrete Vergütung zwischen den Parteien zunächst nicht ausdrücklich abgesprochen gewesen ist.

2. Problem: Dass die Vergütung zwischen beiden Parteien nicht ausdrücklich vereinbart war, ist – wie gerade gesehen – für den Vertragsschluss unerheblich bzw. nicht schädlich. Gleichwohl müssen wir noch einen Augenblick auf die konkrete *Vertragsart* sehen, denn angesichts der Tatsache, dass I hier im weitesten Sinne eine Tätigkeit (Reparatur der Therme) schuldet und es an einer Vergütungsvereinbarung fehlt, könnte es sich vorliegend auch um einen *Dienstvertrag* gemäß **§ 611 BGB** handeln.

Beachte: Dienst- und Werkvertrag sind sich – zumindest auf den ersten Blick – relativ ähnlich: Bei beiden Verträgen schuldet die eine Partei eine *Handlung* bzw. eine *Arbeitsleistung*, nämlich entweder die Herstellung des versprochenen Werkes (§ 631 BGB) oder aber die Leistung des versprochenen Dienstes (§ 611 BGB). Bei beiden Verträgen gelten zudem im Hinblick auf die Vergütungsvereinbarung die exakt gleichen Regeln: Der von uns oben behandelte § 632 Abs. 1 und 2 BGB hat nämlich seine *wortgleiche* Entsprechung in **§ 612 Abs. 1 und 2 BGB** (prüfen!). Dennoch aber behandeln Dienst- und Werkvertrag tatsächlich vollkommen unterschiedliche Schuldverhältnisse, insbesondere im Hinblick auf die geschuldete Leistung selbst und vor allem auch die Rechtsfolgen bei Leistungsstörungen (*Palandt/Sprau* vor § 631 BGB Rz. 8). Wir werden uns diese Unterscheidung deshalb jetzt mal in Ruhe anschauen und beginnen mit dem allerwichtigsten Abgrenzungskriterium, und das geht so:

> **1. Merksatz:** Während beim Dienstvertrag die Arbeitsleistung als solche, also nur das *Tätigsein*, geschuldet wird, schuldet der Werkunternehmer immer das *Ergebnis* seiner Tätigkeit, nämlich den *Erfolg* (BGHZ **151**, 330; BGHZ **31**, 224; BGHZ **54**, 106, 107; BGHZ **58**, 225; *Brox/Walker* BS § 22 Rz. 3; *Medicus/Lorenz* SR II Rz. 361).

Der Dienstverpflichtete schuldet also nur die Arbeit an sich, das *Tätigsein*. Der Klassiker des Dienstvertrages ist – wie sich übrigens auch aus dem Einleitungssatz des

§ 621 BGB ergibt – der *Arbeitsvertrag* (*Palandt/Weidenkaff* vor § 611 BGB Rz. 5). Der *Arbeitnehmer* schuldet nämlich im Zweifel immer nur die Arbeitsleistung an sich, nicht auch einen Erfolg, jedenfalls soll er nicht das unternehmerische Risiko bei Nichteintritt eines vom Unternehmen angestrebten Erfolges tragen (*Brox/Walker* BS § 19 Rz. 9; vgl. im Einzelnen auch *Schwabe/Müller*, Arbeitsrecht, Seite 12 ff.). Der Werkunternehmer hingegen schuldet den Eintritt des *Erfolges*, nur damit tritt Erfüllung im Sinne des § 362 BGB ein und nur dafür erhält er – anders als der Arbeitnehmer – später sein Geld. Der Vergütungsanspruch wird beim Werkvertrag daher auch erst mit der *Abnahme* des Werkes gemäß § 641 Abs. 1 BGB fällig (lesen!); vor Fertigstellung des Werkes kann der Werkunternehmer demnach seinen Zahlungsanspruch grundsätzlich nicht durchsetzen (*Brox/Walker* BS § 19 Rz. 9). Beim Dienstvertrag entsteht der Anspruch auf Zahlung gemäß § 614 BGB demgegenüber schon mit bzw. nach dem Ableisten der Arbeit, unabhängig von einem eingetretenen Erfolg oder der Qualität der Arbeitsleistung. Selbst eine »mangelhafte« Dienstleistung erfüllt den Vertrag im Sinne des § 362 BGB und muss demnach auch vergütet werden, jedenfalls soweit sie nicht vorsätzlich schlecht erbracht wurde (BGH NJW **1990**, 2549; ErfK-*Preis* § 611 BGB Rz. 845; *Jauernig/Mansel* § 611 BGB Rz. 16). Und beachte im Hinblick auf die zu erbringende Leistung abschließend auch noch, dass es beim Werkvertrag allein Sache des Unternehmers ist, *wie* er den Eintritt dieses Erfolges erreicht (*Bamberger/Roth/Voit* § 631 BGB Rz. 4). Er muss zwar die Vorgaben des Bestellers für das zu erstellende Werk berücksichtigen, ein Weisungsrecht hat der Besteller aber nicht. Hierin liegt ein weiterer bedeutender Unterschied zum Dienstvertrag, bei dem grundsätzlich der Dienstberechtigte (→ Arbeitgeber) darüber bestimmt, wie und was der Verpflichtete zu tun hat; man nennt das dann das »Direktionsrecht des Arbeitgebers«, und das steht sogar ausdrücklich im Gesetz, nämlich in § 106 GewO (vgl. dazu BAG NZA **2001**, 780; *Schwabe/Grau*, »Lernen mit Fällen«, Arbeitsrecht, Seite 25; *Palandt/Weidenkaff* § 611 BGB Rz. 45; *Jauernig/Mansel* vor § 611 BGB Rz. 8).

Im Hinblick auf »**schlecht**« erbrachte Leistungen des Schuldners unterscheiden sich Dienst- und Werkvertrag dann logisch konsequent wie folgt: Den Werkunternehmer trifft bei *Mängeln* des Werkes die Gewährleistungshaftung gemäß den §§ 633 ff. BGB. Der Besteller kann dann die Rechte aus § 634 BGB geltend machen, wenn das Werk mangelhaft ist, also z.B. Nacherfüllung verlangen, den Mangel auf Kosten des Unternehmers selbst beseitigen, den Werklohn mindern, vom Vertrag zurücktreten oder Schadens- bzw. Aufwendungsersatz verlangen. Beim Dienstvertrag nach § 611 BGB muss der zur Dienstleistung Verpflichtete dagegen *nicht* für einen »mangelfreien« Erfolg seiner Tätigkeit einstehen, er schuldet nämlich – wie gesehen – gar keinen Erfolg, sondern nur ein sorgfältiges Vorgehen bei der Ausführung der geschuldeten Tätigkeit (BAG NJW **2004**, 2545). Ein spezielles »Mängelgewährleistungsrecht« des Dienstvertrages existiert deshalb auch gar nicht. Es greifen nur die Regeln des Allgemeinen Schuldrechts (*Medicus/Lorenz SR* II Rz. 323; *Palandt/Weidenkaff* § 611 BGB Rz. 33), und die sehen die Gewährleistungsrechte der eben für den Werkvertrag beschriebenen Art nicht vor.

2. und 3. Merksatz: Der Werkunternehmer im Sinne des § 631 BGB hat für eine mangelhafte (Werk-)Leistung nach den §§ 633 ff. BGB einzustehen und kann gemäß § 641 Abs. 1 BGB erst dann seine Vergütung fordern, wenn er das geschuldete Werk, also den Erfolg, ordnungsgemäß erbracht und der Gläubiger dies auch abgenommen hat. Demgegenüber ist der Dienstverpflichtete im Sinne des § 611 BGB nur zur sorgfältigen Ausführung seiner Tätigkeit verpflichtet und erwirbt bereits damit, unabhängig vom Eintritt eines Erfolges, gemäß den §§ 611, 614 BGB seinen Vergütungsanspruch (BAG NJW **2004**, 2545; *Brox/Walker* BS § 19 Rz. 9).

Zum Fall: Wer bis hierhin die Lösung sorgfältig gelesen und auch verstanden hat, wird erkannt haben, dass für den ersten Teil unserer Fallfrage (Muss R zahlen?) die Unterscheidung zwischen Werk- und Dienstvertrag von entscheidender Bedeutung ist, denn: Sollte I nur die reine Arbeitsleistung an der Therme geschuldet haben, wäre der Zahlungsanspruch begründet; der M als Erfüllungsgehilfe des I hat sich ja eine ganze Stunde an dem Gerät versucht und damit die nach § 611 Abs. 1 BGB geschuldete Arbeitsleistung fraglos erbracht. Dass er das Ding am Ende nicht repariert bekommen hat, wäre unerheblich, denn das schuldete I ja nicht, wenn es ein Dienstvertrag war. War es hingegen ein Werkvertrag, musste I, um die Fälligkeit der Vergütung nach § 641 Abs. 1 BGB herbeizuführen, den Erfolg (→ Therme wieder intakt) bewirken, also die »Herstellung des versprochenen Werkes« realisieren. Das aber hat er (bzw. M als Erfüllungsgehilfe des I) nicht getan mit der Folge, dass er keinen Anspruch auf eine Vergütung hätte.

Wir müssen demnach hier zwingend klären, um welche Art von Vertrag es sich vorliegend gehandelt hat: Die konkrete Rechtsnatur eines Vertrages bestimmt sich danach, was die Vertragsparteien als Gegenstand der Leistungsverpflichtung angesehen haben; hierbei ist nicht die Bezeichnung, sondern gemäß den §§ 133, 157 BGB immer der erkennbare Wille entscheidungserheblich (BGH NJW **2010**, 150; BGH NJW **2002**, 3317; *Palandt/Sprau* vor § 631 BGB Rz. 6; *Bamberger/Roth/Wendtland* § 157 BGB Rz. 1). Dieser muss im Zweifel durch *Auslegung* ermittelt werden, wobei insoweit die Erklärungen der Parteien beim Vertragsschluss als auch die sonstigen äußeren Umstände Anhaltspunkte sein können (BGH JR **2003**, 369; BGH NJW **1999**, 3118; *Brox/Walker* BS § 19 Rz. 9; *Palandt/Sprau* vor § 631 BGB Rz. 6; *Medicus/Lorenz* SR II Rz. 361).

Ausgehend von unserem ersten Merksatz oben, wonach der Dienstverpflichtete nur seine reine *Tätigkeit*, der Werkunternehmer aber immer den *Erfolg* schuldet, ergibt sich angesichts des vorliegenden Sachverhaltes nunmehr Folgendes: Wer einen selbstständigen Handwerker bestellt, dem er erklärt hat, seine Warmwassertherme sei kaputt, darf damit rechnen, dass der Handwerker nur dann sein Geld bekommen soll, wenn er den Schaden auch tatsächlich behebt. Es ist dem Besteller hier insbesondere nicht zumutbar, das Risiko des Misslingens dieser Tätigkeit in Form der Vergütungspflicht, unabhängig vom Erfolg der Reparatur, zu tragen. Es kam dem R als Besteller augenscheinlich darauf an, dass I die Therme repariert. Der I übt im vorliegenden Fall seine Tätigkeit zudem in eigener Verantwortung unter Einsatz eigener Arbeitsmittel und Mitarbeiter (M) aus, woraus gefolgert werden kann, dass er nach allgemeinem Verständnis auch das unternehmerische Risiko für das Gelingen des geschuldeten Arbeitsergebnisses trägt (*Palandt/Sprau* vor § 631 BGB Rz. 1). Das für das Dienstverhältnis charakteristische Direktions- bzw. Weisungsrecht des Bestellers ist im Übrigen hier nicht erkennbar. M als Erfüllungsgehilfe des I arbeitet in eigener Regie und ohne Weisung des Bestellers R. Wer selbstständig eine Maschine des Bestellers warten oder reparieren soll, schuldet daher stets ein »Werk« im Sinne des § 631 Abs. 2 BGB, und keine reine Dienstleistung (OLG Düsseldorf NJW-RR **1988**, 441; OLG Frankfurt DAR **1973**, 296; LG München I DAR **1999**, 127; *Palandt/Sprau* vor § 631 BGB Rz. 30; *Brox/Walker* BS § 22 Rz. 4).

ZE.: Damit haben I und R vorliegend einen Werkvertrag im Sinne von § 631 BGB geschlossen. Der Anspruch auf Zahlung von Lohn aus dem Werkvertrag entsteht folglich nur dann, wenn der versprochene Erfolg auch tatsächlich eintritt (*Brox/Walker* BS § 19 Rz. 9). Dies ergibt sich – wie oben schon mal erwähnt – aus **§ 641 Abs. 1 BGB**, der bestimmt, dass die Vergütung erst mit der Abnahme des Werks fällig ist. Vorliegend ist der vertraglich geschuldete Erfolg aber weder eingetreten noch hat R die Abnahme erklärt.

Ergebnis: Der I hat gegen R *keinen* Anspruch auf Zahlung von 150 Euro aus § 631 Abs. 1 BGB.

II.) Anspruch des M gegen I auf Zahlung der Vergütung

<u>AGL</u>: § 611 BGB (Dienstvertrag)

1.) Der Anspruch auf Zahlung von Lohn muss entstanden sein. Dies setzt zunächst voraus, dass zwischen M und I ein *Dienstvertrag* nach § 611 BGB vorgelegen hat. Da sich in der Sachverhaltsschilderung die Formulierung findet, dass M bei I *fest angestellt* ist, kann insoweit vom Bestehen eines Arbeitsvertrages ausgegangen werden. Und da Arbeitsverhältnisse gemäß dem Einleitungssatz von § 621 BGB grundsätzlich Dienstverträge sind (siehe oben), haben wir es demnach hier im Verhältnis I und M problemlos mit einem solchen Dienstvertrag zu tun.

> **Aufgepasst:** Es schadet für diese Einordnung *nicht*, dass wir eben auch festgestellt haben, dass die Reparatur an der Therme im Verhältnis zwischen I und R den geschuldeten Erfolg im Rahmen eines *Werkvertrages* nach § 631 BGB darstellt. Denn ein und dieselbe Tätigkeit kann im Verhältnis des Ausführenden zu unterschiedlichen Personen ohne weiteres zugleich Gegenstand eines Dienst- und eines Werkvertrages sein (*Brox/Walker* AS § 19 Rz. 10). Deshalb spricht nichts dagegen, den Reparaturversuch im Verhältnis zwischen I und M als Leistung des M zur Erfüllung seiner Verpflichtung aus einem mit I bestehenden Dienstvertrag anzusehen.

ZE.: Zwischen M und I bestand vorliegend ein Dienstvertrag in Form eines Arbeitsvertrages.

2.) M ist vereinbarungsgemäß bei R tätig geworden und hat über einen Zeitraum von einer Stunde seine Arbeitsleistung erbracht. Dass er den von I (!) gegenüber R geschuldeten Erfolg durch seine Bemühungen nicht herbeigeführt hat, ändert hieran natürlich nichts. Denn das haben wir weiter oben ja gelernt: Der Dienstverpflichtete im Sinne des § 611 BGB schuldet nur seine Arbeitsleistung, nicht aber auch den eingetretenen Erfolg. Der Zahlungsanspruch entsteht unabhängig davon (BGH NJW **1990**, 2549; ErfK-*Preis* § 611 BGB Rz. 845; *Jauernig/Mansel* § 611 BGB Rz. 16).

Ergebnis: M kann von I aus § 611 Abs. 1 BGB Zahlung seines Lohns verlangen.

Zur Abrundung:

Zum Schluss wollen wir uns gerade noch zwei weitere Vertragsarten, die in Abgrenzung zum Dienst- und Werkvertrag stehen, ein wenig näher anschauen. Es geht dabei zum einen um den *Auftrag* nach § 662 BGB und zum anderen um den *Geschäftsbesorgungsvertrag* im Sinne des § 675 BGB.

→ Der *Auftrag* gemäß § 662 BGB unterscheidet sich vom Dienst- und Werkvertrag vor allem durch seine *Unentgeltlichkeit*. Der Beauftragte verpflichtet sich beim Auftrag nämlich dazu, ein ihm vom Auftraggeber übertragenes Geschäft *unentgeltlich* zu besorgen (bitte lies § 662 BGB). Es handelt sich beim Auftrag – anders als beim Dienst- und Werkvertrag – daher nicht um einen gegenseitigen, sondern nur um einen sogenannten »unvollkommen zweiseitigen« Vertrag (*Brox/Walker* BS § 29 Rz. 3; *Palandt/Sprau* vor § 662 BGB Rz. 1). *Unvollkommen* zweiseitig übrigens deshalb, weil die Tätigkeit an sich zwar unentgeltlich ist, der Beauftragte aber die ihm bei der Ausführung des Auftrages entstandenen Aufwendungen gemäß § 670 BGB vom Auftraggeber ersetzt verlangen kann. **Beispiel**: A bittet den B, für ihn beim Gemüsehändler zwei Kilo Möhren zu kaufen. Kauft B die Möhren, hat er gegen A gemäß § 670 BGB den Anspruch auf Erstattung des gezahlten Kaufpreises, denn das waren die Aufwendungen, die B zur Ausführung des Auftrages tätigen musste. Für die Tätigkeit an sich aber, also den Weg zum Gemüsehändler, kann B demgegenüber nichts fordern, denn der Auftrag, also die reine Handlung, ist gemäß § 662 BGB ja unentgeltlich.

→ Ein *Geschäftsbesorgungsvertrag* im Sinne des § 675 BGB ist nun noch was anderes, nämlich entweder ein Dienst- oder ein Werkvertrag, allerdings mit der Besonderheit, dass eine »**entgeltliche Geschäftsbesorgung**« geschuldet wird. Mit dem Begriff der entgeltlichen Geschäftsbesorgung ist hauptsächlich die selbstständige Betreuung fremder *wirtschaftlicher Interessen* des Vertragspartners gemeint (BGH NJW-RR **2004**, 989; BGHZ **45**, 223; BGH DB **1959**, 168; *Jauernig/Mansel* § 675 BGB Rz. 4). Darunter fallen z.B. die Beratung durch einen Anwalt (BGH NJW-RR **2000**, 791), die Tätigkeit eines Steuerberaters (BGHZ **54**, 106; BGH VersR **1980**, 264) oder auch die meisten Bankgeschäfte (BGH NJW **1985**, 2699). Wegen der Besonderheit dieser Geschäfte, namentlich der Tatsache, dass der eine Teil im *fremden* wirtschaftlichen Interessenbereich des anderen tätig wird, sollen dann neben den §§ 675 ff. BGB gemäß § 675 Abs. 1 BGB vor allem einige ausgewählte Vorschriften des Auftragsrechts anwendbar sein, da die Regeln über den Dienst- bzw. Werkvertrag hier keine interessengerechte und abschließende Lösung bieten (*Bamberger/Roth/Czub* § 675 BGB Rz. 1). Das Auftragsrecht aus den §§ 662 ff. BGB füllt diese Lücke, da es der Interessenlage der Vertragsparteien, also der ausschließlichen Behandlung *fremder* Interessen, eher gerecht wird, gleichwohl aber wegen der grundsätzlichen Unentgeltlichkeit des Auftrags nicht unmittelbar angewandt werden kann. Daher ordnet § 675 Abs. 1 BGB die *entsprechende* Anwendung der jeweiligen Normen des Auftragsrechts an (*Jauernig/Mansel* § 675 BGB Rz. 1). Insofern regelt § 675 BGB übrigens keinen eigenen Vertragstyp, sondern bestimmt vielmehr, dass es grundsätzlich beim jeweiligen Dienst- oder Werkvertragsrecht bleibt, gleichwohl aber ergänzend Normen aus dem Auftragsrecht Anwendung finden sollen. Merken.

In unserem kleinen Fall oben mit der Warmwassertherme kam weder der Auftrag nach § 662 BGB noch eine Geschäftsbesorgung gemäß § 675 BGB in Betracht: Der Auftrag scheitert bereits daran, dass Handwerker auf dieser Welt niemals unentgeltlich arbeiten. Und eine Geschäftsbesorgung im Sinne des § 675 BGB ist es auch nicht gewesen, denn wir haben es nicht mit der Betreuung fremder Vermögensinteressen im oben benannten Sinne einer wirtschaftlich beratenden Tätigkeit zu tun, sondern mit der Reparatur einer Warmwassertherme. Und das ist und bleibt ein reiner Werkvertrag, was das Verhältnis zwischen I und R angeht.

Gutachten

I kann gegen R einen Anspruch auf Zahlung von 150 Euro aus § 631 Abs. 1 BGB haben.

1.) Der Zahlungsanspruch des I muss zunächst entstanden sein. Dies setzt voraus, dass I und R vorliegend einen Werkvertrag gemäß § 631 BGB geschlossen haben. Ein Vertragsschluss zwischen I und R im Sinne des § 631 Abs. 1 BGB setzt zwei übereinstimmende Willenserklärungen, den Antrag und die Annahme nach §§ 145, 147 BGB, voraus.

R hat I angerufen, den Defekt geschildert und dann um Abhilfe gebeten. Hiermit war I einverstanden und hat auch gleich einen Monteur zu R geschickt. Dies lässt sich als vertragliche Einigung zwischen I und R ansehen.

2.) Fraglich ist allerdings, ob sich an dieser Beurteilung etwas ändert, weil R und I nicht über die Vergütung gesprochen haben. Angesichts dessen könnte es an einem wesentlichen Bestandteil des Vertrages fehlen mit der Folge, dass eine Einigung im Sinne des § 631 BGB nicht zustande gekommen ist.

In § 632 Abs. 1 BGB steht indes, dass eine Vergütung stillschweigend als vereinbart gilt, wenn die Parteien hierüber keine ausdrückliche Vereinbarung treffen und die Tätigkeit üblicherweise nur gegen Zahlung einer Vergütung zu erbringen ist. In § 632 Abs. 2 BGB ist zudem geregelt, dass bei fehlender Vereinbarung im Zweifel die »übliche« Vergütung als vereinbart gilt. Die vertragliche Einigung zwischen I und R scheitert demnach jedenfalls nicht daran, dass eine konkrete Vergütung zwischen den Parteien zunächst nicht ausdrücklich abgesprochen gewesen ist.

Gleichwohl ist zu berücksichtigen, dass I hier im weitesten Sinne eine Tätigkeit schuldet und es sich daher vorliegend auch um einen Dienstvertrag gemäß § 611 BGB handeln könnte. Während beim Dienstvertrag die Arbeitsleistung als solche, also nur das Tätigsein, geschuldet wird, schuldet der Werkunternehmer immer das Ergebnis seiner Tätigkeit, nämlich den Erfolg. Der Dienstverpflichtete schuldet also nur die Arbeit an sich, das Tätigsein.

Es kam dem R als Besteller vorliegend darauf an, dass I die Therme repariert. I übte im vorliegenden Fall seine Tätigkeit zudem in eigener Verantwortung unter Einsatz eigener Arbeitsmittel und Mitarbeiter (M) aus, woraus gefolgert werden kann, dass er nach allgemeinem Verständnis auch das unternehmerische Risiko für das Gelingen des geschuldeten Arbeitsergebnisses tragen sollte. Das für das Dienstverhältnis charakteristische Direktionsbzw. Weisungsrecht des Bestellers ist im Übrigen hier nicht erkennbar. M als Erfüllungsgehilfe des I arbeitet in eigener Regie und ohne Weisung des Bestellers R.

Damit haben I und R vorliegend einen Werkvertrag im Sinne von § 631 BGB geschlossen. Der Anspruch auf Zahlung von Lohn aus dem Werkvertrag entsteht nur dann, wenn der versprochene Erfolg auch tatsächlich eintritt. Dies ergibt sich – wie oben schon mal erwähnt – aus § 641 Abs. 1 BGB, der bestimmt, dass die Vergütung erst mit der Abnahme des Werks fällig ist. Vorliegend ist der vertraglich geschuldete Erfolg aber weder eingetreten noch hat R die Abnahme erklärt.

Ergebnis: I hat gegen R keinen Anspruch auf Zahlung von 150 Euro aus § 631 Abs. 1 BGB.

M kann gegen I einen Anspruch auf Zahlung der Vergütung aus § 611 BGB haben.

1.) Der Anspruch auf Zahlung von Lohn muss entstanden sein. Dies setzt zunächst voraus, dass zwischen M und I ein Dienstvertrag nach § 611 BGB vorgelegen hat.

Da sich in der Sachverhaltsschilderung die Formulierung findet, dass M bei I fest angestellt ist, kann insoweit vom Bestehen eines Arbeitsvertrages ausgegangen werden. Und da Arbeitsverhältnisse gemäß dem Einleitungssatz von § 621 BGB grundsätzlich Dienstverträge sind, liegt im Verhältnis I und M ein solcher Dienstvertrag vor. Zwischen M und I bestand vorliegend ein Dienstvertrag in Form eines Arbeitsvertrages.

2.) M ist vereinbarungsgemäß bei R tätig geworden und hat über einen Zeitraum von einer Stunde seine Arbeitsleistung erbracht. Dass er den von I gegenüber R geschuldeten Erfolg durch seine Bemühungen nicht herbeigeführt hat, ändert hieran nichts. Der Dienstverpflichtete im Sinne des § 611 BGB schuldet nur seine Arbeitsleistung, nicht aber auch den eingetretenen Erfolg. Der Zahlungsanspruch entsteht unabhängig davon.

Ergebnis: M kann von I aus § 611 Abs. 1 BGB Zahlung seines Lohns verlangen.

Fall 24

Nicht ganz dicht!

Bauunternehmer U hat im Kölner Umland auf einem ihm gehörenden Grundstück eine Fertighaussiedlung errichtet. Eines seiner Musterhäuser, das er vor drei Monaten zu Werbezwecken dort gebaut hatte, bietet er nun Rechtsanwalt A zu einem günstigen Preis an. A ist sofort begeistert und eine Woche später schließen A und U einen notariell beurkundeten »Kaufvertrag« über das entsprechende Grundstück einschließlich des Hauses. Bei der Schlüsselübergabe stellt A am nächsten Tag fest, dass sich die Fenster im Erdgeschoss wegen eines Konstruktionsfehlers nicht winddicht schließen lassen. A verzichtet jedoch darauf, diesen Umstand anzusprechen und im Übergabeprotokoll festhalten zu lassen, da er die Undichtigkeit für unerheblich hält, zumal gerade August ist und hochsommerliche Temperaturen herrschen.

Vier Monate später pfeift selbstverständlich eiskalter Wind durch die mittlerweile zentimeterbreiten Fensterritzen. A verlangt nunmehr von U die Instandsetzung der Fenster. U indessen weigert sich und meint, dazu sei er nicht mehr verpflichtet, da A die Undichtigkeit bei der Übergabe bewusst und ohne Beanstandung hingenommen habe. Deshalb lehne er grundsätzlich auch jede Nachbesserung ab. Der A beauftragt daraufhin den Handwerker H mit der Reparatur der Fenster und verlangt von U die an H dafür gezahlten 3.000 Euro.

Zu Recht?

Schwerpunkte: Abgrenzung von Kauf- und Werkvertrag; die Mängelhaftung beim Werkvertrag nach den §§ 633 ff. BGB; das Selbstvornahmerecht des Bestellers nach den §§ 637 Abs. 1, 634 Nr. 2 BGB; die Abnahmepflicht des Bestellers aus § 640 Abs. 1 BGB; der Ausschlusstatbestand in § 640 Abs. 2 BGB; die Voraussetzungen des Schadensersatzes statt der Leistung nach § 634 Nr. 4 BGB.

Lösungsweg

Anspruch des A gegen U auf Zahlung von 3.000 Euro

AGL.: §§ 637 Abs. 1, 634 Nr. 2 BGB (Aufwendungsersatz für Selbstvornahme)

Vorbemerkung: Dieser Fall ist inhaltlich ziemlich anspruchsvoll und befasst sich dabei hauptsächlich mit zwei großen Schwerpunkten: Insoweit werden wir zunächst die wichtige Abgrenzung von Kauf- und Werkvertrag kennenlernen mit der Besonderheit des sogenannten »Bauträgervertrages«, der die Gerichte, die Wissenschaft und damit logischerweise auch die Studierenden seit Jahrzehnten beschäftigt und mit der Schuldrechtsmodernisierung aus dem Jahre 2002 neue beachtliche prüfungsrelevante Dynamik erhalten hat. Schauen wir uns gleich mal in Ruhe an und werden, wenn wir das erledigt haben, dann im zweiten Schritt die werkrechtliche Gewährleistung nach den §§ 633 ff. BGB behandeln. Auch das ist ein gewaltiger und kniffliger Brocken, und damit wir dabei von Anfang an den Überblick behalten und vor allen Dingen gleich den Prüfungseinstieg kapieren, werden wir uns vorab zunächst für einen Augenblick die Systematik der §§ 633 ff. BGB näher ansehen. Ist nicht wirklich schwer und uns – wegen einiger Parallelen zum Kaufrecht – sogar zum Teil schon bekannt, nämlich:

Die Ausgangsnorm einer jeden werkrechtlichen Gewährleistungsprüfung ist immer der § 634 BGB (aufschlagen, bitte). Diese Norm erfüllt dieselbe Funktion wie der § 437 BGB im Kaufrecht, den wir weiter vorne im Buch (Fälle 16-22) schon kennengelernt haben. Der § 634 BGB regelt sämtliche rechtlichen Möglichkeiten, die dem Besteller zur Verfügung stehen, wenn das hergestellte Werk nicht frei von Rechts- oder Sachmängeln ist. Ausgehend vom jeweiligen Begehren des Bestellers bietet § 634 BGB die entsprechende Weichenstellung für die gesamte weitere Prüfung. Die Vorschrift nennt dabei insgesamt *sechs* Rechtsbehelfe, auf die der Besteller zurückgreifen kann, nämlich:

> **Nacherfüllung** (Nr. 1), **Aufwendungen bei Selbstvornahme** (Nr. 2), **Rücktritt** (Nr. 3, 1. Variante), **Minderung** (Nr. 3, 2. Variante), **Schadensersatz** (Nr. 4, 1. Variante) und **Ersatz vergeblicher Aufwendungen** (Nr. 4, 2. Variante).

Für den Prüfungsaufbau von Bedeutung ist nun zunächst einmal, dass der § 634 BGB – ebenso wie § 437 BGB im Kaufrecht – keine eigene selbstständige Anspruchsgrundlage darstellt, sondern lediglich als sogenannte *Rechtsgrundverweisung* zu verstehen ist (*Jauernig/Mansel* § 634 BGB Rz. 1). Rechtsgrundverweisung bedeutet in diesem Zusammenhang, dass die Norm nur unter Hinzuziehung anderer Vorschriften, die dann den eigentlichen »Rechtsgrund« des Anspruchs ausmachen, zur Anspruchsgrundlage wird (*Palandt/Sprau* § 634 BGB Rz. 1). Das braucht man übrigens noch nicht mal auswendig zu lernen, es steht nämlich im Gesetz: Im Einleitungssatz des § 634 BGB kann man nachlesen, dass das Werk zum einen *mangelhaft* sein muss und der Besteller die nachfolgenden Rechte aus den Nummern 1 bis 4 geltend machen kann, »**wenn die Voraussetzungen der folgenden Vorschriften vorliegen**«. Neben der Mangelhaftigkeit des Werkes (das gilt für alle Rechte aus § 634 BGB) müssen demnach zur Anspruchsbegründung immer auch zusätzlich die Voraussetzungen der jeweiligen Nummer des § 634 BGB geprüft werden. Dies zusammen erst ergibt dann die Anspruchsgrundlage. Merken.

Zum Fall: Hier bei uns möchte A von U die 3.000 Euro ersetzt haben, die er dem H wegen der Reparatur der Fenster gezahlt hat. Dieses Begehren des A weist auf § 634 Nr. 2 BGB in Verbindung mit dem dort genannten § 637 Abs. 1 BGB hin, weswegen diese beiden Normen dann konsequenterweise bei uns auch im Obersatz stehen (prüfen, bitte). A beansprucht damit Aufwendungsersatz für die Selbstvornahme im Hinblick auf eine Mangelbeseitigung. Ob der Anspruch begründet ist, klärt sich wie immer, wenn wir die Voraussetzungen prüfen:

1.) Der Anspruch des A aus den §§ 634 Nr. 2, 637 Abs. 1 BGB muss zunächst einmal *entstanden* sein. Und dazu ist als Erstes erforderlich, dass sich A und U rechtswirksam über den Abschluss eines *Werkvertrages* im Sinne des § 631 BGB geeinigt haben. Ohne einen wirksamen Werkvertrag entfällt logischerweise jede werkrechtliche Gewährleistung.

Und da müssen wir hier gleich mal etwas genauer hinsehen, denn ausweislich der Schilderung im Sachverhalt haben A und U einen »**Kaufvertrag**« vor dem Notar geschlossen, was an sich zur Folge hätte, dass ein Anspruch aus den §§ 634 Nr. 2, 637 Abs. 1 BGB nicht in Betracht käme. Und mehr noch: Wenn es ein Kaufvertrag wäre, könnte A keinesfalls Ersatz für die Aufwendungen der Selbstvornahme verlangen, denn das Kaufrecht sieht einen solchen Anspruch in § 437 BGB *nicht* vor. Zudem lehnt die herrschende Meinung, das haben wir in Fall Nr. 19 weiter vorne schon gelernt, insoweit auch eine entsprechende Anwendung des § 326 Abs. 2 Satz 2 BGB ab, versagt also jeden Anspruch auf Kostenersatz für eine selbst veranlasste Reparatur im Kaufrecht (BGH NJW **2006**, 988; LG Gießen ZGS **2004**, 238; AG Daun ZGS **2003**, 297; AG Kempen MDR **2003**, 1406, 1407; *Dötsch* in MDR 2004, 975; *Dauner-Lieb/Dötsch* in ZGS 2003, 250, 251; *Ball* in NZV 2004, 217, 227; *Peters* in JZ 2004, 355). Wir müssen demzufolge im vorliegenden Fall zwingend klären, ob die Parteien tatsächlich, wie beim Notar beurkundet, einen Kaufvertrag abgeschlossen haben oder aber, ob es sich trotz dieser Bezeichnung nicht doch um einen Vertrag mit werkrechtlichem Bezug und vor allem Geltung der §§ 633 ff. BGB handelt. Dabei hilft uns folgende

Regel: Wenn nicht eindeutig erkennbar ist, welcher Vertragstyp im konkreten Fall vorliegt, wird die Vertragsart mithilfe der *Auslegung* ermittelt. Dabei sind der *Inhalt*, der *Zweck*, die wirtschaftliche *Bedeutung* des Vertrages und die *Interessenlage* der Vertragsparteien zu berücksichtigen (BGH NJW **2006**, 904; BGH NJW **2000**, 2099; *Palandt/Ellenberger* § 133 BGB Rz. 18). Sind sich die Vertragsparteien trotz anders lautender oder gar falscher Ausdrucksweise über den von ihnen gewollten Inhalt des Vertrags einig, geht dieses von ihnen übereinstimmend Gewollte jeder anderweitigen Interpretation und sogar einem völlig eindeutig anderen objektiven Sinn der von ihnen getroffenen Vereinbarung vor. Es gilt dann die Regel »falsa demonstratio non nocet«, die falsche Bezeichnung schadet nicht (BGH NJW **2002**, 1038; BGH NJW-RR **1996**, 1458; *Staudinger/Roth* § 157 BGB Rz. 3; *Schwabe* BGB AT, Fall 11). Der von den Parteien beim Abschluss eines Vertrages gewählte Wortlaut ist deshalb regelmäßig nur ein Indiz für dessen Rechtsnatur (BGH NJW **2007**, 3275; BGH NJW-RR **2007**, 895; BGH NJW **1985**, 1551; *Bamberger/Roth/Wendtland* § 133 BGB Rz. 27).

Das wenden wir jetzt mal auf den vorliegenden Fall an: Und insoweit können und müssen wir zunächst feststellen, dass vor dem Notar fraglos ein als solcher bezeichneter »Kaufvertrag« geschlossen worden ist. Dies spricht trotz des soeben im grauen Kasten Erläuterten erst einmal für die Anwendung der §§ 433 ff. BGB. Dazu kommt, dass das von A erworbene Musterhaus zum Zeitpunkt des Vertragsschlusses bereits fertig gestellt war und nur noch übereignet werden musste, was ebenfalls für das Vorliegen eines Kaufvertrages spricht (*Brambring* in DNotZ 2001, 904). Denn nach § 631 BGB grenzt sich der Werkvertrag – wie wir im vorherigen Fall gelernt haben – von anderen Vertragstypen durch das Versprechen ab, einen bestimmten, durch eine Tätigkeit herbeigeführten *Erfolg* zu erreichen. Wird aber nur eine bereits fertig gestellte Sache übereignet, liegt hierin kein von § 631 Abs. 1 BGB gemeinter Erfolg (*Bamberger/Roth/Voit* § 631 BGB Rz. 6). Nur der Kaufvertrag ist auf Übereignung des fertigen Gegenstands gerichtet. Im Gegensatz zum Werkvertrag ist dabei die Herstellung des Gegenstands im Zweifel nicht Vertragsinhalt (BGH NJW **2006**, 904; BGHZ **87**, 112). All dies spricht somit dafür, dass die Bezeichnung »Kaufvertrag« auch dem Willen und dem Zweck sowie der Interessenlage der Parteien gerecht wird, der Vertrag wäre dann tatsächlich nach den §§ 433 ff. BGB abzuwickeln.

> **Aber**: Wir müssen bei der Vertragsauslegung hier auch den Umstand mit einbeziehen, dass U das Musterhaus erst kurz zuvor, nämlich drei Monate vorher, errichtet hatte. Aus der Sicht des A macht es insofern eigentlich keinen Unterschied, ob er das Haus erst bestellt und es dann von U gebaut wird (das wäre dann fraglos ein Werkvertrag); oder ob das Musterhaus erst von U gebaut und kurz darauf verkauft wird. Dies ist insbesondere deshalb von Bedeutung, weil hier eine echte Ingebrauchnahme als Wohnhaus durch jemand anderen auch noch gar nicht stattgefunden hat, denn U hat das Musterhaus nach Auskunft des Sachverhaltes nur zu Verkaufs- und Werbezwecken genutzt. Es fragt sich somit, ob es nicht interessengerechter wäre, auf Fälle der vorliegenden Art trotz Übereignung des fertigen Hauses Werkrecht anzuwenden.

Lösung: Dieser Problematik hat sich vor Jahren schon der BGH (BGHZ **68**, 372) angenommen und in den Fällen des sogenannten »**Erwerbes vom Bauträger**« folgende Regeln aufgestellt: Es handelt sich beim Bauträgervertrag um einen sogenannten *gemischten* Vertrag, der sowohl aus Elementen des Kauf- wie auch des Werkvertrags zusammengesetzt ist (BGH NJW **1973**, 1235; *Palandt/Sprau* vor § 633 BGB Rz. 3). Bei solchen gemischten Verträgen ist im Hinblick auf die Gewährleistung zu differenzieren:

> **Regel**: Bei einem Vertrag über einen Grundstückserwerb mit einem vom Veräußerer zu errichtenden oder erst vor kurzer Zeit fertig gestellten Gebäude (sogenannter »**Bauträgervertrag**«) ist für den Gewährleistungsanspruch des Erwerbers bezüglich des Gebäudes Werkvertragsrecht anzuwenden, während Mängel des Grundstücks nach Kaufrecht behandelt werden (BGH NJW-RR **2007**, 895; BGHZ **65**, 359, 361; **68**, 372, 374; **74**, 204, 206; OLG Düsseldorf NJW-RR **1986**, 320; *Schubert* in JR 1978, 109; *Köhler* in NJW 1984, 1321).

Nach dem BGH ist also sogar dann Werkrecht anzuwenden, wenn der Bau bei Vertragsschluss schon fertig gestellt war oder nur noch Kleinigkeiten fehlen und sich die Verpflichtung des Veräußerers tatsächlich dann nur noch auf die Übereignung beschränkte (BGH NJW **1987**, 2373; BGHZ **68**, 372). Dies wurde vom BGH zum einen mit dem Umstand begründet, dass nur das Werkvertragsrecht im bis zum 01.01.2002 geltenden § 633 Abs. 2 BGB einen Anspruch auf Nachbesserung gewährte. Ein solches Nachbesserungsrecht des Werkunternehmers war demgegenüber im Kaufrecht nicht vorgesehen. Bei Mängeln wäre der Erwerber nach altem Kaufrecht nur berechtigt gewesen zurückzutreten, zu mindern oder Schadensersatz zu fordern. Aus diesem Grund wurden ihm von der Rechtsprechung die werkrechtlichen Ansprüche zugebilligt, denn ansonsten hätte er eben keinen (in den Fällen der vorliegenden Art häufig allein sinnvollen) Anspruch auf Nachbesserung geltend machen können. Im Übrigen betrug die Verjährung nach dem alten § 638 Abs. 1 Satz 1, Fall 3 BGB im Werkrecht fünf Jahre, während das Kaufrecht im alten § 477 BGB bei Grundstücken nur ein Jahr Verjährungsfrist gewährte. Aus diesen Gründen hatte sich der BGH dafür entschieden, die Verträge über den Kauf eines Grundstücks einschließlich fertig darauf gebauten Hauses im Hinblick auf das Haus dem Werkrecht zu unterstellen und bezüglich des Grundstücks Kaufrecht zur Anwendung kommen zu lassen (BGHZ **65**, 359).

Problem: Mit der Schuldrechtsmodernisierung im Jahre 2002 hat sich die Rechtslage insoweit beachtlich geändert, und zwar dergestalt, dass auch das Kaufrecht einen Anspruch auf Nachbesserung in § 439 Abs. 1 BGB ausdrücklich vorsieht und zudem die Verjährungsvorschriften vereinheitlicht worden sind. Gemäß § 438 Abs. 1 Nr. 2a BGB verjähren auch die Mängelansprüche beim Kauf eines Gebäudes in fünf Jahren, was für den Werkvertrag in § 634a Abs. 1 Nr. 2 BGB steht. Damit aber entfallen die beiden Hauptargumente, die der BGH zur Begründung des gemischten Charakters der Bauträgerverträge herangezogen hat. Ungeachtet dessen hat der BGH angedeutet, dass er auch nach der Schuldrechtsreform an seinen Grundsätzen festhalten möchte (NJW **2007**, 3275). Es liegt unter den nach neuer Rechtslage gegebenen Umständen allerdings nahe, Bauträgerverträge auch im Hinblick auf das Gebäude als reine *Kaufverträge* nach den §§ 433 ff. BGB zu behandeln. Im Schrifttum gibt es zu diesem Problem unterschiedliche Lösungsvorschläge:

▪ *Zum Teil* wird vertreten, dass nach Fertigstellung des Gebäudes ausschließlich Kaufrecht nach den §§ 433 ff. BGB Anwendung finden soll und insoweit die vom BGH aufgestellten Regeln durch die Änderungen des Schuldrechts nicht mehr gelten sollen. Durch die Anpassung der Mängelrechte und der Verjährungsfristen hätten sich die zuvor bestehenden Wertungswidersprüche grundsätzlich entschärft (*Palandt/Sprau* Vor § 633 BGB Rz. 3; MüKo/*Busche* § 631 BGB Rz. 227; *Hildebrandt* in ZfIR 2003, 489; *Hofmann/Joneleit* in NZBau 2003, 41; *Ott* in NZBau 2003, 233; *Hertel* in DNotZ 2002, 6; *Teichmann* in ZfBR 2002, 13; *Brambring* in DNotZ 2001, 904). Wer ein Grundstück mit vom Veräußerer vorher fertig hergestelltem Haus erwerbe, unterliege insoweit dem Kaufrecht und seinen Gewährleistungsnormen. Ein Recht zur Selbstvornahme, wie in § 637 BGB vorgesehen, bestehe dann nicht.

▪ Nach *anderer Auffassung* sollen die vom BGH entwickelten Grundsätze zum gemischten Vertrag demgegenüber auch nach der Änderung der gesetzlichen Lage im Jahre 2002 weiter gelten. Trotz der nunmehr vom Gesetzgeber gewährten Nachbesserung auch im Kaufrecht und der angeglichenen Verjährungsfristen in Kauf- und Werkrecht seien die Unterschiede zwischen Kauf- und Werkvertragsrecht immer noch beachtlich. Die gegenteilige Meinung übersehe, dass der Gesetzgeber keinerlei sprachliche oder inhaltliche Änderungen im Werkvertragsrecht vorgenommen hat, die eine Abweichung von der ständigen Rechtsprechung des BGH rechtfertigen würden (*Pauly* in MDR 2004, 16; *Dören* in ZfIR 2003, 489; *Bamberger/Roth/Voit* § 631 BGB Rz. 17; *Kniffka/Koeble/Kniffka* Kompendium des Baurechts Rz. 122; *Derleder* in NZBau 2004, 237; *Pause* in NZBau 2002, 648; *Thode* in NZBau 2002, 297).

Dieser Streit hat für unseren Fall beachtliche Konsequenzen, denn schließt man sich der erstgenannten Meinung an und geht von der ausschließlichen Geltung der §§ 433 ff. BGB aus, bekommt unser A hier keine 3.000 Euro, weil nämlich der hier begehrte Anspruch auf Ersatz für die Selbstvornahme nur im Werkrecht (§ 637 BGB) existiert. Das Kaufrecht kennt diesen Anspruch in § 437 BGB nicht und nach herrschender Auffassung ist eine analoge Anwendung des § 326 Abs. 2 Satz 2 BGB nicht zulässig (BGH NJW **2006**, 988; LG Gießen ZGS **2004**, 238; AG Daun ZGS **2003**, 297; AG Kempen MDR **2003**, 1406, 1407; *Dötsch* in MDR 2004, 975; *Dauner-Lieb/Dötsch* ZGS 2003, 250, 251; *Ball* NZV 2004, 217, 227; *Peters* in JZ 2004, 355). Folgt man hingegen der zweiten Ansicht, käme § 637 BGB als Anspruchsgrundlage in Betracht, denn dann finden die werkrechtlichen Normen im Hinblick auf das Gebäude Anwendung.

Wir wollen uns hier – ohne Wertung – der zweiten eben genannten Meinung an schließen und uns dabei darauf berufen, dass der Gesetzgeber im Jahre 2002 in Kenntnis der Problematik keinerlei gesetzliche Regelung diesbezüglich geschaffen bzw. geändert hat. Somit ist davon auszugehen, dass die Rechtsprechung des BGH weiterhin als verbindlich angesehen werden soll (a.A. ist natürlich ebenso gut vertretbar).

<u>ZE.:</u> Inhalt der Einigung zwischen A und U war demnach ein (gemischter) Bauträgervertrag. Im Hinblick auf Mängel des Gebäudes ist damit Werkrecht, also die §§ 633 ff. BGB anzuwenden.

2.) So. Das haben wir erledigt und können jetzt endlich prüfen, ob die weiteren Voraussetzungen der im Obersatz genannten Normen vorliegen. Damit der Anspruch aus den §§ 637 Abs. 1, 634 Nr. 2 BGB begründet sein kann, müsste das Werk also in jedem Falle *mangelhaft* gewesen sein (bitte lies den Einleitungssatz von § 634 BGB).

In Betracht kommt hier nur ein *Sachmangel* gemäß **§ 633 Abs. 2 BGB**. Sachmangel im Sinne des § 633 Abs. 2 BGB ist jede negative Abweichung der Istbeschaffenheit von der Sollbeschaffenheit (BGH NJW **2011**, 3780; *Palandt/Sprau* § 633 BGB Rz. 5). Nach § 633 Abs. 2 BGB ist insoweit in erster Linie maßgeblich, ob das Werk die vereinbarte Beschaffenheit hat, in zweiter Linie, ob es sich für die nach dem Vertrag vorausgesetzte oder für die gewöhnliche Verwendung eignet und eine Beschaffenheit mittlerer Art und Güte aufweist. Nach unserem Sachverhalt steht fest, dass sich die Fenster im Erdgeschoss des von U errichteten Hauses nicht richtig winddicht schließen lassen. Ordnungsgemäß schließbare Fenster gehören indessen fraglos zur Sollbeschaffenheit, da sie die gewöhnliche Verwendung sowohl des Hauses als auch der Fenster selbst als Bestandteil der gesamten Sache beeinträchtigen. Sie haben zudem nicht die Beschaffenheit, die bei Fenstern der gleichen Art üblich ist und stellen damit einen Sachmangel im Sinne des § 633 Abs. 2 Satz 2 Nr. 2 BGB dar.

<u>ZE.</u>: Ein Sachmangel nach § 633 Abs. 2 Satz 2 Nr. 1 lag im Zeitpunkt des Gefahrübergangs vor.

3.) Weiterhin müsste A das Werk gemäß § 640 Abs. 1 BGB auch *abgenommen* haben, da erst nach dieser Abnahme die §§ 633 ff. BGB Anwendung finden; bis dahin gelten die Regeln des Allgemeinen Schuldrechts über Leistungsstörungen (*Jauernig/Mansel* § 640 BGB Rz. 1).

> **Definition:** Unter der *Abnahme* eines Werkes versteht man die körperliche Entgegennahme des vom Unternehmer hergestellten Werkes und die damit verbundene Erklärung des Bestellers, dass er das Werk als in der Hauptsache vertragsgerecht erbracht anerkenne (BGH WM **2010**, 566; BGH NJW **1993**, 1974; BGH BauR **1973**, 192; BGHZ **50**, 160; MüKo/*Soergel* § 640 BGB Rz. 2; *Palandt/Sprau* § 640 BGB Rz. 2; *Brox/Walker* BS § 25 Rz. 11). Dies kann auch konkludent geschehen (BGH WM **2010**, 566).

Und demnach hat die erforderliche Abnahme durch A hier im Rahmen der Schlüsselübergabe stattgefunden, denn zum einen hat A das Haus hierdurch körperlich »entgegengenommen«, zum anderen hat er dokumentiert, dass er im Wesentlichen mit der Werkleistung einverstanden war.

<u>ZE.</u>: Die Abnahme des Werks im Sinne des § 640 Abs. 1 BGB durch A ist erfolgt.

4.) A muss dem U zur Durchsetzung des Anspruchs aus den §§ 637 Abs. 1, 634 Nr. 2 BGB eine *angemessene Frist* zur Mangelbeseitigung gesetzt haben (lies: § 637 Abs. 1 BGB!). Hierfür ist ein eindeutiges und bestimmtes Verlangen der Nacherfüllung erforderlich, aus dem für den Werkunternehmer erkennbar wird, *welcher* Mangel beseitigt werden soll (*Bamberger/Roth/Voit* § 637 BGB Rz. 2).

Beachte: Hätte A das Werk noch nicht abgenommen, hätte es übrigens genügt, dass A den U (dann nach § 281 Abs. 1 Satz 1 BGB) zur Leistung auffordert, *ohne* bestimmte Mängel zu spezifizieren (BGH NJW **2010**, 2200). Anders als bei Geltendmachung eines Nacherfüllungsanspruchs, hätte es dann ausgereicht, wenn er lediglich die mangelnde Funktionalität der Werkleistung (= es zieht!) dargelegt hätte.

In unserem Fall hat A den U zur Behebung des Mangels zwar aufgefordert, indessen ist eine konkrete Fristsetzung zunächst nicht erkennbar, was eigentlich den Anspruch aus § 637 Abs. 1 BGB ausschließen würde.

Aber: Das wäre dann unbeachtlich, wenn die Fristsetzung ausnahmsweise *entbehrlich* gewesen ist. Dies kann sich aus **§ 637 Abs. 2 Satz 1 BGB** (lesen!) in Verbindung mit **§ 323 Abs. 2 Nr. 1 BGB** ergeben. Nach § 323 Abs. 2 Nr. 1 BGB ist die Fristsetzung entbehrlich, wenn der Unternehmer die Nacherfüllung ernsthaft und endgültig ablehnt. Dafür reicht es zwar nicht aus, wenn er lediglich bestreitet, dass ein Mangel vorliegt. Es genügt aber, wenn er sich so verhält, dass es ausgeschlossen erscheint, dass er sich von einer Fristsetzung zur Nacherfüllung umstimmen lässt (BGH NJW **2012**, 3714; BGH NJW **2009**, 667; OLG Koblenz MDR **2009**, 440). Und das ist genau unser Fall, denn auf As Nachfrage hin hat U mitgeteilt, dass er jede Nachbesserung verweigere.

Sonderpunkt: Wenn man § 637 Abs. 1 BGB mal bis zum Ende liest, steht dort noch, dass es den Aufwendungsersatz für die Selbstvornahme nur dann gibt, »wenn nicht der Unternehmer die Nacherfüllung zu Recht verweigert«. Es ist in einer Klausur deshalb immer – wenigstens im Kopf – zu prüfen, ob die Leistungsverweigerung nicht berechtigterweise erfolgt ist (*Jauernig/Mansel* § 637 BGB Rz. 4). Diese Berechtigung kann sich entweder aus § 275 BGB oder aus § 635 Abs. 3 BGB ergeben, wenn also entweder die Nacherfüllung unmöglich (§ 275 BGB) oder aber wirtschaftlich unzumutbar ist (§ 635 Abs. 3 BGB).

Feinkostabteilung: Nach der geltenden Rechtslage steht gemäß § 635 Abs. 1 BGB dem *Unternehmer* das Wahlrecht zu, ob er die Nacherfüllung durch Nachbesserung oder Neuherstellung des Werkes erbringt. Der Grund für diese Regelung ist, dass der Unternehmer in der Regel die nötige Fachkenntnis besitzt, um zu entscheiden, welche Art der Nacherfüllung wirtschaftlich sinnvoll ist (BT-Drs. 14/6040 Seite 264; *Brox/Walker* BS § 24 Rz. 13). Das Werkrecht unterscheidet sich insofern vom Kaufrecht, wo nach § 439 Abs. 1 BGB das entsprechende Wahlrecht dem *Käufer* und damit demjenigen zusteht, für den aus dem Vertrag die Zahlungspflicht resultiert. Das wäre beim Werkvertrag der Besteller. Besteller und Käufer werden also im Hinblick auf das Wahlrecht bei der Nacherfüllung unterschiedlich behandelt. Merken.

Wir gehen zurück zum Fall und stellen fest, dass U die Nacherfüllung nicht »zu Recht« verweigert hat, sie war nämlich weder unmöglich noch wirtschaftlich unzumutbar, jedenfalls steht davon nichts im Fall.

<u>ZE.:</u> Die Fristsetzung war somit gemäß § 323 Abs. 2 Nr. 1 BGB entbehrlich. Ihr Fehlen hindert das Entstehen des Anspruchs also nicht.

5.) Weiterhin müsste A die Mängel im Wege der *Selbstvornahme* beseitigt haben. Hierbei ist es nicht erforderlich, dass der A selbst an den Fenstern herumbasteln muss. »Selbstvornahme« ist also nicht wortwörtlich zu begreifen, sondern meint auch alle Fälle, in denen sich der Besteller fremder Hilfe bedient, um das Werk nachträglich in den vertragsgemäßen Zustand zu versetzen (*Palandt/Sprau* § 637 BGB Rz. 5).

<u>ZE.</u>: A hat demnach mit der Beauftragung des H den vorliegenden Mangel im Wege der Selbstvornahme beseitigt.

6.) Der Anspruch aus den §§ 637 Abs. 1, 634 Nr. 2 BGB darf schließlich nicht *ausgeschlossen* sein. Als Ausschlussgrund kommt hier die werkrechtliche Spezialvorschrift des **§ 640 Abs. 2 BGB** in Betracht (aufschlagen, bitte). Demnach stehen dem Besteller die in § 634 Nr. 1 bis 3 BGB bezeichneten Rechte nur zu, wenn er sich bei der Abnahme seine Rechte wegen des Mangels vorbehält (BGH WM **2010**, 566). Prüfen wir mal:

a) Der in § 640 Abs. 2 BGB vorgesehene Rechtsverlust bezieht sich nur auf Mängel, von denen der Besteller im Zeitpunkt der Abnahme *positive Kenntnis* hat. Mängel, die er nicht kennt, die ihm aber bei entsprechender Prüfung des Werkes hätten auffallen können, sind demgegenüber nicht erfasst (*MüKo/Soergel* § 640 BGB Rz. 18). Da A schon zum Zeitpunkt der Schlüsselübergabe wusste, dass mit den Fenstern etwas nicht stimmt, hatte er bei der Abnahme jedenfalls die erforderliche Kenntnis von der Mangelhaftigkeit des Werks.

b) Der Vorbehalt nach § 640 Abs. 2 BGB ist, um die dort am Ende benannte Wirkung des Anspruchserhalts zu erzielen, »**bei der Abnahme**« zu erklären, nicht vorher und nicht nachher (*Bamberger/Roth/Voit* § 640 BGB Rz. 37; *MüKo/Soergel* § 640 BGB Rz. 19). Erfolgt dies nicht, handelt es sich um eine sogenannte »vorbehaltlose Annahme« mit der Konsequenz, dass die Mängelansprüche aus § 634 Nr. 1 bis 3 BGB ausgeschlossen wären (*Medicus/Lorenz SR* II Rz. 379).

> **Aufgepasst!** Die Abnahme nach § 640 Abs. 1 BGB führt nur dazu, dass der Besteller das Werk als eine »**in der Hauptsache**« vertragsgemäße Erfüllung anerkennt (BGH WM **2010**, 566; BGH NJW-RR **1993**, 1462; *Jauernig/Mansel* § 640 BGB Rz. 2). Damit ist nicht gemeint, dass er gleichzeitig auch anerkennt, dass das Werk die vollkommene und mangelfreie Erfüllung des Werkvertrages repräsentiert. Die Abnahme beinhaltet für sich genommen also keinen kompletten Verzicht auf Mängelansprüche (*MüKo/Soergel* § 640 BGB Rz. 4). Das Vorhandensein von Mängeln steht der Abnahme, wie sich aus der Regel des § 640 Abs. 2 BGB ergibt, demnach nicht entgegen (BGHZ **33**, 236). Die Abnahme bewirkt – auch bei Vorhandensein von Mängeln –, dass die Gefahrtragung gemäß § 644 BGB auf den Besteller übergeht, die Vergütung fällig und verzinslich wird (§ 641 BGB) und die Verjährungsfristen nach § 638 BGB zu laufen beginnen (*Jauernig/Mansel* § 640 BGB Rz. 1). Erkennt der Besteller bei der Abnahme Mängel, muss er sich die Rechte im Hinblick auf diese Mängel gemäß § 640 Abs. 2 BGB vorbehalten, ansonsten büßt er zumindest die ihm nach § 634 Nr. 1-3 BGB zustehenden Rechte ein. Das ist deshalb besonders wichtig, weil die Abnahme nicht nur *ausdrücklich*, sondern auch *stillschweigend* (also durch schlüssiges Verhalten des Bestellers) erklärt werden kann (BGH NJW-RR **2010**, 748).

Zum Fall: Fraglich ist, ob in dem Verhalten des A bei der Schlüsselübergabe ein Vorbehalt der Annahme im Sinne des § 640 Abs. 2 BGB gesehen werden kann. A hat die Mängel damals bereits erkannt, sie aber weder angesprochen noch im Übergabeprotokoll festhalten lassen.

Lösung: Beachtlich ist insoweit zunächst, dass auch ein Vorbehalt im Sinne von § 640 Abs. 2 BGB nicht ausdrücklich erklärt werden muss, er ist grundsätzlich *formlos* oder sogar *stillschweigend* möglich (*Palandt/Sprau* § 640 BGB Rz. 13). Unser A hat die von ihm erkannten Mängel nicht gegenüber U angesprochen; ein ausdrücklicher, aber nur formloser Vorbehalt kommt somit von vornherein nicht in Betracht. Fraglich bleibt damit, ob A den Vorbehalt der Annahme dann wenigstens *stillschweigend* erklärt hat. Erforderlich dafür ist ein zur Kenntnis des Unternehmers gelangtes Verhalten, aus dem der Unternehmer nach Treu und Glauben mit Rücksicht auf die Verkehrssitte schließen darf, dass der Besteller die Leistung zwar als im Wesentlichen vertragsgemäß billige, gleichwohl seine Rechte bezüglich der erkannten Mängel vorbehalte (*Palandt/Sprau* § 640 BGB Rz. 6). Auch insoweit aber fehlt dem Sachverhalt ein entsprechender Hinweis; A hat das Haus trotz Kenntnis der Mängel ohne Rücksprache mit U im Hinblick auf die Fenster angenommen. Darin liegt aus der Sicht des Unternehmers im Zweifel die *vorbehaltlose* Annahme, nicht aber eine Erklärung im Sinne des § 640 Abs. 2 BGB (BGH NJW **1974**, 95; OLG Koblenz NJW-RR **1997**, 782). Nach dem soeben Gesagten hat sich A folglich die Rechte im Hinblick auf die erkannten Mängel *nicht* vorbehalten im Sinne des § 640 Abs. 2 BGB mit der Konsequenz, dass Ansprüche aus §§ 637 Abs. 1, 634 Nr. 2 BGB grundsätzlich ausgeschlossen sind. **Und:** Dies gilt erst recht, wenn – wie hier – sogar ein schriftliches Übergabeprotokoll angelegt wurde. Wird bei der Abnahme ein solches Protokoll angefertigt, dann muss der Vorbehalt nämlich sogar *schriftlich* festgehalten werden (BGH BauR **1973**, 192, 193; *Bamberger/Roth/Voit* § 640 BGB Rz. 37). Auch das ist nicht geschehen, sodass A auch deshalb seine Rechte aus § 637 Abs. 1, 634 Nr. 2 BGB verloren hat.

Ergebnis: A hat gegen U keinen Anspruch auf Aufwendungsersatz aus §§ 637 Abs. 1, 634 Nr. 2 BGB, da A sich die Rechte bei der Abnahme trotz Kenntnis der Mängel nicht vorbehalten hat.

Achtung: Das war allerdings noch nicht das Ende für unseren A. Einen Ersatzanspruch nach den §§ 637 Abs. 1, 634 Nr. 2 BGB bekommt er nun zwar nicht mehr zugesprochen, gleichwohl gibt es noch eine Rettungschance, die freilich sehr gut im Gesetz versteckt ist und daher auch von den Kandidaten gnadenlos häufig übersehen wird. Da gucken wir gleich mal hin, wollen uns aber vorab bitte zunächst noch klarmachen, dass die Regelung in § 637 Abs. 1 BGB über den Aufwendungsersatzanspruch bei einer Selbstvornahme *abschließend* geregelt ist, sodass nicht auf andere Ansprüche aus Geschäftsführung ohne Auftrag oder Bereicherungsrecht zurückgegriffen werden kann, wenn bei einer Selbstvornahme die Voraussetzungen von § 637 BGB nicht vorliegen (OLG Düsseldorf NJW-RR **2008**, 331; *Palandt/Sprau* § 637 BGB Rz. 1; *Bamberger/Roth/Voit* § 637 BGB Rz. 17). Merken.

So, und jetzt zur angekündigten Finte: Wir lesen bitte als Erstes noch mal den § 640 Abs. 2 BGB vollständig durch. Wenn wir das aufmerksam gemacht haben, fällt uns auf, dass bei vorbehaltloser Abnahme nur die Rechte aus § 634 <u>Nr. 1-3</u> BGB ausgeschlossen sind. Nicht erwähnt ist aber § 634 <u>Nr. 4</u> **BGB**. Soll heißen, der Besteller kann trotz vorbehaltloser Annahme immer noch die Rechte auf Schadensersatz oder Ersatz vergeblicher Aufwendungen aus den in § 634 Nr. 4 BGB benannten Normen verlangen (BGHZ **77**, 134; BGHZ **127**, 378; *Staudinger/Peters* § 640 BGB Rz. 62). Das Besondere an diesen Ansprüchen ist, dass zur Begründung jetzt, im Unterschied zu den sonstigen in § 634 BGB genannten Rechtsbehelfe, ein *Verschulden* (Vertretenmüssen) des Unternehmers erforderlich ist. Die sonstigen Mängelansprüche aus § 634 Nr. 1-3 BGB sind verschuldensunabhängig. Der Gesetzgeber wollte durch die Ausnahme von § 634 Nr. 4 BGB in § 640 Abs. 2 BGB dem Unternehmer für *schuldhafte* Pflichtverletzungen weiterhin das Haftungsrisiko lassen, auch wenn der Besteller den Mangel bei der Übergabe erkannt und nicht gerügt bzw. einen Vorbehalt erklärt hat (BGHZ **127**, 378; BGHZ **77**, 134; *Jauernig/Mansel* § 640 BGB Rz. 7; *Palandt/Sprau* § 640 BGB Rz. 13; *Muffler* in BauR 2004, 1356). Deshalb:

AGL.: §§ 280 Abs. 1, Abs. 3, 281 Abs. 1, 634 Nr. 4 BGB (Schadensersatz)

1.) Indem U undichte Fenster in das Haus einbaute, hat er ein mangelhaftes Werk hergestellt und damit eine Pflicht aus dem Schuldverhältnis (Werkvertrag) im Sinne des § 280 Abs. 1 BGB *verletzt*. Wer ein mangelhaftes Werk herstellt, verletzt die in § 633 Abs. 1 BGB benannte Pflicht zur Herstellung eines *mangelfreien* Werkes (*Palandt/Grüneberg* § 280 BGB Rz. 17).

2.) Fraglich ist, ob U diese Pflichtverletzung in Form des Einbaus der undichten Fenster auch zu *vertreten* hat. Dieses Vertretenmüssen im Hinblick auf die Pflichtverletzung ist gemäß **§ 280 Abs. 1 Satz 2 BGB** für jeden Schadensersatzanspruch erforderlich und wird zulasten des Schuldners grundsätzlich vermutet (BGHZ **116**, 337; *Jauernig/Stadler* § 280 BGB Rz. 25). Nach Schilderung des Sachverhaltes beruht der Mangel der Fenster auf einem *Konstruktionsfehler*. U hat die Fenster trotz dieses Fehlers in das Haus eingebaut und dabei im Hinblick auf die mangelhafte Abdichtung wenigstens fahrlässig im Sinne des § 276 Abs. 2 BGB gehandelt. Auf eine weitere detaillierte Auseinandersetzung kann insoweit verzichtet werden, da U zu seiner Entlastung hier nichts vorgetragen hat mit der Folge, dass sein Verschulden gemäß § 280 Abs. 1 Satz 2 BGB als gegeben vermutet werden kann.

3.) Schadensersatz statt der Leistung im Sinne des § 280 Abs. 1 und Abs. 3, 281 BGB kann nach der gesetzlichen Systematik nur verlangt werden, wenn dem Schuldner zuvor eine angemessene Frist zur Nacherfüllung gesetzt worden ist. Diese Fristsetzung war hier jedoch entbehrlich, da U die Nacherfüllung ausdrücklich verweigert hatte (vgl. weiter oben).

4.) Ein *Ausschlussgrund* besteht bei diesem Anspruch nicht, denn nach seinem Wortlaut erfasst der § 640 Abs. 2 BGB – wie wir mittlerweile wissen – ausdrücklich nur die in § 634 Nr. 1– 3 BGB geregelten Rechtsbehelfe. Schadensersatzansprüche nach § 634 Nr. 4 BGB sind hiervon ausgenommen.

5.) In Betracht kommt schließlich noch die *Verwirkung* des Anspruchs auf Schadensersatz dadurch, dass A das Werk in Kenntnis des Mangels angenommen hat. Diese Verwirkung setzt allerdings voraus, dass ein besonderer Vertrauenstatbestand seitens des Werkunternehmers besteht. In diesem Fall würde die Geltendmachung des Schadensersatzanspruchs durch den Besteller gegen Treu und Glauben und mithin gegen § 242 BGB verstoßen. Für den Vertrauenstatbestand reicht es jedoch nicht aus, wenn der Besteller das Werk in Kenntnis des Mangels abnimmt (BGHZ **61**, 369; BGHZ **77**, 134; *Staudinger/Peters* § 640 BGB Rz. 64).

Ergebnis: A kann von U somit die Wertdifferenz zwischen dem mangelhaften und dem mangelfreien Werk, also die *Mangelbeseitigungskosten* verlangen (BGHZ **77**, 134; *Palandt/Sprau* § 640 BGB Rz. 13). Er hat damit gegen U einen Anspruch auf Schadensersatz in Höhe von 3.000 Euro gemäß §§ 280 Abs. 1, Abs. 3, 281 Abs. 1, 634 Nr. 4 BGB.

Gutachten

A kann gegen U einen Anspruch auf Zahlung von Aufwendungsersatz in Höhe von 3.000 Euro aus §§ 637 Abs. 1, 634 Nr. 2 BGB haben.

1.) Der Anspruch des A aus den §§ 637 Abs. 1, 634 Nr. 2 BGB muss zunächst einmal entstanden sein. Dazu ist erforderlich, dass sich A und U rechtswirksam über den Abschluss eines Werkvertrages im Sinne des § 631 BGB geeinigt haben.

Ausweislich der Schilderung im Sachverhalt haben A und U einen »Kaufvertrag« vor dem Notar geschlossen. Fraglich ist aber, ob es sich trotz dieser Bezeichnung nicht doch um einen Vertrag mit werkrechtlichem Bezug handelt, sodass die §§ 633 ff. BGB anwendbar sind. Der von den Parteien beim Abschluss eines Vertrages gewählte Wortlaut ist regelmäßig nur ein Indiz für dessen Rechtsnatur.

Diese ist im Wege der Auslegung zu ermitteln. Dabei sind der Inhalt, der Zweck, die wirtschaftliche Bedeutung und die Interessenlage der Vertragsparteien zu berücksichtigen. Nach § 631 BGB grenzt sich der Werkvertrag von anderen Vertragstypen durch das Versprechen ab, einen bestimmten, durch eine Tätigkeit herbeigeführten Erfolg zu erreichen. Wird aber nur eine bereits fertig gestellte Sache übereignet, liegt hierin kein von § 631 Abs. 1 BGB gemeinter Erfolg. Insoweit ist festzustellen, dass das von A erworbene Musterhaus zum Zeitpunkt des Vertragsschlusses bereits fertig gestellt war und nur noch übereignet werden musste, was für das Vorliegen eines reinen Kaufvertrages spricht.

Allerdings ist auch der Umstand mit einzubeziehen, dass U das Musterhaus erst kurz zuvor, nämlich drei Monate vorher, errichtet hatte. Aus der Sicht des A macht es insofern keinen Unterschied, ob er das Haus erst bestellt und es dann von U gebaut wird oder ob das Musterhaus erst von U gebaut und kurz darauf verkauft wird. Dies ist insbesondere deshalb von Bedeutung, weil eine echte Ingebrauchnahme als Wohnhaus noch gar nicht stattgefunden hat. In Fällen wie dem vorliegenden, in denen es um den »Erwerb vom Bauträger« geht, soll nach der Rechtsprechung vor Inkrafttreten des Schuldrechtsmodernisierungsgesetzes ein gemischter Vertrag vorliegen, der sowohl aus Elementen des Kauf- wie auch des Werkvertrags zusammengesetzt ist.

Bei solchen gemischten Verträgen ist im Hinblick auf die Gewährleistung zu differenzieren: Bei einem Vertrag über einen Grundstückserwerb mit einem vom Veräußerer zu errichtenden oder erst vor kurzer Zeit fertig gestellten Gebäude ist für den Gewährleistungsanspruch des Erwerbers bezüglich des Gebäudes Werkvertragsrecht anzuwenden, während Mängel des Grundstücks nach Kaufrecht behandelt werden. Dies soll sogar dann gelten, wenn der Bau bei Vertragsschluss schon fertig gestellt war oder nur noch Kleinigkeiten fehlen und sich die Verpflichtung des Veräußerers tatsächlich dann nur noch auf die klassische Übereignung beschränkte. In der Literatur wird die Frage kontrovers diskutiert, ob diese Rechtsprechung nach wie vor anzuwenden ist, da ihre Hauptgründe mit Inkrafttreten des Schuldrechtsmodernisierungsgesetzes weggefallen sind: Auch das Kaufrecht sieht nunmehr einen Anspruch auf Nachbesserung in § 439 Abs. 1 BGB ausdrücklich vor und die Verjährungsvorschriften von Kauf- und Werkrecht sind vereinheitlicht worden.

Zum Teil wird hierzu vertreten, dass nach Fertigstellung des Gebäudes ausschließlich Kaufrecht nach den §§ 433 ff. BGB Anwendung finden soll und insoweit die vom BGH aufgestellten Regeln durch die Änderungen des Schuldrechts nicht mehr gelten sollen. Durch die Anpassung der Mängelrechte und der Verjährungsfristen haben sich die zuvor bestehenden Wertungswidersprüche demnach grundsätzlich entschärft. Wer ein Grundstück mit vom Veräußerer vorher fertig hergestelltem Haus erwerbe, unterliege insoweit dem Kaufrecht und seinen Gewährleistungsnormen. Ein Recht zur Selbstvornahme, wie in § 637 BGB vorgesehen, bestehe dann nicht.

Nach anderer Auffassung sollen die vom BGH entwickelten Grundsätze zum gemischten Vertrag demgegenüber auch nach der Änderung der gesetzlichen Lage im Jahre 2002 weiter gelten. Trotz der nunmehr vom Gesetzgeber gewährten Nachbesserung auch im Kaufrecht und der angeglichenen Verjährungsfristen in Kauf- und Werkrecht seien die Unterschiede zwischen Kauf- und Werkvertragsrecht immer noch beachtlich. Die gegenteilige Meinung übersehe, dass der Gesetzgeber keinerlei sprachliche oder inhaltliche Änderungen im Werkvertragsrecht vorgenommen hat, die eine Abweichung von der ständigen Rechtsprechung des BGH rechtfertigen würden.

Der Streit hat für den vorliegenden Fall Konsequenzen. Mit der erstgenannten Meinung hat A keinen Anspruch auf 3.000 Euro, da der begehrte Anspruch auf Ersatz für die Selbstvornahme nur im Werkrecht (§ 637 BGB) existiert. Nach der zweitgenannten Ansicht käme § 637 BGB als Anspruchsgrundlage jedenfalls in Betracht, denn dann finden die werkrechtlichen Normen im Hinblick auf das Gebäude Anwendung. Damit ist eine Streitentscheidung erforderlich. Die besseren Argumente kann die zweitbenannte Meinung vorweisen. Insbesondere ist zu berücksichtigen, dass der Gesetzgeber im Jahre 2002 in Kenntnis der Problematik die gesetzliche Regelung nicht entsprechend geändert hat. Dies legt den Schluss nahe, dass die Rechtsprechung des BGH weiterhin als verbindlich angesehen werden kann.

Inhalt der Einigung zwischen A und U war demnach ein gemischter Bauträgervertrag. Im Hinblick auf Mängel des Gebäudes ist damit Werkrecht, also die §§ 633 ff. BGB anzuwenden.

2.) Damit der Anspruch aus den §§ 637 Abs. 1, 634 Nr. 2 BGB begründet sein kann, müsste das Werk mangelhaft gewesen sein. In Betracht kommt hier nur ein Sachmangel gemäß § 633 Abs. 2 BGB. Sachmangel im Sinne des § 633 Abs. 2 BGB ist jede Abweichung der Istbeschaffenheit von der Sollbeschaffenheit. Nach § 633 Abs. 2 BGB ist insoweit in erster Linie maßgeblich, ob das Werk die vereinbarte Beschaffenheit hat, in zweiter Linie, ob es sich für die nach dem Vertrag vorausgesetzte oder für die gewöhnliche Verwendung eignet und eine Beschaffenheit mittlerer Art und Güte aufweist. Es steht fest, dass sich die Fenster im Erdgeschoss des von U errichteten Hauses nicht richtig winddicht schließen lassen. Ordnungsgemäß schließbare Fenster gehören zur Sollbeschaffenheit, da sie die gewöhnliche Verwendung sowohl des Hauses als auch der Fenster selbst als Bestandteil der gesamten Sache beeinträchtigen. Sie haben zudem nicht die Beschaffenheit, die bei Fenstern der gleichen Art üblich ist und stellen damit einen Sachmangel im Sinne des § 633 Abs. 2 Satz 2 Nr. 2 BGB dar. Dieser lag auch zum Zeitpunkt des Gefahrübergangs vor.

3.) Weiterhin müsste A das Werk gemäß § 640 Abs. 1 BGB auch abgenommen haben, da erst nach dieser Abnahme die §§ 633 ff. BGB Anwendung finden. Unter der Abnahme eines Werkes versteht man die körperliche Entgegennahme des vom Unternehmer hergestellten Werkes und die damit verbundene Erklärung des Bestellers, dass er das Werk als in der Hauptsache vertragsgerecht erbracht anerkenne. A hat das Haus bei der Schlüsselübergabe körperlich »entgegengenommen« und dokumentiert, dass er im Wesentlichen mit der Werkleistung einverstanden war. Die Abnahme des Werks im Sinne des § 640 Abs. 1 BGB durch A ist demnach erfolgt.

4.) A muss dem U zur Durchsetzung des Anspruchs aus den §§ 637 Abs. 1, 634 Nr. 2 BGB eine angemessene Frist zur Mangelbeseitigung gesetzt haben. Hierfür ist ein eindeutiges und bestimmtes Verlangen der Nacherfüllung erforderlich.

A hat den U zur Behebung des Mangels zwar aufgefordert, indessen ist eine konkrete Fristsetzung nicht erkennbar. Das Fehlen der Fristsetzung ist jedoch dann unbeachtlich, wenn die Fristsetzung ausnahmsweise entbehrlich gewesen ist. Dies kann sich aus § 637 Abs. 2 Satz 1 BGB in Verbindung mit § 323 Abs. 2 Nr. 1 BGB ergeben. Nach § 323 Abs. 2 Nr. 1 BGB ist die Fristsetzung entbehrlich, wenn der Unternehmer die Nacherfüllung ernsthaft und endgültig ablehnt. Auf Nachfrage des A hin hat U mitgeteilt, dass er jede Nachbesserung verweigere. Demnach hat er die Nacherfüllung hier ernsthaft und endgültig verweigert. Fraglich ist jedoch, ob U nicht gemäß § 637 Abs. 1 BGB »die Nacherfüllung zu Recht verweigert« hat. Eine solche Berechtigung kann sich entweder aus § 275 BGB oder aus § 635 Abs. 3 BGB ergeben, wenn also entweder die Nacherfüllung unmöglich (§ 275 BGB) oder aber wirtschaftlich unzumutbar ist (§ 635 Abs. 3 BGB). Für beide Varianten finden sich im Sachverhalt keinerlei Anhaltspunkte, sodass U die Nacherfüllung nicht »zu Recht« verweigert hat. Die Fristsetzung war somit gemäß § 323 Abs. 2 Nr. 1 BGB entbehrlich. Ihr Fehlen hindert das Entstehen des Anspruchs also nicht.

5.) Weiterhin müsste A die Mängel im Wege der Selbstvornahme beseitigt haben. Hierbei ist es nicht erforderlich, dass der R selbst tätig werden muss. »Selbstvornahme« ist nicht wortwörtlich zu begreifen, sondern umfasst auch alle Fälle, in denen sich der Besteller fremder Hilfe bedient, um das Werk nachträglich in den vertragsgemäßen Zustand zu versetzen. A hat demnach mit der Beauftragung des H den vorliegenden Mangel im Wege der Selbstvornahme beseitigt.

6.) Der Anspruch aus den §§ 637 Abs. 1, 634 Nr. 2 BGB darf schließlich nicht ausgeschlossen sein. Als Ausschlussgrund kommt hier die werkrechtliche Spezialvorschrift des § 640 Abs. 2 BGB in Betracht. Demnach stehen dem Besteller die in § 634 Nr. 1 bis 3 BGB bezeichneten Rechte nur zu, wenn er sich bei der Abnahme seine Rechte wegen des Mangels vorbehält.

a) Der in § 640 Abs. 2 BGB vorgesehene Rechtsverlust bezieht sich nur auf Mängel, von denen der Besteller im Zeitpunkt der Abnahme positive Kenntnis hat. Mängel, die er nicht kennt, die ihm aber bei entsprechender Prüfung des Werkes hätten auffallen können, sind demgegenüber nicht erfasst. A wusste schon zum Zeitpunkt der Schlüsselübergabe, dass mit den Fenstern etwas nicht stimmt. Er hatte bei der Abnahme somit jedenfalls die erforderliche Kenntnis von der Mangelhaftigkeit des Werks.

b) Der Vorbehalt nach § 640 Abs. 2 BGB ist, um die dort benannte Wirkung des Anspruchserhalts zu erzielen, »bei der Abnahme« zu erklären, nicht vorher und nicht nachher. Erfolgt dies nicht, handelt es sich um eine sogenannte »vorbehaltlose Annahme«. Fraglich ist, ob in dem Verhalten des A bei der Schlüsselübergabe ein Vorbehalt der Annahme im Sinne des § 640 Abs. 2 BGB gesehen werden kann. A hat die Mängel damals bereits erkannt, sie aber weder angesprochen noch im Übergabeprotokoll festhalten lassen. Beachtlich ist insoweit zunächst, dass ein Vorbehalt im Sinne von § 640 Abs. 2 BGB nicht ausdrücklich erklärt werden muss, er ist grundsätzlich formlos oder sogar stillschweigend möglich. A hat die von ihm erkannten Mängel nicht gegenüber U angesprochen, ein ausdrücklicher, aber nur formloser Vorbehalt kommt somit von vorneherein nicht in Betracht. Fraglich bleibt damit, ob A den Vorbehalt der Annahme stillschweigend erklärt hat. Erforderlich dafür ist ein zur Kenntnis des Unternehmers gelangtes Verhalten, aus dem der Unternehmer nach Treu und Glauben mit Rücksicht auf die Verkehrssitte schließen darf, dass der Besteller die Leistung zwar als im Wesentlichen vertragsgemäß billige, gleichwohl seine Rechte bezüglich der erkannten Mängel vorbehalte. A hat das Haus trotz Kenntnis der Mängel ohne Rücksprache mit U im Hinblick auf die Fenster angenommen. Darin liegt aus der Sicht des Unternehmers im Zweifel die vorbehaltlose Annahme, nicht aber eine Erklärung im Sinne des § 640 Abs. 2 BGB. Dies gilt erst recht, wenn – wie hier – sogar ein schriftliches Übergabeprotokoll angelegt wurde. Wird bei der Abnahme ein solches Protokoll angefertigt, dann muss der Vorbehalt schriftlich festgehalten werden. Demnach hat sich A die Rechte im Hinblick auf die erkannten Mängel nicht im Sinne des § 640 Abs. 2 BGB vorbehalten mit der Konsequenz, dass Ansprüche aus §§ 637 Abs. 1, 634 Nr. 2 BGB ausgeschlossen sind.

Ergebnis: A hat gegen U keinen Anspruch auf Zahlung von Aufwendungsersatz in Höhe von 3.000 Euro aus 637 Abs. 1, 634 Nr. 2 BGB.

A kann gegen U einen Anspruch auf Schadensersatz in Höhe von 3.000 Euro aus §§ 280 Abs. 1, Abs. 3, 281 Abs. 1, 634 Nr. 4 BGB haben.

1.) Indem U undichte Fenster in das Haus einbaute, hat er ein mangelhaftes Werk hergestellt und damit eine Pflicht aus dem Schuldverhältnis im Sinne des § 280 Abs. 1 BGB verletzt. Wer ein mangelhaftes Werk herstellt, verletzt die in § 633 Abs. 1 BGB benannte Pflicht zur Herstellung eines mangelfreien Werkes.

2.) Fraglich ist, ob U diese Pflichtverletzung in Form des Einbaus der undichten Fenster auch zu vertreten hat. Dieses Vertretenmüssen im Hinblick auf die Pflichtverletzung ist gemäß § 280 Abs. 1 Satz 2 BGB für jeden Schadensersatzanspruch erforderlich und wird zulasten des Schuldners grundsätzlich vermutet. Nach Schilderung des Sachverhaltes beruht der Mangel der Fenster auf einem Konstruktionsfehler. U hat zu seiner Entlastung hier nichts vorgetragen mit der Folge, dass sein Verschulden gemäß § 280 Abs. 1 Satz 2 BGB als gegeben vermutet werden kann.

3.) Schadensersatz statt der Leistung im Sinne des § 280 Abs. 1 und Abs. 3, 281 BGB kann nach der gesetzlichen Systematik nur verlangt werden, wenn dem Schuldner zuvor eine angemessene Frist zur Nacherfüllung gesetzt worden ist. Diese Fristsetzung war hier jedoch entbehrlich, U hatte die Nacherfüllung verweigert.

4.) Ein Ausschlussgrund besteht nicht, der § 640 Abs. 2 BGB umfasst ausdrücklich nur die in § 634 Nr.1 – Nr. 3 BGB geregelten Rechtsbehelfe. Schadensersatzansprüche nach § 634 Nr. 4 BGB sind hiervon ausgenommen. Eine Verwirkung des Anspruchs würde schließlich voraussetzen, dass ein besonderer Vertrauenstatbestand auf Seiten des Werkunternehmers besteht. Für den Vertrauenstatbestand reicht es jedoch nicht aus, wenn der Besteller das Werk in Kenntnis des Mangels abnimmt. A kann von U die Wertdifferenz zwischen dem mangelhaften und dem mangelfreien Werk, somit die Mangelbeseitigungskosten verlangen.

Ergebnis: A hat damit gegen U einen Anspruch auf Schadensersatz in Höhe von 3.000 Euro aus §§ 280 Abs. 1, Abs. 3, 281 Abs. 1, 634 Nr. 4 BGB.

Fall 25

Lust auf Abenteuer?

Rechtsanwalt A sehnt sich nach einem echten Abenteuer und plant deshalb, im Sommerurlaub mit seinem alten Wohnmobil durch Europa zu reisen. Ein wenig Luxus muss aber sein, daher beauftragt A die Firma F damit, aus seinem Wohnmobil die alte Küche aus- und eine neue einzubauen. F vereinbart mit A nach einer Besichtigung einen Festpreis von 2.500 Euro für die Lieferung und den Einbau der neuen Küchenteile.

Zwei Wochen vor Reisebeginn soll die Abnahme stattfinden. Hierbei muss A allerdings feststellen, dass der von F eingebaute Kühlschrank nur auf maximal 12 Grad Celsius »abkühlt« und zudem wegen eines fehlerhaften Einbaus der Spüle das Wasser in den Wohnwagen läuft. A verweigert daraufhin entnervt die Abnahme der Arbeiten, F solle schleunigst die Küche wieder aus- und die alte wieder einbauen. Ein Nachbesserungsangebot von F lehnt A ab. F weigert sich und verlangt vielmehr von A die 2.500 Euro.

Steht F dieser Zahlungsanspruch zu?

> **Schwerpunkte**: Die Abgrenzung von Werk- und Kaufvertrag gemäß § 651 BGB; der Rücktritt vom Werkvertrag nach den §§ 634 Nr. 3, 633 BGB; die Kündigung des Werkvertrages nach § 649 BGB; der Begriff der Abnahme; Fiktion der Abnahme nach § 242 BGB; die Verweigerung der Nachbesserung durch den Besteller.

Lösungsweg

Anspruch der F gegen A auf Zahlung von 2.500 Euro

<u>AGL.:</u> § 631 Abs. 1 BGB (Vergütung aus einem Werkvertrag)

1.) Damit der Zahlungsanspruch aus § 631 Abs. 1 BGB für F begründet sein kann, müssen A und F zunächst einmal einen wirksamen *Werkvertrag* geschlossen haben. Eine Einigung zwischen A und F, also Antrag und Annahme nach den §§ 145, 147 BGB, lag hier fraglos vor. Und Inhalt dieser Einigung war die Lieferung und der Einbau der Küchengeräte durch F zu einem Festpreis von 2.500 Euro.

Fraglich ist aber, ob die vertragliche Einigung mit diesem Inhalt nach den §§ 631 ff. BGB zu beurteilen ist, oder ob es sich gemäß **§ 651 Satz 1 BGB** um einen Vertrag handelt, der nach den Regeln des Kaufrechts abgewickelt wird (lies: § 651 Satz 1 BGB).

Durchblick: Es gibt Verträge, bei denen ist nicht sofort erkennbar, nach welchen Regelungen – also Kauf- oder Werkrecht – sie abgewickelt werden müssen. Dieses Problem stellt sich zumeist, wenn die eine Partei eine Sache »bestellt« bzw. »kauft« und die andere Partei die bestellte oder gekaufte Sache erst selbst herstellen muss und dann dem anderen – quasi im zweiten Schritt – auch übereignet. **Beispiel**: Wer beim Schneider einen Maßanzug bestellt, dem schuldet der Schneider sowohl die Herstellung eines Werkes (= § 631 BGB), nämlich die Anfertigung des Anzugs, als auch die spätere Übereignung dieses Werkes (= § 433 BGB). Angesichts dieser beiden Schwerpunkte bei der Durchführung des Vertrages ist problematisch, nach welchen Regeln die jeweilige Vereinbarung denn jetzt abgewickelt wird. Das kann von Bedeutung sein für die Fragen der Gewährleistung, der Vergütungspflicht, der möglichen Kündigung oder des Rücktritts und auch etwa für Abschlagszahlungen, die nämlich gemäß § 632a BGB z.B. nur beim Werkvertrag möglich sind.

Diese Probleme löst **§ 651 BGB**. Nach der Legaldefinition in § 651 Satz 1 BGB soll in solchen Fällen der Vermengung von kauf- und werkrechtlichen Elementen grundsätzlich *Kaufrecht* gelten, wenn »**die Lieferung herzustellender oder zu erzeugender beweglicher Sachen**« geschuldet ist.

Die Formulierung in § 651 BGB ist nun ziemlich unglücklich gewählt und deutlich schwieriger zu verstehen als der eigentliche Inhalt, der damit gemeint ist, und den wir uns jetzt mal in Ruhe anschauen wollen: Der Anwendungsbereich des § 651 BGB ist nach dem Wortlaut des Gesetzes zunächst auf *bewegliche* Sachen beschränkt; unbewegliche Sachen, die geleistet werden, können somit von § 651 BGB grundsätzlich nicht erfasst sein (*Palandt/Sprau* § 651 BGB Rz. 2).

Beachte: Für die Einordnung als *bewegliche* Sache im Sinne von § 651 BGB ist es dabei übrigens unschädlich, wenn die Sache später auf einem Grundstück fest installiert wird. Maßgeblich ist nämlich allein, ob die Sachen im Zeitpunkt der Lieferung beweglich sind (BGH BB **2010**, 1561; NJW **2009**, 2877; *Schumann* in ZGS 2005, 250, 251)

Gegenstand der Regelung des § 651 BGB sind nun zudem sowohl vertretbare als auch unvertretbare bewegliche Sachen (§ 91 BGB), wie sich im Umkehrschluss aus § 651 Satz 3 BGB ergibt (bitte prüfen). Fraglich bleibt somit schließlich, was die Begriffe »Herstellung«, »Erzeugung« und »Lieferung« bedeuten. Und dies ist ziemlich wichtig, denn hier findet sich der Schlüssel bei der Anwendung des § 651 BGB:

Merke: Der Begriff der »**Herstellung**« in § 651 BGB kennzeichnet das Schaffen von etwas Neuem im Unterschied zu Arbeiten an etwas, das schon vorhanden ist (*Bamberger/Roth/Voit* § 651 BGB Rz. 5). Von »**Erzeugung**« spricht man, wenn die Schaffung von etwas Neuem nicht aus eigener Kraft, sondern mittels der Natur, also durch tierische und pflanzliche Produktion erfolgt (*Jauernig/Mansel* § 651 BGB Rz. 1; *Palandt/Sprau* § 651 BGB Rz. 4; *Voit* in BauR 2002, 145, 146). Unter einer »**Lieferung**« versteht man nach dem Sprachgebrauch des BGB schließlich die Verschaf-

> fung von Eigentum und Besitz, also die Übereignung im Sinne der §§ 929 ff. BGB
> (*Palandt/Sprau* § 651 BGB Rz. 2).

Konsequenzen: Wenn wir das eben Erklärte zusammenfassen, ergibt sich aus § 651 BGB für die Anwendung von Kauf- oder Werkrecht bei Verträgen mit unterschiedlichen Elementen beider Vertragsarten nunmehr Folgendes: Die bloße Veränderung einer bereits *bestehenden* Sache ist grundsätzlich den Regeln des *Werkvertragsrechts*, die Herstellung einer *neuen* Sache hingegen den Regeln des *Kaufrechts* zuzuordnen (*Jauernig/Mansel* § 651 BGB Rz. 1). Denn »Herstellung« bedeutet – wie gesehen – die Schaffung von etwas Neuem, wo vorher noch nichts gewesen ist. **Beispiel**: Herstellung und Lieferung eines Maßanzuges (*Brox/Walker* BS § 22 Rz. 10). Demgegenüber fehlt es bei einem Vertrag über die Reparatur oder Bearbeitung einer bereits bestehenden Sache in aller Regel sowohl an dem Merkmal der *Herstellung* als auch an dem der *Lieferung* (*Bamberger/Roth/Voit* § 651 BGB Rz. 9; *Jauernig/Mansel* § 651 BGB Rz. 1). **Beispiel**: Die Hosenbeine an einem vorher gekauften Anzug kürzen. Dann gelten die Regeln über den Werkvertrag gemäß den §§ 631 ff. BGB.

> Hilfreich für die Abgrenzung zwischen der Herstellung einer neuen und der bloßen Bearbeitung einer bestehenden Sache sind im Übrigen die zu **§ 950 BGB** entwickelten Grundsätze. Demnach sind für die Entscheidung, ob durch die Bearbeitung tatsächlich eine *neue* Sache »hergestellt« worden ist, wirtschaftliche Gesichtspunkte und die Verkehrsauffassung entscheidend (OLG Köln NJW **1991**, 2570; OLG Stuttgart NJW **2001**, 2889, 2890; MüKo/*Oechsler* § 950 BGB Rz. 7). Wesentliches Indiz dafür, dass eine neue Sache entstanden ist, ist z.B. ein neuer Name bzw. eine neue Bezeichnung (OLG Köln NJW **1997**, 2187; *Baur/Stürner* § 53 Rz. 18). Ein weiterer Anhaltspunkt ist eine erweiterte Funktionalität der Sache nach der Bearbeitung (BGH NJW **1995**, 2633). Eine bloße Wertsteigerung soll dagegen unbeachtlich sein (MüKo/*Oechsler* § 950 BGB Rz. 9; *Hofmann* in NJW 1961, 1246).

Zu unserem Fall: Bei der geschuldeten vertraglichen Leistung der F handelte es sich bei genauer Betrachtung um eine Umrüstung des Wohnwagens. F sollte dort die alte Küche aus- und an der gleichen Stelle eine neue mit neu zu beschaffenden Geräten einbauen.

Ziel seiner Leistungsbemühungen war damit nicht die Lieferung einer herzustellenden oder zu erzeugenden Sache im Sinne des § 651 BGB, sondern (nur) die Verbesserung einer bereits bestehenden Sache, nämlich des Wohnwagens. F sollte nichts völlig Neues erschaffen, sondern an etwas Bestehendem (Wohnmobil) eine Wertsteigerung herbeiführen. Daher ist in unserem Fall der § 651 Satz 1 BGB nicht anwendbar und folglich Werkvertragsrecht (und nicht Kaufrecht) ausschlaggebend für die Abwicklung der vertraglichen Ansprüche zwischen F und A.

Merke: Werkvertragsrecht findet nach der Neufassung des § 651 BGB aus dem Jahr 2002 (BT-Drucks 14/6040 Seite 268) grundsätzlich nur Anwendung bei

1.) der Herstellung von Bauwerken   (→ keine *bewegliche* Sache),
2.) reinen Umgestaltungs- oder Reparaturarbeiten   (→ keine *Lieferung*),
3.) unkörperlichen Werken (z.B. Theateraufführung) (→ keine *Sache*).

ZE.: A und F haben sich damit wirksam auf einen **Werkvertrag** gemäß § 631 BGB geeinigt, es handelt sich um eine Form von Umgestaltungs- bzw. Reparaturarbeiten an dem Wohnmobil. Der Anspruch der F auf Zahlung des Werklohns gemäß § 631 Abs. 1 BGB ist mithin entstanden.

2.) Fragen müssen wir uns jetzt natürlich, welche Auswirkungen es auf den Zahlungsanspruch der F gegen A hat, dass A die Zahlung und die Abnahme der Arbeiten wegen der Mängel ausdrücklich ablehnt und zudem erklärt, F solle die Küche wieder ausbauen. Es könnte sich insoweit sowohl um eine **Rücktritts-** als auch um eine **Kündigungserklärung** handeln mit der möglichen Folge des Erlöschens der beiderseitigen Erfüllungsansprüche. Des Weiteren kommt durch die verweigerte Abnahme eine Hemmung der Fälligkeit des Vergütungsanspruchs nach § 641 BGB in Betracht. Der Reihe nach:

a) Fraglich ist zunächst, ob A durch die Aufforderung an F, die Küche wieder auszubauen, wirksam den **Rücktritt** vom Vertrag erklärt.

aa) Dies richtet sich gemäß 634 Nr. 3 Fall 1 nach den §§ 323 Abs. 2, 346 ff. BGB und setzt – neben dem Vorliegen eines Rücktrittsgrundes – zunächst einmal eine **Rücktrittserklärung** im Sinne des § 349 BGB voraus. Hierbei muss man wissen, dass diese Erklärung nicht ausdrücklich und etwa mit Nennung des Rücktrittsgrundes erfolgen muss, sondern auch konkludent (schlüssig) abgegeben werden kann. Es muss dabei nur erkennbar sein, dass der Erklärende an dem geschlossenen Vertrag nicht mehr festhalten will. Dies kann erfolgen z.B. durch die Rückgabe der gelieferten Sachen (BGH NJW **1988**, 2877; BGH NJW **1987**, 831) oder dem Hinweis, am Vertrag nicht mehr festhalten und unter Zurückweisung der Leistung des anderen die eigenen Verpflichtungen auch nicht mehr erfüllen zu wollen (*Jauernig/Stadler* § 349 BGB Rz. 1).

Hier: A hat die Zahlung verweigert und erklärt, F solle die gelieferte Küche wieder aus- und die alte wieder einbauen. Darin kommt zum Ausdruck, dass A die Rückgängigmachung der vollzogenen Leistungen wünscht und folglich am Vertrag und seinen Verpflichtungen kein Interesse mehr hat. Dies lässt sich als Rücktrittserklärung im Sinne des § 349 BGB auslegen.

bb) Fraglich ist jedoch, ob dem A auch ein **Rücktrittsgrund** zur Seite steht. Dieser kann sich nur aus den §§ 323, 634 Nr. 3 Fall 1 BGB ergeben.

Aber: Obwohl die Küche bzw. der Einbau im vorliegenden Fall fraglos »**mangelhaft**« im Sinne der §§ 634, 633 Abs. 2 BGB gewesen ist – der Kühlschrank kühlt nur auf

12 Grad und Wasser läuft von der Spüle ins Wohnmobil! –, scheitert der Rücktritt an der gemäß § 323 Abs. 1 BGB erforderlichen *Fristsetzung*. A kann nur dann vom Vertrag zurücktreten, wenn er der F zunächst eine angemessene Frist zur Nacherfüllung bestimmt hat und diese dann erfolglos verstrichen ist (lies: § 323 Abs. 1 BGB).

Davon aber kann hier keine Rede sein, A hat sogar jede Nachbesserung durch F ausdrücklich abgelehnt. Und da auch kein Sonderfall von § 323 Abs. 2 BGB oder der in § 634 Nr. 3 Fall 1 BGB genannten § 326 Abs. 5 BGB und § 636 BGB vorliegt, scheitert ein Rücktritt des A endgültig an der notwendigen Fristsetzung.

ZE.: Der A ist nicht wirksam vom Vertrag mit F zurückgetreten.

b) In Betracht kommt dann aber eine *Kündigung* des Werkvertrages durch A gemäß § 649 Satz 1 BGB (aufschlagen, bitte).

> **Durchblick:** Im Unterschied zum eben erläuterten Rücktritt benötigt der Besteller im Falle von § 649 BGB *keinen* Kündigungsgrund (BGH NJW **2011**, 915; RGZ 86, 107, 110; *Staudinger/Peters* § 649 BGB Rz. 6; *Jauernig/Mansel* § 649 BGB Rz. 1). Das Kündigungsrecht ist also an keine weiteren Voraussetzungen als die Erklärung an sich geknüpft. Das Kündigungsrecht wird nicht dadurch ausgeschlossen, dass der Vertrag ein außerordentliches Kündigungsrecht vorsieht; auch eine *Fristsetzung* ist nicht erforderlich (BGH NJW **2011**, 915; *Palandt/Sprau* § 649 BGB Rz. 1; *Bamberger/Roth/Voit* § 649 BGB Rz. 6). Der Besteller kann sich also jederzeit durch eine einfache Erklärung der Kündigung vom Werkvertrag lösen. Im Gegenzug muss er allerdings dann nach § 649 Satz 2 BGB (reinschauen!) grundsätzlich die vereinbarte Vergütung an den Werkunternehmer zahlen, soweit der Werkunternehmer schon die vollständigen Aufwendungen getätigt hat (lies: § 649 Satz 2, 2. Halbsatz BGB). Hintergrund dieser Regelung ist, dass im Normalfall nur der Besteller ein Interesse an dem vertraglich geschuldeten Erfolg – also der Herstellung des Werkes – hat. Der Werkunternehmer hat demgegenüber in aller Regel nur ein Interesse an seiner Vergütung. Die erhält er nach der Grundregel von § 649 Satz 2 BGB aber auch im Falle der Kündigung. Einen Anspruch auf Fertigstellung des in Auftrag gegebenen Werkes hat der Werkunternehmer dann logischerweise auch nicht (*Bamberger/Roth/Voit* § 631 BGB Rz. 44; *Jauernig/Mansel* § 631 BGB Rz. 4).

Wir wollen hier nun zunächst klären, ob unser A wirksam den Werkvertrag gekündigt hat, um im zweiten Schritt zu prüfen, inwieweit dann tatsächlich der Vergütungsanspruch der F – wie in § 649 Satz 2 BGB vorgesehen – erhalten geblieben ist:

aa) Erforderlich für eine Kündigung ist – ebenso wie beim Rücktritt – zunächst eine *Kündigungserklärung*. Ausdrücklich hat unser A die Kündigung des Vertragsverhältnisses nicht erklärt. Er hat die Abnahme und die Zahlung verweigert sowie die F aufgefordert, die Küche wieder auszubauen. Die Kündigung kann aber natürlich auch *konkludent* (= durch schlüssiges Verhalten) erklärt werden, indem nämlich der Besteller durch sein Verhalten den Wunsch nach Vertragsbeendigung eindeutig zum Ausdruck bringt (BGH WM **1972**, 1025; OLG Düsseldorf BauR **2002**, 336; *Bamberger/Roth/Voit* § 649 BGB Rz. 5; *Palandt/Sprau* § 649 BGB Rz. 1). Und davon wird man im vorliegenden Fall auch problemlos ausgehen können, A hat dokumentiert, dass er an der weiteren Erfüllung des Vertrages kein Interesse mehr hat.

> **Feinkost**: Gegen diese Sichtweise könnte man nun noch einwenden, dass eine Kündigungserklärung hier wohl kaum dem tatsächlichen Willen des A entspricht: A würde in diesem Fall (wenn er kündigt) nämlich wie gesehen wegen § 649 Satz 2 BGB grundsätzlich die Vergütungspflicht gegenüber F treffen. A hat aber eindeutig erklärt, dass er den Werklohn nicht bezahlen wolle. Nach der Rechtsprechung indessen kann und muss eine konkludente Kündigung im Zweifel bereits bejaht werden, wenn der Besteller das Angebot des Unternehmers, die Mängel zu beseitigen und das Werk fortzuführen, ablehnt (BGHZ **31**, 224; BGH WM **1972**, 1025; MüKo/*Soergel* § 649 BGB Rz. 4). Und das leuchtet auch ein, denn die Kündigungserklärung kann nicht davon abhängig gemacht werden, ob der Besteller entgegen seinem Willen dann per Gesetz weiterhin zur Zahlung des Werklohnes verpflichtet bleibt. Diese Zahlungspflicht wird er nämlich im Zweifel nie wollen, sondern sich vielmehr möglichst kostenfrei vom Vertrag lossagen.

<u>ZE.</u>: A hat die Kündigung durch schlüssiges Verhalten gegenüber F erklärt.

bb) Fraglich bleibt nun allein noch, ob A hier auch *rechtzeitig* die Kündigung des Werkvertrages erklärt hat. Nach dem Wortlaut von § 649 Satz 1 BGB kann der Besteller (nicht aber der Unternehmer!) nämlich nur bis zur *Vollendung des Werkes* den Vertrag kündigen. Insoweit könnte man hier auf die Idee kommen anzunehmen, F habe das Werk bereits vollendet mit der Folge, dass die Kündigung nicht mehr im von § 649 Satz 1 BGB beschriebenen Zeitraum erfolgt ist. **Aber**: Die Vollendung tritt bei Vorliegen eines behebbaren Mangels erst mit der vollständigen Behebung dieses Mangels ein (OLG Dresden NJW-RR **1998**, 882). Das erklärt sich aus dem Umstand, dass der Werkunternehmer grundsätzlich die *mangelfreie* Herstellung des Werkes schuldet, lies insoweit bitte § 633 Abs. 1 BGB. Vollendet im Rechtssinne ist das Werk also erst dann, wenn der geschuldete Erfolg einwandfrei so eintritt, wie er vorab vertraglich vereinbart worden ist (*Palandt/Sprau* § 649 BGB Rz. 1). In unserem Fall lagen nach dem Sachverhalt erhebliche Mängel an der einzubauenden Küche vor und diese sind auch von F nicht behoben worden. Es ist also noch keine Vollendung des Werks eingetreten und eine Kündigung des A ist jedenfalls rechtzeitig erklärt worden.

cc) Die **Rechtsfolge** der Kündigung ist das Erlöschen des Werkvertrages *ex nunc* (= für die Zukunft). Der Vergütungsanspruch des Unternehmers (F) für die von ihm bisher ordnungsgemäß erbrachten Leistungen bleibt nach § 649 Satz 2, 1. Halbsatz BGB grundsätzlich bestehen. Ist der bisher erbrachte Teil der Leistung mangelhaft, so ist das Werk – wie wir oben bereits festgestellt haben – insoweit noch nicht vollendet (OLG Dresden NJW-RR **1998**, 882). In Bezug auf den Mangel und die Frage des Erhaltes des Vergütungsanspruchs aus § 649 Satz 2 BGB ist nach der Interessenlage der Vertragsparteien nun folgendermaßen zu differenzieren:

→ Bei *behebbaren* Mängeln hat der Unternehmer trotz der Kündigung weiter ein Nachbesserungsrecht (BGH NJW **1988**, 140), um dann (nach Beseitigung der Mängel) die volle Vergütung verlangen zu können. Dieses »Recht zur zweiten Andienung« entfällt jedoch, wenn eine Fristsetzung zur Nacherfüllung für den Besteller ausnahmsweise entbehrlich ist (§§ 281 Abs. 2, 323 Abs. 2 BGB) und er sofort den Rücktritt erklären oder Schadensersatz verlangen kann. Verweigert der Besteller mit seiner Kündigung die angebotene Nachbesserung durch den Unternehmer (unser Fall), dann entsteht der Vergütungsanspruch aus § 631 BGB in voller Höhe (OLG Düsseldorf NJW-RR **1995**, 155; vgl. auch OLG Jena in NJW **2012**, 2357 zur fehlerhaften Zahnbehandlung).

→ Bei *unbehebbaren* Mängeln entfällt der Vergütungsanspruch aus § 631 BGB (BGHZ **136**, 33; BGH NJW **1999**, 3554; OLG Dresden NJW-RR **1998**, 882), denn der Unternehmer hat in diesem Fall logischerweise sein »Recht auf Mängelbeseitigung« verloren.

Die Mängel an der Küche waren im vorliegenden Fall allerdings behebbar, jedenfalls steht nichts anderes im Sachverhalt. Und daraus folgt, dass der Zahlungsanspruch der F aus § 631 BGB wegen § 649 Satz 2 BGB trotz der Kündigung erhalten bleibt.

<u>ZE.:</u> Der Anspruch der F ist demnach durch die Kündigung des A nicht erloschen.

3.) Der Vergütungsanspruch muss schließlich auch *fällig* gewesen sein. Wann die Fälligkeit eintritt, richtet sich nach **§ 641 Abs. 1 BGB**. Erforderlich ist danach die Abnahme des Werks gemäß den §§ 631, 640 BGB (lies bitte § 641 Abs. 1 Satz 1 BGB).

> **Definition:** Unter der *Abnahme* eines Werkes versteht man die körperliche Entgegennahme des vom Unternehmer hergestellten Werkes und die damit verbundene Erklärung des Bestellers, dass er das Werk als in der Hauptsache vertragsgerecht erbracht anerkenne (BGH NJW **1993**, 1974; BGH BauR **1973**, 192; BGHZ **50**, 160; MüKo/*Soergel* § 640 BGB Rz. 2; *Palandt/Sprau*, § 640 BGB Rz. 2).

Und insoweit können wir zunächst feststellen, dass eine *ausdrückliche* Abnahme des Werks durch A nicht erfolgt ist. In Betracht kommt also allenfalls eine *konkludente* Abnahme. Diese setzt voraus, dass der Besteller zu erkennen gibt, er wolle die Leistung als in der Hauptsache dem Vertrag entsprechend annehmen (BGH WM **1996**, 1151). Davon kann vorliegend aber nun gerade nicht die Rede sein, denn A hat nach Schilderung des Sachverhaltes die Abnahme sogar <u>ausdrücklich</u> verweigert.

Feinkostabteilung: Da die einzubauende Küche vorliegend nicht frei von Mängeln gewesen ist, besteht übrigens keine *Abnahmepflicht* des A aus § 640 Abs. 1 BGB. Das ist insoweit bemerkenswert, als die Abnahme normalerweise – genauso wie die Pflicht zur Zahlung des Werklohns – eine Hauptpflicht des Bestellers ist (*Jauernig/Mansel* § 640 BGB Rz. 5). Der Besteller ist nach § 640 Abs. 1 BGB allerdings nur dazu verpflichtet, das »vertragsgemäß hergestellte« Werk abzunehmen. Ist das Werk mangelhaft und damit gerade nicht vertragsgemäß hergestellt, trifft den Besteller diese Abnahmepflicht natürlich nicht (*Bamberger/Roth/Voit* § 633 BGB Rz. 1). Auch eine *Fiktion* der Abnahme gemäß § 640 Abs. 1 Satz 3 BGB scheidet aus diesem Grund in unserem Fall aus (vgl. BGH NJW **2003**, 200).

<u>ZE.</u>: Mangels erfolgter Abnahme wäre der Werklohnanspruch der F damit *nicht* fällig. F könnte von A keine Zahlung verlangen.

Aber: Das kann natürlich noch nicht das letzte Wort sein. Weil nämlich das gerade gefundene Ergebnis allgemein als wenig befriedigend empfunden wird und sich auch in unserem konkreten Fall ziemlich ungerecht anfühlt, behilft man sich in Fällen der vorliegenden Art mit folgender Überlegung: Dem Unternehmer soll nicht zugemutet werden, dass sich sein Vertragspartner willkürlich vom Vertrag lossagt, ohne dann (irgend-) eine Vergütung zahlen zu müssen. Ansonsten könnte der Besteller nämlich immer die Abnahme und die Nachbesserung verweigern und würde zum Dank dann damit die Fälligkeit des Vergütungsanspruchs nach § 641 BGB hemmen. Er bräuchte also nicht zu zahlen und der Werkunternehmer hätte keine Gelegenheit, seine Fehler zu beheben. Kann nicht sein.

Eben. Und deshalb bedient sich die Rechtsprechung zur Korrektur dieses Missstandes seit Jahrzehnten des folgenden Kunstgriffs: Die Abnahme wird in Fallkonstellationen wie der vorliegenden gemäß **§ 242 BGB** fingiert (BGHZ **142**, 278; BGHZ **50**, 175, 177; BGH NJW-RR **1986**, 211; BGH NJW **1990**, 3008). Der Werkunternehmer wird also per Fiktion so gestellt, als ob der Besteller das Werk bereits abgenommen hätte, wenn der Besteller die (Nach-) Erfüllung des Vertrages durch den Unternehmer grundlos ablehnt. Der Unternehmer kann den (anteiligen) Werklohn in diesem Fall also schon vor Fertigstellung und tatsächlich erfolgter Abnahme des Werkes verlangen. Dogmatische Grundlage ist der in § 242 BGB niedergelegte Grundsatz von Treu und Glauben (*Palandt/Sprau* § 640 BGB Rz. 10).

Folge: F ist so zu stellen, als ob A die Küche abgenommen hätte. Sein Werklohnanspruch ist damit fällig im Sinne des § 641 BGB.

<u>ZE.</u>: F hat gegen A damit grundsätzlich einen Anspruch auf Werklohn in Höhe von 2.500 Euro aus § 631 i.V.m. 649 Satz 2 BGB.

4.) Fraglich ist schließlich, ob dieser Anspruch auch *durchsetzbar* ist. Insofern könnte man auf den Gedanken kommen, dass dem A hier ein Zurückbehaltungsrecht nach **§ 320 Abs. 1 BGB** zusteht. Zwar bestehen hier durchaus Verpflichtungen aus einem gegenseitigen Vertrag, sodass § 320 BGB grundsätzlich anwendbar ist. Als ungeschriebenes Tatbestandsmerkmal setzt § 320 Abs. 1 BGB jedoch stets die *eigene Vertragstreue* desjenigen voraus, der sich auf die Norm beruft (BGH NJW **2002**, 3541; BGHZ **50**, 177). Und diese Vertragstreue ist in unserem Fall nicht gegeben, denn A hat die Erfüllung des Vertrages durch die von ihm verweigerte Nachbesserung treuwidrig verhindert. Diese Schlussfolgerung ist nach der gerade herausgearbeiteten Wertung im Übrigen auch zwingend: Wenn wir nämlich eine Fiktion der Abnahme zugunsten des Werkunternehmers annehmen, dann nur deswegen, weil die Verweigerung der Abnahme und die Ablehnung der angebotenen Nachbesserung gegen den Grundsatz von Treu und Glauben im Rechtsverkehr verstoßen. Und das macht auch Sinn, da anderenfalls die oben entwickelte Lösung im Ergebnis weitgehend leer laufen würde. A kann sich demnach nicht auf § 320 BGB berufen.

ZE.: Der Anspruch der F aus § 631 Abs. 1 i.V.m. 649 Satz 2 BGB ist somit auch durchsetzbar und insbesondere nicht durch § 320 BGB gehemmt.

Ergebnis: F kann von A die Zahlung von 2.500 Euro verlangen. Und ganz zum Schluss auch noch Folgendes: Die eingebaute Küche muss die F natürlich nicht wieder ausbauen, denn der Besteller muss bei einer Kündigung die bereits geleisteten (Teil-) Werke behalten, wenn der Unternehmer sie nicht zurücknehmen will (*Jauernig/Mansel* § 649 BGB Rz. 3).

Gutachten

F kann gegen A einen Anspruch auf Zahlung von 2.500 Euro aus § 631 Abs. 1 BGB haben.

1.) Hierfür müssen A und F zunächst einmal einen wirksamen Werkvertrag geschlossen haben. Eine Einigung zwischen A und F, also Antrag und Annahme nach den §§ 145, 147 BGB, lag hier vor. Inhalt dieser Einigung war die Lieferung und der Einbau der Küchengeräte durch F zu einem Festpreis von 2.500 Euro.

Fraglich ist jedoch, ob die vertragliche Einigung mit diesem Inhalt tatsächlich nach den §§ 631 ff. BGB zu beurteilen ist, oder ob es sich gemäß § 651 Satz 1 BGB um einen Vertrag handelt, der nach dem Kaufrecht abgewickelt wird.

Nach der Legaldefinition in § 651 Satz 1 BGB soll grundsätzlich Kaufrecht gelten, wenn »die Lieferung herzustellender oder zu erzeugender beweglicher Sachen« geschuldet ist. Die bloße Veränderung einer bereits bestehenden Sache ist jedoch den Regeln des Werkvertragsrechts zuzuordnen. Bei einem Vertrag über die Reparatur oder Bearbeitung einer bereits bestehenden Sache fehlt es sowohl an dem Merkmal der Herstellung als auch an dem der Lieferung.

Bei der geschuldeten vertraglichen Leistung der F handelte es sich um eine Umrüstung des Wohnwagens. F sollte dort die alte Küche aus- und an der gleichen Stelle eine neue mit neu zu beschaffenden Geräten einbauen. Ziel seiner Leistungsbemühungen war damit nicht die Lieferung einer herzustellenden oder zu erzeugenden Sache im Sinne des § 651 BGB, sondern nur die Verbesserung einer bereits bestehenden Sache, nämlich des Wohnwagens. F sollte nichts völlig Neues erschaffen, sondern an etwas Bestehendem (Wohnmobil) eine Wertsteigerung herbeiführen. Daher ist § 651 Satz 1 BGB nicht anwendbar und folglich Werkvertragsrecht ausschlaggebend für die Abwicklung der vertraglichen Ansprüche zwischen F und A.

2.) Der Zahlungsanspruch von F gegen A kann erloschen sein, indem A die Zahlung und die Abnahme der Arbeiten wegen der Mängel ausdrücklich abgelehnt und zudem erklärt hat, F solle die Küche wieder ausbauen. Es könnte sich insoweit sowohl um eine Rücktritts- als auch um eine Kündigungserklärung handeln.

a) Fraglich ist zunächst, ob A durch die Aufforderung an F, die Küche wieder auszubauen, wirksam den Rücktritt vom Vertrag erklärt.

aa) Dies richtet sich gemäß § 634 Nr. 3 Fall 1 nach §§ 323 Abs. 2, 346 ff. BGB. Demnach muss A den Rücktritt im Sinne des § 349 BGB erklärt haben. Diese Erklärung kann sowohl ausdrücklich als auch konkludent abgegeben werden. Es muss dabei nur erkennbar sein, dass der Erklärende an dem geschlossenen Vertrag nicht mehr festhalten will. A hat die Zahlung verweigert und erklärt, F solle die gelieferte Küche wieder aus- und die alte wieder einbauen. Darin kommt zum Ausdruck, dass A die Rückgängigmachung der vollzogenen Leistungen wünscht und folglich am Vertrag und seinen Verpflichtungen kein Interesse mehr hat. Dies ist als Rücktrittserklärung im Sinne des § 349 BGB auslegen.

bb) Fraglich ist jedoch, ob dem A auch ein Rücktrittsgrund zur Seite steht. Dieser kann sich aus §§ 323, 634 Nr. 3 Fall 1 BGB ergeben. Der Einbau der Küche war »mangelhaft« im Sinne der §§ 634, 633 Abs. 2 BGB, da der Kühlschrank nur auf 12 Grad kühlt und von der Spüle Wasser ins Wohnmobil läuft. Jedoch ist gemäß § 323 Abs. 1 BGB auch eine Fristsetzung erforderlich. A kann nur zurücktreten, wenn er der F zunächst eine angemessene Frist zur Nacherfüllung bestimmt hat und diese dann erfolglos verstrichen ist. A hat jedoch vorliegend jede Nachbesserung durch F ausdrücklich abgelehnt. Ein Sonderfall von §§ 323 Abs. 2, 326 Abs. 5 BGB, 636 BGB liegt nicht vor. A ist mithin nicht wirksam vom Vertrag mit F zurückgetreten.

b) In Betracht kommt aber eine Kündigung des Werkvertrages durch A gemäß § 649 Satz 1 BGB.

aa) Dann muss A die Kündigung wirksam erklärt haben. Ausdrücklich hat A die Kündigung des Vertragsverhältnisses nicht erklärt. Die Kündigung kann aber auch durch schlüssiges Verhalten erklärt werden, indem nämlich der Besteller durch sein Verhalten den Wunsch nach Vertragsbeendigung eindeutig zum Ausdruck bringt. A hat die Abnahme und die Zahlung verweigert sowie die F aufgefordert, die Küche wieder auszubauen. Er hat somit dokumentiert, dass er an der weiteren Erfüllung des Vertrages kein Interesse mehr hat. A hat mithin wirksam die Kündigung gegenüber F erklärt.

bb) Nach dem Wortlaut von § 649 Satz 1 BGB kann der Besteller jedoch nur bis zur Vollendung des Werkes den Vertrag kündigen. Die Vollendung tritt bei Vorliegen eines behebbaren Mangels erst mit der vollständigen Behebung dieses Mangels ein. Vollendet ist das Werk also erst dann, wenn der geschuldete Erfolg einwandfrei so eintritt, wie er vorab vertraglich vereinbart worden ist. Vorliegend bestanden noch Mängel an der einzubauenden Küche. Diese sind auch nicht von F behoben worden. Damit ist keine Vollendung des Werks eingetreten. Die Kündigung des A war jedenfalls rechtzeitig.

cc) Rechtsfolge der Kündigung ist das Erlöschen des Werkvertrages für die Zukunft. Indes bleibt der Vergütungsanspruch des Unternehmers für die von ihm bisher ordnungsgemäß erbrachten Leistungen nach § 649 Satz 2, 1. Halbsatz BGB grundsätzlich bestehen. Ist der bisher erbrachte Teil der Leistung mangelhaft, so ist das Werk insoweit noch nicht vollendet. In Bezug auf den Mangel und die Frage des Erhaltes des Vergütungsanspruchs aus § 649 Satz 2 BGB ist nach der Interessenlage der Vertragsparteien zu differenzieren.

Bei unbehebbaren Mängeln entfällt der Vergütungsanspruch aus § 631 BGB. Bei behebbaren Mängeln hat der Unternehmer trotz der Kündigung weiter ein Nachbesserungsrecht, um nach Beseitigung der Mängel die volle Vergütung verlangen zu können. Dieses »Recht zur zweiten Andienung« entfällt jedoch, wenn eine Fristsetzung zur Nacherfüllung für den Besteller ausnahmsweise entbehrlich ist, §§ 281 Abs. 2, 323 Abs. 2 BGB, und er sofort den Rücktritt erklären oder Schadensersatz verlangen kann. Verweigert der Besteller mit seiner Kündigung die angebotene Nachbesserung durch den Unternehmer, dann entsteht der Vergütungsanspruch aus § 631 BGB in voller Höhe. Die Mängel an der Küche waren im vorliegenden Fall behebbar. Daraus folgt, dass der Zahlungsanspruch der F aus § 631 BGB wegen § 649 Satz 2 BGB trotz der Kündigung erhalten bleibt.

3.) Der Vergütungsanspruch muss schließlich auch fällig gewesen sein. Wann die Fälligkeit eintritt, richtet sich nach § 641 Abs. 1 BGB. Erforderlich ist danach die Abnahme des Werks gemäß den §§ 631, 640 BGB.

Unter der Abnahme eines Werkes versteht man die körperliche Entgegennahme des vom Unternehmer hergestellten Werkes und die damit verbundene Erklärung des Bestellers, dass er das Werk als in der Hauptsache vertragsgerecht erbracht anerkenne. Eine ausdrückliche Abnahme des Werks durch A ist nicht erfolgt. Eine konkludente Abnahme setzt voraus, dass der Besteller zu erkennen gibt, er wolle die Leistung als in der Hauptsache dem Vertrag entsprechend annehmen. Davon kann ebenfalls nicht ausgegangen werden, denn A hat nach Schilderung des Sachverhaltes die Abnahme sogar ausdrücklich verweigert. Mangels erfolgter Abnahme wäre der Werklohnanspruch der F damit nicht fällig. F könnte von A keine Zahlung verlangen.

In Betracht kommt jedoch eine Fiktion der Abnahme nach dem Grundsatz von Treu und Glauben gemäß § 242 BGB. Dem Unternehmer soll nach dem Rechtsgedanken von § 649 Abs. 2 BGB nicht zugemutet werden, dass sich sein Vertragspartner willkürlich vom Vertrag lossagt, ohne die Vergütung zahlen zu müssen. Andernfalls könnte der Besteller stets die Abnahme und die Nachbesserung verweigern, würde damit die Fälligkeit des Vergütungsanspruchs nach § 641 BGB hemmen und bräuchte nicht zu zahlen.

Der Werkunternehmer hätte keine Gelegenheit, seine Fehler zu beheben. Eine Fiktion der Abnahme erscheint daher sachgerecht. Der Werkunternehmer ist so zu stellen, als ob der Unternehmer das Werk bereits abgenommen hätte, wenn der Besteller die Nacherfüllung des Vertrages durch den Unternehmer grundlos ablehnt. Der Unternehmer kann dann den anteiligen Werklohn schon vor Fertigstellung und tatsächlich erfolgter Abnahme des Werkes verlangen. Der Werklohnanspruch des F ist mithin fällig im Sinne des § 641 BGB.

4.) Fraglich ist schließlich, ob dieser Anspruch auch durchsetzbar ist. Dies ist nicht der Fall, wenn A ein Zurückbehaltungsrecht nach § 320 Abs. 1 BGB zusteht. Zwar bestehen hier Verpflichtungen aus einem gegenseitigen Vertrag, sodass § 320 BGB grundsätzlich anwendbar ist. Als ungeschriebenes Tatbestandsmerkmal setzt § 320 Abs. 1 BGB jedoch stets die eigene Vertragstreue desjenigen voraus, der sich auf die Norm beruft. A hat die Erfüllung des Vertrages durch die von ihm verweigerte Nachbesserung treuwidrig verhindert und hat damit selbst gegen den Vertrag verstoßen. Der Anspruch der F aus § 631 Abs. 1 i.V.m. § 649 Satz 2 BGB ist somit auch durchsetzbar.

Ergebnis: F kann von A Zahlung in Höhe von 2.500 Euro aus § 631 Abs. 1 BGB verlangen.

3. Abschnitt

Der Mietvertrag nach den

§§ 535 ff. BGB und angrenzende

Vertragsarten

Fall 26

Weiterbildung mit Hindernissen

Rechtsanwalt A aus München möchte zum Fachanwaltslehrgang im Mietrecht nach Köln reisen. Da sein eigenes Fahrzeug am Tage der Abfahrt morgens nicht anspringt, wendet er sich umgehend an den Autoverleih des V und erhält dort einen 5er BMW für zwei Tage zu einem Tagespreis von 200 Euro. Der Gesamtbetrag in Höhe von 400 Euro soll bei Rückgabe des Autos bezahlt werden.

Auf der Strecke nach Köln bleibt der Wagen dann einige Stunden später nach etwa 300 km wegen eines gerissenen Keilriemens liegen. Von der Schadhaftigkeit des Keilriemens wusste V nichts und konnte davon auch nichts wissen, da der Wagen wenige Tage vorher ordnungsgemäß gewartet wurde. Der Keilriemen war erst in der Nacht vor der Übergabe an A wegen eines Wintereinbruchs mit erheblichem Temperatursturz brüchig geworden und daher am nächsten Tag bei der Erwärmung während der Fahrt gerissen. Wegen des liegen gebliebenen Wagens verpasst A den Lehrgang in Köln, muss aufgrund verspäteter Stornierung allerdings den vollen Teilnahmebetrag in Höhe von 1.000 Euro zahlen. Diese 1.000 Euro verlangt A nunmehr von V und weigert sich zudem, die vereinbarten 400 Euro für den Wagen zu zahlen.

Zu Recht?

Schwerpunkte: Die Abgrenzung Mietvertrag/Leihe; die Minderung des Mietzinses nach § 536 BGB; Mangel der Mietsache; Schadensersatzanspruch aus § 536a BGB; Garantiehaftung des Vermieters; Ersatzfähigkeit von Mangelfolgeschäden bei § 536a Abs. 1 BGB. Im Anhang: Der Rückforderungsanspruch für bereits gezahlte Miete bei Minderungsrecht nach § 812 BGB.

Lösungsweg

Vorbemerkung: Wir starten jetzt mit dem Mietrecht und werden uns anhand des vorliegenden Falles einmal die Grundprinzipien, die man für die universitären Übungsarbeiten kennen sollte, anschauen. Und hierbei wundern wir uns zunächst mal darüber, dass trotz des jetzt zu thematisierenden »Mietrechts« im Sachverhalt kein einziges Wort von einer Wohnungs- bzw. Wohnraummiete steht, obwohl die im richtigen Leben bei 99 von 100 Fällen des Mietrechts die Hauptrolle spielt. Das ist in der Praxis tatsächlich so, allerdings eignet sich die wohnungsrechtliche Komponente des Mietrechts (lies: **§ 549 BGB**) für unsere Zwecke hier eher weniger, vor allem nicht als Prüfungsaufgabe, denn: Das Mietrecht ist und wird durch unzählige kleinere und größere Reformen stetig fortentwickelt. Das erkennt man vor allem an den vielen nachträglich eingefügten Normen, die mit Kleinbuchstaben aufgelistet sind, vgl. etwa die Kündigungsvorschriften der §§ 573 ff. BGB. Die für die Falllösung relevanten Paragrafen sind aufgrund dieser ständig wachsenden Struktur nicht immer gleich auffindbar und erschließen sich auch den Praktikern häufig erst nach jahrelangem Gebrauch. Zudem verbergen sich hinter diesen Vorschriften zumeist gewaltige kasuistische Einzelprobleme, die zwar in der Praxis ganze Heere von Anwälten und Gerichten beschäftigen, sich allerdings für die Überprüfung juristischer Begabung bei Studierenden kaum bis gar nicht eignen, weil sie eben so speziell sind und weniger auf abstrakten Mustern beruhen. Daher kommen Prüfungsarbeiten, die sich ausschließlich etwa mit Kündigungsproblematiken beim Wohnraummietrecht befassen, sowohl an den Universitäten als auch im Staatsexamen nur sehr selten vor.

Daneben gibt es allerdings sehr wohl Bereiche, die auch universitär und examenstechnisch relevant sind und die wir uns hier dann natürlich auch anschauen wollen. Und hierbei müssen wir uns im Vergleich zum bisher erlernten Kauf- und Werkrecht ein bisschen umgewöhnen, denn das Mietrecht ist nicht (wie das Kauf- und Werkrecht) im Zuge der inzwischen schon zehn Jahre alten Schuldrechtsmodernisierung zum 1. Januar 2002 geändert worden. Die im Kauf- und Werkrecht angestrebte und umgesetzte Rechtsvereinheitlichung ist deshalb am Mietrecht mehr oder weniger spurlos vorbeigegangen. Die dortigen Vorschriften fügen sich daher auch keineswegs bruchlos in die bisher erlernten Regeln der vertraglichen Schuldverhältnisse ein. So werden wir dann gleich insbesondere im Bereich der Gewährleistung beachtlich viel Neues und Unbekanntes lernen. Trotzdem ist Mietrecht natürlich keine Geheimwissenschaft, im Gegenteil: Viele Regelungen sind explizit und erfreulich eindeutig im Gesetz getroffen worden, damit auch ein Durchschnitts(ver)mieter seine Rechte und Pflichten daraus erschließen kann. Es lohnt sich deshalb gerade im Mietrecht, statt vieler Lehrbücher zunächst einmal den *Gesetzestext* selbst zu lesen und sich mit der Systematik vertraut zu machen. Und damit das auch klappt, starten wir jetzt mal mit unserem Fall und fragen uns als Erstes, ob der A trotz gerissenen Keilriemens denn tatsächlich die 400 Euro für den Wagen an V zahlen muss.

I.) Anspruch des V gegen A auf Zahlung von 400 Euro

<u>AGL:</u> § 535 Abs. 2 BGB (Zahlungspflicht aus dem Mietvertrag)

1.) Der Zahlungsanspruch des V muss zunächst entstanden sein. Dies setzt voraus, dass V und A einen Mietvertrag gemäß § 535 BGB geschlossen haben. Dann müssen sie sich über die Gebrauchsüberlassung einer Sache auf Zeit gegen Zahlung eines Entgelts geeinigt haben (lies: § 535 Abs. 1 und Abs. 2 BGB).

> **Beachte:** Obwohl V laut Sachverhalt einen »**Autoverleih**« betreibt und damit auch im Rechtsverkehr in Erscheinung tritt, scheidet ein Leihvertrag nach § 598 BGB als vertragliche Beziehung zwischen A und V vorliegend aus, denn die Leihe erfolgt stets *unentgeltlich* (bitte prüfen in § 598 BGB). Hier war jedoch die Zahlung von 200

Euro pro Tag vereinbart worden, sodass es an der Unentgeltlichkeit fehlt. Tatsächlich wird im alltäglichen Sprachgebrauch oftmals nicht sauber zwischen dem Leih- und dem Mietvertrag unterschieden. Gleiches gilt übrigens für die Unterscheidung zwischen Leihe und Sachdarlehen. Beim Sachdarlehen (lies § 607 Abs. 1 BGB) geht es stets um vertretbare Sachen (z.B. 100 Gramm Zucker vom Nachbarn), während beim Leihvertrag genau der entliehene Gegenstand selbst später wieder zurückgegeben werden muss (Fahrrad vom Nachbarn). Und muss man dann für die Benutzung dieser Sache Geld bezahlen, handelt es sich nicht mehr um Leihe, sondern um einen Mietvertrag (*Jauernig/Teichmann* § 535 BGB Rz. 18). Merken.

Hier in unserem Fall haben V und A vereinbart, dass A den BMW für zwei Tage nutzen sollte. Als Gegenleistung sollte V dann 400 Euro erhalten. Damit handelte es sich bei dieser Abrede um eine Gebrauchsüberlassung auf Zeit gegen Entgelt und mithin um einen Mietvertrag.

<u>ZE.</u>: Der Anspruch des V gegen A aus § 535 Abs. 2 BGB ist damit entstanden.

2.) Der Anspruch des V kann jedoch nachträglich wieder *erloschen* sein. Als Erlöschensgrund kommt vorliegend die **Minderung** gemäß **§ 536 Abs. 1 Satz 1, <u>Fall 1</u> BGB** in Betracht. Demnach muss der Mieter den Mietzins nicht bezahlen, wenn die Gebrauchstauglichkeit der Sache aufgrund eines Mangels aufgehoben ist. Dieser Vorschrift liegt derselbe Rechtsgedanke wie dem § 535 Abs. 1 Satz 2 BGB zugrunde (bitte lesen), nämlich: Der Vermieter hat dem Mieter die Sache im *gebrauchstauglichen* Zustand zu überlassen und diesen Zustand während der Mietzeit aufrechtzuerhalten (OLG Düsseldorf ZMR **1997**, 230). Er trägt also das Risiko des Untergangs oder der Verschlechterung der Mietsache. Im Umkehrschluss soll der Mieter nur dann die Miete zahlen müssen, wenn er die Sache so vom Vermieter erhalten hat, dass er sie bestimmungsgemäß nach dem Vertragszweck einsetzen konnte. Ist mit der Sache etwas nicht in Ordnung, reduziert sich die zu zahlende Miete nach § 536 BGB (*Palandt/Weidenkaff* § 536 BGB Rz. 2).

> **Und wichtig!** Diese Minderung nach § 536 BGB ist eine sogenannte »rechtsvernichtende Einwendung« und muss vom Mieter ausnahmsweise (insoweit anders das Kauf- und Werkrecht) *nicht* erklärt werden, um Wirksamkeit zu erlangen (*Palandt/Weidenkaff* § 536 BGB Rz. 1). Das Recht, die Miete zu mindern, entsteht vielmehr automatisch, also *kraft Gesetzes* (!), wenn ein Mangel vorliegt, der die Gebrauchstauglichkeit einschränkt oder aufhebt (BGH NJW-RR **1991**, 779; BGH NJW **1988**, 1201). Der Mieter ist also im Falle eines Mangels automatisch von seiner Zahlungspflicht befreit, der Zahlungsanspruch des Vermieters demnach entsprechend erloschen. Eine Minderungserklärung des Mieters ist dafür – wie gesagt – *nicht* erforderlich (BGH WuM **1991**, 544). Diese Besonderheit des Mietrechts wird in Klausuren und Hausarbeiten übrigens sehr gerne abgefragt und sollte deshalb gekannt werden. OK?!

a) Erste Voraussetzung für die Minderung nach § 536 Abs. 1 Satz 1, Fall 1 BGB ist das Vorliegen eines Mangels zum Zeitpunkt der Überlassung der Sache an den Mieter (lies: § 536 Abs. 1 BGB).

> **Definition**: Ein *Mangel* im Sinne des § 536 Abs. 1 BGB ist die für den Mieter nachteilige Abweichung des tatsächlichen Zustandes der Mietsache von dem vertraglich vereinbarten Zustand (BGH NJW **2013**, 44; BGH NJW **2009**, 664).

Durchblick: Das kann zum einen bedeuten, dass die Mietsache selbst nicht die nach dem Vertrag vorausgesetzten physischen Eigenschaften aufweist. **Beispiel**: Bei einem »Leihfahrrad« sind die Bremsen defekt, sodass es nicht verkehrssicher im Sinne der StVZO ist. Zum anderen ist es als Mangel auch anerkannt, wenn die Benutzung der Mietsache durch Störeinflüsse von außen in erheblicher Weise unmittelbar beeinträchtigt wird (BGH NJW **2013**, 44; OLG München NJW-RR **1994**, 654; BayObLG MDR **1999**, 1314; *Palandt/Weidenkaff* § 536 BGB Rz. 20; *MüKo/Voelskow* § 537 BGB a.F. Rz. 6). **Beispiel**: Neben der Mietwohnung des X wird die Disco »Randale 5« eröffnet und X fortan in seinem Schlaf gestört. Und schließlich liegt auch dann ein Mangel der Mietsache vor, wenn sie sich in einem Zustand befindet, in dem man davon ausgehen kann, dass in allernächster Zeit ein Schaden eintritt (BGH NJW **1972**, 944; *Staudinger/Emmerich* § 537 BGB a.F. Rz. 7). **Beispiel**: M wohnt in einer Erdgeschosswohnung in der Kölner Altstadt in unmittelbarer Nähe zum Rheinufer. Der Rhein hat im Herbst häufig Hochwasser, verwandelt die Altstadt in »Klein-Venedig« und überschwemmt die Wohnung des M.

Daneben sind nach § 536 Abs. 3 BGB auch Rechtsmängel erfasst, die hier in unserer Konstellation mit dem Auto keine Rolle spielen, die wir uns aber im nächsten Fall dann genauer ansehen wollen. Dem Vorliegen eines Mangels ist außerdem durch § 536 Abs. 2 BGB der Fall gleichgestellt, dass eine zugesicherte Eigenschaft der Mietsache fehlt.

> **Definition**: Eine *zugesicherte Eigenschaft* liegt vor, wenn sich aus der Erklärung des Vermieters ergibt, dass er für alle Folgen, die sich aus dem Nichtvorhandensein der Eigenschaft ergeben, einstehen will (BGH NJW **2000**, 1714; OLG Dresden OLGR **1998**, 309; *Erman/Jendrek* § 537 a.F. Rz. 16). Die Erklärung muss über die bloße Angabe des Verwendungszwecks hinausgehen (BGH NJW **1980**, 306; *Palandt/Weidenkaff* § 536 BGB Rz. 24).

Zum Fall: Von einer zugesicherten Eigenschaft kann bei uns keine Rede sein, denn A und V haben nach Schilderung des Sachverhaltes keinerlei Erklärungen über das Auto gewechselt. In Frage kommt daher nur ein Mangel im weiter oben beschriebenen Sinne. Und da müssen wir jetzt mal etwas genauer hinschauen, denn: Der von A gemietete BMW ist erst nach 300 km liegen geblieben. Eine Weiterbenutzung und damit der vertraglich geschuldete Gebrauch der Mietsache (= Autofahren) war ab diesem Zeitpunkt also nicht mehr möglich. Bis <u>dahin</u> aber konnte A – trotz des bereits brüchigen Keilriemens – augenscheinlich mit dem Auto noch fahren. Es fragt sich deshalb, ob wir es vorliegend nicht mit einem Fall von **§ 536 Abs. 1 Satz 1, <u>Fall 2</u> BGB** zu tun haben und nicht – wie weiter oben im Einleitungssatz angesprochen – ein Fall von anfänglicher Mangelhaftigkeit der Mietsache im Sinne des § 536 Abs. 1 Satz 1, Fall 1 BGB vorliegt. Während beim ersten Fall von § 536 Abs. 1 Satz 1 BGB die Sache schon bei der Überlassung mangelhaft war, wird sie dies bei der 2. Variante des § 536 Abs. 1 Satz 1 BGB erst später (prüfen!). Und dies kann dann durchaus unterschiedliche Regeln im Hinblick auf die Höhe der Minderung zur Folge haben, denn im zweiten Fall darf die Miete nur gemindert werden für die Zeit ab Eintritt des Mangels (*Palandt/Weidenkaff* § 536 BGB Rz. 34; *Franke* in ZMR 1996, 297). In unserem Fall hätte A dann für die ersten 300 km bzw. den genutzten Zeitraum kein Recht auf Mietminderung.

Aber: Insoweit muss gesehen werden, dass der Mangel an der Mietsache bei Überlassung lediglich tatsächlich vorhanden gewesen sein muss, demgegenüber aber *nicht* erforderlich ist, dass er zu diesem Zeitpunkt auch schon seine schädigende Wirkung zeigt oder zu Tage tritt (MüKo/*Schilling* § 536 BGB Rz. 12). »Anfänglich« ist ein Mangel nämlich schon dann, wenn sich die Schadensursache in die Zeit vor Vertragsschluss zurückverfolgen lässt (BGH NJW **2010**, 3152). Es ist daher ausreichend für das Vorliegen eines Mangels zum Zeitpunkt der Überlassung der Mietsache im Sinne des § 536 Abs. 1 Satz 1, Fall 1 BGB, wenn bei Vertragsschluss nur die Gefahrenquelle vorhanden war oder die Schadensursache vorlag, obgleich die Parteien dies zu diesem Zeitpunkt nicht erkennen konnten (BGH NJW **1968**, 886; OLG München NJW-RR **1990**, 1099; und sogar schon das Reichsgericht in RGZ **81**, 200, 202). Der Vermieter hat somit auch das Risiko »geheimer Mängel« zu tragen (BGHZ **49**, 450; OLG Düsseldorf NJW-RR **1993**, 976; LG Köln WuM **1990**, 386; *Palandt/Weidenkaff* § 536a BGB Rz. 9).

Also: Der brüchige Keilriemen als Ursache des späteren Risses war bei der Überlassung des Wagens an A bereits vorhanden, denn das war ja in der Vornacht aufgrund des Wintereinbruchs passiert. Und nach dem soeben Gesagten spielt es daher keine Rolle, dass sich die tatsächliche Schädigung erst am nächsten Tag in der Form des kompletten Risses des Keilriemens zeigt. Denn die Ursache dafür war bereits bei der Übergabe vorhanden. Und nur darauf kommt es an (BGHZ **49**, 450; OLG München ZMR **1996**, 322; OLG Düsseldorf NJW-RR **1993**, 976; LG Köln WuM **1990**, 386; MüKo/*Schilling* § 536 BGB Rz. 12).

ZE.: Der Wagen war mangelhaft zum Zeitpunkt der Überlassung an den Mieter im Sinne des § 536 Abs. 1 Satz 1, Fall 1 BGB.

Beachte: Der Umstand, dass A nicht am Fachanwaltslehrgang teilnehmen konnte und ihm daraus auch Kosten entstanden sind, ist übrigens *nicht* maßgeblich und darf in der Fallprüfung an dieser Stelle auch nicht auftauchen. Die Minderung soll nämlich – wie oben beschrieben – nur das Gleichgewicht der vertraglich geschuldeten Leistungen in der Balance halten (*Kraemer* in WuM 2000, 515). Schäden, also unfreiwillige Vermögensopfer, fallen daher nicht in den Anwendungsbereich der Minderung (*Palandt/Weidenkaff* § 536 BGB Rz. 35). Die vertraglich geschuldete Leistung des V war hier nur das Überlassen des funktionstüchtigen BMW. Welche Ziele A damit konkret verfolgt hat, war nicht Vertragsgegenstand und damit auch nicht Bestandteil der gegenseitigen Leistungsbeziehung.

b) Der Mangel darf im Übrigen auch *nicht unerheblich* gewesen sein, denn nach § 536 Abs. 1 Satz 3 BGB bleiben unwesentliche Einschränkungen für eine Mietminderung außer Betracht.

Definition: Ein Mangel ist *unerheblich* im Sinne des § 536 Abs. 1 Satz 3 BGB, wenn er leicht erkennbar ist und schnell sowie mit geringen Kosten beseitigt werden kann, sodass die Geltendmachung seitens des Mieters gegen § 242 BGB verstieße (BGH WuM **2004**, 531; LG Hamburg NJW **1991**, 1898; *Palandt/Weidenkaff* § 536 BGB Rz. 17; *Schmidt-Futterer/Eisenschmid* § 536 BGB Rz. 39).

Das wäre hier der Fall, wenn etwa die Seitenscheiben des Mietwagens so dreckig sind, dass sie vor Fahrtantritt erst hätten sauber gemacht werden müssen. Dann wäre es lächerlich (= Verstoß gegen § 242 BGB), dem Mieter ein Recht zur Minderung zuzusprechen. Oder wenn z.b. in der Nachbarwohnung eines Mieters nachts (einmalig) Lärm wegen eines Polterabends verursacht wird, kann der genervte Mieter dann nicht seine Miete wegen dieses Vorfalls mindern. Auch das wäre eine Situation, in der § 536 Abs. 1 Satz 3 BGB eingreift. In unserem konkreten Fall nun ist die Gebrauchstauglichkeit des BMW aber nicht nur teilweise, sondern sogar vollständig aufgehoben, denn eine Weiterfahrt war für A mit gerissenem Keilriemen ausgeschlossen. Eine schnelle Beseitigung, sodass A Köln noch rechtzeitig erreicht hätte, war nicht möglich. Die Gebrauchsbeeinträchtigung war somit auch erheblich.

> **Feinkost:** Die Erheblichkeitsschwelle gilt übrigens *nicht* für die oben genannten »zugesicherten Eigenschaften« der Mietsache (*Jauernig/Teichmann* § 536 BGB Rz. 5; *Schmidt-Futterer/Eisenschmid* § 536 BGB Rz. 41). Sichert der Vermieter also eine Eigenschaft der Mietsache zu, die wertungsmäßig nicht als erheblich anzusehen ist, dann mindert sich der Anspruch auf Mietzahlung beim Fehlen dieser Eigenschaft trotz der fehlenden Erheblichkeit (OLG Düsseldorf MDR **1990**, 342; *Staudinger/Emmerich* § 537 BGB a.F. Rz. 52). Merken.

ZE.: Für die Zeit ab Übernahme des BMW bis zu dessen Reparatur ist der Anspruch des V somit nach § 536 Abs. 1 Satz 1, Fall 1 BGB erloschen.

Ergebnis: V hat gegen A keinen Anspruch auf Zahlung des Mietzinses aus § 535 Abs. 2 BGB.

II.) Anspruch des A gegen V auf Zahlung von 1.000 Euro

AGL: § 536a Abs. 1 BGB (Schadensersatz)

1.) Der seinem Wortlaut nach (»*unbeschadet*«) neben § 536 BGB anwendbare Schadensersatzanspruch aus § 536a Abs. 1 BGB setzt das Vorliegen eines Mietvertrages und einen Mangel der Mietsache voraus (Gesetz lesen). Beides liegt nach den soeben getroffenen Feststellungen in unserem Fall vor.

2.) Fraglich ist, ob noch eine weitere Voraussetzung, nämlich das *Vertretenmüssen* des V im Hinblick auf den Mangel, zu prüfen ist. Und an dieser Stelle des Falls bekommen wir es jetzt mit einer sehr wichtigen mietrechtlichen Besonderheit zu tun: Der § 536a Abs. 1 BGB unterscheidet nämlich im Hinblick auf mögliche Schadensersatzansprüche insgesamt <u>drei</u> mögliche Fallgestaltungen, die sich allerdings erfreulicherweise unmittelbar aus der Lektüre des Gesetztextes ergeben, und zwar:

→ Wenn der Mangel der Mietsache bereits zum Zeitpunkt des Vertragsschlusses vorhanden war, trifft den Vermieter eine sogenannte *Garantiehaftung* (BGH NJW **2010**, 3152; BGHZ **63**, 333; OLG München ZMR **1996**, 322; *Palandt/ Weidenkaff* § 536a BGB Rz. 9). Er muss also für alle Schäden, die auf dem Mangel der Mietsache beruhen, Schadensersatz leisten, unabhängig davon, ob er den Mangel im Sinne von § 276 BGB zu vertreten hat. Die Feinkostliebhaber wollen insoweit bitte schon mal beachten, dass einige Autoren in der Wissenschaft die Ansicht vertreten, dass die Garantiehaftung des § 536a Abs. 1, Fall 1 BGB nicht eingreifen solle, wenn der Vermieter den Mangel auch bei äußerster Sorgfalt nicht hätte erkennen können (*Ahrens* in ZMG 2003, 134; *Diederichsen* AcP 165, 150, 166; *Larenz* SR II/1 § 48 III b 3; zweifelnd auch *Medicus/Lorenz* SR II Rz. 197). Dazu gleich unten mehr.

→ Wenn der Mangel der Mietsache erst <u>nach</u> dem Vertragsschluss entstanden ist, hat der Vermieter gemäß § 536a Abs. 1 BGB nur dann Schadensersatz zu leisten, wenn er den Mangel im Sinne von § 276 BGB *zu vertreten hat* (BGH NJW **2000**, 2342).

→ Wenn der Mangel der Mietsache erst <u>nach</u> dem Vertragsschluss entstanden ist, hat der Vermieter nach § 536a Abs. 1 BGB zudem auch dann Schadensersatz zu leisten, wenn er den Eintritt des Mangels zwar nicht zu vertreten hat, aber mit der Beseitigung des Mangels in *Verzug* gerät (*Brox/Walker* BS § 11 Rz. 15).

Zum Fall: Wie oben gezeigt, bestand der Mangel vorliegend darin, dass der gemietete BMW schon aufgrund des brüchigen Keilriemens einen Hang zum Schaden hatte, ihm also die Gefahr eines Schadenseintritts unmittelbar anhaftete. Dieser physische Zustand bestand nach dem Sachverhalt auch schon zu dem Zeitpunkt, als V und A den Mietvertrag abgeschlossen hatten. V trifft daher die Garantiehaftung des § 536a Abs. 1, **Fall 1** BGB. Es ist demnach auch vollkommen unerheblich, dass V von dem Schaden nichts wusste und auch nichts wissen konnte. Wie gesagt, bei Mängeln, die schon bei Vertragsschluss vorlagen, übernimmt der Vermieter eine (verschuldensunabhängige) Garantiehaftung.

Sonderpunkte: Die kann man an dieser Stelle abkassieren, wenn man zwei oder drei Sätze zu der oben schon kurz erwähnten Meinung in der Literatur verliert, die die Garantiehaftung aus § 536a Abs. 1, Fall 1 BGB für zu streng hält und Einschränkungen fordert für die Fälle, in denen der Vermieter auch bei äußerster

Sorgfalt die Mängel nicht hätte erkennen können (*Ahrens* in ZMR 2003, 134; *Diederichsen* in AcP 165, 150, 166; *Larenz* SR II/1 § 48 III b 3; jedenfalls für den Rechtsmangel auch: *Jauernig/Teichmann* § 536a BGB Rz. 4). Würde man sich dieser Auffassung anschließen, müsste V nämlich im vorliegenden Fall nicht haften, denn er konnte den Mangel am Keilriemen nach Auskunft des Sachverhaltes nicht erkennen. Dieser einschränkenden Ansicht in der Literatur indessen widerspricht zum einen der eindeutige **Wortlaut** des Gesetzes, der *kein* Verschulden für anfängliche Mängel fordert und dies in § 536a BGB ausdrücklich nur für später auftretende Mängel voraussetzt. Zudem sprechen auch wertungsmäßige Gesichtspunkte für eine verschuldensunabhängige Haftung, insbesondere unter Berücksichtigung der Tatsache, dass die Regel des § 536a BGB zwischen den Vertragsparteien abdingbar ist (BGHZ **29**, 295; BGH NJW-RR **1993**, 519). Es ist somit daran festzuhalten, dass der Vermieter für anfängliche Mängel der Mietsache verschuldensunabhängig einzustehen hat, wie es das Gesetz ausdrücklich bestimmt (BGHZ **49**, 350; *Palandt/Weidenkaff* § 536a BGB Rz. 9).

3.) Prüfen müssen wir jetzt, ob dieser Anspruch aus § 536a BGB nicht möglicherweise *ausgeschlossen* ist. Wenn ein gesetzlicher Ausschlusstatbestand vorliegend erfüllt ist, kann der Anspruch des A nicht entstanden sein.

a) Ein möglicher Ausschlussgrund kann sich zunächst daraus ergeben, dass der Mieter den Mangel der Mietsache bei Vertragsschluss kennt (lies § 536b BGB; vgl. auch BGH NJW **2009**, 3421). Allerdings wusste der A laut Sachverhalt nichts von dem kaputten Keilriemen, sodass der § 536b BGB vorliegend nicht erfüllt ist. Auch eine Vereinbarung, durch die Gewährleistungsrechte des Mieters grundsätzlich ausgeschlossen oder jedenfalls beschränkt werden können (vgl. bitte § 536d BGB!), haben V und A nach dem Sachverhalt nicht getroffen.

b) Denken kann man hier aber an **§ 536c Abs. 1 Satz 1 BGB**. Nach dieser Vorschrift muss der Mieter dem Vermieter einen Mangel der Mietsache, der sich im Laufe der Mietzeit zeigt (unser Fall), unverzüglich anzeigen. Welche Rechtsfolgen sich daran knüpfen, dass der Mieter diese Anzeige unterlässt, steht in **§ 536c Abs. 2 Satz 2 BGB** und nach dessen **Nr.** 2 können auch etwaige Schadensersatzansprüche des Mieters ausgeschlossen sein, wenn er seiner Anzeigepflicht nicht nachkommt. In unserem Fall spielt das indessen keine Rolle, denn § 536c Abs. 2 Satz 2 Nr. 2 BGB setzt voraus, dass der Vermieter »*infolge der Unterlassung der Anzeige nicht Abhilfe schaffen konnte*«. V hätte hier beim besten Willen nicht so kurzfristig abhelfen können, dass der A noch pünktlich in Köln angekommen wäre. Die Abhilfe war also bereits deshalb ausgeschlossen, weil A sich schon 300 km von München entfernt hatte und der defekte Keilriemen deshalb nicht mehr rechtzeitig repariert oder ausgetauscht werden konnte. Hier wäre auch bei einer frühzeitigen Anzeige des A nichts mehr zu ändern gewesen. Ob der A den Mangel tatsächlich bei M angezeigt hat, müssen wir deshalb nicht prüfen, sondern können insoweit entspannt feststellen, dass der Anspruch des A auch nicht nach § 536c BGB ausgeschlossen ist.

ZE.: Der A hat somit gegen V »dem Grunde nach« einen Schadensersatzanspruch aus § 536 a BGB erworben.

4.) Fraglich ist jedoch, ob der von A vergeblich gezahlte Teilnahmebeitrag für den Fachanwaltslehrgang als Schaden über § 536a Abs. 1 BGB überhaupt ersatzfähig ist. Wenn wir – wie eben geschehen – von einem Anspruch »dem Grunde nach« sprechen, dann ist damit gemeint, dass zwar die Tatbestandsvoraussetzungen erfüllt sind, sich aber möglicherweise bei dem *Inhalt* bzw. dem *Umfang* des Ersatzanspruches noch Probleme verbergen (Frage des sogenannten »haftungsausfüllenden Tatbestandes«).

Hier: In unserem Fall ist das mit dem Schadensersatz insofern ein Problem, als dass der verpasste Anwaltslehrgang in Köln nicht unmittelbar mit dem Mietvertrag bzw. dem Auto selbst zusammenhängt. Es handelt sich daher auch nicht um einen klassischen »Mangelschaden« an der Mietsache selbst, sondern um einen sogenannten **»Mangelfolgeschaden«,** der an anderen Rechtsgütern oder Vermögenswerten des Mieters entstanden ist. Ob solche Mangelfolgeschäden auch über § 536a Abs. 1 BGB zu ersetzen sind, ist umstritten:

- Nach einer Ansicht sollen nur Mangelschäden erfasst sein, also solche Schäden, die dem Mieter unmittelbar aufgrund des Mangels im Rahmen der Vertragsdurchführung entstehen (OLG Koblenz NJW **1966**, 2017; *Hoffmann* in NJW 1967, 50; *Todt* in BB 1971, 680; *Weimar* in MDR 1960, 555; kritisch auch *Medicus/Lorenz SR* II Rz. 197 sowie *Jauernig/Teichmann* § 536a BGB Rz. 8). Die Vertreter dieser Ansicht befürworten eine Ersatzfähigkeit von Mangelfolgeschäden nur als vertragliche Nebenpflichtverletzung (§§ 280 Abs. 1, 241 Abs. 2 BGB). Dem Vermieter, der nach § 536a Abs. 1, Fall 1 BGB verschuldensunabhängig hafte, solle insoweit eine Schadensbegrenzung zugute kommen (MüKo/*Voelskow* § 538 BGB a.F. Rz. 7). Geschützt ist danach bei § 536a Abs. 1 BGB allein das Erfüllungsinteresse.

- Nach der (herrschenden) Gegenmeinung sind von § 536a Abs. 1 BGB sämtliche Mangel- und Mangelfolgeschäden erfasst, also auch Schäden, die außerhalb des Mietgegenstands entstehen (BGH NZM **1998**, 666; BGHZ **49**, 350; OLG München ZMR **1996**, 322; PWW/*Feldhahn* § 536a BGB Rz. 9; *Brox/Walker* BS § 11 Rz. 16; *Palandt/Weidenkaff* § 536a BGB Rz. 14; *Staudinger/Emmerich* § 538 BGB a.F. Rz. 35). Die Unterscheidung zwischen Mangel- und Mangelfolgeschäden sei im Gegensatz zum Kauf- und Werkrecht im Mietrecht nicht angezeigt. Weil der Mieter im Gegensatz zu Käufer und Werkbesteller in aller Regel zwingend mit seinen Vermögensgegenständen in Kontakt zur Mietsache kommt, erscheint diese Haftungserleichterung sachgerecht. Geschützt sei demnach auch das Integritätsinteresse.

Die beiden Ansichten führen in unserem Fall zu unterschiedlichen Ergebnissen, da sich die Ersatzpflicht des V im Hinblick auf die von A gezahlte Teilnahmegebühr nur mit der letztgenannten Auffassung herleiten lässt. Wir wollen uns hier – ohne Wertung – der herrschenden Meinung anschließen und dem A daher den vollen Ersatzanspruch zusprechen. Zur Begründung dienen uns dabei die praktischen Abgrenzungsschwierigkeiten, die von der erstgenannten Ansicht nicht überzeugend ausgeräumt werden (*Brox/Elsing* in JuS 1976, 1, 6).

Ergebnis: A hat gegen V demnach einen Anspruch auf Zahlung von 1.000 Euro aus § 536a Abs. 1, Fall 1 BGB.

Noch was für die Oberschlauen:

Ganz zum Schluss gibt's dann noch ein echtes Zückerchen für die besonders Interessierten, es betrifft die durchaus interessante und zudem praktisch sehr bedeutsame Frage, wie ein Mieter, der zur Minderung nach § 536 BGB berechtigt gewesen wäre, in Unkenntnis dessen den Mietzins aber schon im Voraus bezahlt hat, seine Kohle zurück bekommt. Konkret wollen wir uns vorstellen, der A hätte in unserem Fall die 400 Euro für den Wagen direkt bezahlt. Kann er überhaupt, und wenn ja, aus welcher Anspruchsgrundlage, die 400 Euro von V zurückfordern?

Lösung: In Betracht kommt hierfür nach herrschender Meinung die bereicherungsrechtliche Vorschrift des **§ 812 BGB** (BGH NJW-RR **1993**, 519; *Palandt/Weidenkaff* § 536 BGB Rz. 37; anders *Jauernig/Teichmann* § 536 BGB Rz. 8). Mit dieser herrschenden Meinung soll die Rückzahlung dann ein Fall von § 812 Abs. 1 Satz 2, Fall 1 BGB sein (sogenannte *conditio ob causam finitam*) und nicht von § 812 Abs. 1 Satz 1 BGB. **Grund:** Der § 812 Abs. 1 Satz 2 Fall 1 BGB setzt voraus, dass der Rechtsgrund für die Leistung nachträglich weggefallen ist, und im Fall der Minderung kraft Gesetzes nach § 536 Abs. 1 BGB entfällt eben nachträglich der rechtliche Grund für die Mietzahlung. Allerdings greift die Vorschrift frühestens zu dem Zeitpunkt ein, in dem die Mietsache dem Mieter überlassen wird (vgl. noch einmal den Wortlaut in § 536 Abs. 1 BGB!). Zahlt der Mieter vor der Überlassung, erfolgt seine Leistung deswegen <u>mit</u> rechtlichem Grund, denn vor der Überlassung liegen die Voraussetzungen für die Minderung noch nicht vor. Es liegt dann eben kein Fall von § 812 Abs. 1 <u>Satz 1</u>, Fall 1 BGB vor (sogenannte *conditio indebiti*), weil der Rechtsgrund nicht von Anfang an überhaupt nicht bestand, sondern erst mit der Überlassung (also nachträglich) entfällt. Kapiert!?

Stellt der Vermieter schließlich innerhalb der Mietzeit den vertragsgemäßen Zustand der Mietsache (etwa durch Reparatur) wieder her, kann er natürlich ab diesem Zeitpunkt auch wieder die volle Miete beanspruchen. Wenn der Mieter in diesem Fall bereits vorab gezahlt hat, bekommt er nach § 812 Abs. 1 Satz 2 Fall 1 BGB nur einen Teilbetrag für den Zeitraum vom Auftreten bis zur Behebung des Mangels erstattet.

Gutachten

I.) V kann gegen A einen Anspruch auf Zahlung von 400 Euro aus § 535 Abs. 2 BGB haben.

1.) Der Zahlungsanspruch des V muss zunächst entstanden sein. Dies setzt voraus, dass V und A einen Mietvertrag gemäß § 535 BGB geschlossen haben. Dann müssen sie sich über die Gebrauchsüberlassung einer Sache auf Zeit gegen Zahlung eines Entgelts geeinigt haben. V und A haben vereinbart, dass A den BMW für zwei Tage nutzen sollte. Als Gegenleistung sollte V dann 400 Euro erhalten. Damit handelte es sich bei dieser Abrede um eine Gebrauchsüberlassung auf Zeit gegen Entgelt und mithin um einen Mietvertrag. Der Anspruch des V gegen A aus § 535 Abs. 2 BGB ist damit entstanden.

2.) Der Anspruch des V kann jedoch wieder erloschen sein. Als Erlöschensgrund kommt vorliegend die Minderung gemäß § 536 Abs. 1 Satz 1, Fall 1 BGB in Betracht. Demnach muss der Mieter den Mietzins nicht bezahlen, wenn die Gebrauchstauglichkeit der Sache aufgrund eines Mangels aufgehoben ist.

a) Erste Voraussetzung für die Minderung nach § 536 Abs. 1 Satz 1, Fall 1 BGB ist das Vorliegen eines Mangels zum Zeitpunkt der Überlassung der Sache an den Mieter, § 536 Abs. 1 BGB. Ein Mangel im Sinne des § 536 BGB liegt vor, wenn die Istbeschaffenheit ungünstig von der Sollbeschaffenheit abweicht und dadurch der vertragsgemäße Gebrauch erheblich beeinträchtigt wird. Daneben sind nach § 536 Abs. 3 BGB auch Rechtsmängel erfasst. Dem Vorliegen eines Mangels ist außerdem durch § 536 Abs. 2 BGB der Fall gleichgestellt, dass eine zugesicherte Eigenschaft der Mietsache fehlt. Eine zugesicherte Eigenschaft liegt vor, wenn sich aus der Erklärung des Vermieters ergibt, dass er für alle Folgen, die sich aus dem Nichtvorhandensein der Eigenschaft ergeben, einstehen will. Die Erklärung muss über die bloße Angabe des Verwendungszwecks hinausgehen.

V hat nach Schilderung des Sachverhaltes keinerlei Erklärungen in Bezug auf das Auto abgegeben. In Frage kommt daher nur ein Mangel im oben beschriebenen Sinne. Der von A gemietete BMW ist erst nach 300 km liegen geblieben. Eine Weiterbenutzung und damit der vertraglich geschuldete Gebrauch der Mietsache war ab diesem Zeitpunkt also nicht mehr möglich. Bis dahin aber konnte A – trotz des bereits brüchigen Keilriemens – augenscheinlich mit dem Auto noch fahren. Es fragt sich deshalb, ob nicht ein Fall von § 536 Abs. 1 Satz 1, Fall 2 BGB vorliegt. Insoweit ist jedoch zu berücksichtigen, dass der Mangel an der Mietsache bei Überlassung lediglich tatsächlich vorhanden gewesen sein muss. Nicht erforderlich ist, dass er zu diesem Zeitpunkt auch schon seine schädigende Wirkung zeigt oder zu Tage tritt. Es ist daher ausreichend für das Vorliegen eines Mangels zum Zeitpunkt der Überlassung der Mietsache im Sinne des § 536 Abs. 1 Satz 1, Fall 1 BGB, wenn bei Vertragsschluss nur die Gefahrenquelle vorhanden war oder die Schadensursache vorlag, obgleich die Parteien dies zu diesem Zeitpunkt nicht erkennen konnten. Der brüchige Keilriemen als Ursache des späteren Risses war bei der Überlassung des Wagens an A bereits vorhanden, denn das war ja in der Vornacht aufgrund des Wintereinbruchs passiert. Und nach dem soeben Gesagten spielt es daher keine Rolle, dass sich die tatsächliche Schädigung erst am nächsten Tag in der Form des kompletten Risses des Keilriemens zeigt. Denn die Ursache dafür war bereits bei der Übergabe vorhanden. Der Wagen war mithin zum Zeitpunkt der Überlassung an den Mieter mangelhaft im Sinne des § 536 Abs. 1 Satz 1, Fall 1 BGB.

b) Der Mangel darf auch nicht unerheblich gewesen sein. Nach § 536 Abs. 1 Satz 3 BGB bleiben unwesentliche Einschränkungen für eine Mietminderung außer Betracht. Ein Mangel ist unerheblich im Sinne des § 536 Abs. 1 Satz 3 BGB, wenn er leicht erkennbar ist und schnell sowie mit geringen Kosten beseitigt werden kann, sodass die Geltendmachung seitens des Mieters gegen § 242 BGB verstieße. Hier ist die Gebrauchstauglichkeit des BMW nicht nur teilweise, sondern vollständig aufgehoben, denn eine Weiterfahrt war für A mit gerissenem Keilriemen ausgeschlossen. Eine schnelle Beseitigung, sodass A Köln noch rechtzeitig hätte erreichen können, war nicht möglich. Die Gebrauchsbeeinträchtigung war somit auch erheblich.

Ergebnis: Für die Zeit ab Übernahme des BMW bis zu dessen Reparatur ist der Anspruch des V somit nach § 536 Abs. 1 Satz 1, Fall 1 BGB erloschen. V hat gegen A keinen Anspruch auf Zahlung des Mietzinses aus § 535 Abs. 2 BGB.

II.) A kann gegen V einen Anspruch auf Zahlung von 1.000 Euro aus § 536a Abs. 1 BGB haben.

1.) Der seinem Wortlaut nach neben § 536 BGB anwenbare § 536a Abs. 1 BGB setzt das Vorliegen eines Mietvertrages und einen Mangel der Mietsache voraus. Beides liegt nach den soeben getroffenen Feststellungen hier vor.

2.) Fraglich ist, ob ein Verschulden des V im Hinblick auf den Mangel erforderlich ist. Wie gezeigt, bestand der Mangel vorliegend schon darin, dass der gemietete BMW aufgrund des brüchigen Keilriemens einen Hang zum Schaden hatte, ihm also die Gefahr eines Schadenseintritts unmittelbar anhaftete. Dieser physische Zustand bestand nach dem Sachverhalt auch schon zu dem Zeitpunkt, als V und A den Mietvertrag abgeschlossen hatten. V trifft daher die Garantiehaftung des § 536a Abs. 1 Fall 1 BGB. Es ist also unerheblich, ob V von dem Schaden wusste oder wissen konnte. Bei Mängeln, die schon bei Vertragsschluss vorlagen, trifft den Vermieter eine verschuldensunabhängige Garantiehaftung. Anhaltspunkte für einen Ausschluss der Haftung des V sind nicht ersichtlich.

Teilweise wird im Schrifttum die Anwendung von § 536a Abs. 1, Fall 1 BGB in Fällen wie dem vorliegenden abgelehnt und eine Einschränkung gefordert, wenn der Vermieter auch bei äußerster Sorgfalt die Mängel nicht hätte erkennen können. Diese Ansicht widerspricht indes dem eindeutigen Wortlaut des Gesetzes, der kein Verschulden für anfängliche Mängel fordert und dies in § 536a BGB ausdrücklich nur für später auftretende Mängel voraussetzt. Zudem sprechen auch Wertungsgesichtspunkte für eine verschuldensunabhängige Haftung, insbesondere unter Berücksichtigung der Tatsache, dass die Regel des § 536a BGB zwischen den Vertragsparteien abdingbar ist. Es ist somit daran festzuhalten, dass der Vermieter für anfängliche Mängel der Mietsache verschuldensunabhängig einzustehen hat, wie es das Gesetz ausdrücklich bestimmt. A hat somit gegen V dem Grunde nach einen Schadensersatzanspruch aus § 536a BGB erworben.

3.) Fraglich ist jedoch, ob der von A vergeblich gezahlte Teilnahmebeitrag für den Fachanwaltslehrgang als Schaden über § 536a Abs. 1 BGB überhaupt ersatzfähig ist. Insoweit erscheint es bedenklich, dass der verpasste Anwaltslehrgang in Köln nicht unmittelbar mit dem Mietvertrag bzw. der mangelhaften Mietsache selbst zusammenhängt. Es handelt sich hierbei um einen »Mangelfolgeschaden«, der an Rechtsgütern oder Vermögenswerten des Mieters entstanden ist. Ob auch Mangelfolgeschäden über § 536a Abs. 1 BGB zu ersetzen sind, ist umstritten.

Nach einer Ansicht sollen nur Mangelschäden erfasst sein, also solche Schäden, die dem Mieter unmittelbar aufgrund des Mangels im Rahmen der Vertragsdurchführung entstehen. Die Vertreter dieser Ansicht befürworten eine Ersatzfähigkeit von Mangelfolgeschäden nur als vertragliche Nebenpflichtverletzung über §§ 280 Abs. 1, 241 Abs. 2 BGB. Dem Vermieter, der nach § 536a Abs. 1, Fall 1 BGB verschuldensunabhängig hafte, solle insoweit eine Schadensbegrenzung zugute kommen. Geschützt ist danach bei § 536a Abs. 1 BGB allein das Erfüllungsinteresse. Nach der Gegenmeinung sind von § 536a Abs. 1 BGB sämtliche Mangel- und Mangelfolgeschäden erfasst, also auch Schäden, die außerhalb des Mietgegenstands entstehen. Die Unterscheidung zwischen Mangel- und Mangelfolgeschäden sei im Gegensatz zum Kauf- und Werkrecht im Mietrecht nicht angezeigt. Weil der Mieter im Gegensatz zu Käufer und Werkbesteller in aller Regel zwingend mit seinen Vermögensgegenständen in Kontakt zur Mietsache kommt, erscheint diese Haftungserleichterung sachgerecht. Geschützt sei demnach auch das Integritätsinteresse.

Die beiden Ansichten führen zu unterschiedlichen Ergebnissen, da sich die Ersatzpflicht des V im Hinblick auf die von A gezahlte Teilnahmegebühr nur mit der letztgenannten Auffassung herleiten lässt. Für die letztgenannte Meinung sprechen entscheidend die praktischen Abgrenzungsschwierigkeiten, die von der erstgenannten Ansicht nicht überzeugend ausgeräumt werden. Es ist daher der letztgenannten Auffassung zu folgen, weswegen § 536a Abs. 1 BGB sämtliche Mangel- und Mangelfolgeschäden erfasst.

Ergebnis: A hat gegen V einen Anspruch auf Zahlung von 1.000 Euro aus § 536a Abs. 1, Fall 1 BGB.

Fall 27

Es kann nur einen geben!

Rechtsstudent R ist auf Wohnungssuche und hat in Erfahrung gebracht, dass Medizinstudent M seine 50 qm große Dachgeschosswohnung zum 31.03.05 gekündigt hat. R setzt sich daraufhin Mitte Januar mit dem Vermieter V des M in Verbindung und bietet sich als Nachmieter an. V ist einverstanden und schließt mit R daraufhin einen Mietvertrag zu einem Mietzins von 400 Euro. Als Einzugstermin für R wird der 01.04. vereinbart. M hatte den Mietvertrag mit V am 03.01. per E-Mail gekündigt, und V hatte diese E-Mail auch am gleichen Tag zur Kenntnis genommen.

Als R dann am 1. April einziehen möchte, muss er feststellen, dass M die Wohnung nicht räumen will. M erklärt dem R, er habe sich zwischenzeitlich doch anders entschlossen und die Kündigung am 20.03. per Einschreiben gegenüber V zurückgenommen. R hält das für einen Witz; da der M sich indessen beharrlich weigert, die Wohnung zu räumen und R seine alte Bleibe unglücklicherweise zum 31.03. gekündigt hatte, mietet er sich in seiner Not für zwei Monate in einer Pension ein. Dafür muss R insgesamt 1.200 Euro aufwenden. Nach den zwei Monaten findet R dann eine vergleichbare Wohnung zum Preis von 400 Euro.

R will nun wissen, ob ihm gegen V ein Schadensersatzanspruch zusteht.

Schwerpunkte: Das Problem der Doppelvermietung; der Rechtsmangel nach § 536 Abs. 3 BGB; Voraussetzungen des Schadensersatzanspruchs nach § 536a BGB; Kündigungsfrist nach § 573c BGB; Form der ordentlichen Kündigung nach § 568 BGB; Abgrenzung Textform § 126b BGB / Schriftform § 126 BGB; Ausschlusstatbestand des § 536b BGB; Umfang des Schadensersatzanspruchs bei Vorenthaltung der Mietsache.

Lösungsweg

Einstieg: Dieser Fall ist ein echter Klassiker, und zwar sowohl in der Praxis als auch in der Rechtslehre. Es handelt sich um die sogenannte »**Doppelvermietung**«, also die Problematik, dass eine Wohnung an zwei Personen bzw. Parteien gleichzeitig vermietet wurde, es aber natürlich immer nur »einen« geben kann, der darin wohnt. Es fragt sich dann, wie und woraus derjenige, der letztlich außen vor bleibt, vom Vermieter Schadensersatz fordern kann. Der Fall wird sich angesichts dieser Fragestellung mit der Problematik um den sogenannten »**Rechtsmangel**« im Sinne des § 536 Abs. 3 BGB beschäftigen (BGH NJW **1996**, 714; OLG Düsseldorf ZMR **1998**, 696; *Brox/Walker* BS

§ 11 Rz. 12). Und hierbei gibt es nun mehrere Gesichtspunkte, die beachtet werden müssen, das Ergebnis freilich ist dann ziemlich unstreitig. Wollen wir aber selbstverständlich nicht vorweg nehmen, sonst liest ja keiner weiter und im Übrigen nähmen wir uns damit die Chance, auch hier in unserem allerletzten Fall des Buches noch einiges an Wissen, das später in Klausuren oder Hausarbeiten (oder sogar im richtigen juristischen Leben!) ziemlich hilfreich sein kann, zu erarbeiten. Also:

Denkbar für einen sinnvollen Einstieg in die gutachtliche Prüfung wäre nun zunächst einmal der Weg über die Vorschriften des Allgemeinen Schuldrechts. In Betracht käme insoweit dann ein Schadensersatzanspruch über § 280 Abs. 1, Abs. 3 BGB in Verbindung mit § 283 BGB wegen Unmöglichkeit bzw. Unvermögen des V, dem R die Wohnung zur Verfügung zu stellen. Man muss allerdings diesbezüglich sehen, dass die §§ 536 ff. BGB hier spezieller sind und deshalb die Vorschriften des allgemeinen Leistungsstörungsrechts in Fällen wie dem vorliegenden verdrängen, obwohl es noch nicht zur Überlassung der Mietsache gekommen ist (BGH NJW **1996**, 714; BGH NJW **1985**, 1025; BGH NJW **1961**, 917; *Bamberger/Roth/Ehlert* § 536 BGB Rz. 36; *Emmerich* in NJW 2002, 362). Dies ist die erste Besonderheit, die man sich merken sollte, denn in den sonstigen Fällen gelten bis zur Überlassung der Mietsache an den Mieter die Regeln des Allgemeinen Schuldrechts. Die §§ 536 ff. BGB greifen demgegenüber erst ein, wenn der Mieter in den Besitz der Mietsache gelangt ist (BGHZ **136**, 102; *Palandt/Weidenkaff* § 536 BGB Rz. 7; *Unberath* in ZMR 2004, 309). Anders aber beim hier in Frage stehenden *Rechtsmangel* nach § 536 Abs. 3 BGB. Merken. Und jetzt zur Lösung:

Anspruch des R gegen V auf Zahlung von Schadensersatz

<u>AGL</u>: §§ 536a Abs. 1, 536 Abs. 3 BGB

1.) Erste Voraussetzung dafür, dass der Anspruch auf Schadensersatz hier entstehen kann, ist das Vorliegen eines *Mietvertrages* im Sinne von § 535 BGB, wovon nach der Schilderung des Sachverhaltes ausgegangen werden kann.

> **Beachte**: Es ist dabei übrigens kein Problem, dass unser V hier die Wohnung gleich zweimal vermietet hat. Dass sich eine Person schuldrechtlich gegenüber mehreren Vertragspartnern zu ein- und derselben Leistung verpflichtet, ist ohne weiteres zulässig und berührt insbesondere nicht die Wirksamkeit der jeweiligen vertraglichen Einigungen (BGH MDR **1962**, 398; KG MDR **2009**, 320; *Erman/Jendrek* Vor § 535 BGB Rz. 5). Der Schuldner, der bei mehrfacher Verpflichtung zur identischen Leistung logischerweise nur einen Vertrag erfüllen kann, hat dann unter Umständen zwar Schadensersatz zu leisten; der Grundsatz der Vertragsfreiheit ermöglicht, dass sich jede Partei dennoch frei entscheiden kann, wem gegenüber sie die von ihr abgeschlossenen schuldrechtlichen Verträge erfüllen will (*Schmidt-Futterer/Eisenschmidt* § 536 BGB Rz. 250). Die zeitliche Abfolge der Vertragsschlüsse ist dabei unbeachtlich (OLG Köln ZMR **1998**, 696). **Noch ein Beispiel:** Wenn V dem K1 ein Auto verkauft und kurz darauf dasselbe Auto auch noch an K2 veräußert, dann sind beide Verträge problemlos wirksam, sie enthalten jeweils die schuldrechtliche Verpflichtung, das Auto nach § 433 Abs. 1 Satz 1 BGB dem jeweiligen Vertragspartner zu übergeben

und zu übereignen. Logischerweise kann zwar am Ende nur entweder K1 oder K2 das Auto bekommen und neuer Eigentümer werden; der V kann demzufolge auch nur einen der beiden Verträge erfüllen. Das berührt aber nicht deren Wirksamkeit. Derjenige, der das Auto nicht erhält, kann dann von V statt der Leistung Schadensersatz nach den §§ 280 Abs. 1, Abs. 3, 283 BGB verlangen. Kapiert?

ZE.: Zwischen R und V bestand ein wirksamer Mietvertrag.

2.) Schadensersatz gibt es nach § 536a BGB allerdings nur, wenn zusätzlich ein »Mangel der Mietsache« vorliegt (bitte im Gesetz prüfen). Und an dieser Stelle kommt jetzt der weiter oben schon mal erwähnte **§ 536 Abs. 3 BGB** ins Spiel: Demnach stellt es auch einen Mangel dar, wenn dem Mieter der vertragsgemäße Gebrauch der Sache »durch das Recht eines Dritten entzogen« wird. In einem solchen Fall spricht man dann von einem *Rechtsmangel* der Mietsache (BGH NJW-RR **1999**, 1239; BGH NJW **1996**, 46; *Jauernig/Teichmann* § 536 BGB Rz. 7), der die Rechte aus § 536a BGB nach sich ziehen würde.

Prüfen wir mal:

a) Damit eine »**Entziehung**« im Sinne des § 536 Abs. 3 BGB stattfinden kann, ist rein von der Logik und dem Wortverständnis her erst einmal Voraussetzung, dass die Mietsache dem Mieter überhaupt <u>überlassen</u> worden ist. Ohne vorhergehende Überlassung ist grundsätzlich auch keine Entziehung denkbar. Da unser R aber noch keinen Fuß in die von ihm gemietete Wohnung gesetzt hat, müsste man hier nun zweifeln, ob tatsächlich von einer Entziehung in diesem Sinne die Rede sein kann. **Aber:** Der Begriff der »**Entziehung**« ist nach überwiegender Ansicht weit auszulegen: Der Entziehung des Gebrauchs im Sinne des § 536 Abs. 3 BGB ist es gleichzusetzen, wenn der Mieter die Sache überhaupt noch nicht erhalten hat (BGH NJW **2008**, 2771; BGH NJW **1961**, 917; *Brox/Walker* BS § 11 Rz. 12; *Bamberger/Roth/Ehlert* § 536 BGB Rz. 35; *Palandt/Weidenkaff* § 536 BGB Rz. 29). Wir dürfen also »entzogen« mit »nicht gewährt« gleichsetzen (*Brox/Walker* BS § 11 Rz. 12). Und da M weiterhin die Wohnung bevölkerte, konnte V dem R diese nicht gewähren mit der Konsequenz, dass dem R jedenfalls schon mal der Gebrauch der Mietsache entzogen wurde im Sinne des § 536 Abs. 3 BGB.

b) Allerdings ist fraglich, ob in unserem Fall dieser Entzug der Mietsache auch »durch das Recht eines Dritten« erfolgte (bitte lies: § 536 Abs. 3 BGB). Solche Rechte Dritter sind regelmäßig dingliche Rechte, wie z.B. (Wohnungs-) Eigentum oder Nießbrauch (LG Berlin GE **2002**, 596; OLG Düsseldorf WuM **1999**, 37; *Jauernig/Teichmann* § 536a BGB Rz. 7). Zudem kommen auch schuldrechtliche Ansprüche, die sich auf die Mietsache beziehen, in Betracht (BGH NJW **1998**, 534; BGHZ **63**, 138; LG Hamm NJW-RR **1987**, 1304; *Emmerich/Sonnenschein/Emmerich* § 541 BGB Rz. 3). Es spielt in diesem Zusammenhang übrigens keine Rolle, ob das Recht des Dritten schon bei Abschluss des Mietvertrags oder erst nach der Überlassung der Mietsache entsteht.

In unserem Fall kann als »**Recht eines Dritten**« im Sinne des § 536 Abs. 3 BGB selbstverständlich nur ein mögliches *Besitzrecht* des M aus dem mit V geschlossenen Mietvertrag in Frage kommen.

> **Durchblick:** Dem Mieter wird vom Vermieter, der in aller Regel auch der Eigentümer der Mietsache ist, zur Durchführung des Mietvertrages der Besitz an der vermieteten Sache auf Zeit überlassen (§ 535 Abs. 1 BGB). Und dazu gehört auf der rein rechtlich-dogmatischen Ebene natürlich auch, dass der Mieter für die Dauer der Mietzeit vom Vermieter zum *Besitz berechtigt* wird. Diese Besitzberechtigung hindert den Eigentümer daran, die Sache während der Mietzeit wieder herauszuverlangen, denn er kann seinen Anspruch aus § 985 BGB wegen **§ 986 Abs. 1 Satz 1 BGB** (bitte lesen) für die Dauer der Mietzeit nicht geltend machen (*Palandt/Bassenge* § 986 BGB Rz. 3). Merken.

Und genau dieses, aus der schuldrechtlichen Absprache und der tatsächlichen Übergabe erwachsene Recht zum Besitz aus dem bestehenden Mietvertrag fällt unter den Begriff des »**Rechtsmangels**« im Sinne des § 536 Abs. 3 BGB (OLG Düsseldorf ZMR **1998**, 696; *Palandt/Weidenkaff* § 536 BGB Rz. 30; *Brox/Walker* BS § 11 Rz. 12; *Jauernig/Teichmann* § 536 BGB Rz. 7). Hat der Vermieter also eine Sache bereits an eine andere Person vermietet und auch übergeben, handelt es sich hierbei dann aus der Sicht jedes weiteren Mieters um ein »Recht eines Dritten« im Sinne des § 536 Abs. 3 BGB, das einen Rechtsmangel begründet (*Jauernig/Teichmann* § 536 BGB Rz. 7). Demnach liegen hier an sich die Voraussetzungen des § 536 Abs. 3 BGB vor, denn das ist ja eigentlich genau unser Fall.

> **Feinkost:** Besonders ambitionierte Kandidaten merken sich bitte in diesem Zusammenhang noch, dass das bloße **Bestehen** des Rechts eines Dritten nach herrschender Meinung noch nicht ausreicht, um eine Leistungsstörung im Verhältnis zwischen Vermieter und Mieter zu begründen (BGH NJW **2008**, 2771). Der Dritte muss sein Recht vielmehr darüber hinaus auch tatsächlich *geltend gemacht* haben, sodass der Vermieter seiner Pflicht zur Überlassung der Sache nicht mehr nachkommen kann. Nach der höchstrichterlichen Rechtsprechung, der sich auch die Literatur angeschlossen hat, reicht dafür bereits eine mündliche Androhung des Dritten aus, sein Recht geltend zu machen, sofern der Mieter daraufhin auf den Gebrauch der Mietsache verzichtet (BGH NJW-RR **1995**, 715; BGH NJW-RR **1999**, 845; BGH NJW **2000**, 291, 294; *Staudinger/Emmerich*, § 536 BGB Rz. 46). In unserem Fall spielt dieses Problem natürlich keine Rolle, denn der M dokumentiert seinen Willen, sein Besitzrecht weiterhin auszuüben, hireichend dadurch, dass er die Wohnung nicht räumt.

Aber: Möglicherweise hat der M als »Dritter« den Mietvertrag mit V am 03.01. wirksam zum 31.03. gekündigt, was zum Erlöschen des Mietverhältnisses (**§ 542 Abs. 1 BGB**) und damit zum Untergang der Besitzberechtigung des M geführt hat. Wenn M den Mietvertrag mit V wirksam am 03.01. zum 31.03. gekündigt hätte, wäre logischerweise auch sein aus dem Mietvertrag erwachsendes Besitzrecht erloschen. Dies hätte zur Konsequenz, dass dann natürlich auch kein »Recht eines Dritten« an der

Wohnung im Sinne des § 536 Abs. 3 BGB am 01.04. mehr bestehen würde und die Voraussetzungen eines Ersatzanspruchs mithin auch nicht mehr vorlägen.

Es stellt sich also die Frage, ob dadurch, dass M dem V am 3. Januar per E-Mail gekündigt hat, das Mietverhältnis tatsächlich beendet wurde. Ausreichend für eine Kündigung ist in aller Regel, wenn für den Empfänger aus der Erklärung der erkennbare Wille zur einseitigen Beendigung des Mietverhältnisses zu einem bestimmten Zeitpunkt zum Ausdruck kommt (OLG Rostock NZM **2001**, 46). Davon können wir hier zunächst einmal ausgehen, denn ausweislich der Schilderung im Sachverhalt hat M dem V am 03.01. gekündigt und der V hat davon auch Kenntnis genommen. Mit der *Erklärung* der Kündigung und deren *Zugang* im Sinne des § 130 Abs. 1 BGB haben wir vorliegend also keine Schwierigkeiten.

> **Vorsicht:** Diese von M am 03.01. abgegebene und dem V auch zugegangene Erklärung konnte von M am 20.03. nicht mehr einseitig »zurückgenommen« werden. Ist die Kündigung eines Mietvertrages von einer Mietvertragspartei einmal ausgesprochen und der anderen Seite zugegangen, können die Rechtsfolgen der Kündigung vom kündigenden Vertragspartner weder einseitig widerrufen noch zurückgenommen werden (BGH NJW-RR **1998**, 2664; LG Düsseldorf DWW **1993**, 104; *Schmidt-Futterer/Blank* § 542 BGB Rz. 80). Der Kündigungsempfänger wird also in seinem Vertrauen auf die Rechtswirkungen der Kündigung geschützt. Es gelten für die Kündigung zwar auch die allgemeinen Regeln über Willenserklärungen, sodass Anfechtung und Widerruf grundsätzlich in Betracht kommen. Der Widerruf müsste aber *vorher* oder *gleichzeitig* mit der Kündigung zugehen (lies: § 130 Abs. 1 Satz 2 BGB), die Anfechtung müsste *erklärt* werden und es müsste ein entsprechender *Anfechtungsgrund* (Irrtum, Täuschung, Drohung, vgl. §§ 119, 123 BGB) vorliegen. Für keine dieser Voraussetzungen bietet der Sachverhalt einen Anhaltspunkt. **Feinkost:** Im Rahmen der Vertragsfreiheit können die Vertragsparteien allerdings die Rechtsfolgen einer wirksamen Kündigung durch einen *Aufhebungsvertrag* einvernehmlich beseitigen. Ein solcher ist aber aus dem Sachverhalt ebenfalls nicht ersichtlich, sodass eine »Rücknahme« der Kündigung auf diesem Wege ausscheidet.

Nachdem die Kündigungserklärung also nicht nachträglich wieder beseitigt werden konnte, kommt es allein darauf an, ob sie ursprünglich vollständig wirksam gewesen ist. In diesem Fall wäre das Mietverhältnis zwischen M und V dann zum 31. März 2005 beendet worden und ein Recht zum Besitz des M bestünde nicht mehr. Im Hinblick auf die Wirksamkeit tauchen nun gleich in zweifacher Hinsicht prüfungsrelevante Probleme auf, nämlich zum einen die möglicherweise nicht eingehaltene *Frist* und zum anderen die *Form* der Kündigung. Der Reihe nach:

aa) Was die Einhaltung der **Frist** anbelangt, muss in einer Klausur oder Hausarbeit zunächst die maßgebliche Vorschrift im Hinblick auf die Kündigungsfrist gesucht und gefunden werden. Diese Suche wollen wir aus zeitökonomischen Gründen abkürzen und uns direkt den einschlägigen **§ 573c Abs. 1 Satz 1 BGB** bitte mal ansehen. Diese Vorschrift regelt die sogenannte ordentliche Kündigung und legt fest, dass spätestens am dritten Werktag eines Kalendermonats zum Ablauf des übernächsten Monats zu kündigen ist. Die Frist beträgt also ziemlich genau **drei Monate,** und zwar ganz unabhängig von der vereinbarten Vertragsdauer. Merken. **Und Achtung:** Die

Kündigungsfrist für den *Mieter* beträgt damit in Fällen wie dem vorliegenden (Wohnraummiete, unbefristet) stets drei Monate. Etwas anderes gilt aber für den *Vermieter*, der nach § 573c Abs. 1 Satz 2 BGB abhängig von der Dauer des Mietverhältnisses nach fünf und acht Jahren seit der Überlassung des Wohnraums nur mit einer Frist von sechs bzw. neun Monaten kündigen kann.

Tränen in die Augen des Korrektors bringt man schließlich, wenn man vorliegend noch mit einem oder zwei Sätzen erwähnt, dass § 573c BGB auch tatsächlich anwendbar ist. Durch die kontinuierlichen Reformbestrebungen ist das Mietrecht nämlich – wie im vorherigen Fall schon mal angesprochen – sehr oft geändert worden mit der Folge, dass mit jeder größeren Änderung auch neu festgelegt werden musste, bis wann die alte und ab wann die neue Regelung gelten soll. Diese Festlegung findet man nun nicht im BGB selbst, sondern im EGBGB (steht in der Beck-Ausgabe unter Nr. 2) und zwar in **Artikel 229 § 3 Abs. 1 Nr. 1 EGBGB**. Da steht drin, dass § 573c BGB zur Anwendung kommt, wenn die Kündigung nach dem 1. September 2001 erfolgt ist. Das ist in unserem Fall so gewesen. Auch **Art. 229 § 3 Abs. 10 EGBGB** steht dem nicht entgegen, da laut Sachverhalt keine vertragliche Abrede über die Kündigungsfrist besteht.

Die Kündigungsfrist aus § 573c Abs. 1 Satz 1 BGB hat unser M eingehalten, denn er hat die Kündigung gegenüber V am 3. Januar erklärt, und da war ja erst der erste Werktag des Monats (2. Januar 2005 war ein Sonntag!).

<u>ZE.:</u> M hat die Kündigung fristgerecht erklärt.

bb) In **§ 568 Abs. 1 BGB** ist festgeschrieben, dass die Kündigung eines Mietvertrages immer der *Schriftform* bedarf. Die Nichteinhaltung der gesetzlichen Form macht die Kündigung unheilbar *nichtig*, und das steht in **§ 125 Satz 1 BGB** (bitte prüfen!). Eine mündlich erklärte Kündigung ist also stets und ohne Ausnahme unwirksam (*Schmidt-Futterer/Blank* § 568 BGB Rz. 17; *Palandt/Weidenkaff* § 568 BGB Rz. 4). Allerdings hat R vorliegend gar keine mündliche Erklärung gegenüber V abgegeben, sondern ihm vielmehr eine E-Mail geschrieben. Möglicherweise hat er damit dem Schriftformerfordernis in § 568 Abs. 1 BGB Genüge getan.

Was genau unter den Begriff »Schriftform« fällt, ergibt sich grundsätzlich aus **§ 126 Abs. 1 BGB**. Die Kündigungserklärung muss danach als Urkunde von dem Kündigenden eigenhändig durch Namensunterschrift oder durch notariell beglaubigtes Handzeichen unterzeichnet sein. Unter einer E-Mail allerdings gibt es niemals eine eigenhändige Unterschrift und deshalb fällt sie auch nicht unter § 126 BGB, sondern vielmehr unter **§ 126b BGB**, der die *Textform* regelt (LG Kleve NJW-RR **2003**, 196). E-Mails erfüllen mithin *nicht* das Schriftformerfordernis des § 568 BGB. Und das übrigens auch nicht unter Zuhilfenahme von **§ 126 Abs. 3 BGB** in Verbindung mit **§ 126a Abs. 1 BGB**: Denn für § 126a BGB ist eine besondere elektronische Signatur nach dem SigG erforderlich, die unter anderem eigene Hard- und Software sowie eine Chipkarte voraussetzt, wovon im vorliegenden Fall aber kein Wort steht (zu den Einzelheiten vgl. nur *Jauernig/Jauernig* § 126a BGB Rz. 1-3). Es bleibt somit dabei: Einen Mietvertrag kann man nicht einfach so per E-Mail kündigen. Das gilt übrigens sowohl für den Mieter als auch für den Vermieter. Merken.

<u>ZE.</u>: Die von M erklärte Kündigung war demnach wegen *Formmangels* nach §§ 125 Satz 1, 568 Abs. 1 BGB nichtig.

<u>ZE.</u>: Damit bestand das Mietverhältnis zwischen M und V ununterbrochen fort, sodass dem M ein Recht zum Besitz aus dem Mietvertrag weiterhin zusteht.

<u>ZE.</u>: Dem R ist der Gebrauch der Mietsache demnach aufgrund eines *Rechtsmangels* im Sinne des § 536 Abs. 3 BGB entzogen worden. Daraus folgt, dass ein Mangel im Sinne der §§ 536a, 536 Abs. 3 BGB vorliegt.

3.) Fraglich ist, ob wir für die Begründung des Schadensersatzes noch weitere Voraussetzungen zu prüfen haben. Wie wir bereits im letzten Fall gesehen haben, trifft den Vermieter gemäß § 536a Abs. 1, Fall 1 BGB eine sogenannte *Garantiehaftung*, wenn der Mangel der Mietsache bereits zum Zeitpunkt des Vertragsschlusses vorhanden war (BGH BB **1958**, 575; BGHZ **63**, 333; BGHZ **68**, 294; *Schmidt-Futterer/Eisenschmid* § 536 BGB Rz. 298 f.). Er muss in diesem Fall also grundsätzlich für alle Schäden, die auf dem Mangel der Mietsache beruhen, Ersatz leisten unabhängig davon, ob er den Mangel im Sinne von § 276 BGB zu vertreten hat (BGHZ **63**, 333; BGHZ **68**, 294; OLG München ZMR **1996**, 322; *Palandt/Weidenkaff* § 536a BGB Rz. 9). Das Mietverhältnis zwischen V und M, das den Rechtsmangel hier in unserem Fall begründete, bestand schon und noch(!) in dem Moment, in dem R mit V den Mietvertrag Mitte Januar abgeschlossen hat. Damit muss V auch ohne Verschulden hierfür einstehen.

<u>ZE.</u>: Es liegen damit alle positiven Voraussetzungen für den Schadensersatzanspruch aus den §§ 536a, 536 Abs. 3 BGB vor.

4.) Abschließend ist noch zu klären, ob der Ausschlusstatbestand des § 536b BGB (bitte aufschlagen) in unserem Fall eingreift mit der Folge, dass R doch keinen Anspruch begründet geltend machen könnte. Nach § 536b BGB verliert der Mieter seine Ansprüche aus den §§ 536, 536a BGB, wenn er beim Vertragsschluss positive Kenntnis vom Mangel hat. Bei einem Rechtsmangel muss der Mieter hierfür auch die rechtlichen Folgen der ihm bekannten Tatsachen kennen (BGH NJW **1996**, 46; BGH ZMR **1980**, 86; LG Mannheim WuM **1996**, 338; *Sternel* II Rz. 660). Grundsätzlich darf der Mieter aber davon ausgehen, dass der Vermieter vertragstreu ist und ein mangelfreies Objekt übergeben wird (*Schmidt-Futterer/Eisenschmid* § 536b BGB Rz. 9).

Zum Fall: Wir können hier feststellen, dass R im Hinblick auf das Fortbestehen des Mietverhältnisses zwischen M und V keine Ahnung hatte. Er konnte davon ausgehen, dass V mit ihm nur dann den Vertrag schließen würde, wenn das Objekt zum Zeitpunkt der Überlassung auch tatsächlich verfügbar war. Festzustellen, dass das tatsächlich nicht der Fall war, hätte im Übrigen – selbst, wenn R Kenntnis von den Umständen gehabt hätte – auch einer genauen rechtlichen Würdigung bedurft, wie wir soeben auf mehreren Seiten gesehen haben. Diese kann man von R nicht verlangen, selbst wenn man zugrunde legt, dass er Rechtsstudent ist, denn die tatsächlichen Umstände der »Kündigung« waren ihm eben nicht bekannt. Auch sind keine Anhaltspunkte dafür ersichtlich, dass der R grob fahrlässig verkannt hat, dass der Mietvertrag nicht durch Kündigung untergegangen ist.

<u>ZE.</u>: Der Anspruch des R ist nicht gemäß § 536b BGB ausgeschlossen.

5.) Und ganz zum Schluss müssen wir noch ein Wort über den *Umfang* des Ersatzanspruchs aus § 536a BGB verlieren: Der Anspruch aus § 536a BGB ist grundsätzlich auf das *positive Interesse* gerichtet, der Mieter muss demnach so gestellt werden, wie er bei ordnungsgemäßer Erfüllung gestanden hätte (BGH NZM **1998**, 666; OLG München ZMR **1996**, 322; *Palandt/Weidenkaff* § 536a BGB Rz. 14). Im Falle der Vorenthaltung einer angemieteten Wohnung gehören hierzu namentlich auch die Kosten der anderweitigen Unterkunft oder etwa des Unterstellens von Möbeln (*Jauernig/Teichmann* § 536a BGB Rz. 8). Der Schaden, den V dem R ersetzen muss, besteht somit grundsätzlich in den von R für die »Ersatzwohnung« aufgewendeten 1.200 Euro, wobei aber natürlich noch berücksichtigt werden muss, dass der R für die hier in Frage stehende Wohnung bei tatsächlicher Übernahme 800 Euro Mietzins sowieso hätte zahlen müssen. Diese müssen demnach von den 1.200 Euro abgezogen werden. Es verbleibt mithin ein Betrag von 400 Euro Schadensersatz für R aus § 536a Abs. 1 BGB.

Übrigens: Für den Zeitraum, in dem R – trotz gültigen Mietvertrages! – nicht in die Wohnung kann bzw. darf, muss er dem V natürlich keine Miete zahlen. Das ergibt sich aus **§ 536 Abs. 1 BGB**, wonach die Miete automatisch kraft Gesetzes um den geminderten Gebrauchswert reduziert wird. Bei völliger Vorenthaltung der Mietsache (= 100 %), entfällt dementsprechend auch die Mietzahlungspflicht vollständig (= 100 %). Kapiert!?

Ergebnis: R kann von V nach §§ 536 Abs. 3, 536a BGB Schadensersatz in Höhe von 400 Euro verlangen.

Gutachten

R kann gegen V einen Anspruch auf Schadensersatz in Höhe von 400 Euro aus §§ 536a Abs. 1, 536 Abs. 3 BGB haben.

1.) Zwischen R und V bestand nach dem Sachverhalt ein wirksamer Mietvertrag.
2.) Weiterhin muss ein Mangel der Mietsache vorliegen. Nach § 536 Abs. 3 BGB stellt es einen Mangel dar, wenn dem Mieter der vertragsgemäße Gebrauch der Sache »durch das Recht eines Dritten entzogen« wird.

a) Damit eine »Entziehung« im Sinne des § 536 Abs. 3 BGB stattfinden kann, muss die Mietsache dem Mieter zunächst überlassen worden sein. Ohne vorhergehende Überlassung ist begrifflich keine Entziehung denkbar.

R hat im vorliegenden Fall die von ihm gemietete Wohnung noch nicht in Besitz genommen. Insofern ist fraglich, ob das Merkmal der Überlassung hier erfüllt ist. Der Begriff der »Entziehung« ist nach allgemeiner Ansicht jedoch weit auszulegen: Der Entziehung des Gebrauchs im Sinne des § 536 Abs. 3 BGB ist es demnach gleichzusetzen, wenn der Mieter die Sache überhaupt noch nicht erhalten hat. V konnte R den Besitz an der Wohnung hier nicht einräumen mit der Konsequenz, dass R der Gebrauch der Mietsache im Sinne des § 536 Abs. 3 BGB entzogen wurde.

b) Es ist weiterhin fraglich, ob der Entzug der Mietsache auch »durch das Recht eines Dritten« erfolgte. Als Recht eines Dritten im Sinne des § 536 Abs. 3 BGB kommt hier allein ein mögliches Besitzrecht des M aus dem mit V geschlossenen Mietvertrag in Betracht. Hat der Vermieter eine Sache bereits an eine andere Person vermietet und auch übergeben, handelt es sich aus der Sicht jedes weiteren Mieters um ein »Recht eines Dritten« im Sinne des § 536 Abs. 3 BGB, das einen Rechtsmangel begründet. Demnach liegen hier die Voraussetzungen des § 536 Abs. 3 BGB vor.

Möglicherweise hat M den Mietvertrag mit V jedoch am 03.01. wirksam gekündigt, was nach § 542 Abs. 1 BGB zum Erlöschen des Mietverhältnisses und damit zum Untergang der Besitzberechtigung des M geführt haben kann. Ausreichend für eine Kündigung ist es regelmäßig, wenn für den Empfänger aus der Erklärung der erkennbare Wille zur einseitigen Beendigung des Mietverhältnisses zu einem bestimmten Zeitpunkt zum Ausdruck kommt. Ausweislich der Schilderung im Sachverhalt hat M dem V am 03.01. gekündigt und V ist diese Erklärung auch im Sinne des § 130 Abs. 1 BGB zugegangen.

Fraglich ist, ob M diese Erklärung wieder »zurücknehmen« konnte. Zwar gelten für die Kündigung auch die allgemeinen Regeln über Willenserklärungen, sodass grundsätzlich Anfechtung und Widerruf in Betracht kommen. Der Widerruf müsste aber gemäß § 130 Abs. 1 Satz 2 BGB vorher oder gleichzeitig mit der Kündigung zugehen, die Anfechtung müsste erklärt werden und es müsste ein entsprechender Anfechtungsgrund vorliegen, §§ 119, 123 BGB. Für keine dieser Voraussetzungen bietet der Sachverhalt einen Anhaltspunkt. Für einen im Rahmen der Vertragsfreiheit grundsätzlich zulässigen Aufhebungsvertrag im Hinblick auf die Kündigung zwischen M und V ist aus dem Sachverhalt ebenfalls nichts zu entnehmen, sodass eine »Rücknahme« der Kündigung auf diesem Wege ebenfalls ausscheidet. Nachdem die Kündigungserklärung also nicht nachträglich wieder beseitigt werden konnte, kommt es allein darauf an, ob sie vollständig wirksam gewesen ist. In diesem Fall wäre das Mietverhältnis zwischen M und V dann zum 31. März 2005 beendet worden und ein Recht zum Besitz des M bestünde nicht mehr.

aa) Fraglich ist, ob die Kündigungsfrist eingehalten wurde. In Betracht kommt hier die Frist für eine ordentliche Kündigung nach § 573c Abs. 1 Satz 1 BGB. Nach Artikel 229 § 3 Abs. 1 Nr. 1 EGBGB ist diese Vorschrift im vorliegenden Fall anwendbar, die Kündigung ist nach dem 1. September 2001 erfolgt. Der Art. 229 § 3 Abs. 10 EGBGB steht dem nicht entgegen, es besteht keine vertragliche Abrede über die Kündigungsfrist. Die Kündigung musste damit spätestens am dritten Werktag eines Kalendermonats zum Ablauf des über-nächsten Monats erklärt werden. M hat die Kündigung gegenüber V am 3. Januar erklärt. Das war der erste Werktag des Monats. M hat die Kündigung somit fristgerecht erklärt.

bb) Fraglich ist weiterhin, ob M die erforderliche Form gewahrt hat. Nach § 568 Abs. 1 BGB bedarf die Kündigung eines Mietvertrages immer der Schriftform. Die Nichteinhal-tung der gesetzlichen Form macht die Kündigung unheilbar nichtig, § 125 Satz 1 BGB. Eine mündlich erklärte Kündigung ist also stets und ohne Ausnahme unwirksam. Aller-dings hat R vorliegend keine mündliche Erklärung gegenüber V abgegeben, sondern ihm vielmehr eine E-Mail geschrieben. Möglicherweise hat er damit dem Schriftformerforder-nis in § 568 Abs. 1 BGB Genüge getan.

Was unter den Begriff »Schriftform« fällt, ergibt sich grundsätzlich aus § 126 Abs. 1 BGB. Die Kündigungserklärung muss danach als Urkunde von dem Kündigenden eigenhändig durch Namensunterschrift oder durch notariell beglaubigtes Handzeichen unterzeichnet sein. Unter einer E-Mail allerdings gibt es niemals eine eigenhändige Unterschrift. Deshalb fällt sie nicht unter § 126 BGB, sondern vielmehr unter § 126b BGB, der die Textform re-gelt. Die von M erklärte Kündigung war wegen Formmangels nach §§ 125 Satz 1, 568 Abs. 1 BGB nichtig. Damit bestand das Mietverhältnis zwischen M und V ununterbrochen fort, sodass M ein Recht zum Besitz aus dem Mietvertrag zusteht. R ist der Gebrauch der Miet-sache demnach aufgrund eines Rechtsmangels im Sinne des § 536 Abs. 3 BGB entzogen worden. Daraus folgt, dass ein Mangel im Sinne der §§ 536a, 536 Abs. 3 BGB vorliegt.

3.) Den Vermieter trifft gemäß § 536a Abs. 1, Fall 1 BGB eine Garantiehaftung, wenn der Mangel der Mietsache bereits zum Zeitpunkt des Vertragsschlusses vorhanden war. Er muss in diesem Fall also grundsätzlich für alle Schäden, die auf dem Mangel der Mietsa-che beruhen, Ersatz leisten unabhängig davon, ob er den Mangel im Sinne von § 276 BGB zu vertreten hat. Das Mietverhältnis zwischen V und M, das den Rechtsmangel hier in unserem Fall begründete, bestand schon in dem Moment, in dem R mit V den Mietvertrag Mitte Januar abgeschlossen hat. Damit muss V auch ohne Verschulden hierfür einstehen. Es liegen damit alle positiven Voraussetzungen für den Schadensersatzanspruch aus den §§ 536a, 536 Abs. 3 BGB vor.

4.) Der Anspruch ist jedoch nach § 536b BGB ausgeschlossen, wenn der Mieter beim Ver-tragsschluss positive Kenntnis vom Mangel hat. Bei einem Rechtsmangel muss der Mieter auch die rechtlichen Folgen der ihm bekannten Tatsachen kennen. Grundsätzlich darf der Mieter aber davon ausgehen, dass der Vermieter vertragstreu ist und ein mangelfreies Ob-jekt übergeben wird. R wusste nichts vom Fortbestehen des Mietverhältnisses zwischen M und V. Er konnte davon ausgehen, dass V mit ihm nur dann den Vertrag schließen würde, wenn das Objekt zum Zeitpunkt der Überlassung auch tatsächlich verfügbar war. Auch sind keine Anhaltspunkte dafür ersichtlich, dass der R grob fahrlässig verkannt hat, dass der Mietvertrag nicht durch Kündigung beseitigt worden ist. Der Anspruch des R ist nicht gemäß § 536b BGB ausgeschlossen.

5.) Der Anspruch aus § 536a BGB ist grundsätzlich auf das positive Interesse gerichtet; der Mieter muss demnach so gestellt werden, wie er bei ordnungsgemäßer Erfüllung gestanden hätte. Im Falle der Vorenthaltung einer angemieteten Wohnung gehören hierzu namentlich auch die Kosten der anderweitigen Unterkunft oder etwa des Unterstellens von Möbeln. Der Schaden, den V ersetzen muss, besteht somit in den von R für die »Ersatzwohnung« aufgewendeten 1.200 Euro, wobei berücksichtigt werden muss, dass R für die hier in Frage stehende Wohnung bei tatsächlicher Übernahme 800 Euro Mietzins sowieso hätte zahlen müssen. Diese müssen demnach von den 1.200 Euro abgezogen werden. Es verbleibt mithin ein Betrag von 400 Euro Schadensersatz für R aus § 536a Abs. 1 BGB.

Ergebnis: R hat daher gegen V einen Anspruch auf Schadensersatz in Höhe von 400 Euro aus §§ 536 Abs. 3, 536a BGB .

Sachverzeichnis